# CRIATIVIDADE NO TRABALHO E NA VIDA

Dados Internacionais de Catalogação na Publicação (CIP)
(Câmara Brasileira do Livro, SP, Brasil)

Barreto, Roberto Menna
   Criatividade no trabalho e na vida / Roberto Menna Barreto. – 3. ed. rev. – São Paulo : Summus, 2009.

   ISBN 978-85-323-0536-7

   1. Criatividade  I. título.

09-00419                                                    CDD-153.35

Índice para catálogo sistemático:
1. Criatividade : Psicologia   153.35

Compre em lugar de fotocopiar.
Cada real que você dá por um livro recompensa seus autores
e os convida a produzir mais sobre o tema;
incentiva seus editores a encomendar, traduzir e publicar
outras obras sobre o assunto;
e paga aos livreiros por estocar e levar até você livros
para a sua informação e o seu entretenimento.
Cada real que você dá pela fotocópia não autorizada de um livro
financia o crime
e ajuda a matar a produção intelectual de seu país.

Roberto Menna Barreto

# CRIATIVIDADE NO TRABALHO E NA VIDA

"Minha experiência em mais de 500 seminários para o público e grandes empresas"

summus editorial

*CRIATIVIDADE NO TRABALHO E NA VIDA*

Copyright © 1997 by Roberto Menna Barreto
Direitos desta edição reservados por Summus Editorial

Editora executiva: **Soraia Bini Cury**
Assistentes editoriais: **Andressa Bezerra e Bibiana Leme**
Capa: **Rodrigo Octávio**
Projeto gráfico e diagramação: **Crayon Editorial**

**Summus Editorial**
Departamento editorial:
Rua Itapicuru, 613 – 7º andar
05006-000 – São Paulo – SP
Fone: (11) 3872-3322
Fax: (11) 3872-7476
http://www.summus.com.br
e-mail: summus@summus.com.br

Atendimento ao consumidor:
Summus Editorial
Fone: (11) 3865-9890

Vendas por atacado:
Fone: (11) 3873-8638
Fax: (11) 3873-7085
e-mail: vendas@summus.com.br

Impresso no Brasil

"Não são as respostas que me interessam. Eu as conheço todas. O que desejo saber é a qual pergunta corresponde tal resposta."

*Talmude*

"A verdadeira viagem de descobrimento não consiste em procurar nova paisagem, mas em ter novos olhos."

*Marcel Proust*

"Se um homem escrever um livro melhor, pregar um sermão melhor ou fizer uma ratoeira melhor do que seu vizinho, poderá construir sua casa no meio da floresta que o mundo inteiro abrirá caminho até a sua porta."

*Ralph Waldo Emerson*

"As únicas coisas que preservamos são as que passamos adiante."

*Louis Ginsberg*

# SUMÁRIO

Antessala  9

Prefácio à primeira edição  11

1. Abertura e fechadura  15

2. Há um moleque em sua vida  23

3. Quando problemas pagam 50 mil dólares  37

4. O grande "salão quadrado" empresarial  57

5. Ilusões, fiasco e revelação  83

6. Os prodigiosos ingredientes da criatividade  109

7. Um paradigma para o eureka  163

8. Um paradigma para o eureka II  197

9. Problemas para ideias ou problemas para o estresse?  229

10. Diga-me com o que pensas  251

11. O ovo e sua retórica  287

12. Regras, metáforas, humor, opções, recompensas  339

13. Uma viagem, um êxtase... Ou um milagre  397

14. Para que serve um mundo como este?  465

# ANTESSALA

## O mestre professor de criatividade

Uma frase deste livro resume a sua força como instrumento de transmissão de saber: "Imagino sempre mais útil fornecer testemunhos vividos, pessoais, do que outros, muito mais remotos, extraídos de livros".

Segundo J. Huinzinga, "só quando o humor iluminou sua mente", o velho Desiderius Erasmus, mais conhecido como Erasmo de Roterdã, "se tornou realmente profundo". E um fruto dessa mudança de qualidade é sua famosa sátira *Elogio da loucura* na qual, já nos fins do século XV, denunciava os doutores que repetiam *ad nauseam* outros doutores, numa sucessão tediosa de saberes cada vez menos consistentes, porque cada vez mais distanciados da experiência viva.

Na transferência do conhecimento, existem o mestre e o professor. O mestre fala do que sabe por experiência própria. Ao professor basta o talento didático para a transmissão de conhecimentos aprendidos dos mestres e, mesmo, de outros professores.

A um mestre se ama; a um professor – se é muito bom no ofício – admira-se.

Roberto Menna Barreto é um mestre-professor. Serve neste seu livro o pão bem assado de suas reflexões maduras de profissional bem-sucedido, enriquecido de todas as gulodices intelectuais que uma exemplificação cerrada oferece ao leitor-aluno que seu texto conquista.

É um banquete, este livro. Preparado com minuciosa competência por um mestre. Desde o prato principal à sobremesa. Sem que lhe falte o toque do espírito que estimula o paladar – e amplia o prazer – de quem lê.

*Francisco Marcelo Cabral*
Poeta, autor de *O centauro*,
*Inexílio* e *Baile de câmara*, entre outros.

# PREFÁCIO À PRIMEIRA EDIÇÃO

PROBLEMA – Ninguém lê prefácios.

SOLUÇÃO – Dê ao prefácio o nome de capítulo 1.

NOVO PROBLEMA CRIADO PELA SOLUÇÃO – Todo capítulo 1 é enfadonho!

SOLUÇÃO – Jogue fora o capítulo 1 e chame o capítulo 2 de capítulo 1.

AVALIAÇÃO DA SOLUÇÃO – Que solução? Tudo a que cheguei até agora foi um miserável plágio do prefácio de *Are your lights on?*, de D. Gaure e G. Weinberg (Makron Books, 1992), de forma que o problema de bolar um prefácio criativo para meu livro sobre Criatividade continua de pé.

AVALIAÇÃO DA AVALIAÇÃO DA SOLUÇÃO – Mas jamais um livro disposto a "ensinar" Criatividade começou com um plágio – daí já existir aqui alguma originalidade. Não há nada de novo debaixo do sol, e se, para conseguir um prefácio interessante, reconheço de antemão o plágio, o plagiado não terá do que se queixar. E o problema, em princípio, foi resolvido.

Além do mais, ninguém lê prefácios...

Tento outra abordagem:

Durante muito tempo, costumava deitar-me cedo.

– Não, não, seu elitista presunçoso, isso é irrealismo puro. Nem mesmo 1% dos leitores interessados em Criatividade – empresários, estudantes, executivos, professores, juízes, engenheiros, namorados, motoristas, síndicos de edifício, tenistas, donas de casa, enfim, *qualquer pessoa* interessada em SUCESSO nos diferentes papéis de sua vida – vai reconhecer o sabor, a finura e a picardia de começar um livro sobre Criatividade (algo *simples, trivial, intelectualmente primário*) com uma alusão ao maior romance de todos os tempos!

Proust não ensina a ganhar 50 mil dólares, ora essa!

Eu quis escrever um livro sobre Criatividade – uma Criatividade extremamente prática, operativa, quase rotineira – que inclusive ajude as pessoas a ganhar, várias vezes na vida, 50 mil dólares (ou boa parte disso, que seja).

Afinal, com as ideias que aqui apresento, *eu* ganhei (modéstia à parte) um bocado de vezes na vida, algo em torno dessa importância...

Lá vou eu de novo:

Esqueça todas as regras e teorias de todos os livros sobre Criatividade.

Inclusive as deste aqui.

*Criatividade no trabalho e na vida • 11*

– É plágio, é plágio do *Forget all the rules you ever learned about graphic design. Including the ones in this book*, de Bob Gill (Watson-Guptill Publications, Nova York, 1981).

– Mas foi o melhor que consegui para meu prefácio!

Sim, realmente, esqueça todos os livros que você já leu sobre o assunto, sabendo de antemão que a maioria esmagadora deles foi escrita por gente muito técnica (principalmente os compêndios sobre Criatividade empresarial), gente às vezes habilidosa em dissecar o tema... mas muito pouco *criativa*.

Esqueça qualquer teste de Criatividade que você tenha feito, pois simplesmente não há teste algum – legítimo – de Criatividade... exceto a vida!

Esqueça inclusive sua própria opinião sobre CRIATIVIDADE – uma palavra mirabolante, e hoje, a meu ver, *mistificadora*, pois já lançaram sobre ela tanta lantejoula e tinta luminescente que se tornou um "bem" mágico, hipnótico e inatingível... quando se refere a uma função corriqueira e normal de qualquer cérebro normal, livre do bitolamento excessivo e da depressão.

Já encontrei autores e mesmo instrutores de Criatividade – inclusive um titular da cadeira de Criatividade da Freie Universität, em Berlim Ocidental – que num papo informal de vinte minutos se mostraram indivíduos de conceitos pessoais muito previsíveis, rotineiros e "quadrados". Mais ou menos como muitos dos donos de agência de propaganda (o que não impede que eles também, eventualmente, possam ter boas ideias).

Já encontrei muitos políticos elogiando enfaticamente, em discurso público, a "Criatividade" de algum insigne homenageado – quando era óbvio que o pomposo orador não sabia do que estava falando...

Já encontrei muitas pessoas que obtinham ou obtiveram sucesso estrondoso em seus negócios, em suas carreiras, em sua vida pessoal, usando aqui e ali do mais puro pensamento criativo... sem se aperceberem de que estavam usando e abusando da Criatividade!

Assim, esqueça tudo que você sabe sobre Criatividade, pois o mais provável é que tudo que você sabe sobre esse assunto esteja furado.

Sinceramente: após ter ministrado mais de trezentos seminários de dois dias intensos de Criatividade, posso afirmar que 98% dos participantes (cálculo prudente) não sabiam, até então, *o que é* Criatividade! Sabiam, sim, *reconhecer* os sinais, as expressões de Criatividade – na propaganda, em soluções surpreendentes, em novos objetos etc. –, mas não sabiam, de fato, que diabo é isso! Quando souberam, quando se assenhorearam dos fatores imprescindíveis ao processo, criaram – todos – muitos no mais alto nível!

Eu quis fazer um livro sobre Criatividade que estivesse à altura do meu *Criatividade em propaganda* (Summus, 1982), adotado hoje, pelo que sei, por todas as faculdades de comunicação do país.

Eu quis fazer um livro sobre "Criatividade para todos", que satisfizesse, plenamente, os pedidos que venho recebendo, nos últimos quinze anos, por tantos dos mais de oito mil participantes de meus seminários, interessados em criatividade, e não em propaganda.

Eu quis fazer um livro sobre "Criatividade em ação", que realmente descerrasse, na vida de meu leitor, essa força natural que reside em seus neurônios e a pusesse intensamente em seu cotidiano, seja como valioso e contínuo quebra-galho, seja como impulso a serviço das metas de sua vida!

Eu quis fazer um livro sobre Criatividade que desmistificasse de vez esse assunto – e ainda fosse o mais prático e, mais ainda, o mais completo, o mais instrutivo e o mais absorvente livro de Criatividade do mundo!

Se você acha que estou sendo megalomaníaco neste prefácio, saiba que, por outro lado, estou assumindo um compromisso ambicioso com você: o de lhe ser ineditamente útil nesse campo (pelo menos na faixa de "livros"), e também o mais informativo e substancial.

É um compromisso que soa petulante e pretensioso num prefácio, mas que talvez possa ser honrado nas próximas 512 páginas deste livro. (Um livro grosso, pois tenho muito a lhe dizer.)

E é o que interessa, pois ninguém lê prefácios...

*Roberto Menna Barreto*
Rio de Janeiro, 30 de março de 1997

# 1
# Abertura e fechadura

*Mamãe, eu sempre quis ser criativo,
mas cada vez que chegou a hora,
papai me mandou tirar os
cotovelos de cima da mesa.*

Será possível ensinar Criatividade... sem que ninguém faça papel de bobo?

Ilustração de anúncio da Cryovac Division:
"Quando inovadores são ouvidos, faíscas começam a voar".

*"Tenho uma grande ideia. Vamos dizer a verdade."*

**Bill Bernbach, titular da agência de propaganda
considerada, em certa época, "a mais criativa do mundo".**

Um psicólogo, empenhado em explorar a inteligência animal, levou um macaco a uma sala de testes, de cujo teto pendia uma vistosa banana.

Em seguida, passou a dispor, pelos cantos da sala, num arranjo previamente definido, cubos e grades de diferentes dimensões, alguns capazes de se acoplar a outros, de tal forma que – numa combinação correta – dariam ao macaco altura suficiente para atingir a banana.

O psicólogo contava com um sistema de aferição minucioso e completo, perfeitamente apto a quantificar a capacidade de "resolver problemas" do macaco, com base nas opções e tentativas que ele fizesse com aqueles cubos e grades que a ciência lhe oferecia.

O macaco esperou que o psicólogo passasse pelo centro da sala, trepou-lhe aos ombros, deu um salto e agarrou a banana!

Praticamente, todo ato criativo – de solução surpreendente e inédita de problemas – é um ato *engraçado*.

Falarei disso adiante.

Praticamente, todo ato criativo ocorre *tendo em vista uma banana*.

No bom sentido.

Também falarei disso adiante.

A vida *real* está passando bem defronte dos seus olhos.

As soluções também!

É disso, afinal, que trata o presente assunto sob o fabuloso e badalado nome de "Criatividade".

Gostaria de saber por que meu amável leitor comprou este livro.

Se por acaso, em vez de começar a lê-lo, estivesse começando um seminário meu de Criatividade, eu lhe faria pessoalmente esta pergunta, como a faço a cada participante, encorajando-o a ser totalmente sincero:

"Por que razão, afinal, você está aqui?" (Quem quiser, pode mesmo responder, se for o caso: "Vim a esse seminário porque fui obrigado", ou: "Porque vai haver boca-livre nesses dois dias"; ou então: "Para ficar longe, durante dois dias, das chateações lá do meu departamento"; ou até: "Para pagar promessa"...)

Mas raramente escuto coisas assim.

O que mais escuto, acima de 90% das respostas, é, com algumas variações: "Criatividade é algo extremamente necessário, principalmente hoje em dia, com tantas crises e problemas, e estou aqui em busca de técnicas que me ajudem a ser mais criativo na vida profissional e pessoal".

É um objetivo extremamente legítimo, construtivo e, inclusive, lisonjeiro para mim, pelo crédito de confiança implícito. (Peço mesmo que todos, ao final, julguem o seminário com base nessa expectativa inicial.) A verdade é que, após o pronunciamento de cada um, paira no ar um otimismo difuso, uma esperança, ainda que tênue, de um futuro pessoal melhor...

Então, peço ao grupo (que acabou de se declarar tão partidário da Criatividade, e tão cônscio de sua importância) que lance mão das canetas e dos blocos de papel disponíveis e faça algo criativo – não importa o que, um desenho, uma frase, seja lá o que for – para que eu possa avaliar o potencial criativo de cada um.

Minha exigência é apenas esta: que o trabalho de cada um não seja algo que ele já viu não importa onde, por mais criativo que seja, mas sim que seja *realmente criado*, ali na sala, nos próximos dez minutos.

E aí está, para o grupo, a PIOR coisa que eu poderia ter inventado!

É uma ducha de água fria no bem-estar geral. Há gente que sempre deixa escapar um "ahnn..." de desolação. Outros riem nervosamente e se entreolham. Outros não conseguem sequer *entender* o que estou solicitando. Criar o quê? Uma frase, serve? Serve sim, como já disse, contanto que seja criativa. E um desenho? Também serve, como já disse, sabendo que não vou aferir as qualidades estéticas do desenho – não sou professor de belas-artes –, quero apenas ver a potencialidade criativa do desenho. Posso ser mais claro?

E, então, aos poucos, desce sobre o grupo um silêncio de morte.

Agora, todos se concentram sobre sua miserável folha de papel.

As expressões são graves. Há quem morda a ponta do lápis, como um aluno relapso que não estudou a lição; ou quem deixe seu olhar perdido no vácuo; ou ainda quem, tendo escrito ou desenhado alguma coisa, meneie desconsolado a cabeça, desaprovando o que fez...

Passados os dez minutos, solicito que voluntários apresentem suas obras. Uns fizeram um desenho imaginoso: uma casa poliédrica, um ônibus com oito rodas, um sistema solar com planetas quadrados etc.; outros partiram para a *science fiction*: desenharam um fax que traduz, automaticamente, cartas que recebe do exterior, ou um carro movido à poluição – sem fornecer, obviamente, detalhes de seu funcionamento; outros, mais objetivos, limitaram-se a representar, no papel, a disposição das mesas da sala, ou um retroprojetor que esteja à vista, ou até mesmo o rosto do instrutor (nesse caso, de modo sempre desfavorável, na minha opinião. O cartunista Ique foi um exemplo. Mas ele fez isso durante o curso *todo*!); outros ainda, sintéticos, limitaram-se a traçar um grande ponto de interrogação – o que retrata, com grande fidelidade, a perplexidade que estavam vivendo; outros, mais gutenbergianos, escreveram versos, eventualmente interessantes; ou então alguns parágrafos sobre o que lhes passava pela mente; ou mesmo declarações como: "Criatividade todos nós temos; falta apenas descobrir a chave do tesouro" (o que é absoluta verdade). Outros, por fim, num assomo de originalidade, cravaram o lápis numa caixa de fósforos, formando um miniobelisco, ou construíram, com a folha de papel, um aviãozinho, um canudo, um funil...

A cada apresentação, evito qualquer comentário e submeto ao grupo unicamente uma questão:

– Quem acha essa contribuição de nosso amigo Fulano *um exemplo de Criatividade* – dessa Criatividade que todos nós estamos aqui interessados em desenvolver em nossa vida pessoal e profissional? Por favor, quem acha levante o braço.

E raramente não vejo, no mínimo, meia dúzia de braços levantados... havendo mesmo casos de unanimidade compacta.

Afinal de contas, TUDO não seria criativo?

Pois não foi criado, sobre uma folha de papel em branco, um ponto de interrogação?

E como agiria meu leitor se, por acaso, alguém lhe pedisse assim, de chofre, para demonstrar sua criatividade?

Quando, depois de todos falarem, eu peço para apresentar minha própria avaliação, procuro ser muito cuidadoso para não ferir suscetibilidades:

– Em minha opinião – se me permitem ser totalmente franco – NADA do que foi feito aqui pode ser chamado de criativo! Estou pronto a reconhecer a espirituosidade de uma ou outra colaboração, o mérito estético de um ou outro desenho, minha concordância com uma ou outra afirmação. Mas, em minha opinião, NADA do que foi feito nesta sala, até agora, merece o nome de CRIATIVIDADE!

– E isso por duas razões (e bastaria uma única delas para tornar inviável qualquer possibilidade de uma ocorrência criativa):

**1** EU NÃO DEI PROBLEMA ALGUM!

**2** NINGUÉM CRIA NESSE ESTADO DE ESPÍRITO EM QUE VOCÊS CAÍRAM!

*Criatividade no trabalho e na vida* • 19

# A POTENCIALIDADE DE UM BOM PROBLEMA

Um problema – concreto, definido, mensurável – é a MATÉRIA-PRIMA do que se entende por Criatividade!

Não há Criatividade sem um problema referente!

E que problema? Aquele que ainda não se conseguiu resolver pelos meios disponíveis, tradicionais.

Assim, logo de saída, um precioso axioma: quem, na vida, está *fugindo* de problemas (e muita gente vive fugindo de problemas) está fugindo de sua própria criatividade!

Quem *detesta* problemas, quem se esquiva de qualquer problema, quem ainda não aprendeu a sentir o gostinho do desafio de um BOM PROBLEMA ainda não aprendeu a entrar em contato com sua própria criatividade! É simples assim.

Quem detesta problemas deve ter apenas um pouco de paciência: daqui a alguns anos – que passam depressa –, ele não terá mais problema algum... É claro que, até lá, até a "solução final", que nos espera a todos, terá de arcar, na vida, com o peso de problemas que não consegue resolver – de forma surpreendente e inédita –, pois o fato de ele não gostar de problemas não significa que os problemas não gostem dele, não o *adorem*, como adoram qualquer um de nós, fato que meu leitor está farto de comprovar na própria pele.

Quando alguém envereda pelos espaços abertos da Criatividade – sem estar previamente pautado por um problema concreto, real – qual o resultado, na melhor das hipóteses? DEVANEIOS! Planetas quadrados, tobogãs de papel, pontos de interrogação... Na pior das hipóteses, chegará a atitudes absurdas e maníacas, como a dos pichadores de nossas metrópoles...

Devaneios, *per se*, não são necessariamente negativos. Podem mesmo, em doses razoáveis, ser um exercício mental arejador. O cérebro humano é muito complicado, tem muitas funções e necessita exercer todas elas – inclusive o devaneio. Mas devaneios nem de longe possuem a competência prática, realista e altamente compensadora do que se entende por Criatividade. A mocinha que sonha o dia inteiro com seu "príncipe encantado" não é propriamente um bom exemplo de mocinha criativa...

(Um rápido alerta, como nota ao pé da página: o presente livro *tem muito pouco* que ver com Arte. Em princípio, pretendo manter afastadas maiores relações entre Criatividade – prática e pragmática, como a entendo – e o problema da Arte, mesmo os problemas da expressão artística. Mas não é uma decisão radical. Aqui e ali – principalmente no capítulo XII – indicarei algumas pontes entre uma coisa e outra.)


Quem já aprendeu a reconhecer o que é um BOM PROBLEMA, e a gostar de um BOM PROBLEMA, pode mesmo, por puro deleite, começar a se propor questões inéditas, dilemas ainda não suscitados na prática. Por exemplo: que outros aparelhos mediriam a pressão de um pneu que não o tradicional calibrador? Quais as vantagens de uma escova desprovida de pelos? Como eliminar todos os arquivos da empresa – e não entrar no caos? Isso tudo é também um campo fascinante de Criatividade, explorada sob a rubrica de "engenharia de valores".

Contudo, deixemos esse campo de especulações para quando você estiver mais ágil na faculdade de se divertir com problemas.

Por ora, fixe bem os olhos na MATÉRIA-PRIMA, real e imprescindível, de seu potencial criativo, cuja necessidade de desenvolvimento certamente foi o que levou você a comprar este livro.

E que matéria-prima é essa – promissora e imprescindível?

Os *seus* problemas, leitor.

Quaisquer que sejam: operativos, financeiros, conjugais, sociais, afetivos, administrativos, de comunicação, de saúde, de vendas!

São eles, sim, que contêm, surpreendentemente, a chave de *suas* grandes ideias!

A Criatividade começa invariavelmente com um PROBLEMA – e *acaba* com ele, nos dois sentidos da expressão!

## A POTENCIALIDADE DE UM BOM ESTADO DE ESPÍRITO

*Ninguém* cria naquela situação de insegurança, constrangimento e formalismo em que tantos dos meus ouvintes caem quando, logo no início do seminário, convido-os a "serem criativos".

*Ninguém* cria por compulsão, ninguém cria por exortação, ninguém cria por dever! O famoso apelo, que já ouvi inúmeras vezes disparado, por alguma chefia, dentro das organizações – "Pessoal! Precisamos ser mais criativos!" – é elemento muito eficaz para afastar de vez, dos recintos da empresa, qualquer chance realista de boas ideias!

Deixe-me adiantar logo: as pessoas só criam por duas razões: conveniência e prazer. Principalmente por prazer.

Certa vez, em 1993, eu tinha encerrado um seminário de dois dias para a Philips, em Embu, São Paulo, no "Rancho Silvestre". Como fiquei no hotel até o dia seguinte e dei por falta de minha caneta, fui procurá-la de manhã na sala que ocupara, e assim fiquei ouvindo o seminário que era realizado na sala ao lado (para outra empresa que, obviamente, não direi qual é). Um diretor falava à sua equipe, com veemência, mais ou menos nesses termos: "Pessoal! Os tempos estão muito difíceis! A concorrência está cada vez mais acirrada! Por isso, temos de ter agora muita garra! Muita motivação! Muita CRIATIVIDADE! Eu estou pronto a fazer a minha parte, as portas da minha sala estão sempre abertas para vocês. Mas é preciso que vocês também correspondam, sejam mais motivados, mais criativos!". E por aí seguia...

*Criatividade no trabalho e na vida* • 21

Bem – pensei comigo –, esse afinal é o *meu* produto. E todas aquelas frases estão *formalmente* corretas. Mas será que é assim que se consegue isso – Motivação, Criatividade? Por meio de exortações, que, todas juntas, não passam de um sermão? Sermão que contém, de forma muito nítida, uma ameaça?

Assim, fiquei lendo um jornal por perto, esperando o *coffee-break* do pessoal, para ver quem iria sair daquela sala. E quem saiu foi exatamente quem eu esperava que saísse: duas dezenas de funcionários muito sérios, levemente assustados, contraídos, conversando em voz baixa enquanto bebiam seu suco de laranja; e o tal orador (na certa, um chefão), com os olhos brilhando, sorridente, "dinâmico", exsudando triunfo! Na verdade, aquilo que ele pensava ter sido uma preleção motivadora, não passara de um discurso terrorista! E sua empresa estava pagando um bom dinheiro para alijar um pouco mais suas equipes do que se entende por Motivação e Criatividade!

Vejamos, um pouco melhor, o que se passa em meus próprios seminários:

Quando todo mundo acaba de enunciar o que espera de um seminário de Criatividade – para o qual tantos vieram espontaneamente, e sobre um assunto de cuja importância todos estão mais ou menos cientes –, há uma certa esperança no ar, e todo mundo mostra que está se sentindo BEM.

Quando, logo em seguida, peço, da maneira mais cordial possível, que os participantes mostrem um pouco sua própria criatividade – num seminário de Criatividade – todo mundo passa a se sentir MAL!

Por quê?

Por que não continuaram a se sentir tão bem como antes?

Que diabo ocorreu, na cabeça de cada um, para trocar um estado de espírito promissor por outro que não leva a absolutamente nada – exceto à aflição... e a divagações inconsequentes?

Imagino que noventa e tantos por cento das pessoas – interessadas em desenvolver sua criatividade –, na hora real de criar, caem nesse buraco negro. (Negro? Há quem o chame de "branco".) E nesse buraco não há nada, exceto – ainda que em dose amena – "choro e ranger de dentes"...

Prometo que no capítulo IX vai ficar muito evidente e compreendido o lance maldito que ocorre nesses momentos. Você não perde por esperar.

Acho necessário, agora, mudar um pouco de assunto – e levar um papo diferente com você.

# 2
# Há um moleque em sua vida

*A todo momento, com algo a lhe dizer.*

Ele pode ajudá-lo a se safar de enormes problemas.

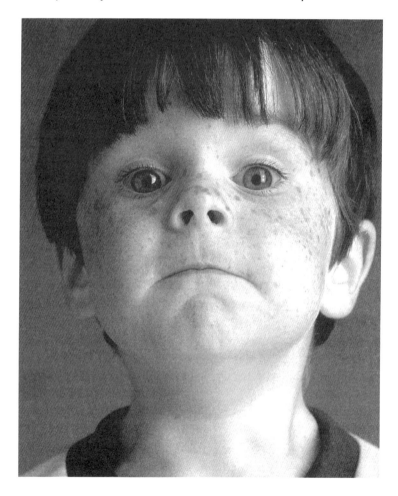

Ilustração de anúncio da LTU International Airways.

> *"Em todo homem adulto esconde-se uma criança louca para brincar."*
>
> **Friedrich Nietzsche (1844-1900)**

Ninguém pode falar bem sobre Criatividade sem ser de alguma forma polêmico. E também, de alguma forma, contraditório.

Vejamos logo um enfoque contraditório. Um bom livro sobre Criatividade deve oferecer... *o que* às pessoas? O próprio nome do assunto já sugere: coisas novas, coisas inéditas! Concordo plenamente. Espero, de coração, poder oferecer a meu leitor inúmeras coisas novas...

Ao mesmo tempo – contraditoriamente –, penso que um bom livro (ou um bom seminário, ou mesmo uma boa palestra) sobre Criatividade deve, antes de tudo, mostrar às pessoas – a você – o que você *já sabe*! Isto é: coisas que as pessoas sabem, mas não vivenciam! Não ativam, não põem em prática! Coisas que as pessoas sabem, mas deixam ficar encobertas por uma camada de conformismo, de rotina, ou de desinteresse, ou de excessiva racionalização, ou de insegurança, ou até mesmo de mistificação.

Por que razão vai-se formando essa "camada" na vida de tantas pessoas? Bem, há muitas razões, mas pelo menos uma delas – que é a que mais nos interessa, nesse campo introdutório – encontrei ao ler um relato autobiográfico (*Entre a água e a selva*, Melhoramentos, 1961) de Albert Schweitzer, aquele médico franco-alemão que deixou romanticamente a Europa para montar um hospital na África. Foi escritor, filósofo, idealista demais para meu gosto, excelente executante de Bach, e recebeu o Prêmio Nobel da Paz em 1953. Pois, a certa altura do livro, Schweitzer informa que, lá na África, "recusou-se a ensinar seu papagaio a falar para não tirar a dignidade da ave".

Essa frase me chamou a atenção, não só porque goste muito de papagaios (tenho três), mas porque me alertou para o fato de que ninguém ensina um papagaio a falar. A gente ensina um papagaio a *repetir*. E o mesmo acontece com os seres humanos...

Se você parar para considerar um pouco esse assunto, talvez concorde que a maioria esmagadora de tudo que lhe ensinaram na vida, desde que você ingressou na escola, tem por finalidade última fazer você *repetir*!

Você repete, por exemplo, que Pedro Álvares Cabral descobriu o Brasil. Você está certíssimo dessa informação, você inclusive a transmite para seus filhos assim que eles estejam em idade de aprender. Mas você *não estava lá* na ocasião! Você não tem nenhuma relação pessoal, vivida, concreta, com esse evento! De onde vem então sua certeza?

É porque alguém (com autoridade) lhe deu essa informação no passado, e outras pessoas (que também não estavam lá) a repetiram ao longo dos anos. E agora você a repete.

Você afirma – outro exemplo – que a Terra gira em torno do Sol. Por quê? Não é isso que você *vê* todos os dias. Todos os dias, você vê o Sol girando em torno da Terra. Na verdade, seria até defensável você supor que, a cada dia, há "um" Sol diferente, nascendo no leste e afundando no oeste. Mas o certo é que todo mundo vai achar que você é que é muito "diferente", se começar a defender uma "ideia" dessas... Isso porque, contra todas as evidências, todo mundo já aprendeu (de terceiros), e agora repete, que é a Terra que gira em torno do Sol.

Você sabe, você está convicto – e arrisco-me a dizer: mais convicto do que quanto a alguns dogmas de sua própria religião – de que a água ferve a 100 °C. Mas você pode até ter em casa termômetro, além de, obviamente, fogão, panela e água, e jamais lhe passaria pela cabeça dizer: "Deixa *eu* ver, com meus próprios olhos, se a água ferve mesmo a 100 °C". Ou então: "Será que esse troço ferve mesmo a 100 °C ou não passa de papo-furado o que todo mundo vive aí repetindo?". Claro, você não fará nada disso. Aliás, se o fizer, se sua esposa o vir de repente na cozinha tentando verificar se a água ferve mesmo a 100 °C, ela na certa vai se preocupar, vai achar que você está muito estressado, precisa de umas boas férias...

Mais ainda: as pessoas, em geral, *não brincam* com a informação nova, consagrada. Não dizem, por exemplo: "OK, a água ferve a 100 °C. E o que será que ela faz a 99,999 °C?". E se a gente começasse a sacanear a água? Deixá-la aquecer até 99,999 °C, mas impedi-la de chegar a 100 °C? Deixá-la desesperada, louquinha para ferver, mas impossibilitada de ferver pela falta de 0,001 °C? (Bem, devo reconhecer que alguém já se meteu numa molecagem dessas, e descobriu o quarto estado da matéria, o plasma.)

Não, na maioria esmagadora dos casos, as pessoas não reagem com irreverência alguma perante uma nova informação técnica, científica, consagrada.

O que elas fazem?

Hoje, a metáfora atualizada usaria o CD. Mas prefiro me reportar a uma prática já superada (porém mais útil para o que quero exemplificar): a da contabilidade mecanizada, com seus cartões perfurados.

Imagine um cartão desses, mas não retangular: um cartão perfeitamente *quadrado*. As pessoas, perante cada informação nova, pegam um cartão com a dita informação e colocam-no criteriosamente na cabeça.

E assim vão colecionando muitos, muitos cartões ao longo da existência. E passam a dispor de muitas e muitas informações.

Esse processo que acabei de descrever – e é importante que isso fique bem claro! – NÃO É, de forma alguma, negativo.

Ao contrário, ele é valiosíssimo, *imprescindível* à vida saudável, produtiva, de cada um de nós. Na verdade, o que tentei esquematizar anteriormente, pela metáfora dos cartões perfurados, é o processo normal de aprendizagem, pelo qual cada indivíduo vai se socializando, aculturando-se, transformando se num ser histórico, social, tecnicamente armado para sua própria realização pessoal.

Indivíduo que, por suposto, não aceitasse "cartão perfurado" algum – mas fosse 100% criativo – teria de começar criando a roda, o tacape e a pederneira. Por mais criativo que fosse, não teria anos de vida para chegar a seu celular, seu micro ou à nave Colúmbia. Não poderia sequer executar, adequadamente (o que exige manejo dos tais "cartões"), tudo que ele próprio inventasse. (Inventaria a roda, mas careceria da "informação" de que a pedra e a madeira seriam os melhores materiais disponíveis para construí-la.)

Quanto mais "cartões perfurados" alguém acumular – cartões confiáveis, consistentes, atualizados, bem ordenados em sua psique –, mais bem informado e tecnicamente competente estará para enfrentar, com sucesso, um número imenso de situações práticas em sua vida.

Esse processo nada mais é do que o exercício de sua racionalidade ou do chamado pensamento abstrato. Por oposto, alguém que tenha perdido totalmente essa capacidade de interiorizar e ordenar "cartões", e lançar mão deles convenientemente, em face de situações específicas – ou melhor, de usar, com eficiência, os recursos de seu pensamento abstrato –, será, clinicamente, o que se conhece como um *esquizofrênico*.

Podemos ficar de acordo quanto a isso?


Acontece que...

... quando esse processo de lidar com "cartões perfurados" é único, monótono, *excludente*; ou melhor, quando o indivíduo *especializou-se* em pensar, e resolver problemas, sempre se reportando previamente a "cartões" – ainda que excelentes – anteriormente incorporados como conhecimento racional; enfim, quando seus processos mentais, decisórios e conceituais somente se desenvolvem dentro dessa mecânica, na qual bons "cartões perfurados" estarão sempre legitimando a própria conclusão do pensamento; isso, esse processo unilateral, vai aos poucos comprometendo, "atrofiando", muitas vezes sufocando UMA OUTRA FORMA DE PENSAR: muito mais simples, muito mais *concreta*, muito mais primária, muito mais espontânea, muito mais instintiva, muito mais animal, muito mais infantil – e muito mais, também, engraçada – de PENSAR E RESOLVER PROBLEMAS!

De forma única, direta, explosiva – sem se reportar a "cartão" algum!

É a essa OUTRA forma de resolver problemas – muito mais espontânea, muito mais infantil etc. – a que se deu, recentemente, o fabuloso nome de CRIATIVIDADE!

Um nome que hoje, em minha opinião, só serve para atrapalhar. Isso porque – repetindo o que disse no prefácio -- já foi colocada tanta lantejoula sobre essas

*Criatividade no trabalho e na vida* • 27

doze letras, já se fez tanto mandraquismo e se armou tanta mistificação sobre essa palavra, que ela hoje parece definir algo mirabolante, maravilhoso, mas quase inacessível – quando não passa de uma função psíquica normal, de um cérebro normal, desde que livre do bitolamento excessivo e da depressão. É uma função *psicobiológica*, amigo. Básica, primária, inerente a todo ser vivo.

Então, mais um enfoque contraditório: estou convicto de que meu leitor só poderá aprender comigo algo sobre esse assunto, nas páginas que seguem, se aceitar, desde esta parte inicial, que *eu não posso lhe ensinar nada!*

Porque Criatividade é uma das poucas coisas que todo mundo *já nasce sabendo!*

É, como disse, uma função psicobiológica.

Tem apenas de ser reativada, reanimada, treinada.

Agora, um dado polêmico.

Publiquei, em 1982, um livro sobre Criatividade: *Criatividade em propaganda*.

Se por acaso lhe interessa saber: comecei minha vida profissional na agência de propaganda J. Walter Thompson, como redator; dois anos depois, deixei-a para ir num navio de carga à Europa, onde fiquei outros dois anos, viajando e fazendo "bicos" em propaganda; voltei para acabar minha formatura em direito e abrir um escritório de textos e planejamento, tendo servido (como *free-lancer*) a várias agências de propaganda do Rio e de São Paulo; isso acabou por me tornar titular de minha própria agência, muito pequena, mas que atendia exclusivamente a clientes grandes.

Como recebi alguns prêmios nesse período, o Simeão Leal, na época o diretor da ECO, Escola de Comunicação da Universidade Federal do Rio de Janeiro, me fez o estrambólico convite de responder pela recém-criada cadeira de Criatividade. E o apresentou em termos muito honestos:

– Olha, Roberto, nós nem sabemos direito o que é isso. Não temos temário, não temos currículo, não temos apostilas, não temos sequer bibliografia. Temos apenas duas turmas. Você topa ensinar Criatividade a elas?

Se fosse para ensinar marketing, se fosse para ensinar *media*, se fosse para ensinar rádio ou TV, ou mesmo texto, eu tiraria o corpo fora. Antes de tudo, por pura falta de tempo. Mas "ensinar" Criatividade – que diabo! Poderia alguém ensinar Criatividade? E como, por acaso, seria isso? O desafio me fez arranjar tempo (mais tarde reuni as duas turmas em uma só): bolei uma introdução, bolei uma sequência que desenvolvesse um determinado estado de espírito no pessoal, bolei uma série de testes, bolei uma escala de avaliação. E deu tudo certo (talvez não para duas moças que foram reprovadas)! Cheguei até a ser eleito "professor homenageado" pela turma, em sua formatura. Mas, depois da experiência, abri mão da cátedra. Por falta de tempo. (Principalmente.)

Contudo, com base nas anotações que preparei para esse curso, escrevi o tal *Criatividade em propaganda* – que continua tendo sucessivas edições e, segundo meu editor, é adotado ainda hoje por todas as faculdades de comunicação do país.

O livro, posso dizer sem hesitação, foi unanimemente bem recebido pela imprensa: houve artigos elogiosos no *Jornal do Brasil*, em *O Globo* (três vezes), *Última*

*Hora, Folha da Tarde,* de Porto Alegre, *Diário do Paraná, Hoje, Meio & Mensagem, Visão, Pasquim, Jornal da Comunicação, Propaganda & Marketing,* além de jornais na Bahia, no Maranhão, em Alagoas, Pernambuco, no Rio Grande do Sul, em vários do interior de São Paulo etc.

Agora, eu tinha um "colega" – não é mais meu colega, desde que há mais de dez anos abandonei a propaganda para me dedicar exclusivamente a treinamento em RH –, um xará meu, que o leitor deve seguramente conhecer, pelo menos de nome: Roberto Duailibi. O Roberto era, e é, titular de uma agência de propaganda que – principalmente à época em que meu livro foi escrito – já era, sem favor, uma das agências mais *criativas do mundo*: a DPZ (da qual o leitor certamente muito já ouviu falar).

A DPZ foi, na década de 1970, em minha opinião, um fenômeno inclusive de significação cultural e psicossocial. Produzia, continuamente, com competência e sucesso, sínteses de inventividade e rigor técnico muito acima de qualquer coisa que se fizesse, na época, nesse campo, neste país. Realizava, a meu ver, em sua área profissional, um *pathos* nacional: aquele anseio por sucesso irretorquível, em escala mundial, num campo de alta competitividade e complexidade técnica; o mesmo *pathos* que alimenta todo brasileiro, ao ver sua seleção de futebol entrar em campo; o mesmo que meu amigo, o antropólogo Roberto da Matta, identificou por trás da dor que tomou este país com a morte de Ayrton Senna.

Bem, Duailibi também escreveu um longo artigo sobre meu livro na *Folha da Tarde,* de São Paulo. Um artigo, esse também, bastante favorável, intitulado: "Um livro de criatividade saudado com champanhe".

Duailibi discordou praticamente apenas de uma coisinha, e é justamente em torno dessa coisinha (polêmica) que quero agora dissertar. Duailibi discordou quando eu disse lá no meu livro – o que, aliás, repito no prefácio deste – que, em minha opinião, Criatividade (essa Criatividade que estamos comentando: em propaganda, em comunicação, em administração, em vendas, na invenção de objetos, no trânsito, na vida pessoal – não em Arte, por favor, deixemos a Arte de fora!) é, como eu disse lá, grifado, *"um ato simples, banal, intelectualmente primário".* (Mudei apenas minha opinião quanto ao adjetivo "banal", trocando-o por "trivial".)

Duailibi – que tem também um bom livro sobre o assunto, *Criatividade em marketing* (McGraw – Hill, 1971) – achou minha colocação "injusta". Deu a entender que simplifiquei demais a questão. E opina, como bom paulista, ser meu ponto de vista "excessivamente carioca" – o que me fez dar alguns sorrisos discretos ao ler seu artigo, refestelado nas areias divinas de Ipanema, antes de me refrescar naquele mar irresistível, numa ensolarada quarta-feira...

Nunca tive a oportunidade de confrontar, com ele, os elementos de nossa discordância. Isso, aliás, não tem muita importância. O importante, penso eu, é deixar bem claro, junto a meu leitor, as razões pelas quais continuo convicto de que Criatividade – nas áreas que mencionei – é mesmo um ato mental *simples, trivial, intelectualmente primário.*

Eu acho, estou convicto, de que Criatividade não é um assunto sério! (Meu leitor já deve ter lido muitos livros sobre assuntos sérios. Mas o que tem em mãos, definitivamente, não se inclui na respeitável lista.)

Logo, Criatividade *não pode* partir de gente muito séria! Criatividade *não pode* partir de gente que vive com o cenho franzido; de gente que vive preocupada; de gente ostensivamente cônscia de suas notórias responsabilidades; de gente que tem a tendência a falar com o dedo em riste; de gente que tende a se sentar com o tronco para trás, os braços cruzados sobre o peito; de gente que anda muito empertigada (há gente que anda a pé como se estivesse andando a cavalo); de gente que fala com a voz empostada; de gente visivelmente convencida, por sobejos motivos, de sua própria importância (técnica, administrativa, hierárquica etc.); enfim, de gente que vive sempre com a cara *séria*!

Isso porque Criatividade não é uma coisa séria! Criatividade é uma coisa... *risonha*!

A Criatividade *só pode* – e peço licença para ser bem categórico nas próximas linhas –, só pode partir da criança que existe em cada um de nós!

Aquela criança de 4, 5, 6 anos que você já foi um dia, e – atenção! – *continua* sendo hoje, quer queira, quer não.

Acho importante ter a consciência de que o ser humano não é uma árvore: para a árvore acontecer, e crescer, a semente que lhe deu origem desintegra-se, desaparece. O ser humano, ao contrário, cresce por camadas. Quer dizer: aquela criança espontânea, curiosa, saudável, que você já foi um dia, continua a ser ainda hoje... *também*. Claro, de lá para cá aconteceram muitas coisas: sua escola, sua formação profissional, seu casamento, seus diplomas, seus filhos, suas obrigações e responsabilidades, seu CPF e seu título de eleitor. Isso tudo aquela criança não tinha, nem tem, nenhuma capacidade de compreender. Ela, porém, se mantém viva e íntegra dentro de você, como parte inalienável, até o fim, de sua personalidade total.

Claro também que, em muitas pessoas – e isso é muito, muito frequente –, essa criança, intuitiva e espontânea, raramente se manifesta, se expressa. Mas ela está lá. Meio murcha e calada como um sabiá na chuva. Sem entender nada (como toda criança) das argumentações lógicas, dos ditames da responsabilidade, dos deveres inerentes a cargos e ofícios, ou dos elevados princípios de ética e moral. Mesmo assim, a todo momento, com *algo* a lhe dizer. Algo de surpreendente frescor e propriedade. Como o faz toda criança, se você prestar atenção.

E, portanto, o que é uma criança? Todo mundo, afinal, lida, em maior ou menor grau, com crianças: seus filhos, ou sobrinhos, ou afilhados, ou filhos do vizinho. Olhe bem para uma criança: ela não é, definitivamente, um homenzinho ou uma mulherzinha, isto é, um adulto em miniatura. Ela não é um anão. Ela é um ser vivo, com uma realidade própria, íntegra, ainda que em evolução (situação, aliás, que todo ser humano, em qualquer idade, deve igualmente pretender).

Certa vez, me fizeram diretamente esta pergunta – o que é uma criança? – e me ocorreu responder: "É um chimpanzé", e as pessoas acharam que eu estava falando mal das crianças, quando na verdade eu só queria falar bem dos chimpanzés. De fato, se um dia você tiver a oportunidade de brincar e conviver mais longamente com um chimpanzé, vai se apaixonar pelo bicho. Por quê? Porque ele está muito próximo de uma criança: espontâneo, arteiro, intuitivo, imprevisível, dado a grandes arroubos emocionais (de afeto, de raiva, de alegria, ou de medo), curioso, às vezes inconveniente, travesso, safado. Qualquer psicólogo ou etólogo está pronto a atestar que um chimpanzé normal desenvolve as mesmas aptidões mentais de uma criança até 6 anos de idade. Só que daí não passa...

E o que faz uma criança de 3, 4, 5 anos muito semelhante a um chimpanzé?

Ela brinca, curte, se diverte, se entretém com pequenos detalhes de um ambiente (mais do que com o cenário como um todo); ela desdobra, na imaginação, usos incríveis para objetos triviais; ela se maravilha, por exemplo, com a chuva, com a lama, ou com um lagarto morto; ela é capaz de expor, longamente, muitas opiniões e declarações sobre os mais diferentes assuntos, mas totalmente indiferentes às opiniões ou aos comentários de seus ouvintes (que, por isso, tratando-se de adultos, se cansam rapidamente de sua conversa): Piaget mostrou que, mesmo quando várias crianças juntas empreendem, entre si, esse tipo de discurso, nunca se trata, na realidade, de uma verdadeira conversação, e sim de um "monólogo coletivo".


E o que faz uma criança quando encontra... UM PROBLEMA?

– Mas antes de tudo: O QUE É UM PROBLEMA para uma criança de 4, 5, 6 anos, ou mais?

Alguém poderá supor: ter seu brinquedo quebrado. Mas isso não é um problema – é um motivo de frustração, ou de raiva. Outra hipótese: encontrar um animal assustador. Tampouco é um problema – é um motivo de medo. Ou ainda: deparar com algo que não conhece. Tampouco é um problema – é um motivo de curiosidade.

O que será, então, UM PROBLEMA – da forma mais básica possível – para uma criança?

Alguém sempre acaba atinando: receber um NÃO para aquilo que ela quer fazer!

Sim, o verdadeiro problema para uma criança são *os adultos*!

Uma criança normal (quando não está com sono ou adoentada) quer fazer simplesmente TUDO. É a expressão normal da *onipotência*, que Freud foi o primeiro a localizar nas crianças. Agora, vêm de lá mãe, pai, parentes, professores, e limitam, constrangem, engargalam a *plenitude* em que ela quer atuar!

Claro, uma criança, principalmente nessa idade, não pode entender as razões lógicas, procedentes, sociais ou morais que se inserem no contexto dessas proibições. Ela quer muito, demais, *desfrutar* de alguma coisa – estar, por exemplo, em determinado lugar ou participar de algum evento –, mas surge, na contramão, um desacordo, uma discordância imperativa.

*Criatividade no trabalho e na vida* • 31

Esse, a meu ver, é o esquema mais realista e promissor para entender o que é um problema, um *bom problema* – aquele que é solo fértil para a eclosão da Criatividade: UMA ASPIRAÇÃO DE DESFRUTE CONTRARIADA POR UM OBSTÁCULO!

É a esses termos que eu gostaria, de coração, que meu leitor passasse doravante a reduzir, previamente, todos os seus problemas – administrativos, tecnológicos, financeiros, pessoais, seja lá o que for. Ou melhor, todas aquelas situações difíceis para as quais você se sinta hoje, honestamente, tão desejoso de uma BOA IDEIA!

Muitas situações difíceis, chamadas de problemas – que são mesmo sofridas "como" problemas –, na verdade, a meu ver, não merecem esse nome: são mais uma *confusão*! De uma pessoa que, por exemplo, se lamente: "Estou atolada por um milhão de problemas!", eu diria que ela não tem problema algum – está meramente confessando-se (pelo menos em relação àquele momento) bastante desnorteada na existência.

Uma confusão existencial não tem a articulação, nem o desafio, nem os termos claros e mensuráveis do que se entende por problema (pelo menos para as pessoas que estejam sofrendo tal estado). Quer dizer – perguntará o leitor – que problemas psicológicos, como são chamados, não podem ser resolvidos com Criatividade? Podem sim – e vou tratar melhor disso no capítulo IX. Mas adianto logo que, antes de tudo, eles devem deixar de ser uma confusão, para se articularem em termos claros, definidos, mensuráveis.

Nem todo problema exige Criatividade – por isso eu chamo de um BOM PROBLEMA aquele que exige. Agora, para que ele seja um bom problema, acho imprescindível que contenha, como elemento constitutivo da situação global, UMA ASPIRAÇÃO DE DESFRUTE (como está lá, na minha definição), um gozo real, uma alegria, uma recompensa! A tal banana de que falei, no início do capítulo I. É a raiz da Motivação – imprescindível à Criatividade! (Voltarei ao assunto.)

A definição que apresentei anteriormente não está completa. A completa seria: "Problema é uma aspiração de desfrute, contrariada por obstáculos numa situação em que o indivíduo *sinta* que lhe cabe atuar". Há uma antevisão de que há algo, sim, a fazer, a descobrir, para solucionar o impasse. Essa antevisão não é dada pelo raciocínio, e sim, muito naturalmente, pela intuição.

A morte, por exemplo, não é um problema. A morte de um ente querido é um motivo de grande dor, de tristeza, mas não é um problema (embora seja um obstáculo a que você desfrute mais daquele ser amado). Você não pode fazer nada quanto a isso. Agora, a eventual *solidão* a que essa perda venha a condenar sua vida – isso é um problema! A ser resolvido inclusive com Criatividade.

Não pense que estou me desviando muito do assunto. Bernard Lievegoed afirma que a *sabedoria* de um indivíduo é a estratificação máxima de sua criatividade.

Mas voltemos ao exemplo daquela criança saudável, cheia de gana por usufruir uma situação qualquer... impossibilitada, de repente, por uma discordância dos pais – obstáculo à sua aspiração.

O que faz uma criança numa hora dessas, perante esse típico (e arcaico) exemplo de um BOM PROBLEMA?

Em primeiro lugar, vejamos o que ela *não faz*. O que ela não faz nunca – ao lidar com uma situação dessas – é ficar pela casa passeando de lá para cá, muito preocupada, ruminando seu dilema: "Que miséria! Eu queria aquilo, agora meu pai disse isso, não sei que diabo vou fazer...".

Você jamais viu uma criança agir assim! Certamente, já viu gerentes, executivos, diretores agirem assim na sua empresa. Você também já deve ter agido assim. Mas uma criança, *nunca*!

É interessante: ela *não raciocina*. Ela nem "sabe" que tem um problema.

Ela, às vezes, nem mesmo conhece a palavra...

Que faz ela, então, pelo menos às vezes? (Não sempre, é verdade; pode também resignar-se à proibição, ou chorar, fazer manha etc.)

Quando depara com a dificuldade, ela abre bem os olhos, "saca" a questão toda, por inteiro, sinteticamente (não analisa nada) e arruma um jeito qualquer de SAFAR-SE da situação. O que significa: arruma um jeito, descobre uma brecha, uma saída original, surpreendente, de chegar direitinho aonde queria... sem "desobedecer" explicitamente, sem afrontar de cara a proibição em vigor! Dá a impressão de que "escapa", passando por entre as pernas do adulto – que, em geral, se queda perplexo. Se você é pai, ou mãe, já está careca (talvez literalmente) de saber do que estou falando...

A criança *não aprendeu* a safar-se! Não há técnica alguma para isso, não houve treinamento algum. Mesmo porque, nesse processo de safar-se, cada caso é um caso, cada questão problemática é, em geral, totalmente inédita, única. A criança lança mão, associa, combina, instintivamente, elementos materiais e psicológicos envolvidos, naquele exato instante, naquela situação específica, para encontrar uma solução surpreendente. Trepa nas costas do adulto e agarra a banana!


Prefiro dar sempre, na escolha de meus exemplos, fatos de que eu mesmo tenha participado.

Tenho duas filhas; uma delas, Vanessa, está terminando hoje, 2008, seu doutorado em comunicação, em Berlim. Há um bom tempo, quando ela tinha 16 anos, eu me aborreci com ela por algo de que não me lembro mais, e decretei: "Hoje, em hipótese alguma, você vai sair de casa, e nem seu namorado, nem nenhum de seus amigos, podem vir para cá!". Saí, peguei o carro e rumei para o aeroporto, pois ia voar para São Paulo (minha esposa, nessa época, estava no exterior).

Ao passar pelo Aterro, notei, com grande contrariedade, que me esquecera, em casa, de algo imprescindível em minha viagem.

Confesso que preferiria não voltar. Era um risco de me aborrecer de novo. Se Vanessa tivesse saído, ido à praia, ou recebido amigos lá em casa, a coisa iria ficar preta para o lado dela! Pois pai não é, numa hora dessas, para ser obedecido?

*Criatividade no trabalho e na vida* • 33

Ao sair do elevador, preparado para o pior, deparo com a porta de nosso apartamento aberta, Vanessa sentada no chão, inquestionavelmente do lado de dentro, e seu namorado, também sentado no chão, mas do lado de fora – ambos jogando damas, o tabuleiro na soleira da porta.

Ela me olhou, muito séria:

– Assim pode, não é, papai?

E eu, seco e de cara ainda fechada:

– É... assim pode!

(Ela não me "desobedecera" em ponto algum – mas o castigo que eu havia lhe dado, obviamente, fora para o espaço...)

Para ser sincero, "adorei" o incidente! Sim, sempre quis que meus filhos – ou qualquer criança que eu criasse – *também* tivessem essa capacidade, essa faculdade preciosa à sua vida futura: a de *criar*, descobrir um modo, inteligente e eficaz, de SAFAR-SE de algum obstáculo (embora, no caso, eu mesmo o tivesse imposto).

Porque tais, estou convicto, são os brotos iniciais da Criatividade prática na vida.


Gosto muito desse verbo – SAFAR-SE –, principalmente quando tento transmitir a meus ouvintes os pressupostos do processo criativo.

Há dois tipos de problemas na vida de cada um de nós:

**1** problemas – a maioria – para os quais possuímos instruções, "cartões perfurados", para resolvê-los (ou quando tais "cartões" já estão disponíveis ao nosso redor, nos livros ou na cabeça de alguém).

**2** problemas para os quais não temos "cartões perfurados" e descobrimos que ninguém tem. Isto é, problemas perante os quais concluímos, de repente, friamente, racionalmente, que não sabemos o que fazer!

Uma cadeia de "cartões perfurados", eficazes e compatíveis, é o que forma, em linguagem de computador, uma *programação*.

Agora, vejamos: quando, por exemplo, em sua empresa, perante problemas administrativos, operacionais, financeiros, de vendas, ou seja lá do que for, que você reconhece como pertencentes ao primeiro grupo, isto é, problemas que se inserem em área já previamente coberta por instruções, válidas e comprovadas (ou seja, por uma programação racional), você pode, ao tratar deles – naquelas notáveis reuniões empresariais –, apelar, se quiser e caso goste disso, para aquele linguajar tecnocrático e carregado de abstrações:

– Precisamos reposicionar os parâmetros ideológicos de nosso planejamento estratégico.

– Acredito que, nesse cenário setorializado, poderíamos resgatar alguns paradigmas da fase 3 de nosso *business plan*.

– Que tal formarmos forças-tarefa multidisciplinares para engenheirar nossos processos até nos tornarmos uma marca com *pay off* nacional?

– Se conseguirmos disponibilizar os recursos e tailorizar o estudo de viabilidade original, talvez pudéssemos até customerizar toda a organização.

Agora, pelo amor de Deus, *evite* radicalmente tal verborragia ao lidar com problemas do tipo 2. Será um exercício doutoral de impotência!

Ao contrário, quando você já estiver seguro, depois de intensivas discussões, de que nem você nem ninguém da sua equipe sabem mesmo *o que fazer* perante o problema em questão, MUDE DE CANAL! Renuncie a novas análises! Corte as proposições e firulas da retórica profissional (que, muitas vezes, diga-se de passagem, encobrem pura embromação) – e PENSE mesmo, honestamente, em *safar-se*!

– OK, pessoal, já analisamos bastante! Como é que vamos – AGORA – nos safar desse abacaxi?

Não é uma garantia, mas é um bom convite para, finalmente, alguém vir de lá com algo novo, e eventualmente prático, para aliviar o sufoco...

Um exemplo bem atual de problema desse segundo tipo: recessão.

No momento em que escrevo (para a primeira edição, meados de 1995), todo mundo discute se o Brasil, que esperava em termos econômicos lavar a égua até o ano 2005, já não estaria em nova recessão (queda de 20% na produção industrial, em julho).

Se isso ocorrer, teremos aí um problema real, que nos afetará a todos, empresas e indivíduos. Não é verdade?

Agora pergunto: o que empresas e indivíduos poderão fazer tecnicamente, analiticamente, matematicamente, cientificamente para "resolver" a recessão que os engolfa? Praticamente nada. Mente alguma, livro algum possui previamente a fórmula, a instrução completa e eficaz para superar um imbróglio desses. Isso porque qualquer solução terá necessariamente de levar em conta, de lançar mão, para cada caso, de elementos específicos e intransferíveis, de inúmeras particularidades absolutamente únicas e inéditas no tempo e no espaço.

Isso quer dizer que, em termos de SOLUÇÃO para esse problema, a abordagem *analítica* da situação será incompleta, pois tal abordagem só é possível, em qualquer caso, por uma instrução prévia, isto é, uma programação. (Como faz um computador. Que computador poderia tirar uma empresa dos torvelinhos de uma recessão?)

Ao contrário, é imprescindível, penso eu, MUDAR DE CANAL, descer também a uma visão mais primária, mais infantil – não analítica, mas *sintética* (criativa) – da situação:

– Que diabo nossa empresa pode fazer para *se safar* desse sufoco?

– O que vamos *ganhar* com essa situação?

Onde é que estão as enormes *vantagens* dessa crise toda, que eu sei que existem, mas ainda não vi?

Se, por acaso – nunca é uma garantia! –, alguma BOA IDEIA eclodir (que leve até, no futuro, o torturante problema da recessão a ser visto como uma graça dos céus), ela só eclodirá num ambiente instigado por esse tipo despojado e irreverente de especulação! Nunca naquele saturado de elucubrações metodológicas!

Sabemos que, em época de expansão, muita gente ganha dinheiro; mas sabemos também que, em época de recessão, alguns poucos ficam milionários. Você já deve ter comprovado isso, seja por relatos de sucessos, seja em sua própria experiência de vida. Agora, saiba um pouco mais.

Em tese, pessoas que ganham dinheiro em época de expansão usam mais sua lógica, sua técnica; pessoas que se dão bem em época de recessão – que ficam até milionárias! – estão, invariavelmente, lançando mão de sua criatividade. Mesmo sem ter consciência disso. Mesmo sem usar essa imponente palavra.

Criatividade é a barra de ouro que se esconde, sem sabermos precisamente onde, nas entranhas de um bom problema!


Eu gosto muito desse verbo: safar-se.

O *Dicionário etimológico da língua portuguesa*, de Antonio Geraldo da Cunha (Nova Fronteira, 1982), me confirma algo de que sempre suspeitei: safar-se é a origem da palavra *safadeza*.

Não, Criatividade *não é*, absolutamente, uma safadeza! Mas que, às vezes, ela tem um cheirinho, lá isso tem! Um cheirinho de molecagem... Um cheirinho de travessura...

Eu já não lembrei que a pré-história da Criatividade prática está na habilidade mental de uma criança em descobrir uma brecha que a faça "escapar" de *um* problema, safar-se? Não me admira que a palavra em inglês para travessura seja *escapade* (que também quer dizer *fuga*). Se alguém disser agora "Minha formação moral, ou meu *status* profissional, me faz incapaz, hoje, de uma travessura; seria impensável que eu fizesse, a essa altura da vida, uma boa molecagem!", eu seria obrigado a opinar que esse indivíduo, em termos de Criatividade (enquanto não mudar de postura), é carta fora do baralho.

Sua formação moral, muito importante em cada um de nós, bem como sua competência técnica – imprescindível à realização de qualquer profissional – estão, contudo, levando-o a bloquear, *sem necessidade*, UMA OUTRA ÁREA, também preciosa, e altamente promissora, de sua personalidade!

E que dizer do elogioso adjetivo *safo*? Define o Aurélio: "Diz-se de quem age com desembaraço e revelando iniciativa; esperto, vivo". Poderia acrescentar, como consequência: *criativo*!

O valor (50 mil dólares, em média) de um pensamento mais despojado, e mesmo maroto – com um leve cheirinho de "safadeza" –, é o que espero demonstrar com a elucidativa história que abre o meu próximo capítulo.

# 3
# Quando problemas pagam 50 mil dólares

*Você não gostaria de alguém que lhe desse essa chance?*

Poucos se interessam, de fato, pelo que lhes cai na cabeça...

Ilustração de anúncio da Multigraphics:
"Gostaríamos de jogar uma teoria de produtividade sobre você".

*"Problemas são o preço do progresso."*

**Charles Kettering**

Consta que houve um concurso em Nova York que premiaria com 50 mil dólares o primeiro candidato que descobrisse a altura de um edifício de Manhattan, a ser sorteado na ocasião. (Consta também que esse episódio é explorado em Curso de Criatividade da Universidade de Nova York; peço ao leitor que releve eventuais imprecisões nas informações técnicas, relatadas a seguir, como as recordo – imprecisões que em nada comprometem a moral da história.)

Esse concurso apresentava em seu regulamento uma exigência muito clara: cada candidato, no processo de descobrimento da altura do edifício, só poderia lançar mão do que estivesse dentro de uma maleta selada, a ser distribuída a cada participante, como um *kit* padrão, no dia do evento.

Assim, qualquer candidato que, no afã de descobrir a altura do edifício – e ganhar os 50 mil dólares – usasse qualquer artefato que não constasse da dita maleta, seria, com justiça, imediatamente eliminado, seja por desonestidade, seja por desatenção. E esse seu recurso não teria nada – nada – a ver com Criatividade!

Estamos todos de acordo?

Atraídos pelos 50 mil dólares, várias sumidades se inscreveram no concurso: um físico nuclear; um matemático; um astrônomo; um topógrafo (se eu soubesse que meu leitor trabalha, por exemplo, em uma firma de engenharia, eu acrescentaria: um executivo de firma de engenharia); e por aí vai...

E inscreveu-se também um sujeito que não era nada, não tinha diploma algum.

No dia marcado, sorteado o edifício, foi dada a partida.

Vejamos primeiro o que ocorreu com o astrônomo. O astrônomo abriu a maleta, remexeu seu conteúdo, deparou com várias coisas bizarras, mas de repente ficou feliz! O astrônomo exclamou para si mesmo: "Ganhei os 50 mil dólares!". Isso porque encontrou algo que lhe era extremamente familiar: um astrolábio!

Se por acaso meu leitor fosse executivo de uma firma de engenharia, e estivesse participando desse concurso, a visão do astrolábio não lhe daria alegria alguma. Dificilmente saberia do que se trata, menos ainda operá-lo com eficiência. Já con-

*Criatividade no trabalho e na vida* • 39

tei esse caso para plateias qualificadas, bastante numerosas, e, em quase todos os casos, não havia um só dos presentes que se declarasse capaz de lidar com um astrolábio. Isso porque não havia astrônomos entre os presentes. Da mesma forma como não havia outros astrônomos naquele grupo concorrente.

Assim, nosso astrônomo teve boas razões para dizer: "Ganhei os 50 mil dólares!". Ele também poderia dizer: "Ganhei, porque sou o único, desse grupo, a ter uma *técnica* capaz de reduzir essa situação problemática!". Ele poderia dizer: "Sou o único aqui a ter milhões de cartões perfurados para resolver, com esse instrumento, tal desafio!". De fato, somente ele, entre todos os demais, passara cinco anos na faculdade de astronomia, enriquecendo sua técnica apurada, perfurando cartões específicos.

Que fez ele? Procurou nos céus uma estrela que, de antemão, sabia ser ideal para servir de paralaxe (será esse o termo?). Digamos: Alfa do Centauro! (Não, não será Alfa do Centauro. Alfa do Centauro é o nome mais bonito de estrela que conheço e já me perguntei se minha disposição em contar sempre esse episódio não se prende também à satisfação que experimento ao pronunciar, em público, nome tão fabuloso.)

Aconteceu, como é comum nesses casos, que Alfa do Centauro não estava em posição ideal para as medições que o astrônomo pretendia, de forma que ele teve de esperar trinta dias para a Via Láctea se deslocar, trazendo Alfa do Centauro para a posição que lhe permitisse colocá-la no alto do edifício. Conseguido isso, procedeu, com o astrolábio, às mensurações cabíveis (que, no grupo de candidatos, somente ele sabia fazer), resultando com isso que, depois de 35 dias, nosso astrônomo sabia – tecnicamente, logicamente, racionalmente, matematicamente, dedutivamente, cientificamente e, também, sem dúvida, admiravelmente – a altura do edifício!

Sim, admiravelmente! Não quero, de forma alguma, deixar de reconhecer essa capacidade cerebral notável, que somente o ser humano possui, de, por meio de uma técnica específica, chegar ao resultado pretendido!


Retrocedamos agora 35 dias para ver como procedeu o matemático.

O matemático abriu a maleta, revirou seu conteúdo, encontrou o astrolábio – que, para ele, sendo matemático, era tão estranho e inútil como para a maioria de nós –, continuou procurando e, de repente, ficou feliz! O matemático congratulou-se consigo mesmo: "Ganhei os 50 mil dólares!". Isso porque encontrou na maleta duas coisas que lhe vieram a calhar: uma trena e, principalmente, uma tábua de logaritmos!

Desconheço a formação profissional do meu leitor e é possível que discorde de mim. Mas, para mim, uma das piores coisas que podem ocorrer no meu dia é encontrar uma tábua de logaritmos! Prefiro tropeçar em dez gatos pretos! (Fui torturado, durante três anos, no curso científico, pela maldita tábua de logaritmos! Hoje, tenho até repugnância por esse nome. Claro, não sou matemático, nunca precisei e jamais precisarei desse troço!)

Mas aquele senhor, no concurso, era matemático. Que fez ele? Esperou que o sol batesse no edifício, para medir sua sombra com a trena, em diferentes momentos, e processar suas aferições com a tábua de logaritmos – o que eu, particularmente, não sei como é possível.

Acontece que o sol, em Nova York, durante longas temporadas, não bate em edifício algum: o clima é ingrato, há a poluição de uma grande cidade, névoa fuliginosa etc. O matemático teve de esperar 45 dias até que o sol batesse fortemente no tal edifício ao longo do dia, de diferentes ângulos, e ele pudesse proceder a suas mensurações. De fato, após 45 dias, o matemático sabia também – matematicamente, logicamente etc. – a altura do edifício.

E assim, ao longo das semanas, aqueles candidatos foram descobrindo a altura do edifício, sempre lançando mão dos recursos que lhes oferecia a maleta... calcados nas elaboradas técnicas pertinentes à formação de cada um.

E o último sujeito, que não tinha formação técnica alguma?

Ele também abriu a maleta, remexeu em tudo que tinha dentro, fechou-a de novo, olhou atentamente ao redor. (Adendo muito importante, que não está no relato original, mas acho indispensável ressaltar: esse sujeito não se sentiu, de forma alguma, *inferiorizado*, ao lado das sumidades com que concorria! Ele se manteve motivado, numa boa!)

Que fez ele?

Foi falar com o porteiro do tal edifício! (Nos Estados Unidos, a portaria de todo edifício é obrigada a manter a planta completa do prédio, à disposição de policiais, bombeiros etc., para casos de emergência.)

O homem foi até o porteiro e propôs:

– Olhe, amigo, deixe-me dar uma olhada na planta do edifício e, em troca, lhe dou o conteúdo desta maleta: tem aí uns cacarecos que podem servir para decoração, para seus filhos brincarem, qualquer coisa assim...

O porteiro concordou e mostrou-lhe a planta – que obviamente trazia tudo, largura, altura etc. O homem tomou nota apenas do que lhe interessava e, *trinta minutos depois*, estava de volta à mesa dos juízes, levando apenas um pequeno pedaço de papel – talvez o verso de seu maço de cigarros – e anunciou:

– Descobri a altura do edifício usando apenas o conteúdo da maleta, como os senhores queriam. Aqui está!

Não é engraçado? Eu acho engraçado. Porém, muito, muito mais importante que a graça contida nessa história, é seu *resultado*, isto é, o que aconteceu com esse cavalheiro, ao chegar para os juízes com aquele pedaço de papel, rabiscado com três algarismos, e a informação de como os obtivera.

É um desfecho tão importante, em minha opinião, que vou anunciá-lo com letras maiúsculas. Isso porque é esse desfecho que dá todo o sentido decisivo – a atuação, algo insólita, daquele candidato:

### ELE GANHOU OS 50 MIL DÓLARES!

Sim, ele ganhou os 50 mil dólares porque *resolveu o problema como o problema estava equacionado*!

Se o regulamento contivesse, por acaso, cláusula que proibisse aos participantes comunicarem-se com quem quer que fosse, nesse caso tal candidato teria sido eliminado, e com justiça: por desonestidade ou desatenção.

Mas *não* havia tal proibição, clara e especificamente formulada.

Ele embolsou os 50 mil dólares!


Um problema *real* (falarei, em outro capítulo, de problemas "imaginários") pode ser entendido como "uma aspiração imediata contrariada por um obstáculo definido".

Assim, todo problema é, por definição, uma situação concretamente restritiva – a nos limitar um estágio maior de conhecimento, de desfrute, de sucesso.

Sabe por que, algumas vezes, ficamos encurralados, por um tempo absurdamente longo, numa situação dessas?

É porque, sobre tal situação, concretamente limitativa, somos levados, às vezes, a *acrescentar nossas próprias limitações*!

Que só existem em nossa cabeça...

Aí a barra fica muito pesada!


Na Universidade de Nova York, o relato termina aqui, com sua moral já comentada.

Mas vamos continuar a raciocinar, pois tal episódio tem mais a nos ensinar.

O que deve ter acontecido com aquele astrônomo, por exemplo, que passou 35 dias trabalhando, de forma muito objetiva e legítima, com a Alfa do Centauro?

Agora, ele também sabe a altura do edifício.

No entanto, obviamente, ele não apresentará o fruto de todo seu esforço intelectual numa desprezível tira de papel, ou no verso de um maço de cigarros...

Não – ele comporá um *relatório*!

Ele fará questão, obviamente, de apresentar, desde o início, os fundamentos teóricos – as leis e os teoremas astronômicos – que lhe deram base para todos os sofisticados e precisos cálculos que empreendeu na solução do problema. Isso preencherá um bom lote de páginas.

Obviamente, também, ele não preencherá tais páginas à mão, ainda que legíveis, nem numa máquina de escrever antiquada, cheia de falhas de datilografia. Não, ele as fará na impressora do seu micro, e todas terão margens perfeitas, e seu texto será adequadamente espacejado, tudo com uma apresentação gráfica impecável.

Mesmo assim, de forma alguma entregará tais páginas soltas aos juízes, meramente numeradas...

Não, ele as porá numa capa! E manterá todo o conjunto agradavelmente coeso por uma espiral! (Se "o meio é a mensagem", como diz Marshall McLuhan, então há base para minha impressão de que boa parte da competência de um relatório resida na espiral! Quando recebo um relatório, a primeira coisa que vou "ler" é a espiral. Se deparo, por acaso, com uma espiral importada, sinto que defronto com um primor de excelência profissional. Estou sendo um pouco irônico.)

E tudo que continuará acontecendo também é previsível. O astrônomo apresentará seu relatório aos juízes, e eles lhe dirão a única coisa conveniente e justa para dizer:

– Parabéns! É um trabalho notável, impressionante.

Mas terão, é claro, de acrescentar:

– Acontece que os 50 mil dólares já estão longe daqui...

É claro também que o astrônomo perguntará:

– Quem foi que os levou?

E é claro que os juízes dirão a verdade:

– Foi um cara que descobriu a altura do edifício em trinta minutos.

É claro, ainda, que o astrônomo não se contentará com essa notícia e quererá saber detalhes:

– Que processo técnico esse homem usou? Quais os parâmetros prévios que o nortearam? De que paradigmas comprováveis ele lançou mão? Qual o planejamento estratégico que seguiu?

E é claro, finalmente, que os juízes não terão motivo para mentir:

– Nada disso. O sujeito trocou, com o porteiro do edifício, o conteúdo da maleta pela autorização de consultar a planta!

A partir desse ponto, não sei ao certo o que o astrônomo dirá. O que diria você, leitor, na posição desse astrônomo?

Há duas hipóteses básicas. E a mais provável, lamentavelmente, é de que esse astrônomo irá, em maior ou menor grau, se indignar. E dizer alguma coisa como:

– Ah... Isso não vale!

Eu gostaria que meu leitor, doravante, sempre que deparasse com um problema para o qual, de todas as formas, não estivesse encontrando nenhuma solução lógica, sensata, racional (apenas nesse caso!), passasse a ser extremamente fértil em sugerir, aventar, propor um milhão de possibilidades que pudessem, talvez, resolver a questão.

E se, perante alguma sugestão dessas, alguém a seu lado torcer o nariz e lhe disser "Ah... Isso não vale!", há uma boa possibilidade (não uma garantia, note bem; não há garantia alguma no processo de Criatividade) de que você já esteja no caminho *certo*!

*Criatividade no trabalho e na vida* • 43

Toda boa ideia – ainda que só em potencial – tende a gerar resistência! Isso é axiomático. (Um amigo me disse: jamais me meto em desenvolver projeto novo em minha vida se não tiver certeza de contar, por parte de alguns, com certo nível de crítica, ou de descrédito, ou de estranheza, ou mesmo de repúdio às minhas ideias. Aprendi que, nesse caso, minhas chances são maiores...)

Qual o símbolo máximo da Criatividade?

O "ovo de Colombo", uma história que você conhece. Mas vale relembrá-Ia por sua absoluta semelhança com o concurso do edifício.

Contam que a rainha da Espanha anunciou que cederia três caravelas ao navegador que fosse simplesmente capaz de *colocar de pé sobre sua mesa um ovo de galinha*. E acorreram muitos navegadores. Sabem quem eram eles? Grandes profissionais! Eram todos sujeitos detentores de uma técnica comprovada e apuradíssima, capaz de fazê-los, qualquer um deles, cruzar os mares, no século XV, numa casca de noz (se me permitem essa imagem original). Cada um deles estava interessadíssimo em se apossar da Santa Maria, Pinta e Nina! Muito provavelmente todo o sucesso de sua vida profissional dependia agora não mais de sua competência náutica, e sim de pegar aquelas naus para rodar pelo mundo, realizar seus projetos! Mas, para tanto, teria de colocar de pé aquele ovo de galinha...

Você conhece: muitos tentaram, tentaram e não conseguiram. Colombo também tentou, tentou – e não conseguiu! De repente, parou de tentar e deu uma pancadinha na base do ovo, e o ovo ficou de pé, e ele pegou as caravelas, e descobriu a América, e ficou rico (escravizando índios e roubando seus próprios marinheiros, mas isso é outra história), e ficou famoso, pôde fazer muitas outras viagens, e tornou-se imortal (embora hoje, provavelmente, ele não saiba disso). Enfim, pelo menos, profissionalmente, realizou-se.

Mas a história se esqueceu dos *outros* navegadores. Aqueles que *não* pegaram as caravelas, *não* descobriram a América, *não* foram a parte alguma – exceto, quem sabe, às tavernas do porto de Palos, ou de Cádiz, para encher a cara devido à chance perdida...

E qual teria sido, na certa, o papo monotemático desses competentes navegadores, fedendo a rum, para justificar seu fracasso? Hein? Hein?

O que na certa eles disseram quando Colombo quebrou a base do ovo? Hein? Hein?

E há tantos modos de colocar de pé, sobre uma mesa, um ovo de galinha! Por exemplo: cozinhando previamente o ovo; colocando uma pitada mínima de sal na mesa; alterando, muito levemente, a superfície da mesa; bombardeando previamente a estrutura molecular do ovo com um feixe de nêutrons etc. Nenhuma dessas alternativas, particularmente a última, estava proibida na enunciação do problema.

Até mesmo um navegador que colocasse o ovo de qualquer maneira sobre a mesa da rainha, mas a alertasse de que fez isso *de pé*, e não sentado, em minha opinião solucionaria o problema, *como o problema estava enunciado*, e mereceria as caravelas...

Note que nem sempre o "Ah... Isso não vale!" é lançado exatamente com essas palavras. Há inúmeras expressões equivalentes, com o mesmo efeito letal.

*Noventa e nove maneiras de matar uma ideia* (*99 Idea Killers*) é uma publicação original da empresa subsidiária da Doyle, Dane Bernbach – considerada, sem favor, durante décadas, a agência de propaganda mais criativa do mundo. Foi traduzida, aqui no Brasil, pelo pessoal do Banco de Ideias, e reproduzida na *Folha de S.Paulo* por Alex Periscinoto, diretor de criação de uma grande agência de São Paulo.

(Em tempo: o presente livro não está absolutamente voltado para "Criatividade em propaganda", tema do meu livro anterior, ao qual não teria muito a acrescentar. Mas, aqui e ali, devo me reportar à ocorrência de Criatividade nesse setor, por implicar, frequentemente, episódios muito vistosos e até célebres. Trata-se de uma forma de Criatividade como outra qualquer, e que obedece, tanto em seu processo quanto em sua eclosão, aos casos de Criatividade em qualquer setor: científico, administrativo, militar etc. De resto, acho as agências de propaganda, digo, as competentes e criativas, laboratórios psicossociais riquíssimos, cujo valor, em minha opinião, está longe de ter sido devidamente estudado. Mantenho, inclusive, a suspeitíssima opinião de que autores que nunca conviveram com uma boa Equipe de Criação, para ver como elas funcionam *na prática*, deveriam fazer isso antes de escrever livros sobre Criatividade. Voltarei ao assunto.)

Como o nome diz, trata-se de 99 reações negativas, lamentavelmente muito comuns, que um bocado de gente manifesta ao deparar com uma sugestão criativa. Exemplos:

- Acho que alguém já tentou isso antes e não funcionou.
- Você deve estar brincando...
- Os homens não vão deixar.
- Espere só até a gente ver quanto custa.
- Você está pensando que está nos Estados Unidos? Você está no Brasil!
- Isso só vai trazer dor de cabeça.
- De onde é que você tirou isso?
- Se deixar, você vai pôr essa empresa de cabeça para baixo.
- Esse negócio vai custar uma grana!
- Você sabe que nossa diretoria é muito careta.
- A gente nunca fez nada igual a isso.
- Semana que vem a gente fala sobre isso.
- Todo mundo vai pensar que somos uns idiotas.
- Isso não faz parte da cultura de nossa empresa.

Analisemos um pouco a última das objeções da lista – "Isso não faz parte da cultura de nossa empresa" –, pois ela se tornou, como tenho notado, extremamente frequente, e "moderna", na apreciação de novas sugestões que eventualmente emerjam numa comunidade corporativa.

Embora ostente certo verniz de cientificismo antropológico (daí o seu sucesso), trata-se, na verdade, de uma das afirmações mais absurdas e covardes contra o espírito de inovação de qualquer grupo, de qualquer departamento (ainda que, quem a profira, muitas vezes não tenha consciência disso).

Vejamos ponto por ponto:

**1** Uma empresa tem uma cultura? Certamente sim, todo grupo organizado gera uma cultura. Mas esta é uma superestrutura imanente, abstrata, que influencia e se deixa influenciar por todo o grupo, e que varia bastante no tempo e no espaço. A Petrobras tem uma cultura? Certamente sim. Mas já trabalhei, profissionalmente, com grupos de executivos da Petrobras em todas as regiões do país e posso testemunhar o óbvio: a cultura da Reman, em Manaus; da Asfor, em Fortaleza; da Relan, em Salvador; da Reduc, no Rio; e da Replan, em São Paulo, são sensivelmente diferentes umas das outras.

Deixe-me dar um outro exemplo, inclusive por sua curiosidade. A Lufthansa também tem uma cultura, que inclui, entre outros componentes, uma imagem muito forte e internacional de competência e de qualidade "alemãs" – o que normalmente você reconhece desde que entra em qualquer loja de passagens da companhia, em qualquer parte do mundo: limpeza, cordialidade, civilização. Bem, não em "qualquer parte". Isso porque, na Índia, em 1989, eu e minha mulher, surpresos, deparamos com mulheres camelôs, de sári, vendendo bugigangas *dentro* da loja de passagens da Lufthansa! O caos das ruas de Nova Déli achara jeito de se infiltrar, não sei após quantos anos de esforços, no espaço pasteurizado da empresa alemã. A cultura da Lufthansa cedeu, a duras penas, ante a cultura indiana! Quem já visitou a Índia sabe muito bem como isso é possível...

Digo também por experiência própria: multinacional alguma, das que razoavelmente conheci por dentro, jamais teve sucesso no Brasil *enquanto* se manteve 100% fiel aos padrões e à cultura da matriz... muitas vezes por exigência da matriz. Isso porque sua flexibilidade, sua interação com o meio e, por que não dizer, sua criatividade vão a zero! Esse é um problema frequentíssimo entre dirigentes estrangeiros dessas multinacionais, como cheguei a conhecer.

Então, é um contrassenso vetar, de cara, uma ideia que não faça "parte da cultura da empresa", como se a CULTURA da empresa fosse algo absoluto e mensurável, como a superfície da Lua.

**2** Ainda que uma ideia "não faça parte da cultura da empresa", ela pode muito bem, doravante, passar a fazer. Hoje, ninguém, mesmo quem alegue que uma proposta "não faça parte da cultura da empresa", teria a coragem de afirmar que sua empresa está fechada à modernização, à mudança. Ninguém! A necessidade de evolução, atualmente, é tão óbvia, tão celebrada e tão confirmada pelos desafios reais de cada organização que ninguém, em qualquer nível hierárquico, a poria em dúvida ou discussão.

Ora, se a empresa muda – e quer mudar –, então é óbvio que sua cultura também irá mudar. É simples assim.

Além disso, muito provavelmente, problemas que atormentam a empresa, *hoje*, advêm, justamente, da falta de iniciativa, da falta de inovação, dos que podem fazê-la mudar. E tudo com a colaboração efetiva dos que vetam a proposta sob a alegação de que ela "não faz parte... etc."

O que pode ser defendido e preservado como "cultura da empresa" são, em minha opinião, tradições de solidariedade, qualidade e colaboração entre os que trabalham nela. É muito. Mas não passa disso!

A "cultura da empresa" não pode ser uma laje fria a esmagar o espírito de especulação e mudança – em face de problemas reais – dos que defrontam com tais problemas!

**3** E, finalmente, muito importante: a pessoa, qualquer que seja seu nível hierárquico, que está soterrando uma ideia sob o argumento de que ela "não faz... etc.", não tem certamente estipulada, entre as atribuições previstas em seu contrato de trabalho, a função de "zelador da cultura da empresa". Mesmo porque essa função não existe, seria de execução impossível.

Significa, simplesmente, que tal pessoa está assumindo uma atitude *abusiva* dentro da corporação.

Nem mesmo o dono da empresa tem poder *real* de fixar a cultura da dita cuja. Porque tal cultura é algo, como se sabe dela, abstrato, condicionado a numerosos fatores mais ou menos incontroláveis.

Tudo que ele conseguirá, na prática, com essa objeção absurda, será fomentar, no ambiente de trabalho, uma "cultura" imobilista, impositiva e burocratizante!

Em face dos problemas reais de uma empresa, qualquer ideia, ainda que imperfeita e embrionária, deverá ser ouvida com um mínimo de talento que seja, deverá ser apreciada por seu potencial, ainda que remoto, de *solução* – e não por imposições imaginárias de tal "cultura".

Nenhuma ideia nasce perfeita, é bom termos consciência disso.

Dê-lhe, por favor, alguma chance para crescer!

A evidência de que tais "assassinos de ideias" não atuam apenas na operação de uma agência de propaganda, mas em qualquer área onde comece a ocorrer a Criatividade, está no próprio artigo de Alex Periscinoto, em que ele apresentou os *99 Idea Killers*.

Alex nota que dentro de qualquer ambiente de trabalho acontece isso. Por exemplo – conta ele –, o presidente da Sony, Akio Morita, "que é uma pessoa muito criativa", relata em entrevista que, depois de ter "inventado" o *walkman*, descobriu que os técnicos da Sony não ficaram nem um pouco entusiasmados com a ideia, e apelaram para as escusas números 28 e 74 (da tal lista de 99): "A gente nunca fez nada igual a isso" e "Acho que não vai colar". Morita não gostou das objeções, fez valer sua intuição e seu talento para o negócio dizendo: "Desisto da presidência se não vendermos cem mil aparelhos até o final do ano". E no primeiro ano de operação foram vendidos três milhões de *walkmans*...

Eu também acho Akio Morita "uma pessoa muito criativa", não tanto, confesso, pelo que já ouvi dele, nem pelos livros que escreveu, pois a esmagadora maioria desse tipo de livros é convenientemente enriquecida e abrilhantada por *ghost writers*.

Minha impressão deve-se mais a uma entrevista coletiva que concedeu a representantes das maiores indústrias de eletrônica dos Estados Unidos, que li não sei onde, sendo duas de suas respostas a seguir reproduzidas de entrevista à *Playboy*, de 1982.

Um daqueles representantes lhe fez, em público, esta pergunta-bomba (reproduzo de memória):

– Sr. Morita, os presentes nesta sala representam um conjunto de indústrias que gasta trinta milhões de dólares anuais em pesquisa de mercado. Nós estamos convictos de que empregamos os mais sofisticados e científicos métodos de pesquisa para conhecer a fundo nosso mercado e poder da melhor forma atendê-lo. Chega a Sony aos Estados Unidos, não gasta um tostão em pesquisa e, em cinco anos, abocanha 15% desse mercado! Diga-nos, por favor, o que estamos fazendo de errado, ou o que há de errado em nossas pesquisas?

E Morita:

– Não penso que haja nada de errado com as pesquisas de mercado americanas. Já tive em mãos várias dessas pesquisas e pude comprovar que elas são muito acuradas, científicas e competentes em sondar o mercado, em conhecê-lo a fundo. Acontece apenas que, no nosso caso, nós não pesquisamos o mercado. Nós *criamos* o mercado!

Outra pergunta:

– Sr. Morita, em sua opinião, por que as indústrias dos Estados Unidos são atormentadas por incontáveis processos judiciais, enquanto no Japão, a despeito da existência de enormes trustes, o número desses processos é quinze vezes menor? O que as empresas deste país estão fazendo de mais errado que as do Japão?

– Eu não acho que as empresas americanas estejam fazendo nada de mais errado que as japonesas. A razão de tantos processos, acho eu, é que as universidades americanas diplomam, para cada engenheiro, também um advogado. E o Japão diploma apenas um advogado para cada quinze engenheiros...

A solução só apareceu mudando-se o ponto de vista!

Quer dizer então que Morita (e a Sony) descobriram o caminho infalível para o sucesso contínuo por meio de uma orientação arguta e criativa?

Nada disso, isso não existe. Talvez não por coincidência, foi a Sony que assinou o maior fracasso da indústria eletrônica que conheço: seu vídeo Betamax.

Em Criatividade, cada caso é um caso. Um único caso. Não há diploma, nem folha corrida, nem atestado de bons antecedentes. E não há garantia de nada! Esse é o nome do jogo!

Contudo, considerando o que era Akio Morita quando começou sua vida profissional, como mero entregador dos produtos de sua pequena empresa a bordo de um surrado caminhãozinho, e o que ele é hoje – mesmo tendo de retirar milhões de Betamax do mercado –, ele não deve ter muito para se queixar nessa área da vida.

Agora, é importante diferir entre o "isso não vale", com todas as suas 999 variações (refiz os cálculos) e *objeções realistas*, frequentíssimas na vida de quem aprendeu a brincar com ideias.

Será muito comum, amanhã, em sua empresa (se por acaso já não ocorre hoje), você apresentar uma sugestão, aparentemente promissora, e ouvir, por exemplo:

– Você está baseando sua ideia naquele dinheiro que iria para seu departamento, mas pode tirar isso da cabeça porque a diretoria mandou cortar a verba.

O que deve você fazer nesse caso? TIRE A IDEIA DA CABEÇA, ora essa! Parta para outra! Aceite inclusive a notícia como um estímulo para resolver todo o abacaxi sem gastar nada! Se por acaso conseguir, seu reconhecimento, na empresa, será muito maior...

A maioria esmagadora das ideias – prepare-se para isso – *não pode ser aplicada*! Lamento, mas é isso mesmo. E não pode por numerosas razões, quase todas bem procedentes: porque é muito cara; porque é antiética; porque há outra ideia melhor; porque ninguém gostou dela; porque a polícia, a prefeitura ou o imposto de renda proíbem; porque o risco real de fracasso é exorbitante; porque exigiria a participação do Abominável Homem das Neves – e até porque ela não resolve nada!

E daí? Parta para outra! Largue o osso! (Nas Equipes de Criação de agências verdadeiramente criativas, é muito frequente a avaliação final de uma ideia brilhante vir nos seguintes termos: "É realmente uma ideia genial. Esqueça-a!". Às vezes, é doloroso.)

Thomas Huxley já observou que "a grande tragédia da ciência é o assassinato de uma linda hipótese por um fato horroroso".

A pior coisa, em minha opinião, não é o homem sem ideias, mesmo porque estou convicto de que isso não existe. É o homem com *poucas* ideias. Pior ainda é o homem "com uma ideia só", aquele que só teve uma ideia até hoje. Nesse caso, essa ideia tende a tornar-se uma obsessão – uma "ideia fixa". Conheço vários casos assim. A patologia tem origem, realmente, numa boa ideia, potencialmente útil, mas, a partir daí, e com base nisso, o indivíduo refuga todas as evidências, por mais realistas que sejam, de que tal ideia é inaplicável; em última análise, não vale nada.

*Criatividade no trabalho e na vida* • 49

Não sou o único que pensa assim: o filósofo francês Émile Chartier afirmava que "nada é mais perigoso do que uma ideia, quando ela é a única que a pessoa tem".

Ao contrário, um indivíduo aberto à Criatividade é capaz de gerar muitas ideias, até contraditórias. É capaz de descartar suas próprias ideias, se por acaso encontrar outra melhor. É capaz de reconhecer que uma ideia, sua ou de outrem, resolve o problema – e mesmo assim partir para outras que também resolvem. Não confunde convicções (patrimônio moral) com ideias (bens descartáveis). Já se disse que uma cobra morrerá se não trocar de pele, assim como um homem morrerá se não trocar seus pontos de vista. Certo titular de uma pequena agência de propaganda, muito competente e criativa, tinha em sua mesa, em torno da qual fazia reuniões com seu Grupo de Criação, o letreiro: "Não se preocupe em concordar comigo porque já mudei de ideia".

Agora, como diferir, na prática, a eventual apreciação negativa – sinal de que talvez seja a hora de mudar de ideia – do "Isso não vale"? Simples: o "Isso não vale" é irrealista, idiossincrático (perdão), refratário a uma argumentação objetiva. Inclui sempre, nas entrelinhas, uma certa crítica *a você*, uma leve admoestação. E é proferido não por alguém com o rosto tranquilo, mas por alguém com o nariz franzido, ou meneando a cabeça, ou de cara emburrada.

Nesse caso – sem garantia alguma –, tente com discrição, prudentemente, ver se é possível preservar a ideia, e tocar o projeto para frente!

Voltemos ao concurso do edifício. Afirmei que não sabia ao certo o que diria o astrônomo ao ser informado de que seu concorrente abiscoitara o prêmio por meio do recurso de ir falar com o porteiro. Isso porque haveria duas hipóteses básicas. A primeira – "Isso não vale" – já comentei o suficiente.

E a segunda?

A segunda é a saudável, vigorosa – a de um indivíduo verdadeiramente aberto à Criatividade! –, ainda que, naquele caso, não tenha tido nenhuma ideia e tenha deixado de ganhar 50 mil dólares:

– DIABOS! POR QUE NÃO PENSEI NISSO ANTES?

Afinal, tanto ele, astrônomo, como o matemático, o físico, ou qualquer um dos participantes – não importa sua formação técnica – poderiam muito bem ter ido logo falar com o porteiro. Não é verdade?

Quando você estiver enredado num problema que não consegue resolver – não importa em que área nem qual sua complexidade técnica –, indague-se, perscrute, intuitivamente, instintivamente, se não chegou, talvez, a hora de abrir mão de todo processamento teórico, de toda elucubração analítica e achar um jeito de ir falar com o porteiro!

E não tente isso, por favor, apenas porque estou aconselhando. Olhe em torno, na vida, no mundo. Leia milhões de relatos, que surgem a todo momento, sobre grandes sucessos nas empresas, nos negócios, nas vendas, nas emergências, nas guerras, mesmo na vida pessoal.

Os grandes pacotes com "50 mil dólares" – reais ou metafóricos e, sendo reais, podem chegar a muito mais do que isso – não vão para pessoas que *apenas* escrevem relatórios, impecáveis que sejam.

Eles vão, isso sim, para quem – além de ser capaz de fazer isso – é capaz *também* de ir falar com o porteiro, se for o caso! Ou melhor: pessoas que, além de sua competência analítica, intelectual, têm também "antenas" para detectar "porteiros" nas proximidades, abertas a oportunidades legítimas e inéditas!

Olhe em torno, na vida, e veja se não estou certo...

Exemplo, agora real, passado com um cliente meu, a Aracruz Celulose, para o qual já ministrei vários seminários de Criatividade.

Seu centro de pesquisa buscou, durante um ano, um modo de dispor de água quente nas torneiras do laboratório. Segundo a Aracruz, que me enviou carta a respeito, "não havia nenhum modo convencional possível de atender a essa necessidade".

Aventemos quais seriam os modos convencionais, lógicos, técnicos, de se obter água quente num laboratório. (É óbvio que o pessoal deve ter ido para a prancheta, para os catálogos de fornecedores e para as planilhas de custo.)

**1** Aquecimento por unidade de óleo diesel. O fornecimento é barato, mas a instalação e o equipamento são caros.

**2** Aquecimento por unidade elétrica. A instalação é barata, mas a operação contínua (24 horas) ficaria cara.

**3** Aquecimento por unidade a gás. A instalação é mais barata, a manutenção não muito cara, mas os riscos seriam desproporcionais, considerando os materiais estocados no laboratório.

**4** Aquecimento por unidade solar. A instalação é um pouco mais cara, o fornecimento é gratuito mas insuficiente em volume, e pouco confiável extensivamente.

Haverá mais alguma opção?

O certo é que, durante um ano, os responsáveis pelo laboratório trataram o problema com muita objetividade, com muita competência técnica, mas sem nenhuma solução verdadeiramente satisfatória, principalmente aos olhos de uma diretoria extremamente refratária, na época, a liberar verbas. Enquanto isso, água quente, que é bom, nada!

Continua a carta da Aracruz: "Da última vez que o pessoal apresentou seu problema à direção, esta alegou – em face da impossibilidade de uma solução técnica direta – que já havia investido em seminário de Criatividade e, portanto, que a equipe tentasse se virar, criativamente".

Aceitando tal desafio, um analista químico decidiu renunciar a todas as variantes técnicas e sair a campo, abrir bem os olhos, tentar ver o problema real, bem concreto: como colocar água quente naquele prédio, real e concreto, à sua frente, naquele sítio, real e concreto, em que esse prédio se achava? Continua a carta:

*Criatividade no trabalho e na vida* • 51

"(Ele) acabou por localizar, fora do prédio, uma tubulação de vapor ligada às instalações da fábrica. Estudos procedidos permitiram a implantação de uma variante da tubulação de vapor para o interior do prédio do laboratório, com uma conexão com o encanamento de água. Isso possibilitou, de forma inédita e criativa, que o laboratório passasse a dispor de água quente, a todo momento e sem maiores custos!"

A Aracruz teve a suprema gentileza de me informar, na carta, que esse analista, "pai da ideia", participara do meu seminário de Criatividade – mas meu mérito, obviamente, em todo o episódio, é nulo, como será nulo para qualquer boa ideia que meu leitor venha a ter ao terminar a leitura deste fascinante compêndio.

Criatividade, no mais das vezes, *cria* apenas uma leitura diferente, inédita, oportunista, da situação.

O tal candidato não "criou" o porteiro nem a planta do edifício! Eles sempre estiveram lá, no lugar certo, onde qualquer outro candidato também poderia ter ido...

O tal analista não "criou" a tal tubulação cheia de vapor inesgotável e gratuito! Ela sempre esteve lá, no lugar certo – enquanto centenas de horas de trabalho eram investidas em opções técnicas – para resolver o assunto...

Dúvida, não atroz, que o leitor possa estar alimentando: eu disse antes que, em minha opinião, Criatividade só resolve 1% de nossos problemas (na verdade, penso que é apenas 0,1%, mas, doravante, vou manter esse 1% por sua simplicidade), sendo 99% deles resolvidos por nosso pensamento técnico, por nossa racionalidade, isto é, pela administração de nossos cartões perfurados (que, em lógica, se denominam *premissas*).

Pergunta: valerá a pena, então, desenvolver o pensamento criativo – com todos os seus pressupostos, investimentos e componentes psicológicos – apenas para lidar com essa porcentagem mínima, quase ridícula, de situações?

Pergunta muito boa. Espero que a resposta – dividida em dois argumentos – também venha a ser.

**1** UM PROBLEMA É SEMPRE PESSOAL. Uma equipe inteira pode tratar de um mesmo problema, que pode não ser o mesmo, porque depende da maneira como está configurado na cabeça de cada participante. Assim, quando um problema chega até mim, por exemplo, quando eu vivencio qualquer situação como um problema, surge como que vestindo uma camiseta onde se lê, bem visível: "Eu sou um problema... do Roberto".

Se, por qualquer razão, eu não for capaz de resolvê-lo – por exemplo, porque ele é um dos tais inseridos naquela ínfima minoria de 1%, e exige, por isso, para ser solucionado, mudança radical de ponto de vista, isto é, um lance inovador, um *flash* criativo –, esse problema não vai me olhar com desprezo e dizer:

– Já que você é muito "quadrado", já que você é incapaz de me resolver, então, adeus, vou procurar uma pessoa criativa que saiba lidar comigo...

NÃO, absolutamente! Sabe o que esse problema vai fazer? Ele vai se sentar no meu colo! Ele vai se grudar comigo! Ele vai continuar me aporrinhando como um carrapato maldito!

Veja, ao seu redor, o que sucede com as pessoas "quadradas". Reconheça, elas não são esquizofrênicas, incapazes; elas resolvem 99% dos seus problemas; elas se lavam quando estão sujas e enchem o tanque de seus carros quando estão na reserva. Contudo, de 1% em 1%, elas vão acumulando problemas "insolúveis". Tais pessoas, geralmente, continuam raciocinando muito bem, porém com um cacho de problemas em cima delas, grudado. E, às vezes, durante anos... (Embora haja problemas, reconheço, que morrem de velhice.)

Não lhe interessa, leitor, ter potência *também* na área do 1%?

**2** SOMENTE PROBLEMAS DA ÁREA DO1 %, QUANDO RESOLVIDOS, PAGAM 50 MIL DÓLARES! (quantia metafórica, bem entendido.)

Vejamos o caso na área profissional: sou da opinião de que ninguém terá muita chance de sucesso, em qualquer empresa, se sua habilidade mental for *apenas* a de "encher o tanque de gasolina quando ele estiver na reserva" (para continuar nas metáforas).

Tal habilidade, lógica e previsível, é muito eficaz para resolver 99% dos problemas, em qualquer campo. Por isso, é indispensável em qualquer setor da vida humana! Chega a ser, em suas mais complexas elaborações, um fenômeno admirável!

Mas tal habilidade não gera nenhum avanço expressivo de Qualidade! Não *cria* Riqueza! Serve, sim – e de forma importantíssima, indispensável –, para avaliar, administrar, equacionar, implantar, explorar os *flashes* poderosos do pensamento intuitivo, criativo!

Sem a complementação do pensamento racional, o *insight* criativo se perderia como um relâmpago entre as nuvens, ou poderia mesmo descambar, destrutivo, como um raio louco!

Assim, não há dicotomia alguma – ao contrário do que muita gente pensa – entre Racionalidade, Lógica, Técnica e... Criatividade! São, sim, áreas psíquicas radicalmente diferentes, impossíveis de ser operadas ao mesmo tempo – mas *complementares*! E quando alguém consegue atingir, em boa dose, essa complementaridade, é justamente quando consegue atingir o que chamo de OTIMIZAÇÃO DO PENSAMENTO!

Além do que, podemos acrescentar agora, Criatividade não é – ao contrário do que muita gente pensa – algo irracional, porque nesse caso seria algo demente. (O homem que foi falar com o porteiro do edifício não estava de porre, nem caindo num surto esquizofrênico. Ele estava sendo muito racional. Idem o analista que localizou o tal tubo de vapor.) O que difere, então, uma coisa da outra, é que a Criatividade atinge, descobre, desvenda uma racionalidade *inédita*!

*Criatividade no trabalho e na vida* · 53

Contudo, não podemos jamais perder de vista as diferenças *radicais* – psíquicas, operativas, motivacionais – entre um pensamento e outro. Grande parte da "falta de criatividade" nas empresas, nas pessoas, prende-se, penso eu, justamente a essa confusão: à ilusão de que por meio de raciocínios lógicos e adequados seja possível chegar a uma boa ideia!

Criatividade (voltei às metáforas) gera Patentes. Racionalidade escreve Relatórios.

Relatórios *não criam* Riqueza – é notável o número de executivos que perde de vista essa evidência! Computadores, por indispensáveis que sejam, *não criam* Riqueza! O balanço de uma firma – obra de racionalidade e técnica, igualmente imprescindível – *não cria* Riqueza!

A necessidade crucial por Criatividade, na empresa moderna, pode ser atestada por um episódio algo patético. A DDR, Alemanha comunista, era, na década de 1980, a 11ª economia mundial, com PIB superior ao da Suécia. Possuía, é claro, à margem de considerações políticas, uma vasta elite de administradores e dirigentes de empresas, naturalmente pressionados, eles também, por ditames de modernização, incluindo os princípios que regem a Criatividade.

Tais princípios, contudo, e mesmo tal assunto, eram tabu sob o sufoco ideológico do stalinismo alemão, sendo sua divulgação proibida como "idealismo burguês". Então, pelo que me contaram, e pelo que percebi, o casal Gerlinde e Hans-Georg Mehlhorn teve uma ideia para safar-se do impasse: lançou, agora patrocinado pelo Estado, seu *Para uma crítica à pesquisa burguesa da criatividade* (*Zur Kritik der bürgerlichen Kreativitätsforschung*, VEB Deuscher Verlag der Wissenschaften, 1977), em que pôde apresentar, pela primeira vez no país, grande número dos (indexados) princípios de Criatividade, bem como a famosa sistematização do processo criador de ideias, segundo Graham Wallas (de que tratarei no capítulo XIII)... para em seguida contrapor tudo com pensamentos até de Lenin!

O livro foi um sucesso! (Consegui um exemplar em Berlim Oriental, em 1987.)

Ainda a propósito: alguns anos atrás, a revista *Newsweek* publicou artigo de capa sobre o "desemprego entre executivos", cobrindo o mundo inteiro. Notem bem: não abordava o desemprego entre operários, ou entre imigrantes, ou entre asilados, sequer entre jovens que ainda não conseguiram ingressar no mercado de trabalho.

Não, focalizava apenas executivos, ou melhor, ex-executivos: gente com uma habilidade profissional e administrativa qualificada, já previamente testada; gente, de um modo geral, objetivamente competente; gente certamente responsável, cumpridora de seus deveres, pontual. Mesmo assim marginalizada do processo de produção! DESEMPREGADA.

A revista apresenta um dado aterrador: se todos esses ex-executivos fossem colocados em fila indiana, essa fila teria... que comprimento? Tente imaginá-lo você mesmo, leitor. Se por acaso essa fila começasse no Rio, iria até onde? Até Petrópolis? Até Campos? Talvez você, num arroubo de imaginação, dissesse: "Até São Paulo!" Que horror! Já imaginou fazer toda a Dutra vendo, durante cinco horas, ao longo de todo o acostamento, uma fila de executivos desempregados – todos portando uma pasta preta numa das mãos e o currículo na outra? Quem não ficaria chocado?

Mas a coisa é um pouquinho pior: segundo a revista, essa fila, se começasse em Nova York, terminaria em Sidney, na Austrália!

E a *Newsweek* aponta três razões para essa calamidade. A primeira... era a de esperar, na época: "Recessão". Mas em 1996 podemos dizer que o mundo já saiu da recessão, exceto, possivelmente, o Japão e a Argentina.

A segunda: "Falta de..." agora tenho certeza de que meu leitor vai acertar! Isso mesmo: "Falta de criatividade"!

A terceira, em minha opinião, está ligada à segunda, nem precisaria ser mencionada: "Computador. Informática. Automação".

Isso tudo conduz a uma moral muito clara: se alguém que esteja lendo este livro – que suponho tenha uma vida profissional qualificada, imbricada em alguma empresa – tem, como meta de trabalho, pensar sempre, *única e exclusivamente*, de forma lógica, consistentemente dedutiva... quero dizer, se, em sua empresa, todas as hipóteses e ponderações que concorde em processar tenham de ser, sempre, *única e exclusivamente*, calcadas em orientações e premissas previamente consagradas (os tais cartões perfurados)... enfim: se está sempre se cercando de parâmetros 100% defensáveis, racionalmente, para sua atuação... trata-se de um bom candidato para entrar na fila!

Essa pessoa não deve se surpreender se, com toda sua lógica e objetividade, receber, de repente, um bilhete azul! E se prestar bem atenção nesse bilhete, talvez vá reconhecer que ele já foi emitido por um computador! (Lá volto eu com metáforas.) Porque um computador faz tudo isso que V. Exa. faz, de forma muito mais ampla, muito mais precisa, muito mais rápida e muito mais barata.

Abra o olho, se me permite aconselhá-lo, para essa onda que cobre o mundo – mundo cada vez mais complexo, cada vez mais atulhado de produtos e serviços, e em mudança cada vez mais rápida – sob os sugestivos nomes de "Qualidade Total", "Reengenharia", "Unidades de Negócio", "Excelência para o Sucesso" etc., porque essa onda está mandando um bocado de gente para ligar Nova York a Sidney!

Ao contrário, um executivo que opere também sua potencialidade genética intuitiva, sintética, primária, criativa, isto é, seu 1% – sem abrir mão de fração alguma dos 99% de sua racionalidade e capacidade analítica –, este sim se tornará progressivamente mais necessário, mais disputado, mais *imprescindível*, se é possível usar a expressão, nos dias de hoje.

Inclusive, ele saberá muito bem *diferir*, intuitivamente, o que há de valiosíssimo nas novas técnicas e propostas, trazidas pela tal onda, e o que não passa também de modismo, de irrealismo importado, de novo tecnicismo ou mera baboseira – porque tudo vem junto...

Essa nova e avassaladora onda, na minha opinião, abre um grande e excitante campo de caça para o homem (não direi "criativo" – não gosto da expressão) *aberto à Criatividade*! Nunca, a meu ver, as oportunidades para ele, para você, foram tão amplas! (Além do que, tal homem sabe muito bem que, se por outra razão qualquer, perder o emprego, arranja logo outro melhor.)

Você não acha que vale a pena investir também no 1%?

Talvez eu possa ajudá-lo.

# 4
# O GRANDE "SALÃO QUADRADO" EMPRESARIAL

*Talvez o principal motivo para uma reunião devesse ser justamente o motivo para os participantes não estarem em reunião...*

São em geral não-ideias que circulam numa reunião.

Desenhos de Michele

> *"Reuniões são indispensáveis quando*
> *não se quer decidir nada."*
>
> **John Kenneth Galbraith**

Todos nós somos criativos – porque todos temos uma criança dentro de nós: a criança que já fomos um dia e continuamos a ser, no íntimo, embora muitos de nós não a expressem, não a consultem, não a incorporem.

Assim, não podemos a rigor dizer que há pessoas criativas ou não. O que há, isso sim, são pessoas que têm facilidade para entrar em contato – principalmente perante um problema – com o pensamento espontâneo, surpreendente e divertido de sua criança. E pessoas que não têm...

Cena: na empresa. Qualquer empresa. Abre-se o pano: seis ou oito dirigentes acorrem, às oito da manhã, conforme combinado, para uma reunião... previsivelmente na Sala de Reuniões. Motivo: tentar resolver um PROBLEMA que já há algum tempo atormenta a empresa. Pergunta: esse ritual lhe é familiar, em sua empresa?

Axioma (rarissimamente considerado): sempre que o PROBLEMA é de tal ordem e resistência que justifique a alocação de um grupo ponderável de cérebros da organização, durante horas e horas, para tratar dele, deveria ser óbvio para todos que essa encrenca está exigindo, *implorando*, uma releitura inédita da situação, um *flash* inovador, uma mudança radical do ponto de vista – enfim, dê o nome que quiser: Criatividade!

Justificativa do axioma: se o PROBLEMA tivesse solução linear, racional, lógica – isto é, se já estivesse previsto nos "manuais de instrução", se suas premissas (componentes da lógica) já estivessem estabelecidas e disponíveis, se já houvesse "cartões perfurados" condizentes à situação –, o que ocorreria? Claro, o PROBLEMA *já teria sido resolvido*! Se o responsável pelo PROBLEMA, pela falta de tais dados, estivesse com dificuldade em resolvê-lo, bastaria uma consulta interpessoal ou interdepartamental a quem os tivesse, e liquidaria a questão! O PROBLEMA jamais exigiria a congregação de profissionais que, por muito competentes que sejam, *não sabem*, de cara, como resolvê-lo. Não lhe parece óbvio?

Mas vamos à reunião.

*Criatividade no trabalho e na vida* · 59

Figura do elenco: nessa reunião, estará presente, para ajudar a resolver o PROBLEMA, um engenheiro reconhecidamente inteligente e bem formado em engenharia, chamado Nicolau Bezerra de Abreu (nome fictício).

Roteiro: a reunião começará, mais ou menos pontualmente, na aprazível Sala de Reuniões, em torno de sua vasta e conveniente mesa, em geral já provida de blocos de papel, canetas e até água mineral e café. E, desde o início, todos os participantes, sem exceção, se dedicarão honestamente a equacionar, analisar e resolver o PROBLEMA.

Todos o farão, entre eles o dr. Nicolau, com o máximo de objetividade, coerência e argumentos defensáveis. Todos porão, durante horas e horas – em última análise, a serviço da empresa –, o melhor de seus conhecimentos técnicos e o máximo de sua experiência profissional, no que concerne ao impasse em questão. Quero dizer, ninguém estará ali bêbado, ninguém estará lendo disfarçadamente histórias em quadrinhos, ninguém se virará para o colega para contar a "última do português" – o que seria, de resto, atitude absurda e maníaca. Não, ninguém! Muito ao contrário, todos, entre eles o dr. Nicolau, estarão funcionando com plena racionalidade e responsabilidade profissional.

Eventualidades: muito possivelmente, em torno das dez horas, alguém introduzirá nas discussões mais um dado concernente àquele assunto, extraído de sua leitura de *Exame* ou *Gazeta Mercantil*. Isso, sem dúvida, ilustrará ainda mais os debates. Em torno das 11h30, após inúmeras e apropriadas considerações e numerosas intervenções de todos os participantes, muito provavelmente alguém se levantará e irá para o *flip-chart* ou para o quadro-negro, e fará um esquema acurado e completo de toda a situação! (Isso é a glória! Para mim, o ápice de qualquer reunião é o esquema gráfico! "De que vale um livro sem figuras?!", perguntou Alice.)

Desfecho: às 12h30, hora do almoço, encerrados os trabalhos, podemos afirmar – agora sem ironia alguma – que a reunião foi *brilhante*! Todos ali, inclusive o dr. Nicolau, demonstraram – seja por seu conhecimento técnico, seja por sua experiência funcional, seja pela dedicação e pelo interesse nas dificuldades da corporação, seja ainda por sua capacidade de se manterem objetivos e entrosados durante mais de quatro horas – estar à altura do cargo que ocupam! Como teste de tais importantíssimos aspectos, a reunião merece nota 10!

Um único pontinho negativo, um único e impertinente detalhe que meu leitor já terá percebido, principalmente se não lhe são estranhas tais reuniões na empresa:

O PROBLEMA NÃO FOI RESOLVIDO!

Mas que o evento foi tecnicamente notável, isso foi...


Contudo, temos de considerar um aspecto muito realista – nada fantasioso – nessa mesma reunião:

Se ali compareceram, digamos, oito profissionais, na verdade há, na sala, bem mais do que oito "pessoas". Isso mesmo: há ali, no mínimo, dezesseis! Há ali a criança de cada um dos participantes, também ouvindo o que se diz e entendendo, à sua maneira, a confusão toda.

Isso mesmo, há ali também a criança do engenheiro Nicolau Bezerra de Abreu, isto é, a criança de 4, 5, 6 anos – normal, espontânea, intuitiva, saudável – que esse emérito engenheiro (quer queira, quer não) já foi um dia, antes de se tornar esse grande engenheiro.

E como se chamava ele nessa idade? Como se chamava o senhor dr. Nicolau quando tinha 5 anos? Isso mesmo: Nico. O Nico curioso, espontâneo e moleque também está ali, na sala de reunião. O Nico que se comprazia, por exemplo, em cortar as rodas de borracha de seu velocípede para ver o que tinha dentro, ou fazer xixi nas roseiras da avó, para curtir como as flores tremulam sob aquele jato dourado – o Nico, arteiro e safadinho como qualquer criança normal, saudável, também está ali na sala de reuniões.

E, a seu modo, ele já sacou tudo. Ele já viu talvez um jeito de abater, de chofre, aquele imbróglio, de *safar-se* daquele encurralamento. Um jeito inédito, desconcertante.

Mas o Nico não diz nada.

O Nico fica calado, chateado, aquelas horas todas.

E por quê?

Isso mesmo: porque o DR. NICOLÃO – emérito e responsável – tem medo de que o Nico diga besteira!

Só o dr. Nicolau fala – o Nico fica mudo.


Ficção? Compare, por favor, o que acabei de expor com sua experiência real, vivida, de reuniões.

Procure lembrar-se: quando, em que momento – nesse tipo de reunião – ocorre, eventualmente, uma colocação realmente nova, promissora, uma sugestão surpreendente e potencialmente valiosa, uma hipótese, por exemplo, de "quebrar logo o ovo" ou de ir "falar direto com o porteiro"?

Em que momento, ao longo dessas quatro horas e meia de reunião?

Às nove da manhã? Nunca. Às dez? Também não. Às onze? Dificilmente. Então, quando? Claro, às doze, 12h15... E por quê? Óbvio, é a hora em que todo mundo já está com fome (o Nico está com fome) e ninguém aguenta mais aquele circunlóquio infinito, todo mundo está louco para se safar daquela xaropada toda e ir almoçar!

Nossa criança cria muito bem quando é hora de se safar de uma trapalhada e atingir uma recompensa real!

Como a banana do macaco.

Significa que certa pressão, certa carência realista, certa perspectiva de recompensa sensorial ou lúdica – mesmo quando não diretamente ligadas ao problema em questão – são molas preciosas para os saltos de inspiração!

E por acaso você já viu alguém ter uma boa ideia depois de comer uma feijoada?


Vejamos a coisa de modo mais prático.

*Criatividade no trabalho e na vida* • 61

Imagine que todos os seus problemas, profissionais e pessoais, devam ser distribuídos sobre duas mesas.

Pois saiba que, no mínimo, 99% dos seus problemas ficarão sobre a Mesa I, aquela que congrega problemas de solução lógica, dedutiva, linear, como já vimos. São problemas para os quais você dispõe de *programação* – daí que não necessite de Criatividade alguma!

Pouca gente atenta para o fato de que um dos mais terríveis problemas de sua vida surge, a rigor, quando lhe dá sede! Porque, a partir desse momento, o indivíduo só dispõe de *três dias* para resolver o assunto – do contrário, padecerá de uma das mais dolorosas formas de morte: o sangue fica viscoso, a língua incha, a mente enlouquece! Mas ninguém se assusta com isso: tem sede, resolve! *No problem!* (Mas *foi* um problema...)

O indivíduo recebe em sua casa um aparelho de som que comprou e não sabe operar. *No problem!* Consulte o manual de instruções anexo. Acontece que não veio manual com o aparelho. *No problem* (ou *problem* muito pequenininho, de solução racional): reclame-o ao revendedor. O revendedor alega não ter manual, nem um único exemplar para tirar cópia. *Problem* de solução racional: escreva para o fabricante, ou devolva o aparelho, ou escreva aos jornais, ou processe uns e outros pelo Código de Defesa do Consumidor. Ou, se quiser: procure um amigo que tenha o mesmo aparelho, ou chame um técnico, ou, então, com o máximo de prudência, atentando para o que está escrito nos botões, tente fazer o aparelho funcionar na base do ensaio-e-erro (toda solução conquistada por ensaio-e-erro não exigiu Criatividade alguma!).

Todos esses procedimentos são racionais. Nós mesmos, dentro de cada um de nós, temos nossos "manuais de instruções" – que nos são dados pela cultura, pelas informações de que dispomos, por nossa capacidade de raciocínio – para irmos desdobrando e elegendo as alternativas mais apropriadas.

É dessa natureza que são constituídos 99% dos nossos problemas – tenhamos ou não consciência disso.

Em face desse tipo de problemas, é muito possível, concordo, alguém *"dizer besteira"*. E besteira será qualquer sugestão atabalhoada, descabida, alheia a todo o leque de alternativas racionais disponíveis. Exemplo: chega o aparelho de som sem manual de instruções e alguém sugere logo que, nesse caso, sigamos um outro manual que haja na casa, por exemplo, o do fax ou o da geladeira... O que é isso senão disparate, besteira?

Somente quando todas as alternativas racionais disponíveis estão, na medida máxima do possível, *comprovadamente esgotadas*; somente quando os responsáveis pelo problema já têm todos os indícios de que ninguém, nem livro algum, sabe mesmo, de antemão, qual a solução para o caso; somente quando, intuitivamente, se percebe que apenas uma reviravolta completa na abordagem da situação pode superá-la – pois, após todas as abordagens tradicionais, lógicas e sensatas, o PROBLEMA CONTINUA DE PÉ –, é que se deve passá-lo para a Mesa II. A mesa do 1%. A mesa da especulação aberta, lúdica, descompromissada.

A partir desse instante, será *impossível* dizer besteira! Será impossível que qualquer sugestão, por remota que seja, por inadequada que seja, concernente àquele problema, possa vir a ser, legitimamente, considerada "besteira". Porque a chamada "besteira" faz parte, é elemento fertilíssimo do processo criativo!

Isso nos leva a uma série de deduções práticas:

**1** A abordagem de qualquer problema deve ser, inicialmente, e mesmo extensivamente, 100% racional, lógica, técnica. Pessoas que, ante qualquer desafio, já partem para grandes arroubos de originalidade, podem ser, na prática, muito inconvenientes e improdutivas. E são, frequentemente, muito menos *criativas* do que se julgam.

**2** Não há nenhuma dicotomia entre "manuais de instruções" (por exemplo, as normas internas da empresa, objetivas e racionais) e Criatividade. A Criatividade só começa quando o problema é MAIOR do que quaisquer "manuais", entre eles as normas internas da empresa. Se as normas internas da empresa preveem e garantem a solução, siga as normas internas da empresa. É simples assim.

**3** Funcionários que, a todo momento, tentam resolver, ou mesmo resolvem, problemas contrariando as normas internas da empresa (que os resolveriam, igualmente, com *as mesmas vantagens*) são indivíduos, em minha opinião, com prioridade na demissão por justa causa. São indivíduos desagregadores do corpo funcional organizado. E que Criatividade há nisso? Nenhuma. Apenas excentricidade.

**4** Funcionários que alegam que sua Criatividade é soterrada pelas normas internas da empresa não sabem mesmo usar sua Criatividade, e estão condenados a se encurralar na organização. Por acaso não terão eles, de qualquer forma, problemas concretos, inéditos, para resolver? Muitas vezes, as normas da empresa são simplesmente, legitimamente, parte do enunciado do problema. O que eles querem? Que a solução de tudo já esteja na cara? Ou que possam fazer tudo que lhes venha à cabeça, numa organização estruturada e hierarquizada, com áreas de atuação definidas para cada um (como em qualquer empresa)?

**5** Funcionários que tentam resolver, e às vezes resolvem, problemas que as normas internas da empresa comprovadamente não conseguem resolver são indivíduos prontos a ser promovidos, são vencedores em qualquer organização, em qualquer lugar.

**6** Dirigentes ou donos de empresa que estão convictos de que as normas internas da empresa (explícitas ou não) já preveem e são capazes de resolver todos os problemas da vida *real*, concreta, da empresa não necessitam de Criatividade alguma, nem para si próprios nem para a empresa. Mas será que essa empresa vai se dar bem, ao longo dos anos? Duvido. Aliás, jamais encontrei dirigente algum que me expusesse tal convicção.

**7** Criatividade, na acepção exata da palavra, nunca é algo que comprometa, que *diminua* a racionalidade estabelecida, as normas produtivas, a lógica eviden-

*Criatividade no trabalho e na vida* · 63

te, o bom senso. É algo *a mais* em relação a tudo isso. É algo que se acende quando tudo isso não está conseguindo resolver o assunto. É *acréscimo*, é conquista, é novidade valiosa, é algo *além de*!

Nas reuniões, como a descrita anteriormente, é que se nota bem a armadilha em que caem, durante horas (muitas vezes, meses ou anos), indivíduos bastante racionais, explorando a fundo todos os aspectos e variantes de um raciocínio impecável, raciocínio inúmeras vezes bem-sucedido, tendo resolvido vários problemas no passado, mas incapaz de resolver AQUELE problema específico no presente!

Tais profissionais funcionam como computadores, e expressam os limites do computador. Impossível haver computador criativo, seja de qualquer geração. Mesmo os que ainda estão na prancheta, como o computador "neural", japonês ou americano, armado de *biochips*, ou mesmo o que opera pelo paralelismo maciço (pesquisado na Universidade de Columbia) e que consiste de rede integrada por um milhão de processadores, em vez de três ou quatro dos mais poderosos computadores atuais.

Todo computador opera (sem dúvida, cada vez com maior amplitude e velocidade) *dentro de uma programação*. Em poucas palavras: computador criativo seria aquele que, *sem nenhuma instrução prévia*, fosse capaz de informar, espontaneamente, a seu analista: "Olha aí, cara! Você me introduziu uma programação inconveniente para o caso que estou processando. Eu bolei uma outra muito melhor". Por mais avançado que seja o computador, há um princípio corrente entre analistas de sistemas: "Entrou besteira, sai besteira". E, nesse caso, é besteira mesmo, na acepção da palavra.

Mesmo computadores que aprendem com o próprio erro (já existem), só aprenderão da maneira com que foram previamente programados a aprender. Também o homem aberto à Criatividade aprende – e muito – com os próprios erros, mas não pelo processo de ensaio-e-erro, como o computador. Ao contrário, a cada erro pode eventualmente abrir-se, para esse homem, uma miríade surpreendente de novos caminhos para eventuais soluções. O processo não é convergente, como naquela brincadeira de crianças "tá quente-tá frio" (o mesmo do computador). O processo é totalmente especulativo, desprovido de um padrão, *divergente*. O computador é totalmente convergente, ainda quando convirja para um número $x$ de alternativas... como foi programado.

Computador é máquina "rápida, cara e burra", na completa definição de um bem-sucedido empresário, Robert Towsend, autor de um dos mais criativos livros sobre administração, *Viva a organização* (Melhoramentos, 1970). Foi escrito baseado em sua vitoriosa experiência na locadora de carros Avis, nos Estados Unidos, a qual tirou, em pouco mais de dois anos, de um buraco de três milhões de dólares para um lucro do mesmo tamanho.

Computador é mero instrumento, como um violino, uma serra elétrica ou um cortador de unhas. Vale por sua velocidade. Calcula, em horas, o que cem matemáticos só poderiam calcular em um século. Mas só faz o que já sabe fazer, isso é óbvio. É muito ligeirinho e nada esperto. Como inteligência de *per se*, é desprezível.

Oito computadores, biologicamente muito lerdos (o máximo de uma operação por segundo), funcionando em rede, na Sala de Reuniões da empresa, tentando processar o PROBLEMA não coberto por sua programação...

O que lhe parece?

Reuniões de empresa têm, ainda, a meu ver, desvantagens estruturais de que, parece-me, muitas organizações ainda não tomaram consciência. Desconheço mesmo se já foram feitas as observações a seguir:

A primeira grave desvantagem, em minha opinião, é de natureza *física*, prende-se à sala. Tenho observado, depois de já ter conhecido mais de trezentas Salas de Reuniões em minha vida (desde o tempo em que era titular de agência de propaganda), que dito recinto é, na grande maioria dos casos, mais agradável, confortável e luxuoso do que aqueles em que trabalham isoladamente, no dia a dia, os participantes das reuniões.

As poltronas são mais amplas e macias – em alguns casos até mesmo prestigiosas – do que as cadeiras em que se sentam esses mesmos funcionários em seus locais de trabalho. O café está sempre à mão, numa garrafa térmica, enquanto "lá fora" só passa a horas marcadas, ou tem de ser preparado, individualmente, naquela antipática maquininha. A água mineral também está disponível, em garrafas personalizadas, enquanto "lá fora" o caso, às vezes, é de garrafão comunal ou de bebedouro. Embora a grande mesa da Sala de Reuniões comporte uma dúzia de participantes, na maioria das vezes a reunião não chega à metade desse número, de forma que o espaço livre, na mesa vazia, para cada participante, é muito maior do que o que ele usufrui em sua própria mesa. Tudo isso somado torna a Sala de Reuniões – consciente ou inconscientemente – muito *convidativa*. Qual o incentivo? O incentivo é ficar lá, desfrutando de suas vantagens...

Inúmeras vezes, ao visitar uma empresa, sou levado por algum gerente para a Sala de Reuniões a fim de me entrevistar junto com outros. No final, é comum alguém me dizer: "Vamos até a minha sala para eu lhe entregar uma coisa". E eu sempre me surpreendo ao vê-lo agora num cenário relativamente bem mais acanhado. Na Sala de Reuniões, ele parecia muito mais importante no contexto da organização.

A segunda desvantagem julgo ser de ordem *estratégica*. O problema de um departamento é o problema de seu responsável. Já o mesmo problema, na Sala de Reuniões, é um problema grupal. No primeiro caso, quando não é resolvido... bem, é problema de *alguém*, pessoa física, com nome, identidade, CPF etc. No segundo caso, é problema de pessoa jurídica, de uma organização. Ninguém, individualmente, pode agora ser muito responsabilizado pela não-solução. Cada um está fazendo, visivelmente, o melhor que pode. Se por acaso surgir qualquer cobrança quanto à sobrevivência infinita daquela questão, há sempre um argumento poderoso: "Eu já levei esse assunto para uma reunião: com Fulano, Beltrano, Sicrano etc.". Ah, bom! Então está tudo explicado!

A terceira desvantagem eu chamaria de *tática*. Numa reunião, durante toda a manhã, ninguém te aporrinha. Já a mesma manhã, passada em expediente normal de trabalho, muitas vezes é o caos. Pode ocorrer assim, para muita gente, que a reunião seja um *refúgio*. Não há premências, não há solicitações simultâneas, não há telefonemas imprevistos que exijam decisão imediata, não há convocações impertinentes, não há abacaxis súbitos. Fica tudo para depois: encrencas que já se resolveram por si sós, ou para as quais, pelo menos, você tem agora tempo para pensar, priorizar. Sim, a reunião lhe oferece *tempo*! Tempo de sobra. Tempo até para se perguntar, durante alguns debates periféricos, se por acaso, antes de sair de casa, você deu comida para o cachorro...

A quarta desvantagem parece-me ser de *prestígio interno*. Você "sobe" na organização quando convocado para uma reunião. Pelo menos é garantia aparente de que não está na marca do pênalti. Lembro-me ainda hoje como me senti importante quando fui chamado para minha primeira reunião de trabalho na vida, na J. Walter Thompson (durante a qual fui uma nulidade). Quer dizer: numa reunião, você é um indivíduo *seleto*! Mais ainda: numa reunião, você convive melhor, você é finalmente *ouvido* por um grupo também seleto, suas falas são atentamente apreciadas por um time qualificado – o que é importantíssimo e raro, mesmo tratando-se do presidente ou do dono da empresa, tantas vezes solitários em suas cúpulas de trabalho.

A quinta desvantagem é de *prestígio externo*. É chiquérrimo "estar em reunião"! Aos olhos dos demais, aqui "de fora", que precisam falar com você, você subiu, temporariamente, a um santuário solene e fechado! É claro que não pode ser perturbado! Qualquer mortal comum que sugerisse isso estaria afrontando leis essenciais da organização! A gente telefona para um amigo na empresa e ouve a secretária informar: "Está em reunião com a diretoria". Qual é a nossa reação, mais ou menos inconsciente? "Puxa, como esse cara subiu na vida!" Aliás, é curioso esse adjunto adverbial por parte das secretárias (que gostam de seus chefes): "com a diretoria". Pensando bem, é totalmente inútil: se o cara está em reunião, com quem quer que seja, não pode atender, ponto final. Então por que "com a diretoria"? Porque o cara subiu na vida! Não me lembro jamais de ter ouvido: "Está em reunião com seus subordinados", "Com seus assistentes" – muito menos "Com gente que não apita nada aqui nesta empresa".

Todos esses aspectos somados, mesmo em doses homeopáticas – e que tornam as reuniões tão *convidativas* –, tendem a torná-las *muito mais longas e frequentes* do que certamente necessitariam ser. Em alguns casos, pode-se chegar a um *vício*! Já assisti a uma empresa de montagem industrial quase entrar em colapso (entre outras razões) por seu vício por reuniões. Era aquela luz vermelha acesa sobre a porta da Sala de Reuniões durante quase todo o expediente, segregando da vida real, aqui de fora, os cérebros (por sinal muito bons) da corporação! E que boa ideia, que GRANDE SOLUÇÃO jamais saiu daquelas infindáveis elucubrações? Cartas à Redação.


Tenho uma ideia muito operativa, e ofereço de graça a qualquer empresa: considerando, como vimos, que as reuniões podem ser muito *convidativas* – o que incentiva o aumento pernicioso de sua frequência e duração; e considerando que as melhores ideias surgem, muitas vezes, sob a pressão de certa carência realista, *sensorial* (as melhores ideias antes do almoço), ofereço a seguinte proposta, muito fácil de ser realizada:

Que tais reuniões sejam marcadas como sempre; que seus temas sejam aqueles mesmos, indicados pela liderança; que os participantes sejam aqueles mesmos que a liderança concorda que devam participar; que a sala seja a de sempre, com ar-condicionado, *flip-chart*, quadro-negro etc.; e que a mesa seja a de sempre, com blocos de papel, café, água mineral etc.

Apenas:

**1** Que haja, por parte da liderança, concordância explícita de que a dita reunião possa acabar a qualquer momento – tão logo o problema esteja resolvido. Nada de marcar hora para terminar.

**2** Que as cadeiras sejam retiradas da sala.

**3** E que a mesa receba uma base que a eleve em quarenta centímetros.

Isso mesmo, que o pessoal faça a reunião de pé! Diretores, subordinados, presidente, quem for. Isso não é tão penoso, como alguém pode prever. Quantas pessoas diariamente não almoçam de pé, em balcões e mesas de lanchonete, tendo o balcão ou a mesa para se apoiar, confortavelmente?

Talvez, realisticamente falando, essa ideia seja inoperante para a própria Sala de Reuniões, pois às vezes ela é usada para longas exposições interdepartamentais, ou para receber clientes, e não para debater problemas que precisam ser solucionados o mais cedo possível. Mas que então haja na empresa, na fábrica etc. locais com tais "mesas altas de lanchonete" para pequenos grupos.

Se o assunto é mais aflitivo, de solução mais urgente, qual o *incentivo* agora para os participantes? Resolver logo a questão e voltar para suas mesas normais de trabalho, onde pelo menos podem sentar-se.

Tais reuniões poderiam durar vinte ou trinta minutos (o tempo de um almoço numa lanchonete) e todas as sugestões aventadas seriam mais tarde apreciadas, analisadas, informalmente, por todos os participantes, cada um em seu próprio departamento para, novamente, trocarem entre si suas opiniões, em outra reunião, de pé, de vinte minutos.

Robert Townsend recomenda que, para problemas que exigem inovação, devam ser realizadas no mínimo duas reuniões, porque muita gente, concordo, entre uma reunião e outra, elabora individualmente a questão, descobre ângulos inéditos para aquele assunto. Mas, em minha opinião, dificilmente isso ocorrerá em reuniões de quatro horas e meia, como a que descrevi no início do capítulo.

Quando expus essa ideia, em palestra no VI Encontro Sul-americano de Recursos Humanos (Gramado, 1995), um dos ouvintes informou-me que, no jornal *Le Monde*, todas as reuniões são feitas obrigatoriamente de pé.

Então, talvez, essa ideia não seja tão nova. (E será essa uma das razões por que *Le Monde* é um dos três principais jornais da Europa?)

Na Primeira Guerra Mundial – como relata a historiadora Barbara Tuchman, em seu premiado *Canhões de agosto* (Objetiva, 1994) –, o general Joseph Gallieni, responsável pela defesa de Paris (durante a qual não hesitou em requisitar "qualquer transporte disponível", inclusive os táxis da cidade, que logo se tornariam imortais), às vésperas da Batalha do Marne (que Gallieni foi o primeiro a sugerir, e que surpreendeu totalmente os alemães, deteve sua ofensiva esmagadora e salvou a França da capitulação iminente), convocou o general Clergerie, seu chefe de *staff*, para o que este, mais tarde, descreveu como "uma daquelas longas conferências que Gallieni faz sobre assuntos graves – geralmente duram de dois a cinco minutos".

Será que os problemas de sua empresa são mais graves do que os do general Gallieni?

Os "fatores de risco" da reunião, porém, não são apenas estruturais. Notei que há também os funcionais, que comprometem igualmente a criatividade dos envolvidos – e, às vezes, até mesmo seu pensamento racional.

Reunião, qualquer que seja, mesmo as de um Círculo de Controle de Qualidade, é reunião de *pessoas*, e pessoas são universos psicológicos. Assim, independentemente da pauta em questão, da especialidade ou do grau hierárquico dos participantes – e até mesmo da boa intenção destes no sentido da conquista dos objetivos do encontro – há fatores psicológicos negativos que, muitas vezes, tendem rapidamente a se impor.

Esses fatores estão todos presos ao que chamo de *representação*. Salvo no caso da existência de uma orientação criativa (de que falarei um pouco neste mesmo capítulo e muito nos próximos), pessoas chamadas à reunião tendem, inconscientemente, a *representar*:

**1** Posições hierárquicas, que eventualmente sintam estar em jogo na reunião. Às vezes, uma boa sugestão ameaça de repente o prestígio, a importância funcional, ou a filosofia arraigada e já divulgada de algum dos presentes, que a descartará *in limine*. Mesmo uma boa ideia, ainda que incompleta ou imperfeita – mas potencialmente útil para *toda* a organização – pode ser desconsiderada por não partir de participante de nível hierárquico suficientemente "adequado" para sugerir uma coisa dessas... Quem ele (o que deu a ideia) pensa que é?

Tal representação, muitas vezes, começa já no 1º Ato, na abertura do pano, na entrada dos atores. Quem senta onde na mesa da reunião? (Esse é um aspecto importante, em termos de Dinâmica de Grupos.) Quem se senta logo na ponta de uma fileira, o mais distante possível da cabeceira principal? (O valor de sua presença, e do que venha a dizer, já está, por acaso, previamente acordado por todos?) E quem se senta na cabeceira? A cabeceira já está reservada? Cuidado! Segundo o dito popular, "quem se senta na cabeceira é que paga a conta". Em reuniões de empresa, muitas vezes também é assim, literalmente...

Quem chega sempre um pouco atrasado e por isso leva bom tempo para tomar pé do assunto? Quem "tem o direito" de chegar sempre atrasado, sem "prejuízo" dos trabalhos (será imediatamente "brifado" sobre tudo que se passa)? Quem tem o direito de se ausentar de repente, para tratar obviamente de algo mais importante? (Ele pede desculpas aos demais? Ou apenas lhes informa a ocorrência do imprevisto? Ou se manda sem dizer nada?) Quem se senta sempre refestelado e não toma nota de nada? (Por acaso olha frequentemente para o teto, ou através das janelas, ou para as mãos?) E quem se senta sempre muito curvado para frente, sempre tomando nota de tudo?

Dica que penso ser importante para meu leitor, mesmo se for o presidente da empresa. Evite sentar-se na cabeceira de uma mesa de reuniões! Principalmente sendo presidente, sente-se em qualquer outro lugar, e diga apenas: "Estou bem aqui". Dali mesmo, você vai ouvir tudo da mesma forma, vai poder falar tudo que quiser – mas poderá, talvez, ter uma visão nova, intuitiva, do grupo com que trabalha. A cabeceira, o "lugar de honra" implícito, remete você direto a uma *representação* (principalmente se você for mesmo o presidente, ou o diretor) e compromete de cara sua Criatividade! O Nico jamais se sentaria na cabeceira – exceto por molecagem!

**2** Expectativas, quase sempre irreais, por parte de cada participante, que ditam como ele próprio deva corresponder aos olhos dos demais – o que, em muitos casos, chega a ser angustiante, e é sempre, claro, contraproducente. Trata-se de um grande efeito bloqueador! Tal participante, às vezes inconscientemente, aceita o aforismo: "É melhor permanecer mudo e correr o risco de imaginarem que você é um idiota, do que abrir a boca e dirimir todas as dúvidas". Saiba, amigo: se você foi convocado para uma reunião, é porque alguém do mesmo nível, ou de nível hierárquico superior, decidiu que você é suficientemente competente para participar dela. Agora, a opinião dessas mesmas pessoas sobre *como* você vai participar dela não vale um centavo! Dê o máximo de si mesmo – com objetividade, naturalidade e espontaneidade – para *resolver o assunto em questão*! Talvez nenhuma sugestão sua seja aprovada. Mas todos, muito cedo, reconhecerão seu empenho, sua colaboração.

**3** Interesses estritamente próprios, imediatistas, materiais. Por exemplo (ainda que o participante não declare): "O problema mais importante que poderíamos discutir aqui é o aumento do meu salário". Ou então: "Nenhuma ideia que ponha em risco meu conforto pode ser uma boa ideia". Tal representação normalmente é inconsciente, mas muito atuante.

Ministro o Seminário de Criatividade Avançado, no qual, a certa altura, todos os participantes, depois de se inteirarem de um determinado e único problema, sem solução linear à vista (como combater a difusão de tóxicos nas escolas), têm, individualmente, dez minutos, cronometrados, para arrolar dez ideias, sendo então divididos em quatro grupos (reuniões). Tais grupos têm agora quarenta minutos cronometrados para debater entre si suas sugestões. Em seguida, cinco minutos para eleger a melhor sugestão. Em seguida, dez minutos para listar dez dificuldades que se apresentam na implantação dessa ideia. Em seguida, cinco minutos para localizar a maior dificuldade. E, finalmente, cinco minutos para superar tal dificuldade. Ao término (uma hora e quinze minutos), os grupos estão aptos a apresentar, *para aquele mesmo problema*, quatro projetos perfeitamente viáveis! Fica já aqui a "receita" de uma reunião realmente produtiva, para problemas desse tipo. Você mesmo pode pô-la em prática.

*Criatividade no trabalho e na vida* • 69

Agora, outra razão por que contei isso: após esse exercício, convido cada participante a sugerir, por escrito, um problema da empresa, do seu departamento, que ele gostaria de ver submetido a esse mesmo processo (sem precisar mais da minha presença), informando que entregarei as sugestões, como tenho feito, ao meu contato de Recursos Humanos, para que este, eventualmente, as remeta aos respectivos departamentos.

Sabe o que ocorre? A menos que eu antes previna bem a todos que evitem tal sorte de sugestões, a maioria dos problemas sugeridos para serem criativamente processados será de interesse muito pessoal (e não operacionais, da organização). Será, por exemplo, como criar uma tabela melhor de remuneração, mesmo sem aumento de vendas; como conseguir mais vagas no estacionamento da empresa etc. É claro que esses temas também são problemas, também podem ser elaborados criativamente, mas a preferência francamente majoritária por tais assuntos e não por outros, operativos, organizacionais – por exemplo, "como reduzir o absenteísmo na fábrica" – trai, quase sempre, uma mentalidade isolacionista e, algumas vezes, desmotivada.

**4** Há também, eventualmente, numa reunião, *representação* do que se conhece, em Análise Transacional, como Jogos Psicológicos. Não poderia eu agora explicar a coisa toda (mas vale a pena conhecer o assunto). Diria apenas que o mais frequente jogo, em reuniões, chama-se "Por que não? Sim, mas..."

Dica muito prática: sempre que, numa reunião – ou mesmo na vida privada –, após você oferecer uma ou duas sugestões para alguém resolver um problema (*dele*), o outro retrucar "Sim, mas..."; "Certo, porém..."; "Você tem razão, acontece que...", trate de mudar de assunto! Saiba que, mesmo não conscientemente, essa pessoa *não* está interessada em resolver seu próprio problema! No íntimo, ela quer provar que seu problema é insolúvel. (Outra boa saída é dizer: "Realmente, um problema como esse pode ser complicado. O que é que você pretende fazer?")

Numa reunião, se por acaso a discussão descambar para o "Sim, mas..." – e você não for o líder da reunião –, CALE A BOCA! O *dono* do problema já decidiu que ele é insolúvel, e quer passar a responsabilidade da não-solução para todos na sala, que insistem em resolvê-lo! Pule fora do jogo, amigo.

Note que quem começa esse jogo – o responsável pelo problema – nunca usa o verbo *discordar*. Nunca diz: "Discordo de você"; nem "Você não me convenceu"; sequer "Sua sugestão é absurda". Não, ele *concorda*... mas interpõe logo em seguida uma objeção que põe tudo a perder. Ele se mostra "aberto". Ele quer que você dê *outra* ideia... e depois mais *outra*. No final, provou que o problema é insolúvel – e todos os demais, que se arvoraram em resolver o problema *dele*, saem de cena frustrados...

Já se você for o líder da reunião e notar que o grupo todo está envolvido numa discussão infinita – sempre surgindo uma "pequena" objeção que invalida qualquer consenso –, recomendo o seguinte: bata palmas, interrompa a zoada toda e faça uma pergunta fundamental: "*De quem* é, afinal, esse problema que estamos aqui discutindo?" Certamente, haverá perplexidade geral – todo mundo envolvido até a raiz dos cabelos naquela missão impossível. Identificado o responsável pelo problema, diga a ele, simplesmente: "Muito bem, Fulano, acho que você já ouviu tudo que temos a dizer, no momento, sobre o assunto. Na próxima reunião, traga, por favor, dez sugestões por escrito, para a gente apreciá-las". E MUDE DE ASSUNTO.

Em resumo: boa parte da energia psíquica de uma reunião perde-se, muitas vezes, em representação, em fatores invariáveis e repetitivos, em encenação da mesma peça, em *déjà vu*.

A propósito, tenho outra ideia. Certa vez, sugeri a uma grande empresa da indústria farmacêutica, cliente de minha agência por mais de quinze anos, que suas frequentes reuniões de marketing fossem discretamente filmadas por pessoal de confiança não pertencente aos quadros da empresa. A tarefa posterior desse pessoal seria muito fácil, não exigiria maior especialização, apenas atenção: focalizar a massa de "superposição", de condutas previsíveis e repetitivas nessas reuniões.

Em seguida, esse pessoal montaria um único vídeo – que pareceria constituído apenas de *replays* – a ser exibido, com poucos comentários, e sem nenhuma crítica, para todo o grupo. Seria certamente engraçado e, tenho certeza, muito produtivo para cada um... e para a equipe toda.

Essa ideia tampouco foi realizada, talvez por excelentes motivos. Mas penso ser ótimo para o leitor, qualquer que seja seu nível hierárquico, ficar atento a uma ocorrência excessiva de *replays* em suas reuniões. Porque tudo isso significa *desperdício*. Rotina improdutiva. Além de fator de chateação.

Alguém poderá perguntar, a propósito do exercício que mencionei anteriormente no qual grupos se reúnem para debater um problema hipotético, chegando a quatro boas opções em uma hora e quinze minutos, por que não ofereço problemas *reais* da própria empresa, dos próprios departamentos em que trabalham tais grupos.

Pois saiba que já tentei. E sabe qual foi a experiência realista que tive em campo? A maioria dos participantes, funcionários da mesma empresa, *não têm em mente nenhum problema da empresa* – específico, conscientizado, definido em seus limites precisos. E isso é realmente uma pena, para todo mundo.

John Dewey chama a atenção para o fato de que um problema bem definido já está 50% resolvido. (Einstein dizia mesmo ser a perfeita formulação de um problema, frequentemente, muito mais essencial do que a sua solução, que pode ser simplesmente questão de habilidade matemática ou experimental.) E Edward de Bono sintetiza: "O mais difícil problema, muitas vezes, é a formulação dos problemas".

A grande maioria de gerentes e executivos – essa é minha impressão, mas já li isso em outro lugar – não empreende formulação alguma, acha que não tem tempo para nada e, no lufa-lufa do dia a dia, trata de "empurrar com a barriga". (Devo dizer, sinceramente, que acho isso muito humano.) Mentalizam tais funcionários como "problemas da empresa", assuntos muito difusos e genéricos,

*Criatividade no trabalho e na vida* • 71

como "aumento de vendas", "produtividade maior", "desburocratização", "qualidade total" etc. Pois saibam: isso não são problemas – são *metas*! São consequências, são resultados!

Somente quando algum desses itens é precisamente esquematizado, num impasse definido, e num momento específico, é que ele merece ser considerado *problema* – matéria-prima da Criatividade. Por exemplo: como, a partir de hoje, desburocratizar necessariamente a atividade da equipe de vendas por atacado, considerando ter havido corte de 20% do pessoal de escritório, e sem perda alguma dos controles finais? "Para encontrar a resposta certa", lembrava Tobim Webster, "é preciso primeiro fazer a pergunta certa".

Sempre que, antes do mencionado exercício, sugeri aos participantes escolherem qualquer problema específico da própria empresa (cujo metabolismo interno obviamente desconheço), sabe qual foi o resultado? 1º) surpresa geral; 2º) o grupo, para escolher qual deveria ser o problema, iniciava debates que prometiam durar muito mais do que uma hora e quinze minutos...

Mas houve uma exceção muito interessante. Após alguns seminários para grupos da Vale do Rio Doce, em Itabira, seminários que (caracteristicamente) sempre invadem um pouco a hora do almoço, perturbando, no caso, a programação rigorosa do restaurante da usina, o responsável me propôs – em troca da flexibilidade forçada que eu lhe estava exigindo – que eu submetesse aos grupos um problema departamental seu, há muito tempo difícil de ser resolvido: o desperdício decorrente do fato de tantas pessoas (o restaurante atende a centenas) colocarem na bandeja mais comida do que afinal consumiam. Já se implantara a ideia, que continuava sendo usada, de pesar cada bandeja e divulgar na empresa, mês a mês, a "tonelagem" do desperdício, bem como distribuir volantes e cartazes – tudo com resultados muito insatisfatórios.

Concordei em submeter o assunto ao grupo, usando apenas uma técnica diferente, a do *brainstorming*. E saíram ideias muito interessantes.

Por exemplo, enorme funil, por meio do qual os perdulários seriam obrigados a engolir a comida que estavam prontos a devolver na bandeja. Ou máquina que depositasse quantidade mínima e individual de cada alimento, resultando em bandejas reluzentes, lambidas até a última gota por funcionários famintos. Ou grandes furos nas conchas da sopa, do feijão etc. que exigissem várias operações para transferir o alimento para as bandejas, dificultando excessos prejudiciais. Ou sistema elétrico, discretamente acionado, que desse um bom choque, por meio da bandeja (metálica), a quem a depositasse com comida no balcão de devolução. Ou, a partir daí, sistema elétrico que acendesse, na hora da devolução, uma grande luz verde, ou outra vermelha, à vista de todos, para parabenizar, ou criticar, quem estivesse devolvendo a bandeja. Ou, a partir daí, apenas uma grande luz verde, bem visível, como reconhecimento público (para quem a luz não acendesse haveria uma crítica implícita). Reconhecimento? Por que não um prêmio mesmo? Mas que prêmio, economicamente viável, a ser talvez distribuído diariamente? Cupons para um sorteio. Melhor ainda, muito mais apelativo: fichas com valor definido.

Isso mesmo, seriam divulgadas fotos de inúmeros prêmios, de valores diferentes e convertidos em termos de fichas, as quais seriam trocadas, uma a uma, por bandeja devolvida vazia. Por exemplo: dez fichas dariam direito a uma garrafa de vinho; cem fichas a um *walkman*, mil fichas a uma geladeira. Ou outra relação qualquer. É só calcular que o valor total dos prêmios fosse bem inferior ao do desperdício tradicional.

O gerente do restaurante adorou a sugestão. Soube, mais tarde, que, com algumas variações, ela foi mesmo implantada.

Mas voltemos ao *déjà vu* de tantas reuniões...

O *nonsense* sutil e difuso, ainda que não muito consciente, prevalecente em tantas reuniões (mormente as que objetivam solução de problemas), tornou-as tema fértil para humoristas e cartunistas. O sério vira engraçado.

Um deles fez uma série de cinco desenhos sem legenda (que, aliás, reproduzi em meu *Criatividade em propaganda*). No primeiro, alguém na cabeceira expõe o problema, enquanto, na outra ponta, um jovem funcionário abriga excelente ideia, simbolizada por magnífica ave-do-paraíso; no segundo, o funcionário expõe sua ideia ao grupo, colocando a esplêndida ave sobre a mesa; no terceiro, à medida que a ave avança sobre a mesa, todo mundo vai adulterando sua natureza: um corta-lhe o rabo, outro lhe decepa a crista, mais outro abre uma lata de cola para adicionar-lhe absurdas excrescências; no quarto, o líder da reunião já está dando voltas ao pescoço do bicho, enquanto alguém lhe cose uma samambaia no traseiro, e mais outro lhe enrola no corpo um absurdo laço de fita; no último, o grupo todo regozija-se, exceto o autor da ideia, que olha, triste, para o monstrengo em que transformaram sua ave-do-paraíso.

Esse mesmo cartunista apresenta outra série de desenhos tratando de processo inverso. Ocorre ao gerente, em seu departamento, sugestão pobre e medíocre, simbolizada por um urubu depenado. O próprio gerente mostra-se desolado perante o bicho. Que faz? Vai a seus arquivos e retira de diferentes gavetas penas, asas, bico e coberturas artificiais. Agora sim, o gerente está pronto para apresentar sua ideia na reunião, como uma águia real!

Michele, o cartunista que ilustra a abertura do presente capítulo, sugere, em outra série de desenhos, como uma reunião "vai-se formando" na empresa – e seu resultado final. O jovem funcionário tem a ideia e a leva a seu supervisor. O supervisor diz: "Gostei da sua ideia com uma pequena ressalva. Gostaria de um onze no lugar deste dez! O funcionário aceita: "Certo". Agora ambos vão ao gerente e lhe submetem a ideia. O gerente comenta: "Muito bom! Só que gostaria de um doze no lugar do onze". O supervisor concorda: "Claro". Agora os três submetem a ideia ao diretor. O diretor define: "Ótimo, mas acho melhor um onze no lugar do doze". Ao que o gerente responde: "Perfeito". Finalmente, os quatro vão ao presidente, que decide: "Está OK! É só pôr um dez no lugar do onze". Então, funcionário, supervisor, gerente e diretor exclamam, respectivamente: "Certo!", "Claro!", "Perfeito!", "Grande!" O que permite ao presidente murmurar: "Obrigado".

*Criatividade no trabalho e na vida* • 73

Ziraldo tem um cartum que se presta a inumeráveis variantes. Jovem herdeiro da companhia, sentado à cabeceira da mesa (lotada) de reuniões, declara para os demais: "... em princípio, eu concordaria, mas, como dizia nosso fundador, meu inesquecível pai..." Às suas costas, na parede, a foto enorme do pai, vigiando os trabalhos...

Outro cartum, publicado na *Playboy* americana, mostra o diretor sentado na cabeceira da mesa de reuniões, usando megafone para perguntar aos demais, que também dispõem, sobre a mesa, de seus respectivos megafones: "Qual a sua ideia para melhorar nossas comunicações?"

Bernard Shaw dizia que, por trás de toda expressão de humor, há sempre uma verdade oculta – mas aqui ela está muito pouco oculta!

Tais facetas de *nonsense* é que acabaram, certamente, por definir tais reuniões como "agremiação de pessoas que individualmente nada podem fazer, mas que coletivamente podem decidir que nada pode ser feito".

"Um dromedário", diz outro aforismo, "é um cavalo criado por uma reunião."

Serão, então, as reuniões necessárias? "Primeiro a gente decide", pregava famoso político mineiro, "depois faz a reunião."

"Eu poderia ter resolvido o problema", disse alguém. "Mas tive de participar de uma reunião para tratar dele."

Pelo menos Winston Churchill era bastante honesto quando definia o objetivo das reuniões com seu gabinete, durante a Segunda Guerra: "O que espero, senhores, é que, depois de um razoável período de debates, todo mundo concorde comigo".

O único evento realmente genial que soube ter ocorrido em tais encontros foi – como aprendi em artigo de capa da revista *Exame* – a criação do Dilbert, pelo engenheiro Scott Adams, desenhado clandestinamente em seu bloco de papel durante as maçantes reuniões na empresa em que trabalhava, a Pacific Bell. Na verdade, o sucesso estrondoso da patética personagem, em todo o mundo empresarial, tornou-o mais celebrado do que qualquer guru da administração, ou do que qualquer "homem de sucesso" da constelação corporativa. Isso prova que: 1) de certo modo, o Dilbert é, sim, pela crítica sarcástica e procedente, guru de empresários talentosos, que procuram uma administração melhor, mais estimulante e criativa; 2) há, sim, reconheçamos, também criatividade nessas esferas empresariais, que, em vez de tornarem o Dilbert uma excrescência desprezível, tornaram-no um herói. Quem sabe a humanidade ainda possa ser salva.


Serão as reuniões necessárias?

É claro que sim (embora, sinceramente, a gente tenha de pensar duas vezes antes de responder).

O importante, penso eu, é que a equipe – principalmente seus líderes – tenha plena consciência da *qualidade* dos problemas de que ela irá tratar. Isto é, se a reunião será sobre a Mesa I ou sobre a Mesa II, para relembrar a metáfora.

E que saibam também que, durante a reunião sobre a Mesa I, há momentos, às vezes, em que é imprescindível passar todo mundo (levando o problema) para a Mesa II.

Assim, reuniões sobre a Mesa I são aquelas já previamente planejadas para um quadro definido, *convergente*. Por exemplo, triagem ou decisão, num processo de licitação, das propostas apresentadas; apreciação de alternativas, já selecionadas, de investimento, ou de expansão, ou de contratação, ou de demissão; consulta interpessoal ou interdepartamental com vista a garantir que um projeto, um relatório, um balanço, seja o mais completo possível; reuniões para troca de informações interpessoais e interdepartamentais, com vista à atualização de todo o corpo funcional; ou mesmo reuniões de negociação: todo objetivo, perseguido e conquistado no processo racional de ensaio-e-erro, é conduzido sobre a Mesa I.

Para tais reuniões, não tenho nada a acrescentar. Reproduzo apenas a opinião de Townsend: "Falando de uma maneira geral, quanto menos, melhor".

Vale a pena conhecer também suas sugestões para as famosas "reuniões semanais da equipe":

> O propósito é informação, *não solução de problemas* [grifo meu]. Começa em ponto, no mesmo lugar e no mesmo horário, não importa quem esteja presente. Circulam pela sala: relatórios de problemas e respectivas providências quanto a estes. Ante uma encrenca maior, alguém diz para alguém: "Falo com você sobre isso depois da reunião". Muitas pessoas deveriam dizer e dirão: "Passo". Termina pontualmente (ou mais cedo). Sem folha de presença. Sem aviso prévio de que haverá tal reunião. Sem mágoa pelo não comparecimento. Ata de uma só página, ditada, datilografada e distribuída no mesmo dia. E, a cada seis meses, votação secreta: "Será que precisamos mesmo dessas reuniões?"

Contudo, tenho ainda muito mais a falar sobre a Mesa II. (Se você é, por exemplo, estudante ou dona de casa e não trabalha em empresa, toda essa diferenciação entre problemas da Mesa I e da Mesa II continua 100% válida. Nem precisava alertar.) A discrepância, que leva à frustração e a uma completa perda de tempo, ocorre quando problemas da Mesa II continuam sendo tratados sobre a Mesa I.

E que problemas são esses?, você ainda vai perguntar.

São exatamente aqueles que *sobrevivem* – de pé! – a todos os critérios, raciocínios, normas, paradigmas e parâmetros lógicos... valiosos e imprescindíveis nos trabalhos sobre a Mesa I. São aqueles problemas, muito reais, perante os quais toda a equipe, todos os interessados simplesmente *não sabem mais o que fazer!* Nem conhecem a existência de ninguém, nem de livro algum, fora da empresa, que saiba! São os tais 1%! São os "cruéis" – mas muitas vezes decisivos. São aqueles, os únicos, *que pagam 50 mil dólares pela solução!*

Exemplos que me ocorrem, sem compromisso: Como reduzir o uso de aguardente entre os operários? Como melhorar a imagem da empresa junto a seus clientes sem gastar mais em propaganda? Como reduzir o furto de talheres (caso real de uma linha aérea), sem afrontar nem pôr em dúvida a honestidade da maioria esmagadora dos funcionários? Como dar a seus produtos ou serviços uma aplicabilidade maior? Como se diferenciar – com vantagens para a empresa e para os clientes – da concorrência? Como dar um novo uso, melhor, ao refugo da fábrica? Como lucrar com a recessão?

*Criatividade no trabalho e na vida* · 75

Quem tem resposta, de pronto, para essas perguntas? Normalmente, ninguém. Qual o livro que contém a resposta? Nenhum. Para que serve ficar raciocinando logicamente, usando critérios e "manuais de instruções" sobre essas questões? NADA!

Na Mesa II podemos mandar para o espaço todos esses critérios e manuais de instruções – e podemos cogitar tudo!

Na Mesa II podemos *brincar* mentalmente com os problemas!

Reuniões, em princípio – e é bom termos sempre isso em mente –, não são criadoras... *nem nunca foram*! Mesmo nas conversas em torno às fogueiras de Mohawks, Sênecas e Freuds (suas famosas reuniões das quartas-feiras), "havia poucos tições acesos em forma de novas ideias e muita água fria sob a forma de análise e julgamento". Do mesmo modo, quanto aos diálogos de O *banquete*, de Platão. As ágoras e os paços municipais eram usados por nossos antepassados como lugares de reunião para discutir ideias, mas não para imaginá-las.

Se, como opina Alfred North Whitehead, "a maior invenção do século XIX foi a do *método* de inventar... que fez ruir os fundamentos da antiga civilização", uma boa invenção do século XX foi a da reunião inventiva, o *brainstorming*, a Mesa II. Mas não foi a maior invenção do século XX, nesse assunto.

Mesmo em termos da arte de criar, há coisa melhor...

Penso ser fundamental que *líderes* de reuniões que tratam de solução de problemas estejam alertas, tenham plena sensibilidade para reconhecer quando todos os enfoques racionais de um determinado problema estão esgotados – e chegou a hora de passá-lo para a Mesa II, isto é, de mudar todo o astral psíquico da reunião.

Conheci um dirigente de indústria química sediada no Rio que criou, intuitivamente, uma técnica curiosa e eficiente.

Ele e sua equipe se debatiam, havia horas, com um problema, digamos, do Departamento de Vendas. Quando meu amigo *sentia* que todos os enfoques lógicos, técnicos, sensatos estavam esgotados – e nada tinha sido resolvido sobre aquele abacaxi no Departamento de Vendas –, ele se voltava para a equipe e dizia, por exemplo, o seguinte (às vezes variava a história):

– Olha, gente, nesse último fim de semana, levei meus filhos ao circo, ali na Praça Onze (há realmente, quase sempre, um circo no local). E ali vimos tigres, elefantes, ursos etc. No final da sessão, cheguei a conversar com o dono do circo e vim a saber algo interessante: o circo pode, sim, alugar os animais a quem estiver interessado. Até que a diária não é muito cara. Trouxe aqui os preços comigo. Os animais têm de vir, como ele me informou, acompanhados por um tratador, e em caminhão especial do próprio circo. Então, estive pensando: que tal se colocarmos três ursos lá no Departamento de Vendas? Será que resolveria o problema que estamos debatendo?

Perplexidade geral.

Ursos? *Dentro* da sede da empresa? Onde já se viu uma coisa dessas? O senhor não está brincando?

– Nada disso, estou falando com muita objetividade. Que dificuldade prática haveria nisso? Os ursos viriam – e por sinal é uma viagem muito curta – da Praça Onze até aqui, num caminhão de tamanho normal, que passa muito bem pelo portão. Teriam de vir com focinheiras, porque isso é obrigatório, para a segurança de todos. De resto, um tratador estaria sempre com eles. Os ursos subiriam pelo elevador de carga. Claro, um de cada vez. Afinal, um urso não é muito grande, é do tamanho de um bezerro, cabe muito bem no elevador. E seriam postos, todos os três, no Departamento de Vendas. Sujariam, na certa, o chão, aqui ou ali, mas isso tampouco é problema, temos faxineiros suficientes. E então?

Como todo mundo continuasse atônito, o dirigente insistia:

– Gente, por favor, eu já lhes demonstrei que não há dificuldade alguma para termos, amanhã mesmo, *três ursos no Departamento de Vendas*! Tudo que quero agora saber, de cada um, honestamente, é o seguinte: os três ursos resolvem o problema que estamos aqui discutindo?

Agora, pelo menos, cada participante tinha uma questão mais objetiva para analisar. E as respostas, dadas uma por uma, concordavam todas em essência: não, os ursos não resolveriam coisa alguma; não, os três ursos não tinham nada a ver com a questão; alguns participantes chegavam a apontar razões muito lógicas por que a presença dos ursos poderia até piorar a situação.

Meu amigo ouvia cada resposta muito atento. Em seguida, tranquilamente, concluía:

– OK, vocês me convenceram. Trazer três ursos não resolve mesmo a questão. ENTÃO, VAMOS FAZER O QUÊ?

Relatando isso, ele me confessou: "Na verdade, meus três ursos nunca resolveram problema algum. Mas você precisava ver como, depois da sugestão de pô-los *de fato* na empresa, ou melhor, depois da pergunta – *então, vamos fazer o quê?* o pessoal passava a pensar com mente muito mais aberta. E como sempre, aqui e ali, surgiam enfoques bem mais interessantes e viáveis".

O leitor vai pensar agora, como aliás também pensei, que esse dirigente precisava de muita imaginação para, a cada problema, sugerir uma ficção diferente, de modo a surpreender sempre seus colaboradores.

Nada disso. Seu pessoal aprendeu depressa e intuitivamente do que se tratava. Bastava, depois de certo tempo, perante um problema "esgotado", meu amigo dizer: "E que tal se a gente trouxesse três ursos aqui para a empresa?" que a equipe toda ria e sabia que era hora de procurar alguma coisa na Mesa II.

Líderes de reuniões objetivas, comportadas e formais – encurraladas em problemas que não conseguem resolver – poderiam apelar para o seguinte recurso (*não é garantia de nada*, mas não custa experimentar): convidem o grupo todo – e façam isso eles também – a tirar os sapatos e ficar de pé em cima da mesa! (Como no filme *Sociedade dos poetas mortos*.)

Para quê? Para nada. Trepem apenas, com cuidado, na mesa e fiquem lá, naturalmente, durante uns três minutos, olhando uns aos outros e olhando a sala a partir de uma perspectiva que talvez nunca tenham tido até então. Quem quiser rir, ria; quem quiser ficar sério, fique. Depois disso, desçam e voltem a tratar do assunto como quiserem. Há uma chance, remota mas real, de passarem a ver aquela encrenca com outros olhos. Além do que, muito certamente, o astral da reunião terá melhorado...

Quais os empecilhos? Qualquer mesa normal de reunião aguenta muito bem o peso de seis ou oito homens. Perda de tempo? São só três minutos ao longo das tais quatro horas. Ridículo? Não vejo nada de ridículo num grupo de pessoas de pé. Perigoso? Perigoso é subir o Everest. Isso nunca foi feito? É, isso nunca foi feito. O que os outros na empresa vão pensar, se virem tal cena? Toda reunião é fechada, e se os outros souberem, vão pensar o que quiserem pensar. E se o presidente entrar na sala? Convide-o a subir também na mesa!

Há uma chance, remota mas real (1%), de que, quando todos descerem da mesa, esta – pelo menos para alguém – já terá se transformado na Mesa II.

Mesmo assim, tratando-se da Mesa II, não vá meu leitor julgar agora que possa haver qualquer "Criatividade em equipe". Não existe, nem nunca existiu "Criatividade grupal"!

Alex Osborn, que pesquisou e escreveu muito sobre Criatividade, concorda com isso e divulga a filosofia do dr. Ernest Benger, exposta aos vários grupos de pesquisa da Du Pont: "Nunca se gerou nenhuma ideia senão em um único cérebro... Não importa como se agite um pensamento para todos os lados, ou como se procure que outras pessoas coordenem esforços em torno dele; a verdade é que uma ideia é sempre produto de um único cérebro".

David Ogilvy, um dos mais bem-sucedidos publicitários de todos os tempos e que terminou como titular de uma das maiores agências do mundo, dá, em seu clássico livro *Confissões de um homem de propaganda* (Lauds, 1970), a "receita do sucesso" (expressão do próprio autor, retirada de suas experiências como assistente de cozinheiro num restaurante de Paris, em seu início de carreira). Tópicos:

> Algumas agências insistem até a loucura para fazer tudo em grupo. Fazem alarde do "trabalho em equipe" e desmerecem o papel do indivíduo. Mas nenhuma equipe pode redigir um anúncio e duvido que exista uma só agência de qualidade sobre a qual não se projete a sombra de um homem. [...] Esta estupidez – de "trabalho em equipe" é inútil palavrório – uma conspiração da qual só fazem parte os medíocres. Nenhum anúncio, nenhum comercial de televisão, nenhum *layout* pode ser criado por um comitê.

William Bernbach, titular daquela agência já mencionada, a tal "mais criativa do mundo", é enfático: "Equipe alguma jamais criou coisa alguma!"

"Será que a solução de problemas em grupo é o que nós pensamos que é?", perguntam William Battalia e John J. Tarrant, em seu famoso *O executivo, esse eunuco*. "A convocação de uma reunião será a melhor maneira de gerar ideias inovadoras e eficientes, numa situação crucial?"

Os mesmos autores fornecem subsídios para a resposta:

> Há cada vez mais provas de que talvez não seja. Para dar apenas um exemplo, psicólogos da Universidade de Minnesota realizaram uma experiência com oitenta executivos de uma mesma corporação. Cada executivo foi confrontado com um problema idêntico. Um grupo de executivos recebeu a incumbência de apresentar uma solução individual. Um segundo grupo foi organizado em equipes de quatro homens. Essas equipes discutiram o problema durante meia hora e, depois, cada executivo foi sozinho para a sua mesa, procurar solucioná-lo. Um terceiro grupo de executivos foi também dividido em equipes de quatro homens. Essas equipes ficaram juntas, discutiram o problema e, em conjunto, apresentaram uma solução.

> Quando os resultados foram examinados, viu-se que os executivos que tinham abordado o problema individualmente haviam chegado a melhores soluções do que aqueles que se tinham reunido e depois procurado alcançar por si mesmos as soluções. Mas ambos os grupos tinham encontrado muito melhores soluções do que aquele que, desde o início, buscara soluções em conjunto.

Em resumo: não há, a rigor, nem nunca existiu, "reunião criativa". O que se poderia chamar de reunião criativa é a que transcorre em bom astral, bem provida de elementos motivadores e protetores que facilitem a criatividade *individual* de seus participantes!

Evidentemente, o participante que é mais aberto à Criatividade, mais familiarizado com seus processos internos de geração de ideias, mais capaz de entrar em contato com o pensamento da criança que nele reside, muitas vezes desequilibra – e com proveito! – qualquer reunião. (No primeiro capítulo do meu *Criatividade em propaganda*, conto alguns episódios que atestam essa evidência.)

Em termos de reunião, e em termos de Criatividade, a reunião de bom astral – aberta, motivadora e inspiradora – é a única que compensa!

O fato de a ideia criativa partir sempre da *criança* que há em cada um de nós não significa, literalmente, que ela provenha *da* criança que todos já fomos um dia, pois, naquela época, aquela criança não dispunha dos elementos de informação de que dispomos hoje, para lidar com os problemas de hoje.

Significa, isso sim, algo um pouquinho diferente: significa que a ideia parte *do pensamento* da criança que todos nós fomos um dia e que, de algum modo, em algum recanto de nossa personalidade, continuamos sendo munidos do aparato técnico e cultural com que contamos hoje.

*Criatividade no trabalho e na vida* • 79

Significa que a ideia parte de um tipo de atividade psíquica – intuitiva, primária, espontânea, descompromissada, sintética – que já exercemos muito quando tínhamos tenra idade, mas que às vezes temos muita dificuldade em exercer atualmente, manipulando os aspectos técnicos e os dados da cultura de *hoje*.

Assim, a experiência – como soube ter sido recentemente realizada em grande agência de propaganda brasileira (não por coincidência, reconhecida por sua criatividade) – de reunir um grupo de crianças para tratar de um lançamento de produto, ou de um problema de marketing, deve ter sido interessantíssima, porém, sinceramente, não acredito ter atingido muita coisa de prático.

Isso porque crianças não podem ter, obviamente, o *repertório* técnico e cultural suficientemente rico, cobrindo diferentes áreas, de que um adulto dispõe. Foi, sim, a criança de Einstein, vivinha dentro do Einstein adulto, quem primeiro visualizou, intuitivamente, a Teoria da Relatividade, como foi a criança de Born quem fez a mesma coisa com a física quântica. Não o poderoso raciocínio, nem a poderosa habilidade matemática de ambos. Tais competências vieram *depois* como recursos imprescindíveis para estruturar, desenvolver e comprovar suas teorias acabadas. Mas criança alguma, antes do colégio, poderia ter uma ideia dessas.

Exemplo mais evidente é o de Isaac Newton, que declarava, em 1730: "Não sei como o mundo me vê; mas eu me sinto como um garotinho brincando na praia, contente em achar aqui e ali uma pedrinha mais lisa ou uma concha mais bonita..." Tal sentimento, sem dúvida, foi o que alavancou Newton às suas maiores realizações. Tal sentimento, também sem dúvida, era simplesmente o do Newtinho, de 4, 5, 6 anos, quando brincava nas praias de Lincolnshire. Mas, nessa época, Newtinho ainda não podia lidar, por exemplo, com o grande problema da gravitação universal, herdado de Kepler.

O mesmo se aplica ao que disse outro grande físico, Robert Oppenheimer: "Há crianças brincando nas ruas que poderiam resolver alguns dos meus mais complexos problemas de física, porque elas possuem maneiras de percepção sensorial que perdi há muito tempo". Você tem razão, mas apenas em tese, Bob. Criança alguma poderia construir, resolvendo problemas, a primeira bomba atômica, como você fez.

Pensar é "pôr ordem nas coisas" – como já notou, há algum tempo, o velho Anaxágoras. Ao criar, a mente estabelece relações entre "coisas" até então remotas. A mente aberta, intuitiva e curiosa de qualquer criança tem plena facilidade de poder "ver" ou antever tais relações muito mais do que a mente da maioria dos adultos. Mas ela ainda não dispõe de uma profusão daquelas "coisas" para reagir, criativamente, perante problemas mais complexos.

As crianças, de carne e osso, são muito criativas... para resolver os problemas *delas*. Na empresa, uma reunião em torno da Mesa II pode sugerir, de repente, um jardim de infância – e será muito bom que isso ocorra. Mas seria ingênuo convidar todo o jardim de infância de seu filho para participar dela...

Em reuniões como essas, sim, pode haver muitas expressões de Criatividade, e da parte de muitos participantes diferentes, e até mesmo, embora raro, de todos!

Chamo de Criatividade a descoberta, súbita e imprevista, de um ponto de vista *inédito* para solucionar um problema.

Há casos clássicos, espetaculares, antológicos, como um engenheiro naval holandês, sr. Verolme, que, numa reunião, teve a ideia de projetar *slides* (como os que ele fazia em suas férias), dessa vez dos desenhos das diferentes seções do casco do navio, diretamente sobre as chapas de aço a serem cortadas durante a fabricação. Com isso, eliminou complicadas e custosas operações de cálculo e marcação. Dita ideia, de simplicidade atroz, ajudou decisivamente a levar seu estaleiro às dimensões atuais. Quanto vale essa ideia? Diante dela, 50 mil dólares é uma moeda...

Mas, reconheço, nem todos nós seremos, profissionalmente, srs. Verolme. E apelar para esses exemplos sensacionais pode dar a impressão de que Criatividade é sempre de caráter fabuloso, milionário e histórico. Nada disso: está no dia a dia de cada um, como componente expressivo do sucesso profissional e pessoal de todos nós.

Por isso, prefiro exemplos mais corriqueiros e triviais – com a mesma qualidade intrínseca dos *slides* do sr. Verolme.


Senai, Porto Alegre, 1989. Havia a necessidade contínua, *inquestionável*, de destruir todos os formulários do Departamento de Informática. Assim, as pilhas de formulários eram cortadas na guilhotina do Senai, sendo as aparas vendidas a recicladores de papel, gerando receita.

O problema é que muitas vezes os formulários vinham com clipes ou grampos de metal e isso danificava, com o tempo, a lâmina da guilhotina. Como resultado, de três em três meses, tornava-se necessário comprar nova lâmina, ao preço de 700 cruzados (uso os preços da época). Surgiu, então, a opção de comprar uma máquina picadora de papel, invulnerável a clipes e grampos, cujo custo montava a 6 mil cruzados. Qual a decisão mais lógica a tomar? Substituir as lâminas de três em três meses, a 700 cruzados, ou fazer logo um investimento definitivo de 6 mil cruzados? Ambas alternativas foram, é claro, projetadas no quadro de inflação da época, considerando-se obviamente o custo homem-hora das substituições de lâminas, bem como o fato de a máquina poder ser financiada em até seis meses, porém a juros salgados.

Abriu-se, assim, outro leque de opções lógicas. Por exemplo, contratar um funcionário para extrair os grampos dos formulários. (Na época, o salário mínimo era cerca de 380 cruzados.) Ou, então, proibir o uso de grampos no Departamento de Informática. Muitos formulários, porém, já vinham grampeados de fora. Esse fato invalidava também a hipótese de substituir os grampos por fita adesiva. Discussões e reuniões a respeito...

Súbito, mudança do ponto de vista, propiciado por minha amiga Marly Teixeira, com uma pergunta até então inédita:

– Quanto o Senai arrecada com a venda das aparas de papel?

Perplexidade. Ninguém na hora sabia. Tiveram de ir apurar:

– Ah, pouca coisa. Cerca de 50 cruzados.

Vejam só. Nas discussões que se prolongavam, ninguém ainda tinha considerado esse aspecto, ninguém tinha visto a coisa por esse lado. O "produto final", da parte de uma entidade como o Senai – insignificante produtora de tonelagem de papel usado –, era irrisório...

– Pombas! Se temos de destruir mesmo esses formulários, então vamos queimar toda essa porcaria numa fogueira mensal e estamos conversados!

Muitas vezes, em reuniões de empresa voltadas para a solução de um problema, alguém usa de sua *intuição* e percebe que o tal problema exige um enfoque COMPLETAMENTE NOVO para ser solucionado:

– Olha aí, gente, estamos todos pensando de forma muito trivial, muito quadrada! Precisamos partir para algo totalmente novo! Temos de inovar! Temos de ser criativos!

Concordo plenamente. Acontece apenas que, nesse campo concreto de atuação, boas intenções, exortações, consciência da necessidade de Criatividade adiantam muito pouco. (Teria sido melhor subir na mesa.)

Então, que diabo pode realmente ajudar para que a Criatividade ocorra?

Passemos ao próximo capítulo.

# 5
# Ilusões, fiasco e revelação

*Que alegria sermos descobertos por aquilo que estávamos procurando!*

Será verdade esse papo de que todo mundo é criativo?

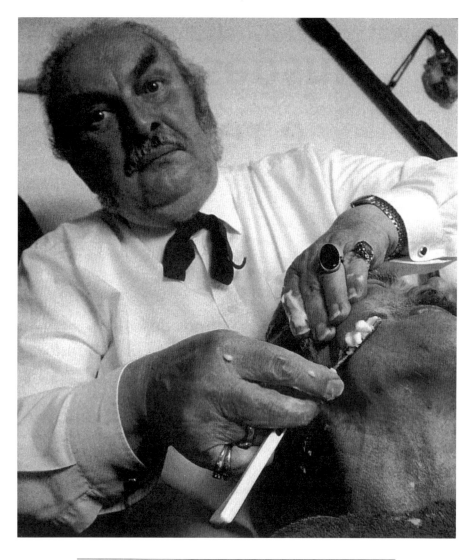

De uma reportagem: "Haarige Geschichten", in *Stern*, 50/94.

> *"Se você não estiver esperando, nunca encontrará o inesperado."*
>
> **Heráclito (540-480 a.C.)**

Todos nós somos criativos pela simples razão de que todos temos problemas e uma criança dentro de nós!

Pois saiba que isso foi algo que aprendi tarde em minha vida. Aprendi depois de ter lidado, por décadas, com tanta gente, em desafios de criação; depois de ter eu próprio recebido alguns prêmios; depois de ter organizado, com algum sucesso, a cadeira de Criatividade na Escola de Comunicação da UFRJ; depois mesmo de ter escrito um livro sobre Criatividade!

Durante a maior parte de minha vida, imaginei, sim, que Criatividade fosse um "dom". Isso, no fundo, confesso, parecia muito prestigioso para mim mesmo. Sentia-me um dos eleitos, um dos poucos acima da multidão silenciosa (em termos de Criatividade). Mas aqui e ali, a toda hora, era eu desmentido pelos acontecimentos...

Essa discussão é interessante. Ziraldo, extremamente criativo, já afirmou, em entrevista, que Criatividade é um dom (e não haveria muito que fazer para quem tivesse nascido sem ele). Já Henfil, tão criativo quanto o outro (se é possível fazer tal tipo de comparação), e que ministrava laboratórios *práticos* de Criatividade, sabia e declarava que qualquer um pode criar. Mas será que pode mesmo? Olhe bem em torno de si...

Em meu *Criatividade em propaganda*, tentei, "com certa dose de temeridade", apresentar o "homem criativo", "genericamente", com as seguintes características:

**1** *Inteligente.* (Sim, claro, mas isso inclui um número enorme de pessoas que raramente se destacam por alguma sugestão original.)

**2** *Complicado, eventualmente neurótico.* (Mas, em maior ou menor grau, quem não é?)

**3** *Portador de ótima veia de humor.* (Mantenho integralmente essa opinião. Contudo, muita gente com essa característica rarissimamente se destaca por alguma ideia original. Voltarei ao assunto.)

**4** *Capaz de suportar pressões.* (Mantenho a opinião, integralmente. Mas precisamos saber melhor que pressões são essas. E como ele as "suporta". Suportar as pressões e adversidades da vida com grande grau de estoicismo, de heroísmo, ou de resignação não tem *nada* a ver com Criatividade. Voltarei ao assunto.)

**5** *Inconformismo? Nem tanto.* (Bem, é isso mesmo, nem tanto. Como quase todo mundo.)

**6** *Possui autoconfiança.* Muita gente também a possui e não cria nada. O indivíduo tirânico, prepotente, quadrado, poderia falar longamente de sua "autoconfiança". O indivíduo que veta, categoricamente, qualquer sugestão original, potencialmente interessante – "Isso não vale" – o faz cheio de "autoconfiança".

Tais itemizações são sempre estéreis. Em *Criatividade – medidas, testes e avaliações*, de Ellis Paul Torrance (Ibrasa, 1976) há, no capítulo "Estudos de personalidade de adultos altamente criativos", 84 (!) desses itens, "extraídos de grande número de estudos". (Em tempo: *não há*, em minha mais convicta opinião, teste algum, realmente confiável, de Criatividade... exceto a vida! Há, isso sim, *exercícios*. O livro traz boas sugestões.)

Desses 84 itens, que definiriam o "homem criativo", a maioria poderia ser fácil e fartamente desmentida por exemplos concretos (deixo muitos a cargo do leitor). Vou selecionar apenas dez:

- Altruísta.
- Nunca se aborrece.
- Não é popular.
- Um tanto inculto, primitivo.
- Atraído pela desordem.
- Enérgico.
- Faz as coisas fora de hora.
- Sempre perplexo diante de alguma coisa.
- Evita o poder.
- Tem falta de capacidade comercial.

Napoleão, que *criou* a guerra moderna – e era capaz, por exemplo, vendo-se em apuros na batalha de Arcola, de enviar corneteiros à retaguarda dos austríacos com ordem de cornetear "carga", o que pôs, em minutos, o inimigo em fuga –, era, sem dúvida, muito "enérgico". Mas acaso era altruísta? Abandonou milhares de seus homens nas neves da Rússia, em 1812. Nunca se aborrecia? Xingava seus marechais em italiano ("*incapaci*", "*cretini*") e esbofeteava seus ajudantes. Não era popular? Ninguém foi mais popular, nem mais amado por seus soldados, no século XIX! Era inculto, primitivo? Era um homem altamente intelectualizado, cercado por intelectuais! Era atraído pela desordem? Seria esmagado na primeira batalha! Fazia as coisas fora de hora? Seu senso de *timing* foi a alma de sua estratégia consagrada! Sempre perplexo diante de alguma coisa? *No coments!* Evitava o poder? O que você acha? Akio Morita tem falta de capacidade comercial?

E Thomas Alva Edison, o mais prolífico inventor de todos os tempos, com o recorde individual de 1.093 patentes? (Só por curiosidade: foi criador, inclusive, do padrão 35 mm para filmes fotográficos e da expressão "alô" ao se atender o telefone, em substituição do costumeiro "têm alguém aí?"). Era altruísta? O objetivo de Edison, informa a *Time*, em matéria sobre o 100º aniversário da lâmpada elétrica, "era ganhar dinheiro tanto quanto pudesse". Após seu primeiro fracasso, comprazia-se em declarar: "Não quero inventar mais nada que não se venda". Não conferia à esposa e aos filhos a menor atenção de caráter pessoal. Na verdade, raramente dormia em casa, preferindo fazê-lo – vestido mesmo, quase sempre com a mesma roupa e sem banho – no próprio laboratório. Era "sensível às ideias alheias" (item 32)? Não, tinha fanática resistência a elas, mesmo quando lhe seriam muito úteis: "Insistiu por um período demasiadamente longo em que os cilindros (de seu fonógrafo) eram melhores para gravações em sulco do que as placas achatadas e redondas, ou discos, muito mais práticos e fáceis de guardar". Tinha falta de capacidade comercial? "Foi habilíssimo em levantar capitais de risco (o banqueiro John Pierpoint Morgan financiou seus esforços para inventar a luz elétrica). Quando morreu, em 1931, deixou um espólio de mais de dois milhões de dólares" – nada mal para quem começou do nada, e numa época de recessão.

Outros dos tais 84 itens, postos par a par, são simplesmente contraditórios:

- Meticuloso.
- Não interessado em minúcias.

- Nunca se aborrece.
- Temperamental.

- Consciente dos outros.
- Introvertido.

- Radical.
- Retrocede às vezes.

- Aceita desordem.
- Descobridor de defeitos.

- Arrogante, autossuficiente.
- Sensível a ideias alheias.

Note-se ainda, de passagem, que "arrogante", "radical", "meticuloso", "descobridor de defeitos" são facetas bem típicas de pessoas com sua Criatividade *bloqueada*!

Há outros itens, então, simplesmente comuns a toda a humanidade:

*Criatividade no trabalho e na vida* • 87

- Fica preocupado com um problema.
- Mostra desejos de sobressair-se.
- Sensível à beleza.
- Comete erros.

Outros ainda, por fim, são simplesmente *tautológicos*. Lembram a escolástica medieval, que ensinava que "o ópio faz dormir porque possui propriedades dormitivas"; ou que "a pedra lançada ao ar volta para a terra porque aqui é seu lugar" (o que, pensando bem, também considero boas definições). Seleciono dez:

- Aventuroso.
- Atraído pelo mistério.
- Tenta serviços difíceis.
- Cheio de curiosidade.
- Animado em discordância.
- Disposto a assumir riscos.
- Tem senso de humor.
- Versátil.
- Especulativo.
- Intuitivo.

Dessa série, poupou-nos o autor de acrescentar o 85º item, totalmente implícito: "criativo".

Realmente, "o ópio faz dormir..." etc.

O que valem, amigo, *na prática*, tais "estudos"? Nada. O que vale apontar, por exemplo, que indivíduos abertos à Criatividade são, sem dúvida, "cheios de curiosidade"? Quem não está "cheio de curiosidade", por exemplo, diante da notícia de um assassinato na vizinhança? E não se pode dizer o mesmo perante um filme pornô, ou as novelas de televisão (há semelhanças)? Ou mesmo perante uma lagarta absurdamente cabeluda, verde e cor de abóbora, que apareça em seu jardim?

Ah, trata-se de "curiosidade" por coisas corriqueiras. Pode ser. "É preciso uma mente muito incomum" – dizia o filósofo Alfred North Whitehead, falando de Criatividade – "para se interessar pelo óbvio". Porém, maníacos (outras mentes incomuns) podem demonstrar curiosidade imensa por um tijolo, uma folha amassada, uma lata – e não criam nada!

Não existe, absolutamente, nenhuma "personalidade criativa" a ser posta no papel. Mesmo quando se tenta descrevê-la em 84 itens, extraídos de "grande número de estudos" – itens esses que cabem à perfeição, em grande número, a indivíduos que, na vida real, não criam absolutamente nada. Já para indivíduos que criam e que apresentam (ou não) muitos desses itens, que importância tem isso? Eles já não estão criando?

Quais os dois mais *criativos* autores de humor no Brasil? Pacificamente, Millôr Fernandes e Luiz Fernando Veríssimo. Serão, por acaso, "um tanto incultos, primitivos"? Ao contrário, são dois intelectuais altamente eruditos e sofisticados. E qual a personalidade dos dois? Totalmente diferentes. (Tive a oportunidade de conversar com ambos, pessoalmente, em momentos diferentes.) Um deles, não direi qual, é ágil, um pouco inquieto, muito falador, expõe a todo momento suas opiniões e veia de humor. O outro é parado, apenas observador, praticamente mudo, ainda não chegou à fase do lacônico. Um muito expansivo, o outro muito retraído. (Você dirá que expansividade é defesa contra a timidez, e timidez uma forma de arrogância – e cairemos todos, de novo, na tautologia.) Não me surpreenderia se um fosse muito bagunceiro e outro muito organizado. Um não teria hora nenhuma para criar nem fazer nada (como Mozart), outro criaria e faria tudo a horas prévia e rigorosamente determinadas (como Kant). Um poderia ser muito popular, adorar expor-se a multidões (como nosso Jô Soares), outro poderia ter aversão à sociedade, à popularidade, chegar a ser um misantropo (como Dalton Trevisan, talvez nosso maior escritor vivo, e de evidente humor em suas criações).

E que dizer de meu dileto amigo pessoal, Sérgio Rodrigues, imbatível em arquitetura de interiores, o mais criativo e versátil desenhista de móveis do Brasil – entre eles sua "cadeira mole", mundialmente consagrada, e, não me furto ao honroso comercial: criou cadeira de mesa lindíssima, a que deu o nome de RMB –, que, em conversas sociais, é muito "Veríssimo", porém, se o assunto é arquitetura, torna-se rapidamente "Millôr"?

E de Paulo Francis, o mais criativo, bem-sucedido e impagável de nossos comentaristas – cáustico, ofensivo, chegando tantas vezes a ser injurioso em seus escritos, mas incapaz de qualquer grosseria em seu trato pessoal, com tantas pessoas? Diametralmente oposto ao mais criativo cronista que já tivemos, Rubem Braga?

Os exemplos vão ao infinito.

Haverá, então, alguma semelhança entre, digamos, Millôr e Veríssimo (fiquemos com esses dois)? Claro que há, e facilmente observável: *o olhar arguto, descompromissado e sacana de uma criança!* Em um, esse olhar é rápido, sintético, suficiente; no outro, prolongado, "curtidor", devassador. (A gente se sente mal por saber que, espontaneamente, sem agressividade, somos vistos pela pândega que somos – e quem não é?) A semelhança é *a percepção e o pensamento da criança* que ambos, adultos, exploram profissionalmente, com sucesso máximo.


Qual a dedução prática, para todos nós, de tudo isso?

A dedução é que a tal lista de 84 itens está certa e errada ao mesmo tempo. Errada, se formos analisá-la; certa, se a entendermos dinamicamente. Errada, se pretendermos definir, com ela, um "caráter criativo"; certa, se a aceitarmos dialeticamente, no tempo e no espaço, como atributos realistas de qualquer um de nós, em momentos diferentes.

Assim, digamos o primeiro item, "altruístico". Qualquer indivíduo normal pode ser altruístico numa determinada situação e não em outras; altruístico quan-

*Criatividade no trabalho e na vida* • 89

to à família e não quanto à sociedade; ou vice-versa; altruístico para dinheiro, mas não para comida; altruístico quando está bem, mas não quando com dor de dente (Shakespeare: "Nunca encontrei filósofo que suportasse com paciência uma nevralgia".); altruístico no Brasil, mas não na Tanzânia; altruístico, mas não muito; altruístico, mas raramente; ou nunca foi altruístico, mas passou a ser; ou já foi muito altruístico no passado, mas renunciou a ser; ou é altruístico sem se aperceber; ou julga-se altruístico, mas acaba prejudicando os outros. Qualquer dessas hipóteses combina-se com as demais, em frequência e intensidade, e juntas vão ao infinito!

O mesmo pode-se dizer – tratando-se de pessoa normal – para todos os 84 itens mencionados! Todos nós apresentamos tudo aquilo, ora mais, ora menos, variando de lugar, de situação, de momento, de cenário. E mesmo quem nunca apresentou um ou outro item, pode apresentá-lo de repente, esporadicamente – ou mesmo extensivamente, por mudança de caráter.

E note que cada um deles, de *per se* pode ser considerado tão produtivo como inadequado ou até nefasto. ("Disposto a assumir riscos". Roleta-russa? "Versátil". Mesmo quando, ao dirigir, depara com um sinal vermelho? "Nunca se aborrece". Nem mesmo se sequestram seus filhos? "Sensível às ideias alheias". E se for uma indução ao suicídio?)

Essa evidência, dinâmica e realista – e não qualquer autópsia acadêmica de um idealizado "homem criativo" –, é que podemos legitimamente estender ao 85º item, aquele que deixou de ser listado, mas que está implícito, tautologicamente, na inclusão de tantos outros: "criativo".

Porque todos nós, sim, somos criativos ou podemos vir a ser, dependendo do lugar, do momento, da situação, do cenário. Tudo varia muito realisticamente, em frequência e intensidade. Mesmo quem parece que nunca foi, às vezes o é, surpreendendo a todos (caso banal). Mesmo quem é muito, de repente, num momento crítico, não é. E depois volta a ser. Ou, então, já foi muito, mas deixou de ser. Ou é no lar, mas não é no trabalho. Ou é no trabalho, mas não é no lar. Ou só é nas férias. Ou só é para algumas coisas, mas não é para outras (caso banal). Ou só é para problemas técnicos, mas não para problemas humanos (incluindo mesmo problemas de vendas); ou só é para problemas humanos (incluindo agora impasses administrativos ou familiares), mas não é para problemas técnicos. Etc.

Realisticamente, na prática, as opções (e os exemplos) vão ao infinito!


Insisto que toda essa evidência me chegou tarde na vida. Não tinha consciência sequer da discussão. Aceitava, confortavelmente, que, em questão de Criatividade, bem, eu nascera com ela! Alguns mais, sem dúvida, também. Que se poderia agora fazer quanto aos outros, a "maioria silenciosa", privada desse "dom"? No entanto, vez por outra, na vida real, lá estava eu, como disse, surpreendido pelos *fatos*!

E isso em minha própria vida profissional. O leitor conhece o exemplo, com múltiplas variações: Grupo de Criação, composto de gente comprovadamente fértil em ideias, debate-se longamente sobre um problema de comunicação ou de marketing. Passa ali pessoa estranha ao grupo, membro da "maioria" – um contador, por exemplo –, e dá sugestão imprevista, que resolve a questão!

Nessas horas, como titular da empresa, eu procurava ser aberto. Procurava não alimentar preconceitos. Reconhecia de público a criatividade do contador. E me perguntava: "Não será um gênio, até hoje oculto?" Levava-lhe, então, mais dois ou três problemas, de outros clientes, para ver o que ele teria a dizer, depois de alguns dias. Mas agora não vinha mais nada. Mas tinha vindo! O que ocorrera?

Há a fábula famosa: grupo de profissionais de marketing debate-se longamente sobre o problema de aumentar ainda mais as vendas de loção muito popular. Pululam alternativas, como incrementar a propaganda, duplicar os descontos, organizar promoções, lançar novas embalagens. Passa a faxineira, ouve os debates e sugere: "Por que não aumentam o furo do vidro, para que saia mais loção a cada vez?".

Será que foi a faxineira mesmo? O fato é que meu pai usava regularmente um dentifrício líquido famoso, Odorans, cujo vidro tinha um furo apto apenas para liberar gotas. Quando, ainda jovem, passei também a comprar Odorans, o furo já era obsceno. Notei o mesmo em vários produtos alemães, de 1959 para cá.

Alguém já fez crer que essa aprovada ideia de abreviar espertamente o tempo de uso de um produto, forçando reposição mais rápida, ainda não foi totalmente explorada, em outras áreas. Assim, sugere sabonetes revestidos de grossa camada especial, muito perfumada, mas que evaporaria em poucos dias tão logo retirado da embalagem, deixando apenas um delgado núcleo normal. Ou, então, rolos de papel higiênico que tivessem, a cada picote real, três ou quatro picotes meramente aparentes, impressos: na hora de usá-lo, forçosamente o papel se desdobraria num comprimento muito maior. Ou ainda zíperes que escondessem, no interior do fecho, pequena lima triangular que, automaticamente, fosse desgastando mais depressa os encaixes laterais. Tais sugestões são apenas brincadeira? Não, *também* são Criatividade.


Há a anedota famosa: sujeito trocando o pneu do carro em frente ao hospício. A um gesto descuidado, os quatro parafusos da roda caem num bueiro. O sujeito se desespera. O louco, assistindo à cena da janela, grita de lá: "Tire um parafuso de cada uma das três rodas". O sujeito exulta. O louco arremata: "Sou maluco, mas não sou burro!".

E isso, agora, é apenas anedota? Acreditem ou não, certa noite, troquei eu mesmo o pneu do meu carro no Centro e rumei para casa, pelo Aterro. De repente, ouvi forte estouro no carro, como se uma peça se tivesse partido ou alguém lançado uma pedra contra a lataria. Acabei achando que passara sobre algo que, por sua vez, se projetara contra o carro. Continuei, meio grilado, e logo em seguida ouvi outro estouro! E, enquanto eu procurava imaginar, a 80 km/h, que diabo seria aquilo, mais outro estouro! E, então, me lembrei! Ao trocar o pneu, não dera aquele forte aperto final nos parafusos (distraído com um amigo que me aparecera)! Eram os parafusos que estavam se soltando, e só faltava o último estouro! Parei logo num desvio e fui examinar o pneu já torto, frouxamente preso pelo último parafuso. E sabe o que fiz? Lá fui eu a pé, de lanterna, pela margem do Aterro, a ver se conseguia localizar meus parafusos... E só quando me convenci de que aquilo era missão impossível, e já me perguntava como poderia, dali do Aterro, chamar um reboque, é que me lembrei da anedota do louco. Você acha que devo mesmo continuar a escrever este livro?

E houve minha experiência na Escola de Comunicação da UFRJ, implantando a Cadeira de Criatividade.

Estava implícito, pelo próprio fato de ter aceito o convite, que me mantinha aberto, ou pelo menos curioso, quanto à possibilidade de "ensinar" Criatividade, isto é, de tornar grupos inteiros, provenientes da "maioria", inovadores e criativos.

E, para isso, explorei enfoques que me pareceram muito bons. Descrevi técnicas que conheço. Narrei casos espetaculares. Desenvolvi exercícios inspiradores. Projetei *slides* fascinantes. Posso assegurar que o pessoal adorava minhas aulas, mostrava-se muito interessado e participativo, comentava-as fora de classe (tanto que começaram a vir alunos de outros cursos, tendo eu afinal que ministrá-las no anfiteatro). O único ponto fraco é que, na hora de enfrentar os problemas reais que eu levava, ninguém criava bulhufas!

Isso não serviria para provar alguma coisa?

Mas, de repente, ocorreu incidente totalmente imprevisto – para todos –, um fator novo, premente, até um pouco desagradável (que descreverei mais adiante), e aquele pessoal todo, sem exceção, passou a criar, muitos no mais alto nível profissional!

Até hoje conservo, em rolos de filme, número enorme de ideias e bolações, realmente viáveis, geradas pelos meus grupos!

E note que eles *sabiam* mesmo que estavam fazendo coisa boa, tanto que chegou a correr na Escola boato de que eu estaria explorando a criatividade dos grupos para usá-la em minha própria agência (boato que consistia, aliás, em mais uma boa ideia).

Afinal, o que ocorrera?

Estranho como pareça, na época não percebi, não me dei conta.

Contudo, a partir daí, incorporei uma questão, uma indagação, um problema: POR QUE AS PESSOAS ORA CRIAM E ORA, NÃO?

Ou melhor: por que pessoas, de prontuário em branco em termos de Criatividade, de repente criam tão bem? Ou então: por que pessoas tantas vezes criativas em sua vida privada, em seus *hobbies*, são estéreis na vida profissional? Ou, ao contrário: por que pessoas, reconhecidamente criativas na vida profissional, podem ser tão quadradas na vida pessoal? (Conheci um diretor de arte que era um gênio... na prancheta. Já em sua vida familiar, preconceituoso e fechado. Tornava-se irreconhecível. Certa vez, disse-lhe que se usasse 10% de sua criatividade profissional na vida pessoal, seus problemas desapareceriam. Acho que não usou nada. Resultado final: conseguiu praticamente tudo que quis na vida profissional, inclusive financeiramente; já na vida pessoal, bem... mudemos de assunto.)

Há uma TÉCNICA, sim, pelo que se diz, para ter ideias. Uma única técnica. Como toda técnica, é apresentada em forma de "receita de bolo", constituída de várias fases, desde a definição do problema, passando pela eclosão da ideia, até sua verificação e implantação final.

Essa técnica consta, praticamente, de *todo e qualquer livro sobre Criatividade*. Basta entrar numa livraria e pedir: "Me dá aí um livro qualquer sobre Criatividade" – e lá estará ela. (Inclusive, claro, no meu anterior, e também neste, no capítulo XIII.) Já a encontrei dezenas de vezes na imprensa, em reportagens e artigos sobre Criatividade. Já deparei mesmo com autores, que certamente nunca leram tais livros, que a "descobrem" e a divulgam – como Bertrand Russell, em seu *A conquista da felicidade* (Nacional, 1966).

Essa técnica, conhecida na prática há muito tempo, foi neste século (o século das grandes esquematizações do conhecimento) sistematizada pela primeira vez, em 1926, por Graham Wallas, em *The Art of Thought* (Harcourt Brace and World), sendo sua nomenclatura instituída por Catherine Patrick, em *What Is Creative Thinking?* (Philosophical Library, 1955). Para publicitários, essa técnica é apresentada, sem a nomenclatura, em sucessivas edições, pelo famoso *A Technique For Producing Ideas* (Crain Communications, 1940), de James Webb Young, prefaciado por William Bernbach, aquele mesmo, da "agência mais criativa" etc. O publicitário John D. Yeak, salvo engano, foi quem primeiro o chamou, em 1962, de *back burner*, termo bastante apropriado, como se verá oportunamente.

Essa técnica, em minha mais convicta opinião, é notável, incrível, interessantíssima – mas, acima de tudo, por uma fantástica razão:

ESSA TÉCNICA NÃO FUNCIONA!

Não é sensacional?

Não é todo dia que se encontra técnica, mundialmente consagrada, que absolutamente *não* funciona...

Experimente-a, se não me acredita. Trata-se, como disse, de uma "receita de bolo", constituída de várias fases, entre as quais a aparição da ideia, o *Eureka*. Você a segue criteriosamente, de livro na mão, faz tudo direitinho, e o que sucede? Nada. Posso lhe assegurar que não vai ter *Eureka* nenhum.

Então por que – perguntará o leitor – essa técnica é mundialmente consagrada?

Ah, boa pergunta. A resposta é que se você – depois que tiver, de repente, ideia luminosa para um velho problema – for ler a tal técnica, vai se maravilhar:

– Ih, vejam só, ela está 100% certa! Foi assim mesmo que tudo aconteceu...

Quer dizer: você *primeiro* tem de chegar à solução, para só então ler a técnica. Ela se comprova brilhantemente correta... *depois!*

Mostra, com grande propriedade, tudo que *já passou* – como um espelho retrovisor.

Não por coincidência, todos os publicitários *realmente criativos* que já consultei jamais leram *A Technique For Producing Ideas*. (Mas contatos de conta, alguns bem quadrados, eram capazes de acrescentar o número da página de suas citações...)

*Criatividade no trabalho e na vida* • 93

A respeito de tal técnica, senti, durante muito tempo – após minha experiência na universidade –, que faltava algo importantíssimo... *antes*.

Faltavam elementos *a priori*.

A receita estava certa, mas *omitia os ingredientes*!

E essa pressentida omissão passou a ser para mim, por indução natural, um enigma, uma charada desafiadora, um problema. Quais seriam esses ingredientes?

E DE REPENTE OS DESCOBRI!

Eles são, sim, os elementos mais importantes – acho mesmo que imprescindíveis – para *qualquer indivíduo* ser criativo, perante *qualquer problema*!

Eles são tão valiosos, em minha opinião, que se o leitor os reunir, os incorporar, os vivenciar... nem precisa mais continuar lendo este livro!

Eles são tão decisivos que dispensam totalmente a tal técnica (que, na verdade, podemos dizer agora, não é bem uma técnica, mas um *processo*!). Porque, com tais ingredientes, você vai passar por ela de qualquer maneira, conhecendo-a ou não.

No entanto, em face da magnitude do assunto, faço questão de relatar *como* os descobri.

Foi num pequeno episódio que modificou minha vida.

Foi num ensolarado fim de semana de março de 1978, no Hotel Sheraton, no Rio, quando participava de um Curso Introdutório de Análise Transacional – o chamado Curso 101 –, juntamente com cerca de setenta pessoas, totalmente desconhecidas para mim.

(Quero contar o episódio com o máximo de honestidade e veracidade, reportando-me inclusive às minhas opiniões e impressões da época e do dia em questão. Acredito, e espero, que eu tenha mudado, talvez para melhor, de então para hoje. Mas essa mudança, em todo caso, para o que quero relatar, é indiferente.)

Esse curso é profundamente interessante – e isso é consenso geral. Para mim, foi tão envolvente e instigador (o que só fui descobrir mais tarde) que decidi fazer minha própria formação em AT – pelo Curso 202, de quase dois anos, com exames finais – e hoje, vejam só, ministro eu próprio o "Introdutório", já tendo realizado mais de duas centenas. Minha experiência, fortalecida por toda a sorte de observações e depoimentos, leva-me a garantir que ninguém passa em brancas nuvens por um curso desses: sempre mudará para melhor, sempre contará, daí para frente, com uma abertura maior no sentido de sua evolução. Mas isso pouco interessa para o que quero relatar.

Esse curso, quando aberto (como aquele em que eu estava), oferece dinâmica ainda maior. De modo geral, três tipos de público se inscrevem, com motivações bem diversas: 1) profissionais de áreas não clínicas – como engenheiros, advogados, executivos, estudantes etc. –, com o interesse básico de conhecer, intelectualmente, a teoria da Análise Transacional, como extensão de conhecimento; 2) psicólogos, psiquiatras, terapeutas, assistentes sociais, instrutores organizacionais etc., com o interesse básico de coletar novas ferramentas para sua prática profissional; 3) pacientes, muitos sem nenhum objetivo profissional, com a motivação básica de compreender melhor seu próprio processo terapêutico.

Era no meio dessa multidão heterogênea que eu me encontrava, naquele fim de semana. E, para dizer a verdade, não me encontrava lá muito bem. Sim, o ambiente era agradável, a matéria interessante, mas, nos intervalos, eu contemplava, da sacada do hotel, aquela praia maravilhosa e ensolarada à minha frente, enquanto meu sábado-e-domingo iam-se escoando, e eu perguntava aos meus botões: "Que diabo estou fazendo aqui?" Temia que meus botões me respondessem e, aí sim, eu teria a resposta final para me achar num curso terapêutico.

Além do mais, como disse, não conhecia ninguém e ninguém me conhecia. Os diálogos, nos intervalos, eram previsíveis e pobres. De resto, havia uma psicóloga muito feia, assistente do instrutor, definitiva e esquemática (ou assim me parecia) quanto ao que ensinava sobre a personalidade humana (o que não tem nada a ver com a teoria da AT, em sua melhor leitura), e isso me incomodava (o que era problema meu, bem entendido).

De repente, o instrutor, Alberto Rocha Tavares, dispara esse convite mirabolante para o grupo todo, de setenta pessoas:

– VAMOS FAZER AGORA UM EXERCÍCIO DE CRIATIVIDADE!

Já prometi ao leitor que vou contar o episódio, com toda a honestidade, como o vivenciei, *na época*, naquele dia. Pois naquele dia, naquela hora, quando o instrutor me saiu com essa, confesso que, muito interiormente, me regozijei, me senti reconfortado por uma série de pensamentos: "Bem, agora caiu a sopa no mel...", "Finalmente, vou aparecer um pouco, vou me destacar... ", "Criatividade? Estão falando com ela..."

Claro, não exteriorizei fração alguma, por mínima que fosse, desses pensamentos. Mas não tinha por acaso alguma razão para pensá-los? Já não ganhara prêmios de Criatividade, sob critérios altamente profissionais? Já não tirara o maior prêmio do Concurso Nacional de Poesia (1966), concorrendo com mais de mil candidatos, e julgado por Carlos Drummond de Andrade, Manuel Bandeira, Paulo Mendes Campos, Fausto Cunha? Já não fora contratado, inúmeras vezes, por grandes agências, para integrar seus Grupos de Criação? Já não organizara a própria cadeira de Criatividade da UFRJ? Já não escrevera meu livro de Criatividade, de crítica unanimemente favorável, e já na 3ª edição? Por favor, gente, modéstia à parte... Agora é minha vez!

O problema proposto pelo instrutor era realmente de solução criativa: as setenta pessoas se dividiriam, aleatoriamente, em grupos de sete, e cada grupo teria quinze minutos para criar uma *cena muda*, a ser representada perante os demais, uma a uma, para posterior análise, por todos, à luz dos parâmetros da AT. Sendo totalmente muda, e proibida de qualquer explicação prévia, a dita cena, é lógico, teria de ser suficientemente dramática, para ser reconhecida pela assistência.

Um problema indubitavelmente de Criatividade, a ser resolvido em grupo.

Quando ainda deparava, no meio do salão, mais ou menos caótico, com a dúvida sobre a que grupo deveria me dirigir, a feia psicóloga passou por mim e decidiu:

*Criatividade no trabalho e na vida* • 95

– Você vai para aquele grupo ali!

E eu fui. Fui em direção ao grupo com que iria criar.

Fui com a expectativa, altamente legítima, de me encontrar com um Grupo de Criação. Mas quando deparei com o grupo, eu simplesmente esfriei. Porque aquele grupo não tinha nada – absolutamente nada – do que se entende, se reconhece como um Grupo de Criação.

Ora essa, já havia 21 anos eu lidava, profissionalmente, com Grupos de Criação. Comecei minha vida de publicitário, em 1957, na J. Walter Thompson, integrando um Grupo de Criação e conhecendo diversos outros. Deixei a Thompson em 1959, peguei um navio de carga, fui com 200 dólares no bolso para a Europa, onde sobrevivi e conheci, ao longo de dois anos, Grupos de Criação em Paris e Hamburgo. De volta, trabalhei como *free-lancer* contratado por mais de quinze agências do Rio e de São Paulo – algumas, como disse, bem grandes na época – para integrar seus Grupos de Criação. E já operava com meu próprio havia cerca de quinze anos. Estava mais ou menos acostumado a conhecer, "sentir o cheiro" de um Grupo de Criação: aqueles olhinhos brilhantes, aquela leve desconfiança inicial, aquela ironia subjacente.

Agora, aquele grupo à minha frente, não tinha *vestígios* de um Grupo de Criação! A rigor, sua primeira visão era desanimadora. Poderia descrever seus participantes, quando defrontei com eles (insisto, pela última vez, ser descrição *da época*) como meros integrantes sem nexo de qualquer coisa – por exemplo, de um elevador lotado –, *menos do que se poderia chamar um Grupo de Criação.*

A primeira pessoa em que bati os olhos – e jamais poderia deixar de ser a primeira – era uma senhora ruiva, baixinha, gordinha, com enorme e estapafúrdio penteado, tipo "Avon chama". Olhava para mim com um sorriso absurdo.

A segunda era uma jovem alta, muito magra, com grandes olhos de peixe, muito séria, com um ar queixoso.

A terceira também era uma jovem, mais baixa, a tez bem escura, cabelos muito negros e lisos, como os de índio. Pareceu-me, sem maiores explicações, ser maranhense. Seria maranhense? Mantinha-se retraída, com os olhos baixos, quem sabe em depressão.

A quarta, ao contrário, era um jovem mais vivo: alto, atlético, sorridente, de óculos. Pareceu-me, não sei por que, estudante de engenharia. Era um pouco afoito e ria mais do que haveria motivos para tanto, pelo que eu percebia.

A quinta, imaginem só, era um médico psiquiatra. Alto, parrudo, imponente. Sua figura já me chamara a atenção nos intervalos do curso, quando andava pelos recintos do hotel com passos pesados, o corpo empertigado, os olhos esbugalhados. Talvez precisasse urgentemente conversar com um colega...

A última, então, era supermarcante! Uma senhora de meia-idade, elétrica, autoritária, estridente. Tipo "mulher de síndico de edifício", se é que você me entende. Falava pelos cotovelos. A cada sugestão que apresentava, dava um leve empuxo com o corpo, como se a ideia viesse dos intestinos e não do cérebro...

Bati os olhos naquele pessoal e concluí desolado:

– Desse mato não sai coelho...

Claro, não disse nada disso, imagino que nunca fui cafajeste. Mas continuei pensando, secretamente: "Acho que o único cara criativo aqui *sou eu*... "

E acho até que cheguei a pensar, não muito conscientemente: "Ainda bem que estou aqui...", "Que sorte desses caras terem sido premiados com minha presença...", "Se eu não estivesse aqui, para salvá los dessa encrenca, meu Deus, que catástrofe seria..."

Que fiz então? Afastei-me um passo, discretamente, do grupo todo, que começava a envolver-se, ruidosamente, em debates acalorados – "Vamos fazer assim...", "Não, quando você entrar, eu faço tal coisa...", "Deixe que Fulano faça isso, e aí então eu faço o seguinte..." –, debates certamente incongruentes e estéreis, então tapei os olhos com a mão, e *me concentrei*!

Só faltei botar a tabuleta: GÊNIO TRABALHANDO!

E iniciei minha concentração com uma TÉCNICA muito boa: definir primeiramente, precisamente, qual era o problema. E qual era o problema, o que se esperava ali, no momento? Simplesmente um *story board*, sem o *áudio* (pois a cena seria muda), só com o *vídeo*. (Para os não-iniciados: *story board* é o plano que antecede à filmagem de um comercial de TV. É apresentado em sucessivas folhas de papel, cada uma delas com uma tela no alto, onde se prevê a cena, constando, abaixo, duas colunas: a do vídeo, que descreve a cena; e a do áudio, que indica seus diálogos e efeitos sonoros. Eu já bolara "milhões" de *story boards*...)

Curioso: vendo, em *replay* (para manter a nomenclatura de TV), todo esse episódio que estou narrando, é facílimo reconhecer a evidência: entre todas aquelas setenta pessoas a braços com o *mesmo* problema de Criatividade, eu era o *único* que já metera uma TÉCNICA no assunto! O único que já rotulara – com muita precisão, por sinal – a situação toda com bombásticos nomes, e ainda mais em inglês! Ninguém ali no salão, certamente, jamais soubera que diabo seria um *story board*! Estavam simplesmente envolvidos em bolar uma cena muda, dramática, e estamos conversados!

Que fiz, a partir daí? Pensei em vários *story boards* que conhecia, explorei, na mente, algumas cenas suficientemente dramáticas e que dispensassem o áudio, e montei, com certa perícia, um episódio inteiro, atentando-me para a exigência da participação de todos os componentes do grupo, pois tal exigência fazia parte do exercício, do problema.

O que criei, é verdade, não me entusiasmou muito, porém dava perfeitamente, na hora, para quebrar o galho.

Que fiz, em seguida? "Ensaiei" bem a cena, na cabeça, como ela começaria, quem faria o quê a cada momento, até seu desfecho. Todos nós sete participaríamos dela e ninguém diria uma palavra. E tudo duraria um tempo bastante razoável.

Ato contínuo, virei-me para o grupo, que a essa altura estava meio barulhento, imerso ainda em incontroláveis hipóteses – "Já sei! Já sei! Assim que você fizer esse sinal, eu então faço tal coisa..." –, interrompi discretamente a balbúrdia, e fiz, o mais cordialmente possível, a pergunta (era a primeira vez que o pessoal ouvia minha voz):

— Posso dar uma sugestão?

*Criatividade no trabalho e na vida* • 97

Ofereci então, passo a passo, *de bandeja*, minha cena completa!

O que esperava eu, ao término da exposição? Claro, sem dúvida: alívio geral, palmas, parabéns. (O orador é vivamente cumprimentado.)

Nada disso.

Quando acabei, a "mulher de síndico de edifício" olhou-me fixamente e disparou bem alto, dispensando megafone, a ponto de participantes de outros grupos poderem ouvir nitidamente:

– QUAL É, CARA? ISSO AÍ NÃO TEM CRIATIVIDADE NENHUMA!

Realmente, a madame não tinha papas na língua...

Ninguém me defendeu.

Cheguei a ficar estigmatizado, como indivíduo quadrado, no meio do salão.

Que fiz, então? Voltei-me para meus botões (os únicos que me entendem) e decidi: "Não brinco mais!", "Vou calar o bico e assistir, de camarote, à burrada que esses caras vão fazer...", "Tentei ajudar, fui peitado dessa forma, quero ver agora o vexame que vem por aí".

E foi o que fiz: cruzei os braços e fiquei na minha, injuriado. Obrigado ainda a assistir às inconsequentes palrações de pacientes, donas de casa e outros espécimes que, em matéria de Criatividade (e *story boards*), obviamente, "não tavam com nada"...

E, DE REPENTE, NAS MINHAS BARBAS, FOI-SE FORMANDO UMA CENA GENIAL!

Rapidamente. Aos trancos. De total improviso.

Cada um (exceto eu) introduzindo, aqui e ali, um detalhe imprevisto, uma variação mais gozada.

Quer saber o que os caras bolaram?

– Uma família indo à praia.

Mas uma família esquisita, cheia de grilos, problemática (como tantas). A começar pelo chefe da família, um indivíduo carrancudo, ranzinza, mal-humorado. (E os sacanas ainda escolheram a mim para fazer o papel.)

Então, eu chegava, no meio do salão – diante de uma assistência de mais de sessenta pessoas –, recurvado, com andar arrastado, a cara emburrada, apenas carregando uma cadeira (do próprio salão). Mimetizava, cansado, o gesto de girar um pau de barraca, para enfiá-lo na areia, e em seguida o de armar o resto da barraca (o que fazia a assistência entender que a cena era na praia). Em seguida, me sentava, pesadamente, na cadeira, e ficava lá, lendo, com a fisionomia contrariada, algum livro idiota.

Minha esposa era a "mulher de síndico de edifício". Vinha a meu lado, puxando nossas duas filhas: a maranhense e a jovem com olhos de peixe. Mas minha esposa tinha um comportamento diametralmente oposto em relação a cada uma: quanto à de olhos de peixe, provocadora e insolente, ela ralhava, puxava-lhe o braço, sacudia, brigava (claro, tudo em "mudo"); já quanto à maranhense, muito boba e desvalida, ela se desvelava, acariciava, toda melosa.

Minha sogra era a "Avon chama". Mas não me lembro mais o que ela fazia. Aliás, esqueci-me de muitos detalhes e ocorrências ao longo do espetáculo, passados já dezoito anos.

Outro filho nosso era o estudante de engenharia. O garoto vinha continuamente por trás de mim – arriado na cadeira – e me cutucava, e puxava, e aporrinhava, para que eu viesse jogar frescobol com ele. A cada insistência eu, de saco cheio, o rejeitava com o braço, como a um cão inconveniente e repulsivo em seus agrados. Mas tanto o guri "torrava" que lá ia eu, borocoxô e de má vontade, jogar frescobol com o "pentelho". Fazia um gesto de mão frouxo e impaciente para que ele desse o saque. Usava a raquete (invisível) com igual desânimo e desinteresse. E acompanhava com os olhos, chateado, a trajetória de uma bola errada, passando muito acima de minha cabeça, para se perder em deus-me-livre.

Quase no final (havia outras ocorrências), a filha de olhos de peixe ia nadar. (Claro, o "mar" era o tapete do salão). Mergulhava, dava algumas braçadas, e ficava presa! Pedia socorro! Aí, sim, minha mulher se desesperava, voltava todas as suas atenções para a que se afogava! Aí, sim, finalmente, eu criava vida. Levantava-me depressa, pronto para entrar em ação!

Nesse momento, nosso quarto filho, o mais velho, o enorme médico psiquiatra, que até esse instante não fizera nada, apenas ficara deitado no tapete "apanhando sol", levantava-se e fazia para mim, seu pai, um decidido gesto de "Pare", com a mão (expressão da competitividade pai-e-filho). Em seguida, muito cônscio de si, mergulhava espetacularmente para salvar a irmã. Mas também ficava preso no mar. Sobrava, como sempre, para mim. E lá ia eu depressa para a água – a bomba sempre estoura em minha mão! – tirar um filho, e depois o outro, do sufoco.

A cena foi muito aplaudida. Prestou-se bem a comentários ilustrativos de conceitos da Análise Transacional, feitos a seguir: Pai Salvador, Criança Submissa, Criança Rebelde etc. Pode-se mesmo dizer que aquela filha, de olhos de peixe, perpetra, na cena, o que se chama, em AT, Jogo Psicológico. Faz um afogamento. Dá uma cabeçada. É o modo, não consciente, de finalmente ver-se alvo de atenções, de preocupação. Ou pode ser, em outro contexto, um modo de se vingar. Na vida, esse processo pode chegar ao suicídio.

Mas confesso que, ao deixar o "palco" (e até recebi algumas palmas pela minha performance), eu não estava absolutamente interessado nesses desdobramentos!

Eu não estava absolutamente interessado em Análise Transacional. E por uma razão muito simples:

EU ESTAVA MARAVILHADO PELA EXPERIÊNCIA!

Eu tinha finalmente descoberto os ingredientes básicos da Criatividade!

Eu tinha finalmente identificado os elementos – tão simples, mas dos quais ainda não tinha consciência – pelos quais qualquer grupo de pessoas medianamente normais (até mesmo "aquele" grupo) é capaz, sim, de criar com tanta *competência*.

Insisto muito nessa palavra: competência. Já tive oportunidade de dar palestra sobre Criatividade em São Paulo para auditório que incluía alguns dos excelentes produtores de comerciais de TV. E, tendo relatado toda essa cena, disse que desafiava, duvidava, como ainda duvido, quem quer que fosse capaz de, considerando aquele problema específico – a exigência de uma cena muda, de cinco minutos, suficientemente dramática e reconhecível –, de criar ALGO

*Criatividade no trabalho e na vida* • 99

MELHOR do que essa "família indo à praia". Claro, podem criar muitas outras – Criatividade é sempre *divergente*! –, mas não, intrinsecamente, melhor. Tão boas quanto...

Claro, também haverá na prática a questão importantíssima da filmagem, da escolha dos atores, dos cortes, da iluminação, da montagem. Mas isso tudo é técnica e PRODUÇÃO – estágio já além do enfoque criativo! Elementos aliás, que, de *per se*, não garantem Criatividade alguma! E elementos que, afinal, de modo geral, também qualquer um pode aprender.

Ainda no ano passado, 1995, dei o mesmo exercício de cena muda para quatro subgrupos de CCQ, da Acesita, em Timóteo, como já dera para o Banestado, para a Petrobras, para o Sebrae. E invariavelmente – superada certa insegurança inicial – lá vêm cenas notáveis, interessantíssimas, supercriativas, que até hoje lamento não ter fixado em vídeo.

Que elementos serão esses, que tornam qualquer um de nós tão fértil em ideias, tão criativo?


Antes de enunciá-los, analisemos um pouco, em *replay*, o que se passava com aquele grupo, no Hotel Sheraton, antes de entrar em cena.

O que os caracterizava a todos (exceto eu) quando, entusiasmados, falavam e se interrompiam impulsivamente, na base de: "Gente, já sei! Quando Sicrano estiver fazendo isso, eu começo a fazer o seguinte..."

CLARO, ELES ESTAVAM NUMA BOA!

Eles estavam *brincando* com o diabo do problema (a oportunidade) que o instrutor lhes dera!

Ninguém ali estava muito preocupado consigo mesmo (exceto eu).

Ninguém ali estava esperando tirar algum Oscar da Academia por sua atuação!

Ninguém ali tinha em conta que iria ser citado, no futuro, em livro de Criatividade!

Os caras sequer tinham consciência de que estavam exercendo um dos mais fantásticos atributos do cérebro humano!

Eles não estavam analisando nada, não estavam raciocinando nada, não estavam sequer debatendo sobre a conveniência dos parâmetros da questão, menos ainda preocupados em mudança do ponto de vista para o problema (o que vai, sim, caracterizar a Criatividade... *depois* que ela aconteceu).

ELES ESTAVAM BRINCANDO, POXA!


Eis aí outro verbo que reputo crucial, não só para o entendimento, como para a prática, para a "vivência" da Criatividade: brincar.

Está ligado ao que já foi dito sobre travessura: se alguém afirmasse que, em virtude de suas responsabilidades, ou do cargo funcional que ocupa, seria hoje incapaz de brincar, eu repetiria que, em termos de Criatividade, Sua Excelência é carta fora do baralho...

*100 · Roberto Menna Barreto*

O ciclo é curioso: todo mundo brinca no início da existência e deve ter aprendido que isso é do escambau. Depois, chega a hora de subir na vida, e para de brincar – o que é muito compreensível. Alguns poucos, sem dúvida, sobem muito. Essa minoria é exatamente a que estaria mais apta, realisticamente, a *voltar a brincar*. Mas, genericamente falando, é a que menos brinca. E, por quê? Porque subiu muito na vida!

Presidentes, diretores e figuraços – genericamente falando – divertem-se muito com seus iates, carros importados, ou jogando golfe e tênis. Não se iludam, isso raramente é brincar! Nada do que é feito, dentro de uma moldura de *status*, significa brincar! A revista *Time* fez, certa vez, extensivo inquérito junto a praticantes usuais de tênis nos Estados Unidos: boa parte confessou que o praticava na expectativa de conseguir recompensa sexual; outra, porque o tênis lhes dava imagem; outra, porque era bom para a saúde; outra ainda, porque lhes aguçava a competitividade; apenas 5% informaram ser por puro deleite...

Brincar, de verdade, é por exemplo brincar na lama!

Às vezes, quando sou formalmente apresentado a um presidente, a um diretor, ou a qualquer figuraço, e tenho interesse em avaliar, intuitivamente, sua criatividade *como presidente, ou como diretor*, eu olho para ele e me pergunto, secretamente: "Será que esse cara gostaria de brincar na lama?"

Pois saiba, amigo, todos nós, sem exceção, *adoraríamos* brincar numa boa lama – uma vez que nos sentíssemos cercados de circunstâncias favoráveis e de *proteção* (externa e interna) eficaz!

Da mesmíssima forma como todos somos criativos.


Edward de Bono chama a atenção para o fato de que "pensadores muito lógicos têm vergonha de brincar, mas a única coisa verdadeiramente vergonhosa é sua inabilidade de brincar".

James Clerk Maxwell, um dos maiores gênios científicos e matemáticos, adorava brincar. No meio de um jantar, distanciava-se dos outros convidados, distraído com os talheres, com os reflexos no copo, ou com uma gota d'água.

Talvez tal conduta não seja a mais recomendada para o sucesso social, mas Maxwell sabia bem o valor de brincar: muito jovem, iniciou sua brilhante carreira científica simplesmente brincando com alfinetes e linhas, após ter ouvido palestra de um artista que obtinha estranhos efeitos desse jeito.

Com alfinetes e linhas, Maxwell aprendeu a desenhar elipses. Daí, partiu para a explicação das leis de reflexão da luz. Tudo isso tão jovem que alguém foi obrigado a ler sua comunicação à Sociedade Real de Edimburgo, já que não se permitia a entrada, no augusto recinto, de pessoas com calças curtas.


Confundimos muito "divertir-se" com "brincar".

Há anos que eu e minha mulher somos convidados todo mês de junho por casal de amigos, residente em condomínio na Barra, para uma "sensacional" festa junina organizada pelo condomínio: montam barraquinhas, armam lenha para a fogueira, programam sorteios e "casamento na roça", vestem-se, e a seus filhos, com roupas a caráter. Estão entusiasmados com o evento, vai ser uma pândega, uma enorme diversão! Mas, invariavelmente, na noite marcada, cai um temporal! (Já lhes disse que meu traje de roceiro, na festa *deles*, inclui galochas, *anorak* e guarda-chuva.)

Mesmo assim, vamos sempre até lá, para ver o que se salva. Que decepção! Que rostos desolados e inconformados! Que lenha encharcada, que quentão frio, que canjica intocada! Chegamos a ouvir desculpas pelo fiasco. Afinal, os náufragos retiram-se para suas casas, com seus convidados, a fim de bater algum papo, e tomar algum uísque.

Agora, há de se ver as crianças!

Não estão nem aí para toda aquela desgraça! É uma "noiva" de 7 anos correndo em delírio com seu vestido branco todo enlameado, atrás de pequenos "matutos" encharcados, às gargalhadas! Às vezes, atravessam o pátio chuvoso e entram em alvoroço pelas casas, trazendo, nas botinas, generosos torrões de terra úmida, para desespero extra dos pais! Nunca ouvi, de nenhuma delas, lamúrias pelo dilúvio.

Para elas, sem dúvida, a chuvarada lhes permite coisas muito mais interessantes do que "representar" idiotamente, quadradamente, "o casamento na roça" – como se espera de toda festa junina! (Alguém, em priscas eras, criara, brincando, a paródia de um "casamento na roça", assim como meu grupo, brincando, criara "uma família indo à praia". Tudo que é quadrado já foi novo, atraente, espontâneo! Toda múmia já foi um bebê.)


Não terá, todo esse assunto, até mesmo uma dimensão sagrada, transcendental?

Tive outro bom amigo, dez anos mais velho que eu, já falecido, Flávio Zanatta. Era engenheiro químico, trabalhara em Paris, depois largou tudo para se meter num mosteiro Zen, no Japão. Afirmava que já experimentara o *satori*. Introduzira a macrobiótica no Brasil e fora preceptor do paranormal Thomas Green Morton (que vim a conhecer por intermédio dele). Era meio *guru*, meio místico, desligadão, dava consultas em macrobiótica (curou, aliás, uma filha minha, além de meu caseiro em Friburgo) e também me ensinou um pouco de *shiatsu* e, reconheço, também um par de coisas sobre a vida. Contava histórias meio inverossímeis. Certa vez, me perguntou de chofre:

– Você sabe o que vamos fazer depois de morrer?

Eu não sabia.

– Brincar – disse ele –, somente isso: *brincar*!

Hoje, sinceramente, continuo não sabendo (não sou cristão, já se vê). Nunca ninguém voltou a mim do além para contar. Se um dia alguém tiver chance, não deixe de aparecer, evitando apenas arrastar as correntes. Penso, como Heráclito, que isso é o reino do Inimaginável Absoluto, infenso a qualquer lance sequer da intuição. (Logo, não deve ser "nada", pois o nada é imaginável.) Mas essa hipótese do Zanatta nunca me abandonou.

Brincar, feliz, como um elétron entre milhões de imprevisíveis partículas, alegres e divertidas, brincar eternamente, por todo universo, "nos campos do Senhor", pelo menos é perspectiva mais atraente do que a de um paraíso onde teria de escutar, sentado numa nuvem, para todo o sempre, as harpas e trombetas dos anjos. Ou será que fiz confusão e isso é o inferno?

Faço votos, pelo próprio Zanatta, que o que ele disse seja verdade.


Dou de barato que meu leitor não tem dificuldade para brincar.

Muita gente, de fato, tampouco tem dificuldade para brincar – e não cria nada (ao contrário de meu leitor).

Concordo que quase todo livro de Criatividade contém a sugestão de brincar, como emulação para ideias, porém isso sempre posto de forma muito ampla e genérica.

Concordo também que a um indivíduo, de qualquer idade, distraído em brincar, numa boa, dificilmente lhe ocorrerá uma *ideia prática*, sobre o que quer que seja.

Mas agora é que vem o pulo do gato!

Agora é que vem um segundo fator, a imensa diferença *qualitativa* entre o que citei acima e o que se passou com aquele grupo no Hotel Sheraton:

AQUELES CARAS ESTAVAM BRINCANDO SOB PRESSÃO!

Isso mesmo: eles tinham um *prazo* para criar, muito restrito e prefixado, de quinze minutos!

Lembro-me bem, ainda hoje, como se mostravam alegremente premidos e excitados por esse aspecto extra do problema:

– Vamos logo, gente! Olha que aquele outro grupo já está pronto!

E mesmo assim, premidos pela pressão, *não deixavam de brincar!*

E mesmo assim, premidos pela pressão, queriam (e conseguiram) criar algo de qualidade – tanto que recusaram de pronto a "criatividade" que lhes ofereci (que, por sua óbvia e lastimável mediocridade, me levou a uma conhecida defesa psíquica: esqueci-me completamente de seu teor; inútil vasculhar minha memória sobre o que sugeri na época, Freud etc.).


E, por fim, o terceiro fator atuante naquele cenário, do qual extraí os prometidos "ingredientes da Criatividade":

A AUSÊNCIA DE MISTIFICAÇÃO!

Imaginemos, com enorme dose de mau gosto, que, quando aquela senhora "mulher de síndico de edifício" disparou contra mim seu petardo tonitruante – que implicava, afinal, muito ostensivamente, o *veredictum* "Você não tem criatividade nenhuma!" –, eu me voltasse para ela e lhe dissesse coisas desse tipo:

– A senhora sabe, por favor, com quem está falando?

– Veja aqui, minha senhora, o livro de Criatividade que escrevi, já na 3ª edição!

– Olha aqui, na capa, o que o Otto Scherb, fundador e então presidente da Escola Superior de Propaganda e Marketing, disse a respeito dele: "A melhor coisa já escrita por publicitário brasileiro"!

– Olha aqui a revista *Veja* desta semana, olha este belo anúncio de página dupla para a Adidas, olha aqui no canto as iniciais de quem o criou: RMB. Sou eu, minha senhora!

Imaginemos, sim, temerariamente, que eu fizesse uma cafonada desse calibre.

Bem, considerando o temperamento de madame, que coisa certamente ela me mandaria fazer com o livro?

Essa é *uma* hipótese – talvez a mais provável. Mas há outra:

Madame poderia reconhecer o livro e me responder com frases como essas:

– Ah, foi o senhor quem escreveu esse livro?

Minha filha o leu e adorou! Ela estuda Comunicação e é sua fã! Esse seu anúncio também me chamou a atenção. Sempre me pergunto como vocês, de agências de propaganda, são capazes de bolar tantas coisas geniais! O senhor me desculpe, hein? Eu disse aquilo porque não o conhecia, há tanta gente nova aqui no curso...

Não importa! Não importa nada, *na prática*, uma ou outra hipótese! Na prática, a partir dali, o resultado seria um só (que o leitor já terá facilmente imaginado): a alegre espontaneidade do grupo, mais ou menos inconsciente, fundamental para a conquista criativa, teria ido para o espaço! E eu, munido de meu livro, teria criminosamente comprometido, sabotado, uma criatividade que, no aqui-e-agora, se provou muito superior à minha!

Sim, eu escrevi um livro sobre Criatividade, e agora escrevo este. Pois o Edward de Bono escreveu mais de sessenta! Agora, vamos organizar aqui um grupo destinado a bolar uma excelente cena muda, dramática, em quinze minutos: De Bono, o leitor, eu, e mais um cacho de pessoas extraídas de um elevador lotado. Acha você, por acaso, que o De Bono teria sessenta vezes mais chance de dar uma boa ideia do que os demais? Pelo contrário, considerando tudo, talvez De Bono e eu é que estivéssemos em desvantagem...

Criatividade, insisto, não dá diploma. Não leva em conta folha corrida. Não emoldura atestado de bons antecedentes. Aqui, ao contrário do jogo do bicho, não vale o que está escrito – vale o que acontece! E acontece para qualquer um! Por tudo isso, aceito que eu também, modéstia à parte, colaborei *muito* para a criação de "uma família indo à praia". Minha atuação foi inestimável! E qual foi? Foi a de ter – uma vez privado da espontaneidade, imprescindível à conquista criativa – *mantido meu precioso bico calado*!

A propósito de livros. Este aqui, aviso logo, não terá "Referências bibliográficas" no fim do volume, como ocorre com a maioria dos livros sobre Criatividade que me caem nas mãos.

Aqui e ali, quando cito alguma obra, indico apenas editora e ano, para caso de algum interesse do leitor sobre a citação. Mas, para sua *prática* criativa, para sua

Criatividade em Ação, é claro que não interessa em nada o cabedal de conhecimentos que por acaso eu tenha acumulado, livrescamente, sobre esse assunto.

Esse assunto – Criatividade – deve ser entendido como totalmente imbricado a fatores como Espontaneidade, Entusiasmo, Motivação ou, melhor ainda, TESÃO (que não exige bibliografia)! Concordo inteiramente com o título do livro de Roberto Freire: *Sem tesão não há solução!* Tesão, obviamente, não precisa ser necessariamente sexual (se bem que, adianto logo, Criatividade está muito próxima à libido do indivíduo). É bastante ilustrativo o uso já corrente (pelo menos nas grandes cidades) da palavra em expressões como: "Estou com o maior tesão de ir à praia" ou "de comprar essa roupa". É um vocábulo muito expressivo.

Agora, imaginemos que alguém esteja interessado em "tesão" em sua conotação tradicional, sexual. Deverá ele, se sua motivação for mesmo essa, "tesão no aqui-e-agora" – Tesão em Ação! –, mergulhar num "Tratado Geral de Sexualidade", com dezenas de páginas de bibliografia? Ou, ao contrário, se enfurnar num bom livro de sacanagem – preferencialmente, é claro, os escritos no início do século, ou no século XIX (por exemplo, *Memórias secretas de uma cantora*, de 1862, traduzido do alemão e publicado no Brasil, em edição clandestina, em 1936), época em que a repressão (pressão) afiava a imaginação erótica de todo mundo para situações realmente "sai da frente"?

Gostaria, no duro (expressão oportuna), que este meu livro estivesse bem mais para um livro de sacanagem do que para um compêndio erudito.

Quando, durante a construção de Brasília, delegações de arquitetos estrangeiros procuravam Oscar Niemeyer, e o submetiam a baterias de questões teóricas e conceituais, do tipo: "Por que razão especificou o senhor, para a rampa de edifícios públicos, uma inclinação de seis graus, quando as modernas tendências arquitetônicas sempre indicam rampas de oito graus?", Niemeyer, criador *real* de uma das cidades mais notáveis do mundo, esclarecia:

– Sacanagem...

Alguém poderá alegar que tudo que se passou no Hotel Sheraton ocorreu num cenário muito artificial, não reproduzível na vida diária, sendo que o tal grupo só foi de fato criativo porque contava com a presença *protetora e permissora* do instrutor, pelo modo com que conduzia o curso.

A segunda parte da alegação está 100% correta.

Ajuda-me a ressaltar – e devo ressaltar muito mais – o papel vital, imprescindível, da *Liderança*, no processo criativo. Nossa criança, só ela cria; mas ela *não cria* nunca se não tiver Pressão, Proteção e Permissão para criar! Saiba logo, contudo, que essa liderança inspiradora pode ser tanto externa (como no episódio citado) quanto *interna*, como teremos oportunidade de comentar.

*Criatividade no trabalho e na vida* • 105

Quanto à primeira parte, quero voltar a lembrar que Criatividade é algo totalmente imbricado a Motivação, Tesão, Presença de espírito! Presença de espírito, aliás, é Criatividade quimicamente pura! É *sinônimo* de Criatividade – apenas aplicada em áreas que não propaganda, literatura ou invenções de objeto. (Mas muito em negociação, administração e vendas.)

Para aferir se o tal episódio do Sheraton não é emblema do que ocorre na vida real, vejamos o histórico dia de inauguração da TV no Brasil, pela TV Tupi, a 12 de setembro de 1950. Transcrevo fielmente (apenas introduzindo dois parênteses) trechos das páginas 502 a 504 do *Chatô*, de Fernando Morais (Companhia das Letras, 1994):

Suando nas mãos, Walter Forster esperava a luz vermelha da câmara um se acender para pronunciar uma breve mensagem:

– Está no ar a PRF-3 Tupi de São Paulo, a primeira estação de televisão da América Latina.

Para desespero generalizado, aconteceu o que ninguém poderia imaginar: uma das câmaras pifou. Não é verdadeira a versão de que o defeito tenha sido provocado por uma garrafa de champanhe quebrada na câmara por Chateaubriand durante a cerimônia da tarde [e lá se vai uma boa lenda, que consta inclusive de depoimento inicial no excelente documentário em vídeo A TV no Brasil, criado e dirigido por Carlos Alberto Vizeu] – até porque não houve batismo com champanhe. A suspeita que reinava entre os técnicos era a de que a água-benta espargida sobre as câmaras por D. Paulo Rolim Loureiro tivesse molhado e danificado alguma válvula. Mas, qualquer que fosse a causa, ninguém conseguia localizar o defeito. E tudo tinha sido ensaiado centenas de vezes para ser transmitido por três câmaras, e não duas. Quando se tentou colocar a estação no ar só com duas câmaras, descobriu-se que as três tinham sido conectadas para funcionar em conjunto: com uma delas fora do ar, as outras duas não funcionavam. A cada cinco minutos, Irani, o secretário de Chateaubriand, telefonava do Jockey Club para alguém no estúdio:

– O que está havendo? O doutor Assis está puto da vida!

Informado do inesperado defeito, Chateaubriand foi enchendo o tempo com discursos e mais discursos, enquanto Irani insistia a cada cinco minutos com um novo e repetitivo telefonema:

– O que está havendo aí? O doutor Assis está puto, vai botar todo mundo na rua!

A atmosfera do estúdio era de tragédia. Walter Obermüller [engenheiro norte-americano, diretor da NBC-TV, contratado para supervisionar a inauguração da TV Tupi] subiu em um caixote e decidiu:

– Está cancelada a inauguração. Mesmo que as duas câmaras funcionem vai ser um caos. Eu sou o responsável pela transmissão e determino que a transmissão seja adiada.

Cassiano Gabus Mendes simplesmente ignorou o que o norte-americano ordenava. Chamou Alderighi e Jorge Edo, deu ordens para que fosse feito um novo *link* que pusesse para funcionar as câmaras boas, pegou um microfone e anunciou:

– Pessoal! Esqueçam tudo o que foi ensaiado nos últimos meses. Não vale mais nada daquilo. Vocês vão fazendo o que eu for mandando e o programa vai para o ar agora.

Dermival Costa Lima tomou o microfone e reforçou suas palavras:

– O programa vai para o ar com duas câmaras, com uma câmara ou sem câmara nenhuma. A partir deste momento, a responsabilidade por tudo o que acontecer aqui é minha e do Cassiano.

Obermüller ficou indignado:

– O que vocês estão fazendo seria inadmissível nos Estados Unidos. Nenhum câmera, nenhum diretor de TV, ninguém assumiria a responsabilidade de colocar no ar uma estação nessas condições. Eu não tenho mais nada a ver com o que acontecer aqui. Se vocês querem colocar a estação no ar, façam-no por sua conta e risco. Eu vou para o meu hotel, onde há um receptor. Vou assistir à tragédia de camarote.

Com uma hora e meia de atraso e depois de tentar dominar a tensão esvaziando uma garrafa de uísque, o que Obermüller viu na tela de seu televisor, ao contrário da tragédia que previra, foi um programa correto do começo ao fim. Improvisado e irresponsável, é certo, mas impecável. Ao final de duas horas de programação, só um especialista familiarizado com o funcionamento de um canal de TV – e não havia ninguém assim no Brasil – poderia perceber que apenas duas, e não três câmaras, haviam focalizado.

Trocando as pernas por causa do uísque e emocionado com "a genialidade desses brasileiros malucos", Obermüller retornou ao Sumaré na hora em que Chateaubriand chegava do Jockey Club para cumprimentar a equipe. Ao ver a multidão de técnicos, artistas e curiosos que tinham acompanhado, de dentro do estúdio e sob grande tensão, toda a transmissão, o americano comentou com Cassiano Gabus Mendes a conclusão a que tinha chegado:

– Quando vocês forem escrever a história da televisão no Brasil, vão ter que dizer que no dia da estreia certamente havia mais gente atrás das câmaras do que diante dos receptores.

Bravo! – poderá meu leitor apartar. Mas onde estão finalmente os tais "ingredientes da Criatividade", há muito tempo prometidos? Não são eles, afinal, a coisa mais importante deste livro?

– Vamos por partes, como dizia Jack, o Estripador.

Os ingredientes virão, sem falta, no próximo capítulo.

*Criatividade no trabalho e na vida* • 107

# 6

# Os prodigiosos ingredientes da criatividade

*A alquimia para uma explosão
criativa pode ser mais simples
que descobrir a pólvora!*

Uma ideia é uma aparição mágica... passa sempre correndo... e nunca nasce completa. E é evocada pela conjunção de três fatores. Neste capítulo, você saberá quais são.

De um portfólio de Ryszard Horovitz, publicado em *Zoom*.

*"O gênio é Deus que nos dá,
mas o talento é por nossa conta."*

**Gustave Flaubert (1821-1880)**

Nunca forneço apostilas em meus Seminários de Criatividade.

A rigor, apostilas não me custariam nada: são normalmente produzidas por conta da empresa contratante. Contudo, evito dá-las (e previno disso a todos ainda no início), de caso muito pensado. Pretendo, via ausência de material impresso, ressaltar bem que o objetivo *total e prático* do seminário é levar seus participantes realmente a criar – a experimentar vivencialmente sua Criatividade –, e já no primeiro dia: inventar objetos, absolutamente viáveis para uma determinada carência; propor capas de revista, do mais alto nível profissional, para diferentes matérias; resolver problemas de forma inédita etc. E eles o fazem.

Apostilas, como imagino, são relegadas, criteriosamente, por seu possuidor, ao chegar em casa, a uma estante prestigiosa, ao lado do *Tesouro da juventude*: "Minha Criatividade, doravante, vai ficar aqui". Mas não é para ficar na estante, é para ficar na cuca!

Em compensação, sempre sugiro a todos os participantes que anotem, ao longo do seminário, uma ou outra coisa (curta) que eu mesmo indique, ou outras que lhes pareçam particularmente importantes. Quem estiver, de fato, interessado em desenvolver, a partir daí, sua Criatividade – e essa motivação é sempre fundamental – pode muito bem datilografar todas essas anotações, e escrever, no alto da primeira página: "Apostila". E até pôr uma espiral. (Uma funcionária da Arthur Andersen, Mônica Tavares, certa vez fez isso e depois distribuiu cópias a todos os colegas. Outra, da Nestlé, Lígia Hernandez, idem. Mas eu, sinceramente, prefiro não fazer.)

E aquilo que, em primeiro lugar, logo na primeira manhã, antes do primeiro *coffee-break*, peço a todos os participantes para anotar são realmente os prometidos (e promissores) "ingredientes" da Criatividade, resumidos neste intrigante monossílabo:

# BIP

Devo dizer que a ideia *dessa* partícula não foi minha. Foi de um médico pernambucano, que, após ouvir palestras minhas, em que eu abordava as condições imprescindíveis à Criatividade, me chamou a atenção, espirituosamente, para o fato de que tais elementos poderiam ser abreviados por tal combinação de letras, de curiosa ressonância eletrônica. (Melhor que outra, PIB, de ressonância econômica; ou as outras, de ressonâncias burocráticas: IPB, IBP.)

Numerosas vezes, ao promover, meses ou mesmo anos depois, avaliações junto a grupos que passaram por tal seminário, comprovo, para minha alegria, que o que eles espontaneamente mais fixaram, e tentaram desenvolver, foi precisamente o BIP! Para que apostila?

A função prática do BIP é a seguinte:

Sempre que você, leitor, estiver a braços com um problema para o qual não esteja encontrando solução racional alguma, isto é, para o qual sinta que é necessário um enfoque inédito e até então invisível, VOCÊ VAI SE "BIPAR"!

E se por acaso isso for difícil – e reconheço que, muitas vezes, realmente pode ser difícil, em face de problemas pessoais, de maior carga emotiva –, então você já dispõe, pelo menos, de uma indicação muito útil: *deixe o problema para lá*, vá pegar praia, vá cuidar da vida! Espere até, aos poucos, conseguir reunir em si os elementos representados por essas três letras.

Porque, fora do BIP, estou muito convicto, ninguém tem condições de ter qualquer *flash* criativo, que resolva qualquer problema!

E que três elementos são esses, reais e controláveis, a ser articulados num bloco só, no psiquismo do indivíduo, de forma a levá-lo a um Eureka salvador?

– "Vamos por partes", letra por letra.

*Primeira letra: Mulher grávida no nono mês, já pronta para amamentar.*

Quando pergunto a um grupo o que alguém imagina representar a letra B, vem em geral a sugestão – considerando o que eu disse anteriormente – de que tal letra abrevia o verbo "brincar", e quando informo que o BIP indica *elementos*, e não verbos, alguém propõe logo "brinquedo". De algum modo, estão próximos – mas não é bem isso.

A letra B significa BOM HUMOR!

E agora emerge, como sempre, uma questão semântica: que diabo é bom humor?

Você conhece alguém que está sempre, sempre, rindo muito? Que acha o mundo sempre, em todos os seus aspectos, uma pândega? Que desconsidera qualquer faceta mais aflitiva ou mais crucial de uma situação, porque acha tudo uma maravilha? Que se por acaso escuta, por exemplo, que seu departamento está dando prejuízo, ou que a empresa está no vermelho, responde logo, ultraotimista, que isso afinal não tem muita importância, a empresa é muito rica, "melhores dias virão"?

Que está *sempre* brincando, travesso, fazendo graça, piadista? Que, perante problemas nacionais, por exemplo, seu melhor argumento é que "Deus é brasileiro"?

Amigo, isso não é bom humor: isso é doença mental!

O nome disso é euforia maníaca!

Notem: esse indivíduo não é propriamente alegre (pois ter um amigo, um colega verdadeiramente alegre é uma bênção, levanta o astral de todos os que o cercam); ele é, isso sim, irresponsável, meio bobo, inconveniente, chato!

Isso não tem nada a ver com bom humor.

Então, como definir bom humor?

Sempre que abordo esse assunto, peço a meus ouvintes que acrescentem à expressão essa frase muito ilustrativa: É ESTAR NUMA BOA!

E "estar numa boa" não implica necessariamente rir, sequer sorrir.

Concordo, pessoas de bom humor têm mais facilidade para rir ou sorrir. Mas rir, ou sorrir, *não é* sinal automático de bom humor, absolutamente. A dentadura não é uma régua, uma escala, para medir o bom humor de ninguém. Você não pode dizer para uma pessoa: "Noto que seu bom humor hoje não é tão grande quanto ontem, porque ontem você estava mostrando catorze dentes e hoje só está mostrando dez..."

Alguém pode estar de muito bom humor com o rosto normal, sério. Não que esteja se sentindo "sério", bem entendido, mas simplesmente não vê, no momento, razão alguma para rir às gargalhadas...

Conheço mesmo indivíduos muito criativos que, perante o surgimento de um problema, franzem um pouco o cenho, fecham um pouco a cara. Mas isso, neles, é meramente indício de envolvimento, concentração! Não indica, de forma alguma, contrariedade, insegurança, desgosto pela aparição do desafio. Afirmo, sem risco algum de errar, que tal aparição lhes alarga o campo de interesse, de curiosidade, lhes aumenta ainda mais a razão de viver! No íntimo, estão até melhor do que antes!

"Estar numa boa" – perante um problema, qualquer problema – é razão imprescindível, *sine qua non*, para um indivíduo ter um *flash* criativo capaz de resolvê-lo!


Logo (e aqui já há uma ótima dedução lógica), problemas que nos comprometem o bom humor, que nos fazem sofrer, são problemas para cuja solução estamos, provisoriamente, impotentes – não importa a técnica empregada. "Provisoriamente" aqui quer dizer: *enquanto* eles nos fizerem sofrer.

Problemas que nos fazem, por pouco que seja, inseguros, ansiosos, deprimidos, magoados, raivosos, culpados, agressivos, ressentidos ou muito preocupados (tudo isso são formas de sofrimento) são problemas para cuja solução estamos, provisoriamente, impotentes! Não importa o discurso aparentemente coerente e cheio de razões com que descrevamos a situação – enquanto houver alguma dose de sofrimento na interpretação e administração de tal problema, nossa criatividade mantém-se enterrada em ignota cratera, no lado oculto da Lua!

*Criatividade no trabalho e na vida* • 113

O vulgo tem clara noção desse fenômeno, mas o descreve com os sinais trocados. É frequente a expressão: "Esse problema me tira do sério". Negativo. O tal problema é o que põe você "no sério"! O indivíduo estava bem, normal, eventualmente sorridente; surgiu o tal problema e agora o indivíduo está "muito sério". O indivíduo se perturba. O indivíduo sofre. Sabe qual o resultado? O problema se perpetua. O problema vai surgir, e voltar a surgir... sempre! Será o tema do meu capítulo IX.

Aprendi muito com meus Grupos de Criação.

Eu participava deles, mas era também o titular da agência, uma agência pequena, mas que administrava contas, também relativamente pequenas, porém sempre de grandes empresas, nacionais e internacionais. Pois já sucedeu de eu chegar à agência alarmado e preocupado, vindo de alguma visita desconfortável com algum de meus clientes, muitos deles alemães: soubera, ou sentira por alto, que dito cliente – digamos, a alemã Knoll – estava eventualmente propensa a experimentar uma outra agência; por exemplo, abrir também a um concorrente meu sugestões para a mesma campanha que acabara de me solicitar (não há dono de agência que já não tenha passado por situações como essa).

Para mim, perder uma conta era, sem dúvida alguma, um grave transtorno.

Não apenas moral, de "imagem", como, principalmente, operativo, financeiro. Aprendi muito bem, depois de décadas, o que são impostos, salários e compromissos fixos. (Pelo menos, não pertenço à maioria *who never faced a pay roll*,* cujos membros, à luz de conhecido critério americano, carecem de requisitos suficientes para a presidência dos Estados Unidos.) Não tinha eu por acaso todos os números, cifras e razões objetivas para me sentir preocupado, assustado? Sem dúvida que tinha!

Reunia então todo o Grupo de Criação e lhes expunha, enfaticamente, minha preocupação, bem como a ameaça que, em última análise, pesava sobre todos nós se a campanha a ser agora criada não fosse realmente fora de série.

Mas como meu Grupo se defendia bem de meu discurso e me defendia bem de mim mesmo!

Como o Grupo não comprava absolutamente meu peixe, de "empresário preocupado"!

Como o Grupo, invariavelmente, reagia com ironia e discreta gozação à encrenca em pauta, antes de se envolver na nova campanha!

Lembro-me, ainda hoje, de meu diretor de arte, Rodrigo Octávio, voltar-se para o resto do pessoal, na minha presença, e anunciar:

– Gente, os alemães já estão de saco cheio do Menna Barreto! Os alemães já estão começando a achar que o Menna Barreto é judeu!

E me perguntava diretamente, para regozijo geral da cambada:

– Quando você está lá, na diretoria, falando sobre *target groups*, não tem sempre um alemão te olhando enviesado, achando que você é judeu?

---

* Que nunca encarou uma folha de pagamento.

Era impossível não rirmos todos, às escâncaras, do ridículo (e do absurdo) total imaginado!

E só então eles se enfurnavam na campanha.

Hoje, revendo tudo isso, posso afirmar, sem qualquer exagero: *como ganhei dinheiro, na vida, com essas palhaçadas!* Como deixei de perder grandes clientes, graças a campanhas realmente fora de série! Como minha agência foi elogiada por sua Criatividade, como – mais importante ainda – foram tantas vezes resolvidos problemas reais e mensuráveis de vendas, e também de imagem, de meus clientes, cinco dos quais ficaram conosco por mais de doze anos, por meio de soluções que começavam, em última análise, de gozações escrachadas como a que descrevi.

Mas notem bem: não eram "apenas" gozações. A turma toda estava pronta para varar a madrugada sobre o problema – e realmente o fazia, com grande competência! Porém sabia muito bem, intuitivamente – e para o próprio sucesso do que ia fazer –, defender-se de qualquer elemento, justificável ou não, que pudesse abalar sua leveza de espírito, seu bom humor.

Alguém, de mau humor, pode elaborar, com suficiente competência, o balanço deficitário da empresa; ou um relatório muito objetivo das razões de sua queda de vendas; ou um inventário completo e detalhado de todos os produtos encalhados no estoque. Mas será *impossível* para ele CRIAR um meio de reverter essa situação, nesse estado de espírito!

Poxa, mas eu também não era sempre assim, um corta-tesão.

Inúmeras vezes, em minha própria prática profissional, ocorria justamente o contrário. E o exemplo que mais gosto de relatar é o que ocorria bem no início da história da minha agência, quando ainda não contava praticamente com verbas fixas, mas já tinha conquistado a confiança de grandes empresas, como a Ajax, a maior corretora de seguros da época; a T. Janér, a maior distribuidora de papel do país; a Montreal Engenharia, a maior firma de montagem industrial da América Latina – e mesmo a Usiba, que seria, muito mais tarde, a maior anunciante em incentivos fiscais. Eram, sim, grandes empresas, mas que eu não conseguia convencer a terem verbas anuais, permanentes, de propaganda. Quando tinham um problema, só então me chamavam e, aí sim, de repente, eu ganhava um bom faturamento esporádico.

Então, sucedia às vezes eu estar às baratas, como Ed Mort, no meu pequeno e pobre escritório (exagero retórico), vendo o mês passar e os compromissos se acumularem, sem maior contrapartida na receita, quando, de repente, por exemplo, meu amigo Oldano Borges, diretor da Montreal, me telefonava, sensivelmente preocupado, para me informar que surgira um problema na empresa e necessitava urgentemente de minha presença.

Para o Oldano, muito compreensivelmente, a situação que surgira na Montreal era um abacaxi. Reconhecera, de cara, com razão, que não era de sua especialidade. Não saberia como resolvê-la. Era um problema que alterava toda a sua rotina. Emergira sem aviso prévio, naquela empresa de engenharia, exigindo – que impertinência! – Criatividade em comunicação, e não conhecimentos de engenharia. A rigor, tal situação não devia estar lá. MAS ESTAVA! E recusava-se a descer pelo elevador de serviço.

Muito compreensivelmente, em face da emergência de tal situação, meu amigo terá dito, algo irritado:

– Que merda!

Para a emergência da *mesmíssima* situação, eu, Ed Mort, exclamava:

– Que maravilha!

Nessa época, um problema de propaganda na Montreal, na T. Janér, na Ajax, era a melhor notícia que eu poderia receber! Levantava às nuvens meu astral, meu entusiasmo.

Ia a pé até a Montreal, a cinco quarteirões da agência, controlando minha alegria. Inteirava-me de toda a situação, em todos os seus aspectos objetivos. E, ainda na volta, cuidando para não ser atropelado pelos carros, já era atropelado pelas musas. Ocorriam-me quatro ou cinco ideias, perfeitamente capazes de resolver a questão. Tinha de anotá-las na calçada mesmo, de pé, em qualquer papel.

Quando eu as apresentava, dias depois, em *layouts* para anúncios de uma página, nos principais veículos, era muito cumprimentado. E sabe por quem? Por pessoas – hoje estou inteiramente convicto – que poderiam ter tido as mesmas ideias! OK, concordo, a habilidade profissional quanto ao tamanho do anúncio, à concentração do texto, à conveniência do plano de *media* etc. elas não teriam. Não era realmente sua especialidade. Mas essa é uma habilidade *técnica*... e que também se aprende. A *ideia* (não a execução) que dissolve o problema essas pessoas também poderiam ter tido. (Dois desses anúncios para a Montreal, criados exatamente nessas condições, de pé, no meio da rua, foram selecionados para o *I Anuário de Arte Visual do Brasil*, em 1967.)

E por que não as tiveram? A diferença primordial – não tenho hoje qualquer dúvida – está embrionariamente condicionada ao *humor* de cada um, perante a *mesma* situação. A diferença que vai do "Que merda!" para o "Que maravilha!".

Hoje, estou 100% convicto do seguinte: qualquer anúncio, qualquer comercial, por exemplo – para ficarmos no campo publicitário –, por cuja criatividade você, leitor, lendo ou assistindo à TV, se sinta encantado, *você também poderia tê-lo criado*! (Não digo produzido, executado, por motivos já comentados.) Isso porque, de alguma forma potencial, ele já estava *dentro* de você. Do contrário... não o teria encantado.

Estou careca de comprovar essa "emergência" em meus próprios seminários de Criatividade, para um público de não-publicitários, por exemplo, gerentes, estudantes, supervisores, donas de casa, advogados, engenheiros da Montreal. Todos criam, invariavelmente, anúncios e capas de revistas belíssimos, eficientíssimos (tão longe é possível prever), sempre que conduzidos, perante um problema, a um *bom humor produtivo* (além dos outros "ingredientes" de que falarei adiante).

Atrevo-me a dizer, um pouco temerariamente (esse enfoque, aliás, não é meu, originariamente), que sempre que você se emociona perante uma obra de arte é porque, de algum modo, ela é *sua*, quer dizer, você poderia, em princípio, tê-la criado. Do contrário, você não se emocionaria com ela, você não se identificaria com ela. Seu poeta predileto, leitor, escreve poesias que você gostaria de escrever, que você deixou de escrever, que, em princípio, você poderia escrever. São as *suas* poesias. Ele expõe, com sucesso, o que já está *dentro* de você. Dentro de quase todos nós há um Mozart, em maior ou menor grau; dentro de uns poucos, um Wagner. (Nesse contexto, uma das músicas que eu jamais poderia "compor" é a chinesa: por mais que me esforce, não consigo me sensibilizar, ou sequer entender, remotamente, "aquilo".)

Não julgue agora que estou me arrogando, na prática, a pretensão de compor como Mozart, assim que me decidir.

Não, não tenho essa pretensão.

Nem ele a teve...


Os Grupos de Criação de uma boa agência de propaganda têm muito, muito a ensinar... a quem esteja disposto a aprender.

Ali, normalmente, o bom humor, a caricatura impagável, a galhofa inédita, a sacanagem inventiva, tudo isso é irresistível, contínuo... e implacável. Já disse, no outro livro, que só os casos que poderia contar quanto ao estúdio da J. Walter Thompson (meu primeiro emprego em propaganda) dariam para encher um capítulo – ou mesmo mais outro livro.

Lembro-me, por exemplo, do gerente-geral da agência, Augusto de Ângelo, levando o novo diretor da Pan American – um americano sério e grandalhão – para conhecer toda a agência, numa visita importante e formal de um prestigioso cliente à sua competente prestadora de serviços. Somente já na rua, o pobre homem ia descobrir que, por exemplo, alguém lhe aplicara, em sua passagem pelo estúdio, um letreiro "Chute-me" nas costas; ou alguém, invisivelmente, lhe colara enormes esporas de papel nas botinas; ou, pior ainda, na Sala de Reuniões, reunindo todo o pessoal da agência para trocar comportadas palavras com o poderoso senhor, alguém, muito subrepticiamente, metera-se por baixo da mesa e pintara de guache branco um dos sapatos do cavalheiro. Isso quando não amarravam os dois cadarços entre si para constrangimento geral, no fim da reunião...

O contato da Thompson junto à Pan American também era um americano grandalhão, David Campbell-Harris, que ficou meio chateado quando os russos inauguraram a Era Espacial com seu Sputnik. Para quê? Quase todo dia voava do estúdio, por sobre as divisórias da agência, um foguete vermelho, com a foice e o martelo, feito de busca-pé enrolado em papel brilhante, com habilidosas aletas direcionais, que ia cair, quando menos se esperava, na sala do americano. Acrescente-se que o busca-pé, uma vez atingido o alvo, enlouquecia. A secretária do homem vivia em pânico.

Sabendo dessas estripulias, o Augusto de Ângelo – aliás muito querido na agência inteira – às vezes entrava no estúdio e dava um tremendo esporro na raça

*Criatividade no trabalho e na vida* • 117

toda (jamais se descobriu o autor individual de nenhuma dessas molecagens), como um professor muito puto falando para um bando de guris endiabrados. Todo mundo o ouvia com a cara mais inocente do mundo. A coisa toda, claro, ficava por isso mesmo.

E, claro, a Pan American recebia admiráveis campanhas (nessa época consolidou sua primazia no transporte aéreo Brasil-Estados Unidos)!

O diretor de arte mais criativo com quem já trabalhei frequentemente marcava o lugar do texto em seus excelentes *layouts* escrevendo, disfarçadamente, palavrões e gozações de toda ordem, muito particularmente contra mim. Numa reunião formal com um cliente, eu preferia muito mais preocupar-me em não fazê-lo notar essas inconveniências, do que tentar "limitar" as molecagens do meu colega.

Primeiro, porque não adiantaria mesmo...

E segundo, porque – hoje entendo melhor – isso fazia parte da mesma força com que ele criava seus excelentes *layouts*!

Mas eu também usava essa força.

Era frequente, rotineiro, ao conquistar um novo cliente, escutar, de um sisudo e responsável diretor de marketing, ainda inseguro por confiar suas verbas a uma agência pequena, recomendações mais ou menos nesses termos:

– Sr. Menna Barreto, o senhor já deve saber que estamos, aqui nessa empresa, atravessando uma fase muito crítica e muito desafiadora. Esperamos que, a partir de hoje, o senhor passe a se preocupar também, profundamente, com nossos problemas de venda e de mercado!

Eu respondia, obviamente:

– Sim. Claro. Sem dúvida.

Acontece, primeiro, que *todas* as empresas estão *sempre* atravessando uma "fase", muito crítica e desafiadora – desde que me conheço! E hoje, mais ainda: ouço, invariavelmente, o mesmo discurso, não mais de diretores de marketing, mas de diretores de Recursos Humanos. Que "fase"? Que "crise"? O Brasil é um dos países do mundo que jamais "atravessa" crise alguma. Ele é assim! Em termos de negócios, darei um prêmio de originalidade a qualquer diretor, de qualquer empresa, que um dia me informe, com sinceridade: "Acabamos de atravessar uma fase de transição; agora a transição se encerrou, voltamos ao normal". Estou convicto de que a "transição", entre nós, veio para ficar. Será por isso que devemos perder nosso bom humor na hora do expediente?

Segundo, o que eu gostaria realmente de responder ao tal diretor de marketing (mas seria complicado me fazer entender) é o seguinte:

– Olha, amigo, para se "preocupar profundamente" com os problemas de venda de sua empresa, vocês não precisam de mim. Já há gente bastante fazendo isso aqui, gente tão inteligente quanto eu. Eu vou fazer exatamente o *contrário*! Eu não vou me preocupar bulhufas! Eu vou me empenhar, sim, em contribuir para resolvê-los – mas com o máximo de espontaneidade, de leveza de espírito, de bom humor. Mesmo porque minha motivação *final* com tudo isso é ganhar mais dinheiro, para comprar um sítio em Friburgo, com rio, cachoeiras e mata virgem, que é meu sonho. Fique tranquilo que vai dar certo, para todos nós.

Pessoas muito preocupadas com seus problemas são pessoas impotentes para resolvê-los!

A propósito, "crise" é palavra representada, em chinês, pela junção de dois ideogramas: o primeiro significa "obstáculo"; e o segundo, "oportunidade".

Somente com bom humor você será capaz de reconhecer o segundo.

Diz Edward de Bono, em *O pensamento criativo* (Vozes, 1970):

O bom humor tem muito a ver com o pensamento lateral (criativo). Ele ocorre quando a maneira mais provável de ver as coisas sofre um choque pela súbita tomada de consciência de que há outra maneira... Com bom humor, a mente oscila entre o modo óbvio de ver as coisas e o inesperado, porém plausível, novo modo. E é essa oscilação que é peculiar ao pensamento criativo, relacionado com o humor. O efeito da oscilação depende muito da motivação, daí o sucesso do humor sobre o sexo.

Eu já não disse que Criatividade, lá no fundo, tem muito a ver com sacanagem?

Oscar Wilde: "Somente as pessoas triviais são sempre sérias". E Paul Valéry: "Um homem sério não tem ideias. Um homem de ideias nunca fica sério".

Uma dica, mais do que isso, um hábito, extremamente valioso, que gostaria muito de incutir em meu leitor:

Sempre que, de repente, você deparar com um problema, uma encrenca, um abacaxi, pronuncie, vigorosamente, para si próprio – mesmo se for mentira, e deve ser mesmo mentira! – a exclamação:

– QUE BOM!

Imaginemos um caso concreto. Você chega segunda-feira à sua empresa, descontraído e tranquilo, após um agradável fim de semana e, ao aproximar-se de sua sala, recebe de chofre a notícia:

– Olhe, aquela venda que você decidiu no mês passado deu um prejuízo de 50 mil dólares à empresa! A diretoria está ansiosíssima para falar com você. Está todo mundo lá na sala de reuniões; perguntaram três vezes se você já tinha chegado!

Dá vontade de responder o quê? (Eu sei, é humano.)

*Criatividade no trabalho e na vida* • 119

– Ah, meu Deus, não me diga isso! Eu tomei tanto cuidado, eu fiz absolutamente tudo que podia para acertar. Que azar terrível! Que vai ser agora de minha vida, nessa época de desemprego, e eu com tantas contas para pagar?

Nada disso!

Você, nessa situação, vai exclamar, vigorosamente, mesmo a contragosto (cuidando apenas para que ninguém escute):

– QUE BOM!

(Quando sugiro isso, em meus seminários, a sugestão sempre dá margem a algumas piadas, principalmente no *coffee-break*: "Você acaba de ser despedido", "Que bom, hein?" Insisto que esse "Que bom!" é para ser exclamado, com o máximo de convicção possível, mas interiormente, só para você mesmo ouvir.)

Analisemos. É óbvio – não precisa me explicar – que você fez o máximo que pôde para acertar, na tal desgraçada decisão. Mas, amigo, VOCÊ ERROU! Você deu um tremendo prejuízo à empresa! Em maior ou menor grau, qualquer um de nós pode cair nessa. É como, no trânsito, derrapar numa mancha de óleo: você poderia ter encostado apenas no meio-fio, mas arrebentou de vez toda uma BMW do ano, à sua frente, rodando ainda com a licença de importação!

Querendo ou não querendo, esse PROBLEMA leva *seu* nome completo na embalagem!

Agora, se você vai lá, arrasado e lastimoso, se explicar junto à diretoria, dá até vontade de perguntar: ir lá para quê? Quem vai lá é um *trapo*, totalmente incapaz de atuar em face do desastre (que já aconteceu!).

Mas se você conseguir dizer – ainda que irracionalmente, ainda que mentirosamente – "Que bom!", talvez consiga segurar, nas garras, um resto de bom astral, de bom humor. Talvez – nunca é uma garantia, não há garantia alguma no campo da Criatividade! – ainda haja meio, inédito, de *se safar*, de contornar toda a situação!

Mas você só o verá se contar, em face da encrenca toda, com um mínimo de bom astral, um mínimo de gás que o faça, apesar de tudo, "sentir-se numa boa".

Dizer "Que bom!" ao saber que seu fim de semana vai ser ensolarado, bem... é muito bom. Dizer "Que bom!", no sufoco, em face de um problema que surja de repente, *pode valer 50 mil dólares!*


Caso pessoal. Possuo, desde 1972, uma propriedade em Friburgo, só acessível após treze quilômetros de estrada de terra, cheia de pedras, valas, ladeiras e precipícios e, após as chuvas de verão, lodaçais inesquecíveis (principalmente para meus hóspedes.) Excelente sugestão para o próximo *Camel Trophy*.

Para enfrentá-la regularmente, todo fim de semana, mantive, durante mais de uma década, uma simpática Brasília, equipada com pneus lameiros. (Essa Brasília foi aos poucos se decompondo, como o retrato de Dorian Gray, para gozação infinita de meus amigos.)

Essa Brasília me serviu, durante anos e anos, com muita garra e competência (poucos já souberam do que esse carro é capaz). Mas minha Brasília, particularmente, apresentava curiosa idiossincrasia, que eu procurava respeitar: minha Brasília jamais furava o pneu na estrada Cachoeiras-Itaboraí, ou na serra, ou sequer na estrada de barro. Jamais. Ela invariavelmente furava o pneu quando, à noite, já na volta, eu passava à altura de Manilha, nas bordas daquela aprazível estância de lazer chamada Baixada Fluminense...

Agora, sinta o drama. Tantas vezes eu voltava, domingo à noite, às vezes debaixo de chuva, cansado e desejoso de chegar logo em casa – idem minha esposa a meu lado, minhas filhas já dormindo no banco de trás, o carro abarrotado de alface, rabanetes e ovos (únicos troféus econômicos para quem tem sítio, de custo-benefício astronomicamente desvantajoso) –, quando minha velha Brasília começava teimosamente a rabear, indicando pneu furado.

O que seria muito humano eu dizer, nessas circunstâncias? Que vontade danada tinha eu de exclamar, dando um murro no volante?

– Pombas! Que azar! Só me faltava essa! Por que essa porcaria de carro tem de furar sempre o pneu nos piores momentos?

Mas não. Eu ensaiei previamente, eu *treinei*, com toda a persistência, para, assim que isso ocorresse, eu exclamasse, em alto e bom som, como um ato reflexo:

– Que bom! Furou o pneu!

Amigos que eventualmente fossem meus caronas se alarmavam. Teria eu ficado louco? "Que bom"... porque furou um pneu a essas horas? Eu preferia me explicar apelando de qualquer jeito para a imaginação:

– Que bom, sim! Eu já estava cansado, com os braços dormentes de tanto dirigir. Agora, vou poder me espraiar um pouco, trocando esse pneu...

Ou então:

– A estrada está muito congestionada, poderia haver um acidente conosco. Agora, depois de trocar o pneu, o trânsito vai ficar muito mais livre. Foi uma sorte...

Claro, era "menos" verdade. Por que, então, partia eu para esse absurdo? Porque não era absurdo coisíssima alguma! Era um recurso que *podia me valer muito mais que 50 mil dólares!*

Analisemos. É óbvio – e nem precisava explicar – que eu não botei prego algum na estrada para que meu pneu furasse. É óbvio que eu não queria que ele furasse – ainda mais naquele local, naquela hora – e que eu pagaria mesmo, se pudesse, um bom dinheiro para que ele não tivesse furado. Mas, amigo, ELE FUROU! Talvez tenha sido até injusto tudo isso, mas ele furou! (Roger Collard: "Não há nada mais obstinado do que um fato".) Dissesse eu o que dissesse, na frente do volante, ao lado de minha esposa cansada, minhas filhas dormindo no banco de trás, o carro todo debaixo de chuva, "alguém", que eu conheço muito bem, teria de trocar aquele pneu.

Se eu exclamasse agora "Que azar! Só me faltava essa!" e saísse do carro irritado, ou então desolado, poderia muito bem descobrir que não estava me faltando "só essa": poderia muito bem dar de cara com o revólver de um assaltante, como já ocorreu centenas de vezes, no mínimo, a motoristas enguiçados, naquele trecho da estrada (a Baixada Fluminense já foi considerada, pela ONU, a região mais violenta do planeta)! E o que ocorreria a partir daí? A partir daí – estivesse eu no estado

*Criatividade no trabalho e na vida* • 121

de "só me faltava essa" –, eu seria um *trapo* perante o bandido! Eu, e toda minha família, estaríamos completamente à sua mercê!

Mas se eu exclamava "Que bom!" – ainda que mentirosamente – tentando com isso agarrar, de qualquer forma, um mínimo de bom humor perante a emergência, eu preservava, no peito, *algum gás* para lidar com a situação. Eu me garantia de um mínimo de intuição para reconhecer a personalidade do recém-chegado, um mínimo de presença de espírito (já definida, atrás, como Criatividade 100% pura) para ver se poderia *safar-me* com o menor prejuízo possível.

Se por acaso desse pé, eu talvez viesse a lhe dizer algo como:

– OK, rapaz, está tudo bem, de certa forma eu compreendo, estou também com problemas de grana, fique tranquilo que você vai descolar todo dinheiro que a gente tem, relógios etc. Mas, pelo menos, me ajude aqui a trocar o pneu, porque acho que sozinho não dou conta.

Claro, ele poderia me responder com um tiro. Claro, ele poderia levar uma filha minha, sequestrada. Criatividade nunca é *garantia* de nada! Mas que eu teria muito mais chances de me sair bem, isso me parece indiscutível!

Já tive de parar, com minha Brasília, à noite, um bom número de vezes nesse perigoso trecho Manilha-Niterói. Nunca fui assaltado para provar meu bom humor. Talvez a aparência de minha Brasília, mesmo vista de longe, não animasse assaltante algum...


Mas há gente, sim, que já foi assaltada, nesse estado de espírito. Relatando tudo isso, há vários anos, num seminário para a Aracruz Celulose, uma funcionária do departamento de Recursos Humanos, Ana Luísa Melecchi, me contou o seguinte (ocorrência que, salvo engano, se passou com ela mesma):

Um grupo de cinco amigas, residentes em outro estado, visitou-a no Rio e insistiu para subir numa favela, durante o dia. (Desejo muito menos temerário do que a grande maioria pensa; eu próprio, ainda hoje, levo hóspedes meus, estrangeiros, para visitar a Rocinha e almoçar lá; 99% dos habitantes de uma favela são operários, empregadas domésticas, donas de casa etc. – pessoas, no mínimo, tão honestas quanto as daqui de baixo. Além do que, a grande maioria é extremamente pacífica, afável e prestativa; e a qualidade das relações sociais entre os moradores, sua descontração e alegria, é incomparavelmente superior à que se nota, digamos, num condomínio na Barra.)

As seis moças foram subindo a favela (não sei mais qual foi) através das vielas e veredas. E o fato é que lá no alto, já num canto meio deserto, um sujeito apontou-lhes uma arma e anunciou o assalto.

Conta minha amiga, que vinha um pouco atrás do grupo, que "deu uma coisa" nela. Não se apavorou de forma alguma. Foi direto para o sujeito, com muita determinação, e protestou:

– Negativo, cara. Qual é? O lugar de você nos assaltar é lá embaixo, no asfalto! Aí sim, tudo bem. Mas nós viemos hoje aqui, espontaneamente, numa boa, visitar seu pedaço, e você não vai nos assaltar coisíssima nenhuma! Pode ir guardando essa arma e, se quiser ganhar alguma grana, seja então nosso guia e nos mostre a favela toda!

O indivíduo ficou atônito. Não contava com essa, em sua rotina profissional. Cortaram-lhe o barato. Abaixou molemente o revólver, como se ele fosse uma pedra inútil em sua mão.

Minha amiga continuou no comando, dando as cartas:

– Me diga lá qual é o caminho que desce para o outro lado da favela.

O homem, já guardando a arma dentro da camisa, indicou o caminho com o queixo, muito sério e de má vontade. As moças se meteram por ele, o cara sumiu.

Agora o leitor poderia me perguntar: "Diga-me cá, Roberto, honestamente: sempre que de repente, em sua vida real, surge um bruto problema, um imbróglio repentino, você exclama, no duro, 'Que bom!'?"

Resposta 100% honesta: Não, caro amigo, quase nunca. Sou tão humano quanto você. Muitas vezes a coisa me perturba, me abate. Ou já sucedeu eu soltar os cachorros. Mas, pelo menos, estou hoje bem ciente de uma coisa: não adianta absolutamente nada meu "discurso" nessa situação, minhas razões, meus protestos! Em termos de *solução*, sou, provisoriamente, carta fora do baralho. O negócio é dar um tempo, esfriar a cabeça e procurar ver a coisa toda, de novo, com um mínimo de bom astral. Procurar extrair mesmo, de toda a situação, uma graça contagiante e legítima.

Por coincidência, quando escrevia este capítulo, recebi um telefonema do proprietário da editora Qualitymark, Saidul Mohamed, interessado em editar um livro meu, informando-me que, vinte dias antes, todo o seu depósito fora consumido num incêndio. Disse-me que, ao saber do fato, chorara uma noite inteira. Mas acrescentou que, passados alguns dias, reconheceu ser "uma chance enorme" de reavaliar todo o catálogo de sua editora; teria agora espaço para uma série de coleções que havia muito o atraíam. A verdade é que eu nunca vira Mohamed com tantos planos!

Lembrei-lhe que a Alemanha é hoje o país urbanisticamente mais bem solucionado da Europa, graças aos estragos da Segunda Guerra. Claro, ninguém dirá "Que bom!" debaixo de bombas de fósforo inglesas, como em Hamburgo, 1944. Mas só quem pôde ver as ruínas com uma boa dose de otimismo e bom astral é que soube reconstruir tudo para melhor.

*Segunda letra: Inconsciente Inseto Improvisando Imóvel Inesperado Ideograma.*

Quando pergunto também a um grupo o que alguém imagina que represente a letra I, do BIP, é comum escutar respostas como:

- Imaginação.
- Inteligência.

- Inovação.
- Inventividade.
- Intuição.
- Inspiração.

Tenho valiosa sugestão a propósito: que meu leitor, realmente interessado em desenvolver, na prática, sua criatividade, reúna todos os conceitos que acabei de mencionar, coloque-os criteriosamente num saco (azul) de lixo – e os jogue fora!

Muito particularmente "Inspiração"!

Todos eles são completamente inúteis *à prática* criativa (ao contrário do BIP), e podem chegar a ser altamente contraproducentes, servindo muito à mistificação. (E, antes de fechar o saco, não tenha receio de jogar lá dentro mais uma palavra: "Criatividade".)

Todos eles – e incluo nisso, hoje, mesmo "Inteligência" – tratam de *consequências*. Tratam – da mesma forma que a famosa "técnica" que mencionei no capítulo anterior – de coisas passadas, como o faz um espelho retrovisor. São conceitos sem dúvida válidos, defensáveis, observáveis, mas só observáveis depois que o fato já aconteceu. Algo só pode ser visto como "imaginoso", "inovador", "inventivo", "inspirado", "criativo" *depois que já veio à luz!*

Imaginemos, de brincadeirinha, que eu dissesse que o I abrevia "Inspiração". Aparentemente, faria muito sentido, tratando-se de Criatividade. Amanhã, o prezado leitor defronta com um problema, para o qual não vê solução racional alguma, para o qual sente a necessidade de um Eureka luminoso. Dirá, então, para si mesmo: "Vamos ver se esse negócio de BIP funciona. Primeiro, Bom Humor. OK, estou de bom humor, estou numa boa. O que preciso a seguir? 'Inspiração'". E agora? Caiu de novo em ponto morto! Onde é que, objetivamente, meu amigo vai achar inspiração? Não me diga que vai agora meter-se pelas matas, ouvindo o gorjear de passarinhos e o murmúrio dos riachos, em busca de "inspiração"...

Há uma ideia muito *kitsch* sobre músicos e poetas românticos, vagando pelas matas, em busca de inspiração. Já me perguntaram sobre esse recurso para captação de ideias e sempre respondo que, a meu ver, tais passeios bucólicos, com tal motivação, é pura frescura. Ideias ocorrem a pessoas quando estas menos esperam! Ocorrem *quando* elas próprias, ideias, quiserem, *onde* elas quiserem, e até *se* quiserem! Um bom lugar para se ter ideias é, por exemplo, numa fila de ônibus, ou esperando a liberação da bagagem no aeroporto, ou escovando os dentes, ou andando pela rua, ou pouco antes de adormecer, ou batendo papo com um amigo, ou dirigindo carro, ou sentado no vaso! Beethoven, para sua Sinfonia Pastoral, coletou material no campo, mas a compôs *na cidade* (provavelmente, algumas passagens, sentado no vaso).

Inspiração existe, é claro, mas para se falar dela... *depois*! Ao contrário dos elementos resumidos no BIP, você não tem domínio objetivo algum sobre ela, que não é, de alguma forma, controlável (como o Bom Humor).

O I, do BIP, significa IRREVERÊNCIA!

E aqui deparamos, mais uma vez, com um bom problema semântico. O que é irreverência?

Vejamos, de saída: irreverência não tem nada – nada – a ver com rebeldia! Não tem nada a ver com desaforo, com rivalidade, com arrogância, com impolidez, com contestação sistemática!

Apelemos para a própria etimologia da palavra: trata-se da *não-reverência*! Trata-se de *sua* decisão, amigo, de doravante recusar-se a reverenciar, se prostrar, prestar culto ao que quer que seja; não se prostrar perante ninguém, não se prostrar perante ciência alguma, não se prostrar perante informação alguma e, muito particularmente, não se prostrar perante você mesmo! (Já não falei do caso extremo do indivíduo enfatuado, cheio de si, que anda a pé como se estivesse andando a cavalo? Às vezes ele se comporta dessa forma mesmo sozinho, empenhado em reverenciar a si próprio.)

Irreverência implica leve jogo de cintura. Implica leve e cordato ceticismo. Implica dar sempre um ameno, subjetivo e não muito preciso "desconto" a tudo que o cerca, e a tudo que lhe dizem. Inclusive, muito particularmente, ao conteúdo do presente livro...

Peço sempre, a meus ouvintes, que acrescentem ao conceito esta minha definição: irreverência *é a consciência de que nada no mundo é 100% assim*! Não importa o que seja esse "assim".

Alguém, por exemplo, lhe passa esta informação: "Matéria atrai matéria na razão direta das massas e na razão inversa ao quadrado das distâncias". Será isso alguma tolice, para você ridicularizar e ignorar? Nada disso, trata-se da Lei da Gravitação Universal, de Isaac Newton, exaustivamente comprovada, inclusive nessas proezas admiráveis dos foguetes interplanetários. Trata-se de uma valiosa informação (cartão perfurado) de que, em minha opinião, todo indivíduo, razoavelmente instruído, deve dispor.

Contudo, falando por mim mesmo, não tenho hesitação alguma em apontar uma impropriedade nessa lei. Como é que se sabe, realmente, que essa lei é "universal"? Por acaso já se conhece o universo inteiro? A mim, não me causaria qualquer surpresa se, de repente, se descobrisse, lá nos cafundós de uma constelação qualquer, duas estrelinhas que estão se atraindo mutuamente – só de sacanagem – numa razão muito diferente à da Lei de Newton. Pois não são fatos como esses que você lê quase todos os dias nos jornais? (Nesses casos, começam as tergiversações teóricas: "os cientistas acreditam que...") Por que não estar, de antemão, mais ou menos preparado para isso, para estrelas que ainda não foram apresentadas à Lei de Newton?

Essa lei, aliás, tão comprovada e operacional – para chegar a ela, Newton teve de criar o cálculo diferencial, considerado, por Einstein, o maior feito cerebral jamais empreendido por um único indivíduo –, tem aspecto que a coloca, legitimamente, muito próxima à magia, ao *vodu* (que acredita que alguém sempre prejudica um outro espetando, num boneco que o represente, uma bateria de alfinetes). Essa lei afronta completamente uma outra lei, também muito lógica e científica, e em pleno vigor: a da Causa-e-Efeito. Não há *causa* observável alguma a ligar dois corpos que se atraem (ainda que dentro da razão prevista pela lei). Não há *nada*, até hoje descoberto, ligando a Lua e a Terra, capaz de provocar as marés. Nós prevemos muito bem as marés, sua hora e intensidade – inclusive uma leve "maré" que ocorre também com a crosta sólida da Terra – graças à lei, mas nunca ninguém explicou o processo completo.

Para cobrir essa lacuna (nos dois sentidos), Einstein imaginou, em 1916, uma partícula subatômica, responsável pela gravitação, a que deu o nome de *graviton*. No momento em que escrevo, sei que há pesquisas sofisticadíssimas, com aparelhos muito engenhosos e de astronômica precisão, voltadas para a captação de gravitons. Mas o graviton nunca foi descoberto. Pode ser que exista. Pode ser que não exista. Até hoje, nada do que Einstein um dia conceituou veio a se comprovar na prática. Por uma terceira lei, a das Probabilidades, cada dia está mais próxima a comprovação de que algo que ele disse não tem nada a ver... (*Você* também pode pôr a língua de fora para ele.)

Irreverência é algo que serve a todos nós, o tempo todo, como componente imprescindível ao 1% criativo! Digo mais: como componente *imprescindível* a um funcionamento mental razoavelmente autônomo! Como componente imprescindível à OTIMIZAÇÃO DO PENSAMENTO!


Certa vez, falando sobre isso num seminário para a Petrobras, recebi de um engenheiro, com voz muito amável, um petardo intercontinental:

– Roberto, eu estou aqui nesse seminário realmente interessado em aumentar minha criatividade em minha vivência pessoal e profissional. Concordo com o que você disse sobre a Lei de Newton, mas, sinceramente, em minha vida prática não tenho nada com isso. Saiba que sou, profissionalmente, responsável pelos sistemas de segurança de uma plataforma submarina. Saiba, como é fácil imaginar, que uma plataforma submarina é exatamente uma bomba, com explosivo estocado e um pavio aqui fora, no ar. Só falta acendê-lo, para uma catástrofe que pode consumir dezenas de vidas! Saiba, por fim, que todo engenheiro, nesse meu cargo, para desempenhar minha função, recebe um grosso manual em que se lê, *na capa*, em letras enormes: EM CASO DE EMERGÊNCIA, NÃO PENSE. SIGA O MANUAL! Agora, me diga, sinceramente: no meu caso específico, devo eu usar de irreverência na hora do expediente?

É assim que gosto de participantes. São esses, digo-o sem qualquer ironia, meus ouvintes prediletos, meus grandes colaboradores. Tanto que tenho recontado esse episódio para participantes de outras empresas, cujos manuais certamente não devem ser tão estritos quanto, *necessariamente*, o Manual de Segurança desse meu amigo da Petrobras. Será ele então uma exceção? Será ele um dos poucos que jamais deva usar de irreverência na profissão, em face da responsabilidade extrema do seu cargo?

Analisemos. Vejamos primeiro o oposto, o caso de um engenheiro que receba o tal Manual num estado extremo de *reverência*. Ele pode não verbalizar, mas certamente estará dizendo para si mesmo:

"Meu Deus, esse Manual é importantérrimo! É dele que dependem centenas de vidas a meu redor! Ele é o *elan vital* de todos nós aqui na plataforma! Claro que jamais vou me atrever a pensar nada, em caso de emergência! Esse Manual é minha Bíblia!"

Certamente, esse engenheiro disporá agora o Manual numa prateleira de estante bem visível, um pouco acima de sua cabeça (Freud explica), como uma espécie de ícone. Certamente, também, esse engenheiro *não entendeu* o Manual, isto é, todas as razões lógicas para as providências que o Manual prevê e obriga, em caso de emergência. Não é absolutamente isso que recomendo para o sucesso de ninguém, nesse ou em qualquer cargo.

Agora, vejamos o extremo oposto, o caso de um engenheiro que desqualifica, despreza, por pouco que seja, o Manual:

"Tolices. Burocracia. É claro que os caras que redigiram isso são uns bitolados, uns quadrados. Como é que eles querem que eu não vá pensar em caso de emergência? É claro que vou saber muito bem como agir, não preciso dessa baboseira toda".

Bem, um engenheiro como esse (ainda que não verbalize as frases acima) *já está*, no caso, legitimamente, incluso no Código Penal, no capítulo que trata dos crimes de perigo (art. 132). É, potencialmente, um homicida culposo, por negligência (parágrafo 3 do art. 121) com pena de até três anos de detenção, aumentada de um terço pelo parágrafo 4 do mesmo artigo "se o crime resulta de inobservância de regra técnica de profissão". Não é isso tampouco que recomendo para ninguém!

Vejamos, finalmente, o melhor caso, o de um engenheiro razoavelmente munido de *todas* as suas aptidões mentais. Tal engenheiro, ao receber o Manual, saberá muito bem que o volume não é uma implicância da Petrobras contra ele, algo a cercear seu ótimo funcionamento cerebral. Aliás, provavelmente, o tal Manual nem sequer é da autoria completa da Petrobras: imagino que as empresas petroleiras troquem entre si informações, de forma que o Manual congrega uma experiência mundial em segurança de plataformas submarinas. É um Manual absolutamente imprescindível à função de alguém responsável pela segurança de uma plataforma.

Que deve esse engenheiro fazer, em caso de emergência?

POMBA! NÃO PENSE, SIGA O MANUAL!

O que faria eu, num caso desses? Eu não pensaria em nada, eu não proporia criar nada, eu seguiria imediatamente, estritamente, categoricamente, tudo que o Manual previsse para eu fazer! Estou sendo claro?

Acontece que esse terceiro engenheiro – e essa é a postura que recomendo a todos, inclusive a ele mesmo – sabe, sim, desde que assumiu tal cargo, ALGO MAIS! Algo muito realista e útil (como o Manual), algo muito previsível e extremamente comprovado em milhões de outras situações. Ele sabe, ele não perde jamais a consciência, de que o petróleo, o mar, o fogo *nunca leram o Manual*! Nunca foram consultados. Não se sentem absolutamente obrigados a se comportar de acordo com o Manual (qualquer que seja). Ele sabe, sim, que há uma possibilidade – no mínimo de 1%, mas crucial – de que o Manual esteja incompleto!

Que deve então ele fazer, sabendo disso tudo, em caso de emergência?

*Criatividade no trabalho e na vida* • 127

## POMBA! SIGA O MANUAL!

Mas talvez *aquele* caso específico não esteja no Manual...

Que fazer então? Consulte o Manual de novo (é possível que esteja lá e ele não achou)! Não, não está... Consulte-o – se der tempo – mais uma vez, para ter certeza! Não, realmente não está...

– Então, jogue aquela droga no mar e trate de agir, cara a cara, perante o imprevisto, com o máximo de presença de espírito possível!

Um profissional como esse – capaz de continuar agindo eficazmente em face do inesperado, isto é, *além* do Manual – é exatamente o que poderá contribuir, *depois* do sufoco, com mais uma valiosa página para o próprio Manual, em sua próxima edição mundial!

E o que dizer daquele que não for capaz de agir assim, nesse caso crucial de 1%, *além* do Manual? Bem, aquele será encontrado mais tarde, abraçado ao Manual, ambos carbonizados, junto com outros cadáveres, merecendo, no enterro, um epitáfio sincero:

"Ele *sempre* seguiu o Manual".


Irreverência, como a recomendo, é aquele componente psicológico, discreto e minoritário, que permite a consciência de que há momentos em que *qualquer Manual* – para felicidade geral da nação – merece ser jogado ao mar!


Desde muito antes de você aprender a dirigir, sua cabeça já incorporou uma informação muito válida (cartão perfurado) concernente a automóveis: "Furou o pneu, levante o veículo para trocá-lo". É uma instrução de validade inquestionável, por sua praticidade e adequação.

De fato, o que você sempre viu, desde criança, quando encontrou pessoas com problema de um pneu furado? Pessoas levantando o veículo!

Que dizem os especialistas, a propósito? Que dizem, por exemplo, há muitos e muitos anos, os engenheiros da General Motors, a maior indústria do mundo? "Em caso de pneu furado, levante o veículo." E os da Ford? Idem. E os da Volkswagen? Idem. E os fabricantes japoneses, tão voltados à inovação? Idem. E os da Mercedes, Ferrari, Chrysler, Volvo, BMW, Rover, Fiat, Lada etc.? Idem, idem.

O consenso quanto a isso é tão universal que não há, no planeta, fabricante algum da indústria automobilística que não inclua, em cada um de seus carros, uma curiosa engrenagem chamada macaco: tal artefato pode variar de forma, tamanho etc., mas, sem exceção, destina-se a levantar o veículo, no caso de pneu furado.

Essa relação é tão forte, está tão impregnada em nossa mente que, se acaso eu lhe mostrar a foto de um carro todo torto de um lado, devido a um pneu furado, você vai logo "sentir", até visualmente, que, para sanar aquela encrenca, há de corrigir a inclinação, levantar o veículo um pouco mais que o normal, no sentido contrário. Muito bem.

Agora, alguém está dirigindo um pesado caminhão na Transamazônica, num de seus piores trechos, onde só passa um veículo de três em três meses, e a trezentos quilômetros do próximo posto ou borracheiro. E é nesse ponto que fura o pneu! De fato, nosso amigo tem estepe, mas esqueceu de trazer o macaco. Não há macacos disponíveis, exceto os das árvores. E tampouco é útil providenciar uma alavanca para o caminhão, dado o seu peso.

Que fazer?

Se, nessa hora, nosso amigo mantiver na cabeça tudo que aprendeu desde criança, para situações como essa; se nosso amigo continuar, mentalmente, "prestigiando" o que os insignes e competentes engenheiros da GM, Ford, Chrysler, Mercedes, Toyota, Datsum, Fiat, BMW *et caterva* lhe ensinaram para enfrentar situações análogas, sabe o que vai acontecer? Daqui a três meses, outro caminhão, passando pelo local, vai encontrar seu esqueleto, já limpo pelas formigas amazônicas, abraçado ao estepe...

Mas não. Nosso amigo vai esquecer esses caras todos. Nosso amigo vai abrir bem os olhos e tentar *ver* (a palavra intuição vem de um antigo verbo latino, *intueri*, que quer dizer simplesmente *ver*) a situação real, concreta, sintética. E se por acaso ele ainda não conhece o macete (o exemplo que estou dando é manjado), ele vai sacar, de cara, a solução. Ele vai calçar o caminhão com pedras e cavar um buraco sob a roda...

Porque, em termos concretos, para trocar um pneu, tanto faz levantar o veículo como abaixar o chão...

Em tempo: macete é uma ideia criativa, mas só conhecida por umas poucas pessoas. Seu uso, mesmo por essas pessoas, não é mais sinal algum de Criatividade. É apenas mais uma técnica, como qualquer outra.

Durante a Segunda Guerra, havia um avião, muito conhecido e poderoso, chamado B-29, a "Fortaleza Voadora".

Esse avião exigia, por determinação explícita de seus fabricantes – um consórcio formado por Boeing, Lockheed e Douglas –, um óleo de rigorosa especificação. Apenas e exclusivamente aquele óleo!

O que faria você, se cuidasse de uma B-29? Abasteceria a aeronave com óleo BR, que se compra nos postos? Com o óleo da Esso, que você viu na TV, escorrendo dos bigodes do tigre? Com óleo de soja? Com óleo de praia? Qualquer dessas experiências "inovadoras" seria um ato nefasto de irresponsabilidade, previsto no Código Penal. Nada disso, você o abasteceria com aquele único óleo, de altíssima especificação. Eu também.

Acontece que uma B-29, ao bombardear o Japão no início de 1945, recebeu um balaço no sistema hidráulico, e aquele precioso óleo, de alta especificação, foi para o espaço (no caso, literalmente). A tripulação conseguiu vedar o furo, mas do óleo, que é bom, não ficou uma gota. E não havia nenhuma reserva desse óleo a

*Criatividade no trabalho e na vida* • 129

bordo. A bem da verdade, não havia óleo algum, não havia líquido algum na aeronave. E a aeronave ameaçou cair.

Que fazer?

Dá até preguiça repetir tudo: se aqueles caras, a bordo, continuassem pautados pelas recomendações estritas dos insignes engenheiros da Boeing Corporation, Lockheed Corporation e Douglas Aircraft Company, suas viúvas receberiam, em poucos dias, uma comunicação tarjada de preto, pesarosa e padronizada. Nada disso.

Os caras urinaram tudo que podiam dentro do sistema hidráulico da B-29...

E a B-29, com os motores em brasa, aterrissou em sua base em Saipan.

O leitor já deve ter notado que há uma grande relação entre Bom Humor e Irreverência – debaixo do sufoco. Academicamente, eu diria que a diferença é que o Bom Humor é o antídoto contra a preocupação, a ansiedade, a agressividade, a desmotivação – debaixo do sufoco. E a Irreverência é o antídoto contra a celebração de verdades, princípios, axiomas, dogmas, normas e manuais que não estão, no momento, ajudando-o em nada – debaixo do sufoco. (Anticlímax: sabe o que abrevia a letra P, do BIP? O próprio sufoco.)

Devo alertá-lo que todos nós estamos, noite e dia, submetidos a incansável bombardeio, principalmente pelos meios de comunicação, no sentido de aceitarmos verdades incontrastáveis. Parte disso, amigo (e, no caso, bem mais que 1%), é pura mistificação! Somando-se à propaganda comercial, ao palavreado político-partidário, à abundância de entrevistas puramente autopromocionais – podemos incluir, de algum modo, até mesmo a "ciência". A todo momento chegam até nós notícias de espetaculares "descobertas" e "conquistas" científicas, cuja validade some rapidamente, sem deixar rastro, ou é desmentida tranquilamente, pouco tempo depois, por mais um arroubo científico, e mais uma boa manchete. Sem que ninguém peça seu dinheiro de volta pela mancada anterior.

Repito exemplo já comentado em livro meu: a última passagem do Cometa Halley, no início de 1986. Foi aguardado pela ciência – com seus conhecimentos e recursos avançadíssimos de astronomia – como um *show* de primeiríssima grandeza. Teria o "brilho de trinta luas cheias", celebrou a imprensa mundial em suas manchetes e capas de revistas, repetindo obviamente o que os melhores astrônomos lhe disseram. Nossa principal revista noticiosa anunciou que "a Terra está preparada para receber o Halley com as devidas pompas e um grau de conhecimento científico sem paralelo" (o que era pura verdade). E previu, baseada em toda a fartura de prospecções científicas: "Vai ser uma festa!" Não foi. O que surgiu, na data, foi um insignificante e quase invisível chumaço de algodão! E ninguém – mesmo os muito milhares, em todo o mundo, que compraram lunetas e telescópios para usufruir o Halley, confiando nos cientistas – teve a boa ideia de pedir seu dinheiro de volta...

E tem mais: após o fiasco estrondoso de sua passagem – bem como o das sumidades que asseguraram um "espetáculo cósmico" –, o Halley, já a dois bilhões de quilômetros da Terra, e já quase invisível mesmo para os telescópios, achou de tornar-se, sem maiores explicações, trezentas vezes mais brilhante que o normal. É claro que, nessas horas, "os cientistas acham que...". Ninguém conseguiu explicar nada. Mas eu sei a razão: o Halley fez tudo isso de sacanagem...

Não me digam que estou me aferrando a um episódio isolado. Nem que estou de má vontade com quem quer que seja. Não quero ser preconceituoso, nem mal informado – mas tampouco mistificado. Em meados de 1993, a imprensa mundial anunciou a descoberta de um cometa fragmentado, o Shoemaker-Levy-9, cujos 21 pedaços se chocariam contra Júpiter, sucessivamente, do dia 16 até 22 de julho de 1994. Título como esse, para todos nós, é sempre fabuloso, eletrizante. Sabe o que faço nessas ocasiões, além de me eletrizar? Recorto as notícias, guardo no arquivo e marco em minha agenda.

Às vésperas do tremendo cataclismo – a primeira vez que seria observado um choque cósmico –, a imprensa divulgou opinião de grande massa de cientistas sobre o que ocorreria após o impacto. E que espectro vastíssimo de previsões! O *Globo* de 20 de maio e 7 de junho de 1994, juntamente com outros jornais, informou que "a energia total será de vinte milhões de megatons" – algo difícil até de imaginar, considerando que todos os arsenais nucleares estocados na Terra não passavam de dez mil megatons! Porém outros cientistas, no *Jornal do Brasil* de 15 de julho, consideravam que a gravidade de Júpiter "pode reduzir os fragmentos a inofensivas partículas de cascalho". Poxa – pensei eu –, agora é impossível alguém não acertar!

Acho que os cientistas previram tudo que tinham direito de prever. O *JB* de 16 de julho fala de "poderosas ondulações". O *Globo*, de 10 de julho: "Entre as consequências da colisão está a formação de um ciclone com diâmetro igual ao da Terra, e que poderá durar mais de cem anos. Júpiter pode ganhar um anel igual ao de Saturno". E *Veja*, de 13 de julho: "Em simulações feitas por computador nos últimos meses, os cientistas já têm uma ideia bastante precisa (sic) do que vai acontecer em Júpiter". E lá vinha, em tamanho grande, a reprodução impressionante, deduzida pelo computador – operado por sumidades, evidentemente – de Júpiter após a trombada: todo enrugado, franjado, cheio de profundas ondulações.

Bem, amigo, mais uma vez todo mundo conseguiu errar, mesmo dentro dessa gama imensa de alternativas! Os fragmentos bateram no coitado do planeta, antes que ele pudesse ler tais notícias, "num choque milhares de vezes mais devastador que o imaginado" – como anunciou *Veja*, em 27 de julho, depois do ocorrido. Apenas um deles, entre os 21, o chamado fragmento G, ainda que sem saber o próprio nome, produziu uma pedrada de 25 *milhões* de megatons! Sim, relâmpagos tinham sido convidados, mas um deles foi tão descomunal que "cegou" o telescópio do Observatório Austral de La Silla, no Chile, para "confusão" do astrônomo americano Tim Livengood (quem mandou ele ficar olhando?).

Júpiter, mesmo levando bala, e de intensidade milhares de vezes maior que a imaginada, não se enrugou, não se amarfanhou, não se ondulou todo, como

*Criatividade no trabalho e na vida* · 131

queria o computador. Aguentou firme. Esqueceu-se, contudo, naquela confusão toda, de produzir ciclones que poderiam durar mais de cem anos, bem como – disso jamais o perdoarei! – um anel igual ao de Saturno! Apresentou, contudo (não sei se apresenta ainda hoje), imensas e duradouras cicatrizes, crateras que chegavam a duas vezes o tamanho da Terra – tudo absolutamente não previsto pelos cientistas, que, no entanto, apressaram-se logo a batizar a maior delas de "grande olho negro". O que não poderia ser mais sugestivo, dado esse imbróglio todo...

Acrescente-se que a aparição e duração dessas crateras estavam tão fora do roteiro científico que, como informa a *Folha de S.Paulo* de 18 de setembro, elas só puderam ser observadas por telescópios pequenos, pois os grandes, em todo o mundo, já tinham sido programados para, logo após o choque, bisbilhotar outros cantos do Universo...

Acrescente-se também que, já após o sexto impacto, faltando ainda mais quinze, as colisões afetaram a atmosfera de Júpiter, como informa o *JB* de 19 de julho, "provocando uma distorção [...] muito maior que a prevista". E *O Globo*, de 16 de fevereiro de 1995, confirma: "Modificações não previstas na atmosfera de Júpiter".

Acrescente-se, finalmente, esse dado para mim hilário: só depois da trombada, dado não ter sido observada a existência de água, característica da estrutura de cometas, os cientistas começaram a discutir se o que provocou aquele rebuliço todo foi mesmo um cometa ou um asteroide...

Que fim levou a afirmação: "os cientistas já têm uma ideia bastante precisa do que vai acontecer a Júpiter"? Depois do que *realmente* aconteceu, *Veja* reproduz as palavras do astrofísico Augusto Daminalle, do Instituto de Astronomia e Geofísica da Universidade de São Paulo: "Desta vez, a surpresa ultrapassou todos os limites". E também as da astrônoma Heidi Hammel, da equipe de cientistas americanos que analisou as fotos da colisão, obtidas pelo telescópio espacial Hubble: "Estamos todos chocados". (Júpiter principalmente.)

As únicas palavras de cientista realmente promissoras (entre as que li, depois de toda essa "surpresa") foram as de Jeff Shykula, do Instituto Politécnico Renssebaer, dos Estados Unidos, no *JB* de 20 de julho: "As pessoas estão sendo muito conservadoras e não estão ousando superar as explicações e expectativas tradicionais". Mas por que ele próprio não pronunciou algo assim... *antes*? Sabemos muito bem, pela própria história da ciência, que essa não foi a primeira vez.

Moral da história (pelo menos para consumo próprio): estou sinceramente pronto a tirar o chapéu para a competência admirável e indiscutível de pessoas que hoje, mesmo com o uso dos mais modernos telescópios, são capazes de identificar luzes mínimas no céu, reconhecer nelas pedaços de um cometa, ou de um asteroide, e prever, com mais de um ano de antecedência, que eles irão colidir, em data e hora marcada, com determinado planeta, a essa altura a muitos trilhões de quilômetros do local!

Mas para o que vai realmente acontecer, a partir daí, não vejo qualquer inconveniência em consultar também minha cozinheira...

Casos como esses são inumeráveis para quem tenha a pachorra de tentar cobrar, legitimamente, o que "autoridades científicas", via imprensa, vivem destacando (ou vice-versa) – ou tenha saco para ler jornais velhos. (Guardei, durante algum tempo, por causa de um anúncio meu, a edição de *Veja* de 23 de julho de 1969, logo após a chegada do homem à Lua. E lá estava, na sempre oportuna entrevista de suas páginas amarelas, o sr. William Pickering, diretor do Jet Propulsion Laboratory da Califórnia, falando da indubitável conquista tecnológica que acabara de ocorrer, e outras por vir, debaixo de um título em letras enormes: "Chegaremos a Júpiter e Plutão em 1976". Claro, nada disso aconteceu – mas que manchete!) Quer coisa mais impagável que a série de teorias sobre a origem do universo, que se sucedem regularmente, desmentindo-se umas às outras? Ou mesmo as conclusões, continuamente contraditórias, sobre o que acham os cientistas quanto aos benefícios ou malefícios do uso do café, da carne, do açúcar, e de tanta coisa? (Cancerologistas soviéticos, em debate com seus colegas americanos, jamais aceitaram incluir o fumo como causa de câncer.) Ou notícias de descobertas do tipo "os cientistas da Universidade de Deus-me-Livre descobriram que a saliva do piolho-anão combate a caspa"?

Sabemos todos que as descobertas da ciência chegam, hoje, até nós, por intermédio da *media*. Para mim, mais do que isso, a ciência é hoje, em boa parte, *uma questão de media* ("O meio é a mensagem"). Do lado dos meios de comunicação, é fácil compreender e aceitar sua procura implacável, junto a fontes credenciadas, pela "notícia sensacional" – afinal razão de sua receita, daí sua motivação final. Do lado de numerosos centros de pesquisa, de numerosos pesquisadores científicos, a motivação final, também fácil de compreender, é apresentar resultados objetivamente justificados, mas que justifiquem também seu prestígio de *scholars*, suas "facilidades" de pesquisadores e – muito importante – mais verbas! São seres humanos, como nós, incluindo publicitários.

Inclusive porque, se os novos resultados desmentirem completamente os resultados anteriores, ninguém vai mesmo exigir de ninguém seu dinheiro de volta...

Esse assunto todo me lembra um cartum de Wiley em que um cientista num laboratório diz para outro, que anota numa prancheta o que observa de uma panela sobre o fogo: "OK, você confirmou que o leite ferve mesmo com alguém vigiando, mas bico calado senão cortam a verba da pesquisa!"

Para nós, comum dos mortais, resta, penso eu, um desafio bem objetivo: estar o tempo inteiro muito aberto a tudo que vai surgindo no mundo, ter o máximo de interesse por tudo que nos chega, dar crédito, francamente majoritário, à pesquisa científica que se faz no planeta! Mas estar sempre alerta – pelo menos no nível de 1% – de que, por exemplo, informações ultrausuais como "os cientistas acham que...", "os cientistas estão intrigados com..." *podem* muito bem indicar que os caras estão mais enrolados do que múmia no inverno, tentando disfarçar o caos com hipóteses em "cientificês". Ou então, a fim de descolar mais verbas...

Somente a irreverência pode lhe garantir esse 1%.

*Criatividade no trabalho e na vida* · 133

Caso bem mais grave, a meu ver, ocorre com economistas. Todo fim de ano, inúmeros jornais entrevistam nossos mais insignes e famosos economistas – ex- -ministros da Fazenda, autoridades financeiras, até economistas de esquerda e direita – para que nos informem o que deve acontecer no Brasil, pelo menos nos próximos doze meses. E lá vêm seus belos retratos (como se não os conhecêsse- mos), bem como suas fluentes, coerentes e abalizadas previsões. Todas elas, in- variavelmente, com uma curiosa faceta em comum: nenhuma concorda com nenhuma!

Durante anos, tive a pachorra de arquivar tais previsões, para relê-las doze meses depois. E, então, reconhecia um milagre: aquela única faceta – a discordân- cia de cada previsão com todas as demais – dera espaço, na escuridão de meus arquivos, a mais outra. Agora, todas aquelas análises, muito ponderadas e a de- monstrar notável conhecimento da matéria, apresentavam, invariavelmente, mais um elemento em comum: *todas erraram*! E por margem, quase sempre, bastante constrangedora... (Experimente fazer isso pelo menos uma vez, leitor, se tiver saco. Pode ser que dê mais sorte do que eu e veja algum deles acertar. Na Alemanha, há um ditado: "Galinha cega também acha um grão...")

Por que jornal algum, num ato de verdadeira originalidade, não entrevista essas "autoridades financeiras", todo fim de ano, levando-lhes os recortes sobre o que disseram doze meses atrás? Acho uma boa ideia.

Quanto a mim, aguardo sempre, ansiosamente, essas entrevistas de dezembro, para saber, em linhas gerais, como o próximo ano *não vai ser*...


Não julgue que estou fazendo *apenas* humor (prometo jamais fazer isso, neste livro). Os assuntos aqui são bem mais graves, pois "os economistas acham que..." interfere muito mais, em nossa vida real, do que "os cientistas acham que..."

Cristovam Buarque lançou, em 1992, o livro *Desordem no progresso*, no qual falava extensivamente do mal que os economistas fizeram ao Brasil. Lançado no ano seguinte na Inglaterra, sob o título *The End of Economics*, foi escolhido, entre todos os lançamentos internacionais, como o livro do mês, pelo *Le Monde Diplomatique*.

Nesse mesmo ano, um professor da Universidade George Washington, Ro- bert M. Dunn Jr., em artigo publicado no *Washington Post*, apresentou resul- tados de sua pesquisa: dos 32 economistas que receberam o Prêmio Nobel desde sua instituição, em 1969, 78% eram dos Estados Unidos ou da Inglater- ra – países de performances econômicas relativamente pobres nas últimas dé- cadas. Nunca receberam o prêmio economistas da Alemanha, Japão, Taiwan, Coreia do Sul ou Cingapura – cenários dos verdadeiros milagres econômicos, no período!

Como informa *O Globo* em 3 de abril de 1993, xerox de outro artigo desse professor, publicado no *Herald Tribune*, foi colocada por assessores na mesa do presidente Itamar Franco, que nomeara, quebrando a regra, um sociólogo para ministro da Fazenda (talvez não por coincidência, o único de que me lembro, na vida, ter tido sucesso na pasta). O artigo enfatizava que "a economia é assunto sério demais para ser entregue aos economistas". Trecho: "Aumenta a suspeita de que o produto do trabalho dos economistas é uma baboseira irrelevante, cujo objetivo é confundir o governo e a população".

"População", no caso, somos você e eu.

Não custa ter um mínimo de irreverência (45%) escutando economistas.

Nem, a rigor, escutando quem quer que seja (inclusive o autor destas mal traçadas), ou aprendendo de quem quer que seja; ou pagando para aprender com quem quer que seja. Ou mesmo se reportando a tudo que você já aprendeu, formalmente, de quem quer que seja.

Continuamente (não frequentemente), você está perante pessoas inteligentes, honestas, com boa capacidade de raciocínio e argumentação, cônscias de sua erudição e seus conhecimentos, com diplomas conquistados por merecimento e inegável autoridade para falar sobre o que estão falando... mas que estão *erradas*! Erradas em 1%, com toda certeza; erradas em 50%, se mudarmos o contexto da situação; e erradas mesmo em 100% – embora nem elas nem ninguém saibam disso no momento (você e eu estamos na lista).

Teria sido fácil a Pasteur aceitar a alegada causa da moléstia do bicho-da-seda, quando visitou o sul da França para salvá-lo da bancarrota. Os criadores locais de bicho-da-seda tentaram explicar-lhe como era a moléstia e o que a causava. Eles conheciam muito mais o bicho-da-seda que Pasteur. Eles tinham uma longa e comprovada experiência, herdada inclusive de pais e avós, em criar sucessivas gerações de bicho-da-seda. Eles eram, enfim, especialistas em bicho-da-seda. Só não sabiam resolver *aquele problema*! Se Pasteur tivesse incorporado suas opiniões, talvez nunca tivesse encontrado a resposta que tanta significação teve para a França, e para a biologia em geral.

Boa parte da história da Criatividade no mundo são variações dessa história!

Charles Kettering, fundador da General Motors, foi um profícuo inventor, inclusive de um revolucionário motor diescl, bem como, em 1904, da caixa registradora clétrica, mas também de inesquecíveis ditos e sacadas sobre o processo criativo (poderia ter escrito um livro "imortal" sobre o assunto). Já no fim da vida, nos brindou com essa preciosidade:

> Há quarenta anos, tudo que havia sobre motores a explosão constava de uma fileira de livros de dezoito polegadas de comprimento. Hoje, sabemos que nenhuma palavra que eles contêm é verdade. Mas as razões que os fazem errados hoje são as mesmas razões que os faziam errados já naquela época.

Anote, também (e mantenha em mente), este oportuno lembrete de Bertrand Russell: "Mesmo quando todos os especialistas concordam, podem muito bem estar redondamente enganados".

*Criatividade no trabalho e na vida* • 135

A verdade é que aceitamos, a todo momento, ser bitolados, não pelos especialistas (já definidos, por Oscar Wilde, como "conspiradores contra os leigos"), mas por *nossa* integral reverência, ainda que nem sempre consciente, ao que afirmam especialistas em áreas que não são de nossa competência. Esquecemos, completamente, o que disseram, *em sua época*, tantos críticos e especialistas em arte, ciência ou história. Uma ínfima amostra:

- "A teoria dos germes de Pasteur é uma ficção ridícula" – disse o famoso Pierre Pouchet, professor de fisiologia em Toulouse, em 1872.
- "Daqui a cem anos, os livros sobre literatura francesa só mencionarão *As flores do mal* como mera curiosidade" – sentenciou o grande Emile Zola, a propósito da morte de Charles Baudelaire, em 1867.
- "O raio X é uma mistificação" – acusou o emérito *Lord* Kelvin, físico e presidente da Real Sociedade Britânica de Ciência, em 1900.
- "Esse rapaz não tem o menor talento. Diga a ele para desistir de pintar" – sugeriu o grande Edouard Manet a Claude Monet (ambos tão criticados e incompreendidos em vida), referindo-se a Auguste Renoir.
- "As composições de Bach são desprovidas de beleza, harmonia e claridade melódica" – acusou Johan Adolf Sheibe, conhecido compositor e crítico de música alemão, em 1737.
- "O senhor Flaubert não é um escritor" – definiu o prestigioso *Le Figaro*, na sua resenha de *Madame Bovary*, em 1857.
- "O Japão jamais irá aliar-se ao Eixo" – garantiu quem tinha autoridade para garantir, o general Douglas MacArthur, em 27 de setembro de 1940, véspera da dita aliança.
- "Uma orgia de sons vulgares" – opinou o famoso violinista e compositor alemão Louis Spohr, após a primeira audição da *Quinta Sinfonia* de Beethoven.
- "A moderna teoria de vitória por uma *Blitzkrieg* ainda não foi testada e, na opinião de muitas especialistas (sic), é inviável. O Exército francês ainda é a máquina de guerra mais forte da Europa" – informou a bem-informada revista *Time*, em 1939.

Essa lista daria para outro livro, e aliás já deu: *The Experts Speak* (*Falam os especialistas*), de dois jornalistas americanos, Christopher Cerf e Victor Navasky. Escolhi, propositadamente, a opinião não de desconhecidos atuais, porém algumas de indivíduos até hoje celebrados e mesmo geniais, como Zola, Kelvin, Manet e Spohr. Hoje, seus *veredicta* aparecem como uma grotesca curiosidade. Mas já considerou o peso que tiveram *na época* em que foram proferidos?

Considere ainda que Pasteur formou-se com nota medíocre em química; Einstein foi reprovado na Academia Politécnica; Darwin não conseguiu entrar na Faculdade de Medicina de Cambridge; Thomas Alva Edison foi expulso da única escola em que estudou; "Beethoven" – dizia seu professor de composição, Albrechtsberger – "nunca aprendeu nem aprenderá coisa alguma. Como compositor é um caso perdido". A admissão de Verdi foi rejeitada pelo Conservatório de Milão – o mesmo que hoje ostenta, orgulhosamente, seu nome.

Reverência pelo que dizem figurões, sumidades e especialistas é fator esterilizante da Criatividade, é fator de bitolamento do pensamento, e até do próprio gosto estético. Lembra-me o caso daquele ouvinte saindo do concerto: "Felizmente leio as críticas antes, senão seria capaz de ter gostado".

Contudo, precisamos, sim, de especialistas, bem como de seus livros, teorias, técnicas, conhecimentos, "cartões perfurados" – e quanto mais, melhor!

Como conceituarmos, então, um "ensino formal criativo"? Será essa uma contradição de termos?

Nada disso – e eis uma questão facílima de esclarecer:

Ensino criativo é, por exemplo, o daquele educador norte-americano, nascido na Alemanha, Hans Reichenbach, que insistia junto a seus alunos nesta sua máxima, de valor inestimável (para todos nós): "Nenhuma afirmação deve ser tomada como legítima só porque foi feita por uma autoridade no assunto".

Ensino criativo é o proposto pelo filósofo Ortega y Gasset: "Quando ensinares, ensina a duvidarem do que estiveres ensinando".

Ensino criativo é o do professor que tem na mente algo que pelo menos se aproxima ao que foi expresso por Paul Valéry: "O que tem sido acreditado por todos, e sempre, e em toda parte, tem toda a probabilidade de ser falso".

Ensino criativo, como propõe Eugene Bertin, é o que "não se destina a *fazer* de alguém alguém – e, sim, simplesmente a abrir as mentes de todos, de forma a transformar a ignorância convicta numa ponderada incerteza".

Ensino criativo é o do professor que demonstra alguma irreverência não apenas por si próprio, mas, principalmente, *pelo que ele próprio ensina*.

Ensino criativo é o que divulga um fato indiscutível, exaustivamente comprovado ao longo de toda a história da humanidade (como expresso por Thomas Huxley): "Cada grande avanço do conhecimento útil implicou rejeição absoluta a alguma autoridade".

Discreta irreverência para com os outros e para consigo mesmo é não só precioso para a saúde psicológica, quanto mesmo para a saúde física, considerando a resposta de Bertrand Russell ao lhe perguntarem se ele estaria disposto a morrer por suas ideias: "Claro que não. Afinal, eu poderia estar errado".

A tal probabilidade de 1% pode ajudar muita gente a se manter viva...

Insisto, leitor, que só lhe serei de alguma ajuda se for lido com irreverência.

Assim, sinto-me à vontade para lhe afirmar: você só tem a lucrar se mantiver suas valiosas técnicas, normas, premissas e informações, aprendidas de terceiros – enfim, seus imprescindíveis "cartões perfurados mentais" – não (falando agora a

*Criatividade no trabalho e na vida* · 137

Proust) como retratos formais e monótonos de ex-alunos de beca, colados para sempre num gigantesco e pesado mural de formatura, como monumento estático às agruras do saber, ao qual se presta justificada homenagem, embora melancólica e fria, mas soltos e ágeis, com a leveza e mobilidade de coloridas cartas de baralho, que esvoaçam em bando nas mãos de um hábil jogador profissional, pronto para se desfazer, se preciso, a qualquer momento, de qualquer uma delas...

É isso que sua irreverência lhe pode garantir.

*Terceira letra: Pugilista Parrudo Projetando Peito Pronto Para Porrada.*

Quando, por fim, pergunto a um grupo o que alguém propõe para a letra P, nesse caso há uma unanimidade correta:

A letra P abrevia PRESSÃO!

Talvez fosse até melhor escrever $P^2$. Porque não se trata de uma pressão qualquer, como a pressão atmosférica, mas, muito especificamente, PRESSÃO DE UM PROBLEMA!

Tal pressão – atuante, concreta, explícita, quase mensurável – é de valor incomensurável na busca de um estalo criativo!

Concordo que há algumas exceções, por exemplo no caso em que o indivíduo *antevê* solução para um problema que ele ainda não sabe qual é. Isto é, quando reconhece a potencialidade de uma ideia, ainda sem ter bem consciência de sua aplicação. Contudo, na maioria esmagadora dos casos – e ao contrário do que muita gente pensa –, PRESSÃO é um fator imprescindível à inspiração!

Voltemos aos Grupos de Criação de uma boa agência, esses laboratórios *práticos* de Criatividade, de atividade econômica expressiva e perfeitamente aferível... até hoje, penso eu, tão pouco estudados, observados (principalmente por autores de livros de Criatividade).

Deixe-me repetir meia página do meu *Criatividade em propaganda*, dispensando as aspas:

> Sofrer pressão faz parte do negócio publicitário, como molhar-se faz parte do negócio do salva-vidas. Pressão de tempo, pressão de horários, pressão de problemas que têm de ser resolvidos, e em seguida resolvidos ainda melhor! Uma boa campanha simplesmente *não sai* sem pressão exata, estimulante mas forte, sobre redatores, *layout-men*, produtores, todo mundo!
>
> Conheci João Moacir de Medeiros (JMM) numa época em que depois de três noites seguidas, trabalhando até de madrugada, esgotando aparentemente todas as possibilidades de solução para uma campanha, quando enfim os anúncios, aprovados por ele, estavam finalizados, prontos para ser entregues aos veículos... ele os lia, mandava quebrar os clichês e reunia o pessoal para começar tudo de novo. (Eu trabalhei com ele há mais de dez anos como *free-lancer*, e o que sofri e aprendi nessa época só merecem duas expressões: um palavrão e muito obrigado...)

Fui informado de que a agência DPZ, que detém hoje o título de "mais criativa", tem um sócio que, após um esforço enorme, quando um anúncio fica pronto, eventualmente exclama: "Puxa, pessoal, este anúncio está uma maravilha! Agora vamos jogá-lo fora e criar um anúncio realmente *quente*!".

É claro, essa necessidade de pressão pode ser com vantagem interiorizada, transformar-se em disciplina própria, autoexigência. Mas... "quem não gosta do calor não entre na cozinha" – dizia Harry Truman. E eu repito essa frase para certos iludidos estudantes de comunicação.

"Às vezes, visito um candidato a emprego em sua casa" – diz David Ogilvy. "Dez minutos depois de cruzar o umbral, já posso dizer se ele tem uma mente bem dotada, a classe de seu bom gosto e se é bastante otimista (Bom Humor) para suportar *as fortes pressões* a que haverá de estar submetido como publicitário" [grifos e parênteses atuais].

E diz mais: "Para obter sucesso na indústria publicitária, você precisa necessariamente reunir gente com capacidade criadora. Isso compreende uma elevada porcentagem de violentos, brilhantes e excêntricos não conformistas. Como sucede com a maioria dos médicos, você será chamado dia e noite, sete dias por semana. Essa pressão constante exercida sobre qualquer diretor de agência de publicidade provoca considerável desgaste físico e psicológico – pressão essa que o diretor transfere para o contato, este para o superintendente... que, por sua vez, a transfere para aqueles que criam. Mais forte ainda é a pressão que os clientes exercem sobre eles e sobre você".

Minha experiência diz que, em todo esse organograma, quem melhor corresponde às pressões, de forma mais produtiva, são "aqueles que criam".


Depois de ter escrito isso, observei melhor: publicitários de Criação, numa agência, queixam-se muito das pressões e correrias com que são obrigados a criar tudo. Não têm razão, de forma alguma. Eles simplesmente não são capazes de criar nada *sem elas*!

Já vivenciei casos (raros, é verdade) em que um cliente me disse: "Bem, Roberto, você lamenta que todas as nossas campanhas têm de ser criadas em cima da hora, mas acontece que vou tirar férias, só volto daqui a um mês e meio, então há uma boa notícia: você e seu pessoal têm muito tempo agora para criar uma boa campanha, pois só vou apreciá-la depois do meu retorno". Ai de mim se passasse o problema, nesses termos, para meu Grupo, como já tentei! Criar campanha que só seria apresentada dali a 45 *dias* (e não horas)? Os caras simplesmente não me entenderiam, não me escutariam, não se mexeriam. Seria como se eu os estivesse convidando para tomar alguma providência em face da previsão científica de que um dia o Sol vai explodir!

Ou então, às vezes, em meados do ano, ocorria certo desafogo na agência, e me vinha a boa (péssima) ideia de aproveitar a maré mansa para convidar o pessoal a criar logo os cartões de Natal dos clientes, de modo a evitar as inevitáveis correrias de fim de ano. No contexto, era a ideia mais maluca que eu poderia ter tido! Criar cartões de Natal em julho? Era como pedir à minha cozinheira que resolvesse uma equação de segundo grau. Cartões de Natal excelentes, às dezenas, que chegam a ser premiados, só se criam *a partir de 2 de dezembro*, quando se tem pela frente a tarefa de imaginá-los, redigi-los, "layoutá-los", aprová-los junto ao cliente, produzir a arte-final, encomendar e corrigir os fotolitos, solicitar e decidir orçamentos, imprimi-los em gráficas congestionadas e entregá-los aos clientes, com os envelopes, em tempo hábil para serem endereçados e despachados. Acho que apenas as decorações natalinas, ou o *Jingle Bell* tonitroando já há um bom tempo nas lojas, é que inspiram o pessoal...

Se acaso você é dono de agência, estou desafiando-o a me contestar *na prática*!

É isso mesmo que me levou a entender, somente muito mais tarde, porém com grande precisão, o que ocorrera por ocasião de minha experiência como professor de Criatividade na Escola de Comunicação, da UFRJ, com turmas que "adoravam" minhas aulas, mas não criavam droga alguma. E que, de repente, passaram a criar muito bem!

Aceitei a tarefa, como disse, motivado pelo desafio de descobrir se era acaso possível "ensinar" Criatividade a mortais comuns. Foram-me confiadas duas turmas – ambas, como vim logo a saber, muito decepcionadas por certos aspectos do ensino em geral e cheias, realmente, de motivos para sua decepção. Muitos professores, disseram-me, deixavam de comparecer às aulas com uma frequência desoladora. Os alunos eram todos adultos, havia mesmo formados em engenharia e direito, bem como dois militares, muitos residentes em bairros distantes, que acordavam muito cedo e vinham a duras penas para a escola, apenas para saber que, mais uma vez, o mestre fizera *forfait*. Eu, que indiretamente viria a passar pelo mesmo absurdo problema, quando uma filha minha cursava a Faculdade de Psicologia da UFRJ (mesmo assim uma das melhores do país), propus aos alunos, honestamente, o seguinte:

– Olha, gente, eu me comprometo, na medida máxima do possível, a jamais faltar a aula alguma! Se bem que isso me acarrete algum transtorno profissional, já bloqueei duas manhãs de dia útil, para estar invariavelmente aqui com vocês na hora marcada, e já informei isso a meus clientes. Por outro lado, quanto à questão da presença obrigatória (a lei exigia uma cota de presença para cada aluno para habilitá-lo aos exames finais), pretendo ignorar essa burocracia e dar presença para todo mundo, tenha vindo ou não. Vocês todos estão se declarando tão interessados em aprender, são todos indivíduos adultos, responsáveis, quero que saibam que, por mim, vão ter tudo aquilo a que têm direito!

Em seguida, já insistentemente informado de que muitos moravam bastante longe, perguntei se o horário normal da escola, de oito horas da manhã, era por demais inconveniente. Após acalorada discussão, ficaram de acordo que 8h30 seria ideal para todos os 25 alunos! E então – todo mundo agora aliviado e muito motivado pelo compromisso que eu acabara de assumir, e pela compreensão que acabara de mostrar – marcamos a primeira aula para as 8h30 da próxima terça-feira.

Quando, na terça-feira seguinte, entrei na sala às 8h30 – extremamente consciente, desde a véspera, daquele compromisso público que tinha assumido –, só havia dois alunos me esperando! Minha aula inaugural teve de esperar 45 minutos para que o número de ouvintes chegasse à *metade* do esperado!

No final dessa aula, voltei, amigavelmente, a rever com todos nossa combinação. Aleguei, inclusive, que a entrada de retardatários, no meio da aula (e a única porta ficava bem a meu lado), ainda que de muito bom humor, dizendo alegremente "Bom dia para todos", prejudicava, de fato, minha concentração, bem como a concentração geral. Todos me compreenderam, as desculpas pelo atraso foram muito plausíveis, ficando então acordado, solenemente, nosso próximo encontro para as 8h30, da próxima terça-feira – manhã em que, na certa por causa de minha queixa anterior, havia três alunos me esperando!

As aulas, que iam a rigor até às 12h30, só esquentavam um pouco a partir das onze horas, e nunca, é claro, com a lotação esgotada. Por outro lado, os que compareciam (os faltosos nunca eram os mesmos; havia um rodízio) gostavam muito delas, as elogiavam bastante, demonstravam inclusive bastante afeto para comigo – mas não criavam bulhufas!

Por mim, não escondia absolutamente minha profunda irritação (progressiva com o passar das semanas) por alunos e alunas que interrompiam de chofre o curso da aula, às vezes mais de uma hora atrasados, as moças trazendo suas pastas muito coladas ao peito, como possível escudo contra uma pedrada. Dado meu olhar de ostensiva censura, a situação piorou: para evitá-lo, individualmente, os retardatários iam-se acumulando atrás da porta, para então entrar em bando, explodindo minha preleção!

A coisa toda passou a se tornar um tormento para mim. Em que me meti! Acrescente-se que era um tormento *duplo*, pois as duas turmas procediam da mesma forma. E não criavam nada! Estava me prejudicando, perdendo totalmente meu tempo, inclusive o dedicado a preparar as aulas, os testes, a fluência de um curso que, afinal, era inédito na própria ECO. E me irritando, progressivamente, num grau desnecessário. Tudo para ganhar um pagamento meramente simbólico.

Fiquei pronto para chutar aquele abacaxi – então bem ciente (como estou até hoje) de que maus professores geram maus alunos, ou vice-versa, e que toda essa lamúria sobre professores irresponsáveis, omissos na tarefa de ensinar a alunos "ávidos por aprender", é simplesmente meia-verdade.

O pretexto para cair fora surgiu quando, ao confessar ao grupo, mais uma vez, minha incapacidade (que conservo até hoje) de desenvolver maiores ensinamentos num período de tempo entrecortado, continuamente, por interrupções, uma aluna gordinha me aparteou:

– Ora, professor, deixe de frescura! Dê aí a sua aula de qualquer maneira, quem quiser chegar atrasado que chegue! Toca o barco!

Foi a gota d'água. Não falei mais nada, saí da sala e me dirigi ao Cid Pacheco, que me convidara para a cadeira, bem como ao Simeão Leal, diretor da escola, com minha carta verbal de demissão. Ambos compreenderam, me deram toda a liberdade, mas o Simeão fez questão de acrescentar algo de que eu não estava bem consciente:

– Roberto, você é o professor. A Lei Federal lhe dá carta branca para agir como quiser, dentro do instituído pela própria lei. Você tem autoridade indiscutível junto a esses dois grupos.

*Criatividade no trabalho e na vida* • *141*

Aquilo me devolveu os brios. Mudei de ideia. No fundo, estava puto da vida. Mas não queria fracassar.

Esperei, na terça-feira seguinte, até que houvesse, na sala, um número bastante razoável de alunos – em torno das 10h30. E lhes apresentei, sem agressividade mas muito assertivo, a Nova Ordem:

– Pessoal, conversei longamente com o Simeão Leal, que me mostrou a Lei Federal de Ensino que, como vocês sabem, não fui eu que inventei. São as leis que regulam a atividade desta escola, para a qual vocês todos, de livre e espontânea vontade, fizeram vestibular. Vocês deviam conhecê-la melhor do que eu, que sou publicitário, e só leciono há um mês. Assim, de hoje em diante, minhas aulas começarão, impreterivelmente, às 8 horas da manhã, como é norma da escola. Haverá um bedel, como combinei com o Simeão, impedindo o acesso de alunos ao corredor, a partir de 8 horas e 1 segundo. A lista de presença obrigatória, que tampouco inventei, voltou a vigorar, como manda a lei, e preenchê-la será a primeira coisa que farei, em cada aula, às 8 horas e 1 segundo (como realmente passei a fazer). O problema de morar longe, e de dificuldades de condução, é problema de quem escolheu escola tão distante e de tão difícil acesso para ingressar. Além disso, duas turmas são demais para mim, de forma que já me acertei com o Simeão, e com o outro professor, tiramos a sorte e as duas turmas ficarão reunidas, a partir de hoje, apenas para minhas aulas, toda terça-feira.

– Mais importante ainda: os testes que tenho dado passarão a valer nota, e haverá exames finais de Criatividade, também valendo nota. Quem não atingir média suficiente, como prevê a lei, está reprovado; cai, pelo menos, em dependência, fato que sei raríssimo ocorrer nesta escola, mas que duvido muito que o Ministério da Educação vá desautorizar, depois da minha avaliação oficial. Quem quiser tem todo o direito de apelar para ele. Estarei aqui, sem falta, na próxima terça-feira, às 8 horas da manhã em ponto. Até lá.

Na terça-feira seguinte, às 8 horas em ponto, a sala estava superlotada, e não só pela reunião das duas turmas (certas notícias voam). E, para certo espanto meu, todo mundo de muito bom humor! Inclusive sacaneando, alguns, o bedel, postado, por ordem do Simeão, na entrada do corredor. E também tentando me gozar pela "linha-dura" – mas que eles previam bem que tinha vindo para ficar.

Não me afastei um milímetro da minha nova "proposta", embora continuasse a me empenhar ao máximo para lhes ensinar tudo que podia. As presenças eram rigorosamente informadas à Secretaria, bem como as notas de cada teste. Apertei mesmo os critérios de nota ao nível profissional mais exigente, como avaliava ideias em minha própria agência. Alguns zeros começaram a ser remetidos, oficializados, para a Secretaria.

E AÍ, SIM, A RAÇA COMEÇOU A CRIAR EM GRANDE ESTILO!

O sucesso foi tão grande e alardeado na escola que, como disse, atraiu alunos de outros cursos, resultando, mais tarde, ter de passar minhas aulas para o anfiteatro – com o bedel do lado de fora. Fiquei comovido quando, no fim do ano, a turma me elegeu "professor homenageado".

Os testes e critérios que criei, para esse curso, já informei sobre eles em *Criatividade em propaganda*, que não conta, no entanto, o que acabei de contar. Mas que conta, em uma de suas últimas páginas, o que é oportuno de novo contar, usando minhas próprias aspas:

> O exemplo da colega Abigail é mais ou menos clássico, mesmo fora da Escola. Ela acompanhou todo o curso, mas no último mês teve de se ausentar em viagem. Foi quando eu dei os testes finais, valendo nota. A moça voltou no último dia de apresentação dos trabalhos, e me pediu para considerar sua situação, e prorrogar a data por alguns dias. Eu recusei. Em vez de se conformar com zero, e ficar em dependência, Abigail trancou-se numa sala e meteu a cara na tarefa. Ela tirou nota regular, seis, porém o que ficou provado é que ela tirou a nota média da sala, mais ou menos a nota que ela tiraria se, ao invés de três horas, tivesse as três semanas que seus colegas tiveram. Ela trabalhou sob pressão e produziu satisfatoriamente bem.

Pressão, sem dúvida, não é valiosíssima para fazer eclodir ideias apenas em anúncios. É praticamente indispensável onde Criatividade esteja sendo requisitada! Mas, o que é importantíssimo, deve ser exercida dentro de limites objetivos, e num quadro geral de VALORIZAÇÃO!

É comum encontrar pessoas que dizem: "Comigo é o contrário! Comigo, se me botam pressão, aí é que não crio nada!" Sim, é o contrário – mas porque tais pessoas já estão vivendo num quadro geral de *desvalorização*. Elas interpretam a pressão, de modo justificado ou não, não como desafio, mas como ameaça! Para elas, recomendo que continuem a leitura.

Não tenho qualquer hesitação em afirmar, para os grupos de executivos a que ministro seminários – grupos que trabalham hoje, praticamente sem exceção, nesse sufoco generalizado ("turbocapitalismo"), sufoco de praticamente qualquer empresa da atualidade –, que todos produziriam muito mais, pelo menos em termos de Criatividade, se fosse aplicada MAIS PRESSÃO sobre eles! Claro, nessa hora o vozerio de protesto é geral! Pensam que estou pilheriando ou só digo isso porque não conheço, por dentro, a empresa "deles". Mas acho que sei muito bem o que estou dizendo.

Isso porque – insisto – há de ser uma pressão realista, encorajadora, desafiadora, sem traço algum de autoritarismo!

Essa pressão, explícita e objetiva, é também matéria-prima da Criatividade – e seria muito bom se ela fosse exercida em *dose dupla*, sobre as equipes de qualquer empresa.

Fornecer essa pressão, como descrito, é função imprescindível de um bom líder – e não ficar transmitindo, para seus comandados, discursos de preocupações, sermões por produtividade ou pelo que seja, envoltos, em geral, em ameaças implícitas.

Sempre que uma equipe me é "diagnosticada" por sua baixa ou inexistente criatividade como equipe, não tenho dúvida alguma de definir esse problema como um problema de Liderança!

*Criatividade no trabalho e na vida* • 143

Somente quem cria, de fato, é a criança que há em cada um de nós, sem exceção. Mas ela não cria, e não cria praticamente nunca, se não tiver encorajamento, proteção, PRESSÃO para criar! E, muitas vezes, bem forte e potente!

Essa pressão não é valiosíssima visando apenas ideias para anúncios – mas isso também descobri, intuitivamente, em minha própria prática administrativa, na agência.

Tive, durante mais de quinze anos, um produtor excepcional, Tales Viegas, hoje um bom amigo que, quando encerrei as atividades de minha agência (passei para coisas que me atraíam mais), não teve qualquer dificuldade de empregar-se imediatamente na Mauro-Salles, então uma das cinco maiores agências do país.

Tales, realmente, não era, nem é, um "homem da Criação". Ele mesmo fazia questão de remarcar isso, e durante os anos todos que trabalhamos juntos, jamais o ouvi emitir qualquer opinião sobre qualquer aspecto estético ou criativo das mais de mil peças que lhe passaram pelas mãos, e que ele produzia e mandava às gráficas, com absoluta competência e responsabilidade. Tinha uma capacidade de trabalho inacreditável, e grande iniciativa em resolver impasses de sua área.

Contudo, não poucas vezes, ao longo desses quinze anos, Tales entrava em minha sala, meio assustado e preocupado, com um PROBLEMA.

– Olha, Menna (ele ainda hoje me chama assim), estamos aqui com um abacaxi dos diabos!

E me detalhava todos os contornos, pormenorizadamente, da encrenca, surgida numa das gráficas com que trabalhávamos. Eu lhe fazia uma ou outra pergunta, aventava uma ou outra hipótese, mas tinha de reconhecer que todas as minhas sugestões, bem como as dele mesmo, já tinha sido tentadas e exploradas, com resultado nulo. Todas as alternativas, técnicas, racionais, tradicionais, de que ambos dispúnhamos mostravam-se incapazes de resolver o PROBLEMA.

Que fazer? Como dono de agência, eu sabia bem o custo brutal que, nesse negócio, qualquer problema não resolvido tende a cobrar – e cobra! Custo financeiro, sempre alto, custo também em termos de relacionamento com o cliente, e de reputação. Por outro lado, tal problema era de uma área que o Tales, necessariamente, conhecia muito mais do que eu. Seria acaso justificado dizer a ele: "Tales, esse problema, em todo caso, é de sua competência, é sua obrigação resolvê-lo!"? Não, tal colocação, além de injusta, seria estúpida e ineficaz. Como é que ele iria resolvê-lo? Ele já me *provara* que tentara tudo, procurara-me mais para me inteirar da situação e, secundariamente, averiguar se por acaso eu teria alguma sugestão. Mas como poderia eu ter algo a oferecer, se ele conhecia essa área incomparavelmente mais do que eu, que nunca sequer ia às gráficas? Qual o resultado se eu lhe dissesse aquilo? Ele sairia de minha sala ainda mais contrafeito e frustrado, e eu ficaria nela, chateado, preparando-me para assinar os cheques que cobrissem o prejuízo.

Mas eu tentava outra coisa, que muitas vezes funcionou!

Eu tranquilizava o Tales, *com a verdade*. Eu lhe dizia, primeiro, confortadoramente, mais ou menos o seguinte:

– É, acho que você tem razão, Tales, esse problema parece mesmo insolúvel! Quero lhe dizer que você não me parece mais responsável por ele. Realmente, você fez tudo que podia; esgotou, de fato, todos os recursos. Se você não tivesse feito isso, aí sim, confesso, eu ficaria muito chateado com você. Porém, mais uma vez, você demonstrou sua dedicação à agência. Nem preciso dizer, mas se por acaso eu, como dono da firma, tiver de arcar com esse prejuízo, seu lugar aqui na agência está mais garantido do que nunca!

Em seguida, mudava um pouco o tom de voz, olhava para ele no fundo dos olhos, e falava pausadamente, de todo o coração:

– Agora, olha aqui, Tales. EU ACHO VOCÊ O MAIOR PRODUTOR DO RIO DE JANEIRO! Eu tenho enorme orgulho de trabalhar com você! Eu tenho a mais irrestrita confiança na sua competência, no seu pique! (Tudo verdade.) Faz agora o seguinte: não pense em nada, pegue um táxi aqui embaixo, volte à gráfica E ME RESOLVE ESSA MERDA! Eu não sei absolutamente o que você vai fazer, mas lhe dou carta branca! Tenho certeza de que você vai dar um jeito! Não pense, pegue já um táxi, vá lá, E ME RESOLVE ESSA MERDA!

Tales me olhava atônito, hesitando em sorrir, ou acrescentar qualquer coisa, sem dúvida contente pelo que ouviu (e ele sabia que era verdade) – porém PRESSIONADO, no duro! Saía da sala meio tonto – porém não mais assustado. Saía objetivamente CONVOCADO, no mais alto grau, porém não se sentia mais, de forma alguma, "esmagado", "encurralado" – talvez "culpado" – pela encrenca em seu setor.

Às vezes (nem sempre, é verdade: Criatividade nunca é uma garantia), quem voltava, no fim da tarde, à minha sala era *uma criança*, um menino: sorrindo muito, mas meio inseguro, meio encabulado:

– Olha, Menna, não sei não, mas você me falou aquilo tudo hoje e eu, no caminho, me lembrei que tenho um colega produtor, que trabalha em outra agência, que tem um crédito junto a essa gráfica, de forma que propus, usando ainda uma outra gráfica de São Paulo...

Não importam os detalhes. O PROBLEMA FORA RESOLVIDO!


Essa é a pressão valiosa, fornecida pela Liderança, que faz as coisas acontecerem!

ENCHE BEM A BOLA, AMIGO, E CHUTE PARA A FRENTE!

No bom sentido (nos dois sentidos da expressão).

Seus colaboradores, inclusive, vão se desenvolver muito mais, por méritos próprios, trabalhando com você!


A propósito:

**1** Episódios de legítima e integral Criatividade são, a todo momento, protagonizados não apenas por reconhecidos "homens de Criação", mas por produtores, secretárias, contadores, advogados, donas de casa, terapeutas, porteiros de edifício, mes-

*Criatividade no trabalho e na vida* • 145

tres de obras, assistentes de bombeiro – todo mundo! Em 99,9% dos casos, ninguém por perto, nem seu autor, tem a consciência da natureza do que ocorre, para rotular tais *soluções* com a badalada palavra "Criatividade". O que, diga-se de passagem, não tem importância alguma.

**2** Gosto muito de apelar para episódios quase cotidianos, extraídos de minha experiência pessoal, a fim de contrabalançar um pouco exemplos clássicos e estupendos – mas também muito ilustrativos – como o episódio do Eureka de Arquimedes, o da invenção da lâmpada por Edison ou o da formulação da Teoria da Relatividade, por Einstein. São, todos eles, da mesma natureza. Fossem citados somente estes últimos, e de novo Criatividade pareceria milagre raríssimo e excepcional, como a descida do Espírito Santo, em forma de chama, sobre a cabeça dos Apóstolos.

Criatividade acontece, ou pode acontecer, a todo momento, na cabeça de qualquer um de nós!

Para ser sincero, julgo que a maioria das pessoas necessita dessa pressão *externa* para criar, o que já comprovei *n* vezes em meus seminários, mesmo junto a participantes que se apresentam com uma fé de ofício muito autodesvalorizadora: "Vim a esse seminário porque não sou nada criativo". Tolice, como descobrem antes do pôr-do-sol. Mas, para isso, tenho de exercer alguma pressão, no momento certo.

Às vezes, no meio de um seminário, tendo proposto algum exercício, e já vendo o grupo todo empenhado nele, deparo com alguém "bloqueado", mordendo o lápis, olhando o teto. Ocorre quase sempre o seguinte diálogo:

– Que está havendo, Fulano?

– Estou pensando...

– Então para de pensar e comece agora mesmo!

E ele começa – e tão bem como os demais. Essa mesma necessidade é apontada por John S. Morgan, em *Aumente sua criatividade profissional* (McGraw-Hill, 1974), reproduzindo as palavras do escritor satírico Robert Benchley: "Eu seria capaz de construir uma ponte, se alguém conseguisse me fazer iniciar a tarefa".

Mas esse "alguém", obviamente, pode ser você mesmo. Essa pressão pode ser muito bem interiorizada! Você não precisa de bom líder algum, nem de instrutor nenhum, nem de seminário nenhum, se souber incorporar em si próprio essa imprescindível Pressão, forte mas valorizadora!

Na guerra, nas emergências, perante imprevistos de ameaça catastrófica, alguma criatividade sempre aparece... para pessoas que não entram em pânico. Você já deve ter lido milhões de casos nesse campo.

A pressão econômica é, igualmente, um grande fator de inspiração... para pessoas que não se deixam desolar. George Moore, certa vez, comentou: "A musa vivia conosco enquanto éramos pobres, mas quando enriquecemos desertou". Para superar esse tipo de coisas, Gerald Carson, um homem de ideias bem-sucedido, de Nova York, respondeu assim a Alex Osborn (*O poder criador da mente*, Ibrasa, 1972), quando perguntado como forçava a imaginação: "Esforço-me a pensar que Baby precisa de um par de sapatos". Não havia mais motivos para o próspero Carson se preocupar com tal problema, mas, esperto, reinventava-o para atiçar a imaginação que tanto o auxiliara a ficar próspero...

Já não lembrei que apenas a Criatividade sabe traduzir o ideograma "oportunidade", dentro da palavra chinesa para "crise"? E você já não conhece o aforismo, de sabedoria comprovada: "Estamos frequentemente diante de uma série de grandes oportunidades, brilhantemente disfarçadas em problemas insolúveis"?

Charles F. Kettering, o bem-sucedido inventor apresentado anteriormente – aquele que poderia ter escrito, também, um livro imorredouro sobre Criatividade –, conhecia bem o mérito da pressão sobre o processo criativo.

– Não me tragam senão dificuldades – pedia ele. – Boas notícias me enfraquecem.

Exigência é fator de inspiração.

Se eu disser a um grupo: "Escreva cada um a história que quiser", o mais provável é que todo mundo fique pensando longamente, perdido entre possibilidades infinitas – e não vai acontecer muita coisa.

Contudo, se eu acrescentar a obrigação de a história conter, em algum momento, por exemplo, um sujeito gordo no alto de uma árvore, tudo ficou bem mais fácil. Dá para sentir?

E se eu ainda acrescentar mais uma obrigação – "a história terá de ser de suspense" –, ficou mais fácil ainda!

E se eu ainda disser: "E todo mundo terá de me entregar essa história em vinte minutos", agora é uma barbada!

Rapidamente, para alguém, o gordo no alto da árvore será uma vítima, suando, apavorada, tentando se esconder; para outro, um psicopata de tocaia; para mais outro, o jardineiro que podava galhos – e única testemunha; para outro ainda, Alfred Hitchcock a filmar, lá de cima, horrores que se passam no jardim...

Vejamos o que têm a nos dizer, sobre seus processos criativos, três brasileiros de incontestе criatividade no campo da comunicação: nosso saudoso Henfil, o inesgotável Chico Anísio e o publicitário Washington Olivetto, titular da W-Brasil, merecidamente reconhecida como a mais inspirada agência brasileira da última década:

Diz Henfil, falando de seus Seminários de Criatividade no Sesc São Paulo:

> Foi aí que eu intuí para eles que há duas formas de criar. Uma delas é que você só cria com um cachorro preto atrás. O que significa o cachorro preto? É a urgência, a necessidade concreta, o prazo estourando. É aquele negócio assim: você está doente, com o joelho arrebentado, mas vem um cachorro preto, um doberman atrás de você.

*Criatividade no trabalho e na vida* • 147

E aí você corre e, se preciso, até pula n'água sem saber nadar. Se for para subir num poste, você sobe. A urgência, a necessidade, é a mãe da criação. Isso tem a ver com uma frase do técnico de futebol Gentil Cardoso aos seus jogadores: "Eu quero que vocês vão na bola como num prato de comida!" A necessidade é um negócio essencial. Eu fiz alguns exercícios em relação a isso. Eu pegava, de repente, e dizia: vamos desenhar agora, tem dois minutos para acabar. Então, as coisas saíam, e eles até se assustavam. Mas claro que saíam: eu soltava o cachorro preto.

Diz Chico Anísio (respondendo à pergunta da revista *Lui*: "Como é que você cria, hoje, suas cenas para a TV? Fica com a ideia armazenada, amadurecendo na cabeça para depois colocar no papel?"):

> Não, não. É automático. Sento e escrevo. Agradeço isso ao rádio. Porque o rádio não dá tempo para grandes elucubrações, grandes curtições. Não se pode nem jogar papel fora. Não há como. Cheguei a escrever quatorze (!) programas semanais na rádio... Então, eu não tinha tempo, porque era ator e locutor também. Não havia como ficar parado para pensar. Eu sentava e dizia vou escrever o quadro do fulano para o programa tal. Trabalhava na máquina sem parar e pronto, saía... Eu acho que é a necessidade que nos obriga a criar... Para você, não há necessidade, você está em outra aqui, me entrevistando. Mas se houver necessidade, você faz cinquenta cenas.

Diz Washington Olivetto (respondendo à pergunta de *Playboy*: "Como você cria?"): "Para mim, não tem música, não tem incenso, nem coisa nenhuma. Acredito muito mais na disciplina: chegar às oito e meia da manhã e sair às seis da tarde. Minha inspiração é o *briefing* do cliente".

Aliás, por curiosidade, grandes redatores de propaganda se formaram na década de 1930, no Brasil, justamente devido às imposições da censura: eles tinham de rebolar a fantasia sempre que os produtos anunciados no rádio – o mais popular veículo publicitário da época – eram purgantes, remédios contra hemorróidas ou medicamentos para doenças venéreas, pois suas utilidades específicas não podiam ficar explícitas no texto dos anúncios. Caso típico de pressão externa, muito bem interiorizada, aceita e superada pela imaginação.


Esse fenômeno de evolução dos redatores de propaganda no Brasil tem natureza congênere ao que ocorre na história da Arte.

Os rigorosos cânones que, nos tempos antigos, cerceavam os artistas, tanto no conteúdo como na forma, podem, muito compreensivelmente (para quem conhece o valor da pressão nos processos criativos), ter-lhes permitido mais liberdade de expressão do que a forçada superoriginalidade de nossos dias. Some-se ainda o fato de que a maioria esmagadora dos tesouros da Arte foi, até o romantismo, criada por encomenda, sob tema definido e com prazo estrito de execução!

Esse foi o desafio dos criadores de toda a Antiguidade (multidões), de toda a Idade Média (multidões), de toda a Europa clássica, renascentista e barroca, Índia, China, Japão e o resto do Oriente, de toda a África negra e América pré-colombiana (multidões, multidões). Petrarca, Shakespeare, Camões não tiveram maiores problemas para ser grandes poetas, dentro da forma metrificada e rigorosa do soneto. Dante escreveu "a maior obra da literatura mundial" (Otto Maria Carpeaux) dentro da forma rigorosa e metrificada da "terza rima" – e ainda se exigindo que cada canto terminasse com a palavra *stelle!* A composição mais difícil e rigorosa que se conhece é a fuga, mas Bach soube expressar, em fugas, "todas as emoções dignas de serem expressas em música" (Bernard Shaw). Mozart, o compositor mais inventivo da história, o maior criador de temas que se conhece, era cumpridor estrito dos cânones musicais e, não por coincidência, avesso a quaisquer inovações. E todos produziam em abundância – praticamente sempre por encomenda e sob prazos apertados e inflexíveis!

A inspiração como problema (a Criatividade como problema) só surge, na Arte, a partir do romantismo, que passou a abolir tais cânones e obrigações, na esteira das liberdades políticas individuais, proclamadas pela Revolução Francesa. E parece que então tudo ficou mais difícil.

Tomando-se por base apenas a música, salta aos olhos que o volume total de obras de qualquer gênio barroco ou clássico é expressivamente maior que a de qualquer gênio romântico ou de seus sucessores modernos. O catálogo de Bach vai a BWV 1080, o de Mozart, a KV 626, o de Vivaldi, a RV 690. Quanto a Haendel e Haydn, cujo levantamento das obras não vem numerado, tive a pachorra de contá-las, no Grove, encontrando, para o primeiro – cujas obras completas foram editadas em 94 volumes –, um total de 794 e, para o segundo, a bagatela de 1.539 peças! Já a numeração do catálogo de Beethoven acaba na op. 135 (se bem que haja bom número de canções e peças menores, jamais sequer gravadas, correndo por fora); de Brahms, na op. 121; a de Mendelssohn, também na op. 121; a de Schumann, na op. 142; a de Chopin, na op. 168. (Como exceção, aparece Schubert: embora, entre os grandes gênios, tenha sido o que morreu mais cedo, seu catálogo vai a D 965.)

Chegamos hoje à era da liberdade total de expressão total, sem cânone algum! A era em que há um pintor, cujo nome não tive intenção de guardar, que vende na América, por bom preço, seus quadros pintados por um rabo de vaca molhado em diferentes latas de tinta e passados ao léu numa tela, pela própria vaca, usando dito apêndice. A era da composição mais "revolucionária" de que já ouvi falar: *Imaginary Landscape* nº 4, de John Cage, executada por doze rádios sintonizados ao acaso (assusta-me mais a numeração). A era do escultor australiano, de origem húngara, Lazlo Toth, que em 1972 promoveu seu *happening* artístico no Vaticano, arrebentando, com um malho, o nariz da *Pietá*, de Michelangelo (corrijo-me: a liberdade ainda não é "total" e o gênio pegou cadeia e extradição).

Sim, há Picasso, cuja genialidade e proficuidade contradizem (um pouco) o que estou dizendo. Mas Picasso confessava: "Eu não procuro, acho".

Em Arte, não é de admirar que hoje tanta gente seja "saudosista". Sem dúvida, usufrui-se bem mais (porém com algumas notáveis exceções) a arte fluida, límpida e em certos casos de uma perfeição formal ofuscante, de indivíduos que jamais tiveram "problemas" de inspiração: talvez porque aceitaram e souberam corresponder, genialmente, a pressões formais rigorosas, externas e internas.

Os ícones bizantinos, por exemplo, já notou Anton Ehrenzweig, (*A ordem oculta da arte*, Zahar, 1977), são de estrutura rigorosamente fixa, predeterminada, tanto em forma como em conteúdo. Foram pintados todos por encomenda e dentro de um prazo rígido. No Museu Bizantino de Atenas, pode-se ver o mesmo ícone repetido em numerosos exemplos, cada qual parecendo uma cópia exata do outro.

E, no entanto, que tremendas diferenças de força!


Essa importante pressão interiorizada integra-se, no psiquismo do indivíduo, ao que se entende por Motivação (palavra que sugere a função: motiva-ação!).

Entendido isso, é fácil compreender que tais pressões variam muito de indivíduo para indivíduo, bem como suas próprias motivações – que nem sempre, ressalto logo, são aquelas que se destacam à primeira vista. A maioria dos atos criativos provém de um feixe de motivações, cuja ordem de importância só podemos – e mesmo assim em alguns casos – imaginar.

Haendel, em minha opinião, não compôs, em apenas 21 dias de reclusão, seu genial *O Messias*, prioritariamente como solução para o problema de expressar seu sincero fervor pelo Todo-Poderoso – o que conseguiu de forma imortal! Nem tampouco, no caso, porque só dispunha de prazo curtíssimo para compor, sob encomenda, seu primeiro oratório, a ser executado na presença do rei! (Jorge II, ao ouvir o estupendo "Aleluia", levantou-se em êxtase, obrigando com isso toda a assistência a também ficar de pé – tradição até hoje mantida pelo público de concerto na Inglaterra, ao se executar esse trecho.) Mas, talvez principalmente, porque estava com seu último tostão, depois de mais uma de suas arriscadas operações financeiras. (Incidentalmente, *O Messias* trouxe-lhe imenso lucro, possibilitando-lhe auxiliar várias instituições de caridade e eclesiásticas.)

Se você agora entender que a "pindaíba" de Haendel somada ao sufoco de ter de produzir algo que prestasse, em apenas 21 dias – a ser submetido aos humores do Chefão máximo da organização que pagava seus salários –, foram, de fato, sua grande OPORTUNIDADE para o SUCESSO de tal magnitude, você está entendendo tudo!

Bach compôs "a maior obra pianística de todos os tempos", seu *O Cravo Bem Temperado* (BWV 846-893), chateado por não dispor, até então, de um bom manual do instrumento, nem de bons exercícios didáticos para ele. Mozart criou o maior concerto instrumental da história da música (KV 622, para clarineta) porque um amigo seu de farra, o clarinetista Anton Stadler, mau-caráter e que até lhe devia dinheiro, pressionava muito o compositor para receber, de presente, algo que pudesse tocar. (Nessa época, no fim da vida, Mozart já compusera concertos, e vários, para todos os instrumentos, exceto clarinete e violoncelo. Os violoncelistas do mundo, para o resto dos séculos, lamentarão a inexistência de um colega chato, enchendo o saco de Mozart.) A cabeça de Sherazade, como sabemos, gerava histórias e mais histórias, fascinantes e encadeadas entre si, porque assim que parasse de gerá-las, pararia de fazer qualquer outra coisa.

O poeta Rabindranath Tagore soube definir essa pressão – criativa e libertadora – de forma muito sugestiva:

> Tenho sobre minha mesa uma corda de violino. Ela é livre. Torço uma de suas pontas e ela reage. É livre. Mas não é livre para fazer aquilo que uma corda de violino nasceu para fazer. Pego a, pois, prendo-a no meu violino e aperto-a até ficar tesa. Só então ela é livre para ser uma corda de violino.

Seu cérebro, leitor, também funciona assim.

Evidentemente, fora da lenda de Sherazade, tal pressão jamais poderá implicar, como já lembrei, ameaça, angústia, desvalorização. Nada que sugira, remotamente, a experiência de Dimitri Shostakovich ao concorrer para autor do hino do partido bolchevique (para substituir a Internacional, uma composição francesa) – por encomenda e supervisão pessoal de seu cliente, Stalin. O compositor a relata em suas memórias (*Testimony: The Memoirs of Dimitri Shostakovich*, Herper & Row, 1978), da qual extraio alguns trechos, evitando comentários, por supérfluos:

> Foi assim que eles juntaram novas palavras para a letra, e a entregaram aos compositores: escrevam um novo hino nacional! Você tinha de participar da competição, quisesse ou não, pois de outro modo eles diriam que se estava esquivando a um importante dever [...]
>
> Sentimos medo quando abrimos o jornal e lá está escrito que você é um inimigo do povo: não há maneira de esclarecer a situação, ninguém quer ouvi-lo nem se dispõe a dizer uma palavra em sua defesa. Você olha ao redor e todo mundo está lendo o mesmo jornal, olhando para você em silêncio, e quando você tenta dizer alguma coisa, eles viram o rosto. Isso sim é amedrontador. Tive muitas vezes esse sonho. O mais terrível é que tudo já foi decidido, você não sabe por que foi decidido assim, e não adianta discutir [...]
>
> Um de meus amigos escreveu sete hinos [...] Na verdade este compositor não era particularmente amigo do trabalho, mas neste caso foi capaz de prodígios de diligência [...]
>
> Pois bem, também eu escrevi um hino. E começaram as intermináveis audições. Stalin apareceu algumas vezes, ouviu, ouviu, e acabou determinando que eu e Aram Katchaturian escrevêssemos juntos um hino. A ideia era particularmente estúpida [...]
>
> Tínhamos de fazer alguma coisa, e assim tomamos uma decisão típica de Salomão. Cada um escreveria seu próprio hino, e então nos reuniríamos para ver quem fizera o melhor trabalho [...]
>
> Seja como for, combinamos nossos hinos numa única maravilha de arte. A melodia era minha, o refrão dele [...]
>
> As audições dos vários hinos arrastaram-se por longo tempo. Finalmente, o líder e mestre Stalin anunciou que cinco hinos eram finalistas [...] A audição prosseguiu, com os compositores ansiosos. Muitos levaram suas esposas, como eu mesmo e Katchaturian. De soslaio, olhávamos para o camarote oficial, tentando disfarçar o nervosismo.

*Criatividade no trabalho e na vida* • 151

Finalmente, terminou todo o barulho no palco e eu e Katchaturian fomos levados ao camarote de Stalin.

Stalin estava de pé, sozinho, todos os altos funcionários se amontoaram por trás [...] Primeiro, Stalin fez uma profunda declaração sobre como deveria ser o hino nacional. Lugar-comum, o típico truísmo stalinista, algo tão desinteressante que nem me recordo. Seus assessores concordaram, branda e cautelosamente. Por algum motivo, todos falavam suavemente. A atmosfera era apropriada para um ritual sagrado e tudo indicava que um milagre estava por acontecer. A expectativa de um milagre estava no rosto de cada um dos bajuladores. Mas não houve milagre. Se Stalin deu à luz, foram a alguns retalhos ininteligíveis de pensamento. Era impossível manter fluente a "conversa". Preferi ficar em silêncio [...]

Mas de repente o discurso insosso tomou um caminho perigoso. Stalin quis mostrar que era versado em orquestração [...]

Stalin decidira que não teria nada a perder discutindo esse tema com Alexandrov. Era melhor não puxar o assunto conosco: afinal, éramos profissionais; e se ele cometesse algum erro? Mas usando o Alexandrov como exemplo, o líder e mestre podia demonstrar sua sabedoria e sagacidade [...] (Lembrete: Alexandrov era um compositor medíocre, enquanto Shostakovitch e Katchaturian já eram mundialmente reconhecidos como dois dos melhores compositores russos modernos.)

Stalin começou perguntando a Alexandrov por que fizera um arranjo tão pobre para seu hino. Alexandrov poderia esperar tudo, menos isso: uma conversa sobre orquestração com Stalin. Ficou totalmente confuso, destruído. Podia-se ver que ele estava dando adeus não só a seu hino, como à sua carreira e talvez a algo mais. Em momentos como esse é que as pessoas se revelam. Alexandrov deu um passo mesquinho. Tentando defender-se, culpou o arranjador [...]

Stalin estava interessado nas patéticas justificativas de Alexandrov. Era um interesse malsão, o interesse de um lobo por um cordeiro. Eu não podia aguentar aquilo. O pobre arranjador estava sendo transformado num sabotador, que propositadamente estragara o hino de Alexandrov, e podia por isso ter um fim trágico [...]

Nos momentos seguintes, ficou claro que o maior juiz e especialista em hinos de todos os tempos considerava o meu e de Katchaturian o melhor. Mas, segundo ele, algumas alterações seriam necessárias no refrão. Perguntou de quanto tempo precisaríamos, e eu disse cinco horas. Na verdade, poderíamos ter feito a coisa em cinco minutos, mas achei que não pareceria sério. Imaginem minha surpresa quando vi que minha resposta irritou Stalin profundamente. Ele evidentemente esperava algo diferente [...]

Katchaturian posteriormente acusou-me de frivolidade, dizendo que se eu tivesse pedido um mês, teríamos vencido. Não sei, talvez ele estivesse certo.

Acreditem ou não, já encontrei empresas, que se dizem muito interessadas em Criatividade (Stalin também estava), envoltas em "ambientes" que lembram um pouco o que Shostakovitch descreve. Claro, nesses casos, a pressão não chega àqueles níveis de psicopatologia. Mesmo porque, embora a "Sibéria" continue uma ameaça, pelo menos está hoje entre aspas.

Claro também que tal pressão, ligada ao terror, não tem *nada* a ver com a que compõe o BIP.

Muitas invenções, sem dúvida, foram devidas a uma adaptação espontânea e súbita, ou à curiosidade, ou ao puro prazer de especular, de descobrir, de resolver problemas. Há várias, contudo, em que pressões externas, individuais – muito bem aceitas e correspondidas – aparecem bem evidentes.

(É aqui que cabe o famoso aforismo: "a necessidade é a mãe da invenção".)

Entre os casos que me ocorrem, ou que constam de *Eureka*, de De Bono (Labor, 1975), está a do cigarro, inventado por mendigos espanhóis, no século XVIII, que enrolavam em papel baganas de charutos, colhidas nas ruas (seu uso se popularizou pela Europa devido a mais uma pressão: a crise econômica de 1873). A broca de dentista foi inventada por um dentista, John Greenwood (um dos raríssimos casos de invenção gerada por um especialista), com os braços cansados de cavoucar – como lhe ensinaram na escola – as cáries de seus pacientes: adaptou, para isso, a roda de fiar da mãe (dele). William Oughtred, reitor de Aldbury, cansado de transferir, com o compasso, as mensurações de uma régua para outra (como lhe ensinaram na escola), fez ambas deslizarem paralelamente, e inventou a régua de cálculo. Percy Shaw, cansado pelas dificuldades de ser obrigado a dirigir, sempre à noite, por uma estrada perigosa de Queensbury a Halifax, inventou o olho-de-gato (numa noite particularmente escura viu refletores num poste ao lado, e teve a complicada ideia de pô-los ao nível da estrada). Whitcomb Judson, engenheiro de Chicago, cansado de lutar com a fila de abotoaduras e colchetes de suas botas altas, inventou o zíper. Thomas Jefferson, o próprio, cansado de ter de se virar, o tempo todo, em sua mesa de trabalho, para pegar livros numa estante atrás de si, inventou a cadeira giratória. Benjamin Franklin, cansado, não de ter inventado o pararraios, mas de ter de trocar o tempo todo seus óculos para longe e para perto, mandou cortar as lentes no sentido horizontal, colou-as de novo, numa ordem inédita, e inventou a bifocal (ficou logo com dois óculos do novo tipo).

Benvenuto Cellini (1500-1571), gênio da Renascença, nem chegou a se cansar. Como relata em sua autobiografia, "tendo terminado a bela estátua de Júpiter, coloquei-a numa base de madeira, e dentro dela fixei quatro pequenos blocos de madeira mais ou menos ocultos nos seus caixilhos e assim consegui tão admiravelmente que uma criança pudesse, com a maior facilidade, mover a estátua para trás e para frente, bem como virá-Ia". Foi o inventor do rolamento.

Já Alexander Graham Bell inventou o telefone com base em suas pesquisas para criar um dispositivo de auxílio auditivo – tudo por pressão muito evidente: ele, sua esposa e sua sogra eram surdos! (Ignoro se se sentiu recompensado ao ouvir o papo de ambas, salvas por seus inventos; talvez, por essa mesma razão, seu assistente, Thomas Watson, tenha inventado a cabine telefônica.) E Louis Pasteur, com mais de 60 anos, chegou à sua vacina antirrábica – depois de arriscar a vida por três anos com cães hidrófobos – impulsionado por pressão realmente estupenda: perturbava-se sempre que via um cão, ou até mesmo quando ouvia um latido distante, desde o dia em que vira vários vizinhos seus loucos e condenados à morte pelas dentadas de um lobo contagiado, que invadira a aldeia onde vivera na infância.

Há sempre um feixe de pressões – algumas às vezes inusitadas – atrás de cada invenção. A vela de iluminação feita de material químico (estearina), inventada em 1825 por Chevreuil e Gay-Lussac, deveu-se também ao fato de que sebos, óleos e ceras, usados nas velas da época, eram não só caros como comestíveis: já em inícios do século XIX, os diretores da Trinity House, na Inglaterra, estavam preocupados com o enorme consumo de velas em seus faróis, até descobrirem que seus faroleiros as utilizavam como complemento dietético.

A guerra, por motivos que dispenso enfatizar, fornece alta pressão para inumeráveis invenções, do paraquedas ao avião a jato; da caneta esferográfica (financiada pela RAF para capacitar pilotos a escrever a grandes altitudes) ao domínio da energia nuclear; do protetor solar (financiado pelo governo americano, durante a Segunda Guerra, para proteger seus soldados no Pacífico) ao teflon de nossas panelas (desenvolvido para vedar um gás altamente corrosivo, durante a construção da primeira bomba atômica); do forno de micro-ondas (derivativo do radar) e da pilha blindada de mercúrio, hoje de aplicações infinitas (criada por Samuel Ruben por solicitação da Marinha americana, desgostosa pelo fato de 90% das pilhas secas comuns, à base de zinco e carvão, estragarem-se logo após a chegada), aos foguetes de exploração espacial.

(Curiosidade: o delicioso doce brigadeiro foi criado no Brasil logo após a Segunda Guerra, à falta, na época, de leite fresco, ovos, amêndoas e açúcar, necessários para os doces tradicionais: o brigadeiro só exige leite condensado e chocolate. Isso não é nada: a própria industrialização brasileira eclodiu, na época, com o colapso das importações, devido à Guerra, e sua substituição – muitas vezes envolvendo improvisações altamente criativas – por fabricantes pioneiros nacionais.)

Leonardo da Vinci, ao escrever, em 1483, a Ludovico Sforza, de Milão, para pedir emprego, destacou, em seu *curriculum vitae*, como maiores atributos criativos, seus projetos em engenharia militar; pintura e escultura vinham muito abaixo.

Foi a lama de Flandres, na Primeira Guerra, que levou dois ingleses, W. G. Wilson e W. Trinton, partindo da ideia de acoplar um canhão num trator, a adicionar lagartas (que já existiam) a este último: como a coisa não funcionou muito bem, voltaram à prancheta e deram ao conjunto a forma clássica e romboide do primeiro tanque, o qual batizaram, para alegria de Freud, de "Mother". (O nome tanque adveio do fato de os primeiros enviados à França levarem na embalagem a indicação "tanque de água", por motivo de segurança.) O planador moderno, mesmo para fins esportivos, foi resultado de um notável desenvolvimento forçado que teve lugar na Alemanha após a Primeira Guerra, proibida, pelo Tratado de Versalhes, de construir aviões a motor. (Rigorosamente, o mesmo fenômeno ocorre na guerra da competição industrial: Henry Ford inventou a linha de montagem – que revolucionou a própria Revolução Industrial – adaptando a correia transportadora de cereais para a produção em série do seu famoso Modelo T. Os exemplos são inumeráveis.)

Contudo, mesmo no campo de batalha – como aliás em qualquer campo –, a pressão para inventar pode ter origens não tão imediatas e evidentes. Hiram S. Maxim, inventor da metralhadora, começou a trabalhar quando, em 1881, em Paris, ouviu de um compatriota americano: "Se queres fazer uma fortuna, inventa qualquer coisa que permita a esses europeus matarem-se uns aos outros com facilidade". Ele queria fazer uma fortuna.

E o mesmo fenômeno ocorre no próprio campo. Eli Whitney, inventor da máquina de descaroçar algodão, era mestre-escola, formado em direito por Yale em 1872. Parece ter alimentado, durante toda a vida, uma paixão silenciosa pela alegre e encantadora Catherine Green, viúva de 40 anos, dona de plantação arruinada. Quando, em uma de suas visitas, surgiu o problema de limpar as bolas de algodão recém-colhido, Whitney aproveitou a chance para prolongar sua estada por todo o inverno. Talvez, em última análise, ele estivesse se ralando para o algodão. Queria permanecer com a sra. Green, conquistar sua gratidão, seu reconhecimento por sua inteligência, beijos ou seja lá o que fosse... Criatividade e sexo são um belo casal, muito visto de mãos dadas.

Em 1885, um vendedor de cortiça americano, cujo primeiro nome era King, sofria a pressão de um problema muito comum a vendedores, e a todos nós: como assegurar o futuro da família. Seu patrão lhe dissera várias vezes que, como vendedor, ele seria muito mais bem-sucedido se vendesse algo que seus fregueses usassem e jogassem fora. O problema do sr. King talvez fosse maior quando se olhava no espelho e via as primeiras rugas de seus 40 anos. Ele via sua cara e suas rugas, todas as manhãs, quando se barbeava, e pensava nas palavras do patrão. Até que um dia, prestando maior atenção à navalha, virou-se subitamente para a mulher e exclamou: "Consegui, mulher! Nosso futuro está assegurado!" Com um lampejo criativo, o sr. King Gillette aliviou a pressão que sofria, isto é, o problema que enfrentava... que não tinha nada a ver com o barbear-se!

A bem da verdade, Gillette não inventou o aparelho de barbear: dúzias deles foram patenteadas e produzidas antes de Gillette. Além disso, seu aparelho não era melhor, e era bem mais caro para ser fabricado. A "invenção" está no fato de Gillette não "vender" seu aparelho: ele o dava praticamente de graça, oferecendo-o a um preço de cerca de um quinto do custo de fabricação. Mas Gillette o projetou de modo que somente aceitava suas lâminas patenteadas, cuja fabricação lhe custava menos de um centavo... mas vendidas por cinco. E como as lâminas podiam ser usadas seis ou sete vezes, custavam ao usuário menos de um décimo de uma ida ao barbeiro.

A Criatividade de Gillette não estava no campo das invenções, mas no do marketing! O importante é que conseguiu, para dizer o mínimo, assegurar o futuro dos seus.


Gostaria você de visitar um museu de Criatividade? Então vá à *Haus am Checkpoint Charlie* (ainda existe) inaugurada, na então Berlim Ocidental, alguns anos após a construção do Muro e que documenta número bastante grande de soluções criativas por parte de gente que arrumou um modo de cair fora do sufoco comunista – tendo perante os olhos o prazer (a banana) das supostas delícias do consumismo capitalista.

*Criatividade no trabalho e na vida* • 155

Afora fotos dos inevitáveis túneis, há ultraleves e balões caseiros (um deles redundou ser o maior da Europa); roldanas que levaram fugitivos por fios lançados de um setor ao outro; um fundo falso numa Romiseta, capaz de esconder um adulto (nunca pensei que fosse possível); três jovens que se vestiram como oficiais soviéticos, e passaram pelos controles batendo continência para a Polícia Popular; um outro que fez o mesmo, como "coronel" americano; um minissubmarino feito à mão, usando motor do carrinho oriental Trabant, capaz, como provou, de cruzar o Báltico, e que deu causa a várias patentes mundiais. A coleção é impressionante.

E de que valeria para você, pergunto – para sua vida real e concreta –, ser criativo, descobrir algo, inventar algo... se esse "algo" não estiver amarrado à PRESSÃO DE UM PROBLEMA, do qual você mesmo tem de estar muito consciente?

Swammerdam, com perdão da palavra, descobriu que uma rã morta salta ao contato com um objeto de metal, mas desinteressou-se pela observação, restando a Galvani e Volta, a partir daí, se imortalizarem na história do domínio da energia. Alexander Fleming também escapou por pouco de ficar com cara de bobo: a descoberta por acidente das propriedades antibióticas do fungo gerador da penicilina teve de esperar quase dez anos para ser *solução de problema*, pois seu autor desinteressou-se do assunto e demorou para comunicar a descoberta. Wilhelm Röntgen, embora reconhecido como descobridor dos raios X, também é retratado pela história com cara de bobo: nunca imaginou que uso poderia ser dado àqueles raios capazes de tornar visíveis os órgãos e ossos de uma pessoa. E Louis Lumiere, inventor do cinema: "Minha invenção não tem o menor futuro!" (Então por que inventou?)

Nesse contexto, tenho uma série de boas razões (que incluem, talvez, a autopromoção) para relatar como inventei um utilíssimo acessório eletrônico para telefone, de possível aceitação mundial – sem entender patavina de telefonia nem de eletrônica.

Minha secretária e eu dispomos, cada um, de aparelho telefônico (Panasonic KX-T3145) interligados. Tal modelo oferece um serviço hoje já disseminado por outras marcas: se alguém tenta duas vezes um determinado número ocupado, ele o memoriza e passa então, de minuto a minuto, a insistir na ligação; a cada vez que dá com o sinal de ocupado, desliga-se automaticamente e volta a discar após um minuto. Chega a tentar até dez vezes. Se em qualquer dessas tentativas, o número atender, o aparelho desmemoriza o número e encerra sua tarefa automática.

Qual talvez o maior problema, meu e de minha secretária, com telefone? O número bastante grande de ligações que às vezes necessito completar – o que a sobrecarrega um bocado.

Invenção: um pequeno acessório eletrônico em que o usuário digitaria, digamos, dez números desejados. O aparelho passaria então a tentar tais ligações, uma a uma, saltando a que estivesse ocupada e retornando a ela após completar qualquer outra.

Um visor de cristal líquido iria informando ao usuário qual a ligação tentada ou completada em cada momento. Toda tecnologia necessária a esse precioso artefato é meramente desdobramento da que se encontra hoje mesmo no meu próprio telefone.

Na Alemanha, consultei em 1993 e 1994 várias lojas especializadas em vendas de telefone, que me informaram desconhecer a existência de um aparelho como esse. Meu amigo Carlos Senna, engenheiro, encontrou, em seus catálogos, computadores capazes de exercer essa função – mas o que imagino é um pequeno e barato acessório, não um computador. Engenheiros da Telepar, empresa para a qual administrei seminários, confessaram jamais ter ouvido falar num aparelho como esse, mas me confirmaram ser de fabricação muito simples. Técnicos da Unisys, empresa a que também ministrei seminários, me informaram que toda essa função seria resumida num pequeno *chip*, a ser acoplado ao próprio telefone. Sem problemas. Por fim, consultando empiricamente executivos e profissionais liberais amigos, não houve um único que não se declarasse interessado em adquirir um aparelho desses, a preços razoáveis.

Assim, o aparelho que inventei não é peça alguma de *science fiction*: todos os materiais necessários estão disponíveis, toda a tecnologia está disponível e já é corriqueira – apenas ainda não atendendo a uma necessidade (pressão), também presente, mas, na certa, não muito conscientizada. A montagem desse acessório é questão meramente *técnica*. Mas o Eureka foi meu.

Será que somente eu, no mundo inteiro, tive essa ideia? Possivelmente, sim. Provavelmente, não. O fenômeno é comum, mesmo tratando-se de grandes invenções (e não de mera adaptação, como constitui a minha). Sem saber da existência do outro, três inventores americanos construíram a primeira máquina de costura eficaz, em 1846. Há também, pelo menos, três legítimos pretendentes a inventor do maçarico, surgido em 1800. Na primavera de 1885, Karl Benz experimentou seu triciclo com motor à gasolina no pátio de sua oficina; no outono do mesmo ano, Gottlieb Daimler montou sua primeira motocicleta no pátio de sua casa, perto de Stuttgart: embora esses dois nomes viessem a se associar em marca mundialmente famosa (Daimler-Benz), seus possuidores não sabiam da existência um do outro, e jamais se encontraram.

Lembro-me, ainda em 1959, de um fotógrafo de propaganda, Sérgio Ferreira, que me expôs sua ideia de acoplar num aquecedor a gás o mecanismo de um isqueiro comum, que acendesse automaticamente o bico no mesmo movimento de alavanca com que se libera o gás – dispensando os fósforos! –, ideia que só vi aparecer no mercado no final da década de 1980.

As razões por que não me interessei em construir, patentear e comercializar minha invenção (nem o Sérgio a sua) são, no caso, conscientes e defensáveis. A menor delas: minha ignorância enciclopédica em eletrônica. Esse utilíssimo artefato deverá aparecer a qualquer momento ante meus olhos, sob o prestigioso nome da Panasonic – ou General Electric –, talvez já embutido no próprio telefone. Mas quem "inventou" (também) fui eu.


Como, no exemplo dado, poderia eu superar meu desconhecimento de eletrônica – e passar na frente da Panasonic e da GE?

*Criatividade no trabalho e na vida* • 157

Alexander Graham Bell relata os primórdios da invenção do seu telefone: "Jovem desconhecido, fui a Washington falar com o prof. Henry, autoridade em eletricidade, a respeito da ideia que eu tivera para transmitir a palavra por meio de fios. Respondeu-me ele que, em sua opinião, tinha eu em mãos o germe de uma grande invenção. Informei-lhe, contudo, que não possuía o conhecimento de eletricidade necessário para realizá-la".

É evidente que o professor, muito mais velho que Bell, e reconhecendo a potencialidade da ideia do outro, poderia se prontificar a entrar com seus conhecimentos técnicos, tornando-se coautor, sem qualquer criatividade, de uma invenção que deixaria Bell rico e famoso, já aos 30 anos. Porém o prof. Henry, como relata o próprio Bell, foi de uma ética admirável:

– Ah, o senhor não dispõe de conhecimentos de eletricidade para tornar real essa sua grande invenção?

– Não, senhor.

– Vá obtê-los!

Pressão criativa é isso.


Há uma série de recursos muito eficazes, e muito simples, para internalizar essa pressão criativa – e não depender mais de chefe algum, por melhor que ele seja, nem de instrutor algum.

O primeiro passo para começar a ser criativo é *começar*. A primeira providência para escrever um texto supercriativo (já me perguntaram isso) é colocar o papel na máquina, ou ligar o micro. A escritora Clarence Budington Kelland, respondendo à pergunta sobre como podia produzir tanto, confessou que dificilmente poderia produzir algo se não se forçasse todas as manhãs, depois do café, a começar a bater à máquina, independentemente da disposição que sentisse.

Já Flannery O'Connor decidiu passar religiosamente quatro horas todas as manhãs no seu escritório – decisão que exige, é claro, também disciplina interna –, mesmo que não escrevesse uma única sílaba. "Vou lá todos os dias" – explicava – "porque, se alguma ideia me ocorrer entre as 8h e as 12h, estarei presente e preparada para recebê-la". Mas a pressão autoimposta de Kelland é bem mais promissora.

Mais ainda é a de W. Somerset Maugham, descrita quando respondeu à mesma pergunta, agora do jovem escritor britânico V. S. Pritchett, sobre como podia produzir tanto, com tanta regularidade: "É fácil, meu amigo. Todas as manhãs, escreva a primeira palavra que lhe ocorrer, depois a seguinte, e mais outra, e assim por diante. Não se preocupe se as palavras parecerem não ter sentido: trata-se apenas de uma prática para exercitar a mente. Aquilo que escrever vai adquirir sentido pouco a pouco e, sem se dar conta, você estará com meio caminho andado".

Eis aí uma autodisciplina, uma pressão, capaz mesmo de gerar a Criatividade!


Se você não sabe, agora, perante seus problemas reais (que talvez não estejam no campo literário), como internalizar essa benéfica pressão – realista e poderosa, mas que não tem nada a ver com ameaça, preocupação ou ansiedade –, aí vai outra dica, que considero preciosa.

Imaginemos que você tenha um problema de qualquer natureza – administrativo, financeiro, de relacionamento etc. – que há um bom tempo não consegue resolver (o que se dá na vida da maioria das pessoas). Muito bem. Você vai fazer agora, com esse problema, algo muito simples, que, aposto um chope duplo, você nunca fez. Você vai acrescentar a esse problema – sem muita obrigação, sem qualquer compulsão – um fator inédito:

VOCÊ VAI DAR UM PRAZO PARA RESOLVÊ-LO!

Só isso. Marque um período razoável, de acordo com o tamanho do problema, e fixe uma data bem representativa para ser seu limite: Páscoa, seu aniversário, 7 de setembro, Natal etc. Faça-o de forma que essa data, muito precisa, não seja "uma obrigação a mais", nem um fator a mais de ansiedade. Realmente, nada vai acontecer se você não resolver o problema até lá, mas assuma que você *quer* mesmo resolvê-lo até aquela data-limite! Evite dizer, por exemplo: "Tenho de resolver esse problema até o Natal", e sim "GOSTARIA DE TER ESSE PROBLEMA RESOLVIDO ATÉ O NATAL!"

E quando, doravante, enfrentar esse problema, pensar nele, inclua sempre, em sua visão, a data do Natal que está se aproximando!

Só isso. Seu psiquismo tenderá a começar a trabalhar de outra maneira – talvez, de repente, de maneira incrivelmente proveitosa!

O Prazo, se não acarreta ansiedade nem afobação – e esse *se* é crucial! –, é expressão suficiente e legítima do P que compõe o BIP. É conhecida a história da oportunidade decisiva que apareceu na carreira de Walter Chrysler, quando ainda aprendiz em oficina ferroviária e desafiado pela chegada de uma locomotiva com um dos cilindros esmagado. O superintendente o consultou: "Não possuímos qualquer outra locomotiva para substituí-la, e temos de fornecer uma daqui a duas horas. Você pode consertá-la?"

Depois de tê-la consertado, Chrysler observou: "Acreditem, foi um trabalho dos diabos. Se eu não tivesse dito que poderia fazê-lo em duas horas, não teria me virado como me virei, nem tentado fazer tudo de modo mais simples e seguro que o usual – e teríamos falhado. Meti-me em uma entaladela da qual só podia sair consertando toda aquela porcaria em tempo – e foi o que fiz".

Não tema, caro amigo, "pressionar-se" a si mesmo, criar "deveres" e "iniciativas" próprias (como enfiar logo o papel na máquina, ou acrescentar prazo para seus problemas), contanto que isso absolutamente não afete o "sentir-se numa boa", nem sua irreverência, generalizada e difusa, para o que você estiver fazendo.

Invente pressões reais para você mesmo, e para seus problemas – só de brincadeirinha, só de sacanagem! Ciente de que ninguém está mesmo lhe obrigando a isso.

Há ótimas chances de ótimas coisas virem a lhe surpreender!

*Criatividade no trabalho e na vida* • 159

*Três letras que estão mais para os Três Porquinhos do que para a Santíssima Trindade.*

Agora, você pode ter uma ideia global, integrada, do BIP.

Não é técnica alguma, não é processo nenhum: é uma *fórmula*!

É um composto, de proporções variáveis, mas que exige, para ser eficaz, a presença invariável de seus três componentes!

Nisso, assemelha-se à pólvora, outra fórmula de três elementos: se você a fabrica apenas com dois, quaisquer que sejam, ela gora, solta no máximo uma fumacinha. Se você a fabrica corretamente, congregando os três que ela exige, as coisas acontecem!

Pessoas com muito BOM HUMOR, mas sem qualquer abertura à irreverência, e sem ter incorporado qualquer pressão de um problema, bem, serão apenas isso mesmo...

Pessoas com muita IRREVERÊNCIA, mas sem qualquer bom humor nem qualquer pressão de problema, estão a ponto de tornar-se agressivas e, isso sim, de criar problemas sérios para si mesmas!

Pessoas que incorporam PRESSÃO DE PROBLEMAS sem, no entanto, desenvolver, perante eles, bom humor e irreverência (caso frequente) são pessoas que tendem a se estressar ou se deprimir. E só resolverão mesmo aqueles problemas para os quais já tenham instruções prévias, fornecidas por terceiros – "cartões perfurados". Quanto aos outros, quedam-se encurraladas.

Embora qualquer pessoa, de modo geral, tenha facilidade em expressar, aqui e ali, um ou outro desses elementos, o que raramente se vê é a *conjunção* (dinâmica) de todos os três!

E o que mais você vê é justamente a *repulsão* desses elementos entre si.


Cena: Festa de confraternização de fim de ano em *sua* empresa, leitor. Toda a equipe jogando vôlei num bom clube da cidade. Times mistos com chefes, funcionários e secretárias. Todo mundo de muito BOM HUMOR. Todo mundo, também, com boa taxa de IRREVERÊNCIA – capaz de, durante o jogo, até gozar o saque errado do chefe, ou dar, na hora devida, uma boa cortada que faça a bola bater nas canelas do diretor. Pergunto: que boa ideia essa equipe, que trabalha junto o ano inteiro, no mesmo departamento da mesma empresa, vai ter de repente?

Deixe que eu responda: nenhuma! E por quê?

Agora é sua vez: porque não há PRESSÃO alguma no cenário!

Contudo, de repente, no meio dessa mesma descontraída partida, surge lá uma secretária correndo, trazendo um fax urgente na mão (aparições súbitas que parecem vir vestidas com uma camiseta onde se lê: "Eu sou um BRUTA PROBLEMA!").

Agora, o cenário muda: surgiu uma encrenca de amargar. A PRESSÃO, penetra imprevisível, deu o ar de sua graça. Alguém logo diz: "Para aí a bola, gente! Chega agora de brincadeira! Surgiu aqui um pepino dos diabos! Vamos nos reunir aqui mesmo, em qualquer mesa, para tratar desse assunto que é um bocado grave. A coisa agora é séria!"

Bem, agora o elemento, que há minutos faltava na composição do BIP, apareceu! A PRESSÃO deu as caras, em grande estilo!

Pergunto: que boa ideia essa mesma equipe, agora preocupada, debatendo gravemente a situação, vai ter para resolver aquele problema?

Diz lá você: nenhuma! E por quê?

Porque assim que a PRESSÃO entrou em cena, o BOM HUMOR e a IRRE-VERÊNCIA se escafederam, sem deixar rastro.

E é bem isso o que mais se vê... ao longo do ano inteiro!

Você pode, em geral, reconhecer a atuação do BIP em face de qualquer exemplo de Criatividade, entre eles os que já ofereci e os que pretendo ainda oferecer.

Um único exemplo: o da tripulação da B-29 que conseguiu, mesmo sem dispor de óleo a bordo, nem nos motores, manter a aeronave no ar. Vejamos:

BOM HUMOR – É óbvio que pelo menos quem teve a ideia salvadora não se apavorou, não se desesperou, não entrou em pânico quando a aeronave, sem óleo, ameaçou cair. É óbvio que essa pessoa se sentiu duplamente alerta, motivada e excitada para arrumar um jeito qualquer de resfriar os motores, mesmo sem líquido a bordo. É óbvio que ela já estava radiante, pouco antes de ter a ideia. É óbvio (ou quase) que todo mundo urinou no sistema hidráulico rindo sem parar!

IRREVERÊNCIA – Para urinar naqueles motores, eles tiveram, como já disse, de mandar para o espaço, atrás do precioso óleo de alta especificação, todas as estritas e valiosas recomendações técnicas dos engenheiros da Boeing Corporation, da Lockheed Corporation e da Douglas Aircraft Company.

PRESSÃO – A pessoa que iria ter a ideia salvadora, ao se ver a dez mil metros de altitude, longe da base, e sem o precioso óleo que a mantivesse lá no alto por muitos minutos, não programou uma reunião, das 8h às 12h30! Tampouco começou a ler *A Technique For Producing Ideas*! Sua urgência era absoluta! No caso, sua pressão estava curiosamente interligada à pressão do altímetro, pressão que não podia aumentar de forma alguma!

O BIP, caro leitor, é a coisa mais prática que posso fornecer para você pôr sua CRIATIVIDADE EM AÇÃO!

Se por acaso for realmente exercitado, da maneira realista que você achar por bem exercitar, dispensa técnicas, bons líderes, instrutores e seminários de Criatividade – inclusive os meus!

Dispensa até a continuação da leitura deste livro.

O que será uma pena.

Porque, no próximo capítulo, pretendo lhe oferecer um problema, cujo desenvolvimento, comentários e solução gráfica proporcionam um *paradigma completo* para qualquer problema que você possa ter: administrativo, financeiro, inventivo, de comunicação ou de relacionamento pessoal.

Até lá.

*Criatividade no trabalho e na vida* · 161

# 7
# Um paradigma para o eureka

*Partículas subatômicas, para quem tem meios de analisá-las, traçam um desenho muito preciso de sua eclosão e trajetória. Uma ideia também.*

O indivíduo à esquerda pintou uma faixa no meio do rosto e chegou a um resultado meramente aloprado. O indivíduo à direita pintou uma faixa no meio do rosto e criou, talentosamente, dois perfis enfezados, enfrentando-se cara a cara. Só porque alguém faz algo inusitado, não significa, de modo algum, que ele seja criativo.
Mas tampouco significa que não seja.
Você entenderá isso melhor neste capítulo.

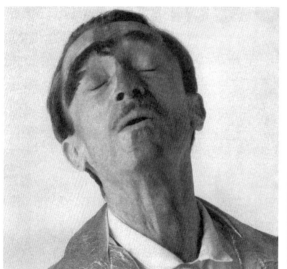 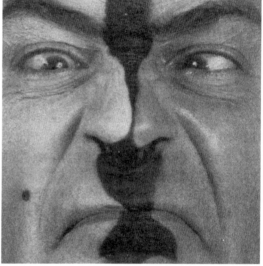

À direita: uma das criações "autocorporais" do artista italiano Mario Mariotti.

*"Não ande pelo caminho traçado, pois ele conduz
somente até onde os outros já foram."*

**Alexander Graham Bell (1847-1922)**

Alguém me perguntou se eu estaria escrevendo mais um livro de autoajuda.
Eu lhe respondi, obviamente, que sim.

Não conheço livro algum que não seja de autoajuda, a começar por *Receitas de Dona Benta, O morro dos ventos uivantes, Código Civil Comentado, A Divina Comédia, Loucuras de Emanuelle, Pato Donald no Alasca* – e até meu catálogo telefônico.

Depende, é claro, do que o leitor busca (alívio à insônia é uma hipótese) e do quanto ele próprio está a fim de autoajudar a si mesmo.

Contudo, se a dúvida se prende a escrever mais um livro de aconselhamento psicológico e "palavras de fé", do tipo *Você também pode ser feliz*, ou *Viva melhor com seus problemas*, por favor, não quero, sinceramente, tal coisa para mim.

Pretendo, sim, informar o leitor, passar-lhe todas as dicas que conheço sobre o processo criativo e, principalmente, destacar os aspectos lógicos desse mesmo processo, muitas vezes obliterados pela rotina e pelo sufoco dos problemas. Peço que não acredite em mim, mas leia-me com irreverência (sei que, em alguma medida, estou errado), tentando, sempre que possível, confrontar o que estou dizendo com o que se passa em *sua* empresa, e em *sua* vida pessoal. Mesmo porque, como disse nas primeiras páginas, parto do princípio de que tudo que lhe digo, de mais importante, você *já sabe* – nasceu sabendo! Além do que, sinto-me livre para mudar, a qualquer momento, de opinião...

No entanto, não pretendo, francamente, aconselhá-lo sobre o sentido da vida, confortá-lo, oferecer-lhe substituto para terapia de apoio, sequer levantar seu astral – o que imagino, de barato, que você saiba fazer muito bem. Se por acaso minhas palavras vierem, aqui e ali, a melhorar seu bom humor, ficarei (se souber) muito feliz. Mas foi sem querer.

Não hesito em dar a todos esses livros de "autoajuda" que ocupam, durante meses, a lista de nossos *best-sellers*, nas colunas de "não-ficção" (não sei se na coluna certa), um crédito sincero de Criatividade. Comercial, bem entendido. É óbvio que há irretorquível Criatividade em qualquer lance de sucesso, não assegurado, digo isso sem qualquer ironia. Há muita inveja, em minha opinião, bem como certo esnobismo intelectual, na crítica que se faz a eles. Que escritor não gostaria de vender a tiragem que eles vendem? E que razão há para antepormos a eles qualquer moralidade? Afinal, como redator de propaganda, confesso que já aconselhei, e a um público muito maior, coisas bem piores do que esses livros aconselham, e só fui elogiado. Eles não mentem, pelo menos em linhas gerais, e eu já menti um bocado, usando, aliás, a pior das mentiras, que é a verossimilhança! Não, gente, fumar Hollywood não leva ninguém, de *per se*, "Ao Sucesso"!

A única crítica a fazer a tais livros não se prende, acho eu, a algo de que se possa discordar: prende-se exatamente a tudo de que *não* se pode discordar! São, pelos poucos que andei lendo, uma série de platitudes "indiscordáveis". É óbvio que "você também pode ser feliz", bem como "viver melhor com seus problemas"! Falando por mim mesmo (algo não muito difícil), tais livros me parecem *não* remédios contra a angústia existencial, de que tantos filósofos falam, e *sim* excelentes bulas! Sem contraindicações. Duvido muito que entreguem o que vendem. (Nesse campo, ler e reler Montaigne é muito melhor.)

Isso me lembra um pouco, se me permitem a digressão, a pergunta que me fazem, em seminários, sobre o que acho de "brinquedos criativos" – hoje tão anunciados, até em lojas especializadas.

Claro que são criativos!

Mas criativos para comerciantes que criaram mais esse produto – para pais, por certo, "culpados", por exemplo, de deixarem seus filhos durante horas, embasbacados e passivos em frente a uma tela de TV, em vez de, também por exemplo, saírem com eles pela cidade, em passeios aventurosos, intrigantes e sem roteiro prévio!

Brinquedos realmente criativos, gente, são os brinquedos que *as crianças* criam!

Brinquedo criativo pode ser, por exemplo, um caixote. Um pneu usado. Uma torneira. Um sapo. Um isqueiro de verdade. A dentadura da avó. Quando a criança é pequena, é ótimo lhe dar uma boneca, um ursinho, um cachorro de pelúcia – mas isso não se compra em lojas especializadas. Agora, Criatividade, no duro, só vai começar *na cabeça* das crianças que recebem tais presentes – e você pode confiar que começa mesmo, numa criança normal. Um bom exemplo é o Calvin, para quem o conhece, com seu melancólico e surrado tigre de pelúcia...

Brinquedos criativos, para um menino de mais idade, são, por exemplo, ferramentas. Mas ferramentas de verdade, das que se compram em lojas de ferragem. OK, se você acha que seu filho ainda não tem idade para ter um martelo pequeno, uma broca, um alicate, então não os dê (na certa, quando você achar que chegou a hora, ele não terá mais interesse algum nessas trivialidades, cansado de usar, escondido, as ferramentas da casa). Mas pelo menos nunca, em hipótese alguma, degrade seus filhos dando-lhes inofensivas e coloridas ferramentas de plástico. (Claro, se um dia achar de dar ferramentas de verdade para seu filho, limite, com clareza, o campo de sua atuação.)

Criança alguma necessita da Criatividade de comerciantes para desenvolver a sua própria!

Mas os pais podem ajudar muito. Dicas que me ocorrem, no momento, é fazer com eles jogos de palavras, inventar e incentivar trocadilhos. Criar para eles – informando-os que foi você quem criou – fábulas e histórias incríveis (e não repetir, quadradamente, as de livros infantis), sempre dando espaço para mudança do roteiro e para debates, mesmo acalorados, quanto ao final; premiar a originalidade de tudo que fazem; incutir a irreverência sobre tudo que aprendem; incentivar a curiosidade, o gosto pela descoberta gratuita, por certas malandragens inofensivas, por qualquer aventura sem maiores riscos; tentar enganá-los com mágicas de salão – e ver como isso é difícil; fazê-los inventar apelidos (mantidos em estrito segredo) para qualquer um, sem espírito algum de ofensa, e sim de caricatura. Ao dirigir o carro, eis um ótimo passatempo: ficar desafiando-os a identificar, nas nuvens do céu, objetos, bichos e pessoas, ainda que nas mais absurdas posições (se sua própria interpretação não se casar com a deles, defenda ardorosamente seu ponto de vista). E nunca, ao ver, por exemplo, um filho seu, de pé, calçado, sobre uma cara cadeira de veludo, corrigi-lo nestes termos, tão corriqueiros:

– Desça dessa cadeira porque cadeira foi feita para se sentar!

Nunca. Isso é impingir bitolamento, quadradice, o que alguém já denominou de "fixação funcional". Aos poucos, em sua mente, ele vai começar a ordenar o mundo nesses termos: cadeira foi feita para se sentar, jornal foi feito para se ler, chefe foi feito para mandar, empregado foi feito para obedecer, esposa foi feita para... etc.

Ao contrário, faça-o, sim, descer da cadeira, de forma bem assertiva, tentando inclusive evitar que o episódio se repita, mas nos seguintes termos gerais, por sinal muito mais verídicos:

– Olha, essa cadeira nos custou um bom dinheiro, e você, subindo nela assim, pode arrebentá-la. No dia em que você estiver ganhando seu próprio dinheiro, compre uma cadeira igual, e faça com ela o que lhe der na cabeça!

Que cadeiras sejam apenas para se sentar eis aí uma mentira! Certa vez, propus esse problema a um grupo e foram encontrados, em menos de uma hora, 64 usos diferentes e viáveis para uma cadeira – mas deve haver muito mais! É mesinha de cabeceira; é cabide de paletó; é escada de um só degrau (até que o guri não estava tão errado); é barricada de rua; é lenha; é arma de briga num bar; é suporte de tábua de passar roupa; é (invertida) encosto para ver televisão; é decoração de vitrine; é (jogada de janela sobre uma marquise) recurso para pedir socorro; é modelo de Van Gogh; é apoio para quem faz *shiatsu* de pé; é estante provisória; é ninho de barata; é ponto de referência para um bebê que aprende a andar; é símbolo de *status* (se for a Vassily); é providencial poste para cachorro; é tema para poesia intimista (Drummond cantou uma mesa); é calço, na porta, contra um invasor; é cama de gato; é instrumento de trabalho do domador no circo; é eventual prova de crime; é amostra para controle de qualidade; é cavalete para pintor; é antevisão punitiva para criminosos nos Estados Unidos; é sinal de que um imóvel não está totalmente desocupado; é código secreto, por sua posição, entre espiões ou amantes; é objeto, em miniatura, para um chaveiro de mau gosto; é marca gráfica dos sedentários; é expressão de espera enfadonha ("chá de cadeira"); motivo para exercício de Criatividade – e é até, pensando bem, objeto muito prático para se sentar...

A propósito da cadeira usada pelo domador, aprendi que as feras interpretam as quatro pernas da cadeira, que lhe são apontadas, como quatro ameaças independentes e distintas, o que as amedronta e as faz recuar.

Quem não acredita, entre na jaula com uma cadeira com uma perna só...

Minha opinião sobre "brinquedos criativos" nada tem a ver com a intrigante tendência atual das escolas de usar pauzinhos de picolé para ajudar a alfabetização, tampinhas de garrafa para desenvolver o raciocínio, farinha de trigo para modelagem – além de caixinhas de fósforo de diferentes marcas, rolos de papel higiênico vazios, coleção de botões, restos de lã e tecidos, caixas de ovos, copinhos de iogurte e até meias velhas, para diversos propósitos pedagógicos. Esse recurso me parece fascinante e preciso assistir a uma aula dessas.

A lista de tais materiais, constituída basicamente de sucata, aterroriza pais que trabalham, principalmente quando a recebem na véspera do início das aulas (como relata *Veja*, de 11 de março de 1987). Mas quem mandou terem filhos?

Voltando aos livros, agora de Criatividade, vários dos que me têm caído às mãos apresentam também certa tintura de autoajuda, pelo número de testes e exercícios que propõem. Alex Osborn, em seu interessante *O poder criador da mente* oferece 280 (!) exercícios e temas de discussão, do tipo (escolhidos ao acaso, p. 189):

- Escreva uma relação dos assuntos e dos aspectos das diversões que você incluiria numa Festa da Independência para adolescentes.
- Pense em três artifícios que poderia empregar e lhe ativassem a imaginação ao escrever uma canção popular.
- Quais os ativadores de ideias que poderia relacionar, se tivesse de projetar uma chapeleira para casa moderna?

Será que alguém, no mundo, irá mesmo se envolver nessas tarefas – sendo tais problemas totalmente remotos em sua vida pessoal, e não tendo à vista qualquer recompensa (banana) em caso de uma boa ideia? Eu jamais o faria.

Há mesmo um outro, *Criatividade para administradores* (Vozes, 1979), constituído maciçamente de testes e exercícios, talvez úteis a instrutores para elaboração de cursos, mas duvido muito que *administradores reais* venham a investir sequer os quatro minutos requeridos, por exemplo, para escrever a frase "Uma hora de síntese repousa em centenas de horas de análise" num código pessoal qualquer, criado nesse período de tempo.

Eu tenho para você um exercício muito melhor!

Eu tenho para você um teste muito mais prático e significativo:

A VIDA.

OS SEUS PROBLEMAS REAIS – QUAISQUER QUE SEJAM!

É para eles, sim, que sua Criatividade está sendo solicitada! É nestes, sim, que sua Criatividade será testada, como componente imprescindível ao sucesso de qualquer papel de sua existência concreta.

Aliás, escrevendo isso, achei de repente de me empenhar em reduzir aquela frase em um código pessoal. Demorei 22 minutos. Nem lhe posso informar o resultado, pois o código que criei é muito pessoal...

Por essas e outras, não planejo dar exercício algum neste livro.

E confesso logo quais são as "outras": não pretendo, sinceramente, "entregar", num livro, os exercícios que criei para meus seminários (meu ganha-pão) – por sinal também criados 100% por mim mesmo, me autoajudando.

Compreenda: todos os livros que atualmente ofereço à praça me rendem, mensalmente, pouco mais de um salário mínimo: muitas dezenas de vezes *abaixo* do que recebo por um único seminário. Além do que, como disse, não creio que exercícios – em livros – sejam de muita valia. Há tempo para tudo, como diz o Eclesiastes – correndo eu, ao dizer isso, o risco de nós dois parecermos quadrados.

Assim, ofereço a você, neste livro, o discurso geral do meu Seminário de Criatividade, inclusive de forma incomparavelmente mais ampla e detalhada, acrescentando inúmeros desdobramentos inéditos. Mas os exercícios, não. Compreenda.

Vou, contudo, abrir uma exceção (talvez abra outras).

E isso porque o problema-exercício que passo a apresentar constitui, como disse no capítulo anterior, *paradigma* para qualquer problema que se possa enfrentar na vida. Retirei-o de um antigo anúncio da McCann Erickson (e nunca mais o vi reproduzido) que soube bem explorar a moral imediata desse exemplo, mas que não poderia, num mero texto de anúncio, extrair todas as variações e lições que ele oferece, como se verá.

Para solucioná-lo, trace primeiro, numa folha de bloco, cinco pontos na seguinte disposição (vou dar-lhe números para facilitar os comentários):

1          2

3

4          5

Eis o problema:

**1** Ligar todos esses cinco pontos, nessa disposição, diretamente entre si, usando apenas linhas retas.

**2** Proibido superpor as linhas retas.

**3** Cada reta traçada terá sempre de atingir um ponto.

**4** Lápis ou caneta, usados na solução, não podem sair do papel.

Fim do enunciado do problema.

50 MIL DÓLARES PARA QUEM RESOLVÊ-LO!


Esclarecimentos sobre o enunciado do problema, talvez supérfluos:

**1** O enunciado diz: "nessa disposição". Candidato aos 50 mil dólares que modifique a disposição dos pontos está eliminado. Candidato que trace qualquer curva está eliminado. Candidato que ligue os cinco pontos, fazendo, por exemplo, uma letra N, ou uma letra Z, não ganha nada, porque o enunciado especifica: "diretamente entre si". *Todos* os pontos, no final, terão de estar ligados *diretamente entre si* e unicamente por *linhas retas.*

**2** Candidato que superponha as retas, em qualquer direção, está eliminado.

**3** Candidato que esteja, por exemplo, no ponto 1, já tendo traçado a reta 1–2, e que, para não superpô-la, lance uma reta para o alto e, em seguida, outra reta para baixo até o ponto 2 (formando um "telhado" sobre a figura) está eliminado, porque a penúltima reta não *atingiu* ponto algum.

**4** Candidato que retire, a qualquer momento, o lápis ou a caneta que estiver usando está eliminado.

Todos esses comentários, como disse, seriam dispensáveis, pois repetem coisas que estão perfeitamente claras no enunciado do problema.


Tente, por favor, resolvê-lo, pelo menos durante quatro malditos minutos. Isso não é teste de nada, mas suas tentativas – ou mesmo seu acerto – lhe facilitarão muito a compreensão de tudo que vem a seguir.


Agora, vou apresentar a solução, preferindo descrevê-la sem ilustração (do contrário você já a teria visto).

Escolha, por exemplo, o ponto 1. Em seguida, trace três retas: 1–3–4–1.

Você voltou ao mesmo ponto. Agora, sempre sem tirar o lápis ou a caneta do papel, trace a mais longa reta que puder, passando pelo ponto 2 e indo acabar até onde o papel permitir! De lá, volte com outra reta até o ponto 5. E acabe de ligar os pontos com qualquer das duas opções: 2–3–5–4 ou 3–2–5–4! Só não siga direto para o ponto 4, pois isso seria muita disposição para se encurralar.

(Não deixe, por favor, de traçar essa nova figura no papel, e mantê-la à vista ao longo deste capítulo.)

Objeções:

Num grupo médio de vinte pessoas, invariavelmente uma ou duas protestam, mais ou menos nestes termos:

– Isso não vale! Você criou um ponto lá na margem do papel, fora do quadrado!

Analisemos, antes de argumentar.

Sabe qual é o primeiro passo – imprescindível – para a solução de QUAL-QUER PROBLEMA, seja de solução racional, seja de solução criativa?

Quando pergunto isso a um grupo, os verbos que vêm de lá são muito sofisticados: "posicioná-lo", "dimensioná-lo", "estruturá-lo em diferentes partes" ou mesmo "implantá-lo sob o BIP".

Nada disso, pessoal. O primeiro e *indispensável* passo para abater qualquer problema implica um verbo muito mais trivial:

# ENTENDER O PROBLEMA!

E dizer isso não é nenhum truísmo. É ultrafrequente pessoas se enrolarem em problemas, mesmo os que não exigem inovação mas mero processamento racional, que não conseguem resolver por não tê-los entendido direito. Faça este teste: se um dia, em sua empresa, você deparar com um subordinado confuso ou afobado a propósito de um problema que você lhe tenha confiado, chame-o em particular e peça-lhe para que descreva a você o problema *dele*.

– Foi aquele problema que o senhor me passou anteontem!

– Sim, eu sei. Mas descreva-o apenas para mim.

Há boa chance de ele não tê-lo entendido. Quanto a nós mesmos, nem sempre contamos com uma ajuda externa como essa. Então, pode ocorrer de nossa racionalidade, nossa lógica, nosso "computador" interno patinhar inutilmente, não por falha nas conexões ou no sistema, mas sim porque o *input* está errado. *Input*, no caso, é a leitura que o indivíduo faz da situação, do problema.

Por exemplo, se o problema for pontuar a frase DEIXO MINHA FORTUNA PARA MEU SOBRINHO NÃO PARA MEU ADVOGADO NADA PARA O CONTADOR, de forma a dar-lhe sentido claro, você será capaz de extrair facilmente três leituras (defendendo uma delas, se for um dos mencionados), simplesmente seguindo as opções lógicas da gramática:

**1** Deixo minha fortuna para meu sobrinho. Não para meu advogado. Nada para o contador.

**2** Deixo minha fortuna para meu sobrinho? Não, para meu advogado! Nada para o contador.

**3** Deixo minha fortuna para meu sobrinho? Não! Para meu advogado? Nada! Para o contador!

Em momento algum seu "computador" vai cogitar pôr qualquer pontuação, por exemplo, entre "para" e "meu", pois isso atentaria contra a sintaxe, impedindo, no ato, qualquer possibilidade de uma sentença clara, o que é exigência do problema.

*Criatividade no trabalho e na vida* • 1 7 1

Contudo, se por acaso eu lhe der o mesmo problema quanto à frase MARIA TOMA BANHO QUENTE E SUA MÃE DIZ ELA TRAGA MAIS ÁGUA FRIA, por certo você terá dificuldade bem maior, pois, provavelmente, fará uma leitura *errada* da frase. Enquanto essa percepção, essa leitura, esse entendimento da situação estiver errado, sua racionalidade vai de novo funcionar maravilhosamente bem, com resultados nulos (darei a solução mais adiante).

"Os problemas que trazem mais frustrações" – diz John D. Yeck, que batizou de *back burner* a famosa técnica para se ter ideias – "são aqueles que não podemos compreender perfeitamente – e, em vez de nos embrulharmos com repetidos fracassos, muito melhor seria recuar e reexaminar todo o assunto, procurando outro ponto de vista."

Einstein já chamara a atenção para que um problema perfeitamente entendido já contém 50% da solução. Há mesmo uma técnica para solução de problemas, mais simples que a do *brainstorming*, denominada *blockbusters*. Trata-se de conversa pura e simples. Sentamos ao lado de uma ou duas pessoas e explicamos detalhadamente o problema. Muitas vezes, ao terminarmos a explicação, já estamos de posse da solução.

Isso porque há aqui um axioma valioso: nenhuma solução de problema encontra-se nos verdores da floresta, no murmúrio do regato, no deslumbramento do crepúsculo – onde talvez alguém fosse buscar "inspiração":

A SOLUÇÃO ESTÁ SEMPRE DENTRO DO PROBLEMA!


Vamos recuar e examinar melhor a formulação do problema dos cinco pontos. A maioria, ao enveredar logo para resolvê-lo, fez uma leitura errada de pelo menos um dos itens de sua formulação. Lá está dito: "Cada reta terá sempre de atingir um ponto". Pois a maioria lê, interpreta, incorpora o verbo *atingir* como sinônimo de *terminar*. É óbvio que, se dou um tiro numa cadeira e faço um belo furo em seu espaldar, eu a *atingi* – ainda que minha bala termine longe, na parede. Esse pequeno erro de *leitura* da situação – seja qual for o problema – compromete de cara as aptidões lógicas do indivíduo, voltadas a resolvê-lo.

A opção, já comentada, de fazer um "telhado" sobre a figura, elimina o candidato, pois uma das retas do tal "telhado" não atinge ponto algum. A reta que sugiro, ao contrário, *atinge* o ponto 2... e prossegue! Onde está dito, na formulação do problema, que as retas teriam de ter esse ou aquele tamanho?

Tampouco procede a alegação de que "criei" um ponto. Qualquer reta é, por definição, uma sucessão *infinita* de pontos. Mesmo minha reta sendo maior, eu não criei mais pontos do que os outros, pois o infinito é infinito por definição absoluta.

Menos ainda procede a alegação de que eu "saí do quadrado" (embora muito oportuna para a análise que desenvolvo). Quem, até agora, falou em "quadrado"? Há, sim, cinco pontos numerados, em rigorosa posição, sendo proibido deslocá-los. Mas onde está, na formulação do problema, qualquer menção a "quadrado", qualquer interesse em se desenhar um quadrado? Somente na cabeça de quem está lendo errado essa formulação.

Sabe o que acarreta essas leituras erradas? A "criação", a incorporação de exigências e proibições que não fazem parte do problema!

Vamos ler melhor, com mais atenção, dita formulação. Lá consta, claramente, que "lápis ou caneta, usados na solução, não podem sair do papel". Não podia estar mais claro.

Pergunto eu: por que razão, agora, iremos usar "lápis ou caneta"? E não *pilot*, pincel, giz, carvão, batom, a ponta de um clipe – que não incidem nas proibições do problema?

TUDO QUE NÃO ESTÁ ESPECIFICAMENTE PROIBIDO NA FORMULAÇÃO DO PROBLEMA (E NAS LEIS EM VIGOR) É PERMITIDO!

Mesmo sobre as leis penais, permita-me lembrar-lhe: nada do que você possa fazer será crime, a menos que esteja, de antemão, rigorosamente previsto, por escrito, em artigo específico do Código Penal! Os códigos antigos, ao tratar do crime de furto, falavam em "subtrair para si ou para outrem coisa material móvel" (para diferir, por exemplo, de terrenos, caso de usurpação ou esbulho possessório). Quando, mais tarde, começaram a aparecer pessoas fazendo ligações elétricas clandestinas, tais vivaldinos não estavam cometendo crime algum, pois a lei só mencionava "coisa material", o que não era o caso da eletricidade. Claro, o art.155 teve sua redação modificada para "coisa alheia móvel", merecendo ainda o parágrafo 3 que especifica a eletricidade e, por via das dúvidas, "qualquer outra que tenha valor econômico".

Leia, com atenção, a formulação do tal problema. Ele proíbe, claramente, que lápis ou caneta, usados na solução, percam contato com o papel. Mas a palavra "lápis" é tão singular quanto plural! *Nada* impede que você use dois lápis na mão, ligando todos os pontos com linhas retas – contanto que não tire nenhum deles do papel!

Leia, mais uma vez, com toda a atenção, a formulação do problema.

Está dito lá, muito claramente: "Cada reta terá sempre de atingir um ponto".

Mas, note bem: não diz *um desses cinco pontos*! Diz apenas "um ponto".

E embora diga que é proibido traçar linhas que não retas, proibido superpor as linhas, proibido tirar lápis ou caneta do papel, *não diz* que é proibido acrescentar novos pontos!

Então, bastaria acrescentar, em torno da figura, quantos pontos você quisesse (em geral basta mais um) e poderia confortavelmente ligar aqueles cinco, resolvendo o problema!

Admitamos que você tenha traçado, como ocorre com muitos candidatos aos 50 mil dólares, um trajeto mais ou menos semelhante ao 1–2–3–1–4–5–3–4. Parabéns! Ficou faltando apenas a última reta, que ligaria o 5 ao 2.

*Criatividade no trabalho e na vida* • 173

Mas você está agora no ponto 4. Se por acaso traçar uma reta do 4 ao 5, para poder ligar este último ao 2, você estará eliminado, pois superpôs a reta 4–5. Se, por outro lado, você der uma voltinha micrométrica, para correr paralelo a essa reta e evitar superpô-la até atingir o 5, você está duplamente eliminado, pois traçou duas curvas (micrométricas).

Essa é a posição do "encurralado". Fez tudo tão bem – mas está num beco sem saída!

Pergunto: que porcentagem cabe, dos 50 mil dólares (pelo menos como prêmio de consolação), a quem ligou todos os pontos, faltando apenas o último (nesse problema ou na VIDA)?

Responda você mesmo: ZERO!

No entanto, a solução é tão simples! Tão óbvia! Está na cara! (Divisa apregoada por Charles Kettering no seu Centro de Pesquisa: "Esse problema, uma vez solucionado, será simples!") É só pegar a folha de bloco, dobrá-la de forma que o reverso da margem inferior da folha cubra a reta 4–5, introduzindo-se com isso, por baixo da ponta do lápis em 4, e então traçar uma reta até o 5. E daí para o 2.

Porém há outra solução para esse mesmo "encurralamento": traçar uma reta oposta à diagonal 2–3–4, passar para o verso do papel, reaparecer de novo à direita da figura, no alto, mantendo a mesma reta até 2, e daí seguir para 5. (A reta 4–2, usando o verso do papel, continua a ser uma reta perfeita sobre o papel, pelos princípios da topologia.)

Porém há mais uma solução para o mesmo "encurralamento": usar um lápis apontado em ambas as extremidades, e de comprimento rigorosamente igual ao da reta 4–5. Atingido o ponto 4, deitá-lo cuidadosamente na posição horizontal e em seguida levantá-lo até que a outra ponta caia no ponto 5. E de lá, para 2!

Não cessam aí as soluções. Um engenheiro da Volvo, durante um seminário, resolveu o problema com apenas três retas: 1–2–3–1. Em seguida, sem tirar o lápis do papel, dobrou este último cuidadosamente (e desconfortavelmente) numa dobra imaginária que passasse pelo ponto 3 e paralela à reta 1–2. Pronto! Todas as exigências da formulação do problema estavam satisfeitas!

Mesmo um participante espertinho que me disse que resolveria esse problema em casa – ligando todos esses cinco pontos apenas com linhas retas, sem superpô-las e sempre atingindo um ponto –, apenas lançando mão, em vez de lápis ou caneta, de pedaços de diferentes linhas de pesca, previamente retificadas e endurecidas com Araldite... merece, sem sombra de dúvida, os 50 mil dólares! Porque resolveu o problema como o problema estava formulado!

Qualquer pessoa, lançando mão do recurso que for, que satisfizer, única e exclusivamente, os quatro itens que constituem, no caso, a formulação concreta do problema GANHARÁ OS 50 MIL DÓLARES !

Resta aos demais o comentário: "Isso não vale" (má qualidade de pensamento) ou "Por que não pensei nisso?" (boa qualidade de pensamento). Em tempo: naquela frase anterior, que convidei à pontuação, atente-se para a palavra "sua". Enquanto for lida, como sugere, como pronome possessivo de "mãe"... ninguém conseguirá nada. Mas se for lida corretamente, como presente do indicativo do verbo "suar", o resto é barbada...

Mas esse problema das rotas ainda tem muito, muito a nos ensinar.

Qualquer pessoa, possuidora de faculdades mentais em bom estado, ao partir para solucioná-lo, colocará em mente, desde o primeiro instante, uma configuração precisa: UM QUADRADO CORTADO POR SUAS DIAGONAIS!

É fato que a formulação do problema não fala nada de "quadrado". Contudo, a idealização prévia de um quadrado está, em minha opinião, 100% correta! É assim mesmo que qualquer cérebro normal, eficaz, trabalha. Ele só pode funcionar racionalmente, eficazmente, por meio de paradigmas prévios. Em termos de lógica, por meio de premissas.

Eu desconfiaria, sinceramente, da excelência de um cérebro que, perante a formulação desse problema, partisse da configuração de qualquer outra figura que não um quadrado cortado por diagonais! Isso porque um quadrado cortado por diagonais é a configuração mais clássica, mais precisa, mais aprovada, mais econômica para ligar aqueles cinco pontos por linhas retas! É uma perfeita e altamente celebrada construção de geometria!

Essa capacidade de configuração prévia de um modelo ideal, condizente com a situação, é atributo exclusivo do cérebro humano, sua grande prerrogativa racional, a que se chama *pensamento abstrato*!

Não há, portanto, a menor justificativa em se fazer qualquer crítica a quem tenha "visto" um quadrado sobre esses cinco pontos, e partido para traçá-lo, sem tirar o lápis do papel. Qualquer pessoa ALTAMENTE CRIATIVA – e não fantasiosa ou doidivanas – começaria exatamente dessa maneira!

Acontece que...

Acontece que, depois de no máximo dois minutos de tentativa, qualquer pessoa racional já tem fartos motivos para comprovar que é impossível traçar essa figura *sem tirar o lápis do papel* por meios convencionais. Se acaso isso fosse permitido, a resposta correta do problema seria o tal quadrado, limpo e preciso, cortado por diagonais impecáveis.

Mas não é!

O que faz, então, a maioria esmagadora das pessoas após esses dois minutos? CONTINUA TENTANDO!

Elas não estão bêbadas, nem delirando, nem passando por qualquer surto esquizofrênico. Elas continuam atuando sob princípios muito objetivos, muito racionais. Terão excelentes justificativas, após dezoito horas ininterruptas de tentativas, por não terem resolvido o problema, nem ganho os 50 mil dólares.

Tudo que se passa com elas é sua impossibilidade de *abrir mão* de um paradigma tão correto, tão matemático, tão científico, tão comprovado inúmeras vezes para situações congêneres – mas que não se presta à solução *específica* daquele problema!

*Criatividade no trabalho e na vida* • 175

Elas elegeram, corretamente, um quadrado. E corretamente se meteram nele. O diabo é que agora não conseguem mais sair!

Vamos chamar de "quadrado" tudo que é preconceituoso, rotineiro, repetitivo, automático, ritualístico, tradicional. O preconceito, por exemplo, é o "quadradão" clássico, brutal, pesado.

Mas vamos também chamar de "quadrado" tudo que é dedutivo, indutivo, analítico, previamente conclusivo, matematicamente estabelecido, cientificamente comprovado – enfim, tudo que é conceitual.

É absolutamente impossível estabelecer uma linha divisória entre conceito e preconceito. Há, sim, uma diferenciação notável em termos de intensidade e aplicação prática. Mas podemos colocar ambos, desde já, *dentro do quadrado*! (Mais sobre isso no capítulo XI.)

A lógica, obviamente, é quadrada! Admitamos que eu tenha o mais simples problema de matemática: eu não consigo saber, de jeito algum, qual o resultado de 2 + 2. Surge um amigo meu, que sabe das coisas, e resolve meu problema escrevendo 4. Mas para quê? Eu também já tinha escrito a resposta certa! Tanto faz escrever 2 + 2, ou dois mais dois, ou 6 – 2, ou quatro, ou 4, ou *four*, ou *vier*, em alemão. É mera questão de código, de linguagem, de tradução. A resposta correta é rigorosamente a mesma, em todos os casos! 2 + 2 são 2 + 2, pombas! Apenas 4 é um sinal mais sintético, mais econômico!

Se eu pedisse a um grupo para representar as patas de um elefante usando apenas os componentes de uma árvore, todo mundo desenharia quatro troncos. Se eu lhe pedisse para representar o número dessas patas usando apenas o algarismo 2, todo mundo escreveria 2 + 2. Os resultados da lógica são *convergentes*, partem para um acerto *único* – e são tão previsíveis quanto a opinião de um nazista sobre um judeu.

Todos nós, seres humanos racionais, vivemos e pensamos – 99% do tempo, no mínimo – dentro de conceitos estabelecidos, isto é, dentro de quadrados.

Todos nós vivemos em quadrados.

Todos nós vivemos "enquadrados" – e adianto logo que isso, na taxa de 99% do tempo, me parece100% correto! Como poderia ser diferente? Vivemos em *sociedade*, e isso só pode ocorrer dentro de parâmetros culturais, tradicionais, legais e racionais já preestabelecidos. Como poderia ser diferente? Resposta: a anomia, a desintegração, o caos!

Quer coisa mais quadrada, meus próprios Seminários de Criatividade terem eles todos, sem exceção, uma hora certa para começar? E um *coffee-break* previsto para duas horas depois? E um almoço também previsto para mais duas horas depois? Há apenas uma margem mínima de inovação, levando, por exemplo, o *coffee-break* para a sala, ou propondo algo mais insólito na hora do almoço (recursos que aliás evito, diga-se de passagem). Mas quisesse eu ser muito "criativo" e anunciasse:

176 · *Roberto Menna Barreto*

"Gente, meu Seminário de Criatividade é *totalmente* inovador! Para começo de conversa, não há hora marcada para começar". Qual seria o resultado? Seminário impossível! Participantes apareceriam em diversos momentos da manhã, em variados horários da tarde, alguns de madrugada. O pessoal do restaurante enlouqueceria! Empresa alguma voltaria a me contratar!

Nutro a mais completa desconfiança, e até antipatia, por inovações sem muito propósito! Quando, por exemplo, me cai nas mãos um livro de poesia de encadernação ou paginação muito insólita, muito inovadora (caso frequente), como livro oval, ou livro de páginas soltas, ou sanfonadas, confesso que recebo, de cara, como obra de mau poeta! (Reconheço que pode ser preconceito.) Bons poetas, pelo que aprecio deles, escrevem em livros normais. Rimbaud, Rilke, Pessoa, João Cabral, Jorge de Lima nunca precisaram imprimir nada em tinta laranja!

Contaram-me o caso hilariante de um seminário de Criatividade em que o instrutor, de que não sei nem o nome, começou solicitando aos participantes que medissem todo o comprimento e largura da sala usando palitos de fósforos. O pessoal se esfalfou. Quando finalmente conseguiram saber o número absurdo de palitos referentes ao comprimento e largura do recinto (ainda bem que não fora solicitada a altura), o instrutor entrou com a "moral" da história, ressaltando como o "exercício" (na acepção exata da palavra) provava que as pessoas, na vida, eram levadas a obedecer tudo que lhes mandassem, sem questionar nem procurar ser originais, inovadoras. A turma se indignou – e com razão! Eu também me indignaria! Se concordo em participar de um seminário, às vezes até pagando por ele, estarei confiando no instrutor, em sua liderança, para me empenhar em algo, relativamente razoável e não destrutivo, que ele me sugira, sem necessidade de saber de antemão o propósito. Qual o absurdo?


E que conseguiu "provar" o tal exercício dos palitos? Que por acaso estamos, quase o tempo todo, obedecendo a normas e padrões sem questionar? MAS É CLARO QUE ESTAMOS! Se por acaso o tal instrutor não está, isso é caso de polícia! Somente nosso Código Penal, acrescido da legislação complementar, dispõe de quase quatrocentos dispositivos para ele respeitar, muito atentamente. São quadrados, sim, para ele (e todos nós) se manter, muito comportadamente, em seu interior. Do contrário, vai ver o sol nascer quadrado!

Viver em sociedade é isso. Milhares de proibições, por toda parte, explícitas ou implícitas, rodeando-nos com dísticos e letreiros. Apenas dez, explícitas:

- Proibido fumar.
- Lotação esgotada.
- Aperte o cinto, vamos aterrissar.
- Silêncio. Hospital.
- Entre sem bater.
- Desembarque apenas pela porta dianteira.
- Fila para o caixa.

- Inválido em caso de rasura.
- Propriedade particular.
- WC/Homens; WC/Mulheres.

Iremos agora "questionar" o propósito de cada uma dessas coisas, para decidir se vale a pena obedecer? Se, dirigindo carro, deparo com um sinal vermelho, irei, por acaso "questionar", a cada vez, a conveniência de o terem instalado lá, para decidir se paro ou não? Ou por acaso vou tentar ser "criativo", inovador, em face da situação?

Nunca me sinto tão "rebanho" como em viagens aéreas, principalmente internacionais. Como, nos últimos oito anos, tenho aproveitado ao máximo certa vantagem especial com que conto junto a uma linha aérea, passo minhas férias anuais na Ásia, via Europa, chegando ao Oriente após dois dias ininterruptos de "rebanhagem" contínua, a bordo e nos aeroportos. São horários mil, salas de espera, filas para tudo, cartões idiotas de embarque, cintos obrigatórios e poltronas na posição vertical, formulários de chegada e de saída, alfândegas, controles de passaporte, contínuas batidas policiais em meus mais inocentes pertences, pisca-piscas vermelhos e altofalantes pretensamente sedutores me ameaçando com "Última Chamada", ônibus abarrotado para o embarque, ônibus abarrotado para o desembarque, menininhas uniformizadas me dando ordens o tempo todo, e oferecendo apenas, além de "refeições" padronizadas, sua militarizada cortesia profissional. Qual a alternativa? Ir de navio? Não disponho de tempo nem de desconto. Ir a nado? *Não* ir? Passar as férias sossegado em Friburgo? Até que você me deu uma boa ideia...


Indivíduos normais, mesmo altamente criativos, não têm dificuldades em viver em sociedade, com toda a sua proliferação de quadrados. Quer dizer, viver em quadrados – viver "enquadrados". Isso é exigência da vida gregária, social, cultural. Principalmente na Era Industrial.

Mas há pessoas, sim, que, por deficiência estrutural de personalidade, por dano psicológico mais grave, têm sérias dificuldades de viver em sociedade, que é o verdadeiro cenário e desafio do mundo humano.

Certas pessoas, sim, abominam tudo que é "quadrado". Elas refutam, de cara, tudo que é convencional, estabelecido, celebrado. Elas saem, sim, impetuosamente do QUADRADO (que é o verdadeiro e prioritário cenário do homem social) – mas saem como um busca-pé, sem qualquer direção definida, exceto suas fantasias e seus delírios.

Um bêbado que esteja, nesse momento, cantarolando e andando no meio dos carros, numa via de muito movimento, está, realmente, por inteiro, FORA DO QUADRADO! Ele nem sabe o que estará fazendo daqui a poucas horas. Ele está, de fato, fora de qualquer norma social, cultural ou racional. Um marginal – e o nome já diz algo – também está FORA DO QUADRADO! Um esquizofrênico adulto, brincando como criança (hebefrênico) no lago de um parque público, está completamente FORA DO QUADRADO! Um maníaco, idem. Um sujeito que está tendo "ideias mil", sob efeito de LSD, idem. Também um brincalhão inadequado, inconveniente, sempre detentor de uma alegria inoportuna e inexplicável, bastante chato no convívio social, também está FORA DO QUADRADO!

E NADA DISSO TEM A VER COM CRIATIVIDADE!

Então, muito importante:

Estar 100% no QUADRADO é ser "quadrado" – ter sua Criatividade totalmente bloqueada!

Por outro lado, sair do QUADRADO não significa, de *per se*, sinal algum de Criatividade!

O que, na proposição anterior, é chamado de "fixação funcional", na proposição seguinte pode muito bem ser um caso de "atitude maníaca"! De Criatividade também nula.

Agora, peço ao leitor que mantenha à vista a primeira solução que apresentei para o problema dos cinco pontos.

Aquele ponto, à direita, vértice do ângulo formado pela reta que partiu do ponto 1 e passou pelo ponto 2, com a reta que voltou para o ponto 5, é o ponto mais importante – o PONTO ALTO – de todo esse teorema! É o *ponto de vista da pessoa criativa*! (Sugiro chamá-lo de ponto "alocêntrico", em contraposição ao ponto "tecnocêntrico", no centro do quadrado.)

Assim, no campo desse paradigma, posso definir a pessoa criativa como aquela que, perante um problema, cuja solução não encontrou dentro do quadrado (após tê-lo pesquisado de todas as formas) é capaz, sim, de SAIR DO QUADRADO – e sair audaciosamente, a reta 1–2 pode ter tantos quilômetros quanto você quiser! – E VOLTAR COM A SOLUÇÃO!

Dessa forma, insisto, a pessoa realmente criativa não é absolutamente, como muita gente pensa, a pessoa que abomina o quadrado, que foge do quadrado! Ao contrário, é pessoa que *se interessa*, e muito, pela rotina, pelo trivial, pelo tradicional, pelo estabelecido, isto é, pelo QUADRADO!

MAS É CAPAZ DE VÊ-LO SOB OUTRO PONTO DE VISTA!

E *volta* para ele!

Toda sua *realidade* de pensamento é constituída, maciçamente, de protótipos, de axiomas, de ícones, de chavões, de premissas, de conceitos, de "cartões perfurados". E não há nada de errado com isso.

Em dezembro de 1995, minha amiga Sônia Madruga, *designer* de moda e dona de excelente butique no Rio-Sul, consultou-me sobre o nome que deu à sua Coleção de Verão 96: "RIO MUITO PRAZER". Achei o nome bom, mas sugeri-lhe acrescentar, numa vinheta, o perfil do Pão de Açúcar, para remarcar, de cara, que esse "RIO", escrito em maiúsculas, refere-se ao Rio de Janeiro e não a um curso fluvial. Ela mandou desenhar o Pão de Açúcar, sem maiores explicações, e o perfil veio correto, com aquela sinuosidade do Pão de Açúcar propriamente dito, ao lado do Morro da Urca, que compõe o conjunto. Em seguida, para o lançamento da Coleção, mandou cunhar um broche com aquele perfil – e não há brasileiro que, vendo aquele perfil, não identifique o Pão de Açúcar.

Se eu lhe desse, leitor, o problema de desenhar o Pão de Açúcar, você faria, basicamente, o mesmo perfil (que dispenso reproduzir aqui) do broche da minha amiga. E mereceria nota 10 pela solução.

E se deixasse seu papel sobre a mesa, e sua empregada viesse limpá-la depois, ela reconheceria imediatamente que você tem algo a ver com o Pão de Açúcar. E ela estaria 100% certa.

Acontece que esse perfil do Pão de Açúcar exprime apenas o ponto de vista usual, tradicional, rotineiro, de 99,99% das pessoas que olham o Pão de Açúcar: da praia de Botafogo, do Aterro do Flamengo, do Corcovado, mesmo de Niterói.

Se você já teve a oportunidade de entrar na Baía de Guanabara de barco, verá um Pão de Açúcar totalmente diferente. Você verá apenas um enorme cone, de topo achatado, e mais nada, porque o Morro da Urca fica invisível. Foi essa a primeira visão que os portugueses tiveram quando, de tamancos, vieram nos descobrir. Foi a partir dela que lhe deram o nome de Pão de Açúcar, por sua notável semelhança com o cone chamado "pão de açúcar" (constituído de açúcar mascavo em dois terços e a parte superior de açúcar branco), formado durante a fabricação de açúcar nos engenhos de cana da época.

Já os alemães – ao contrário de ingleses e franceses – preferem chamá-lo de "Chapéu de Açúcar" (*Zucker Hut*), talvez por nunca terem tido colônias com engenhos de cana, e resistirem, com razão, à imagem de um pão feito de açúcar...

Contudo, se você chegar ao Pão de Açúcar de helicóptero, a forma do penedo será completamente diferente das que acabei de descrever.

E mais: se você estiver *no* Pão de Açúcar... todas essas formas estarão superadas.

E trata-se – sempre! – do mesmo Pão de Açúcar!

(Os índios tupinambás, que jogavam frescobol nas praias do Rio antes de os cutrucos aparecerem para cortar esse e outros baratos, o chamavam de "Mombucaba", lugar alto – certamente porque o viam de baixo, e porque não dispunham de fita métrica para saber que sua altura é cerca de metade da do Corcovado, logo em frente.)


O indivíduo quadrado é um "especialista". Concordo, nem todo especialista é quadrado, mas o título lhe acarreta, de cara, em termos de Criatividade, um *handicap* condenatório. Como já disse alguém, é impossível criar um buraco novo simplesmente aprofundando um buraco existente.

Um especialista criativo (caso raro?) como o dentista John Greenwood, inventor da broca de dentista, teve, para resolver genialmente um *problema odontológico*, de se abstrair, provisoriamente, de todos os quadrados sobre Odontologia que possuía, e de seus instrumentos profissionais, como boticões, pinças e tesouras, e ver, sob outro ponto de vista, um instrumento que *nada* tinha a ver com odontologia: a roda de fiar da mãe (dele). A partir daí, *voltou* a ser dentista... e um dentista muito melhor!

Um especialista – e os especialistas que me perdoem, mas vou usar, doravante, o termo sem aspas, convidando-os contudo a pensar, às vezes, como John Greenwood – é um indivíduo que pensa com muita precisão, mas sempre DENTRO DO QUADRADO. Um especialista pretende dominar todo o vasto quadrado de que dispõe, e julga que essa dificuldade (na verdade essa impossibilidade) resume todo o seu desafio profissional. Ele esquadrinha seu quadrado com denodo, método e inteligência. Ele sabe coisas mil que estão dentro do seu quadrado: coisas sem dúvida úteis, objetivas e reais. Nunca cria nada. Nunca pensa na roda de fiar da mãe. Não dispõe de um pensamento otimizado.

Isso me lembra a conhecida lenda hindu sobre cinco cegos que queriam conhecer um elefante. Quando tiveram a oportunidade, cada um foi tatear o elefante: um segurou uma perna, outro a pança, outro a tromba, outro as orelhas, outro o rabo. O que segurou a perna passou a defender a ideia, muito objetiva, de que um elefante é como um tronco de árvore; outro, ao contrário, achou que o elefante era uma enorme bola, muito pesada; já o outro teve a certeza de que o elefante parecia uma sucuri, vigorosa e muito móvel; já mais outro saiu dali convencido de que o elefante era muito parecido a uma bandeira; e o último ficou convicto de que o elefante é um pincel.

Agora, a coisa piora. O que segurou o rabo não quer mais sair dali. Quer conhecer *tudo* sobre o elefante! Mediu muito bem o comprimento e o leve decréscimo em espessura da base para a ponta, daquele apêndice. Mapeou, com problemas de projeção dignos de Mercator, todos os acidentes topográficos da pele que recobre dito apêndice! Contou, um a um, cada fio de sua extremidade, bem como a diferença de tamanho de tais fios, que ocorre do centro do tufo para a periferia. Tornou-se um especialista em elefante!

Não, leitor, nem você, nem eu, nem ninguém jamais poderá ter a *visão total* do elefante. Nem é isso realmente o que se pretende. Mas não custaria, para o cego do rabo, ter um mínimo de "semancol"! Desconfiar, pelo menos, que na outra ponta do universo, bem *além* de sua criteriosa e documentada especialidade, pode haver um outro apêndice completamente diferente, sem tufo algum, provido de quarenta mil músculos, capaz tanto de arrancar uma árvore do solo como pegar uma agulha do chão ou desfazer um nó – e ainda farejar água a cinco quilômetros de distância. Coisas que nenhum rabo faz.

E trata-se do *mesmo* elefante!


Todo especialista, que pensa unicamente como especialista, é um especializado em rabo de elefante. Ele defronta com um único problema, de desdobramento infinito:

– Quantos quadrados cabem dentro desse quadrado?

Variando a escala, chegará, sempre corretamente, a números incalculáveis.

Sempre dentro do quadrado.

Contudo, há outros campos, muito mais vastos, *fora do quadrado*.

Gostaria de remeter aos especialistas uma frase do filósofo alemão Gustav Randbruch: "O mundo não pode ser dividido pela Razão sem deixar resto".

Não importa a competência e objetividade com que sua especialidade dividiu racionalmente o mundo – *há* sempre resto! Imenso, incomensurável!

Esse é o vasto espaço de sua criatividade!

Assim, podemos conceituar o que é o homem quadrado – antes mesmo de falarmos no homem "quadradão", preconceituoso.

É simplesmente o homem que dividiu racionalmente o mundo, com muita objetividade e precisão – sem praticamente mostrar muito "semancol" para a existência do "resto"!

É o químico que acha que o Universo, com tudo que tem dentro, inclusive você e eu, é uma questão final de química ou bioquímica. É o físico para o qual o Universo, inclusive a química, e inclusive você e eu, não passa de diferentes disposições de partículas; é o advogado que acha que o Universo só funciona porque obedece a leis; é o matemático que acha que o Universo é uma questão matemática incluindo agora o caos; é o administrador que acha que o Universo só sobrevive porque tem boa administração interna; é o psicólogo que afirma que o Universo só tem sentido se você estiver bem de cuca; é o psicanalista que vai interpretar seu interesse pelo Universo como desdobramento do "sentimento oceânico", desejo de voltar ao útero de mamãe (quem mandou conversar com ele?); é o jornalista que só vê o Universo como notícia; é o mecânico, muito aberto aos princípios da "mecânica celeste"; é o eletricista, que só tem olhos para os raios e a energia do espaço sideral; é mesmo o astrônomo, totalmente desinteressado, por exemplo, da política aqui na Terra, essa ultramicroscópica poeirinha no imenso QUADRADO SIDERAL em que se especializou.

E mais: é o político que só vê política em tudo (inclusive na educação dos filhos); é o economista que institui balancetes semestrais nas finanças do lar; é o jurista que só vê, em tudo, a observância do direito; é o médico que só vê medicina; é o administrador que só vê administração; é o marxista que só vê luta de classes; é o freudiano que só vê ego-id-superego; é o dentista capaz de apontar para a esposa, durante o *Don Giovanni*, a má-formação dentária do barítono que gargalha na ária da champanha – perdendo o melhor da festa!

Enfim, é simplesmente o indivíduo que, tendo aprendido uma TÉCNICA, sem dúvida valiosa, manda colar suas premissas, seus princípios e postulados nas lentes dos próprios óculos – e agora olha o *mundo real* através delas!

Aprendi receita muito boa para qualquer TÉCNICA, constituída de três etapas, sucessivas, a meu ver indispensáveis:

**1** Aprender.

**2** Dominar.

**3** Esquecer.

É isso mesmo! É o ideal, por exemplo, para a técnica de dirigir automóvel (ou qualquer outra):

Primeiro, *aprender*. Trata-se de habilidade imprescindível a qualquer indivíduo medianamente civilizado. A quem ainda não a possuísse, não teria eu qualquer dúvida em aconselhar: entre, hoje mesmo, para uma Escola de Direção. É técnica, como tantas outras, de que você tem muito a se beneficiar, a todo momento.

Segundo, *dominar*. A passagem da primeira para a segunda é crucial. Os primeiros meses depois da Carteira de Motorista são perigosíssimos. Posso falar de cadeira (quase de cadeira de rodas): foi nesse período, convicto de que já sabia dirigir muito bem (1969), que resolvi trazer de São Paulo um Fusca zero quilômetro, tendo capotado, por imperícia, à altura de Piraí. Sobrevivi junto com meu carona, milagrosamente, mas tive perda total do veículo.

Terceiro, *esquecer*. O que será, realmente, um *bom* motorista? É aquele que pega um carro, vai até Buenos Aires e lá, ao falar da viagem, fala das paisagens que viu, dos lugares em que parou, se por acaso deu transporte para alguém. Coisas assim. Nem vai se lembrar do perigo potencial das carretas, da atenção que dispensou nas ultrapassagens, ou de como soube engatar uma terceira numa curva traiçoeira da Régis Bittencourt. Isso é papo de *mau* motorista. (E note que o trajeto é o mesmo para os dois!)

Técnicas são boas para ser relegadas lá atrás, no fundo da cuca, e não para ficar o tempo todo ante os olhos, impressas na lente dos óculos! Mantê-las, não como objeto de culto, mas como escravas servis e sem direito algum – prontas para serem chutadas, a qualquer momento, se não estiverem funcionando num *momento real*, dando conta do recado!

Esqueça-as, sim, amigo – porque você não as esquecerá mesmo!


A Primeira Guerra Mundial foi uma carnificina de estupidez inenarrável, a maior que a história já conheceu. Explodiu para sempre a Idade da Razão, gerada no século XVIII. Encerrou, em lama, sangue e total irracionalidade, a supremacia moral e cultural do Ocidente. E por quê? Porque (consenso histórico) foi guerra totalmente conduzida por "especialistas em guerra". No Somme, por exemplo, em julho de 1916, tropas inglesas e francesas receberam ordens de seus bravos generais de avançar em ampla frente, ao encontro da metralhadora alemã. As baixas aliadas, somente no primeiro dia, foram de cinquenta mil. A batalha prosseguiu durante 140 dias – uma dizimação de gente em escala jamais vista, nem antes nem depois, tudo para um ganho aliado de oito quilômetros! Por quatro anos, de 1914 a 1918, o que houve foram variações desse horror. (Nessa guerra, um segundo-tenente tinha uma expectativa de vida de duas semanas.)

Ao final, a mortandade absurda fez Clemenceau repetir a imortal frase de Talleyrand: "A guerra é assunto sério demais para ser confiado aos generais". Frase já extensível, e com razão, a economistas – mas que bem pode, a meu ver, com certa prudência, ser estendida a qualquer campo de especialização, incluindo a medicina.

*Criatividade no trabalho e na vida* • 183

Pelo menos, algo (no caso, muito pouco) foi aprendido: a Segunda Guerra foi totalmente dirigida, em sua grande estratégia, por civis – Roosevelt, Churchill, Hitler, Stalin –, ficando os generais, alguns grandes, encarregados de executar a orientação governamental, como funcionários públicos que são. (Entre esses grandes: Eisenhower, Montgomery, Patton, Guderian, Rommel, Kleinst e, principalmente, Zhukov.) Guerra que esteve, pelo menos nos campos de batalha, com todos os seus horrores, bem longe da carnificina inútil e imbecil que caracterizou a Primeira.

Antes da Primeira Guerra, a Alemanha era a mais militarizada nação da Terra. Para aumentar seu prestígio, membros do governo faziam uso de trajes militares. O próprio *Kaiser*,* que se referia a ministros, políticos e diplomatas chamando-os de "civis idiotas", sentava-se em sua mesa de trabalho empoleirado numa sela militar, em vez de numa cadeira: estourada a guerra, foi de uma incompetência imperial.

O ídolo e modelo dos militares alemães, na época, era o conde Alfred von Schlieffen, chefe do Estado-Maior alemão até 1906, autor do famoso Plano Schlieffen, seguido pelos alemães para invadir a Bélgica e a França em agosto de 1914. Típico oficial prussiano, de monóculo, maneiras frias e distantes, Schlieffen investira com tal intensidade na profissão que, quando um ajudante, tendo cavalgado com ele a noite inteira, apontou-lhe a beleza do rio Preguel, reluzindo ao sol nascente, o general lançou um olhar breve e severo, e comentou:

– Um obstáculo desprezível.

Ser quadrado é isso.

Sem dúvida alguma, o Plano Schlieffen era, militarmente, o mais arrojado, competente e promissor. Mas, claro, Schlieffen e seus sucessores, como especialistas estritos que eram, apartavam de si, por desprezíveis, considerações políticas e diplomáticas. A invasão da Bélgica neutra, medida-chave do Plano Schlieffen, acarretou a entrada da Inglaterra na guerra – que, do contrário, se manteria neutra – e o consequente bloqueio marítimo da Alemanha. Acarretou o isolamento mundial da Alemanha e o afastamento da Itália dos Poderes Centrais, contra os quais acabou também declarando guerra. Acarretou, como desdobramento, a ação do Canadá e dos Estados Unidos contra a Alemanha, que acabaram por decidir a conflagração, em 1918.

Além disso, o Plano Schlieffen, por mais grandioso e tecnicamente detalhado que fosse, exigia demais de seus executantes na prática. Nem mesmo a Alemanha, com sua economia inteiramente voltada para a guerra, podia reunir o potencial humano e a produção industrial capazes de satisfazer às necessidades de Schlieffen – por certo indiferente a tais detalhes. Morreu, em 1913, balbuciando: "Não deixem de fortalecer a ala esquerda". Em setembro de 1914, no Marne, foi um contra-ataque anglo-francês sobre a *ala direita* alemã que selou de vez o fracasso do Plano Schlieffen, então nas mãos do obcecado e quadradérrimo Von Kluck.

Para a execução desse plano, os militares alemães prepararam minuciosamente a invasão da Bélgica, para pegar os franceses pela retaguarda. Contudo, simplesmente *esqueceram* que deviam empregar caminhões (já de uso corrente havia mui-

---

* *Kaiser*: imperador.

to tempo) para transportar pelo menos parte do exército que deveria dar a maior volta a fim de encurralar o inimigo. Assim, os alemães só chegaram, exaustos, com as botas em frangalhos, sob o calor tórrido de agosto, no lugar onde seria travada a batalha: do Marne. Seus cavalos morreram no caminho, de cansaço. Milhares de soldados e oficiais foram aprisionados dormindo, desmaiados. Por incrível que pareça, os especialistas não *pensaram* em algo tão simples como caminhões...

Mas do lado francês, igualmente, a estupidez grassava. Um único exemplo da mentalidade estritamente militar da época é dado quando Charles Messimy (antigo oficial, mas que pedira baixa em 1899, aos 30 anos, em protesto contra a negação da reabertura do Caso Dreyfus), então nomeado ministro da Guerra, tentou diminuir a visibilidade do exército francês. Porém seu projeto de vesti-lo em cinza-azulado, ou cinza-esverdeado, provocou uma onda de protestos (desde o século passado os ingleses já tinham optado, na Índia, pelo cáqui). O orgulho militar francês era tão intransigente no tocante a desistir de suas calças vermelhas quanto o era a respeito de adotar armas pesadas. "Banir tudo que é colorido, tudo que dá ao soldado seu aspecto vívido" – escreveu um dos principais jornais da época – "é ir tanto contra o gosto francês quanto à função militar." Messimy observou que essas duas coisas não eram sinônimos, mas seus oponentes mostraram-se irredutíveis. "Eliminar as calças vermelhas?" – gritou, em audiência parlamentar, um ex-ministro da Guerra. "Nunca! *Le pantalon rouge, c'est la France!*" Assim marchou a juventude da heroica França para ser abatida na lama. "Essa fixação cega e estúpida à mais visível de todas as cores" – escreveu Messimy mais tarde – "teria consequências cruéis."

A obsessão pelo "segredo militar", por sua vez, também era de tal ordem que, quando houve o primeiro encontro entre um oficial inglês, Huget, e o comandante francês Lanzerac, ambos recolheram-se para conferenciar a sós, sem intérpretes – embora nenhum dos dois falasse uma língua que o outro pudesse entender...

Milhões morreram dos dois lados, como insetos, na obsessão da "mentalidade militar". Dar todos os exemplos seria praticamente relatar de novo a Primeira Guerra, ou quase. Um último, que diz tudo: quando foram expor ao general Helmut von Moltke, comandante do Estado-Maior alemão, as dificuldades gerais de abastecimento por que passava o país, o general berrou:

– Não me venham aporrinhar com assunto econômico! Estou a dirigir UMA GUERRA!

Ser quadrado é isso.

A guerra a que o general se referia era aquela em que, no final, seu país levantou a bandeira branca. Fora vencido com seu território incólume. Fora vencido com seus exércitos ainda organizados e operacionais, sem ter sofrido qualquer derrota decisiva. Fora vencido unicamente por "aporrinhações econômicas"...

E se quisermos dar um arremate a tudo isso, basta saber que, após a guerra, a república de Weimar organizou uma comissão para descobrir a razão da derrota alemã. "A comissão" – informou o almirante Hyman G. Rickover, diante do congresso americano – "verificou que uma das principais causas da derrota havia sido

*Criatividade no trabalho e na vida* • 185

a quantidade de trabalho burocrático exigido nas Forças Armadas. No final, os *boches* estavam literalmente enterrados em papel!"

Será puro preconceito concluir, agora, que todo militar é quadrado. Creio que esclarecer isso esclarece de vez os limites e riscos da especialização.

A guerra, a meu ver, tem pelo menos essa grande vantagem (embora, em proveito da paz, eu esteja pronto a dispensá-la): ela é o campo de provas mais aberto e incontestável da REALIDADE! Do mundo concreto! Quem ganhou ganhou; quem perdeu perdeu! Não há medalha de prata, não há prêmio de consolação, não há *hors concours*. O pódio, ao contrário do das Olimpíadas, só tem um degrau. Se os vencedores são aliados, todos vão lá para cima. Aos perdedores, restam as queixas, justificativas teóricas, compensações "morais", comprovações de que tinham um plano melhor, como Schlieffen, ou armas muito mais poderosas, como os americanos no Vietnã – PERDERAM!

Quem quiser que culpe a Deus! Os assírios, imbatíveis em sua época, após liquidarem facilmente a nação de Israel, partiram contra a nação de Judá e sitiaram Jerusalém, em 702 a.C. Uma peste os dizimou. (A Bíblia, em IV Reis 19-35, atribui a mortandade ao Anjo do Senhor, trabalhando uma única noite, mas o fato é que arqueólogos descobriram, em 1938, perto de Jerusalém, uma vala comum com milhares de esqueletos assírios, bem como menção à peste em relatos assírios sobre a campanha.) Em 1588, a Espanha mandou contra a Inglaterra uma frota militar gigantesca, "o maior e mais poderoso grupo que se reuniu em toda a cristandade" (John Hawkins), e cujo nome dizia tudo: "A Invencível Armada". Em poucas semanas, um terço dos navios naufragaram devido a tempestades (e metade de seus homens morreram de fome, sede ou massacrados pelos ingleses). Tal injustiça divina contra os espanhóis marcou o início da decadência da Espanha como potência e da ascensão da Inglaterra (injustiça contra meio mundo).

O militar quadrado é aquele que, na guerra, nunca está *integralmente* no campo de batalha. Seus olhos e ouvidos estão, seu corpo está, mas sua mente acha-se mais *no passado*, na Escola Superior de Guerra, onde aprendeu como deveria proceder perante a situação real que seus olhos e ouvidos reconhecem.

Se a situação, objetivamente analisada, indica que a próxima fase de luta será de infantaria, tal general saberá dar ordens imediatas e coerentes para cavar trincheiras, e providenciará que sejam trincheiras tecnicamente perfeitas. Acontece apenas que o inimigo *não* estudou na mesma Escola do general!

Nunca! E aparece lá, digamos, com uma Divisão Blindada completa! E o faz, muito injustamente, prisioneiro de guerra. Que dirá agora esse prisioneiro de guerra? "Poxa... Isso não vale!"

Por que razão, em qualquer guerra, todo mundo tem ojeriza em confiar tropas a oficiais sem experiência de luta – mesmo os diplomados em primeiro lugar na Academia? Por que razão há total preferência por comandantes já escaldados em batalhas? Claro, porque tais comandantes, depois de batalhas *reais*, se ainda

186 · Roberto Menna Barreto

estão disponíveis, já tiveram amplos motivos para "esquecer" o que aprenderam na Academia – e para atuar com muito mais "presença" e espontaneidade nas emergências reais!

É essa visão de "militar quadrado" que justifica a opinião de que os generais estão sempre lutando a guerra passada. Ou que jamais começará a próxima guerra enquanto os generais da última ainda estiverem escrevendo suas biografias. A historiadora Barbara Tuchman informa em *Canhões de agosto* (Objetiva, 1994) que o objetivo da Alemanha, em 1914 – a batalha decisiva –, foi produto das vitórias do país em 1866 e 1870. E comenta: "As batalhas mortas, assim como os generais mortos, capturam a mente militar em suas garras mortas, e os alemães, não menos do que os outros povos, preparavam-se para a última guerra".

E quanto à França, qual sua façanha máxima nesse mesmo conflito – que inclusive a salvou da rápida liquidação? Sem dúvida alguma, sua *motivação* após contínuos revezes, sua capacidade, em agosto de 1914, primeiro mês de luta, de recuar em boa ordem (qualquer recuo estava fora de cogitação na "invencível" estratégia inicial francesa) e continuar lutando com denodo, ante a avalanche dos exércitos alemães, programados para vencer em cinco semanas. Na verdade, os alemães tinham tudo para vencer e poderiam mesmo ter vencido, já em setembro. MAS PERDERAM. Von Kluck, derrotado às portas de Paris, justificou, mais tarde, sua derrota – "a razão que transcende todas as outras" – como devida "à capacidade extraordinária e peculiar do soldado francês de recuperar-se rapidamente". Diz ele: "Uma coisa com a qual nunca contamos é que homens que bateram em retirada durante dez dias, dormindo no chão e meio mortos de cansaço, fossem capazes de pegar em armas e atacar quando soaram os clarins. É uma possibilidade jamais estudada em nossa Academia de Guerra".

Não custa agora incluí-la no currículo.


E, claro, a história continua. Quando Robert Goddard, o pai dos foguetes americanos – o primeiro a usar combustível líquido nos mísseis, o primeiro a usar giroscópio no escape para dirigir a rota durante o voo, o primeiro a usar gases liquefeitos como propulsores, o primeiro a colocar a bordo instrumentos científicos –, pressentiu o advento da Segunda Guerra e propôs suas ideias à pátria, os militares foram categóricos:

– Não temos tempo a perder. A próxima guerra será dirigida pelo morteiro das trincheiras!


O militar criativo é o militar não especialista. É o militar capaz de pensar *também* em níveis que não o militar. É um Napoleão (que, por sinal, nem era oficial, mas cabo de esquadra, quando reinventou a guerra) capaz de afirmar, publicamente que "na luta entre a espada e a pena, a pena vence sempre!" É o militar que está sempre integralmente *no presente*, no aqui-e-agora, no cenário bélico concreto. (Brian Brom, antes da batalha de Clontarf: "Que espécie de guerra será a de hoje?")

*Criatividade no trabalho e na vida* • 187

É o militar ciente de que os fatos são sempre mais "criativos" que seus planos: "Não se planeja para depois procurar que as circunstâncias se ajustem aos planos", dizia Patton. "Deve-se fazer com que os planos se ajustem às circunstâncias. Creio que toda a diferença entre sucesso e fracasso, no alto comando, depende da habilidade, ou falta dela, para conseguir exatamente isso."

É ainda o militar capaz de "esquecer" seus próprios planos e se preocupar muito mais com os planos do inimigo. Montgomery, enfrentando o *Afrika Korps*, não mandou afixar o retrato de Churchill em sua tenda... mas o de Rommel! Ficava bom tempo com os olhos fixos no alemão e mesmo fazendo-lhe perguntas. Muito sábio: o que Montgomery pensava Montgomery sabia muito bem. O que Churchill pensava Montgomery também estava farto de saber. Mas para o sucesso *final* de Montgomery, era vital Montgomery imaginar o que Rommel estava pensando...

O enfoque mais brilhante sobre todo esse assunto – e que define toda essa dicotomia entre Especialização e Criatividade, em qualquer campo – foi formulado pelo imbatível estrategista conde e marechal de campo Karl Bernhard von Moltke (cognominado "o Napoleão prussiano"), tio do melancólico e pessimista Von Moltke da Primeira Guerra – promovido ao comando máximo pelo sobrenome. O marechal, comandante de uma Prússia invencível no século XIX, derrotou a Dinamarca em 1864, a Áustria em 1886 e, principalmente, a França, em 1870, contra a qual conduziu campanha impecável, saindo-se herói de Sedan. Dizia ele:

– Aprendi, a minha vida inteira, que o inimigo só tem três maneiras de se comportar. MAS MUITAS VEZES ELE PREFERE A QUARTA!

A frase é genial! Analisemos: Von Moltke relata que, durante sua vida inteira, *aprendeu* a fundo todas as maneiras possíveis de o inimigo se comportar. Mais ainda: tornou-se um cobra, um especialista no domínio dessas alternativas – o que é importantíssimo! Quem fosse para o comando sem qualquer formação de comando, confiante apenas em sua criatividade, comandaria, na certa, um suicídio coletivo! Significa, na frase em questão, que se o inimigo, na batalha, optasse por qualquer uma das formas possíveis de guerrear, ele, Von Moltke, o liquidaria na hora! Ele, Von Moltke, sabia muito mais sobre tal opção estratégica do que o outro. Afinal, a estudara "a vida inteira"!

Mas significa ALGO MAIS. Algo tão importante e tão decisivo para a vitória quanto tudo que Von Moltke aprendera. Significa que, antes da batalha real, Von Moltke "esquecia" tudo que levara a vida inteira para aprender! As três únicas opções do inimigo já estavam, por assim dizer, no bolso do seu colete. Agora, toda sua atenção, todo seu interesse, toda sua expectativa era para a QUARTA! A que ninguém lhe ensinara! A que ele só aprenderia – se não soubesse agir eficazmente, e com grande originalidade, perante o imprevisto – *depois* da batalha, como prisioneiro de guerra...

Von Moltke, um especialista vitorioso, mostrou que, no cenário da guerra, não se colocava dentro do quadrado. Tampouco – o que seria pior ainda – saía do quadrado irresponsavelmente, alienadamente. Ao contrário, colocava-se no ponto alocêntrico, naquele seu vértice criativo: ligava-se ao quadrado, mas era capaz de ter, a qualquer momento, um ponto de vista inédito sobre o mesmo, capaz de resolver um problema repentino, e também inédito!

O século XX nos deu preciosa lição militar, para a qual pouca gente atentou. Ele – continuando pelo século XXI – presenciou a criação dos maiores, mais poderosos, mais treinados e mais sofisticados exércitos que a humanidade já conheceu.

E foi exatamente este século que assistiu a todas essas formidáveis máquinas de guerra serem contestadas militarmente, com sucesso invariável, por um fator praticamente inédito: a guerrilha (Napoleão já a conhecera na Espanha, em 1808, e se deu mal). Assim ocorreu com os turcos na Síria e Palestina (sob Lawrence), com os alemães na Iugoslávia, com os franceses na Argélia, com os portugueses em Angola e Moçambique, com os italianos na Etiópia (nunca a pacificaram, até serem expulsos), com os americanos no Vietnã, com os russos no Afeganistão (os ingleses, espertinhos, saíram a tempo da Índia).

Ainda hoje, quando há uma guerra regular, como a do Golfo, exércitos regulares mais fortes podem dar um show contra os regulares mais fracos. Mas quando pinta a guerrilha, esses mesmos exércitos fracassam e se mandam, como os americanos no Líbano em 1984, a ONU na Somália em 1994 etc. (A Iugoslávia não é exemplo porque lá também há guerrilha contra guerrilha.)

Claro, guerrilheiro pode ser você ou eu, nenhum dos dois passou por Academia Militar alguma. No Vietnã, enquanto milhares de americanos se empenhavam em tarefas burocráticas e de logística, imprescindíveis à operação técnica de um exército regular (em 1968, dos 543 mil soldados americanos no Vietnã só 80 mil lutavam), cada vietcongue possuía apenas um revólver e a motivação para arranjar um jeito de esvaziar seu conteúdo num peito americano. Só isso.

O guerrilheiro, não especialista por definição, é muito mais prático na luta real e, muitas vezes, dispensando toneladas de exemplos, muito mais criativo!

É uma evidência militar que esclarece muito, a meu ver, o que acontece também com muitas empresas em seu desempenho comercial.

Um general prussiano aposentado, Karl von Clausewitz, publicou, em 1832, talvez o mais brilhante livro de estratégia que se conhece: *Sobre a guerra* (Martins Fontes, 1982). E lá já está dito: "A guerra está presente na concorrência empresarial: um conflito de atividades e interesses humanos".

De um lado, muitas vezes, grandes, poderosos e especializados exércitos; de outro, forças móveis, ágeis, com sangue novo. Na década de 1950, todos os gigantes da indústria de eletricidade – General Electric, Westinghouse e RCA, nos Estados Unidos; Siemens e Philips, na Europa; Toshiba, no Japão – lançaram-se no campo mais promissor dos aparelhos elétricos: os computadores. Todos fracassaram. O campo veio a ser dominado, mundialmente, por uma empresa que mal era considerada de tamanho médio na época, e definitivamente não era de alta tecnologia: a IBM.

Mas a história continua. No início da década de 1980, *The Big Blue* dominava o mundo. "Na última contagem" – informa Al Ries, em 1986 – "a IBM tinha 369.545 empregados, número que está crescendo rapidamente. Na base de um por um, há mais camisas brancas na IBM, porém não mais massa cinzenta." O que deveria começar a preocupar. Mas preocupar-se por quê? "Existem muitos líderes na indústria de computadores, mas somente *uma*, a IBM – a verdadeira líder na mente dos clientes firmes e/ou dos interessados em computadores." E tudo isso, notem bem, num setor jamais ameaçado pelos japoneses.

Mas começaram os erros. Já em 1965, a Digital introduziu o PDP-8, o primeiro de uma linha de minicomputadores que se tornariam amplamente usados em pesquisa científica, educação, controles industriais e assistência à saúde. "O ego da IBM se interpôs quanto a seu julgamento. Quem iria comprar um pequeno computador de baixo custo, ossos descarnados, sem o *software* e o apoio logístico da IBM? Milhares de empresas comprariam, e compraram mesmo. As vendas de microcomputadores DEC decolaram como foguetes." De qualquer forma, a IBM reagiu e, em 1981, lançou seu estouro: o PC. E seu ego foi às nuvens!

O certo é que em 1987, a companhia, com cerca de 400 mil empregados (mais de quatro Maracanãs lotados), ditava as tendências da indústria de computadores e ignorava olimpicamente os concorrentes. Era também apontada como a perfeição em matéria de marketing e organização. Em 1985, quando, como sempre, mais um executivo dos próprios quadros da companhia assumiu a presidência, o que se dizia é que ele se sentara na cadeira mais cobiçada dos negócios dos Estados Unidos!

Em breve não seria. Em 1991, a IBM acusou um prejuízo de 2,8 bilhões de dólares. Em 1992, informou haver sofrido outra sangria violentíssima, essa de 4,9 bilhões de dólares – montanha de dinheiro do tamanho do faturamento anual de todo o setor de informática do Brasil! Suas ações despencaram em 56%. Foi o maior rombo anual de toda a história do capitalismo!

Como foi isso possível, pelo amor de Deus? Resposta: a incapacidade da IBM, igual à de um dinossauro vaidoso, de adaptar-se às vertiginosas mudanças impostas ao mundo da informática por um dos inventos mais formidáveis da própria IBM: o PC, comercializado por empresas muito menores e muito mais ágeis. "Uma onda de prejuízos monumentais" – diz *Veja* de 3 de fevereiro de 1993, falando da IBM e de outros gigantes no vermelho – "mostrou que a estrutura das maiores companhias americanas foram roídas por pequenos concorrentes, mais ágeis e espertos." O que quer dizer, mais criativos!

Imagino que esse seja apenas um *round*. A história continuou. A IBM cortou mais de 150 mil trabalhadores, bem como os benefícios dos que ficaram. Anunciou que seu presidente seria substituído por um executivo de fora da empresa, fato inédito. E, como detalhe bem ilustrativo, passou a permitir que seus funcionários sobreviventes fossem trabalhar nos trajes que achassem mais convenientes, e não dentro do tradicional padrão da "Big Blue": camisa branca, gravata e terno escuro – exigência que, me desculpem muito, denota um quadradismo administrativo só ressaltado na hora de pagar, no caixa, quase 8 bilhões de prejuízo! "Esse é o fim da IBM que conheci", disse um magoado ex-executivo da companhia. E essa deve ser mesmo a ideia – para melhor!

E quem, em 1993, passou à frente do gigante (em valor de mercado) no campo da informática? William Henry Gates III – um garotão com óculos grandes demais, pele seca e, pelo que dizem, chato – a bordo de sua Microsoft, que fundara havia menos de vinte anos, e que hoje fatura, com apenas 17.044 empregados (1995), 6 bilhões de dólares. Um sujeito que, na comparação de *Veja* (12 de julho de 1995), "não é como Henry Ford, que fabricava carros, ou como Antonio Ermírio de Morais, que produz cimento. Bill Gates ficou rico tendo ideias". Um sujeito "considerado uma espécie de contracultura dos micreiros, o guerrilheiro tecnológico que desbancou o gigante capitalista – a IBM – com suas próprias armas". E por que a desbancou, ao lado de seu jovem sócio? "Os dois garotos de Albuquerque sabiam melhor o que se passava com o mundo [...] do que os executivos de terno preto e camisa branca." (Isso tudo foi escrito em 1996 e seria ocioso tentar atualizar.)

E, por curiosidade, como os próprios executivos da Microsoft trabalham e se vestem? A sede da empresa, em Redmond, com 26 prédios numa área do tamanho do autódromo de Interlagos, "parece mais um *campus* universitário do que um quartel general da empresa. Os funcionários podem vestir-se (e se vestem) de bermuda, têm cabelos compridos e praticam esporte nas quadras da empresa. Não há horários fixos de trabalho, com exceção do departamento de venda ao usuário. Não há porteiros e os prédios funcionam 24 horas por dia". Como o lugar é normalmente chuvoso, havendo sol "os funcionários param tudo para jogar basquete e beisebol".

Claro, a história continua. Desde 1996, o império de Gates passou a ser ameaçado por outro micreiro, um louro desajeitado que ficou milionário da noite para o dia, Marc Andreessen, "revolucionando a tecnologia com um radicalismo que alguns comparam ao Muro de Berlim". Ele está sendo para a Microsoft (cujo superesperado Windows'95 foi, aliás, uma decepção mundial) o mesmo que Bill Gates foi para a IBM. Mas nada impede também que, de repente, a IBM, com seu novo pessoal de bermuda, arrebente com todo mundo! Ou outra empresa qualquer. Não há *happy end* definitivo na vida real!

Al Ries e Jack Trout, em seu excelente *Marketing de guerra* (McGraw-Hill, 1986), apresentam numerosos e ilustrativos exemplos de sucessos e desastres "militares" na guerra comercial.

Quando a Volkswagen entrou nos Estados Unidos, sua filosofia foi "pense pequeno" (num mercado onde todo mundo só falava em "pensar grande"). Deu toda ênfase a seu carrinho pequeno, sensato e econômico. O sucesso foi astronômico e a Volkswagen chegou a ter 70% do mercado de carros importados. Então, passou também a "pensar grande": em rápida sucessão, lançou carros diferentes para todas as pessoas, enfraquecendo sua posição. O resultado foi "Tora, Tora, Tora" – ou melhor, Toyota, Datsum, Honda –, que, explorando a linha esparsa da Volkswagen, praticamente expulsaram a empresa alemã do mercado. Pensar pequeno fez a Volkswagen grande; pensar grande fez a Volkswagen, de novo, pequena.

Os autores dão algumas dicas sobre a guerrilha comercial:

> A chave para o sucesso de uma guerrilha de indústria é ser estreita e profunda, em vez de ampla e rasa. Quando uma guerrilha da indústria começa a ampliar suas ambições, em vez de aprofundá-las, você pode contar com problemas. [...]
>
> Você não pode ganhar emulando o líder. As empresas compreendem isso errado o tempo todo. Você somente pode ganhar se virar a estratégia do líder de cabeça para baixo. Encontrando o ponto fraco na força do líder. Flanqueando. Tornando-se guerrilha. [...]
>
> A maioria das empresas deveria estar em guerrilha. De cada cem empresas, como uma preciosa generalização, uma deve fazer defesa, duas devem estar na ofensiva, três devem flanquear e 94 devem ser guerrilheiras.

Operei, durante os dezoito anos em que tive agência de propaganda, consciente e declaradamente como *guerrilheiro* – e conto isso não só para oferecer testemunho vivo de outro exemplo comercial-militar (modéstia à parte, bem-sucedido), como, principalmente, para convidar, quem me leia, a ocupar brecha que, em minha opinião, continua plenamente disponível.

A brecha que encontrei – na verdade aos poucos, tateando, guerrilhando – é a que fica entre "conta grande" e "empresa grande", coisas que, absolutamente, não são sinônimos. E embora toda conta grande seja de empresa grande, há empresas imensas que não têm conta alguma.

A partir daí, comecei a notar que não pode haver correlação perfeita entre empresa grande/empresa pequena, de um lado, e, de outro, agência grande/agência pequena. Grandes e prestigiosas empresas, cuja elite voa toda de primeira classe, tendem a escolher, obviamente, grandes, prestigiosas e criativas agências de propaganda. Mas, se sucede terem verbas pequenas, para os padrões da grande agência, tais grandes empresas, após os rapapés e *show-off* na assinatura do contrato, acabam sendo atendidas por estagiários...

Isso, aliás, é muito humano, pois principalmente uma grande agência opera sob custos elevadíssimos, de olho na rentabilidade e nos problemas vastíssimos de seus grandes clientes. Verbas menores são aceitas seja pelo prestígio de mais um bom nome na lista de clientes, seja porque é sempre mais um suprimento de caixa. Porém, *na prática*, é de amargar quando um Grupo de Criação comprometido, por exemplo, na guerra de marketing contínua de uma Coca-Cola, que envolve verbas imensas, é chamado para bolar apenas um folheto institucional que é tudo de que necessita, por ora, uma grande empresa, ainda que seja uma Votorantim. A qual, no entanto, espera para o seu folheto a mesma competência profissional global de que dispõe uma Coca-Cola (estou propositadamente exagerando, bem como eliminando a alternativa das agencias médias, porque essa é uma explicação meramente esquemática).

E, para explicá-la melhor, prefiro transcrever aqui texto que redigi, com vista ao sócio brasileiro de uma multinacional, e que pensei, por um momento, em transformar em institucional da minha agência. Depois o achei muito longo, e nunca sequer foi layoutado.

Tal exposição começava transcrevendo parágrafo espirituoso de autor conhecido: "Meu dono" – diz o cão de M. Bergerer – "torna-se maior quando se aproxima e menor quando se afasta; eu sou o único ser que se conserva do mesmo tamanho, quer me aproxime, quer me afaste". (O texto a seguir era dividido em três blocos, com espaçamento que aqui preferi eliminar.)

Pulando para o campo iluminado da Propaganda, encontramos, por toda parte, *o mesmo ponto de vista.*

Por que – perguntamos – só é "grande" o cliente que pode elevar muito alto sua voz? Isto é: que dispõe de uma *grande* verba de propaganda?

Uma grande empresa pode desejar poucos anúncios por ano, tendo o direito de esperar o mesmo cuidado, criatividade e "resposta" que os cérebros das *grandes* agências garantem aos *grandes* anunciantes.

Porém tais cérebros (poucos na praça) são remunerados pela alta rentabilidade das *grandes* verbas. A elas se dedicam e, muito compreensivelmente, dificilmente se envolvem com os problemas de filosofia e comunicação de um cliente menor.

E as pequenas agências – muito compreensivelmente – não podem pôr tais cérebros em sua folha de pagamento...

Nesse impasse, surgem vários equívocos... e alguém caçará com gato.

Vejamos o problema do lado do sr. Bergerer, o cliente.

Ele dirige um empreendimento grande em prestígio, grande em faturamento, grande em tradição – embora possa apelar pouco para a propaganda.

Porém quando sua empresa necessita de uma campanha, um folheto ou apenas um serviço de mala-direta, ela necessita de soluções *ótimas* para a valorização de sua imagem, ou para o aumento de suas vendas; ela merece o mesmo atendimento, talento, criatividade, qualidade de texto, de *layout*, de produção e impressão que a Volkswagen ou a Souza Cruz obtêm de suas agências.

Merece o máximo de *know-how* publicitário.

Considerá-la cliente "pequeno" é uma ilusão semelhante à do totó acima citado.

Ilusão que leva muita agência boa a apresentar um serviço ruim, deficiente, nada fiel.

E muito cliente bom a se ver, de repente, num mato sem cachorro...

Publicitários do mais alto nível nacional, com experiência de mais de quinze anos em contratos de Planejamento e Criação, mas especialmente organizados numa agência *pequena*, superam esse impasse.

Publicitários que, se engajados em qualquer das agências grandes estariam, na certa, envolvidos *full time* com problemas de clientes de milhões...

Contudo, na presente organização de trabalho e estrutura de custos de nossa agência, eles podem dedicar-se a garantir soluções a seus problemas, por mais difíceis que sejam.

O que o senhor pode comprovar hoje mesmo, caso tenha, à sua frente, um osso duro de roer!

*Criatividade no trabalho e na vida* • 193

Gostou? Fica para você.

O fato é que tive, durante quase duas décadas, uma agência pequena, realmente pequena, que chegou, nos melhores tempos, a seis funcionários! Contudo, jamais me interessou lutar por qualquer empresa pequena, muito menos concorrer com qualquer agência pequena, nem mesmo média. Jamais, em minha vida, tive contas de "porta de boxe para banheiro", atendidas, muitas vezes, por agências bem maiores do que a minha (que não podia ser menor).

Todo o meu planejamento, ao contrário, voltava-se para *grandes empresas* – às quais eu próprio atendia – com grandes problemas, mas verbas pequenas à luz dos critérios das grandes agências (detentoras de grandes cérebros capazes de resolvê--los)! Verbas, contudo, que eram *bem grandes* para *minha* agência, que mesmo não podendo ser menor, também tinha cérebros capazes de resolvê-los!

Acho muitas das grandes agências pesadas e praticamente indefesas, quando encontram um bom guerrilheiro que consiga – isso é que é o mais duro! – penetrar em suas defesas. A partir daí, digo que o resto não é muito difícil. Assim, jamais eu conseguiria, por exemplo, que alguém que decide na Coca-Cola sequer escutasse qualquer proposta minha – e eu não teria mesmo estrutura para atendê-la. Mas quando um cliente, que não tivesse a verba da Coca-Cola, chegasse a me ouvir para considerar a opção, o resto, insisto, não era lá tão difícil... Em todos esses anos, cheguei a concorrer, direta ou indiretamente, com seis das quinze maiores agências do país na época – sempre, é importante ressaltar, nessas áreas secundárias ou terciárias de seus interesses – e me dei bem em todas...

Não tenho maiores dúvidas, modéstia à parte, de que se trabalhasse numa grande agência, chegaria a responder pela conta de uma Coca-Cola da vida. Chegaria, na carreira, à farda de general. Mas sempre preferi, muito mais, o pijama do guerrilheiro. Como era eu próprio quem conquistava e atendia meus poucos (grandes) clientes – além de ser eu próprio o único que redigia todos os anúncios –, desenvolvi, com as firmas que atendia, um padrão de confiança e autonomia realmente invejável. Até hoje, doze anos depois, muitos desses empresários são meus amigos pessoais.

Em fins de 1995, soube que uma grande agência brasileira estava comemorando o aumento notável de sua produtividade, pela elevação do índice de *layouts* aprovados de 3% para 5%. Amigo, durante anos, o índice de aprovação dos mais de cem importantes *layouts* anuais de minha pequena agência foi 100%! Não minhas ideias, absolutamente. Nem meus textos, mesmo que os achasse ótimos! Muito menos o planejamento ou o plano de *media* que propunha. Mas *layouts? Layouts* eram aprovados basicamente por mim, depois de recusas e discussões, às vezes terríveis, com meu próprio pessoal de Criação. Qualquer mudança nestes, sugeridas pelo cliente, eram efetuadas diretamente já na Produção do anúncio. Afinal, a RESPONSABILIDADE da conta era minha, não abria mão em hipótese alguma dessa condição, e todos os meus clientes, alguns de grande renome, alguns internacionais, alguns que ficaram conosco mais de uma década (mesmo assediados por agências muito maiores) sabiam disso, eram lembrados disso se necessário, e realmente apreciavam muito isso.

Essa relação me permitia trabalhar, se preciso, com os melhores *free-lancers* da praça, empregados em grandes agências – mas que trabalhavam bem melhor para mim. É lógico: se acaso eu aprovasse, na hora, o que eles fizessem, sabiam que não teriam de refazer mais nada, podiam ir para o caixa e, muito importante, aguardar para rever o que fizeram nas revistas, nos jornais, ou exposto em *outdoor*. Já no próprio emprego, "o que fizeram" tinha toda a chance de cair na cota dos 95%...

Não estou falando isso para me vangloriar. Dou de barato que o dono de tal grande agência, de nível de aprovação de 5%, teria competência profissional de elevá-lo extraordinariamente, se respondesse diretamente por verbas pequenas de grandes empresas. Mas já não pode sequer tentar isso. É general de um grande exército, assoberbado de compromissos, lutando contra outros grandes exércitos – vulneráveis todos à ação da guerrilha inteligente, rápida e profissionalmente competente.

Nunca procurei "crescer", em hipótese alguma, mesmo quando convidado a me associar a agências maiores, de São Paulo. Sabia que, se crescesse, por pouco que fosse, perderia a mobilidade, a rapidez, e o poder de penetração – e talvez mais tempo para criar – que minha agência possuía. Se crescesse, aí sim, me tornaria uma típica agência pequena...

Teria muito mais a falar – e mesmo, quem sabe?, a ensinar – sobre essa experiência de quinze anos de guerrilha exclusivamente entre gigantes: empresas, veículos e agências. Um dia, quem sabe?, se insistirem muito, vou escrever um livro a respeito. Quem sabe? Eu sei: *jamais* vou escrevê-lo!


Essa incursão militar-comercial – coroada pela frase de Von Moltke – dá subsídios à inspiração em qualquer área da vida!

A Criatividade militar é todo plano efetivo que não está, nem poderia estar, nos planos do inimigo. A Criatividade comercial é todo plano efetivo que não está, nem poderia estar, nos planos do concorrente. ("Um exército de sucesso", observou o historiador Liddell Hart, opera sobre "a linha onde há menor expectativa".)

Sua Criatividade, amigo, em qualquer setor, é todo plano que não estava em seus próprios planos! Até muito recentemente.

Ela nasce *além* dos planos (no ponto alocêntrico), para só depois tornar-se Plano!


CORTA!

A rigor não há capítulo "muito extenso", pois o leitor pode obviamente interromper sua leitura em qualquer ponto.

Mesmo assim, meu editor sugeriu introduzir aqui um "VOLTAMOS APÓS NOSSOS COMERCIAIS".

*Criatividade no trabalho e na vida* • 195

# 8
# Um paradigma para o eureka II

*Consiga um ponto de apoio fora do
quadrado, e você poderá deslocá-lo...
e levantar o mundo!*

## Mate em quatro lances

Será possível?
De acordo com o enunciado do problema, as brancas jogam e vencem a partida, no máximo, em quatro lances. Estando todas as peças na posição inicial (mesmo não dispondo as brancas dos peões), significa, tal enunciado, que qualquer jogador, jogando com as brancas, liquidaria infalivelmente o adversário... e em apenas quatro lances.
Seria o fim de todos os campeonatos!
Nenhum conhecimento técnico de xadrez será capaz de resolver esse enigma! Ele só começará a se diluir quando você descobrir, VIR, um detalhe mínimo: a dama preta não está na casa preta, sua obrigatória posição inicial (o que prova que já se moveu). Logo, as pretas ocupam a posição inicial das brancas, estando seus peões a um passo de coroar.
O tabuleiro está invertido!
Esse pequeno *insight* criativo muda toda a natureza da questão!
A partir daí, um conhecimento superficial de xadrez levará ao mate infalível em quatro lances.
Inumeráveis problemas na vida possuem esta mesma estrutura.

---

Este é um primor de Criatividade em xadrez, de autoria do escritor irlandês Lorde Dunsany e apresentado por Martin Gardner em *Mathematical Puzzles & Diversions* (Simon and Schuster, Nova York).
Para os aficionados (melhor reinverter primeiro o tabuleiro): 1) C7R – C6BD; 2) C5B, ameaçando mate no próximo lance – C5D; 3) DxC, com mate inevitável a seguir: C3R.

*"A verdadeira dificuldade não está em aceitar ideias novas, mas em escapar das ideias antigas."*

**John Maynard Keynes (1883-1946)**

O que será um pesquisador quadrado, e o que será um pesquisador criativo? Você não pode diferi-los simplesmente vendo a ambos, por exemplo, debruçados sobre um microscópio, observando atentamente uma amostra de sangue.

Se o primeiro está programado para descobrir se naquele sangue há algum espiroqueta *Treponema pallidum*, para deduzir que seu portador é paciente de sífilis, ele está empenhado numa tarefa produtiva, científica, admirável. *Mas está no quadrado!* Se fizer, profissionalmente, apenas isso, dia após dia, variando apenas as lâminas e as técnicas, ou o tipo de bacilos ou vírus a identificar, ele será um *pesquisador quadrado!* Se toda sua vida, inclusive pessoal, for pautada por normas e princípios desse tipo, ele será um *sujeito quadrado!*

Se o outro pesquisador, com o mesmo objetivo de localizar espiroquetas, sentir, eventualmente, curiosidade súbita sobre a forma original de algum glóbulo branco (o que não tem nada a ver com a pesquisa); ou notar que os espiroquetas encontrados, por exemplo, parecem preferir formar pares com glóbulos vermelhos; ou que há espiroquetas de mãos dadas – de filamentos dados – ou até alguns que parecem se beijar, ou mesmo fazer coisa não necessária à sua conhecida reprodução por cissiparidade, esse pesquisador, agora, está com uma *abertura criativa!* E, mesmo assim, pode cumprir sua tarefa técnica tão bem quanto o outro...

Os alemães pesquisavam sem resultado a química dos polímeros desde a Primeira Guerra, muito antes de a Du Pont entrar no negócio.

Mas num dia de 1928, um funcionário da Du Pont deixou, descuidadamente, um bico de gás aceso sob a retorta durante o fim de semana e, na segunda-feira seguinte, Wallace H. Carothers, o químico encarregado da pesquisa, descobriu que o material se estragara, cristalizado em fibras. Soube, contudo, ver esse lixo com outros olhos – o que levou a Du Pont, dez anos depois, a fabricar o náilon intencionalmente. Na verdade, os alemães poderiam, dez anos antes da Du Pont, ter chegado ao náilon e assumido a liderança mundial da indústria química, pois muitas vezes tais falhas também ocorreram, acidentalmente, em seus laboratórios. Contudo, como tais falhas não estavam no programa, os germânicos jogavam tudo fora, como manda o Manual, e começavam tudo de novo.

A rigor, essa questão do homem especialista (mal necessário, no estágio e complexidade atual do conhecimento humano) *versus* homem criativo não deveria constituir contradição alguma.

Tive, há vários anos, uma entrevista muito rotineira, muito trivial, com um dos maiores especialistas em traumatologia que o Brasil já conheceu, de renome internacional, Mário Jorge – da qual nunca mais me esquecerei.

Quando criança, certa vez quebrei o braço ao cair de um tronco de bananeira, onde tentava imitar um equilibrista que vira no circo, e o dr. Mário Jorge o repôs perfeito. Muito mais grave ocorreu em 1967, quando fui atropelado por um táxi (culpa minha), tive a perna quebrada em seis partes, e o dr. Mário Jorge a repôs também perfeita (fiquei quatro meses preso ao leito, coçando o gesso). Mais tarde ainda, meu cunhado alemão, que reside em Hamburgo, apresentou problemas de coluna que os médicos de lá não conseguiam resolver. Pedi-lhe as radiografias e marquei consulta com Mário Jorge. Este, já idoso (hoje falecido), escutou-me em silêncio e, ao saber que eu trouxera as radiografias, não quis ouvir mais nada: colocou-as contra a luz e ficou cerca de dez minutos olhando para elas, fixamente.

Eu, ao lado, me perguntava como alguém acha tanta coisa para ver, durante tanto tempo, em meia dúzia de fotos em raios X. Claro, somente um especialista na matéria.

Em seguida – e esse foi o primeiro ponto alto da entrevista –, Mário Jorge começou a me explicar as radiografias. De forma clara e coloquial. Sem apelar para qualquer jargão de traumatologia. Lançando mão de imagens e comparações totalmente fáceis e acessíveis. Esse é um sinal evidente do profissional realmente competente e aberto à Criatividade. Um simplificador. Não me deu apenas um diagnóstico. Fez-me penetrar, sem esforço, sem "mistério" e com prazer, na ciência dele.

O que mais me marcou, porém, ainda estava por vir, quando acrescentei a informação de que meu cunhado, na Alemanha, apelara, em desespero de causa, para a quiroprática. Mário Jorge pensou um pouco e comentou que acabara de ler um artigo, em revista especializada norte-americana, demonstrando que quiroprática era um embuste. Fiquei meio sem jeito e quis saber sua opinião pessoal sobre a quiroprática.

– E eu lá sei? MEDICINA SÃO FATOS! Seu cunhado melhorou?

Abertura criativa é isso.


Se você só tem um martelo na cabeça, sua tendência é ver todos os problemas como se fossem pregos!

Qual o lugar onde executivos e profissionais exercem mais sua criatividade? No lar. Porque no lar ninguém é especialista em nada! Já foi dito que uma dona de casa encontra diariamente mais oportunidades de inovação do que um empresário médio, num mês. Concordo, embora seja frase contra a qual machistas e feministas encontrarão razões para protestar.

Lembra-me a pergunta do dono da casa, espantado de ver um biscateiro consertar uma máquina complicada, de cujo defeito nenhum técnico estava dando conta:

– Você leu as instruções?

– Não, eu não sei ler – foi a resposta. – E quando a gente não sabe ler, tem de pensar.

Especialistas só serão criativos se superarem sua especialidade. John Kenneth Galbraith, considerado o economista mais popular do seu tempo, e muito bem-sucedido no campo intelectual que escolheu, não hesita em proclamar: "Manuais de Economia nos ensinam a ignorar a realidade".

Abertura criativa é isso.


Criatividade transcende qualquer doutorado.

Já lembrei, em páginas anteriores, de alguns dos muitos gênios que foram inicialmente repudiados por seus professores e examinadores – especialistas na matéria. E que dizer daqueles que chegaram a ser luminares em suas áreas de atuação... sem nem um currículo regular? Cézanne, Gauguin, Monet, Pisarro, Rousseau jamais participaram de qualquer curso de pintura (embora fossem numerosos em sua época); Jean Piaget, um dos maiores expoentes da psicologia moderna, não era formado nem em psicologia nem em medicina; nosso arquiteto José Zanine, o mestre da madeira, criador de residências reconhecidas entre as melhores expressões da arquitetura brasileira, e festejado também na França, onde recebeu numerosos prêmios e lecionou em seis universidades... nunca passou do curso primário.

Isso não significa que o estudo regular não seja importante, importantíssimo.

Significa, isso sim, exatamente o que meu leitor já entendeu que significa...

Como entenderá facilmente a razão de número tão elevado de descobridores e inventores (pelo menos até meados do século XX) de formação acadêmica muito distante do campo que enriqueceram e revolucionaram.

Um relojoeiro parisiense, François Tourte, inventou o violino, em 1780. Gregório Mendel, monge agostiniano, que nunca fora cientista, descobriu as leis de hereditariedade, em 1865. Samuel Morse, pintor profissional de retratos, inventou o telégrafo. Robert Fulton, também artista, criou o barco a vapor.

Gente tão improvável como um clérigo escocês chamado Forsyth e um pintor de paisagem chamado Shaw contribuíram com a ignição por percussão e com as cápsulas de percussão em cobre, para a criação da bala de fuzil. Antes, no século XIV, um monge alemão, Berthold Scharz, já inventara o canhão.

John Harrison, carpinteiro, inventou o cronômetro naval. Eli Whitney, mestre-escola e formado em direito, inventou, como já disse, o descaroçador de algodão. E Jethro Tull, músico, inventou a máquina de semear (a primeira a funcionar eficazmente). Um reverendo, William Lee, inventou a máquina de tricotar.

Um escultor da Renascença, Cellini, como também já disse, inventou o rolamento. Ainda no século XVII, Cassini, um astrônomo, e Ramazzini, professor de medicina (e não engenheiros hidráulicos), construíram o primeiro poço artesiano. Hubert Booth, construtor de pontes, inventou o aspirador de pó. E um marceneiro, Thomas Saint, inventou a máquina de costura.

*Criatividade no trabalho e na vida* • 201

Um advogado especializado em registro de patentes criou a xerografia, um veterinário criou o pneumático, um agente funerário criou a discagem telefônica automática. E um retratista americano inventou a fechadura de segurança, em 1860, a ponto de seu nome virar sinônimo de chave: Linus Yale Jr.

Dois fabricantes de papel, os irmãos Montgolfier, ao observar a fuligem erguendo-se do fogão de cozinha, passaram a fazer experiências com sacos de papel, até que em junho de 1783 lançaram ao ar o primeiro balão, de 35 metros de circunferência. A pré-história da era espacial começou na cozinha.

Um dos maiores laboratórios fotográficos dos Estados Unidos gastou centenas de milhares de dólares procurando criar um filme que fixasse imagens coloridas. Mas o êxito se deve a dois músicos de uma orquestra em *tournées* contínuas pelo país, servindo-se eles dos banheiros dos hotéis como "laboratórios".

Hoje, possivelmente, o campo para o inventor autodidata está cada vez mais restrito. Sem dúvida, são incontáveis as necessidades atuais a que os inventores podem satisfazer. "Contudo," – como nota, já na década de 1970, Samuel Ruben, inventor da pilha de mercúrio – "a era do inventor científico autodidata [como ele mesmo] está praticamente encerrada. A ciência hoje está tão avançada e sofisticada que seria necessário toda uma vida de autodidatismo só para começo de conversa."

Isso não muda um milímetro do que foi dito até aqui. Nenhuma invenção ocorreu, ou jamais ocorrerá, a um especialista que pense o tempo inteiro como especialista, na acepção estrita da palavra.

Esse assunto merece enfoque melhor. A vida em 1850, por exemplo – com Napoleão III preparando-se para seu golpe de Estado, Verdi terminando o *Rigoletto* e o café tornando-se o principal produto de exportação brasileiro –, estava mais próxima dos tempos bíblicos do que da época atual!

Sim, o cavalo substituíra o burro, e o fuzil, a besta, mas, quanto ao resto, não havia diferença muito grande. A agricultura, a construção e o conforto dos cidadãos não haviam praticamente evoluído desde a época romana.

Em compensação, de lá para cá – pouco mais de um século e meio –, todo o universo cotidiano mudou de dimensão: o automóvel, o avião, o telefone, os edifícios, a luz elétrica, a televisão, a cultura intensiva, o aquecimento doméstico, a geladeira, a comida enlatada, o cinema, a reprodução fonográfica, as fibras sintéticas, os antibióticos, a xerografia, as pilhas elétricas, o relógio portátil, os eletrodomésticos e – *last but not the least* – o computador criaram um "admirável mundo novo".

E tudo inventado *antes do fim da Segunda Guerra*, vale dizer, já há mais de meio século, exceto o computador (o primeiro, *ENIAC*, entrou em operação seis meses após a rendição do Japão).

Ainda em 1900, meio século após a data base que escolhi, o chefe do Departamento de Patentes dos Estados Unidos – cargo tão importante que exigia nomeação direta do presidente da República – demitiu-se junto a Theodore Roosevelt: "Por não concordar em ser remunerado sem trabalhar, peço desligamento do meu cargo, uma vez que tudo que havia para ser inventado já o foi".

No meio século seguinte, encerrado cinco anos após a Segunda Guerra, mais de um milhão de patentes foram acolhidas pelo mesmo departamento. Em 1975, a média já chegava a cinquenta mil por ano – porém quarenta mil referentes a melhoramentos de patentes já registradas.

Há, assim, razões para afirmar já ter sido inventada – num ciclo encerrado há mais de cinquenta anos – toda a estrutura básica do cotidiano moderno. A massa de invenções desses cem anos-chave, 1850-1950, conquistada tantas vezes por solitários improvisadores, sugere representar – para o presente e para qualquer futuro previsível – algo semelhante ao que a invenção da bússola e da imprensa, no século XV, representou para o descerramento da chamada Idade Moderna.

Contudo, tomando por referência apenas o item "reprodução fonográfica", se pegarmos numa mão o pesado rolo de cera de Thomas Alva Edison, e na outra um CD, não será fantasioso acreditar que, entre um e outro – passando pelo disco de goma-laca, a gravação mecânica, a gravação elétrica, o disco de acetato, o LP de vinil etc. – haverá, pelo menos, um *milhão* de ideias e invenções encadeadas!

E isso sem perder de vista que os autores desse "milhão", embora não mais autodidatas, como Edison, passaram, sem sombra de dúvida, pelos mesmos processos psíquicos e especulativos – simples e intuitivos – por que Edison passou... apenas lidando com outros fatores e outros problemas. No momento da ocorrência de todo esse "milhão", nenhum de seus autores pensava *como* especialista – ainda que o pudesse ser...

Tudo isso se prende, evidentemente, à evolução histórica. De um lado, a complexidade crescente de invenções continuamente melhoradas e melhoradas ainda mais. Edison e Graham Bell não teriam condição de sequer entender o que se faz hoje com seus inventos. De outro lado, o custo crescente da evolução, incapaz de ser financiado por um indivíduo médio. Na década de 1920, um protótipo de avião podia ser criado e desenvolvido por cerca de 10 mil dólares (o que estaria dentro do orçamento de Santos Dumont, filho de fazendeiro abastado); na década de 1930, a média pulou para o nível de 600 mil dólares; na década de 1940, chegou a vários milhões para cada novo tipo de avião e, em meados da de 1950, o custo passou a situar-se entre 10 e 20 milhões de dólares; o custo do supersônico americano já estava previsto para 1,4 bilhão de dólares, antes de o Congresso vetar o projeto.

Assim, a inventividade é hoje indústria de muitos bilhões de dólares, que percorreu longo caminho desde os tempos do solitário inventor fazendo experiências no sótão de casa, ou do físico universitário sem qualquer subsídio.

Mas seria completa ilusão imaginar que os inventores de hoje – mesmo em seus centros de pesquisa ricos e computadorizados – operem, mentalmente, de modo muito diferente do dos inventores de ontem...


Isso pode ser comprovado, de alguma forma, no panorama dos *think tanks* – instituição tipicamente americana, cujo nome pode ser traduzido como Centrais de Ideias, ou Viveiros de Ideias.

*Criatividade no trabalho e na vida* • 203

Tudo começou em 1832, quando o secretário do Tesouro se confrontou com incômodas caldeiras de vapor que explodiam constantemente em navios americanos, e contratou o Instituto Franklin, da Filadélfia, para estudar o problema. Desde então, o governo tem pago cada vez mais, década após década, pelos serviços de cérebros fora da área governamental. Contudo, uma variedade de fatores produziu o aumento explosivo do número e tamanho de *think tanks* após a Segunda Guerra. O principal, sem dúvida, foi o sucesso soviético dos Sputniks I e II – o que assustou a América. A nação reagiu, os gastos com Pesquisa e Desenvolvimento (R&D) subiram de 3 bilhões em 1957, ano dos Sputniks, para 15 bilhões de dólares em 1964.

Em 1971, já havia, aproximadamente, 75 *think tanks* ligados ao governo federal. Entre eles, a RAND, o mais famoso. Suas relações com o governo foram definidas, por um oficial do Departamento de Defesa, como "íntimas, constantes, não muito diferentes daquelas que as estrelas de cinema mantêm com seus analistas". Somem-se cerca de duzentos dos mais de cinco mil grupos de pesquisa sem fins lucrativos. O Instituto Hudson foi o mais famoso. Somem-se mais de trezentas firmas com fins lucrativos que atendem a consultas e "pensam" em troca de pagamento, remanescentes dos *condottieri* da Itália medieval, que ofereciam soldados bem treinados a quem pagasse mais: oferecem equipes de "cérebros" de forma semelhante. Arthur D. Little e o Grupo TEMPO, da General Electric, os principais. Finalmente, um punhado de "viveiros de ideias" verdadeiramente independentes, sem fins lucrativos, que determinam seu próprio trabalho e existem para explorar um só assunto ou ponto de vista. Em vez de aceitar subsídios e diretrizes da indústria ou do governo, confiam em si próprios e em seus patrocinadores, na sua maioria particulares, incluindo indivíduos e fundações.

A diversidade do que fazem é imensa: desde planos de contingência nuclear e esquemas de desenvolvimento para nações recém-emancipadas, até novas ideias para impedir e combater o crime, sugestões para tornar as escolas do país mais atraentes e novas combinações de armas estratégicas. Sua produção maciça é de "papel". Porém já inventaram muita coisa, como a Hojo Cola, o filtro Lark, certos aromas e sabores, alimentos congelados e até aquelas letras de números que o computador pode ler e que aparecem nos cheques.

Também de *think tanks* partiram a borracha sintética, a cópia eletrostática ou xerografia (desenvolvida no mesmo Instituto, Batelle, também ocupado, na época, com a bomba atômica), a fita magnética, bem como o primeiro processo bem-sucedido de fabricar fibra de vidro.

Interessante, agora, é o "clima" de tais "viveiros". Em praticamente todos, cada um trabalha vestido como quer, com os cabelos como lhe apraz, calçado ou descalço, barbeado ou não. A RAND mantém-se aberta dia e noite para poder atender a pesquisadores que preferem trabalhar em horas erráticas. O Instituto Hudson, com sua atitude interna iconoclástica e seus métodos tão pouco burocráticos, é, simplesmente, como informa Paul Dickson (*Centrais de ideias*, Melhoramentos, 1975), "o oposto direto dos patrocinadores que permitem seu funcionamento". Basta uma conversa com algum membro do pessoal, irreverente e até um pouco abusado, e torna-se "óbvio, que esse homem não é um elemento de uma organização formal ou um burocrata padrão".

A par de toda essa liberalidade – quanto a assuntos que, afinal, nada têm a ver com a natureza dos problemas tratados –, existe, claro, pressão! "Paraíso da pesquisa", na Rand, por exemplo, "embora o pesquisador seja completamente livre quanto à forma pela qual trabalha, não o é quanto à meta que deverá atingir pelo seu esforço".

(Participei, ainda em 1968, como sócio-fundador minoritário, de uma espécie de *think tank* brasileiro, o *Brainbank – Banco de Ideias S. A.* – empresa pioneira no país em sua modalidade –, que congregava vinte profissionais, entre eles cinco economistas, cinco engenheiros, quatro advogados, sendo eu o único publicitário. Sua matéria-prima era, como definia, "a capacidade de criação", mas seu escopo final, "transformá-la em realidade rentável" junto a terceiros. Para a primeira, e última, ideia que comercializou – de que não participei e nem me lembro mais –, recebeu proposta altamente compensadora, mas nosso sócio majoritário, contra a opinião dos demais, queria remuneração maior e maior, e tudo foi por água abaixo, inclusive a sociedade. Valeu pela experiência.)

Contudo, grande massa dos "produtos" dos *think tanks* redundou, como é de opinião geral, em inconsequências, e por duas razões:

1ª) a encomenda maciça que recebiam para "pensar" questões de guerra, "pensadas" de forma muito setorial, como mostrou seu fracasso nos projetos relativos ao Vietnã. E isso somado ao obsoletismo de tudo que "pensou" em relação à guerra contra a URSS.

2ª) sua notória tendência a enfoques de futurologia, o que é receita certa para se enveredar pela fantasia e pelo fiasco, e não pela *solução de problemas concretos*, presentes, imediatos. Criatividade nada tem a ver com prognósticos!

Criatividade não lida com o futuro. *Faz*, sem saber, o futuro!


– E Julio Verne? E H.G. Wells? – perguntará o leitor. – Por acaso não foram criativos?

Você está me desviando do roteiro, mas esse é argumento de gente quadrada:

Julio Verne (1828-1905) é, de fato, um caso espantoso. Começou a escrever por volta de 1850, aquela data base que escolhi, quando a humanidade vivia, no seu dia a dia, de modo mais próximo dos tempos de Cleópatra do que dos tempos atuais. E simplesmente previu os tempos atuais: submarinos, aviões e hidroaviões, calçadas rolantes, luzes de gás neon, ar condicionado, escafandros e o batiscafo de Picard, a parafernália subaquática de Jacques Cousteau (para escrever *A ilha misteriosa*, entrosou-se com um engenheiro de Chicago que havia registrado, em 1859, uma "máquina de mergulhar"), dirigíveis e helicópteros, canhão de longo alcance, tanques, os gases asfixiantes da Primeira Guerra, fotografia em cores, vitrola, televisão, bomba atômica, cinema em 3-D, viagens espaciais e consciência ecológica.

Em seu livro *Paris no século XX* (Ática, 1995), lá estão, ainda, embora descritos de maneira às vezes tosca, o fax, um sistema de arquivamento de informações que agora o computador viabilizou, os carros, os trens de alta velocidade, sofisticados sistemas de alarme contra roubo, a pena de morte na cadeira elétrica. Estão lá também as imagens das grandes metrópoles, com seus altos edifícios servidos por elevadores e seus lúgubres apartamentos, a iluminação elétrica, a poluição. Até o mundo da moda foi antevisto, nos tecidos de fibra sintética, nas adolescentes "com longos cabelos abandonados sobre os ombros" e nas mulheres "de formas longas, magras", entregues "a todo rigor da linha reta e dos ângulos agudos". (Claro, não acertou em tudo: *O século XX* de Verne é um mundo no qual não há mais lugar para poetas, nem para músicos, nem mesmo para jornalistas, tampouco – imagine! – soldados!)

Julio Verne, com sua intuição, era astronomicamente mais competente em prever o cenário estonteante de um século e meio, do que nossos economistas quando se trata de doze meses! Ou de qualquer tecnocrata, como Herman Kahn, munido ou não de computadores! Certa vez, Franklin Roosevelt nomeou uma comissão destinada a apontar as novidades tecnológicas que mais poderiam influenciar os anos a seguir. O relatório final, publicado em 1937, conseguiu o prodígio de não acertar coisa alguma: não dizia uma palavra sobre televisão, plásticos, aviões a jato, tecnologia espacial nem raios *laser*. E ainda descartou a possibilidade de sucesso das canetas esferográficas...

Verne chegou mesmo à premonição: como lhe ocorreu, pergunto, escolher a costa da Flórida – local do lançamento real dos homens à Lua, pela Apollo 8 – para a partida de sua viagem de ficção ao satélite, em *Da Terra à Lua*? Como imaginou sua nave cilindro-cônica, munida de retrofoguetes para frear e mudar de direção, e que levava três passageiros como a Apollo 8? Como imaginou que, afinal, seus heróis descessem no mar, perto de um navio – tudo como as manobras de recuperação da Apollo 8? E, mais estranho de tudo, como calculou que a nave de sua história levaria 73 horas e 13 minutos para viajar da Terra à Lua – um século e meio antes de a verdadeira Apollo 8 levar 73 horas e 10 minutos para sua primeira órbita em torno do satélite? (O único erro sério que cometeu foi seu sistema de lançamento por canhão, que desintegraria a nave. Deveria ter pensado duas vezes.) "Não passará um século antes que tudo seja realidade", previu Verne sobre essa viagem, em 1870 – a profecia foi cumprida exatamente 99 anos depois!

Verne era muito convicto quanto ao realismo potencial de suas ficções. (Aliás, ainda em vida, viu muitas de suas "profecias" se realizarem, como o balão de Santos Dumont, a quem parabenizou.) Dizia: "Tudo aquilo que um homem é capaz de imaginar outro homem será capaz de fazer". Algo muito diferente do inglês Herbert George Wells (1866-1946) que, no início do século XX, acertou muito mais nos seus romances do que nos seus ensaios "sérios". Como ficcionista, acreditava em aviões cruzando o canal da Mancha "até quatro vezes por dia", em tanques de guerra, bombas atômicas e submarinos. Como ensaísta, achava impossível que aviões pudessem modificar os sistemas de transportes mundiais. Que os tanques tivessem alguma eficácia. Que a energia nuclear tivesse uso prático "antes de transcorridos vários séculos". E que os submarinos "fossem capazes de outra coisa que não fosse ir direto ao fundo do mar, afogando toda a tripulação".

O importante agora é notar que a criatividade indubitável desses cavalheiros não tem *nada* a ver com o acerto ou não de suas previsões! Sua criatividade está ligada à ficção fascinante que criaram em *sua época*! O primeiro livro de Verne, *Cinco semanas em um balão*, após ser recusado por quinze editoras, foi traduzido para todas as línguas civilizadas. *A volta ao mundo em oitenta dias*, publicado em capítulos pelo *I e Temps* de Paris, acarretou tamanho interesse que correspondentes de jornais de Nova York e Londres enviavam cabogramas diários informando sobre o lugar onde se encontrava, a cada dia, o imaginário Fogg. Aos 34 anos, Julio Verne era famoso.

Quanto a Wells, para citar um único episódio, seu roteiro sobre uma invasão marciana à Terra, em *A guerra dos mundos*, dramatizado no rádio por Orson Welles, em 1940, provocou sério pânico em Nova York. Wells, como Verne, alcançou o sucesso muito antes de que qualquer coisa que ele tenha previsto que se realizasse (e ele não acreditava que se realizariam). O mérito criativo de Arthur Clark, em seu admirável *Uma odisseia no espaço*, não depende absolutamente da criação futura de HAL, um computador que pensa autonomamente – coisa que eu, discordando de Verne, acho fora de hipótese.

O mesmo, de algum modo, passa-se com Leonardo da Vinci. Há uma ideia surpreendente em cada página de suas anotações, e ele nos legou milhares de manuscritos: um submarino, um helicóptero, uma forja automática e mesmo uma bicicleta muito mais prática e bem concebida do que a criada por Kirkpatrick Macmillan, em 1839. Contudo, nenhuma delas poderia ter-se convertido em qualquer inovação prática, em face da tecnologia de 1500. Nem, para nenhuma delas, teria havido receptividade alguma por parte da sociedade e da economia de sua época. Assim, a rigor, da Vinci não pode ser considerado absolutamente um inventor. Trata-se, nesse campo, de mais um autor de *science fiction*.

Julio Verne era chamado, em vida, "o Leonardo da Vinci de Nantes" – o que vale chamar Leonardo, apropriadamente, "o Julio Verne da Renascença".

Aliás, as concepções de Da Vinci, no século XV, para resolver o problema do voo humano, baseadas no voo dos pássaros, atrapalhou seriamente numerosos sucessores envolvidos com o mesmo problema – até o século XIX, quando o desafio foi encarado de um ponto de vista totalmente diferente!


Voltando mais atrás na história, desde seus primórdios, vale a pena lembrar as invenções sociais, cujo declínio é diametralmente oposto à explosão crescente de invenções técnicas e descobertas científicas dos últimos 150 anos.

Das 37 grandes invenções sociais, sete delas (casamento, religião, alma, enterro, arte, música, agricultura) foram realizadas pelo homem pré-histórico; três pelo Antigo Egito: imortalidade, livros, cirurgia; treze pela Suméria, campeã nesse campo: igrejas, governo, cidades, escravidão, medicina (que divide com o Egito), exércitos, fábricas, escolas, universidades, leis, justiça criminal, prostituição e adoção. A Babilônia inventou o divórcio; a Lídia, a moeda. A Grécia inventou o hospital e a democracia, e Roma, a greve e a República. A Pérsia entra mal aqui, com o crime

*Criatividade no trabalho e na vida* • 207

organizado, já no século XII. Nada até o século XVII, este com quatro invenções: jornais, partidos políticos, estatísticas sociais e sindicatos (surgidos, respectivamente, na Alemanha, Inglaterra, Suíça e também Inglaterra). O século XVIII inventa apenas o jardim de infância dinamarquês. E o século XX, apenas as pensões familiares, surgidas na França, em 1918.

Essa defasagem não deixa de ser perturbadora – e deve acarretar algum preço. Mesmo sem partir da pré-história, é inquietante reconhecer que, por exemplo, nossos sistemas políticos contemporâneos são copiados, como notou Alvin Tofler, de modelos inventados antes do advento da fábrica industrial, antes da comida enlatada, da refrigeração, da luz a gás e da fotografia, antes da introdução da máquina de escrever, do telefone, antes de o automóvel e o avião encurtarem notavelmente as distâncias, antes de o rádio e a televisão começarem a manipular sua alquimia na mente das massas, antes de Auschwitz provar que a morte pode ser industrializada, antes dos mísseis nucleares, dos computadores, das pílulas anticoncepcionais, dos transistores e *lasers*. Foram projetados num mundo intelectual que hoje é quase inimaginável: o mundo pré-Marx, pré-Darwin, pré-Freud, pré-Einstein.

Melhor mudar de assunto.


Invenções, por outro lado, *fazem* a História – e não só a do fogo, da roda, da pólvora ou da imprensa. Marshall McLuhan ("o meio é a mensagem") ensina que foi a invenção do estribo, liberando o cavaleiro para o combate e longas jornadas, que deu origem à Idade Média. Lewis Mumford, professor de Humanidade de Stanford, opina que a invenção do sino (tangido a horas certas pelos mosteiros medievais) permitiu a primeira divisão precisa do tempo no Ocidente, possibilitando a vida comunitária programada e a industrialização. Para Umberto Eco, é à invenção no século XIII do leme fixo na popa das embarcações – capaz de permitir a navegação em ziguezague, contra o vento –, em substituição aos dois remos laterais, que devemos as grandes viagens de Descobrimento, nos séculos XV e XVI, que descortinaram a Idade Moderna.

(Será? Esse tipo de correlação me lembra história sobre a invenção do cortador de unhas – que substituiu com vantagem a tesourinha – e que teria acarretado avalanche de pedidos de divórcio, procedentes de maridos que há anos não suportavam mais suas esposas, mas que até então não podiam prescindir delas para cortar as unhas da mão direita...)


Voltemos à vaca fria.

O que foi dito sobre a extinção do solitário inventor autodidata é muito relativo, e sem muito significado prático em sua criatividade pessoal, amigo leitor.

Em hipótese alguma você deve partir do pressuposto, totalmente irrealista, de que não pode inventar mais nada quanto a determinada necessidade, pois, se tal coisa pudesse ser inventada, japoneses, americanos ou alemães já a teriam inventado.

Para defender essa evidência, e também para ressaltar, mais uma vez, os limites e desvantagens do especialista no campo da Criatividade, permita-me relatar como pude eu, inventivamente, "patentear" importante melhoramento técnico num aparelho telefônico de relativa complexidade e avanço tecnológico, sem entender bulhufas, como já disse, de telefonia. (Os mal-intencionados vão dizer que estou fazendo, com tal relato, um "comercial", daqueles que não tive para oferecer no intervalo, mas, sinceramente, não é o caso.)

Minha secretária e eu dispomos, como informei antes, de aparelhos telefônicos de duas linhas, interligados. Quando ela recebe um telefonema para mim, me informa em que linha o interessado se encontra, e eu o atendo na extensão.

Numa das minhas viagens a Manaus, adquiri um aparelho telefônico MCE, coreano, também de duas linhas, mas com a vantagem de ser *sem fio*. Chamei um técnico da Eletronic, no Rio, para instalá-lo, o que o homem fez com muita competência.

No dia seguinte, surgiu um problema. Quando minha secretária recebia uma chamada para mim, por exemplo na linha 2, estando a linha 1 desocupada, ao pegar eu meu aparelho, este me oferecia automaticamente a linha 1, porque "entendia" – burro como todo aparelho automático tende a ser – que eu pretendia ligar para alguém, e a linha 2 já estava ocupada. Somente se minha secretária bloqueasse *também* a linha 1 – bloqueando com isso toda a comunicação telefônica do escritório para apenas uma ligação –, o aparelho me permitia falar na extensão.

Começou, a partir daí, um pequeno périplo tecnológico.

Li exaustivamente todo o Manual de Instruções – a literatura mais miserável dos tempos modernos, miseravelmente compulsória – e não encontrei nada que resolvesse meu problema. O técnico da Eletronic, chamado de volta, empenhou-se, com tudo que sabia, para solucionar a questão, chegando a abrir o aparelho e encontrar lá dentro a pior coisa que podia encontrar: um relé automático que automaticamente mantinha o aparelho em sua burrice. Comentando toda a encrenca com meu amigo Carlos Azevedo, sócio da Arthur Andersen, ele me enviou de lá "o maior *expert* em telefonia do país", que resolvia, havia anos, todos os problemas da companhia. O homem chegou a levar tudo para casa, aparelho e instruções, devolvendo-os uma semana mais tarde com o *veredictum* final de que sua estupidez (do aparelho) era congênita, genética, estrutural!

De repente, me lembrei – eu que não entendo patavina do assunto – da existência de algo que não via fazia anos, algo muito remoto, dos tempos em que cada aparelho telefônico só operava com uma única linha: uma pequena chave, instalada ao longo do fio, que permitia a um único aparelho receber a ligação de duas linhas. Era um mero e simples comutador que, ou deixava passar uma linha, ou a outra.

Sua possível utilidade – mudando o ponto de vista para o qual fora criado – não estava mais na linha que ele deixava passar, mas naquela que ele *bloqueava*. Tive de me virar para encontrá-lo na praça, em lojas de antiguidades. Em seguida, chamei mais uma vez o (exausto) técnico da Eletronic e lhe propus minha ideia, que

*Criatividade no trabalho e na vida* • 209

muito o surpreendeu, mas que, pelo que me disse, "não custava tentar" (era um especialista aberto à Criatividade). E o sem fio passou a funcionar perfeitamente bem. Era o neurônio que lhe faltava!

Por que, pergunto, os sofisticados projetistas e técnicos coreanos não instalaram *também*, em sua maravilha tecnológica, essa simples chave, dobrando a utilidade do produto?

Claro, não pensaram...


E há muita, muita coisa a inventar em torno de nós. Interesse-se, se for ambicioso, pelo grande número de invenções perdidas, a começar pelo fogo grego, de que não se conhece nem a composição nem o método de lançamento, segredos militares que protegeram (e salvaram três vezes) o Império Bizantino, por mais de seiscentos anos – afinal roubado pelos árabes e em seguida perdido. Ou por como os chineses conseguiram fabricar bronze de alumínio: foram encontrados em túmulos objetos dessa matéria, presumivelmente conseguida por processo semelhante à eletrólise, mas não se sabe qual. Ou por como os alquimistas obtinham temperaturas extremamente elevadas em seus fornos de porcelana. Ou pelo processo de fusão do quartzo, patenteado, no Parlamento de Paris, em 13 de dezembro de 1662 – Arquivos Nacionais, XA/8663 ff, 176-7: o segredo teria sido roubado várias vezes por alemães, italianos e poloneses, e acabou se perdendo.

Ainda durante a Segunda Guerra, os alemães obtinham manteiga a partir da gordura dos esgotos – mas o processo, por incrível que pareça, também se perdeu.

O jornalista Ruy Castro, em seu artigo "O que faltam inventar?", sugere, de brincadeirinha, "óculos com limpa parabrisas, vasos sanitários à prova de som, fax capaz de transmitir pizza" etc. Humor é sempre abertura à Criatividade prática: dessas três sugestões, pelo menos uma acho perfeitamente possível.

Humor é sempre abertura à Criatividade. O famoso *Catálogo de objetos inviáveis*, de Jacques Carelman (Nova Fronteira, 1976), é um grande show na área do absurdo e do insólito, como bicicleta-rolo compressor, máscara de mergulho-aquário (para quem tem medo de se afogar), escada sem degraus, para pessoas de pernas amputadas, luva cheia de espinhos para lidar com cactos ("a melhor defesa é o ataque") etc. Dos 204 exercícios de absurdo, encontrei vários perfeitamente viáveis, como a poltrona radiador, o preservativo decorado (já não existe?), o papel higiênico noticioso (ou com propaganda)...

O mesmo quanto à coleção de Louis Lépine: ao lado de absurdos como máquina de calçar meias, aparelho de andar sobre a água, ou muleta para perna engessada durante o banho (algo duplamente insólito na França), há coisas muito boas, como candelabro com mola interna que mantém longamente a vela do mesmo tamanho, enquanto ela se queima; ou canudinho já dentro do refrigerante que, munido de uma pequena boia na parte inferior, o põe para fora, na medida certa, assim que a tampinha é retirada...

Tenho uma coleção de *slides* sobre invenções desse tipo, de um único artista, publicada numa mesma edição da revista americana *Mad*: fôrmas de plástico com orifícios para encerrar cachorros de visitantes, e coisas desse tipo. Ao projetar tais *slides* para um grupo, há sempre um consenso, após as risadas, de que pelo menos uma delas, bolada também nesse "espírito", é 100% viável: envelope de correspondência já munido de tira para abrir, como se encontra em maços de cigarro...

Engenheiros americanos da Volkswagen no México desenharam, mais por gozação, um Fusca futurista – um "protótipo" engraçado para divertir frequentadores de feiras de automóveis ao redor do mundo. Em sua primeira exibição, no Salão de Detroit de 1994, a brincadeira agradou tanto que a montadora decidiu investir 1 bilhão de dólares na ideia. Essa é a história do New Beatle.

Esqueça o fogo grego e mesmo todas essas brincadeirinhas, se quiser. Para ser, você também, inventor – e inventor a toda hora –, fique alerta para qualquer carência objetiva que você tenha. SÓ ISSO! Inclusive – muito importante – deficiência operacional quanto ao uso de qualquer engenhoca moderna, ainda que assinada pela Panasonic, General Electric ou IBM! Você está cercado de ovos de Colombo! É só abrir os olhos!

(Minha esposa inventou um adesivo para sutiã que mantém a alça sempre por baixo da alça do vestido.)

Encontro, nos jornais brasileiros, a todo momento, enorme fartura de invenções geradas por pessoas não mistificadas pela "liderança científica" nem pela "supremacia tecnológica" de quem quer que seja.

Em meu livro sobre Criatividade, comentei as dificuldades e os sucessos de um operário paulista, Adão Qualio, que, na década de 1970, inventou, trabalhando inclusive às escondidas, fora do expediente, no torno da fábrica que o empregara, uma leiteira que não deixa o leite derramar-se sobre o fogão ao ser fervido – problema mundial! "Até chegar ao modelo final," – conta *Veja* – "ele teve de percorrer caminhos tão tortuosos quanto os dos mais geniais inventores." Encontrei, mais tarde, essa leiteira à venda, no mercado, e levei-a de presente para minha sogra, em Hamburgo.

Ficando apenas nesse campo de invenções "de fundo de quintal" (porque talvez seja o que mais interessa ao leitor), é notável o exemplo do funcionário aposentado dos Correios, Roberto Gonçalves, que patenteou um microrretrovisor, a ser acoplado no capacete de motociclistas, bem como um triângulo-alerta de emergência muito mais prático para motoristas: é o mesmo triângulo tradicional, mas munido de imãs, para ser acoplado em cima do veículo enguiçado, tornando o aviso muito mais visível de longe. E também do Q-Meter 1, aparelho do tamanho de uma pilha grande, que reduz o consumo de combustível e que já teve repercussão até na Europa.

Projetista mineiro desempregado, Paulo Tamietti inventou, com os recursos de seu Fundo de Garantia, um carretel portátil que serve para a descida rápida em edifícios, em caso de incêndio, testado inúmeras vezes e aprovado pelo Corpo de Bombeiros de Minas; um trabalhador em edificações cearense, José Luciano Lima, inventou uma placa de automóvel delatora, que cai no chão a qualquer im-

*Criatividade no trabalho e na vida* • 211

pacto do veículo, a qual, se obrigatória, denunciaria qualquer atropelador que fugisse do local do acidente; um jovem estudante de eletrônica paulista, Washington Amemiya, antes mesmo de obter o diploma, produziu em casa seu primeiro alarme contra furto de auto, passando a produzir, dois anos e meio depois, mais de dois mil alarmes por mês, em sua pequena fábrica de Diadema (SP).

José da Conceição Oliveira, gaúcho radicado há muitos anos em Belém do Pará, inventou o dispositivo eletromecânico para bloquear ligações telefônicas via DDD. Tendo sofrido severa intoxicação alimentar devido a um frango mal congelado, comprado em supermercado, o pediatra carioca Luís Fernando de Castilho inventou, em 1982, um notável controlador técnico. "Como costuma acontecer, comecei pelas fórmulas mais complexas e acabei resolvendo tudo da maneira mais simples", explica. Seu invento utiliza substâncias banais como água e gelatina (esta última para conservação acima de zero grau, como iogurtes e queijos): consiste numa ampola de plástico a ser colocada sob a embalagem transparente do alimento; metade dessa ampola é ocupada por gelo de água pura e outra por gelo com corante vermelho; caso o produto não seja mantido na temperatura adequada, isto é, no mínimo zero grau, as duas pedras derretem e a cápsula ganha coloração rosa – sinal de perigo certo para o consumidor.

O engenheiro paraibano José Carlos da Cunha inventou seu infusor cronológico (tendo, para tanto, de solicitar assessoria de um médico): um aparelho portátil destinado a injetar numa artéria do corpo humano a quantidade exata de uma substância receitada no tratamento quimioterápico de doentes cancerosos. Cansado de expor-se aos danos causados pelo mofo em sua casa, na fria cidade de Petrópolis, o engenheiro fluminense, Alintor Fiorenzano, desenvolveu aparelho para combater a ação de microrganismos no ar, em 1983, que acabou resolvendo seu problema de rinite alérgica pela eliminação de bactérias. Acabou é modo de dizer: batizado de Esterilizador de Ar Clover, foi patenteado nos Estados Unidos, Europa (onde há, na Inglaterra, um revendedor autorizado) e no resto da América Latina. Para atender a seus pedidos, Fiorenzano montou uma pequena fábrica em Petrópolis onde produzia, da última vez que soube dele, até quatro mil aparelhos por mês.

O bem-sucedido concreto colorido não partiu de tubos de ensaio ou de qualquer instrumento formal de laboratório, nem da tecnologia de ponta de equipes de engenheiros de Los Angeles ou Osaka: partiu do cirurgião e artista plástico paulista Aldir Mendes de Souza, que depois levou suas pesquisas à Engemix, a segunda maior concreteira do Brasil, com mais de cinquenta filiais pelo país, associada a Globo S. A., multinacional que pertence ao grupo Reckt & Colmann.

Quando a crise devida a quebras de safras e ao corte dos subsídios aos agricultores pegou, a partir de 1981, a Hatsuda Industrial S/A, tradicional fabricante de máquinas agrícolas de São Paulo, seu presidente, o nissei Takashi Imai, achou "que era preciso inventar algo que vendesse o ano inteiro" – e inventou seu motor para bicicleta, o Imai JD-37 de 37cc, movido a álcool, refrigerado a ar, leve, econômico, para utilização em qualquer bicicleta, sem anular suas características tradicionais. Com ele, uma bicicleta chega a até 40 km/h, perfazendo até cem quilômetros por litro de seu tanque de um litro e meio. Foi o grande sucesso da Feira do Anhembi de 1983, testada, numa pista improvisada, por 25 mil pessoas. O consulado da China em São Paulo enviou-lhe um par de bicicletas chinesas para teste – perspectiva de um mercado astronômico, quando não, pelo repasse de tecnologia. "Ainda estamos meio tontos com a reação altamente positiva do mercado ao produto" – admitia Imai, da última vez que soube dele, quando previa decuplicar o faturamento normal da empresa, com seu motor.

Da mesma forma, a firma carioca de plásticos Dover Indústria e Comércio inventou "uma verdadeira galinha dos ovos de ouro": capas de chuva de plástico descartáveis (Zip Zap), que cabem na palma da mão, exportadas também, a partir de então, para os Estados Unidos (inclusive para ser entregues a turistas que visitam as Cataratas do Niágara). Já a Vedax de São Paulo patenteou uma tela autoadesiva, elástica, com bandagem central, que tem fácil aplicação em qualquer superfície danificada na construção civil, resolvendo problemas de trincas, fendas, rachaduras e até juntas de dilatação.

Passando para tecnologias mais sofisticadas, temos exemplos, como o da firma gaúcha Peter Pereira Produtos Eletrônicos, que patenteou o AcquaSolda, aparelho que pode ser usado com grande vantagem econômica nas soldas que tradicionalmente são feitas com acetileno, simplesmente porque o substitui por água. "Ovo de Colombo", como o chamou a revista *IstoÉ*, o AcquaSolda promove a separação do hidrogênio e oxigênio da água (eletrólise) e junta de novo os dois gases no bico da solda. "O aparelho realmente funciona", atesta um cliente satisfeito, o presidente da empresa que fabrica os refrigeradores Steigleder. "O AcquaSolda é vinte vezes mais barato do que o acetileno." Qual sua maior criatividade? Não foi, por certo, a manjadíssima eletrólise, e sim explorar a diferença entre o alto custo do acetileno e o baixo custo da eletricidade, fortemente subsidiada no Brasil.

E também o exemplo da Cerâmica Decorite, de Guaíba (RS), que, pressionada para substituir o caro óleo combustível pelo carvão mineral, desenvolveu equipamento de tal eficiência, capaz ainda de usar carvão vegetal, bagaço de cana, lenha, cavacos de madeira etc., que a levou a criar nova empresa apenas para atender às encomendas de outras cerâmicas e demais interessados no seu gerador de calor. O faturamento da Decorite-Engenharia rapidamente começou a se aproximar do faturamento da Decorite-Cerâmica, da última vez que soube delas.

Isso, voltando ao "fundo de quintal", para não mencionar o consagrado Bina, identificador de chamadas telefônicas (e trotes), inventado pelo mineiro Nélio Nicolai no início da década de 1980, que, em 1995, já chegara a oitenta mil instalações por todo o país (tem auxiliado na resolução de casos de sequestro). Ou do "trem a vela" do gaúcho Oskar Coester, ex-técnico de manutenção da Varig: levando 48 passageiros a 80 km/h (a um custo-passageiro, para um percurso de quatro quilômetros, igual ao de uma lâmpada caseira de 100 W), o aeromóvel emprega "um sistema único no mundo": é tocado por ventiladores, de potência pouco maior do que um motor de Opala, instalados abaixo dos trilhos. Foi concebido na década de 1960, quando Coester buscava, "apenas por curiosidade", um sistema de transporte com baixo nível de implantação. Em 1983, foi montada uma pequena linha de demonstração do aeromóvel em Porto Alegre, de cerca de um quilômetro, mas

*Criatividade no trabalho e na vida* • 213

em 1990 foi entregue ao uso público sua primeira linha regular, de quase quatro quilômetros... em Jacarta, na Indonésia, "que deverá ser multiplicada por dez, nos próximos anos" (*Jornal do Brasil*, 10 de janeiro de 1990).

Ou ainda, com perdão a João Augusto Gurgel pela menção a "fundo de quintal", uma expressão relativa, seu carro Cena, abreviação de Carro Econômico Nacional, criado em 1987, com tecnologia 100% nacional: custando, aproximadamente, 60% do valor dos mais baratos carros do país, pesa menos da metade dos menores produzidos aqui, dispensa distribuidor, platinado e mesmo amortecedores dianteiros, podendo ainda, por sua nova concepção de chassi, ser um carro mais seguro para passageiros. É um pequeno monumento à competência inventiva que, em qualquer setor – pode acreditar, amigo – tem menos donos do que parece...

Isso não quer dizer que o Cena tenha nascido para o sucesso (não há garantia alguma nesse campo). Na verdade, o carro acabou saindo caro e com desempenho sofrível. (O próprio Gurgel faliu em 1994.) Mesmo que fosse um sucesso, o veículo teria de enfrentar uma concorrência tenaz. Uma ideia é como uma ave que sai do ovo: não é porque nasceu que não terá de encarar um mundo difícil, por vezes perigoso.

Os grandes líderes de mercado também dispõem de muita gente criativa, bem como de recursos estupendos para sua criatividade em marketing, propaganda, controle de qualidade e serviços.

Sabe-se que, teoricamente, pode ser fabricada uma lâmina de barbear que não acaba nunca, à base de carbonato de tungstênio. Na prática, ignora-se como dar a essa substância a forma de uma lâmina de barbear. Talvez, dizem os técnicos, um dia se consiga...

Seria agora muita ingenuidade pensar que tal dia marcará o fim da Gillette – líder mundial que, inclusive, tem política inteligente e inflexível de marketing, concorrendo com ela mesma, lançando produtos que canibalizam outros produtos seus, tudo para não deixar brecha alguma a empresas de fora –, o que a Bic veio a aprender, a duras penas, depois que se meteu nessa seara, e de muitos milhões de prejuízo!

Uma de suas invenções, Gillette Sensor, custou mais de 200 milhões de dólares em pesquisa, envolvendo quarenta engenheiros, metalúrgicos e físicos em seu Centro de Pesquisa, na Inglaterra (mas, como sempre, a ideia básica partiu de um único cérebro, o de um tal John Francis). Somente o cabo da Sensor, onde o aço substitui o plástico, exige 22 diferentes operações de estamparia, uma extravagância em termos de produção em massa – tudo com o objetivo de evitar imitações e desencorajar as Bics da vida. Além disso, mesmo a direção da Gillette debateu muito, e precisou de muita coragem para lançar, ao custo de centenas de milhões, um produto destinado, de novo, a concorrer com ela mesma, "quando a companhia poderia ainda contar com lucros prodigiosos, advindos de seus barbeadores existentes" (*Business Week*, 29 de janeiro de 1990). Se alguém vier a saber como fazer lâminas de carbonato de tungstênio, esse alguém será, muito provavelmente, a Gillette...

(Em tempo: a Gillette lançou no Brasil, em fevereiro de 2000, o Mach3, com três lâminas, após investimento total de 1 bilhão de dólares, num projeto desenvolvido durante seis anos, envolvendo mais de quinhentos engenheiros, em torno da ideia básica de um homem só – os nomes mudam, os números aumentam, a história é sempre a mesma.)

Usei, há muitos anos, uma pequena invenção brasileira, realmente sensacional: chamava-se Giro-Salto, um salto de borracha para sapato, de tamanho e espessura iguais aos convencionais, custando, se me lembro, uns 30% a mais do que estes, mas que incluía vantajosa propriedade – seu centro era quase todo ocupado por um disco móvel, cuja borda coincidia com toda a parte traseira do salto. Tal disco não podia ser movido com a mão, mas, estando o salto em uso, girava automaticamente para compensar o desgaste natural, que passava a ser feito por inteiro. O sapato, como comprovei, acabava muito antes do salto. Uma multinacional fabricante de saltos convencionais, prejudicada em vendas, teve uma boa ideia: comprou a patente e encerrou o assunto...


De resto, invenções são apenas um campo da Criatividade, que inclui, em seu universo, qualquer área de atuação humana. É nesse espaço muito maior que se encaixa a observação de Peter Drucker: "A necessidade de Criatividade dobra a cada geração".

Criatividade é *mudança inédita do ponto de vista* em relação a um determinado quadro cognitivo, dentro do qual tudo que se sabe sobre ele não é capaz de resolver um PROBLEMA que se encontra, também, em seu interior. A definição é minha e gostei.

A mudança inédita do ponto de vista é componente para todo o espectro imenso da Criatividade, em todos os campos, com a possível exceção da Arte. (E talvez nem aí: Gauguin dizia que, em Arte, existem apenas revolucionários ou plagiários.)

Einstein, para começar logo falando grosso, ao formular sua Teoria da Relatividade, não contou com nenhum dado novo, nenhuma descoberta. Tudo que fez foi rearranjar as informações científicas disponíveis, acessíveis a qualquer um. Ele simplesmente viu o universo *de outra maneira*.

Foi o mesmo fenômeno que levou à mais fantástica descoberta da atualidade: a dos supercondutores, que são, para a década de 1990, o que foram o transistor para a década de 1950 e o microprocessador para a década de 1980 (mas, adianto logo, é o mesmo fenômeno para qualquer descoberta intencional). Seus autores, o alemão Johannes Bednorz e o suíço Karl Müller, físicos do laboratório de pesquisa da IBM, em Zurique, e que receberam pelo feito o Prêmio Nobel de Física, trabalharam sob a obstinação teórica de que uma cerâmica fabricada numa receita correta – que eles não conheciam – poderia tornar-se o condutor perfeito. Era uma maneira inédita de ver a cerâmica. Nenhum cientista do mundo, envolvido no mesmo problema – e eram muitos –, escolheria uma substância que, com mínima modificação na receita, torna-se tão isolante como a borracha ou o vidro. Dentro da lógica pura, eles trabalhavam com metais.

*Criatividade no trabalho e na vida* • 215

Foi o mesmo fenômeno que levou também à invenção por James Nasmyth, em 1839, do primeiro martelo-pilão a vapor, verdadeiramente eficaz: quando se aplicou o vapor para mover os primeiros martelos de forja, conservou-se a geometria dos velhos martelos de mão dos ferreiros. A cabeça era muito maior, mas era levantada como uma alavanca, e depois caía num arco de ângulo muito agudo, de modo que "sofria de falta de ritmo, alcance e inclinação, assim como falta de força", escreveu Nasmyth mais tarde. Além disso, se o objeto a ser forjado tivesse muita espessura, ocuparia muito espaço entre a bigorna e o martelo e, assim, "quando mais a forja necessitava de pancadas mais fortes, quase não as recebia". Mais ainda: o modelo limitava o tamanho do martelo, pois se fosse demasiado pesado, escaparia do cabo, podendo fazer um galo na cabeça de alguém. E tudo por quê? Porque, em face da nova tecnologia do vapor, tinha sido mantido o ponto de vista do martelo dos ferreiros. Sabe qual foi a grande invenção de Nasmyth? Desenhou um modelo no qual o martelo caía *verticalmente*!

Foi o mesmo fenômeno que salvou o frete marítimo internacional, como conta Peter Drucker. Durante cinquenta anos, após a virada do século, construtores navais e companhias de navegação trabalharam arduamente para tornar os navios mais rápidos e diminuir seu consumo de combustível. Mesmo assim, quanto mais conseguiam aumentar a velocidade e cortar combustível, pior se tornava a economia do frete marítimo. Por volta de 1950, o frete marítimo estava morrendo, se já não estava morto. Somente quando mudaram seu ponto de vista, melhoraram de vida: os custos não provinham da execução do trabalho (estar no mar), mas da não execução do trabalho (ócio no porto). A partir daí, as inovações foram óbvias: a esteira para carga e descarga e o embarque em contêineres, implementos que as ferrovias e os caminhões já usavam havia trinta anos. "Uma mudança no ponto de vista, não na tecnologia, mudou completamente a economia do frete marítimo e tornou-o uma das indústrias de maior crescimento dos últimos vinte ou trinta anos."

Foi o mesmo fenômeno que fez, em 1940, as sete Divisões Blindadas do general Heinz Guderian surpreenderem e vencerem a França em duas semanas, assombrando o mundo e revolucionando a estratégia com sua *Blitzkrieg* (mas adianto logo que é o mesmo fenômeno de qualquer golpe surpreendente e eficaz em campanha): tanques, inventados e até então apenas empregados como apoio à infantaria e protegidos pela artilharia, foram lançados – agora como unidades altamente móveis e independentes – contra o ponto mais fraco das defesas ocidentais. Penetraram, como uma lança, cerca de trezentos quilômetros do território francês para tomar Amiens, centro ferroviário e de comunicações e chegar, seis dias depois, ao Canal da Mancha, "atrasados" porque freados, duas vezes, por Kleist e Hitler. Não fossem freados uma terceira vez, teriam liquidado os exércitos ingleses em Dunquerque. Ninguém nunca vira tanques operando dessa forma, com esse ponto de vista. (Enquanto isso, os exércitos franceses, que a revista *Time*, na época, informava serem os mais poderosos da Europa, eram fulminantemente derrotados, "treinados nos métodos de movimentos lentos aprendidos na guerra de 1914", como aponta Liddell Hart. "As ideias dos franceses não tinham avançado além do que fixaram na Primeira Guerra Mundial.")

Foi o mesmo fenômeno que revolucionou a paleantropologia, e toda a visão que tínhamos de nosso avô Neanderthal. Um dos crânios mais estudados de vovô foi encontrado em La Chapelle-aux-Saints, na França, no século XIX. Todas as reconstruções da face e dos tecidos moles, baseados em tal crânio, mostravam vovô simiesco e tão feio como o Brucutu. E assim o Neanderthal foi visto por mais de um século. Era o antepassado que ninguém queria. Contudo, uma simples reconstrução *sobre o mesmo crânio*, efetuada na década de 1970, mostra agora vovô bem simpático, tão normal como qualquer um de nós, e até com um ar mais inteligente do que gente que conheço ("The Neanderthals", *Time-Life*, 1975).

Foi o mesmo fenômeno incluído na excelente sugestão administrativa de Peter Townsend: "Se você é mal pago, peça demissão. Depois vá ao Departamento Pessoal e preencha os formulários de recrutamento de pessoal. Candidate-se a seu antigo posto. No item pretensão salarial, escreva o que você acha que deveria ganhar".

Foi o mesmo fenômeno que levou tantos reis da Antiguidade e Idade Média a eventualmente deixarem de ser reis, tirar a coroa, o manto, o cetro, descer do trono e se disfarçar de gente comum, para rodar pelas tavernas e pelos mercados a fim de ter uma apreensão concreta do próprio reino. Isso, sim, lhes dava *ideias*. (Nossos "reis" contam apenas com pesquisas – que, com vista a alguma providência prática, os deixam, muitas vezes, mais perdidos que cachorro em dia de mudança.)

Foi o mesmo fenômeno que levou Bernhard Minetti, um dos melhores atores alemães da velha geração, a manter longos papos com seu amigo treinador da seleção alemã de futebol, como soube quando morei em Berlim, em 1987. Os dois trocam sempre figurinhas em relação à própria arte: o treinador vê as peças e as analisa como se estivesse diante de uma partida de futebol. O ator assiste aos jogos e os comenta como se tivesse visto uma peça teatral. Os encontros são proveitosos para ambos.

Foi o mesmo fenômeno que levou o jovem empresário americano Hugh Moore a uma liderança industrial incontestе (mas há *bilhões* de exemplos congêneres). Moore inventara em 1908 uma máquina automática que vendia um copo de água por um centavo. Não se deu bem: concorria com bebedouros públicos e canecas de lata comunitárias que ofereciam água de graça. Aí soube da campanha de um sanitarista contra os riscos das canecas comunitárias para a saúde, e se deu conta de que estava vendendo o produto errado: ele deveria vender o copo de papel e não a água dentro dele! (Tornou-se pioneiro e o maior fabricante de copos de papel – *Dixie* – dos Estados Unidos.)

Finalmente – mas que está muito longe de ser finalmente! –, foi o mesmo fenômeno do primeiro gênio que viu com outros olhos a facilidade com que um coco, ou um tronco de árvore, descia ladeira abaixo, e inventou a roda;

- Do primeiro banco que viu com outros olhos a carta de crédito criada na Renascença e começou a dissemina-la em massa, na forma de cartões de plástico (Diners).
- Da primeira linha aérea que passou também a agir como banco (Pan Am), financiando passagens.

*Criatividade no trabalho e na vida* • 217

- Do padre Lamberto Pigini, na Itália, que passou a ter imenso sucesso na difusão e ensino do latim, em 1993, quando publicou mais de cem mil exemplares do Pato Donald em quadrinhos, na língua de Cícero.
- Dos motoristas de ônibus de Natal (RN) que souberam, em 1986, ver sua própria greve, por sinal muito bem-sucedida, com outros olhos, muito mais argutos: transportavam passageiros sem cobrar nada (por que essa ideia excelente não se alastrou? Greve é contra patrões ou contra a população?).
- Do catarinense Adílson De Bem, comandante do Corpo de Salvamento do Rio (Grupamento Marítimo do Corpo de Bombeiros), que construiu e mandou testar um grande puçá de siri para retirar afogados do mar, e que já salvou milhares de vidas desde 1985. (Tal Grupo de Salvamento está entrando, informam os jornais, na próxima edição do *Guinness* como o de maior eficiência do mundo.)
- Do analista financeiro da Brahma, no Rio, Jair Barbosa, que duplicou, em 1992, a eficiência dos serviços, não da Brahma, mas da agência do Bradesco instalada na empresa: implantou malotes individuais para os quinhentos funcionários, depositados de manhã, com as devidas instruções, na portaria (papa-fila) – o que eliminou, sem custo adicional para a Brahma, filas, esperas de pé, o vaivém de *boys* ou a ausência do pessoal durante o expediente... além de facilitar muito as operações da agência, que passaram a estar completas já ao meio-dia.
- Dos numerosos juízes brasileiros, entre os quais o paulista Cássio Barbosa, que condena hoje réus de delitos não muito graves a prestar serviços comunitários, com custo zero para o Estado (na verdade, ideia americana). "Temos de substituir as medidas punitivas por outras autodisciplinadoras", explica o juiz carioca Eduardo Mayr. "É preciso usar a imaginação para punir infratores que não oferecem real perigo à sociedade." (Em 1989, Mayr, de religião presbiteriana, condenou Edson de tal, 23 anos, preso com duas trouxinhas de cocaína, a ler seis versículos da Bíblia durante um ano. Sua pena original seria de seis meses de prisão. A punição deu resultado. "A Bíblia mudou minha vida", diz Edson, que todo mês tinha de apresentar ao juiz um resumo de suas conclusões sobre a leitura religiosa.)
- Dos numerosos médicos brasileiros que enfrentam, por todo o país, problemas de toda ordem, como é o caso do então secretário de Saúde de Icapuí, no Ceará, Luiz de Andrade, que substituiu, em 1991, para os casos mais simples, leitos por redes nos hospitais, sem constatar qualquer contraindicação e inclusive observando recuperação mais rápida dos pacientes; ou do pediatra baiano José Américo Fontes, que usa folhas de compensado, biscoiteira de plástico, tubos de limpador de parabrisa, latas de leite em pó, redes de pescar para salvar vidas, desde 1984, no Hospital Sagrada Família, em Salvador. (Com três livros publicados, José Américo aponta deficiências, mesmo operacionais, nos caros aparelhos necessários a berçários – berços aquecidos, aspiradores, incubadoras etc. –, "fabricados com uma sofisticação em geral desnecessária" e substituídos, com vantagem, por recursos muito mais simples.). Ou também

da Secretaria Municipal de Carazinho (RS), que resolveu um problema infantil em todas as escolas do município, depois que descobriu que Coca-Cola com sal mata piolho (uma colher de sopa de sal misturada em trinta mililitros do refrigerante, aplicar de dois em dois dias, durante quatro horas, bastam seis aplicações) de forma mais eficaz e muito mais barata que os produtos químicos, e tóxicos, à venda nas farmácias. Ou ainda do professor Antonio Lázaro Marques, da Faculdade de Odontologia da Universidade de São Paulo, em Bauru, a braços com o custo de uma esterilização segura, rápida e eficaz: a maioria dos consultórios dentários e médicos possui as tradicionais estufas, incapazes de esterilizar panos e borrachas, e são raros aqueles que têm as caras autoclaves (equipamento que funciona acoplado a uma caldeira), privilégio, geralmente, apenas de hospitais. "Contornando a sofisticação e apostando na simplicidade, Marques não precisou de complicados estudos e pesquisas para chegar à panela esterilizadora" (*Jornal do Brasil*, 27 de agosto de 1988) – isso mesmo, a panela de pressão comum de cozinha apenas com uma válvula que só apita a 120 graus, temperatura ideal para uma esterilização completa. (Estes quatro últimos exemplos, por que não estudá-los e, se for o caso, difundi-los pelo país inteiro?)

- E também do arquiteto Sérgio Rodrigues, que faz lindas e baratas estantes com caixas d'água de amianto envernizadas, sofás gostosos e macios com sacos de farinha recheados de jornais velhos e recobertos de chita, mesinhas de cabeceira, amplas e generosas, com velhos arquivos de duas gavetas etc. Ou do publicitário Rodrigo Octávio, capaz de reconhecer, num baiacu inchado, ótima imagem de anúncio para produto digestivo; num cinzeiro cheio, a ilustração ideal para um ansiolítico; num aerossol, a arma que o mundo aponta para a própria cabeça, suicidando-se. Ou do artista plástico carioca Silvino Goulart, capaz de criar notáveis esculturas, até de bailarinas em movimento – negociadas por *marchands* na Itália –, usando apenas cola e ossos de peixe ao natural, principalmente de garoupa, melro e boto. Ou ainda – mas não finalmente – da *designer* Cristina Centurião, que usa velhos e imprestáveis *long-plays* para decorá-los e vendê-los como *sous-plat*, acompanhados de um guardanapo...
Meu Deus, não há "finalmente" para quem está fora do quadrado!


Em livros de Criatividade, essa possibilidade de mudança do ponto de vista, para uma mesma situação, é enfatizada pela apresentação de gravuras que permitem ilusão de óptica: você pode olhar, por exemplo, na mesma ilustração, tanto uma velha como uma jovem – mas nunca as duas ao mesmo tempo; tanto um cálice quanto dois perfis – mas nunca o objeto e o conjunto ao mesmo tempo.

Criatividade é mais ou menos por aí mesmo. Só que não se refere a uma ilustração – mas à Vida! Quando você defronta com um problema, que não consegue resolver, parta sempre da pressuposição de que você está vendo, "lendo", a situação de forma errada. De algum modo, você está dentro do quadrado! E a mudança do ponto de vista, do *insight*, vai depender muito do seu estado de humor.

*Criatividade no trabalho e na vida* • 219

"O que determina se as pessoas veem um copo semicheio ou um copo semiva-zio" – diz Peter Drucker, em *The Discipline of Innovation* (Harvard, 1984) – "é o humor e não o fato, e a mudança do humor frequentemente desafia a quantifica-ção. Mas não é exótica nem intangível. É concreta. Pode ser definida. Pode ser testada. E pode ser explorada para oportunidades de inovação."

Daí, a total propriedade em dizer que a solução dos problemas repousa em achar os solucionadores!

E ser um solucionador implica pensar simples, pensar solto, pensar espontanea-mente. A releitura da situação – a mencionada mudança do ponto de vista – leva, no ato criativo, a soluções de tal SIMPLICIDADE que mesmo seus autores, às vezes, ficam perplexos como não puderam, há séculos, já ter tido aquela ideia. Como disse, Charles Kettering, que sabia das coisas, mandou pendurar uma grande tabuleta em seu laboratório: "Este problema, quando estiver resolvido, será simples". O que se aplica a todos os exemplos de Criatividade, em qualquer campo.

Um indivíduo criativo é simples e direto. Não escreve relatórios. Detesta relató-rios (dito tudo isso de forma algo genérica). Winston Churchill, que inclusive empre-gava a técnica do *back burner*, fez um requerimento histórico ao Almirantado britâni-co, quando assumiu o cargo de primeiro-ministro, ao eclodir a Segunda Guerra: "Favor informar, em uma única folha de papel, datilografada de um lado só, em espa-ço 3, a situação da Marinha Real em face do início das hostilidades". Não tivesse exigido essa concisão, teria recebido cinco volumes, com espiral. O conde Tourene, ao vencer os espanhóis em 1612, não mandou ao rei da França um relatório comple-to da campanha, mas a mensagem (antes do telégrafo): "O inimigo veio, foi vencido, estou cansado, boa noite". "Cheguei, vi e venci" é o relatório do homem criativo!

Do homem que evita reuniões, das 8h às 12h30. Robert Townsend informa que reuniões de empresas vencedoras – como a Avis, quando ele, na presidência, saiu em três anos de um prejuízo de 3 milhões de dólares para lucro do mesmo montante – "efetuam-se nos corredores, na porta dos elevadores ou nos banheiros" (presumivel-mente apenas quando se faz xixi, mas de novo há aqui um preconceito machista).

Pense simples, simplifique, tente ser sempre um simplificador.

Nos expoentes de Criatividade, essa virtude chega ao paroxismo, ou mesmo anedota. Oscar Niemeyer explicou a criação de Brasília num folheto de vinte pá-ginas. Ravel e Debussy, os papas do impressionismo musical, odiavam trocar ideias sobre música; suas discussões eram sempre sobre gravatas. Quando perguntaram a Faulkner como ele escrevia, o homem elucidou: "Da direita para a esquerda". Quando autores de tese sobre o uso do vermelho em Picasso entraram em contro-vérsia, por ele ter pintado com verde uma Jacqueline, e foram consultá-lo, Picasso esclareceu: "A tinta vermelha acabou". Quando perguntaram a Nijinsky como ele conseguia dar seu incrível salto em suspensão, Nijinsky ensinou: "É só dar um pulo bem alto e parar um pouco lá em cima".

Arte é Solução – e teorias, teses e críticas de arte são sempre *relatórios* sobre uma SIMPLICIDADE afinal inexplicável. Sempre "complicam" o que focalizam. (Não admira que os livros mais tediosos do mundo, como notou Will Durant, são os que tratam da beleza.) Lembro-me de um desenho de Veríssimo em que teóricos entrevistam uma galinha que acabou de pôr um ovo: "O que exatamente você quer dizer com isso?", "O formato e a cor são uma opção consciente ou são aleatórios?", "Tendo chegado, empiricamente, à forma, à cor e à textura perfeitas, você simplesmente reproduz a fórmula sem hesitações ou angústias existenciais criativas, certo?"

Gostei da resposta do bom escritor português, Antonio Lobo Antunes, ao jornal *Libération* que lhe perguntara por que ele escrevia: "Por que não sei dançar como Fred Astaire". Aliás, jornalistas pediram a uma grande bailarina, que dançara a noite toda, que ela explicasse a dança, e ela: "Vocês acham que se eu soubesse me daria ao trabalho de dançar tanto?"


Cultive a simplicidade de pensamento. Ela é o apanágio – o verdadeiro diploma – para reconhecer gente criativa. Quando um grupo de diplomados de Oxford soube que Rudyard Kipling lhes cobraria 10 *shillings* por palavra para um trabalho, mandou 10 *shillings* ao famoso escritor, acompanhados do sarcástico pedido: "Favor nos enviar uma de suas melhores palavras". Recebeu, de volta, pelo telégrafo, a palavra "Obrigado".

Você sabe qual foi a mais eficaz e surpreendente arma secreta japonesa durante a Segunda Guerra? A bicicleta. Com uma bicicleta comum, um soldado podia percorrer por dia trinta quilômetros ou mais com um fuzil ou metralhadora leve nas costas, munição e cerca de trinta quilos de equipamento. Quando uma unidade chegava a um rio, os homens punham a bicicleta nas costas e o vadeavam. Por meio de método tão simples – nunca cogitados pelos aliados –, os japoneses mantiveram o avanço na Malásia e nas Filipinas em ritmo até então inimaginável.

E para redatores criativos de propaganda, um bom conselho de Hal Stebins, em seu *Copy Capsules*, um clássico no gênero: "Não existem Dez Mandamentos para um bom texto. Existe apenas um: Diga – e venda!"


Há exemplos em que essa simplicidade, imbricada na mudança do ponto de vista, chega a parecer piada. Edward de Bono relata um caso desses, na *Folha de S.Paulo*, de 17 de maio de 1988, passado com ele próprio. Foi convidado pela Companhia Telefônica do Canadá a descobrir solução criativa para o problema de usuários que não pagavam suas contas em dia, preferindo arcar com as multas. Que fez ele? Uma campanha educativa de muitos milhões nas principais revistas do país? Nada disso. "Vista por esse ângulo é que a coisa era um problema. A solução foi SIMPLESMENTE mudar a maneira de tratar a situação. Cada atraso passou a ser visto, pela Companhia, como um empréstimo que, devidamente taxado, garantia um melhor retorno para seu capital empregado."

De Bono, nessa mesma entrevista, fala sobre a dívida externa brasileira, e opina: "É preciso ressaltar que ainda não foi aplicada a Criatividade nessa área". Pelo menos a partir de 25 de outubro de 1990, com o artigo do excelente Janio de Freitas, "A compra dos algozes", no mesmo jornal, isso deixou de ser verdade. O artigo é extremamente sintético, impossível de ser resumido, e a importância do tema, bem como exemplo notável de mudança do ponto de vista, merece sua transcrição na íntegra:

> Todo o absurdo da dívida externa brasileira, no que respeita ao valor que os bancos privados estrangeiros a ela atribuem e cobram ao Brasil, revela-se, concretamente, na conclusão oferecida por umas continhas tão simples quanto estarrecedoras.
>
> O total da dívida está nas cercanias dos US$ 120 bilhões. Só os juros atrasados, por acúmulo de não-pagamentos nos dois últimos anos, estão pelos US$ 8 bilhões. Estes juros, note-se, constituem um dos pontos cruciais da renegociação proposta pelo governo brasileiro, porque os bancos credores pretendem receber parte deles como condição para o novo acordo.
>
> Agora, vejamos uma face pouco iluminada de alguns credores – os cinco maiores bancos dos Estados Unidos, o que equivale a dizer dos maiores e mais intransigentes credores do Brasil.
>
> Com base nas cotações da Bolsa de Nova York no último dia 16, a ação do Manufacturers Hanover vale US$ 19, o que significa que todo o capital do banco (71.409.000 ações) vale US$1 bilhão e 356 milhões. Com sua ação cotada a US$ 18, o Bank of America (211.705.000 ações) tem o valor de US$ 3 bilhões e 810 milhões. O Chemical Bank (89.800.000 ações com a cotação de US$ 13 cada) tem o valor de US$1 bilhão e 167 milhões. O Citicorp (329.273.910 ações a US$ 13 cada), de US$ 4 bilhões e 280 milhões. E o Chase Manhattan (126.688.574 ações a US$ 13 cada), de US$1 bilhão e 656 milhões.
>
> Para comprar 100% das ações desses bancos a preços de mercado, portanto, bastariam US$ 12 bilhões e 272 milhões, arredondando-se a cifra com os quebrados não incluídos acima. Admitindo-se, então, que tal compra fosse possível, ao Brasil seria suficiente gastar apenas mais 30% do que lhe é cobrado só em juros atrasados e, em vez de pagá-los, comprar seus cinco maiores credores, os que determinam o comportamento de todos.
>
> Como, porém, as empresas americanas têm o capital muito diluído na sociedade, controlá-las não requer a propriedade de 100% das ações. São comuns grandes empresas controladas por 10%, 15% das ações representativas do capital. Digamos exagerando que, em média, os controles dos cinco maiores bancos americanos requeressem a posse de 30% do conjunto de suas ações. Logo, os credores cobram, só em juros atrasados, 54% além do que o Brasil precisaria gastar – US$ 3 bilhões e 681 milhões – para assumir o controle dos cinco bancos em questão. E, como controlador dos ex-algozes, perdoar seu débito. Montado este até agora, por sinal, no processo extorsivo de juros sobre juros.

Quando defronto com uma sugestão, uma IDEIA, como essa e dessa magnitude, fico sinceramente estarrecido por sua falta de repercussão! Um jornalista da competência e do nível de informação de Freitas não iria sugerir, num dos principais jornais do país, um disparate. Mas, pelo que sei, não veio ninguém, de canto algum, nem mesmo para acusar a ideia de disparate. Morreu como nasceu.

Fica aqui, pelo menos, como bom exemplo do que estou dizendo.

No quadrado, o indivíduo "lê" a realidade usando o "idioma" que um dia aprendeu. Sem dúvida, nessa área, seu pensamento produtivo – lógico, analítico, teórico – pode chegar a monumentos de complexidade subjetiva como em *Crítica da razão pura*, de Kant.

No ponto alocêntrico, fora do quadrado, o indivíduo, a rigor, não "lê" nada. Ele "vê", ele tem sim uma "visão" intuitiva, inédita de todo aquele assunto, até então obliterada pelas "leituras" lógicas que fazia. (Já lembrei que a palavra intuição vem do latim, *intueri*, olhar atentamente, contemplar.)

Uma visão EXTREMAMENTE SIMPLES, que, a rigor, qualquer criança, naquela posição, poderia ter!

Depois dessa "visão" é que, voltando ao quadrado, tem lugar o desenvolvimento técnico, objetivo, matemático, da ideia. De volta ao quadrado é que, novamente, haverá espaço para a complexidade científica, econômica, bancária, administrativa, militar, seja lá o que for.

O padrão é sempre igual ao que se passou com Samuel Ruben, quando inventou o retificador seco, ou de discos sólidos, dispositivo que convertia a eletricidade domiciliar normal na espécie de corrente necessária para carregar um acumulador – o que permitiu o uso descomplicado dos aparelhos de rádio domésticos. Entendeu? Eu não.

Ainda que, *antes*, no quadrado, esse problema seja praticamente ininteligível a um ignorante total em radiotécnica como eu, sei que, no ponto alocêntrico, na ideia criativa, a solução de Ruben foi "tão simples que os outros pesquisadores ficaram admirados de não terem eles próprios pensado nisso". Coisa de criança. Contudo, *depois*, o retificador de Ruben mostrou-se invento pioneiro para todo um campo científico, conhecido, 25 anos mais tarde, como Física dos Sólidos. Campo que voltei a não entender.

"Quando encontrarmos as soluções para os grandes desafios, elas serão genialmente simples e invariavelmente óbvias."

Há outro aspecto muito importante que aquele problema dos cinco pontos dramatiza: o verdadeiro *flash* criativo SAI DO QUADRADO UMA ÚNICA VEZ (além de, como vimos, voltar com a solução).

Esse *flash* pode ser muito audacioso – a linha 1–2 pode ter alguns bons quilômetros –, mas isso, em todo o processo, só ocorre uma vez, quer dizer, o quadrado só é superado, no verdadeiro evento de Criatividade, *uma única vez*!

Quando a sugestão, a ideia, pseudamente criativa, implica o abandono do quadrado mais de uma vez, o resultado sem dúvida será original, mas também excêntrico, disperso, "aloprado" – ou ininteligível, socialmente confuso, caótico! Vejamos a coisa melhor, visualmente.

Uma ampulheta, na sua apresentação quadrada, é aquele recipiente fechado de vidro, fortemente acinturado, cheio de areia, com base e teto iguais, o que lhe permite uma posição reversível.

Agora, visualmente, para efeitos de jornalismo, comunicação, propaganda etc., *qualquer coisa* que se coloque dentro da ampulheta – mantendo todas as suas demais características – *que não seja areia*, obtém-se, na hora, uma boa abertura criativa (restando apenas encontrar contexto apropriado para usá-la). Dez exemplos, tirados de toda uma infinidade, da qual você pode extrair mais quantos quiser:

- Cheia de petróleo (caso real). Está acabando no planeta.
- Cheia de cerveja (caso real). A nossa leva mais tempo para fermentar que a dos concorrentes.
- Cheia de moedas. Salário que acaba antes do mês.
- Cheia de grãos. Silos brasileiros que se esvaziam antes do fim da safra.
- Cheia de letras. Cartaz para concurso literário.
- Cheia de fórmulas matemáticas. Capa para *Uma breve história do tempo*, de Stephen Hawkings.
- Cheia de sangue. Capa para *A morte anunciada*.
- Cheia de relógios digitais. O Passado devora o Futuro!
- Cheia de pessoas, com o bojo inferior já lotado e o bojo superior ainda pela metade. Explosão demográfica.
- Cheia de Fernando Collor de Melo, a maior parte do rosto já embaixo, um resto ainda em cima. Caso real, capa de *Veja* contando os minutos para o *impeachment*.

Em todos os casos, trata-se da mesma conhecida ampulheta, quer dizer, com todas as suas características clássicas, quadradas, em que apenas foi alterado – audaciosamente – *um único elemento* de seu aspecto tradicional.

Experimente agora colocar dois dos elementos anteriormente citados: é visão surrealista, ninguém vai entender nada!

Suponhamos que eu tenha de ilustrar, criativamente, uma reportagem sobre a extinção das espécies devido à explosão demográfica: se eu colocar na ampulheta pessoas (que é uma boa alternativa para representar dita explosão), *mais* os bichos ameaçados, é o caos, ninguém vai entender! Se eu colocar apenas uma série de bichos em extinção – tigres, lobo-guará, panda, mico-leão-dourado etc. –, melhorou muito, porque afinal podem ser vistos como um conjunto só. Muito melhor será, para a mesma tese e ainda que se referindo a uma série de animais, colocar na ampulheta uma única espécie, por exemplo, o panda: agora está ideal!

Mas eu posso, audaciosamente, mostrar a ampulheta de outra forma: por exemplo, no interesse de representar a "falta de tempo", eu posso representá-la, em vez de tradicionalmente acinturada, bojuda no meio! Mas, nesse caso, *ela terá de estar cheia de areia como sempre*! Se, além de bojuda, contiver o panda, ninguém vai entender!

Um ovo, em sua aparência conceitual, é um ovo mesmo, branco e oval. Eu posso sim, audaciosamente, aplicar nele um zíper, para anunciar um Seminário de Criatividade. Ou posso aplicar nele um interruptor, como símbolo de um antiovulatório, para controle da natalidade (caso real). Nos dois casos, reputo nota 10 em Criatividade. Mas se os dois estiverem aplicados no mesmo ovo, daria nota zero – que aplicação essa loucura pode ter?

Um bico de pinto saindo do ovo é uma visão esperada, conhecida, quadrada – não há Criatividade alguma nessa foto. Já um ovo de pé, levantado pela perna de um pinto (caso real), que achou *apenas* de nascer com outra prioridade, é nota 10 em Criatividade (dependendo ainda, é claro, de que aplicação essa imagem terá). Mas se além do pinto, estiver brotando também, pela parte superior do ovo, um vegetal (caso real), eis aí uma visão amalucada e mesmo repulsiva. Nota zero. Ao contrário, apenas a visão de um pinheiro nascendo de um ovo – e mais nada! – (caso real), eis aí um pôster maravilhoso, que merece nota 10!

O mesmo quanto às invenções. Eu posso imaginar um vaso sanitário que previna maus odores, pela emissão automática, no ambiente, de um purificador de ar acoplado a cada descarga. Ou outro que acenda discretamente, por trás, em lugar protegido, uma pequena chama a cada descarga, dado o fato conhecido de que um fósforo riscado no WC, após o uso, é santo remédio para livrar o recinto de qualquer fedor. Nos dois casos, simplesmente adaptei um aerossol e um isqueiro ao vaso sanitário – recurso de inumeráveis invenções (como mostrarei também mais tarde). Mas não posso lançar um vaso que faça as *duas* coisas – ninguém iria entender.

O mesmo na guerra, em vendas ou em administração.

Edward de Bono forneceu, num seminário de que participei em São Paulo, em maio de 1988, embora sem mencionar o problema dos cinco pontos, uma técnica sensacional – *Take it for granted* –, que explora exatamente essa evidência, da saída do quadrado em um único aspecto, e que relatarei no capítulo XI.

Você pode, sim, como disse antes, cogitar em levar para a empresa três ursos... ou qualquer outra coisa. Ou cogitar que todo mundo venha trabalhar, se quiser, de calção de banho. Ou cogitar que as reuniões doravante sejam todas de pé. Ou que, no meio de uma reunião sem ideias, todo mundo suba na mesa. Qualquer ideia dessas representa abertura criativa 100% legítima. Mas se cogitar em promover tudo isso ao mesmo tempo, amigo, você enlouqueceu. Ou a empresa vai enlouquecer.

O quadrado é para ser transposto uma única vez, cada vez! Quando, resolvendo um problema, a inovação já foi incorporada, já "voltou" a ser trivial, já voltou até a ser rotina, então – em face de um novo problema – pode ser hora de sair de novo!


Como sair do quadrado?

A primeira coisa a ter em mente – e talvez essa afirmação o surpreenda – é que ninguém sai do quadrado!

Não adianta ficar exigindo, clamando, naquela exortação usual:

– Precisamos sair do quadrado, gente!

Isso mesmo, é inútil! Nem você, nem ninguém, jamais vai poder sair, voluntariamente, do quadrado, como se sai de uma sala ou de um banheiro...

VOCÊ É SAÍDO DO QUADRADO!

Há de entender que Criatividade é algo passivo, receptivo! Você não "conquista" ideia alguma, amigo: é ela que o conquista! E o conquista *quando* ela quiser, e *onde* ela quiser. E também – o que é muito importante – *se* ela quiser...

Assim, a rigor, você não muda ponto de vista sobre algo (se essa mudança implica *flash* criativo, e não meramente variações de opções racionais). Você não pode, não tem poder para isso! Esse "algo", exterior, fora de você, é o que, de repente, vai mudar diante de seus olhos! Para seu espanto! Para seu prazer! Para sua alegria!

Mantendo a metáfora do Pão de Açúcar – é ele sim, ele mesmo, que vai se oferecer a você, numa perspectiva completamente diferente, que resolva seu problema quanto a ele! Mas só o fará quando, onde e se quiser!

Mas claro que você pode ajudar muito para que isso ocorra. Como? Há muitas dicas que ainda darei a seguir, mas, de longe, a principal, a essencial, é a seguinte:

MANTER-SE NO BIP!

Vejamos aquele exemplo muito manjado, mas ideal para ser projetado no problema dos cinco pontos: o do sujeito que dirige um caminhão com carga tão alta que fica entalado debaixo de uma ponte, na estrada.

O que faria você numa situação dessas, sendo o motorista?

– Esvaziaria os pneus! – apressam-se alguns a dizer.

Evidentemente que não. Você não saltaria da boleia e iria logo esvaziar os pneus, criando outro problema, ainda que menor, para a continuação da viagem. Você obviamente, como indivíduo racional que é, iria, em primeiro lugar, explorar todas as providências (cartões perfurados) que o caso requer:

**1** Você desligaria o motor e subiria para observar bem a situação.

**2** Você ligaria de novo o motor e tentaria tirar o caminhão de marcha à ré. Lógico: essa solução, se possível, é muito mais prática do que esvaziar os pneus... Mas não foi possível.

**3** Você então procuraria retirar, pelos lados, o máximo de carga que pudesse. Se possível, isso será muito melhor do que esvaziar os pneus. Mas a carga está toda presa, não foi possível.

**4** Você averiguaria se se trata de uma ponte de assentamento. Nesse caso, talvez, com uma alavanca, você a pudesse suspender, por pouco que fosse, para libertar o caminhão. Mas a ponte é de cimento, não foi possível.

**5** Você pediria a outro caminhoneiro que empurrasse, com o dele, seu caminhão, no sentido contrário (você de marcha à ré), dobrando o torque empregado. Mas também não foi suficiente.

Agora, todas as opções lógicas foram esgotadas!

*Somente agora* (e sempre considerando de barato que você não conhece o macete dos pneus) você terá de modificar drasticamente sua postura.

Não adianta mais consultar seus cartões perfurados.

*Somente agora* você vai fazer o seguinte: você vai ficar numa boa (se se sentir culpado ou ansioso pelo que aconteceu, você é carta fora do baralho), vai esfriar bem a cabeça, e vai fazer uma coisa que até agora não fez. Você vai olhar bem para o caminhão e *perguntar para ele*:

– Bicho, como é que a gente vai fazer para sair daqui?

Isso mesmo. Você já "falou" tudo. Agora é hora de calar a boca, de parar de raciocinar, de captar, "ouvir". É a situação concreta, real, que vai falar agora!

Você tem não de pensar, nem de agir – e sim VER o que a situação tem para lhe mostrar!

E quando chegar a ver, vai dar um pulo de alegria – o que certamente ocorreu com *a primeira* pessoa a descobrir esse macete, hoje mais um cartão perfurado como qualquer outro.

Então, note: dar marcha à ré, suspender a ponte, tirar a carga, tudo isso está dentro do quadrado. O ponto alocêntrico, nesse exemplo, *ainda que ligado ao quadrado*, localiza-se em cima dos pneus!

(Por curiosidade, essa mesma situação ocorreu com um caminhão-cegonha, sob a ponte do Bragueto, Asa Norte de Brasília, em agosto de 1989. Mas cada caso é um caso. O caminhoneiro se safou não esvaziando precipitadamente os pneus do caminhão, como faria um motorista desatento. Como se tratava de um cegonhão, abarrotado de carros, bastou esvaziar os pneus dos carros que estavam na parte superior da carroceria...)

Você não sai do quadrado – você é projetado fora dele!

A reta 1–2 que se projeta, que projeta você, de súbito, para fora do quadrado, leva-o ao que os psicólogos gestaltistas chamam de *insight* – uma palavra ligada à "visão". É o Eureka de Arquimedes!

E, *last but not least*, essa reta é um orgasmo! O relâmpago criativo está sempre, indissoluvelmente, ligado ao PRAZER. À alegria! Ao desfrute! "A mente celebra um pequeno triunfo cada vez que formula uma ideia", notou Emerson.

No clímax da Inspiração, do Eureka, da Iluminação, reside uma das mais intensas alegrias que se conhece, e uma das mais gratificantes faculdades da condição humana. O autor sente-se tomado pela exaltação, como proclama Nietzsche, em *Assim falou Zaratustra*.

É conhecida a história de Arquimedes que, quando teve seu *insight*, ao entrar numa banheira, saiu correndo nu pelas ruas de Siracusa, gritando em êxtase: "Eureka! Eureka!" (Embora haja também a versão de que o cavalheiro seria um exibicionista sexual que promoveu todo o episódio apenas para mostrar a genitália às mocinhas da cidade.)

Cuidado, Criatividade vicia!

Tais são algumas das incríveis possibilidades de entendimento da Criatividade, abertas por aquele simples problema dos pontos – um legítimo paradigma, que até imaginei, megalomaniacamente, pudesse ser conhecido como PARADIGMA MENNA BARRETO DE CRIATIVIDADE (PMBC)!

(Em termos de imortalidade, reconheço, ainda não disponho de muita coisa, exceto uma rua congestionada de Botafogo, escrita erradamente com um *n* só, a propósito da qual ainda não consegui achar modo de cobrar pedágio, e que, cá entre nós, nem sequer se refere a mim, mas a meu bisavô, Marechal João Propício Menna Barreto, visconde de São Gabriel, morto na Guerra do Paraguai, em 1869.)

Contudo, para problemas de cunho emocional, afetivo e também de relacionamento interpessoal, o esquema gráfico do PMBC, embora continue 100% válido, merece ser substituído por outro, mais detalhado e facilmente compreensível.

Vale a pena conhecê-lo (se ainda etc.).

# 9
# Problemas para ideias ou problemas para o estresse?

*Não há Criatividade capaz de resolver
problemas que nos fazem sofrer.
Enquanto nos fizerem sofrer.*

Ta ruço?
Há problemas para os quais seu dono não tem a mais remota possibilidade de conquistar uma boa ideia.
Isto é: de resolvê-los criativamente!
(Não importam as técnicas de Criatividade aplicadas.)
Que problemas são esses?
São os que contêm qualquer dose de desqualificação.
Você entenderá isso melhor neste capítulo.

*"O mundo não está interessado nas tempestades que
encontraste. Quer saber se trouxeste o navio."*

**William McFee, em** *Contos de Hoffman*

A Análise Transacional, em minha opinião, é um dos feitos mais criativos da história da psicologia, em termos de síntese, acessibilidade didática e, por isso mesmo, aplicabilidade.

Não é tão simples, muito menos simplória, como tem parecido a muitos, e como alguns simplificadores e vulgarizadores da teoria têm trabalhado por apresentá-la. Ao contrário, para quem a conheça em sua extensão real, é bastante abrangente e complexa, como legítima, honrosa e criativa tributária do pensamento de Freud.

Seu grande mérito, obra de gênio (Eric Berne) está, a meu ver, no *discurso*. Não "supera" Escola alguma da matéria, em minha opinião (e agora vou parar de repetir "em minha opinião", certo de que o leitor já terá captado que tudo que escrevo é "minha opinião", havendo muitas outras que, graças aos céus, discordam dela). O que Eric Berne doou à psicologia – e, por extensão, a todos nós – foi um discurso extraordinariamente claro e coerente, um sistema semântico incomparável no que concerne à apreensão e ao entendimento (e, por consequência, melhoramento) da personalidade e da conduta humana.

Mais ainda: um discurso fascinante, realmente irresistível! Nunca encontrei (disse isso na Introdução de meu último livro sobre Análise Transacional) nos mais de 150 seminários de AT que já ministrei, além de palestras sobre o tema, quem, pelo que me foi possível observar, não se "hipnotizasse" imediatamente às primeiras palavras sobre Pai-Adulto-Criança.

Tal fascínio me tem confirmado, muito fortemente, que, a despeito de eventuais insuficiências, há uma verdade *essencial* nesse discurso. Como diz E. F. Schumacher sobre as ideias mestras de nosso século, a AT demonstra que não poderia fascinar tão firmemente as mentes humanas, desde seu primeiro contato, se por acaso não contivesse elementos importantes e vitais de veracidade.

Tendo acabado de criticar a excessiva "simplificação" da Análise Transacional por alguns de seus aplicadores, pretendo agora apresentar uma visão simplificada do seu capítulo inicial: a estrutura da personalidade. Você dirá: "Os críticos são sempre assim...", e terá muita razão em dizer isso.

Mas quero me justificar (embora você possa acrescentar: "Eles sempre querem se justificar..."): o que vou lhe mostrar está longe de *ser* a Análise Transacional; o presente livro não trata desse assunto; a descrição a seguir é mero enfoque orientador quanto à natureza de PROBLEMAS (no trabalho e na vida) que meu leitor venha a enfrentar, à origem básica dos bloqueios e do "branco total" que possa sofrer, bem como aos contextos e condições em que poderá contar com Criatividade... e em quais outros ela é de ocorrência impossível.

Nos capítulos posteriores, lançarei mão, vez por outra, da nomenclatura que passo a apresentar.

A Análise Transacional pressupõe a existência, no indivíduo, de três Estados do Eu, três "componentes estruturais da personalidade": Pai, Adulto e Criança, representados pela seguinte forma gráfica, já razoavelmente conhecida:

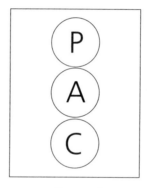

Figura 1

Essa divisão não é meramente arbitrária. Ela corresponde, de modo rudimentar, às divisões do cérebro humano. Assim, o que se entende aqui por Criança (arqueopsique) corresponderia ao sistema límbico; o Adulto (neopsique) ao neocórtex e o Pai (exteropsique) ao chamado cérebro intermediário. Bem mais comprovado do que isso, contudo, é que essa divisão emerge, em suas nítidas categorias, desde Platão, em *Fedro*, até inumeráveis expressões ao longo da história da filosofia, da arte, da antropologia... bem como da história de vida de cada um de nós.

A Criança, colocada na base do esquema, é o substrato mais importante da personalidade. É o componente psicobiológico da personalidade. É a sede de todas as emoções – não importa se saudáveis ou não. É a sede ainda da Intuição e, por isso mesmo, da Criatividade do indivíduo.

A Criança possui um pensamento específico, conhecido, pela psicologia piagetiana, como *pensamento concreto*. Os animais possuem igualmente esse mesmo tipo de pensamento, e bastante desenvolvido no caso dos animais superiores. "Apenas" não são capazes de conceituar o que pensam. São inteligentes, mas não racionais. Pensam de forma direta, imediata, concreta, espacial, sem elaboração, sem raciocínio, sem análise, sem generalizações teóricas. (Macacos que arremessam, na Índia, cocos sobre a cabeça dos caçadores ingleses não conhecem a lei da gravidade.)

Por isso mesmo, os animais são criativos. (*Seleções* mantinha, antigamente, uma seção permanente sobre esses casos.) Há o exemplo célebre: o psicólogo Wolfgang Kühler, um dos teóricos formuladores da Gestalt, pesquisava chimpanzés na África do Sul, à época da Primeira Guerra Mundial, deixando-os com fome numa jaula, mas tendo à vista, a certa distância, fora da jaula, uma apetitosa banana. Encostadas às grades, pelo lado de dentro, Kühler colocava duas varas de bambu; os chimpanzés, vendo ser impossível atingir a banana com o braço, lançavam mão de uma das varas – mas que também era curta – para chegar à banana (até aí nada de mais: chimpanzés lançam mão, normalmente, de tais recursos, como galhos finos que utilizam para cutucar cupinzeiros e, em seguida, se fartar desses insetos).Quando comprovavam suficientemente que a tal vara era curta demais, largavam-na e pegavam a outra... que também era curta! E assim ficavam, muito atarefados e motivados, ante a visão da banana, trocando a todo momento uma vara por outra.

De repente – o caso clássico foi com o chimpanzé Sultan –, o Espírito Santo baixava sobre o bicho! Há uma terminologia rica sobre esse fenômeno: o chimpanzé "tinha um *insight*"; o chimpanzé "fechava uma Gestalt"; o chimpanzé "produzia um reflexo intuitivo"; o chimpanzé "tinha uma Iluminação"; se pudesse falar, o chimpanzé gritaria "Eureka"; se a história se passasse em quadrinhos, apareceria uma lâmpada sobre o feliz chimpanzé – e o chimpanzé ACOPLAVA UMA VARA NA OUTRA (ambas ocas, de bambu) e PUXAVA PARA SI A RECOMPENSA!

(Quando, no capítulo XIII, eu vier descrever o *back burner*, isto é, o processo criativo, vou relatar eventos basicamente congêneres a esse.)

Acrescente-se algo interessante: para que ocorresse tal luminoso fenômeno, era imprescindível que a banana, as grades e as varas *estivessem todas no campo visual do chimpanzé*! Quer dizer: todos os elementos do PROBLEMA tinham de estar submetidos à percepção concreta do animal para que, de repente, ele promovesse uma combinação, um biassociacionismo, capaz de gerar a SOLUÇÃO!

Se as tais varas estivessem de fato disponíveis, mas no fundo da jaula, atrás dos chimpanzés – *mesmo chimpanzés que já tinham dias antes resolvido esse assunto* –, estes não conseguiam resolvê-lo de novo! Ficavam gritando, esfomeados, diante da visão da banana inalcançável!

O campo da percepção direta é o campo do pensamento concreto, criativo. Daí que já apontei, anteriormente, a conveniência de quem estiver interessado em ter uma IDEIA para um problema, de manter bem abertos os olhos e tentar vê-lo cara a cara, apreendê-lo o mais diretamente, o mais concretamente possível! Você não pode ter uma ideia para melhorar um motor, sem tê-lo bem em frente de seus olhos, funcionando. Você não pode ter uma ideia publicitária original para, digamos, um lançamento imobiliário, sem visitar pessoalmente o local, e se deter lá por um bom tempo, em carne e osso.

Köhler fornece mais uma informação, interessantíssima: chimpanzés que tiveram a IDEIA de acoplar as duas varas ficavam tão felizes, tão fascinados com sua própria descoberta, que a repetiam obstinadamente, e às vezes esqueciam-se de comer a banana!

Mas mesmo o inteligentíssimo chimpanzé (seu cérebro, depois do homem, é o que possui maior área de neocórtex: 16,9% contra 29% no homem) não seria capaz de conceituar abstratamente uma vara maior, até então indisponível, ou inexistente, para puxar a banana! Essa capacidade mental é prerrogativa do ser humano, prerrogativa de um componente da personalidade configurado, em Análise Transacional, como o Adulto.

O Adulto é comumente comparado a um computador. Não é, na verdade, um computador, por ser também gestor da autoconsciência e da ética – serviços não oferecidos por nenhum computador. Mas vamos, esquematicamente, considerá-lo assim.

É nesse Estado que reside o *pensamento abstrato* – privilégio da espécie humana. O Adulto é o núcleo do pensamento lógico, técnico, racional. Vale dizer: do pensamento matemático, científico, analítico, estratégico, informático, químico, físico, econômico, filosófico, político, astronômico, psicológico, sociológico, antropológico, mercadológico... etceterológico!

É o depositário e processador de todos os "cartões perfurados" operativos que o indivíduo recebeu na vida.

É, ao lado da Criança, o segundo e último polo do chamado *pensamento produtivo*!

O Adulto faz *dedução*; a Criança, *intuição*.

O pensamento do Adulto é *analítico*; o da Criança, *sintético* (impossível fazer ambas as coisas ao mesmo tempo).

O pensamento do Adulto tende a ser *convergente*; o da Criança, *divergente*.

O do Adulto é movido pelo *Método* ou por uma *Conveniência* racional; o da Criança, pela *Curiosidade*, ou por uma *Recompensa* sensorial.

Integrados, em boa parceria, proporcionam ao indivíduo o que denominei de OTIMIZAÇÃO DO PENSAMENTO.

Nessas condições, garantem SOLUÇÃO para a dualidade única – já conhecida pela filosofia da arte – entre *Ratio* e *Inventio*.

Finalmente, o Pai. Esse é o repositório dos valores e da moralidade do indivíduo. E também dos ditames da cultura, dos hábitos, da tradição. Contém as normas sociais e religiosas, as regras de convivência.

Nele reside a Potência da personalidade, ou seja, os atributos de Liderança, de Autoridade, de Carisma, e mesmo de *Status*, do indivíduo.

Esses três Estados são não apenas *estruturais*, a atuar permanentemente no âmago do indivíduo, como também *funcionais*, transacionais – isto é, ditam como esse indivíduo se apresenta, se expõe, se comunica, se inter-relaciona. São, por isso (ao contrário, se quer saber, de ego, id e superego, conceituados por Freud), aferíveis, observáveis, reconhecíveis – seja por gestos, tom de voz, expressões de linguagem, seja pela postura corporal.

Mas isso, aqui, não vem mais ao caso.

Se, pelo menos em tese, houvesse alguém sem dano algum na personalidade, ele teria esses três Estados plenamente íntegros, capazes de funcionar invariavelmente bem em cada situação, dependendo do caso.

Todavia, por motivos que não tenho condição alguma de desenvolver neste livro, saiba que ocorreu em todos nós, na fase mais crítica de nossa vida – a fase em que se tomam as grandes decisões para o resto da existência, isto é, entre 0 e 8 anos de idade –, um corte vertical em toda essa estrutura, delimitando, a partir daí, *dois sistemas*: o OK e o não-OK (abreviatura NOK).

O sistema OK é o sistema *saudável* da personalidade – produtivo, evolutivo, empreendedor, prazeroso, beneficiário de todas as oportunidades (apesar dos PROBLEMAS) que a vida oferece.

O sistema NOK, por oposição, é o sistema *patológico* da personalidade. Digamos assim: é a faceta neurótica de cada um de nós (em indivíduos em que tal sistema deixa de ser "faceta" e se totaliza, transforma-se em sistema psicótico).

Agora, gostaria que o amigo memorizasse a terminologia a seguir:

**1** O hemisfério OK da Criança, isto é, a parte saudável do Estado Criança, chama-se CRIANÇA LIVRE. O indivíduo, nesse Estado, é naturalmente alegre, espontâneo, afetuoso, eventualmente engraçado. Pode também experimentar emoções como raiva, medo ou tristeza – mas sempre em face de eventos que as façam realisticamente justificáveis em intensidade e duração.

No interior da Criança Livre há um subestado pitorescamente denominado, por Berne, de "Pequeno Professor": é o núcleo da Curiosidade, da Intuição e da Criatividade do indivíduo.

Assim, perceba que o pensamento intuitivo, *criativo*, é o próprio pensamento da Criança Livre, Estado do Eu regido pela ESPONTANEIDADE NATURAL!

**2** Agora vem a raiz de toda e qualquer dificuldade, de natureza psicológica, que o indivíduo possa enfrentar na existência – seja na empresa, na família, no trânsito, nas férias... e com quem quer que seja: a faceta doentia do Estado do Eu Criança, isto é, a CRIANÇA ADAPTADA.

Ela se divide em duas: Criança Adaptada Submissa e Criança Adaptada Rebelde.

Diz-se que o indivíduo está na Criança Submissa quando experimenta, em maior ou menor intensidade, uma ou mais das seguintes *emoções negativas*, patológicas:

*Criatividade no trabalho e na vida* • 235

Confusão

Ansiedade

Insegurança

Vergonha

Desvalimento

Timidez

Depressão

Desmotivação

Culpa

Fobia

Diz-se que o indivíduo está na Criança Rebelde quando experimenta, em maior ou menor grau, uma ou mais das seguintes *emoções negativas*, patológicas:

Explosões de raiva

Agressividade

Desconfiança

Rivalidade

Ressentimento

Vingança

Inveja

Ciúme

Triunfo maligno (regozijar-se com o infortúnio de alguém, ainda que não o tenha causado)

**3** A rigor, o Adulto é sempre OK, pois o que define esse Estado é ser racional *e* ético. O chamado "Adulto NOK" identifica-se ao que se conhece como Adulto contaminado (pelo Pai NOK e Criança NOK), logo *não* é Adulto: é Pai ou Criança disfarçado em Adulto. Tal "Adulto NOK" manifesta-se na forma de certa "objetividade operativa" a ética, isto é, controle objetivo da realidade para fins *não éticos*. Nos casos mais graves: planejar objetivamente um assalto, cometer um "crime perfeito" etc.

**4** O Pai OK pode ser expresso, no nível em que estou tratando, por uma única entidade, o PAI PROTETOR.

O indivíduo, nesse Estado, demonstra um comportamento não só Protetor, como o nome indica, mas também Encorajador, Permissor, de líder. É também Normativo, capaz de estabelecer regras e impor limites, quando necessários e construtivos.

Esse Estado é importantíssimo para o processo da Criatividade! Na verdade, dito processo começa exatamente nesse Estado. Isso porque, embora quem crie seja realmente a Criança... ela não cria, nunca, *se não contar com Proteção, Encorajamento e Permissão para criar!*

É esse Estado que saberá, como atributo da liderança, fornecer a Pressão do BIP. Isso tanto no nível estrutural como no transacional. No nível estrutural, quando o indivíduo já se impregnou de uma boa dose de proteção e encorajamento internos que alimentam sua Motivação para criar!

No nível transacional, lembro o que já falei (e voltarei a falar) sobre o valor incomensurável da liderança inspiradora, isto é, da liderança de "um sujeito formidável", para levantar a Criatividade de uma equipe inteira!

**5** O Pai NOK divide-se também em dois: PAI CRÍTICO (ou PAI PERSEGUIDOR), exposto num comportamento, e num pensamento, tirânico, autoritário, preconceituoso.

E PAI SALVADOR, exposto num comportamento, e num pensamento, de superprotetor (a Supermãe, por exemplo), demagógico, subornador, meloso, controlador por incutição de culpa. O esquema básico é o da Figura 2.

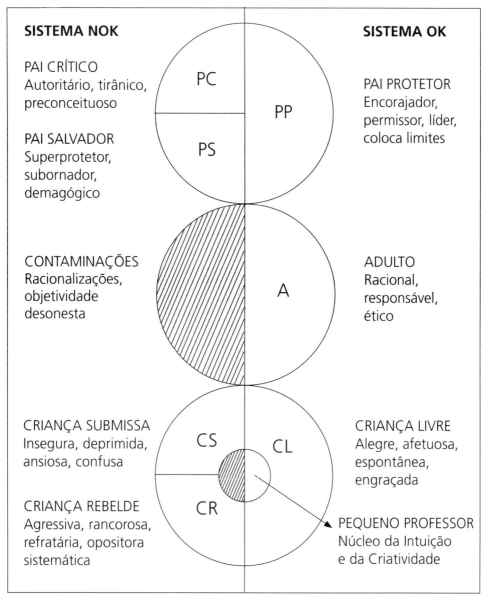

Figura 2

O mais importante até esse ponto, penso eu, é conhecer razoavelmente bem a natureza e diferenciação entre os dois sistemas.

Assim, à guisa de teste, qual Estado do Eu de um pai determina um castigo para seu filho: Pai OK ou Pai NOK? Obviamente, qualquer dos dois. Mas há diferenças imensas: no caso do Pai OK, em face da reincidência de um comportamento danoso por parte do filho, a admoestação ou mesmo a suspensão de uma regalia qualquer é exposta com assertividade, mas tranquilidade. O indivíduo, mesmo ao impor um castigo, sabe o que está fazendo, usa um critério defensável. Informa que, apesar de o filho ter errado, ainda o tem em boa conta, confia que tudo pode acabar bem, para todos. Valoriza o outro... mesmo em caso extremo de punição.

Já o Pai NOK "perde a cabeça". Seu Adulto "desintegra-se". Parte para alguma variação do "Você não presta": o outro é irresponsável, safado, mentiroso, ou seja lá o que for.

Então, penso ser fundamental ter em vista essas duas importantes diferenciações:

**1** O Estado Pai OK *não pensa*! Ele atua, ele funciona... monitorado pelo Adulto. É como se o Adulto (de *per se* uma entidade meramente informativa e fria como uma tela de computador) lançasse mão da Potência do Pai para imprimir um comportamento racionalmente defensável e ético, proveitoso para todas as partes.

Todo indivíduo, no exercício de uma liderança saudável e inspiradora, está plenamente consciente de seus atos, por sua vez éticos e proveitosos para todos.

É oportuno apontar que os três Estados do Eu pensam: a Criança tem um pensamento *pré-conceitual*; o Adulto, um pensamento *conceitual*; e o Pai, um pensamento *preconceituoso*. A faceta OK do Pai funciona, como disse, monitorada pelo Adulto.

**2** A segunda grande diferença entre os dois sistemas é que o OK é sempre até nos casos extremos de castigar um filho ou despedir um funcionário – VALORIZADOR! E o Sistema NOK, perseguindo ou salvando, é sempre DESVALORIZADOR!

Impossível exagerar a insistência de que os fenômenos globais de Criatividade ocorrem num quadro geral de VALORIZAÇÃO... ainda que necessariamente submetido a uma boa dose de Pressão objetiva!


Todos nós temos, estruturalmente, em maior ou menor proporção, ambos os sistemas.

A maior parte do tempo, acredito, meu próprio leitor está no Sistema OK. Mas de repente, por algum motivo, ele depara com um desafio, surge-lhe uma situação existencialmente significativa, por exemplo, um PROBLEMA, e então *pode* passar para o Sistema NOK.

Por que razão ocorre, em maior ou menor grau, esse "desabamento" em qualquer um de nós? (No Sistema OK, o indivíduo está plenamente integrado ao presente, ao aqui-e-agora; já no Sistema NOK, ele desaba para o passado, passa a atuar sob a influência do que o influenciou no passado, no lá-e-então.)

Embora o passado, o lá-e-então de cada indivíduo, tenha sido muito diferente um do outro, cada indivíduo *sai do Sistema OK e entra no NOK da mesmíssima maneira*! Depois de entrar, o comportamento e as emoções poderão ser muito diferentes, sem dúvida. Mas a passagem dá-se por um mecanismo praticamente igual.

Criei, tentando explicar isso melhor, a metáfora do interruptor. Uma fábrica produz interruptores, vende interruptores e as pessoas compram interruptores. A partir daí, uma o instala num aparelho de som, outra num ar-condicionado, outra numa instalação de luz, ainda outra num micro. Quer dizer: uma vez ligado, coisas diferentes poderão acontecer. Mas o interruptor é de um tipo só.

O nome desse interruptor, que "liga" o indivíduo no Sistema NOK, chama-se o *diálogo interno*.

Descrição: o indivíduo está bem, está OK, de repente surge um desafio (por exemplo, um PROBLEMA), e gravações arcaicas de DESVALORIZAÇÃO, armazenadas (e até então mudas) no PAI CRÍTICO, voltam a ser deslanchadas numa comunicação intrapsíquica com a CRIANÇA SUBMISSA, como mostra a Figura 3.

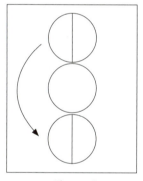

Figura 3

Aí está o que ocorre, quase invariavelmente, no início dos meus seminários (e quase invariavelmente na vida diária de tanta gente quando lhe chega a oportunidade de demonstrar sua criatividade).

Releia, por favor, apenas o último bloco do capítulo I.

É ele, o diálogo interno – e não absolutamente a Pressão objetiva de um PROBLEMA (pois ela, como vimos, pode ser fator de inspiração) –, que acarreta o tal "branco total". E que justifica pessoas dizerem: "Quando me botam pressão, aí é que não crio nada!" Em tais pessoas, qualquer pressão exterior aciona o gravador interno maldito das desqualificações...

Assim, naquele episódio inicial, após eu ter pedido, o mais cordialmente possível, numa transação Adulto–Adulto: "Por favor, peguem agora caneta e papel e façam algo criativo" (o que não poderia ser mais adequado, sendo eu instrutor de Criatividade, num Seminário de Criatividade, falando a pessoas que acabaram de me expor, sinceramente, o quanto estão interessadas em desenvolver sua criatividade), uma *outra voz* falou imediatamente dentro da cabeça da maioria dos participantes.

E o que disse, preconceituosamente, essa súbita voz internalizada, tão logo acabei de falar? Na maioria esmagadora dos casos:

– VOCÊ NÃO É CAPAZ!

Claro, uma afirmação tão absurda e mentirosa como essa poderia – e deveria! – cair no vazio. Acontece que, no fenômeno em questão, devemos ter em mente que esses dois blocos do Sistema NOK – Pai NOK e Criança NOK – foram gravados simultaneamente, a partir de uma mesma fonte, por um processo congênere ao de uma gravação estereofônica.

Cada um desses dois blocos é um verdadeiro molde do outro.

Assim, a desvalorização internalizada, proveniente do Pai Crítico, "entra" na Criança Submissa com a mesma precisão da chave certa numa fechadura!

A eficiência dessa "complementação" é expressa instantaneamente: a Criança Submissa *sofre* uma ou mais de suas emoções características: insegurança, ansiedade, confusão etc.

O nome é este mesmo: sofrimento. Dor psíquica, em maior ou menor grau.

Até agora, só me referi a um "monólogo" – mas trata-se de fato de um diálogo.

Isso porque, quase imediatamente – e sempre em termos interiorizados, intrapsíquicos –, a Criança Submissa, sofrendo insegurança, ansiedade etc., volta-se para o Pai interno (NOK) e pergunta:

– Então, o que devo fazer?

A própria pergunta implica a aceitação, a ratificação da desvalorização anterior. Esta foi disparada, como disse, pelo Pai Crítico. Agora, quem vai responder a essa pergunta é o Pai Salvador.

E ele vai dar à Criança uma "salvação" (deveria ser escrita sempre assim, entre aspas). Uma "salvação" nunca é uma ajuda real, mas sempre fator de agravamento e fixação da carência, da dependência.

A "salvação", que virá agora, chama-se o Impulsor – o último mas importantíssimo conceito de Análise Transacional que cabe aqui neste livro sobre Criatividade.

Tão logo o indivíduo aceita essa "salvação" – o Impulsor –, ele se esteriliza em termos de Criatividade, e agora extensivamente...

Às vezes, em seminários, consultam-me sobre o problema do súbito "branco total" (abertura do diálogo interno).

Eu respondo que não acho o "branco total" tão importante.

O importante é o que o indivíduo vai fazer com esse "branco"...

Porque a tendência das pessoas é "preenchê-lo" com a prática de um Impulsor.


Ao contrário do diálogo interno, o Impulsor (originado dele) não é um fenômeno intrapsíquico, subjetivo.

O Impulsor é uma conduta, um comportamento, *uma prática*.

Pode ser reconhecido por uma vasta variedade de sinais exteriores, tais como expressões de linguagem, tom de voz, aparência geral, gestos, olhar, até mesmo o modo de se vestir ou se sentar. (Por isso mesmo, é facilmente aferível, até mesmo filmável, videocassetável...)

Além disso, ao contrário de fenômenos intrapsíquicos, cujo número deve ser maior do que os grãos de areia da praia (se incluirmos os sonhos), os Impulsores *são apenas cinco* – o que torna muito mais fácil seu reconhecimento.

Todo Impulsor, insistentemente praticado, leva o indivíduo, mais cedo ou mais tarde, ao estresse (bem como a uma vivência de encurralamento e desespero). Tampouco terei espaço para demonstrar isso aqui, mas saiba o leitor que, se um dia se estressou, não se estressou por excesso de trabalho, nem por obra de um chefe superexigente, muito menos pelo "ritmo trepidante" da vida moderna. Bem sei que qualquer desses fenômenos externos pode ter ocorrido. Mas o estresse se deu devido à resposta psicologicamente inadequada – via Impulsores – a tais desafios!

O Impulsor é a *exteriorização* mais primária do Sistema NOK do indivíduo.

É importante ressaltar que ninguém está o tempo inteiro no Impulsor, qualquer que seja ele. Não estará, certamente, por exemplo, quando dorme. Meu leitor, não importa que Impulsor eventualmente pratique (isto é, tenha *fraqueza* para ele), não estará certamente em Impulsor algum, enquanto me lê. As pessoas praticam um Impulsor apenas como reação à "pressão" internalizada e *desvalorizadora* do Pai Crítico!

Assim, elas ora o praticam, ora não. Claro, cada caso é um caso, mas quanto mais alguém praticar qualquer Impulsor, mais se estará prejudicando e acumulando fatores para um colapso existencial (do qual não tem a menor consciência nem previsão, *enquanto* o pratica).

Mesmo assim, a prática de um Impulsor, ainda que esporádica, é sempre tão significativa, que imprime sinais muito claros na aparência global do indivíduo, a ponto de não haver muita dificuldade em se prever quais Impulsores tem ele mais fraqueza para praticar... ainda que não o esteja praticando naquele momento.


Sempre que um indivíduo começa a praticar um Impulsor – "entra no Impulsor", como se diz –, sua ESPONTANEIDADE vai para o espaço! Explode como uma bolha de sabão! Sua atitude, agora, passa a ser compulsiva, quadrada, previsível (embora muito diferente no caso de cada Impulsor).

Dependendo do Impulsor, a racionalidade de quem o pratica ainda pode oferecer alguma expressão operativa (embora comprometida com o Impulsor).

MAS SUA CRIATIVIDADE CONGELA-SE NA MARCA ZERO!

*Criatividade no trabalho e na vida* • 241

De que vale, pergunto, oferecer técnicas e dicas de Criatividade a indivíduos esmagados por Impulsores... e que sequer têm consciência disso?

Qualquer Impulsor fulmina o BIP!

Então, uma vez que o Impulsor estraçalha a Espontaneidade, congela a Criatividade, dá ao indivíduo, em maior ou menor grau, uma conduta compulsiva, além de prepará-lo para o estresse e uma derrocada psicológica, por que razão as pessoas o praticam?

Boa pergunta.

As pessoas o praticam porque elas têm um "prêmio" *enquanto* o praticam. (Por isso mesmo, o Impulsor é uma "salvação".)

As pessoas o praticam porque, enquanto o praticam, cessa a humilhante desvalorização interna e, por isso, também o sofrimento de insegurança, ansiedade etc.

O mecanismo é, pois, uma chantagem internalizada: o Pai Crítico desvaloriza, a Criança sofre essa desvalorização e o Pai Salvador *anestesia* esse sofrimento, em troca da prática do Impulsor!

Visto de outro modo: no Impulsor, o indivíduo sacrifica seu bem mais precioso – sua ESPONTANEIDADE, ser ele mesmo! – em troca de um comportamento compulsivo e estéril que faça cessar, provisoriamente, sua desvalorização interna e, por isso mesmo, sua dor psíquica, seu mal-estar.

O Impulsor é de fato uma "compensação" – estressante, contraproducente, patológica.

As interligações são claríssimas.

Criatividade é um ato de ESPONTANEIDADE MENTAL.

O Impulsor sacrifica toda espontaneidade em troca da cessação do mal-estar, causado pelo diálogo interno.

"Neurose é a perda da espontaneidade" – a definição mais prática que conheço.

Todos nós temos, em maior ou menor grau, fraqueza para todos os cinco Impulsores.

Na verdade, para o tema específico deste livro, nos interessam basicamente apenas os dois primeiros pela ordem que escolhi. Certo, qualquer pessoa que esteja praticando qualquer um dos cinco estará com sua criatividade anulada. Contudo, mesmo indivíduos que têm aberta fraqueza para a prática de qualquer de outros três, quando defrontam subitamente com o desafio de SER CRIATIVO – e se deixam intimamente desvalorizar –, tendem a praticar um ou outro dos dois que encabeçam minha lista.

(Darei, mesmo assim – para que o assunto não fique em aberto – um repasse também sobre os outros três, no final.)

O primeiro Impulsor – sou tentado a dizer, o mais catastrófico para a Criatividade – origina-se de uma desvalorização interna que pode ser expressa como: "Você não é capaz!" Isso acende na Criança uma emoção dolorosa de Insegurança. À pergunta "Então o que devo fazer?" a resposta é terrível: "SEJA PERFEITO!"

(O que vou apresentar agora não é uma lista metodológica, mas meros *flashes* gerais e arbitrários, variando muito de caso a caso, sobre uma personalidade que pratique, com notável intensidade, o Impulsor que eu estiver descrevendo. Aliás, isso não é um convite para diagnosticar quem quer que seja, e sim a que meu leitor eventualmente identifique, em si mesmo, atitudes que possam ser obstáculos resistentes e duradouros à sua própria criatividade.)

O indivíduo que pratica, em alto grau, o Impulsor Seja Perfeito, é o indivíduo perfeccionista, detalhista, minucioso.

Despende, na empresa, uma energia descomunal em filigranas e minúcias, que não têm nada a ver com o pique de RESOLVER OS ASSUNTOS E CRIAR RIQUEZA!

É um indivíduo que, por exemplo, tem em sua mesa um porta-lápis com doze lápis impecavelmente apontados. Se quebra uma ponta daquelas, qual seria a atitude racional? Usar outro lápis! E ele faz isso? Não, ele vai lá no apontador "corrigir" a ponta que quebrou... (Gosto desse exemplo para ressaltar a irracionalidade e futilidade básica do Impulsor.)

É um indivíduo que, em reunião na empresa, nos debates de um PROBLEMA que exige Criatividade, Inovação etc., introduz frases como esta: "Gostaria que meu ponto de vista ficasse perfeitamente claro para vocês todos". Amigo, sempre que, numa reunião, alguém estiver muito preocupado para "esclarecer bem" seu próprio ponto de vista... esse alguém está atolado num Impulsor chamado Seja Perfeito! E preste atenção: o tal ponto de vista, que o cavalheiro está tão interessado que fique "perfeitamente claro", NUNCA É A SOLUÇÃO daquilo que se está discutindo! É uma trivialidade qualquer, de "correção" tão legítima como 2 + 2 = 4.

Outros sinais linguísticos: perseguir os outros com perguntas como: "Entendeu bem?", "Percebe?", "Estou sendo claro?" Ao falar, tende a usar muitos advérbios de modo: "precipuamente", "concomitantemente" etc. Visível preocupação em não cometer nenhum erro gramatical.

Em geral, prolixo. Faça-lhe uma pergunta curta, e de lá virá resposta de várias páginas! Ao prestar uma comunicação ou narrar um evento, introduz informações periféricas e dispensáveis, que exigem (para nada) mais tempo e atenção dos ouvintes. Suas opiniões, muitas vezes em questões decisórias, contêm tal quantidade de filigranas, de desvios, de sutilezas, de ponderações... que chega, às vezes, a ser ininteligível para o comum dos mortais.

No vestir-se, dá visível preferência ao apuro sobre o conforto. É "impecável" da cabeça aos pés. Pode ser exibicionista, *snob*, "aristocrata" – o que demonstra na forma de andar ou sentar-se.

*Criatividade no trabalho e na vida* • 243

Para resumir: é um indivíduo MUITO CHATO! (Na realidade, os cinco Impulsores chateiam, mas os outros quatro chateiam a médio prazo. Já o Seja Perfeito, acentuado, é insuportável de cara!)

Imagino que meu leitor, como eu próprio, aprecie ter sua residência limpa. Já dona de casa com Seja Perfeito é diferente. Sua residência não é limpa – *é antisséptica*! Visitá-la é uma aventura no constrangimento: o assoalho pode estar tão polido que você fica sem jeito de pisá-lo. Os tapetes terão as franjas penteadas com esmero. A anfitriã o conduzirá a uma poltrona nova em folha, que toda sua intuição lhe estará dizendo ser "a poltrona das visitas" (havia uma cobertura de plástico sobre ela dez minutos antes de você chegar). O cafezinho, igualmente, não virá no aparelho normal da casa, mas "no aparelho das visitas". E há mesmo casos em que serão previstos "aparelho para visitas normais", "aparelho para visitas mais importantes" etc. Nenhum aconchego, nenhuma naturalidade, nenhuma oportunidade para um momento mais espontâneo de convivência...

Nas empresas, ao contrário do que possam pensar eventuais iludidos, esse Impulsor é um dos inimigos mais ferrenhos da Qualidade! Sabe você qual é – superadas as aparências – o objetivo real, final, desse Impulsor, se deixado com carta branca numa organização? BUROCRATIZÁ-LA DE PONTA A PONTA!

Em Criatividade, o perfeccionismo, o preciosismo, é mortal! Fácil de explicar: qual, pergunto, é a implacável *proibição interna* de quem pratica o Seja Perfeito? Claro, a PROIBIÇÃO DE ERRAR! Como pode, pois, aventurar-se sua mente num campo onde os erros e fracassos pululam, e onde "a besteira faz parte do processo"?

Encontro em Edward de Bono, em seu *O pensamento criativo* (Vozes, 1970), consciência muito nítida dessa armadilha:

> Há um tipo extremo de temperamento que busca exercer compulsivamente um severo controle sobre a mente... Há um empenho pela meticulosidade e precisão que é tão artificial quanto um trecho de filme que divide o movimento numa série de imagens estáticas. Trata-se de um tipo extremo de mente, mas há muitas que revelam tal inclinação, ainda que em grau menor.

Muitíssimas.

Apenas como exemplo. Quando convido, em meus seminários, os grupos a resolver o "problema dos cinco pontos", como foi enunciado no início do capítulo VII, vejo vários participantes entrarem no Seja Perfeito...

Ficam, com a ponta da caneta ou do lápis (alguns muito afilados), traçando no ar, acima do papel, sequências de retas dentro do quadrado, que, obviamente, nunca resolvem o problema, como exposto.

A cada final de sequência, abanam a cabeça e... recomeçam de outra maneira.

Enquanto isso, o papel mantém-se virgem!

No fim do dia, ou no fim do mês, o papel continuará assim, impecável, como prova inconteste, irrefutável, de que *eles não cometeram o menor erro*!

Qual deve ser, a propósito, a melhor postura para enfrentar "o problema dos cinco pontos"?

Em princípio: 1) Tentar resolvê-lo pelo paradigma do quadrado cortado por suas diagonais, aparentemente a melhor opção; 2) Comprovada sua inviabilidade, pela exigência de manter o lápis no papel, certificar-se eventualmente com o instrutor: "Esse problema, como foi exposto, tem mesmo solução?"; 3) Informado que sim, PARTIR PARA OUTRA! Exclamar com algum entusiasmo, com Motivação: "Pombas! Vou resolver essa droga de qualquer maneira! Vou trucidar agora mesmo, com milhões de tentativas, cinco blocos de papel até que veja uma brecha para me safar desse abacaxi!"

Quando vejo participante nesse estado de espírito – traçando decididamente uma figura após outra, já cercado de tentativas frustradas e indiferente ao número de folhas que consome –, "sei" que ele está no caminho certo! E que a qualquer momento seu próprio braço – mais que sua cabeça – vai dar um repuxão para o lado, saindo do quadrado e voltando com a solução!


O segundo Impulsor que muitas vezes eclode, patologicamente, diante do desafio de o indivíduo "ser criativo", chama-se ESFORCE-SE.

Aqui, a exteriorização é muito diferente da descrita anteriormente. Indivíduo que tenha um Esforce-se muito acentuado é um indivíduo de aparência em geral cansada, desolada. É comum um olhar mortiço, meio "bovino", se me permite a comparação.

Quando, na empresa, lhe é passada uma tarefa ou um PROBLEMA, por exemplo, formulado numa folha de papel, nunca responde algo como: "Deixa comigo!" ou "Só posso pegar nesse assunto na próxima semana", ou "Já sei o que vou fazer" etc. (Muito menos: "Que bom!") Ao contrário, pega a folha de papel, olha-a longamente, respira fundo, às vezes coça ou alisa a área posterior da cabeça, e começa a proferir frases (entremeadas por boas pausas) como: "Puxa... que abacaxi... é difícil isso, hein? ...é duro... não sei como vou fazer..." Essa série termina com um verbo que, para indivíduo com fraqueza para tal Impulsor, é verdadeiro veneno existencial: "Vou tentar..."

Tal indivíduo nunca diz, por exemplo, "Vou falar com o diretor financeiro", ou "Vou telefonar para Manaus". Ele diz: "Vou *tentar* falar com o diretor financeiro", "Vou *tentar* telefonar para Manaus". Meu Deus, como tudo ficou mais difícil!

(Você por acaso já reparou, em sua vida, na imensa distância que há, até em termos existenciais, entre, por exemplo: 1) achar um táxi e 2) *tentar* achar um táxi?)

Indivíduo com tal Impulsor, em dose elevada, confessa amiúde: "Tento, tento, mas nada sai como eu queria". É comum ter rugas horizontais na testa (pelo modo às vezes esforçado de se expressar), ou contorcer as mãos, uma na outra, ou mesmo o corpo, na hora de se exprimir. Hesita diante das perguntas. Ou então começa uma frase, enevereda por ramais e a deixa incompleta.

Por outro lado, tende a trabalhar continuamente, mesmo em fins de semana: sente-se culpado se está sem fazer nada. Mas trabalha por trabalhar. Sem entusiasmo nem motivação. Também sem objetivos bem definidos, sem clara visão do conjunto e das prioridades. Aquele cartum clássico – certamente apenas um cartum – do indivíduo que passa sinteco numa sala, terminando no canto oposto ao da porta, ficando lá encurralado até o sinteco secar, é um retrato humorístico de atividade no Esforce-se.

Idem no caso da dona de casa "barata tonta": não sabe se despacha o filho para o colégio, orienta a empregada ou atende ao telefone – no fim do dia, está exausta e tudo foi malfeito ou ficou por fazer. Tais pessoas começam uma atividade logo interrompida, começam uma outra, e por aí afora.

Outra característica é só dar valor "àquilo que se consegue com grande esforço". Usa muito, de forma inadequada, o verbo lutar. Acredita que a vida é "uma perpétua luta" e que tudo demanda um grande esforço. "Como vai você, Fulano?" "Na luta!" (Não, no Esforce-se.)

Tende a ser desorganizado e caótico. Na empresa, além de pouco prático, mostra-se desprovido de qualquer pensamento estratégico. Esforça-se muito! Acredita-se obsessivamente "dedicado". Sua produtividade final é medíocre. Dificilmente ascende aos níveis mais altos da hierarquia.


Nunca, amigo, jamais – e, deixe-me acrescentar, em tempo algum – *tente* ter uma boa ideia!

Ou tenha-a ou não a tenha! (Mas já que isso implica molecagem – tenha-a!)

Nem considere, por favor, o desafio do processo criativo, como o descreverei no capítulo XIII, *mesmo debaixo da maior Pressão*, como um "esforço", uma "luta".

Aliás, qualquer compulsão, qualquer obrigatoriedade, qualquer preocupação em "ter de ser criativo" remete o indivíduo direto ao Impulsor!

Seja criativo por prazer, por conveniência, e em seu exclusivo interesse.

Melhor ainda, seja criativo por pura sacanagem – eis aí outra fórmula ideal.


Ao submeter o "problema dos cinco pontos" a meus grupos, é frequente, também, ver participantes entrarem no Esforce-se. Sem dúvida, em dose muito pequena, mas o suficiente para impedi-los de partir para uma solução criativa.

E o reconheço por um pequeno sinal – mas muito revelador: enquanto buscam, com uma das mãos, unir os cinco pontos nas condições estipuladas, empregam a outra para segurar a testa (possivelmente para que ela não caia).

Você acha mesmo que uma cabeça pensa melhor se repousa sobre um antebraço vertical, como uma ruína amparada por uma muleta?

Vou descrever-lhe cena que nunca vi, e sei que jamais verei. Indivíduo, em sua mesa de trabalho, com a testa apoiada na mão enquanto enfrenta PROBLEMA QUE EXIGE INOVAÇÃO. De repente, indivíduo sai dessa posição e pula da cadeira, exclamando: "Eureka! Tive uma ideia formidável! Acho que está tudo resolvido!" Jamais verei essa cena! Indivíduo, com sua pesada cabeça apoiada na mão, ficará lá o dia inteiro, pensando, lutando, se esforçando. Pergunte-lhe no fim do dia: "Resolveu tudo?" Resposta: "Não, tá duro, acho que estou até com enxaqueca. Mas amanhã vou tentar chegar mais cedo para me esforçar mais sobre isso". Pergunte-lhe a mesma coisa daqui a um mês...

Esses dois – SEJA PERFEITO e ESFORCE-SE – são os Impulsores mais insidiosos e eficazes para apagar todas as luzes do estádio onde a Criatividade estava pronta para entrar em campo!

Insisto: de que vale o indivíduo ler livros sobre Criatividade, e mesmo aprender técnicas de Criatividade, se, na hora H de criar, ele se deixa levar por tais atitudes e compulsões?

Farei, como prometi, uma apresentação, a voo de pássaro, dos outros três Impulsores que restam:

SEJA FORTE – É o Impulsor do machão, do valentão (ou valentona), do "osso duro de roer". Tende a usar ditados e chavões na conversação: "Aqui quem manda sou eu", "Antes só do que mal acompanhado", "Falei, tá falado", "Comigo ninguém pode" etc., bem como palavrões. E também a ser lacônico: "Sem comentários". Ao sentar-se, sucede muito cruzar os braços sobre o peito e jogar o tronco para trás. Mantém fisionomia impassível, dura, de pedra. Crê que pode suportar tudo heroicamente. Tem horror a demonstrar emoções, especialmente chorar. Candidato forte a doenças psicossomáticas, especialmente coronarianas.

APRESSE-SE – É o Impulsor do indivíduo "que nasceu meia hora atrasado..." Vive correndo contra o tempo. Fala rápido demais, e também interrompe os outros para completar o que estão dizendo. Expressões frequentes de linguagem: "Não tenho tempo"; "Estamos em cima da hora"; "Vamos nessa"; "Olha a hora, gente!" Sentado, fica sacudindo as pernas, balançando o pé ou tamborilando com os dedos – sempre em movimento. Prefere ele próprio fazer as tarefas dos outros porque não tem paciência de esperar que eles as terminem. Confessa abertamente que pessoas lentas o incomodam. É agitado, impaciente, podendo chegar a esbaforido.

AGRADE SEMPRE – É o Impulsor de quem tem obsessão de agradar, para ser "um bom menino" ou "uma boa menina". Muito sorridente, seu sorriso é plástico, às vezes, repuxado. Ultraobsequioso, solícito, sedutor. Expressões frequentes: "Você poderia...?"; "O que é que custa?"; "Corrija-me se eu disser bobagem"; "Desculpe por qualquer coisa" etc. Tom de voz com tendência ao amável ou suplicante. Tende a concordar várias vezes com a cabeça, inclusive – nos casos mais graves –, sem ter realmente entendido o que está sendo dito. Procura adivinhar do que os outros necessitam para poder satisfazê-los (esperando dos outros a mesma absurda preocupação).

Coabitam assim, na personalidade humana, dois sistemas opostos de administração de problemas, como mostra a Figura 4.

*Criatividade no trabalho e na vida* • 247

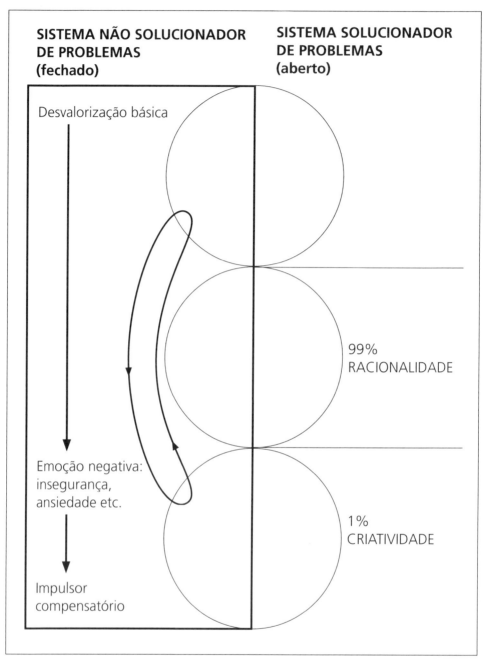

Figura 4

**1** SISTEMA NÃO SOLUCIONADOR DE PROBLEMAS. Ainda que tremendamente despendedor de energia psíquica, é um sistema fechado, enclausurado. Mobilizado por decisões e influências emocionais *do passado*. Qualquer problema que incida em sua estrutura gira como um disco quebrado. Seu processo de perenizar um problema inclui, nessa ordem: desvalorizações, que despertam alguma emoção negativa (insegurança, ansiedade, rivalidade etc.), "compensada", a seguir, por algum Impulsor. Qualquer desafio externo, amigo leitor, qualquer PROBLEMA que você reconheça relacionado a qualquer desses três fatores – desvalorização, emoção negativa ou Impulsor – está bloqueado neste Sistema, sem margem alguma de qualquer enfoque criativo. Pelo menos enquanto estiver nesse sistema.

**2** SISTEMA SOLUCIONADOR DE PROBLEMAS. Mesmo sob Pressão, é um sistema aberto, plenamente voltado para o presente, para o aqui-e--agora. Exprime-se pelo trabalho integrado dos três Estados do Eu em sua vertente saudável: o Pai Protetor, como fonte de encorajamento e segurança interna; o Adulto, como fonte eficiente de administração racional dos fatos; e a Criança, como fonte de motivação, entusiasmo e criatividade. Como expressão da OTIMIZAÇÃO DO PENSAMENTO, tal sistema funciona, perante PROBLEMAS, em dois níveis: o do Adulto, que resolve 99% dos casos, ou mais; e o da Criança, capaz de se safar ineditamente dos restantes – os tais que pagam 50 mil dólares!

É facílimo agora o leitor tirar relações entre esse esquema e o BIP... ou a impossibilidade do BIP. No Sistema Não Solucionador, por exemplo, não há nenhum Bom Humor, mas, ao contrário, mau humor ou ausência completa de humor; tampouco nenhuma legítima irreverência, e sim, eventualmente, passividade mental, rebeldia ou contestação sistemática. Pressão realmente existe, porém compulsiva, num quadro geral, interno e externo, de desvalorização.

Um quadro, enfim, tão fértil à Criatividade, tão verdejante de ideias novas e *vivas*, como a superfície da Lua...


Outros axiomas extraídos do que foi visto:

**1** Impossível Criatividade para problemas psicológicos enquanto eles não estiverem racionalmente formulados. E enquanto não o estiverem, sequer podem ser chamados, honrosamente, de PROBLEMAS: são, muitas vezes, *confusões emocionais*.

**2** Problemas que nos fazem sofrer *não existem* como PROBLEMAS. Pessoa que eventualmente se lamente: "Estou com um milhão de problemas", possivelmente não defronta com problema algum, e sim com uma confusão existencial.

**3** Em caso de auxílio exterior, não há terapia bem-sucedida que não seja, por definição, *criativa*. (Freud, aliás, foi o primeiro a notar que a alma de toda análise bem-sucedida é a *descoberta*, e não – acrescento – qualquer diagnóstico técnico.)

**4** À súbita releitura (libertadora) de uma situação aflitiva, pelo paciente, durante o processo de análise psicológica, é dado o nome de *insight*, ou diz-se que *ele fechou uma Gestalt* – os mesmos termos corretamente aplicados para o surgimento de um Eureka no processo de eclosão de Boas Ideias. São termos, aliás, criados por Köhler para o fenômeno do chimpanzé que criativamente acoplou duas varas para conseguir a banana!

**5** Criatividade é uma coisa só.

*Criatividade no trabalho e na vida* • 249

Essa minha curta incursão pela Análise Transacional corresponde à minha pretensão (espero que não pretensiosa) de oferecer um livro de Criatividade que realmente cubra qualquer campo de PROBLEMAS, mesmo os de natureza afetiva – tanto como os de natureza administrativa, publicitária, militar etc.

O esquema é mesmo esse, comum a qualquer caso, mas, na prática, a coisa não é tão simples.

Isso porque é muito mais difícil do que parece, à primeira vista, delimitar fronteiras realmente nítidas entre o pensamento do Adulto e o pensamento do Pai. Quer dizer, entre *conceito* e *preconceito*.

Acho que posso lhe oferecer um capítulo bem instigador sobre esse assunto.

Que, por coincidência, é justamente o próximo.

# 10
# Diga-me com o que pensas...

*... se pensas com o rigor da lógica e dos CONCEITOS, ou com a rigidez dos PRECONCEITOS – e qual a diferença entre uma coisa e outra.*

Um chimpanzé – mesmo vestido como professor de química –
jamais poderia entender qualquer equação química.
Entender dados científicos, ou técnicos, implica abstrações intelectuais
– isto é, pensamento abstrato – para o qual esse inteligentíssimo
símio acha-se neurologicamente incapacitado.
Um chimpanzé – como qualquer outro animal – possui apenas o
pensamento concreto: direto, intuitivo, sintético (e não analítico).
O mesmo tipo de pensamento, contudo,
que leva às grandes invenções e descobertas
em química... ou em qualquer outra área.
Os prêmios Nobel devem sua glória mais a seu pensamento
de chimpanzé do que a seu pensamento de professor.

Ilustração do *The 1970 Executive Calendar.*

> *"É mais fácil desintegrar um átomo do que um preconceito."*
>
> **Albert Einstein**

Gostaria de submeter a você um problema muito simples, de solução puramente lógica, e que não exige criatividade nenhuma. É problema de complexidade tão primária quanto 2 + 2. Qualquer computador levaria um micronésimo de segundo para chegar à resposta certa. Ei-lo aí:

Final da corrida de Les Mans de 1996. O carro vencedor cruza a linha de chegada! Em seguida, sujo de óleo, dirige-se – sob os aplausos da assistência, chuva de flores e *flashes* dos fotógrafos – para a área do pódio, onde é logo cercado de repórteres e membros da escuderia, prontos para se congratularem com o vencedor. Nesse momento, seu filho, para comemorar a admirável vitória, despeja sobre o carro o conteúdo de uma garrafa de champanhe! Considerando que, nesse exato momento, o pai desse jovem está jantando num restaurante em Paris, quem ganhou a corrida de Les Mans de 1996?

Se você está tendo alguma dificuldade em chegar de pronto à resposta, tenha um pouco de paciência que a darei algumas páginas à frente.

Nosso pensamento não é um relógio eletrônico. Quero dizer: nosso pensamento, mesmo quando empenhado numa tarefa puramente objetiva, técnica, lógica, nem sempre funciona – ao contrário do que se imagina – de forma escorreita e fluente, rumo à dedução certa. Ao contrário, aqui e ali, mesmo sem termos consciência disso, o raciocínio tromba com dogmas entranhados, premissas irrealistas, verdades ossificadas, "quadrados" de cimento armado, de variados tamanhos – enfim, preconceitos. E onde quer que eles aflorem não só comprometem o próprio processamento racional como, principalmente, tornam a busca da Criatividade missão impossível.

Claro, quando falamos de preconceitos, todos nós somos contra. Isso porque sempre entendemos a palavra como "preconceito dos outros". Ou como preconceitos já suficientemente denunciados e desmoralizados pela história. Hoje, é mera *grotesquerie* a extraordinária obra alemã, publicada no III Reich – *A física ariana* – na qual se explicava que Einstein estava errado por definição já que era judeu. Ou o verbete *negro* na Enciclopédia Britânica de 1911:

> A constituição mental de um negro é normalmente de boa índole e alegre, mas sujeita a repentinos períodos de emoção e paixão diante dos quais ele é capaz de desenvolver atos de singular atrocidade. Depois da puberdade, os assuntos sexuais tomam o primeiro lugar na vida e nos pensamentos de um negro.

Não me surpreenderia se tal definição servisse como uma luva para o "fleumático" anglo-saxônico autor do verbete...

Mas a questão é muito mais profunda e insidiosa. O preconceito é algo tão maciço e frequente em cada um de nós, que se pode tranquilamente afirmar ser ele parte constitutiva do pensamento humano. Assim como posso dizer que jamais encontrei alguém que não se mostrasse, aqui e ali, criativo (em graus e frequências diferentes), também jamais encontrei alguém (com uma única exceção, mas isso é uma avaliação muito pessoal) que não se mostrasse, após razoável convívio, ostensivamente preconceituoso pelo menos em face de meus critérios e meus próprios preconceitos (já que não tenho dúvida de que participo dessa totalidade).

Os quatro grandes gênios que "criaram" o século XX, segundo consenso geral, foram Marx, Freud, Darwin e Einstein. Lembremo-nos, só por curiosidade: Marx, de ascendência judia, neto de dois rabinos, escreveu coisas sobre os judeus que, lidas ao pé da letra, mereceriam congratulações do dr. Goebbels: "Qual o culto secular praticado pelo judeu? A usura. Qual o seu Deus secular? O dinheiro". Em cartas, lamentava-se de que seu novo filho tenha nascido "infelizmente do sexo feminino". E odiava particularmente – imagine só – os russos, de qualquer coloração política: "Jamais poderia confiar num russo". Freud detestava – imagine só – os Estados Unidos, exatamente o país onde suas teorias mais se alastraram, e que ele definia como "o grande equívoco de Colombo". E Darwin, além de seus notórios preconceitos contra culturas primitivas, detestava – imagine só – brasileiros! Achava os brasileiros "ignorantes, covardes e indolentes" e "as mulheres mais velhas... cheias de velhacaria, sensualidade e orgulho" – generalizações advindas de sua aversão à escravidão, ainda vigente no Brasil, quando o tetraneto dos macacos nos visitou (Adrian Desmond e James Morre, *Darwin*, Geração, 1995).

O preconceito clássico de Einstein foi mais intelectual, do tipo que abordarei mais à frente, mas não quero interromper a série. Einstein considerava, *a priori*, o princípio da indeterminação quântica de Niels Bohr não apenas inaceitável como abominável. Escreveu em protesto a Bohr e, pelo resto da vida, até a morte, tentou refutá-lo, ao procurar fundamentar a física numa teoria do campo unificado, o que nunca conseguiu – enquanto a física quântica firmava-se progressivamente. O preconceito de Einstein foi expresso em sua famosa frase: "Não acredito que Deus jogue dados com o Universo". (Resposta de Bohr, incomparavelmente mais aberta e criativa, e lamentavelmente pouco divulgada: "Albert, pare de dizer a Deus o que fazer!")

O preconceito é frequentíssimo em pessoas criativas – NUNCA, é claro, em seus atos de criação. Mozart abominava os italianos, Beethoven rugia contra "a plebe", Wagner era um antissemita ferrenho. Mas a música dos três, principalmente em suas últimas obras – *A Flauta Mágica*, a *Nona*, *Parsifal* , celebram, em nível sublime, a humanidade resgatada e transcendental!

Há inúmeros inventores e descobridores de uma rabugice notória – sempre, no entanto, em face de questões já fora de seus *insights* criativos. Em 1702, o cientista inglês John Marten referiu-se à conquista de uma membrana de linho impregnado muito eficaz para impedir a infecção venérea, uma enorme praga na época. Deve ter investido um bocado de esforços em pesquisa criativa (Criança e Adulto). Contudo, depois do sucesso, recusou-se a revelar a composição do líquido "para não encorajar os lascivos" (Pai).

Alfred Einhorn, um químico alemão, descobriu, em 1905, a novocaína como o primeiro anestésico local. Contudo, não conseguiu que seus colegas médicos a usassem: eles preferiam a anestesia geral. Entrementes, para surpresa geral, os dentistas começaram a usar a novocaína. Einhorn passou a viajar por toda a Alemanha fazendo acirrados discursos (Pai) contra o uso da novocaína em odontologia: ele simplesmente não a houvera descoberto para esse fim...


Marx, citado há pouco, exagerou muito, creio eu, quando deu prioridade absoluta aos motivos econômicos para a eclosão de guerras, ao longo da história. Penso, e não sou o único a pensar assim, que o preconceito exerce papel de igual importância, pois é ele quem dará a base "ideológica" para o ressentimento e o ódio que incendeiam exércitos e nações. Nenhuma guerra pode ser friamente realizada apenas como "investimento".

Mesmo sem guerras, o que é o mapa-múndi senão um quadro colorido de preconceitos? Quadro por sinal muito simplificado e incompleto, pois cada área de cor homogênea esconde uma colcha de outras áreas regionais, que esconde áreas municipais, áreas tribais, até chegar a delimitar "o estranho e maldito povo do outro lado do rio". Atravessar a Europa, não encerrado num ônibus de turismo, mas conversando com o pessoal que se encontra, é cruzar um planeta profundamente enrugado por consolidadas desvalorizações mútuas. O que você acha que os "franceses" pensam dos "belgas"? E os "dinamarqueses" dos "suecos"? E os "suecos" dos "dinamarqueses"? E os "ingleses" dos "franceses"? E os "poloneses" dos "russos"? E os "tchecos" dos "poloneses"? E os "romenos" dos "búlgaros"? E os "alemães" dos "italianos"? E os "holandeses" dos "alemães"?

E os "alemães" dos "alemães"? Estou colocando todos essas nacionalidades propositadamente entre aspas porque, nesse contexto, não passam de abstrações preconceituosas. Em Hamburgo, aonde vou frequentemente, no norte da Alemanha, às margens do Elba, é comum ouvir-se a frase: "Cruzado o Elba, começa a Itália". Bávaros, de caneca de cerveja na mão, dançando em cima das mesas (imagem clássica e também preconceituosa), riem-se às escâncaras do pessoal sério, "quadrado" e *steif* de Hamburgo. O Muro de Berlim separava a mesma população de uma única metrópole... que nunca esteve tão separada como agora, depois que o Muro caiu (antes, havia entre os dois, pelo menos, a solidariedade e as boas intenções). Bismarck, que conhecia bem o assunto – pois foi ele quem, em 1871, uniu aquelas tribos todas –, tem uma frase lapidar: "Nós, alemães, não gostamos uns dos outros..."

Mas isso não é só na Alemanha – é por toda parte, e sempre foi assim. A sífilis, que surgiu na Europa pela primeira vez no século XVI, em Nápoles, ocupada pelos franceses, foi chamada, por estes, de "mal napolitano", e pelos napolitanos de "mal francês"; também os alemães vieram a chamá-la de "mal francês", enquanto os franceses passaram a chamá-la de "mal italiano", ou "mal espanhol", e os poloneses, de "mal alemão"; os russos a conheciam como "mal polonês", e os turcos, como "mal cristão"; na Índia, era conhecida como o "mal dos francos" e, no Japão, levada para lá por piratas japoneses, foi batizada de "úlcera chinesa"... Isso é por toda parte. O que pensa você, amigo, dos portugueses? E dos argentinos? E dos paulistas, se você é carioca? E dos cariocas, se você é paulista? E dos mineiros, se você não é mineiro? Deixe-me logo dizer que 90% de tudo que você "acha", nesse contexto, em termos de valorização ou desvalorização, deve ser puro lixo mental! Serve, quando muito, para inspirar o anedotário sobre Manoel & Joaquim (para mim, as melhores piadas que conheço) ou fazê-lo comemorar uma goleada da Seleção sobre a Argentina, muito mais do que sobre Honduras – mas em termos de administração de vida e solução de problemas, não passa de entulho inútil.

Em resumo: enquanto essas "opiniões" sobre outros povos, nacionalidades ou culturas se mantiverem em nível de conversação, ou de gozação, ou de mera antipatia pessoal, admito que não tragam muita desvantagem – como sua eventual ojeriza por carne de cobra, sem nunca ter provado, ou sua "ideia" de que os tuaregues, no Saara, são muito infelizes por não disporem de CD nem televisão. Porém, quando tais "opiniões" desvalorativas, ainda que embaladas num perfeito discurso lógico e estatístico, constituírem parte de um PROBLEMA em que você se encontre enredado, amigo, você é carta fora do baralho!

Segue exemplo, 100% verídico.


Já tive oportunidade de ministrar bom número de seminários em Salvador, em geral para empresas do Polo Petroquímico. Aprendi, com o tempo, que praticamente todos os melhores hotéis da cidade são gerenciados por gente do Sul do país. Certa vez, fiquei batendo papo com o gerente do Hotel da Bahia, um gaúcho de Farroupilha, que falava com voz muito tranquila, mas sem deixar de confessar o problema profissional que o esmagava. (Baianos que me leem, leiam a história até o fim.)

– Olha, Roberto, aceitei há quatro anos este cargo aqui em Salvador, vim para cá com o máximo de entusiasmo, mas não aguento mais esta terra, já estou arrumando tudo para voltar daqui a um mês para o Rio Grande. Isso não tem nada a ver com preconceito, posso hoje garantir a quem quiser ouvir, baseado em fatos reais: baiano não é de nada! Baiano, quase todo ele – e digo "quase" para não parecer que sou preconceituoso –, é irresponsável e preguiçoso. Deixe-me dar-lhe os *fatos*, que você pode comprovar com qualquer gerente de um grande hotel aqui da cidade. Todo ano, por volta do mês de março, os hotéis abrem inscrição para admissão de pessoal: porteiros, camareiras, garçons etc. Sabe o que ocorre? Forma-se uma fila de candidatos que ultrapassa três quarteirões. Fazemos então uma seleção cuidadosa e passamos o resto do ano treinando cuidadosamente os novos funcionários. Tudo corre bem durante meses. No início de dezembro – quando surge o primeiro trio elétrico na cidade –, a maioria esmagadora dos contratados simples e puramente desaparece! Abandona emprego, abandona tudo. Perde as estribeiras! E é justamente na época em que começa a chegar toda a massa de turistas! Para os hotéis, isso é uma catástrofe, e tudo que nos resta é tentar roubar, uns dos outros, a peso de ouro, os poucos funcionários que permaneceram! Por mim, não aguento mais, vou largar tudo, vou tentar achar outra coisa para mim lá no Sul. Desculpe muito, não se trata de preconceito, mas aprendi na própria carne que é impossível trabalhar com baiano!

Foi exatamente isso que ouvi. Primeira pergunta: estaria o gaúcho mentindo quando me relatou essas deserções em massa de baianos – que lutaram para conseguir uma vaga –, após oito meses de treinamento, à vista do primeiro trio elétrico? Não, o gaúcho falara rigorosamente a verdade, como eu próprio, por curiosidade, fui apurar com outros gerentes. Segunda pergunta: o gaúcho, por tudo isso, estava livre de preconceitos, constituindo sua opinião uma expressão dedutiva de fatos reais? Não, o gaúcho estava sendo altamente preconceituoso! Terceira pergunta: e por quê? Porque *na formulação do seu problema pessoal*, profissional, o gaúcho inseria a DESVALORIZAÇÃO de alguém (ainda que pseudamente sustentada por fatos reais): "baiano não é de nada". Quarta e última pergunta: o gaúcho dispunha da mais remota chance de ter uma boa ideia para resolver esse PROBLEMA REAL? Nenhuma, o gaúcho era carta fora do baralho! Agora, o gaúcho volta para o Rio Grande como *fracassado* numa empreitada profissional para a qual tivera tanta esperança, após ter perdido quatro preciosos anos de sua vida! E tudo por quê? Explicará ele até o fim da vida: "por culpa dos baianos!"

Analisemos. Qualquer pessoa, baiano, gaúcho ou chinês, é 100% responsável pelos seus atos. Qualquer "baiano" tem direito, sim, inquestionável, de lutar para conseguir uma vaga, aceitar ser treinado oito meses e depois jogar tudo para o alto, gritando "Axé!" – a despeito da opinião dos gerentes gaúchos! (O que "baiano" não tem direito é vir depois pretender indenização trabalhista, ou carta de recomendação, ou mesmo se queixar de sua instabilidade profissional – mas não é disso que se trata, tal não é o PROBLEMA dos gerentes de hotéis.)

Para os gerentes de hotéis em Salvador, há realmente aqui um PROBLEMA REAL, grave e inquestionável – plenamente aberto à Criatividade! Mas, para estar aberto à Criatividade, teria ele de ser originalmente formulado sem preconceito algum, sem desvalorização alguma! Ele teria de ser formulado friamente, até mesmo compreensivelmente, empaticamente. O gerente poderia ter definido toda a situação problemática nos seguintes termos:

– Eu noto que aqui em Salvador, pelo menos na faixa sociológica em que contratamos mão de obra, há uma tendência psicológica fortíssima de abandono de

*Criatividade no trabalho e na vida* • 257

emprego às vésperas do Carnaval. É uma peculiaridade psicocultural desse estrato social, nesta região. O que pode ser feito para, pelo menos, amenizar essa ocorrência no meu hotel?

Agora, sim, há vasto campo para especulação, há vasto campo para ideia! (É o extremo oposto para o discurso "baiano não é de nada".) Imagine, você mesmo, a potencialidade dessa nova posição: se, mais cedo ou mais tarde, o gerente gaúcho chegasse a qualquer inovação que pelo menos amenizasse a problemática debandada às vésperas do Carnaval, o hotel do gaúcho seria o mais aparelhado para receber as levas de turistas! O gaúcho seria um gerente vencedor, capaz de ser promovido, se quisesse, para qualquer outro posto da cadeia de hotéis a que estava ligado! Ao contrário, voltando derrotado para o Sul, o gaúcho jogava pela janela uma OPORTUNIDADE DE SUCESSO e, talvez, dificilmente encontraria outra em Porto Alegre ou São Paulo!


Desvalorizações de terceiros são receitas praticamente infalíveis de fracasso. "Posso assegurar-lhes" – disse Napoleão, na manhã da batalha de Waterloo – "que Wellington é um mau general. Na hora do almoço, tudo já estará resolvido." (Ao que eu saiba, Bonaparte nunca dissera algo assim de adversário algum.) Hitler afirmara a seus generais, pouco antes de invadir a Rússia: "Basta dar um pontapé na porta que a casa toda cai de podre", afirmação que não repetiria, em 30 de abril de 1945, ao se suicidar no *Führerbunker* em Berlim, com os russos a um quarteirão de distância.

Qual a base realista de que Hitler dispunha para sua convicção? Claro, os tanques da sua *Blitzkrieg*, brilhantemente vitoriosos contra a França. Em junho de 1941, quando começou a invasão, os russos não dispunham nem de tanques à altura, muito menos de estratégia e treinamento adequados. Assim, os braços da pinça *Panzer* avançaram rapidamente e, no sexto dia, encontraram-se em Minsk, a mais de trezentos quilômetros fronteira adentro. O general Halder, um dos comandantes da operação, observou: "Provavelmente não há exagero quando afirmo que a campanha contra a Rússia foi vencida em catorze dias".

Era mais do que um exagero. Após Stalingrado – uma batalha tática, de grande significado moral, mas que não comprometeu muito a ofensividade alemã –, Heinz Guderian, o inspirador da *Blitzkrieg* blindada, relata, em abril de 1943, que ficou "horrorizado" quando avistou, no horizonte, divisões de tanques russos manobrando com impecável competência e agilidade. Os vermelhos, em menos de dois anos, aprenderam (no sufoco) o que os alemães levaram mais que o dobro do tempo!

E a história continua: qual foi afinal a batalha decisiva que quebrou a espinha do III Reich e decidiu a guerra no *front* oriental? Kursk, a maior batalha de tanques da história, em 12 de julho de 1943, em plena primavera, sem nenhuma desculpa quanto ao "general inverno". E qual foi, finalmente, o melhor e mais eficiente tanque da Segunda Guerra, no consenso geral: o *Shermann* americano? O *Tiger* alemão? O *Mark III* inglês? Nada disso: o *T-34* soviético! Os comunas brilharam sob pressão!

Passando à guerra mercadológica, é facílimo, para qualquer diretor estrangeiro alocado no Brasil, encontrar toneladas de razões objetivas para falar mal do país, comparado às excelências da própria pátria (claro que o processo inverso também é facílimo). Todos os que encontrei com esse discurso fracassaram aqui, profissionalmente. Lembro-me de um americano, diretor de vendas de uma multinacional, explicando-me detalhadamente a baixa performance de seus produtos de limpeza "porque o brasileiro não tem os mesmos padrões de limpeza do norte-americano, é um povo relaxado em questões de higiene". Escolhia as palavras para não me ofender, mas seu *veredictum* era definitivo; voltou, ressentido e frustrado, para sua antisséptica América, após expressivo fiasco na carreira...

Ao contrário, diretores estrangeiros que, com plena consciência das desvantagens do Brasil, bem como de suas vantagens (e idem, idem, quanto às de sua própria terra), souberam administrar todo esse quadro, sem partir para comparações desvalorativas (preconceitos), deram-se muito bem no Brasil, profissionalmente. O melhor exemplo que me ocorre é o do alemão Von Davidson, um gigante louro que levou a Merck ao enorme complexo industrial que é hoje em Jacarepaguá – e que chegava a participar, de brincadeira, de rituais de macumba!

O preconceito é um círculo vicioso mental – melhor ainda, um quadrado vicioso mental – que gira em sua própria "lógica" interna e viciada, e encurrala seu detentor em eternos dogmas irrefutáveis (Pai), mantendo-o longe da reflexão hipotética (Adulto), e mais ainda da abertura e do *insight* criativo (Criança).

Qualquer problema – que vem, como sempre, da variedade inesgotável da vida – é congelado por ele num axioma qualquer que só serve para perenizar a ambos: problema e preconceito. É muito sugestivo o aforismo, já citado, que diz: "Se você só possui martelo na cabeça, tenderá a ver todos os problemas como se fossem pregos".

Conta um panfleto da Unesco, *Race Relations and Mental Health*, de 1960, que foram distribuídos por uma metrópole cartazes mostrando um grupo de crianças brancas brincando alegremente com um tristonho menino negro, de pé e solitário. A legenda dizia: "O preconceito magoa crianças inocentes". Parecia um óbvio esforço publicitário visando à integração racial. Contudo, pessoas imbuídas de opiniões segregacionistas, convidadas a comentar o cartaz, achavam que ele queria dizer que as crianças negras preferem brincar com outras crianças negras e, por isso, aquele menino negro estava infeliz, porque o forçavam a brincar com crianças brancas. Preconceituosos viram o cartaz como uma peça preconceituosa. Persuadiram-se mais ainda do que já estavam suficientemente persuadidos.

O caso, citado por R. V. Sampson em *Psicanálise do poder* (Bloch, 1957), mereceu o comentário do autor: "Em exemplos assim, o que se propõe a ser um relato descritivo de experiência do mundo exterior é simplesmente um relato das tensões e compulsões de seu próprio estado psicológico interno".

*Criatividade no trabalho e na vida* • 259

Por outro lado, não me surpreenderia que esse mesmo cartaz, aos olhos de eventuais preconceituosos negros americanos, fosse visto não como um esforço com intenções igualitárias, porém como mais uma humilhação contra elementos de sua cor.

O dogma, o preconceito, criam sua própria lógica interna, num sistema fechado. "Seitas que se reúnem no alto da montanha, nos dias previstos do Juízo, a fim de esperar o fim do mundo, não descem no dia seguinte abaladas em suas ideias, e sim com a fé renovada na mercê do Todo-Poderoso" (De Bono).

Quando o califa Ornar, em 642, tomou Alexandria, foram-lhe perguntar que destino dar à famosa biblioteca, com meio milhão de manuscritos de todos os clássicos antigos. "Estão de acordo com o Alcorão?", perguntou ele. Ao ouvir a informação de que alguns poderiam ser considerados e outros não, o califa simplificou o problema com uma lógica irrefutável: "Os que estão de acordo são supérfluos, os que discordam são perniciosos". Assim, os livros serviram para aquecer, como lenha, os banhos da cidade.

Certa vez, passou-me pelas mãos um compêndio sobre literatura, publicado durante o III Reich, que assim classificava o grande poeta romântico Heinrich Heine: "Heine. Judeu. Logo, não faz parte da literatura alemã". Devo reconhecer que, em termos de lógica, eis aí outro silogismo impecável.

Logo – somando esse silogismo ao que sabemos sobre Auchswitz e Treblinka –, o antissemitismo está no sangue dos alemães. Quantas vezes você já não ouviu essa "impressão", se mesmo não compartilha um pouco dela? A realidade é algo diferente. O antissemitismo era parte intrínseca de toda a cultura europeia, até o fim da Segunda Guerra, quando Hitler o tornou, digamos assim, "fora de moda". Era incrivelmente mais virulento na Rússia e na Polônia. Na Alemanha moderna, os judeus tiveram um campo extremamente propício de atuação, só superado talvez pelo da Holanda (que abriga outro povo germânico, não nos esqueçamos). Na Primeira Guerra, centenas de milhares de judeus alemães morreram nas trincheiras defendendo sua pátria (escrita sem aspas: o II Reich do *Kaiser*). Hitler recebeu sua decantada Cruz de Ferro nessa guerra por recomendação de um major judeu, Hugo Gutman. A Berlim expressionista, durante a República de Weimar, atingiu sua primazia planetária em grande parte, o que é consenso, graças ao fermento cultural judeu. Quando começaram as primeiras deportações nazistas nos países bálticos, em 1941, conta o historiador Jean François Steiner, em *Treblinka* (Nova Fronteira, 1962), os judeus, banidos de seus lares para as estações ferroviárias, tranquilizavam-se quando viam que os trens que os esperavam eram alemães... e não poloneses ou russos! Houve incomparavelmente mais resistência à perseguição aos judeus na Alemanha nazista – e até mesmo, em alguns casos, na própria *Wehrmacht* – do que na Polônia ocupada, mesmo tendo também milhares e milhares de judeus morrido pouco antes no campo de batalha, para defender sua Polônia da invasão, e com os sórdidos guetos à vista de todos! No final da guerra, em 1945, havia cerca de quatro mil (o cálculo oscila entre três mil e cinco mil) judeus em Berlim, que passaram todo o conflito escondidos e alimentados (por alemães, a custo de sacrifícios pessoais e risco de vida!) nos porões da capital do III Reich. (Claro, nada disso "compensa" o genocídio nazista, coisa para mim, até hoje, ininteligível.)

É um preconceito ridículo imaginar que o racismo esteja no sangue dos alemaes. As lojas maçônicas alemãs, por exemplo, foram, desde o século XVIII, pioneiras no antirracismo. A loja de Frankfurt foi a primeira do mundo a aceitar judeus, seguida pela de Hamburgo, e depois pelas demais lojas do país – muito antes de quaisquer outras lojas no mundo. Em 1867, a pedido da Grande Loja de Hamburgo, as lojas americanas passaram a levantar a proibição à entrada de negros. Hitler odiava os maçons, que tinham, na Europa, sua maior concentração na Alemanha. O racismo é apenas uma faceta doentia que se espraiava por toda a cristandade, mas que chegou, é verdade, no episódio nazista, a uma monstruosidade inigualável, impossível de compreender.

A despeito dos descalabros nazistas, pensamos no III Reich, pelo menos, como modelo de eficiência. Na verdade, a Inglaterra estava mais bem organizada para a guerra do que os alemães: no Ruhr, os nazistas continuaram a produzir tanques e transportes de blindados muito depois de não mais poder encontrar transporte ferroviário para levá-los dali. Também usaram seus cientistas muito inadequadamente: de dezesseis mil invenções de significado militar durante a guerra, muito poucas entraram em produção devido à ineficiência predominante. As agências de informação alemãs dedicaram-se mais a espionar umas às outras, enquanto o serviço secreto britânico provou-se soberbo. Enquanto ingleses organizavam todo mundo para contribuir com grades de ferro forjado e caçarolas para o esforço de guerra, os alemães continuavam produzindo mercadorias de luxo. Enquanto ingleses convocavam mulheres desde cedo, os alemães não o fizeram, confiando esforços de produção de guerra a prisioneiros subalimentados e desesperados, potencialmente sabotadores. O próprio Hitler era um modelo de indecisão. O III Reich, como exemplo de eficiência, é mais um preconceito ridículo.

Em compensação a tais visões belicistas, pensamos no nosso Brasil tropical como uma pátria de gente pacífica, tolerante e humanitária. A Revolução Federalista de 1893 foi uma sangrenta guerra civil – a mais bárbara das revoluções latino-americanas. A Guerra do Paraguai, Canudos e o Contestado foram genocídios e massacres de uma selvageria suprema! Inclusive, é interessante saber que nossa Pátria já promoveu a infame guerra biológica, e logo por iniciativa de nosso principal herói, o duque de Caxias, que confessa o crime em despacho de próprio punho ao imperador, em 18 de setembro de 1867: "O general Mitre faz quanto eu lhe indico, como tem estado muito de acordo comigo, em tudo, ainda enquanto a que os cadáveres coléricos se joguem nas águas do Paraná, já da esquadra como de Itaipiry, para levar o contágio às populações ribeirinhas, principalmente às de Corrientes, Entre Rios e Santa Fé". Massacramos – e escravizamos! – mais índios do que qualquer outro país, sendo nossa humanitária nação a última a abolir a escravidão nas Américas! E só por curiosidade: a praga desumana de sequestrar aviões

*Criatividade no trabalho e na vida* • 261

de passageiros como arma política – que desolou o mundo nas décadas de 1970 e 1980 – foi "invenção" de militares brasileiros, da Aeronáutica, que inauguraram a série em 1959 (Aragarças), sequestrando um avião da Panair contra o governo Kubitschek. A generosidade de nosso Brasil é bem expressa na segunda mais cruel e chocante distribuição de renda de todo o planeta, segundo a ONU!

Pensamos na Antiguidade como o paraíso da não-repressão sexual (até que o cristianismo tenha introduzido a noção do pecado). Na Antiga Roma, um libertino era reconhecido e castigado pela violação de três proibições: fazer amor antes do cair da noite (amar durante o dia era privilégio apenas dos recém-casados, logo após as núpcias); fazer amor sem criar penumbra; e fazê-lo com uma parceira despojada de todas as vestes (apenas as prostitutas amavam sem sutiã, mas mesmo nas pinturas de Pompeia elas se mostram com esse último véu). É esse o "paraíso" com que você sonhou?

Pensamos na Bíblia como um repositório homogêneo de Tolerância, Justiça e Amor. Livro algum pode ser mais heterogêneo e contraditório do que a Bíblia – uma coletânea de relatos e prédicas, acumulados ao longo dos séculos, sem nenhuma preocupação com a coerência nem sinal mínimo de metodologia. Vai do mais extremo puritanismo (desde o Gênese) até a lascívia dos Cantares de Salomão. Do mais radiante otimismo do Segundo Isaías, ao pessimismo amargo do Eclesiastes. Sim, houve o "Holocausto" promovido pelos nazistas, mas na Bíblia lê-se muito claramente que o profeta Samuel, a mando direto de Jeová, repreendeu severamente o rei Saul, pretendendo inclusive destroná-lo, porque Saul, após massacrar os amalequitas, poupou a vida de Agague, quando, de acordo com a lei judaica, tinha a obrigação de matar todos os prisioneiros, "desde o homem até a mulher, desde os meninos até as crianças que ainda se amamentam" (Samuel 15:3 e seguintes). O livro de Miqueias menciona a imolação de recém-nascidos pelos judeus, já fixados na Palestina, como algo tão comum como a imolação de bezerros.

Sabendo de tudo isso, não vá agora, por favor, fixar opiniões simplistas e acabadas sobre esses assuntos – opiniões que serão, certamente, novos preconceitos. É notável hoje, sim, o número de racistas alemães, com a (des)vantagem de que, muitas vezes, suas absurdas opiniões são publicamente proferidas (ao contrário do que se observa no Brasil, onde tais preconceitos são enrustidos e socialmente considerados deselegantes). A eficiência alemã, durante a Segunda Guerra, também pode ser muito bem defendida, inclusive com feitos quase inacreditáveis, como a *Blitzkrieg* de Guderian, a retirada de Rommel da África e a de Kleist do Cáucaso – ambas já comparadas pelo estrategista Liddell Hart, em *As grandes guerras da história* (Ibrasa, 1967), à de Xenofonte e seus dez mil espartanos. O Brasil, afinal, é um dos raríssimos países que fixou suas (imensas) fronteiras, desprovidas, quase todas, de referências topográficas marcantes, basicamente por meio de negociações e compensações. Sexo, em toda a Antiguidade (e em todo o Oriente), jamais teve, realmente, qualquer conotação de culpa, moral ou religiosa, coisa "inventada" pelos judeus e disseminada pelo cristianismo. A Bíblia, mesmo o Velho Testamento (o Segundo Isaías), oferece expressões sublimes de amor universal!

O que deduzir de tudo isso? O que VOCÊ PENSA de tudo isso? Esse realmente é o desafio de cada um de nós, perante a vida, multifacetada e variada em todos os seus aspectos!

Como a grande maioria das pessoas, não, a totalidade, nem sempre quer encarar essa diversidade, essa dialética, essa inesgotável possibilidade, e mesmo essa necessidade, de lidar com temas e questões – sempre de natureza mutável, heterogênea, complexa, dialética, contraditória –, refugia-se depressinha num chavão simplista, generalizador e dogmático: o preconceito!

A partir daí, a experiência riquíssima, desafiadora e insegura de PENSAR (racional ou criativamente) pode ser reduzida e substituída pela mera apelação a alguns grosseiros "cartões perfurados", pesados e irrealistas.

Já propus a vários grupos a seguinte questão: "Como vocês definiriam os homens (referindo-me ao sexo masculino)? Imaginem enorme multidão de homens típicos: que atributos vocês diriam que são comuns a eles todos, como homens?" E passo a escrever as sugestões no *flip-chart*, em geral mais ou menos as mesmas:

OS HOMENS SÃO:

Fortes

Racionais

Persistentes

Corajosos

Machistas

Empreendedores

Criativos

Audaciosos

Arrogantes

Protetores

Muito bem. Não há dúvida de que os homens são tudo isso. Há ampla base racional e de experiência para defender todos esses postulados.

Agora, nesses mesmos termos, o que dizer das mulheres? E lá vou eu para o *flip-chart*, mudando de folha:

AS MULHERES SÃO:

Carinhosas

Intuitivas

Emotivas

Fofoqueiras

Sedutoras

Compreensivas

Desconfiadas

Gostosas

Atenciosas

Sonhadoras

*Criatividade no trabalho e na vida* • 263

Muito bem. De novo, não há dúvida de que as mulheres sejam tudo isso. Contudo, estamos aqui de novo perante conceitos ou preconceitos?

Apenas preconceitos. Voltemos à folha onde está escrito "Os homens são", cortemos a palavra "homens" e escrevamos "mulheres". Se toda a lista versasse sobre atributos realistas, o que surgiria agora seria um desfile de incongruências. Mas não é. Quem pode dizer que as mulheres não são 1) fortes (dá vontade até de dizer: mais fortes do que os homens, pelo menos em face da dor física); 2) racionais; 3) persistentes; 4) corajosas? O item "machistas" é engraçado: claro que só há machismo onde as mulheres o validam. Mulheres tipicamente machistas são as "prendas" do interior do Rio Grande do Sul. E por aí vai.

Basta também, na outra folha, trocar a palavra "mulheres" pela palavra "homens" – e tudo permanece com o máximo sentido. Claro que os homens são carinhosos, intuitivos, emotivos (um machão, que se aborrece por qualquer coisa, é um indivíduo facilmente mobilizado por emoções de raiva), fofoqueiros etc. O item "gostosos" também é engraçado. Às vezes, de brincadeira, peço apenas aos homens presentes para responder a esse item, se eles acham que "os homens são sexualmente gostosos". Os caras se acanham, ninguém se aventura a concordar. Temem que isso seria dar recibo de gay. Mas se logo em seguida pergunto: "Quem aqui, entre os homens, que não se ache sexualmente gostoso levante o braço", ninguém levanta o braço! É claro que os homens são sexualmente gostosos... majoritariamente para as mulheres. Que mistério há nisso?

Claro, assim, que ambas as listas, aparentemente muito objetivas, não passam de preconceitos. Claro, por fim que, se amanhã, perante qualquer PROBLEMA seu, que envolva "homens" ou "mulheres" – caso que não podia ser mais frequente –, você o formule contaminado por qualquer "quadrado" como os que acabei de listar, ou outros semelhantes, você, de antemão, compromete seu cérebro quanto à sua potencialidade racional... muito mais a criativa!

(Antes que me esqueça, a resposta à questão de quem ganhou a corrida de Les Mans: foi a mãe do rapaz. Maior dificuldade em deduzir isso pode advir do preconceito de que uma mulher – embora muitas já sejam hoje astronautas – não possa jamais ganhar uma corrida de Fórmula 1.)


Pergunto de novo: O que pensar de tudo isso?

Qual afinal a *realidade*, em termos de atributos, quanto a "homens" e "mulheres"?

A realidade é VOCÊ, que me lê – não importa se homem ou mulher! Você é obviamente aquilo tudo, e muito mais, em maior ou menor grau. Fiquemos apenas num item: desconfiado. Claro que você é desconfiado. Ou muito desconfiado ou pouco desconfiado. Ou desconfiado para assuntos de dinheiro, mas não para assuntos afetivos. Ou vice-versa. Ou desconfiado no trabalho, mas não em casa. Ou desconfiado junto a certas pessoas e não a outras. Ou nunca foi desconfiado, mas, após certa experiência, passou a ser. Ou já foi muito desconfiado e começou agora a confiar mais. Qualquer pessoa, de qualquer sexo, em maior ou menor grau, no tempo e no espaço, justifica todos aqueles adjetivos, numa possibilidade de combinações que vai ao infinito!

Como essa tarefa, esse esforço de manter-se em contato com esse "infinito" – que nada mais é que a realidade –, exige um investimento intuitivo e reflexivo contínuo, que tal simplificarmos tudo? Vamos lá: "as mulheres são desconfiadas", "o racismo está no sangue dos alemães", "baianos não são de nada"!

Digamos que amanhã, em sua empresa, haja o problema de se organizar uma equipe de atendimento aos consumidores, e alguém venha com essa "ideia": "Vamos organizar uma equipe só de mulheres, porque as mulheres são carinhosas, compreensivas e atenciosas". Tolice. Preconceito. Mesmo que o critério seja apenas este, a solução está em se encontrar pessoas, de qualquer sexo, com tais características predominantes – sem esquecer nunca que elas jamais serão assim 24 horas por dia, em todo lugar, com qualquer um. Serão também, muitas vezes, o contrário.

Toda essa lista já deu bem para destacar que os preconceitos não são apenas desvalorativos, podem ser também valorativos, o que chamo de "preconceitos elogiosos". São resultantes de circunstâncias históricas: no século X, por exemplo, os árabes eram considerados, em toda a Europa, como globalmente mais inteligentes do que os europeus.

Atualmente, entre os mais frequentes: os franceses são "charmosos" (*le charme, le panache*), os ingleses são "fleumáticos" (*dr. Livingstone, I presume* – frase, aliás, de um americano); os alemães são "objetivos" (*Já!,Nein!*); os espanhóis são "corajosos" (touradas); os italianos são "abertos" (*O sole mio*); os suíços são "metódicos" (relógios); os suecos são "frios" (pudera, perto do Ártico); os indianos são "místicos" (ioga, mantra, somma); os chineses são "enigmáticos" (I Ching). Verdadeiros "quadrados" elogiosos que, de fato, muito pouco têm a ver com a verdade, no convívio concreto, diário, com tais nacionalidades. Têm tanto a ver com a realidade como a impressão elogiosa de que o Brasil é um paraíso exótico de coqueiros, mulatas e Carnaval.

Se eu disser, por exemplo, "os brasileiros são incrivelmente criativos", ninguém vai se ofender, a afirmação soa bastante palatável, e até mesmo correta – mas trata-se de puro preconceito, pois, na realidade, genericamente falando, os brasileiros são tão criativos quanto qualquer outro povo.

Realistamente, posso apenas dizer que os horários na Alemanha são, de modo geral, mais respeitados que no Brasil (onde, por sua vez, são muito mais respeitados que no Peru). Mas não posso dizer, genericamente, que os alemães são pontuais: morei um ano em Berlim e perdi a conta do número de atrasos e bolos de que fui vítima.

Tenho mesmo um teste, que às vezes aplico em meus seminários, com trinta perguntas sobre Berlim, do tipo: "Os alemães, em Berlim, tentam furar filas?" A resposta, praticamente unânime entre brasileiros, é "jamais", "de forma alguma",

*Criatividade no trabalho e na vida* • 265

"isso seria impensável". Na realidade, tentar furar filas é hábito tenaz dos alemães, de qualquer sexo ou nível social, notadamente idosos, em Berlim – tanto, na época, Ocidental como Oriental (mas não em Hamburgo). Por comparação, onde *não* se tenta furar filas é no Brasil...

Na Primeira Guerra – o maior show planetário de preconceitos e estupidez –, quando os soldados russos avistavam um aeroplano, disparavam seus fuzis contra ele, convencidos de que invenção tão inteligente só podia ser alemã.

Tudo isso, evidentemente, é subjetivo e pessoal. O escritor Ignácio de Loyola Brandão também morou mais de um ano em Berlim e conta, para seus milhares de leitores, em *O verde violentou o muro* (Global, 1984), elucidativo episódio:

> Vou, lampeiro, pela calçada, feliz por encontrar um caminho tão simpático. Parece uma alameda vermelha no meio do cinza do solo. Então, ouço a campainha, a campainha aumenta. Torna-se frenética, insistente, maluca, alguém grita. Asperamente, agressivamente. Me viro, a moça da bicicleta vem direto para mim, mal tenho tempo de girar o corpo, como um toureiro audacioso que desafia o animal além dos limites. O guidão roça meus braços, sinto o ventinho, e acompanho a ciclista se distanciando, olhando para trás e xingando, xingando, até desaparecer. Na calçada, nesse domingo de manhã, somente nós dois. E eu, inocente, a caminhar sobre a ciclovia que boa parte das ruas desta cidade ostentam. Mais tarde, vi outros ciclistas furiosos investindo contra pedestres desavisados. Uma vez, contra um policial que se retirou rápido de cena. A minha primeira impressão foi: puxa, essa gente não tem nenhum jogo de cintura! Custava a moça se desviar dez centímetros e passar ao meu lado, mexer comigo, passar a mão em minha cabeça, dizer: sai da frente, seu Zé? Não haveria uma certa intransigência, mais do que isso, intolerância nesta defesa absoluta dos direitos?

Terá sido verídico esse episódio? Sem dúvida, foi 100% verídico, eu próprio passei por experiência semelhante. O que se pode extrair, a partir dessa veracidade, sobre o caráter dos alemães? ABSOLUTAMENTE NADA! Devo ser muito mais distraído do que o Loyola, pois mais de vinte vezes estava caminhando pela ciclovia – que às vezes não se distingue em nada das largas calçadas de Berlim, exceto pela cor – quando um alemão de bicicleta veio por trás de mim. E o que acontecia? 1) Ele agia exatamente como a moça descrita pelo Loyola (comigo em apenas um caso, porém ainda mais agressivo, em Kreutzberg); 2) ele vinha calmamente tocando a campainha de longe, diminuindo a velocidade, até que eu me mancasse; 3) ele, em geral jovem, não tocava campainha alguma e quase encostava a bicicleta atrás de mim, para me gozar ou me dar um susto; 4) ele não se dava ao trabalho de nada, e me contornava pela calçada, sem nem olhar para trás. Uns passavam um pouco indignados por minha desatenção, é verdade, mais do que um brasileiro, em geral, o faria; mas outros demonstravam bom humor e jovialidade bem maiores do que jamais assisti, em casos semelhantes, na ciclovia da Avenida Atlântica, onde moro no Rio. A grande maioria, uma vez que me ultrapassava, me ignorava para todo o sempre. O que posso deduzir, depois de tudo isso, quanto ao caráter dos "alemães"? NADA! Posso apenas deduzir, realistamente, que não se deve caminhar pela ciclovia na Alemanha.

Claro, nenhum alemão, nessa situação, passou a mão pela minha cabeça e disse: "Sai da frente, seu Zé". Posso concordar que essa afetividade seria o ideal. Mas alguma vez já se viu essa cena, entre desconhecidos, em situação semelhante, em qualquer cidade do Brasil... ou do mundo?

Em defesa do Loyola, quero transcrever outro trecho do seu livro:

> Um amigo alemão confirma, outro desmente. Tenho medo das imagens superficiais, de primeiras impressões enganosas. E se estou sendo preconceituoso? Situações me parecem incoerentes, paradoxais. Os alemães serão assim mesmo? Sensações duplas: agressivos e violentos, ingênuos e arrogantes, ousados e românticos.

É isso mesmo, Loyola (esse é o problema): mais ou menos, *mutatis mutandis*, como os brasileiros...

Contudo, estou longe de afirmar que os alemães – o povo que mais conheço, depois do meu próprio, e com o qual me dou muito bem – sejam iguais aos brasileiros.

São muito diferentes!

ESSE É O PROBLEMA – de solução sempre precária e incompleta!

Na verdade, se há coisa de que me orgulho na vida é das viagens que pude realizar – jamais em pacotes turísticos, mas da maneira mais aventurosa possível, tentando (e muitas vezes conseguindo) me entrosar ao máximo com as pessoas e a vida real dos lugares que visito. Tenho amigos no exterior com os quais me correspondo há mais de trinta anos. Agora, se me perguntarem o que mais aprendi com todo esse périplo, eu poderia resumir minha experiência concreta em duas afirmações, 100% verídicas:

**1** *Como as pessoas, no mundo inteiro, são diferentes!* Como minhas formas de pensar e me comportar, tão usuais no Brasil, podem ser chocantes em outros lugares. Como já me chocaram formas usuais de pensar e agir de outros povos, que chegam no nível, aos meus olhos, de "mundo cão". Como, mesmo debatendo pacificamente com meus cunhados alemães, às vezes perdemos todos o pé no diálogo, pela absoluta incapacidade de sequer compreender o ponto de vista uns dos outros!

**2** *Como as pessoas, no mundo inteiro, são iguais!* Como, no mundo inteiro, todo mundo está basicamente interessado nas mesmas coisas: constituir um lar, criar bem os filhos, ganhar dinheiro, ser feliz! Como, por toda parte, se cozinha com água! Como, ao ter acesso ao que se conversa em línguas estranhas, descubro que o papo versa sobre os mesmos assuntos, triviais e prosaicos, das pessoas

*Criatividade no trabalho e na vida* • 267

do meu bairro. Como não há absolutamente atributo, mérito, valor, também defeito algum – que preconceituosamente creditamos a alguma raça ou a algum povo – que não esteja generosamente distribuído pelo planeta inteiro, como a luz do Sol!

Essas duas afirmações, verídicas e de igual peso, representam, sim, acho eu, a REALIDADE GENUÍNA, ainda que algo desconfortável em sua contraditória significação. Nem sempre consigo administrá-las bem, e logo me descubro refugiando-me num chavão generalizador. Mas estou convicto de que ambas, em seu perturbador desafio, são as que mais me deixam aberto à REALIDADE, não só de outras raças, mas também de inúmeros aspectos da existência.

Por que, afinal, teria eu a obrigação de classificar e definir tudo?

A contradição, o dilema, o mistério são muito mais inspiradores!

Voltando ao exercício entre "Homens" e "Mulheres", no qual os atributos conferidos a cada gênero mostraram-se comuns a ambos, por acaso podemos dizer, por isso, que homens e mulheres são iguais?

Não, são completamente diferentes!

Em tudo: em curva de amadurecimento, em modo de pensar, em mentalidade, em interesses, em comportamentos e habilidades básicas, em erótica, em sentimentos. Concordo muito com Jean-Paul Sartre quando diz que "as mulheres têm maior capacidade de compreensão: o que elas dizem sobre as pessoas é muito mais delicado, mais psicologicamente verdadeiro do que um homem diz a respeito delas". Concordo também com a imagem do psicólogo americano John Gray de que as mulheres nasceram em Vênus e os homens em Marte, vindo ambos tentar se compor aqui na Terra – um eterno problema.

Mas essas diferenças, a meu ver imensas, têm também de ser apreendidas em seus aspectos mutáveis e dialéticos – pessoa por pessoa, contexto por contexto, momento por momento –, e não sob rótulos *a priori*, obviamente preconceituosos.

Como definir o universo fascinante que Goethe conceituou com a expressão "o eterno feminino"? E como discordar de Balzac, quando observou: "Para saber até onde vai a crueldade destes charmosos seres que nossas paixões enaltecem tanto, é preciso observar as mulheres quando estão juntas"?

Somente a canga preconceituosa de uma feminista empedernida pode ignorar a evidência de que as mulheres jamais se distinguiram na grande Criatividade artística. Não há, por exemplo, qualquer grande compositora, sequer de segundo ou terceiro time, a despeito do fato histórico de, particularmente nos séculos XVIII e XIX – os da grande eclosão da música –, as mulheres terem recebido, estatisticamente, muito mais educação musical do que homens. A grande exceção é a literatura. Virginia Woolf explica essa discrepância pelo fato de a literatura ser a única arte ligada ao mexerico, à fofoca – e voltamos todos, de cara, às raízes de um preconceito!

Todo esse assunto é muito nebuloso e perturbador – como mais um aspecto congênito e importante da Vida –, e assim mesmo é que deve ser! Por que – repito – tentar definir e classificar tudo, ainda mais por meio de chavões?

No campo das invenções e descobertas, que tanto nos interessa, feministas não precisam se aferrar à solitária figura de Madame Curie, nos tempos modernos. Todas as invenções e descobertas do Neolítico, fundamentais para o desenvolvimento da humanidade, foram, segundo provas etnográficas, obra de mulheres: a bioquímica da fabricação do pão, a química da fabricação da cerâmica, a física da fiação, a mecânica do tear e a botânica do linho e do algodão. É claro que isso sempre dá margem a um machista para retrucar que, desde priscas eras, lugar de mulher é na cozinha...

Os critérios de comparação, em termos de valor, são aqui, como sempre, pouco confiáveis, subjetivos, e pessoais. Afinal – tudo somado, deduzido e equacionado – fica-nos a única impressão cabível: "Nunca", nas palavras de Bertrand Russell, "houve razão para acreditar na inata superioridade do homem, a não ser por sua musculatura superior".


É muito difícil oferecer o máximo de resistência a preconceitos sem, ao mesmo tempo, deixar de levar em conta fatos que, às vezes, nos convidam insidiosamente a eles. Mas é justamente um dos desafios para quem pretenda a OTIMIZAÇÃO DO PENSAMENTO.

Tenho alguns amigos homossexuais e (creio que) não os discrimino em nada quanto a direitos, valores e objetos de afeto. Contudo, jamais encontrei na vida algum homossexual que tivesse sucesso em vendas – direta ou indireta (por exemplo: em criação publicitária). Pessoalmente, contrataria sem hesitar um homossexual para a área jurídica, financeira, técnica, de RP ou RH, na mesma medida em que contrataria um hetero. Mas nunca para a área de vendas! (Mas pode ser que eu esteja errado.)

Quando estou na Itália ou no Egito, preocupo-me muito mais em não ter algum pertence furtado, do que quando estou, digamos, na Espanha ou na Jordânia. Mas já fui severamente furtado na Alemanha, e minha filha, na Holanda. Não esperava uma coisa dessas em tais países – por puro preconceito! (Nosso ex-prefeito, César Maia, já foi assaltado e totalmente depenado, não na Favela da Maré, nem na Rocinha – mas na Suíça.)

Conservo, calcado em numerosas experiências passadas, a melhor impressão prévia de marceneiros. Dou nota média, em princípio, a eletricistas, pintores e pedreiros. O mínimo que posso dizer é que nunca tive sorte com bombeiros. E por quê? Eu sei lá!

Quando dou seminários abertos no Nordeste sei, de antemão, que seus participantes deverão chegar mais atrasados do que em seminários no Sul. Por mim, procuro apenas chegar na hora, em qualquer caso, e me abster de opiniões.


Em qualquer caso, tenhamos ou não consciência disso, nosso pensamento está impregnado por toda sorte de preconceitos e chavões, a nos comprometer a apreensão objetiva e proveitosa da realidade. (Flaubert chegou a escrever um *Dicionário de ideias feitas*.)

Somem-se a eles inumeráveis informações celebradas, conhecidíssimas e... erradas. Eis alguns esclarecimentos, escolhidos mais por sua curiosidade (mas deve haver infinidade de outros casos, em todos os campos, de cuja impropriedade sequer temos conhecimento): o angu à baiana é de Sergipe, o tutu à mineira é de São Paulo, a caixa-preta dos aviões é laranja ou vermelha, o Mar Vermelho é azul, o Danúbio Azul é cinza-escuro, os palitos de fósforo não contêm fósforo, a soda--limonada não contém soda nem limão, o papel de arroz não leva arroz em sua fabricação, o chapéu Panamá é originário do Equador, os gatos persas não vieram da Pérsia, mas da China, os porquinhos-da-índia são originários dos Andes, o xadrez chinês não tem nada a ver com a China (foi inventado por um estudante americano em Londres, em 1883) e os banhos turcos foram uma das mais brilhantes invenções dos romanos!

A célebre frase de Sherlock Holmes, "Elementar, meu caro Watson", não consta de nenhum dos escritos de Conan Doyle, criador do personagem. A lendária frase da Carta de Pero Vaz de Caminha, "em que se plantando tudo dá", não consta da Carta de Pero Vaz de Caminha. A "inesquecível" frase "Play it again, Sam", do filme *Casablanca*, não consta do filme *Casablanca*. Frankenstein, o monstro aterrador, não é o nome do monstro, e sim do médico alemão que o criou, na famosa novela. Charles Lynch, de cujo nome adveio a palavra linchamento, jamais prescreveu, promoveu ou sequer assistiu a qualquer linchamento. Ninguém jamais viu um avestruz com a cabeça enterrada na areia.

Some-se ainda – e agora para valer – a massa brutal de notícias, artigos, informes, editoriais e entrevistas, tantos deles facciosos e autopromocionais, ou mesmo eivados de erros e imprecisões desconhecidos até por seus autores, e você mesmo deduzirá, com seu Adulto, como é preciosa a postura de IRREVERÊNCIA perante tudo que chega para lhe informar, ensinar ou persuadir.

Some-se a tudo isso, ainda mais, o que os publicitários classificam como "imagem". Ela é formada por toda uma série de fatos absolutamente verdadeiros, cuja seleção conduz a uma conclusão muito abalizada... quase sempre falsa. (Os fatos são verdadeiros, a mentira está na seleção.) Se tal conclusão, embora procedente, se dissemina, vira, imediatamente, um preconceito social.

Criei, para meu curso na Universidade, dois testes a propósito, que reproduzi em livro anterior sobre Criatividade. Aqui vai um terceiro, bem mais extenso. Agora, querido leitor, esqueça provisoriamente o parágrafo anterior. Quero apenas sua opinião sincera sobre o alemão que lhe passo a descrever (não sem antes jurar que o que direi foi extraído, ao pé da letra, de confiáveis biografias):

**1** Nasceu em berço esplêndido. Seus pais viviam luxuosamente: tinham em casa duas empregadas e um mordomo. Recebiam personalidades e organizavam noitadas musicais, célebres na cidade. O menino desenvolveu-se num ambiente de alta burguesia e muita cultura.

**2** Aprendeu a tocar violino com 4 anos de idade. Aos 10, já sabia também tocar no piano várias baladas infantis. Na escola, foi aluno excepcional, estudando com uma obstinação que espantava seus professores. Foi excelente aluno de história, literatura, filosofia e das matérias coletivamente conhecidas como Humanidades. Por toda a vida, sempre preferiu o convívio com os mais velhos do que com os de sua idade.

**3** Aos 14 anos, já era um bom atirador, aprendera a montar e a dirigir. À noite, depois do jantar, participava dos costumes familiares: pegava seu violino, sua mãe sentava-se ao piano, sua irmã tocava harpa, seu irmão, violoncelo. Seu pai cantava ou tocava violino. Toda a família ignorava então o que mais houvesse, para viver intensamente com Mozart, Brahms, Bach, Beethoven ou Wagner. Por essa época, fez-se também aluno do organista da catedral luterana, sendo competente executante de vários instrumentos de sopro, metal e madeira.

**4** Desde cedo, passou a ter sucesso incrível com as mulheres: quando olhava fixamente uma mulher, esta parecia hipnotizada. Além disso, sabia encontrar as palavras que agradavam, fazer um madrigal, redigir uma carta envolvente.

**5** Ainda menino, durante suas frequentes estadas na praia, aprendeu a remar. Ganhou, a partir daí, inúmeras regatas. Excelente nadador, maravilhava seus companheiros. Na verdade, chegou a ser um esportista completo na vida: campeão de esgrima, especialista em pentatlo, cavaleiro emérito, líder em iatismo, tenista de destaque, excelente esquiador, aviador excepcional, paraquedista diplomado, judoca hábil, atirador, atleta arrebatador.

**6** Aos 17 anos, terminou com louvor seu Abitur (espécie de bacharelado alemão). Queria ser químico, mas seus professores o desencorajaram. Entrou para a Marinha e surpreendeu logo colegas e superiores: era o mais bem-dotado em educação física e tornou-se o campeão incontestável de sua unidade, representando com sucesso a Escola Naval nas competições com outras universidades. Além disso, longe de prejudicá-lo, suas conquistas femininas aumentaram-lhe o prestígio. (Chegou a ter três amantes ao mesmo tempo.)

**7** Com apenas 24 anos, tornou-se instrutor de navios de primeira classe, o que, para sua idade, era uma verdadeira proeza. Em seguida, começou a aprender, simultaneamente, francês, inglês e russo, chegando a falar essas três línguas muito bem no fim de alguns meses. Para se aperfeiçoar, pôs-se a ler grande número de romances policiais em francês e inglês; em seguida, passou a estudar obras de Marx, Engels e Lenin em russo.

**8** Era um dançarino notável, desde jovem. Conhecia todos os ritmos da moda da época, graças a seu ouvido apurado e, principalmente, por causa de sua exuberante forma física. Valsa, tango, polca, *charleston*, *blues*, *one-stop* não tinham segredo para ele. No íntimo, porém, sua preferência era pela música clássica, convergindo para Cesar Franck, o sofisticado compositor belga, da escola nacionalista francesa.

**9** Mais tarde, com a chegada da guerra, sua função era basicamente administrativa e assim ele poderia ter atravessado todo o conflito. Ao contrário, decidiu tornar-se piloto de guerra, tendo participado como voluntário de várias batalhas aéreas (e como simples major). Nessa ocasião, com seu pequeno avião de caça, realizou 97 missões sobre território inimigo, destruindo canhões e abaten-

*Criatividade no trabalho e na vida* · 271

do vários aviões adversários. Por tudo isso, o Ministério do Ar conferiu-lhe a condecoração dos Pilotos no Front e, quando do seu retorno à pátria, o governo o condecorou, solenemente, com a mais alta insígnia militar do país. (Foi sempre, a vida inteira, de uma coragem a toda prova.)

**10** Não se sensibilizava por nenhuma ideologia, nenhum fanatismo político, havendo mesmo evidências de que desprezava toda sorte de ideias e fervores partidários que pululavam em seu tempo. Mesmo assim, não cessava de produzir, e apresentar, a seus superiores, ideias novas e surpreendentes, capazes muitas vezes de resolver problemas prementes. Diria anos mais tarde sua viúva: "Meu marido jamais gostou do uniforme. Ele o vestia por obrigação; usava de preferência uma roupa civil, quando não estava de serviço".

**11** Depois de um dia estafante, não deixava nunca, apesar do adiantado da hora, de ir abraçar seus três filhos que dormiam, de se aproximar deles e acariciar-lhes os cabelos. Em seguida, descia na ponta dos pés para ir jantar com a esposa. Era, em toda a linha, um marido dedicado e atencioso, um pai muito amoroso e sempre preocupado com a saúde dos filhos.

**12** Em casa, gostava de falar de tudo: cinema, teatro, literatura, música; jamais, porém, introduzia questões profissionais ou políticas. Sempre que podia, organizava uma *soirée* musical. Tocava então o primeiro violino, enquanto seu irmão se punha ao piano ou tocava violoncelo; um vizinho tocava contrabaixo e a esposa de um colega seu tocava o segundo violino. Era visível o quanto ele ficava feliz quando tinha seu violino nas mãos...

**13** Às vezes voltava mais cedo para casa. Brincava então com seus filhos. Depois do jantar com a família, ele mesmo ia pôr os pequenos na cama. Em seguida, dando uma piscada de olho para a esposa, que era cúmplice, punha o gramofone para tocar, abria uma boa garrafa de vinho tinto e a convidava para dançar.

**14** Natal sempre foi uma grande festa em seu lar. A esposa e as empregadas decoravam a casa com cogumelos, e uma imensa árvore de Natal dominava o salão. Nessa época, ausentava-se ele de seu gabinete e corria às grandes lojas da cidade. Comprava bicicletas, trenzinhos elétricos e bolas para as crianças. Para a mulher, um perfume francês, um casaco de pele, um vestido, às vezes uma joia. À noite, abria uma garrafa de champanhe e toda a família entoava, em coro, o canto tradicional do Natal alemão, o *Tannenbaum*.

**15** Morreu aos 38 anos de complicações por ferimentos recebidos numa tocaia friamente planejada; e também como resultado de sua coragem pessoal de sistematicamente dispensar todos os guarda-costas e batedores a que tinha direito. Viajava apenas com seu motorista particular. Mesmo assim, ainda enfrentou seus agressores de arma na mão – e os fez fugir. Viveu ainda uma semana, lúcido, embora sob dores atrozes. Todos os médicos ficaram impressionados com sua personalidade, e atestaram isso em seus diagnósticos. Praticamente, suas últimas palavras, à esposa grávida pela quarta vez foram: "Do momento que eu parta, você deve, minha querida, retornar à ilha de Fehrmarn [onde o casal possuía um refúgio idílico]. Eu quero que você cuide lá da educação de nossos filhos. E não há outro lugar onde você possa estar mais segura". E acrescentou: "Eu velarei por vocês de onde estiver".

Gente muito fina, não é verdade? Pois não dispõe você agora de cerca de uma centena de fatos, verídicos e comprovados, para fundamentar sua opinião de que se trata de um *gentleman*, altamente digno e humano, generoso e sofisticado, enfim, um espécime raro em nossas mesquinhas sociedades – um PRÍNCIPE, no melhor sentido da palavra?

Eu deveria, talvez, pular algumas páginas antes de apresentá-lo melhor, mas aí vai, agora mesmo, o reverso da ficha:

Nome: Reinhard Heydrich. Unanimemente considerado, pelos historiadores, o cérebro mais diabólico, o carrasco mais impiedoso do regime nazista. Seu talento para a implacável organização de prisões, assassinatos e outras manifestações de terror fizeram dele um homem valioso demais para as metas megalomaníacas do III Reich. Foi diretamente para ele que veio a ordem para o extermínio dos judeus da Europa ("Solução Final"), o que implicava uma tarefa gigantesca e requeria um gênio de competência e perversidade associadas, muito acima da média: descrição precisa de Heydrich! Imediatamente, começou a pôr a ideia *em prática*, a partir da conferência de Wannsee, em 1942. Foi ele quem fez o essencial do genocídio, foi o verdadeiro "engenheiro da morte", o inventor de um método sistemático, para não dizer científico, de matança em massa – e que foi aplicado, sem a menor correção, até o fim da guerra. Hitler o chamava "o homem de coração de ferro" – e notem que o *Führer* conhecia um bocado de gente dura. Heydrich criou e executou as operações mais sinistras, assistiu às mais cruéis execuções, às torturas das vítimas que eram interrogadas diante dele, sem jamais perder seu sangue-frio. Organizou, além disso, uma rede de informação e chantagem, inclusive contra os próprios figurões do Partido Nazista (a começar por Hitler), que incluía casas de prostituição, por ele mesmo organizadas. Era um devasso sexual, que relaxava nos bordéis, muitas vezes bêbado. Do mesmo modo, era capaz de possuir, pelo terror, uma mulher que o interessasse. Esteve, contudo, envolvido em caso de homossexualismo com um colega, seu parceiro ativo na Marinha – o que quase prejudicou sua ascensão no III Reich. Por sua operosidade e competência no encaminhamento da "Solução Final", foi promovido a "Protetor da Boêmia e Morávia", ficando conhecido, entre os tchecos, como "O Açougueiro de Praga". Foi eliminado pelos serviços especiais britânicos (ainda que usando agentes de nacionalidade tcheca), entre outras razões pelo temor ante a possibilidade, já conhecida dos aliados, de Heydrich, com sua frieza e competência diabólicas, vir a substituir o maníaco e já depauperado Hitler.

Um episódio de 1934 fala bem do caráter de Heydrich: quando Ernst Röhm, chefe das SA, foi assassinado por ordem do *Führer*, pelos homens da SS (sob supervisão de Heydrich), este foi ver o cadáver levando consigo alguns bêbados que vomitaram sobre o corpo obeso do ex-camarada de Hitler. Testemunhas afirmaram que "o riso de hiena de Heydrich, que explodiu ao ver a profanação do cadáver, foi aterrador".

Todas as informações desse teste, sem exceção, foram retiradas das biografias *Reinhard Heydrich*, de Georges Paillard e Claude Rogerie (Nova Época, 1968) e *Heydrich*, de Alan Wykes (Renes, 1977).

Eu apenas as selecionei.


O preconceito – valorativo ou desvalorativo – interfere não só em nossa autonomia racional (Adulto) como em nossa própria autonomia estética, em nossos gostos (Criança), o que qualquer publicitário está farto de conhecer e explorar, no tal processo de formação de "imagem".

O holandês Jan Vermeer foi, como se sabe, um dos maiores pintores de todos os tempos, o preferido de Marcel Proust. Certo falsário, Van Meegeren, especializou-se, em meados do século XX, em fazer novos Vermeer. Com enorme sucesso e desconhecimento total da trapaça por todo mundo. O Vermeer real só pintara, pelo que se sabe, um único quadro religioso, *Cristo na Casa de Marta e Maria*. A partir dele, o papa dos críticos de arte da época, Abraham Bredius, elaborou a teoria de que na mocidade Vermeer se dedicara à pintura religiosa e que outros quadros do gênero apareceriam. Quando o falsário Van Meegeren "descobriu" mais um novo Vermeer, religioso, *Os peregrinos de Emaús*, o grande crítico, eufórico pela comprovação de suas teorias, não apenas reconheceu o quadro como autêntico, mas, ao saudá-lo, aclamou-o como "a obra-prima" de Vermeer.

E como tal foi a obra acolhida pelo mundo inteiro. Isso fez que Meegeren passasse a "descobrir" novos Vermeer religiosos, como *A ceia* e *Cristo e a adúltera* – muito festejados. Acontece que este último foi descoberto, depois da Segunda Guerra, na coleção de Göring, cedido por Meegeren, e o falsário, para fugir à acusação de vendilhão da pátria, e de ter passado um Vermeer ao carrasco nazista, alegou e provou, para se defender, que falsificara os quadros. Foi absolvido da acusação de traição (pegou apenas um ano por falsificação) e seus quadros esteticamente desprezados, expurgados da história das artes.

Por quê? E se *Cristo e a adúltera* não tivesse aparecido no acervo de Göring, mas no acervo do Vaticano? Até hoje os falsos Vermeer estariam sendo desfrutados e venerados tanto ou mais do que os verdadeiros? Por que um quadro é admirado enquanto se pensa que é Vermeer, mas deixa de sê-lo quando se descobre que não é?

Pessoas que visitam, compenetradas e devotas, as grandes galerias de arte da Europa, sussurrando respeitosas diante das obras dos grandes gênios, são pessoas que não desfrutam da Arte, não entendem de Arte, não sabem se relacionar com a Arte. Uma excelente galeria de Arte deve estar mais para um parque de diversões do que para uma catedral... ou um mausoléu. Em sua melhor apreciação, Arte inspira excitação, euforia, transbordamento – e não murmúrios compungidos de respeito, ou expressões de boquiaberta veneração.


O que leva à formação dos preconceitos?

Resposta, ou pelo menos uma delas: a tendência irrefreável do cérebro em se acomodar. É cômodo achar que os alemães são "isso", as mulheres são "aquilo", e por aí vai. O pensamento, abandonado a si mesmo por comodismo, tende a enquadrar-se, e a enquadrar questões por todo o universo conceitual do indivíduo.

Isso foi apontado, com muita propriedade, por Henri Poincaré na introdução do seu conceito de *comodismo*. Uma geometria não é verdadeira nem falsa, ensina Poincaré: ela é cômoda. A massa é um coeficiente cômodo para se introduzir nos cálculos. A Terra gira – o que significa apenas: é mais cômodo supor que ela gira.

Poincaré insistiu muito em frisar o caráter arbitrário das matemáticas, considerando que há uma infinidade de matemáticas possíveis. Das geometrias possíveis, apenas a euclidiana foi determinada por nossa experiência com o mundo exterior. Daí que ela se tornou cômoda. Daí que ela passou a afigurar-se como única, certa, acabada. Daí a resistência à geometria de Riesmann, por exemplo.

Daí, finalmente, que esse é o mesmo processo da formação de rotinas. Quem quer que dirija, todos os dias, de casa para o trabalho e do trabalho para casa, sabe que, ao precisar ir a qualquer outro lugar, no mesmo horário de sempre, terá de tomar uma decisão muito lúcida e consciente para não repetir o itinerário usual. O cérebro tende a se automatizar, comodamente.

Essa automação mental oferece, é verdade, vantagens enormes, pois podemos dirigir sem qualquer preocupação quanto a um roteiro ultraconhecido. Mas acarreta, pelo menos para mim, frequentes transtornos. Dirijo, a cada mês, praticamente o mesmo número de vezes tanto para o Aeroporto do Galeão quanto para Friburgo. Partindo do Centro, o desvio fica no elevado à altura do Jornal do Brasil. Quantas vezes, atrasado para um voo, descubro-me na ponte Rio-Niterói, com o próximo retorno a treze quilômetros! Ou, indo para Friburgo, ao anoitecer, descambo para a Avenida Brasil, justamente quando o tráfego é mais insuportável.

É hora de confessar certas "vergonhas" por que já passei em público, devido à automação cômoda do cérebro sobre algum princípio lógico.

Como falo eventualmente para plateias, observo que a tendência do auditório é sentar-se no fundo; por isso é frequente algum organizador convidar os ouvintes, antes da palestra, a passarem para os bancos da frente. Creio que qualquer instrutor já presenciou isso. Quando fui dar meu primeiro seminário de Criatividade para a Vale do Rio Doce, em Itabira, deparei, numa sala retangular, com todo mundo sentado lá no fundo, ficando um espaço de cinco metros entre mim, tendo o *flip-chart* atrás, e os primeiros participantes. Sugeri-lhes, então, cordialmente, que se levantassem todos e viessem mais à frente... quando bastaria avançar, com o *flip-chart*, os tais cinco metros! Agora imagine: ali estava eu, instrutor (desconhecido do grupo) de seminário destinado a ensinar pessoas a pensarem melhor, iniciando-o com uma estupidez dessas...

Gosto de trabalhar com *pilots* de várias cores, que deixo à mão, numa mesinha, ao lado de minha cadeira e do *flip-chart*. Ao chegar para um seminário no *Jornal do Brasil*, vejo todos os *pilots* depositados sobre minha cadeira, quer dizer, a única

*Criatividade no trabalho e na vida* • 275

cadeira ao lado do *flip-chart*. Como não havia mesinha à vista, fui pegar, no fundo da sala, mais uma cadeira (todas as cadeiras eram rigorosamente iguais). E agora lá estou eu, à vista do grupo todo, estupidamente transferindo os *pilots* para a "nova" cadeira, a fim de desocupar a "minha" cadeira...

Foram vexames acarretados por um procedimento automático. Ainda que relativamente pequenos e acidentais (já cometi imbecilidades incomparavelmente maiores), eles ressaltam, de novo, um princípio importantíssimo: somente o contato atento, contínuo, *sensorial* com a REALIDADE do momento é que deve, ou não, validar qualquer procedimento lógico.

E esse contato – concreto, intuitivo e primário – é promovido não pelo Adulto, mas pela Criança (o mesmo Estado depositário da Criatividade).

Não se esqueça nunca de que intuir vem do latim *intueri*, que quer dizer: VER!

É em decorrência dessa mesma falta de "visão" – intuitiva e concreta – que se perenizam as rotinas, muitas delas obsoletas e irracionais. Uma vez perenizadas, alimentam-se de si mesmas, numa lógica fechada. Tornam-se, por isso, uma camisa de força na Criatividade.

O pior de tudo é que essa rotina é perniciosamente "cômoda". Às pessoas que se queixam de não poder ser criativas na empresa porque seu trabalho é muito rotineiro, costumo pedir que me descrevam seu sábado e domingo, quando estão livres e podem fazer tudo que quiserem. Como você acha que são seus fins de semana? Claro, rotina pura... também. Apenas com uma programação diferente.

A rotina vicia o pensamento. Consta que um mecânico de automóveis, que foi fazer psicanálise, deitou-se *debaixo* do divã...

Toda nossa realidade social está pejada desse comodismo, raramente conscientizado, e que é matéria-prima das rotinas – tantas vezes, como disse, obsoletas e irracionais. Em todo o exército britânico, nos primeiros dias da Segunda Guerra Mundial, um de cada seis homens que compunham a guarnição de uma peça de artilharia nada tinha a fazer. Essa pequena informação foi obtida por um grupo de investigadores (civis) enviado a um campo de manobra a fim de sugerir aperfeiçoamentos nas operações militares. Tendo pesquisado qual era o papel daquele soldado ocioso, descobriram que esse homem estava ali para cuidar dos cavalos. Que cavalos? Não havia cavalos! Bem, talvez não na época, mas *antes* houvera cavalos: os que puxavam canhões na Primeira Guerra!

E o mesmo se repete na guerra industrial. Há algumas décadas, toda a maquinaria dos Estados Unidos era preta. Por quê? Não havia nenhum motivo real, exceto que sempre tinha sido assim. Um supervisor de uma fábrica de calçados de Nova York percebeu que um de seus empregados tinha problemas visuais e isso se refletia em sua produção: o couro e a máquina, ambos pretos, não apresentavam nenhum contraste. Teve a ideia, audaciosa para a época, de ordenar que a máquina desse empregado fosse pintada com uma cor contrastante. O empregado protestou: sua máquina deveria ser preta! Era a tradição. Uma máquina de cor diferente pareceria estranha quando comparada com as outras, seus colegas iriam rir-se dele. Mas prevaleceu a ideia do supervisor, o que desgostou muito o empregado, até que seu colega pediu também para pintar sua máquina de cinza. Só então o primeiro empregado admitiu que podia ver melhor, e sua produção subiu sensivelmente. Hoje é comum a existência de máquinas de diversas cores.

Não se esqueça de que a indústria demorou muitas décadas para perceber que os telefones não tinham de ser necessariamente pretos, nem as geladeiras necessariamente brancas.

A Rede Ferroviária Federal anunciou, em 1991, que passaria a só comprar dormentes de aço, os quais – além de pouparem ecologicamente as árvores – "duram cinquenta anos e custam exatamente a mesma coisa que os dormentes de madeira, cuja vida útil é de apenas sete anos". Quantos milhões foram investidos em dormentes de madeira até que os engenheiros da Rede tomassem uma providência dessas?

Esses exemplos são muito banais e corriqueiros. Hoje mesmo, quando as indústrias estão pejadas de máquinas de todas as cores, o que mais prevalece em todas elas, a despeito de toda a racionalidade que parece presidir o conjunto global de suas atividades, é a mais pura rotina, física e mental. Parte dessa rotina, sem dúvida, é objetivamente justificável – mas, não se iluda, boa parte não é. Ou, sejamos prudentes, pode não ser.

De qualquer forma, rotina é base do conceito de *tecnércia*, palavra que John S. Morgan formou a partir de tecnologia e inércia.

A *tecnércia* é a camisa de força mais avançada que existe na Criatividade empresarial!


Na Idade Média, os cavaleiros usavam a espada presa no cinto à esquerda, para melhor desembainhá-la com a mão direita.

Daí que os cavaleiros montassem sempre pelo lado esquerdo, pois, do contrário, a espada os atrapalharia.

Desde então, mesmo depois do desuso total das espadas, todo mundo continua a montar apenas pelo lado esquerdo, o que veio a condicionar o adestramento dos cavalos (quem tentar montar algum pelo lado direito arrisca-se a levar um coice histórico).

Essa prática sem dúvida é tão irracional como a do exemplo de mandar aquele soldado extra para os canhões ingleses. Não seria muito mais prático poder montar cavalos de qualquer lado?

Nós não questionamos (e como poderíamos, a rigor, questionar tudo?). Nós montamos, historicamente, cavalos pela esquerda, "porque é assim que tem de ser feito".

E é exatamente nesse fluxo que atuará, na contramão (prudentemente), a Criatividade!

*Criatividade no trabalho e na vida* • 277

A maneira como nosso cérebro se "acomoda" a um padrão, um QUADRADO – e, por extensão, a uma rotina ou um preconceito – ficando depois difícil de sair dele, pode ser bem exemplificada pelo teste de meu amigo Maury Cardoso Fernandes, em *Aprendendo a desaprender* (Armazém de Ideias, 1994):

Faça uma leitura atenta das palavras a seguir. Coloquei acentos nos *is* para você pronunciá-las corretamente:

Javalí – Quatí – Saguí – Ocapí

Javalí – Quatí – Saguí – Ocapí

Javalí – Quatí – Saguí – Ocapí

Javalí – Quatí – Saguí – Ocapí

Você leu quatro vezes o nome de quatro mamíferos, quadrúpedes, terminados com a letra *i*: javalí, quatí, saguí, ocapí.

Agora, pense em mais um animal mamífero, quadrúpede, terminado em *i*.

Você está bloqueado, e não consegue se lembrar. Nenhuma novidade. (Meu amigo Maury não serve, porque não termina com *i*, nem é quadrúpede, e jabuti não é mamífero). A resposta virá apenas no final do próximo capítulo e você ficará surpreso não só por ela, mas pelo modo como vou dá-la. Saiba, desde já, que ela está na sua calculadora (?).

Agora, a partir do que foi dito – e principalmente da abordagem de Poincaré –, temos base para dar à noção de preconceito uma dimensão extraordinária e, para alguns, imprevista.

Concebemos em geral *preconceito* como uma generalização *desvalorizadora*. Pode ser também valorizadora, como já mostrei. Em qualquer caso, é atributo do Estado do Eu Pai. Em qualquer caso, em oposição ao *conceito*, atributo do Adulto, um construto científico, lógico e racional, como o que define o círculo como um polígono com número infinito de lados.

Na verdade, porém, o chamado preconceito incide em absolutamente todos os campos do conhecimento humano, valorativos ou não. Ninguém jamais poderá realmente saber se está, em seus raciocínios lógicos, científicos e racionais, lidando com conceitos ou preconceitos.

Um exemplo entre milhões: meu leitor concordará, em princípio, que a psiquiatria é uma ciência abalizada, vale dizer, um universo coerente de *conceitos* cientificamente concluídos e comprovados. Contudo, se ler as obras de autor de renome mundial, Thomas Szász, professor de psiquiatria da Universidade de Nova York, com sua argumentação cerrada e riquíssima de dados, possivelmente se convencerá de que a psiquiatria, como defende Szász, não passa de um edifício monstruoso de *preconceitos*. Quem estará certo? Se Szász e seus seguidores estão certos, as noções básicas de psiquiatria não passam de preconceitos clamorosos, historicamente demonstráveis. Se Szász está errado – e muitos psiquiatras de renome acham que ele está errado, sendo que a discussão se prolonga há mais de vinte anos, sem remate conclusivo –, então tais noções são, de fato, conceitos racionais e científicos. Note--se, contudo, que ditas noções, objeto de toda a discussão, continuam as mesmas.

Leio em *Veja*, de 20 de dezembro de 1995, excelente entrevista com o psiquiatra Dartio da Silveira que, em face da pergunta "Não se deve encarar o usuário de drogas como dependente em potencial?", afirma: "Isso é preconceito. Houve uma época em que se dizia que o uso ocasional de maconha não era problemático, mas seria a porta de entrada para as dependências. Esse conceito não se comprova cientificamente. A maioria dos que fumam maconha a usa para se divertir, usa por um tempo limitado e depois abandona". (Isso é fato. Conheço quem fuma maconha há mais de vinte anos, mas tem horror a qualquer outra droga, inclusive fumo e álcool.) Dartio aponta também o fato inquestionável de que "o álcool é uma das drogas mais lesivas. Existem até demências provocadas por ele". Por coincidência, exatamente na edição seguinte, a mesma *Veja*, em reportagem sobre o crack – "uma espécie de furacão que varre os neurônios" –, entrevistando os dependentes da droga, mostra que todos eles começaram com a maconha. É conceito ou preconceito considerar a maconha porta de entrada para o crack? Será preconceito seu, leitor, preocupar-se mais ao saber que seu filho começou a fumar maconha com uma turma do que saber que está tomando chope com o pessoal?

Permita-me colocar a coisa de modo mais profundo. O filósofo David Hume, em seu explosivo *Tratado da natureza humana*, de 1739, chegou à conclusão de que a indução, um dos mais caros recursos científicos, "é um hábito sem justificativa lógica e a crença na causação é pouco mais do que uma superstição". Significava isso que a ciência, juntamente com todo o aparato da técnica, devia ser relegada ao campo das convicções irracionais (preconceitos). Kant, para reagir contra Hume, inventou uma distinção entre razão "pura" e razão "prática". A razão pura, define Bertrand Russell, em *O elogio do lazer* (Nacional, 1975), "dizia respeito ao que podia ser provado, o que era pouco. A razão prática dizia respeito ao que era necessário para a virtude, o que era muito". E conclui: "É sem dúvida óbvio que a razão pura era simplesmente razão, enquanto a razão prática era preconceito". Note, contudo, que ambas aparecem sob a rubrica de "Razão", raiz da palavra *racional*! E que também, em seu universo, o que pode mesmo ser provado... é pouco!

Francis Bacon foi um gênio completo, e não só pela criação do Método Experimental. Teve grande influência sobre o pensamento dos séculos posteriores. Consta, curiosamente, que teria inventado os óculos. Foi também mártir na história das invenções, morrendo de resfriado enquanto pesquisava o frio como meio de conservação de alimentos, enchendo uma galinha de neve. É pioneiro da "ideia" de Ciência, como a conhecemos... e dos alimentos congelados.

Contudo – quer frase mais preconceituosa? –, dizia, em 1620, que "os fenômenos particulares das artes e da ciência são apenas um punhado. A descoberta de todas as causas e ciências será um trabalho de apenas uns poucos anos". Hoje, quando a ciência de Bacon depara com as *realidades* da física quântica, a antimatéria, os universos paralelos e os enfoques da Teoria da Complexidade, seus sucessores perderam tais ilusões: "Às vésperas do terceiro milênio d.C.," – diz o matemático Ian Stewart, em *A nova matemática do caos* (Zahar, 1991) – "os cientistas começam a abandonar a busca da Verdade".

É o mesmo preconceito de Einstein quando afirmava, *a priori*, ser impossível que "Deus jogasse dados com o Universo" – de vez que ninguém, nem mesmo Einstein, teve jamais nenhuma ideia dos lazeres de Deus, em Seus momentos de folga...

Dizia bem o filósofo francês Nicolas Malebranche (1638-1715): "Os preconceitos ocupam uma parte do espírito e infectam a outra".

Não estou absolutamente defendendo a tese de que *conceito* e *preconceito* sejam a mesma coisa. Estou, isso sim, ressaltando a evidência (como a vejo) de que é impossível delimitar a fronteira entre as duas coisas, assim como é impossível dizer onde acaba o frio e começa o calor. E a ressalto porque me parece que justamente nessa brumosa interseção – que nos deve inspirar uma PERMANENTE DÚVIDA – é que se abrem campos férteis à Criatividade!

Conceito e preconceito confundem-se a todo momento, e isso é ressaltado na famosa experiência efetuada por Salomon Asch, da Universidade de Pensilvânia, descrita em *Psicologia social* (Nacional, 1972). Ela prova que muitas pessoas estão dispostas a ir contra a evidência de seus próprios julgamentos racionais e objetivos – o que se dirá então dos intuitivos! – a fim de seguir com a maioria. Quando solicitadas a igualar a extensão de um conjunto de linhas, e em seguida confrontar seu resultado com um grupo que havia sido cuidadosamente instruído para dar unanimemente respostas erradas, 37% das pessoas se submeteram à opinião do grupo... e também deram respostas erradas!

O mais interessante, em minha opinião, foi o *raciocínio* típico dessas pessoas, conforme relatado por Asch: "A mim me parece que estou certo, mas minha razão me diz que estou errado, porque é improvável que tanta gente pudesse estar errada e somente eu certo".

O que prevaleceu então, nessa decisão de renunciar ao próprio julgamento, não foi meramente concordar (Impulsor "Agrade Sempre"), ou o temor de censura, ou o temor de parecer excêntrico (o que caracterizaria um pensamento da Criança Submissa), e sim uma ponderação fria e racional (Adulto): "Minha *razão* me diz que estou errado, porque é improvável que tanta gente pudesse estar errada e somente eu certo".

Não reputo isso patologia clínica individual. Reputo, isso sim, que no conjunto das normas e dos procedimentos sociais, nas empresas e na vida em geral, muito mais do que 37% das pessoas funcionem, *intelectualmente*, dentro dessa mesma postura, dentro desse mesmo critério probabilístico e racional: "Minha razão me diz que, pela lei das probabilidades, eu, contra a opinião de todos, não posso estar certo".

Amigo, quando você achar que está certo – e tiver qualquer base racional ou intuitiva (não emocional) para "sentir-se" certo –, VOCÊ ESTÁ CERTO, e ponto! Trate apenas, a partir daí, de *provar* que está certo. Tem tanta probabilidade de estar *errado* quanto qualquer pessoa, num cálculo em que a opinião da maioria só representa um voto.

Toda sua Criatividade *necessita* dessa convicção!

Conceito e preconceito confundem-se a todo momento. Galileu – verdadeiro fundador da ciência moderna, pois foi o primeiro a combinar o conhecimento empírico com a matemática – deve ter-se ressentido muito com os *preconceitos* dos doutores da Universidade de Pádua, naquele conhecido episódio em que se recusaram a olhar os satélites de Júpiter por seu telescópio. Na verdade, tais doutores não eram, como muitos pensam, idiotas fanáticos, mas simplesmente adeptos da doutrina de Platão, adaptada pela Igreja, de que os sentidos são enganadores e que o espírito é mais poderoso – *conceito* até hoje plenamente válido! Mesmo assim, tais doutores foram, sim, *preconceituosos*, pois se mostraram incapazes de dar chance à Vida de contestar um *conceito* seu, ainda que de tal qualidade!

Mas Galileu, por sua vez, não era tão aberto. Quando Johannes Kepler sugeriu que as marés eram causadas pela aproximação ou pelo distanciamento da Lua, o italiano se indignou e chamou a ideia de "uma fantasia mística", pois não existia "nenhum mecanismo concebível que pudesse explicar a ação à distância". O episódio manchou, para muitos, a biografia do criativo Galileu. Não será esse um exemplo clássico de preconceito?

A resposta é sim e não. Galileu agiu calcado na sua responsabilidade científica de apartar construtos que não fossem cientificamente comprováveis pelo método científico (Adulto) contra as forças da magia e da superstição medieval, tão atuantes em sua época. (Note-se que Kepler, em sua vida, foi dado, ainda que contra a vontade, a elaborar horóscopos; sua mãe por pouco não foi queimada como feiticeira.)

Kepler poderia muito bem estar errado. Era um absurdo conceitual, uma aberração lógica, legítima, no início do século XVII, imaginar que a Lua pudesse influenciar, aqui na Terra, sem nenhum veículo possível, o nível dos oceanos. A hipótese foi um lampejo de intuição (Criança) de Kepler. Galileu tinha plenas "razões racionais" (Adulto) para refutá-la. Mesmo assim, foi também preconceituoso (Pai) por se apegar às suas "razões racionais" – por muito lógicas que fossem – sem abrir nenhum campo para o que existisse fora delas... (Somente meio século mais tarde, Newton daria validação à hipótese intuitiva de Kepler, pela façanha científica que foi a criação do cálculo diferencial.) Contudo, como mencionei, enquanto não se descobrir os gravitons de Einstein ou coisa semelhante, esse assunto Lua-marés conservará, para muitos, leve odor de magia – que foi fedor nas narinas *científicas* de Galileu.

Não há praticamente conceito ou informação alguma que nos cheguem, por mais razoáveis e abalizados, que, submetidos a uma análise mais criteriosa (Adulto), não denotem, aqui ou ali, caroços de preconceito. Em um de meus livros, *O adulto repensado* (Summus, 1992), abordei mais extensivamente esse assunto, e é dele que retiro os exemplos a seguir, de informações consagradas e aparentemente verdadeiras:

**1** O fumo dá câncer.

**2** As moscas transmitem doenças por meio dos germes.

**3** O comunismo é contra a livre-iniciativa.

Deveremos por acaso *reverenciar* tais postulados? Ou meramente considerá--los "razão prática", cartões perfurados eventualmente operativos e úteis, possivelmente falhos em vários pontos (preconceitos), talvez até substancialmente falsos? Senão, vejamos:

**1** O que é o câncer? Há muitos tipos de câncer. Que câncer? Como o fumo produziria o câncer, exatamente? Que tipos de fumo dariam câncer? Você conhece mesmo alguém que morreu de câncer porque fumava? Como você prova que realmente o fumo o matou? Quem não fuma está livre de câncer? Todos os fumantes morrem de câncer? Que provas você tem de que quem escreveu isso conhece o assunto? E os fumantes que morrem velhos de outra coisa? E os cancerologistas soviéticos que absolvem o fumo? Etc. etc.

**2** Que moscas? Que doenças? Que germes? De que maneira? Onde e quando você assistiu a esse fenômeno? Que doenças elas já lhe transmitiram? Nunca houve moscas em sua casa? Em países infestados de moscas, como a Etiópia, só existem doentes? Não há germes onde não há moscas? Por que as próprias moscas não adoecem com os germes que transmitem? Não serão os germes que produzem doentes por meio das moscas? Ou – o que mais acredito – não serão pessoas que produzem doentes por meio de moscas e germes?

**3** Que comunismo? O dos índios, o dos cristãos primitivos, o dos guaranis no século XVII? Se é o da ex-União Soviética, você esteve lá? Se esteve, foi impedido de abrir uma loja? E o da China, que é antissoviética? Tampouco lhe deixaram abrir uma loja? Você sabia que desde 1970 há milhões de lojas particulares em praticamente todos os países comunistas? Você sabia que Marx celebrava a livre-iniciativa? Há livre-iniciativa onde não há comunismo? O que é livre-iniciativa? Os soviéticos não tinham livre iniciativa para praticar esportes, para estudar, para trabalhar, para paquerar? Etc.

E mesmo se tentarmos purificar ainda mais o grau de racionalidade de qualquer informação, ainda vamos descobrir nela facetas, ainda que tênues, de dogmas, impingidas por terceiros. Afirmo mesmo que quem quer que *reverencie* qualquer uma delas logo a transforma num *preconceito*. Exemplos:

**1** A água ferve a 100 ºC.

**2** 2+2=4

**3** São três horas da tarde.

Comentários:

**1** Nós aprendemos, sem qualquer teste de realidade, o conceito consagrado que diz que a água ferve a 100 ºC. (É tão improvável que você já tenha realmente comprovado esse fenômeno como aberto uma loja na China.) Em termos científicos mais rigorosos, não podemos afirmar isso como expressão última da realidade. Diz Bertrand Russell, a propósito: "Estamos aqui em presença de uma lei probabilística. Também pode acontecer de uma vasilha gelar, em vez de ferver, ao ser posta no fogo. Nenhuma das leis da física afirma que isso é impossível, apenas altamente improvável" (*A perspectiva científica*, Nacional,1969).

**2** Nós aprendemos o conceito matemático (e gráfico) de que 2 + 2 = 4. Pois 2 + 2 só serão 4 num determinado plano convergente, da realidade. Em outro, poderão ser menor que 4, dado o princípio que afirma ser o todo maior que a soma das partes. Num sistema não decimal, por exemplo de base 3, a resposta correta de 2 + 2 seria 11. Num sistema binário, como o usado pelo computador, a resposta (antes da reversão final) seria representada por 100! Temos, em matemática e em lógica formal moderna, sistemas fechados. Por exemplo, o que é verdadeiro na geometria do espaço curvo de Lobatchevski, não o é na geometria euclidiana (mas que, como vimos, é muito mais cômoda).

**3** Nós aprendemos o conceito, de imensas discrepâncias em face da realidade, do atual fuso horário. Ele reflete, sutilmente, um preconceito ligado ao mito da superioridade da raça branca, fruto do colonialismo europeu a partir do século XVI. Tomou-se o meridiano de uma cidade (Greenwich) do país mais expansionista como o meridiano zero padrão do planeta, assim como se tomou o mapa horrendamente deformado do holandês Mercator como representação do mundo (onde, por exemplo, a Europa aparece maior que nossa pobre América do Sul, quando na verdade é duas vezes menor). É uma expressão do "eurocentrismo". Todo império sempre teve essa pretensão, como a China antiga, que se intitulava o "Império do Meio" e o Cuzco incaico, cujo nome quer dizer "O Umbigo do Mundo".

De novo, não pretendo afirmar que a água não ferva a 100 °C, nem que eu concordaria que meu banco operasse minha conta corrente por outro sistema que não o da aritmética convencional; nem que doravante não usarei mais relógio – em protesto contra o colonialismo europeu –, contentando-me com a aurora e o pôr-do-sol como referência das horas...

O que pretendo reafirmar, isso sim, é que não há informação ou conceito algum racionalmente "puro"; não há informação ou conceito algum que não seja relativo, meramente "razão prática", naturalmente precário, inútil em outro contexto e, por isso mesmo, eventualmente descartável. E que também não há absolutamente nenhuma fronteira precisa entre conceito e preconceito – ambos se interpõem em amplas áreas de sua atuação!

E, mais ainda, que qualquer conceito – por mais lógico e comprovado que seja –, quando eleito como "verdade acabada", transforma-se, instantaneamente, num *preconceito*!

Imagine agora o quadro em que administramos, com nossa "razão prática", a coleção de PROBLEMAS REAIS de nossas empresas, lares e relações pessoais. Lembra-me Knute Rockne: "A maioria das pessoas, quando pensa que está pensando, está apenas rearrumando seus preconceitos".

*Criatividade no trabalho e na vida* • 283

O físico Werner Heisenberg fez questão de notar que "toda palavra e todo conceito, por mais claros que possam parecer, têm apenas uma limitada gama de aplicabilidade". Fique em contato com essa evidência, amigo, não a perca nunca de vista – seja você físico, empresário, engenheiro, gerente, ministro da Fazenda ou dona de casa.

Nosso permanente desafio, penso eu, em busca da OTIMIZAÇÃO DO PENSAMENTO, prende-se, como já disse, a essa dualidade: a de buscar, valorar e incorporar informações, conceitos e técnicas valiosas; ao mesmo tempo, a qualquer momento, prontos para abrir mão delas, por sua súbita inaplicabilidade.

Da mesma forma quanto ao pensamento lógico. Privar alguém de sua capacidade lógica seria invalidá-lo como ser humano, torná-lo um esquizofrênico. Mas a lógica presta-se a tudo. Inclusive ao absurdo. "Um círculo" – dirá um lógico – "pode ser definido geometricamente como um polígono de número infinito de lados; sabemos todos que é impossível ao cérebro humano compreender o que seja o infinito; logo, não poderei jamais compreender o que é um círculo."

Ser lógico, pensar logicamente, não quer dizer absolutamente NADA. Quando muito, se é só isso que o indivíduo faz, temos aqui uma boa visão do sujeito quadrado. Além do mais, TUDO pode ser reduzido pela lógica, dependendo das premissas. Se alguma premissa já contém forte preconceito (e acabamos de ver que o preconceito participa, em maior ou menor grau, de *qualquer* premissa), o resultado de um silogismo torna-se inoperante, podendo chegar ao desvario, à monstruosidade: 1) os judeus sempre tentaram insidiosamente destruir a Alemanha, 2) sempre foi moralmente defensável, no mundo inteiro, a legítima defesa, 3) logo, é moralmente defensável a eliminação dos judeus. Até o paranoico possui sua perfeita lógica interna.

O homem aberto à Criatividade é sempre levemente cético, IRREVERENTE, não somente perante o magnífico recurso da lógica, como, principalmente, perante quaisquer de suas premissas. Aprendeu, intuitivamente – ou melhor, nasceu sabendo, como todos nós –, que, nas palavras de Nietzsche, "nossas mais caras verdades são talvez as formas de erro mais úteis de que dispomos". Substitua a expressão "mais úteis" por "mais cômodas", e tudo ficará mais claro.

Há mesmo uma infinidade de interessantes problemas de lógica, que levam quem tentar resolvê-los logicamente a cair numa confortável situação chamada *dilema*. (Já vi, na vida, muitos casos assim.) Há problemas de lógica acerca dos quais os próprios lógicos não conseguem entrar em acordo sobre onde está a falha lógica no raciocínio que produz um desastre (darei exemplo no próximo capítulo). Há ainda os fascinantes exemplos que ilustram a chamada Teoria dos Jogos, dos matemáticos Edwin Thorpe e Adam Shubik, que mostram – na descrição de *The Economist* – "como uma sucessão de passos intrinsecamente lógicos pode conduzir a um resultado absurdo e não racional". Mesmo no campo empresarial.

Nesse campo, se lhe interessa, há o caso de uma companhia que possui três divisões partilhando a mesma fábrica, que fatura 56,5 mil dólares. Cada divisão ocupa um terço das instalações e representa um terço dos custos fixos da fábrica.

O total soma 30 mil dólares. Quanto o escritório deverá cobrar de cada uma de suas divisões – as quais gostaria de tratar como centros separados de lucros – para cobrir essas despesas? A resposta lógica mais evidente é 10 mil dólares de cada uma. Contudo, considerando um quadro de lucros diferentes para cada divisão, o resultado final dessa decisão – depois de um efeito em cascata – será a bancarrota das três divisões! (Quando Adam Shubik escreveu seu relatório, em 1962, explicando como uma simples e óbvia divisão de despesas poderia iludir de tal modo os administradores, lutou em vão para que fosse publicado.)

Deixe-me acrescentar que a maioria esmagadora dos problemas da Teoria dos Jogos é resolvida, não por raciocínios lógicos e analíticos, mas pela visão sintética e intuitiva da questão.

Não admira que, após Aristóteles e Kant, a lógica tenha sido desprezada pela filosofia. Kant ainda se referiu à lógica como "ciência em estado definitivo, que não admite posterior alteração" – mais um belo preconceito, como se viu com a eclosão, no século XX, de inumeráveis outros sistemas diferentes de lógica, diferentes da lógica formal, inclusive de sistemas que permitem falar da refutação da lógica, em termos puramente lógicos. Bertrand Russell, no início do século, ainda se interessou por ela, mas como matemático e para criticá-la, acusando "incongruências" em sua formulação original, aristotélica.

Penso que a lógica é digna dos mesmos atributos que merece seu primo-irmão, o computador: magnífica, indispensável... e desprezível. Engels dizia que ela só serve "no trato dos afazeres domésticos".

E não se esqueça nunca de que representa, no processo do voo criativo, o mesmo que um trator na cesta de um balão...

O *pensamento otimizado*, mesmo na faixa do esforço racional e analítico, é justamente aquele que lida, sem transtorno, com toda essa dicotomia, toda essa aparente contradição.

"O teste para uma inteligência de primeira ordem" – define F. Scott Fitzgerald – "é a capacidade de manter duas ideias opostas na mente e, ao mesmo tempo e ainda assim, conservar a capacidade de raciocinar."

E Carl Jung: "Aquele que é realmente um pensador pode dirigir seus pensamentos, bem como controlá-los. Ele tem o poder de dizer: posso pensar uma coisa totalmente oposta, posso pensar no oposto dessa hipótese."

Uma palavra sobre o bom senso. Será para falar mal dele?

Não, leitor, o bom senso é igualmente preciosíssimo, um recurso que resolve número extraordinário de problemas nossos, principalmente no âmbito das relações familiares e sociais. Problemas que às vezes deixamos perenizar, simplesmente por não recorrer a ele.

*Criatividade no trabalho e na vida* • 285

É a mesma coisa do que já falei sobre a lógica, pois ambos são parentes próximos.

Uma pessoa desprovida de bom senso é um *insensato* – um maníaco, um psicopata, um alcoolista, um criminoso, um louco! Não é isso, certamente, que alguém quer ser.

MAS O BOM SENSO NÃO RESOLVE TODOS OS PROBLEMAS!

E quando não resolve, seus ingredientes devem ser questionados, abandonados, *pelo menos na apreciação daquele problema!*

Vico já notara, em 1744, que o bom senso nada mais é que "um julgamento sem maior reflexão, sentido por toda uma classe, todo um povo, toda uma nação ou todo o gênero humano". E Einstein explica a coisa melhor: "O bom senso nada mais é senão um depósito de preconceitos colocados no espírito antes dos 18 anos de idade".

Indivíduo *exclusivamente* sensato – um poço de bom senso – ei-lo aí, de novo, o protótipo do sujeito quadrado! (E, acrescento, normalmente muito chato.)

O indivíduo criativo usa o bom senso como usa a lógica (ou como usa seu cortador de unhas): apenas nas horas certas! É um bem valioso, mas não propriamente uma virtude. Ajuda-nos muitíssimo a não cair para trás, mas não a dar um bom salto à frente!

Aliás, esteja pronto, ao enveredar – perante um PROBLEMA – por opções livres e eventualmente criativas, ou mesmo a apresentar sugestão radicalmente nova, potencialmente solucionadora... a ser criticado por "falta de sensatez".

Nesse contexto, meus mais sinceros parabéns por sua "falta de sensatez".

É com esse tipo de "falta de sensatez" que se ganha os 50 mil dólares!

Nesse contexto ainda é que podemos apreciar o divertido silogismo de Bernard Shaw: "O homem sensato se adapta ao mundo. O homem insensato insiste em adaptar o mundo a ele. Todo progresso, portanto, depende do homem insensato".


Contudo, não será insensato, no mau sentido, você querer conhecer uma série de problemas, testes e exemplos práticos que exploram bem a natureza dos dois pensamentos humanos produtivos: 1) o lógico e analítico; 2) o criativo e sintético.

São problemas, testes e exemplos práticos que mostram bem o que é sair da "sensatez" indevida, *sair do quadrado*. Problemas que, afinal, mimetizam certos impasses do cotidiano, pessoal ou profissional.

E até uma técnica – racional e objetiva – de se sair do quadrado!

Eu, se fosse você, dava esse passo à frente.

# 11
# O ovo e sua retórica

*... É como um caleidoscópio: quantas figuras escondem-se naquele tubo?*

Você pode extrair uma boa ideia praticamente de qualquer lugar.

Henry Sandbank, *New York in American Showcase of Photography and Illustration*, 1977.

> *"A galinha é apenas o meio que o ovo*
> *encontrou para produzir outro ovo."*
>
> **Samuel Butler (1612-1680)**

Admitamos que eu, de brincadeirinha, lhe apresente de repente, no meio de um seminário, um ovo branco de galinha.

Ao ver o insólito objeto – principalmente numa sala de aula, onde só se espera avistar retroprojetor, *flip-chart*, quadro-negro etc. –, será normalíssimo que você diga, pelo menos para si mesmo: "um ovo". Mesmo que não pronuncie isso, com certeza vai pensar, de cara: "um ovo".

Que incongruência há nisso? Nenhuma. Quando você pensou, mesmo sem verbalizar, "ovo", você estava 100% no Estado Adulto. Você estava 100% objetivo e funcional. Realmente, o que está em minha mão é um ovo de galinha.

Na verdade, é praticamente impossível ver o que está na minha mão sem ler "ovo". São três letras praticamente *impressas* nesse objeto, ou colocadas ali por um adesivo irremovível. É tão impossível deixar de lê-las quanto, ao deparar com a primeira página de um jornal, não ler no alto seu nome, antes da manchete!

E, de fato, trata-se de um ovo. É *tão* OVO, o termo lhe cabe tão bem, que temos a tênue impressão de que as letras O da palavra já são um pouco ovais.

Ou então, temos a impressão de que a palavra vem do tempo dos homens das cavernas, que comiam tudo que encontravam: quando o primeiro que avistou essa coisa a colocou toda na boca, seu colega ao lado cutucou-o, para saber o que tinha encontrado, e o outro, com a boca cheia, tartamudeou: "ovo", "ovo".

Claro, tudo isso é brincadeira. O objeto que tenho na mão é realmente um "ovo". Mas apenas no Brasil, Portugal, Angola, Moçambique. Na Inglaterra, na Alemanha, seu nome nem sequer inclui a letra O. No Japão, deve ser conhecido por algo como "cai na cama".

(Aqui está, de novo, o que chamo "a tragédia do pensamento técnico". Um técnico está, sim, 100% certo. Seus piores problemas começam quando se acha *universalmente* certo! Quando perde contato com a evidência, apontada por Heisenberg, de que "toda palavra ou conceito, por mais claros que possam parecer, têm apenas uma limitada gama de aplicabilidade".)

Agora, vejamos algo 100% realista sobre esse objeto que está em minha mão. Você se lembra da lista sobre "Homens" e "Mulheres", no capítulo passado, que se revelou, nos dois casos, uma coleção de preconceitos?

Vamos agora fazer uma outra, encabeçada pelo título "O ovo é" – tratando-se exatamente desse ovo branco e cru de galinha que tenho na mão –, que seja constituída dos atributos mais primários, mais objetivos, mais *indiscutíveis* sobre ele. (Não diga, portanto, que o ovo é "alimento", pois os macrobióticos discordam, rejeitam ovos na alimentação, daí poderia advir uma discussão.) Dê-me por favor, cinco atributos indiscutíveis desse ovo:

As definições são, claro, mais ou menos as mesmas, que merecem ser anotadas no *flip-chart*:

O OVO É:

Branco

Oval

Frágil

Leve

Liso

São atributos perfeitos, inquestionáveis, indiscutíveis. Tão completos que posso submetê-los ao seguinte teste. Pergunto a qualquer pessoa no Brasil: "O que é, o que é? É branco, oval, frágil, leve e liso" – e não haverá uma única pessoa, em razoáveis condições mentais, que não deduzirá, imediatamente: OVO!

Então, aqueles cinco atributos somados são igual a OVO, tão certamente como 2 somado a 2 são iguais a 4. E o tipo de ovo que conservo na mão contém os cinco atributos tão certamente como 4 contém 2 conjuntos de 2. Correto?


Faça-me agora um favor. ESQUEÇA radicalmente tudo que acabei de mencionar. Vá à geladeira e pegue um ovo branco comum.

Em seguida, sente-se confortavelmente em algum lugar e invista três minutos observando-o com atenção, em seus mínimos detalhes, *como se nunca o tivesse visto*! Imagine-se um marciano, que chegou a Terra pela primeira vez, e agora depara com esse extraordinário objeto. Procure espremer dele o máximo de informações, "sinta-o", "escute-o" com os olhos, explore toda a sua aparência, enfim, tudo que possa extrair dessa realidade!

Passaram-se os três minutos. Teve você alguma dificuldade? Normalmente, para esse exercício, só há duas dificuldades possíveis: a primeira seria alguém dizer para si mesmo "Ora, que besteira, eu sou o diretor administrativo da companhia, que diabo estou fazendo aqui revirando esse ovo banal?" Isso demonstra muita energia no Estado do Eu Pai, quando estou tentando conectar alguma energia no Estado do Eu Criança.

A segunda seria alguém dizer para si mesmo: "Qual a questão? Não estou vendo nada de mais. É apenas um ovo branco como já estou cansado de ver". Isso seria uma fixação muito grande na área conceitual, no Adulto, quando estou tentando conectar alguma energia no Estado do Eu Criança.

Deixe-me colocar a coisa de outro modo, com outra pergunta: Por acaso você, em algum momento desses três minutos, sentiu alguma CURIOSIDADE sobre esse objeto? Será que, de repente, sem ter muita consciência na hora, você passou a INTERESSAR-SE por ele, por suas ranhuras, por suas minúsculas granulações, por seu instável centro de gravidade? Parabéns! Alguma energia sua foi conectada no Estado do Eu Criança.

Saiba, o Estado do Eu Adulto não tem *curiosidade* nem *interesse*. Ele calcula, ele processa. Mais ou menos como um computador. Só quem tem *curiosidade* e *interesse* – uma delícia de sentimentos, altamente motivadores – é a Criança. Você *jamais* será criativo em sua profissão, se acaso não gosta, não tem curiosidade, *interesse* pelo que faz.

Interesse é palavra que vem do latim: *inter* (preposição entre) + *esse* (infinito do verbo ser ou estar). Quer dizer: "estar entre", penetrar, inserir-se. Não significa mera conveniência intelectual, como o termo é usado hoje: "Tenho interesse em conferir os dados desse balanço". Ao contrário, implica envolvimento, prazer!

Uma pessoa aberta à Criatividade (ainda que seja um especialista), interessa-se por tudo. Está aberta a tudo. Cria, ela própria, seus campos de interesse, sem depender de ninguém. Pessoas que dizem, por exemplo, "Que chato! Não tem um só filme interessante nesse fim de semana"; ou então que dependem da TV Globo, com seu *Fantástico*, para que seu domingo seja mais, ou menos, "interessante", são pessoas não só infensas aos processos criativos, como devem mesmo estar passando por um estágio, ainda que ameno, de depressão.

Interesse, como tudo o mais, é meramente um ponto de vista. Imagine que você esteja escrevendo um livro como o *Tratado geral dos chatos*, de Guilherme Figueiredo. Quais serão as pessoas que você terá mais interesse em procurar, para conversar (e colher dados)? (Preciso eu mesmo me persuadir de que estou escrevendo um livro desses.)

Há mesmo um raciocínio lógico engraçado. Imagine que você escreva uma lista das pessoas mais interessantes do mundo, por seus méritos, por seus títulos, por seus feitos etc. Em seguida, outra lista com as menos interessantes, justamente pela falta de tudo isso. Agora, priorize a lista das menos interessantes até localizar a menos interessante do mundo. Nesse momento, ela se tornou interessante, pois mereceu um título digno de figurar no *Guinness*. Então, é justo passá-la para a primeira lista. Agora, a segunda menos interessante tornou-se a menos interessante do mundo, e pode também passar para a primeira lista. E assim sucessivamente...

Mas que existe gente pouco interessante, lá isso existe!

Voltemos à lista "O OVO É". Agora que você já teve a oportunidade de se dedicar, se concentrar, *se interessar* por um ovo branco real, concreto, vou lhe fazer uma série de perguntas. A cada uma delas, responda simplesmente SIM ou NÃO, *sem se preocupar com as implicações da própria resposta.*

**1** Por acaso você pode afirmar que isso que está agora em sua mão é VERDADEIRAMENTE BRANCO? Não. Se você passar um corretor líquido nele vai notar diferença. Se você trabalha em artes gráficas, vai notar que na casca de um ovo branco também tem, muito tenuemente, azul, magenta e amarelo. As fábricas de tinta oferecem várias alternativas de branco. Então, BRANCO MESMO ele não é!

**2** Por acaso você pode mesmo afirmar que ele é VERDADEIRAMENTE OVAL? Também não. Concordo que o termo oval provém de "ovo", mas o próprio *Aurélio* o define como "uma forma elíptica *semelhante* à do ovo". Qualquer definição geométrica implica uma precisão que não ocorre pela simples comparação de um ovo com outro, ao menos como generalização. O oval de qualquer ovo, por exemplo, é muito diferente do "oval da Esso".

**3** Por acaso você pode afirmar que ele é VERDADEIRAMENTE FRÁGIL? Também não – e aqui por três razões. A primeira é que certamente você não o quebrou, durante os três minutos – e eu pedi que você, ao explorá-lo, esquecesse previamente de tudo que sabia sobre ele. A segunda é que você, se é uma pessoa forte, pode muito bem quebrar, por exemplo, um jarro de bom tamanho – ou até danificar para sempre um objeto inquebrável, como uma boneca – simplesmente aplicando toda a pressão que puder nesses objetos, entre suas mãos. Mas – se mudarmos o ponto de vista da questão – você é incapaz de quebrar um ovo entre as mãos, se essa força for aplicada sobre seu eixo maior. É façanha muito acima da capacidade muscular humana. A terceira é ainda mais demonstrável: se você reconhece que o que está em suas mãos é um "ovo", então seria para reconhecer que esse é o *ovo forte*, protegido, blindado – em contraposição aos ovos dos peixes e dos anfíbios, rapidamente perecíveis fora da água, mais ainda aos dos mamíferos que, de tão frágeis, sequer podem sair do corpo. A Vida jamais produziu *ovo mais forte* que o que se encontra em suas mãos – e foi justamente por esse recurso biológico que ela pôde abandonar a água e conquistar as áreas secas do planeta. Mas a imagem do ovo (forte), claro, é um símbolo consagrado de fragilidade...

**4** Por acaso você pode afirmar que ele é VERDADEIRAMENTE LEVE? Por acaso "leveza" caracteriza sua natureza, mesmo em comparação a tantas coisas, neste momento, em torno de você: clipes, folhas de papel, poeira, cinzas de cigarro? Realisticamente, qualquer moeda (de meta!!), hoje em uso, é mais leve do que um ovo. Então, "leve", verdadeiramente, ele tampouco é!

**5** Por acaso, finalmente, você pode afirmar que ele é VERDADEIRAMENTE LISO? Comparativamente, ele é muito mais acidentado do que a face da Terra, esta sim, com seus Everestes e Aconcáguas, mais lisa, comparativamente, do que uma casca de maçã! Então, "liso" o ovo tampouco é!


Agora, um momento. Nada de deduções precipitadas. Vamos rever essa lista, agora de baixo para cima:

**1** Já que foi visto que, realisticamente, um ovo não é liso, podemos agora dizer, realisticamente, que ele é *enrugado*? NÃO.

**2** Podemos dizer, realisticamente – já que vimos que um ovo não é leve –, que, por acaso, ele é *pesado*? TAMBÉM NÃO.

**3** Podemos, quanto a esse ovo real, que não é frágil, chamá-lo agora de *resistente*? TAMBÉM NÃO.

**4** Podemos ainda, dado o fato de não ser ele precisamente oval, considerá-lo cônico? Cúbico? Esférico? Cilíndrico? TAMBÉM NÃO.

**5** Finalmente, já que ele não é branco, qual a cor desse ovo? Cinza? Bege? Gelo? Claro que não. SOMENTE SUA CRIANÇA – E NÃO SEU ADULTO – PODERÁ RESPONDER ESTA QUESTÃO, NESTE CONTEXTO!

Uma criança, neste contexto, poderia dizer que "é cor de ovo branco". Esse seria um típico exemplo do pensamento infantil, até os 6 anos – tão bem estudado por Jean Piaget, que o chamou de operatório e sincrético. Evidentemente que o pai, ou qualquer adulto, acorreria logo para corrigi-la, via um silogismo lógico: "Ora, que bobagem: se ele tem a cor de um ovo branco, logo ele é branco".

Acontece que não é bobagem alguma. O pai está sendo, sim, muito racional, muito prático ("razão prática"), muito mais econômico. Mas a criança está sendo muito mais precisa, muito mais concreta: na verdade, em termos de precisão máxima linguística, aquela particular cor nada mais é que "a cor de um ovo convencionado a se chamar ovo branco".

Mas o pai *também* está certo – não só em achar que o ovo é branco, como também em levar seu filho a pensar em termos conceituais, práticos e sociais (dispensada apenas a expressão "que bobagem").

Nesse sentido, discordo radicalmente da tese corriqueira – mais corriqueira ainda em livros sobre Criatividade – e a meu ver totalmente preconceituosa, de que a escola "bitola" a criança, ou melhor, danifica a criatividade de todos nós.

Escola, qualquer escola, bitola indivíduos, de qualquer idade, que se deixem bitolar!

Por acaso algum detentor de tal tese, para defender a criatividade de seus filhos, se recusará a mandá-los para a escola?

Por outro lado, perante qualquer criança "bitolada", experimente averiguar seu cenário *doméstico*, fora da escola: muitas vezes, quatro horas de televisão diárias... para comodismo dos pais!

A presunção de que a "escola bitola" – uma rima pobre – é um preconceito anti-intelectual e diametralmente oposto ao processo poderoso da Criatividade.

QUANTO MAIS CONCEITOS E INFORMAÇÕES À DISPOSIÇÃO DO INDIVÍDUO, MAIS MATERIAL PARA SUA CRIATIVIDADE!

O que ouviu Graham Bell, quando, impossibilitado de construir seu primeiro telefone por ignorância em eletricidade, foi procurar um professor da matéria? "Ah, você não tem conhecimentos de eletricidade? Vá obtê-los!"

Os pais, sim – e a escola mais ainda –, devem ensinar às crianças os conceitos, informações e nomes corretos das coisas, na medida máxima possível (e essa medida máxima é sempre o *interesse* das crianças, normalmente muito interessadas

*Criatividade no trabalho e na vida* • 293

em conhecer coisas novas – se já não estiverem intoxicadas de Rambo e comerciais). Bertrand Russell, que não é o melhor exemplo de indivíduo bitolado, escandalizou-se certa vez, e conta isso em livro – apropriadamente intitulado *A conquista da felicidade* (Nacional, 1966) –, quando constatou que alunos de uma magnífica universidade americana que visitou não sabiam o nome de nenhuma das flores que adornavam o *campus*.

Não há desvantagem alguma – só vantagens – em que cada um de nós seja o mais bem informado e o mais culto possível! Modelos de Criatividade – mesmo na área do humor, como Veríssimo, Millôr e Jô Soares – são gente de cultura muito acima da média, para dizer o mínimo. Talvez não tenham gostado de suas escolas (eu sempre detestei as minhas), mas foram buscar suas próprias escolas em outro lugar. E não gostaram – agora sim, concordo – porque boa parte dos professores (mas não todos) são, eles próprios, uns grandes bitolados. Raramente ensinam seus alunos a "duvidarem do que estão aprendendo". Mas isso, de *per se*, não "bitola" ninguém!

O importante, para cada um de nós, é aprender tudo naquele estado imprescindível de IRREVERÊNCIA de que já falei tanto antes e em que seria supérfluo insistir.

E se alguém bitola alguém, o papel da escola, nesse processo, é mínimo se comparado ao papel do ambiente familiar.

O importante também é manter em vista que conceitos servem apenas, aqui e ali, para a "razão prática". Por isso, são todos relativos, discutíveis, e não verdade acabada.

Se tal se aplica quanto a algo tão patente como a "cor de um ovo branco", o que dizer, por exemplo, de algo mais genérico, como a "cor dos nossos índios"?

Não quero parecer pedante, mas a série de informações a seguir prova alguma coisa. Na verdade, se fôssemos contar com cronistas, ficaríamos sem saber qual a cor dos índios: para Pero Vaz de Caminha, cor de pelo de leão; para Montalboldo, em 1508, entre branco e negro (*inter album et nigrum*); para Pero Lopes de Souza, branco; para Osório, subnegro; para o padre Anchieta, vermelho; para Gandavo, baço; para Gabriel Soares de Souza, castanho; para Jean de Léry, bronzeado; para Pyrard de Lavai, já no século XVII, de cor avermelhada; para Nieuhof, moreno-escuro; para Zacarias Wagner, de pele bruna; para Vicent le Blanc, em 1658, amarelo ou esverdeado; para Charlevoix, cor de oliva; para Ayres do Casal, de cor baça, tirando à avermelhada; para Von Martius, acobreado; para Marcoy, cor de azeitona; para Brinton, cor de cobre, canela e café torrado; para Neuwied, castanho-avermelhado; e para Roquette Pinto, amarelo-siena.

Lendo tudo isso, imagino um xavante policrômico!

Afinal, qual a cor, de fato, de nossos índios?

Você *jamais* saberá a resposta, enquanto não VIR um índio – se ainda não viu.

*Aquela* cor, distribuída sobre sua pele, é que é a cor verdadeira do índio!

Pelo menos, *daquele* índio!

Índio é cor de índio. E estamos conversados.

Voltando ao caso do ovo, que moral prática podemos extrair desse teste?

Imagine que eu tenha interesse em dispor, para meu seminário, de uma dúzia de ovos brancos. Imagine também que, quando meu cliente me consultar sobre que coisas necessito para o seminário, além de projetor, *flip-chart* etc., eu lhe dissesse: "Necessito de uma dúzia daquelas coisas que não são nem frágeis nem resistentes, nem leves nem pesadas, nem lisas nem enrugadas..." De algum modo, eu estaria sendo 100% verdadeiro. Mas qual o resultado? Minha solicitação seria delirante, ininteligível. Meu cliente, na certa, preferiria cancelar o seminário.

Assim, sempre que deparo com a mesma consulta, eu informo de que necessito de uma dúzia de... e então remeto, via Embratel, um fonema, um vocábulo, um símbolo auditivo, um recurso semântico, uma convenção linguística, um sinal acústico significante: OVOS. (Não sem antes me certificar de que o diálogo se passa dentro das fronteiras do Brasil. Se estivesse falando com a Suécia, com a Rússia ou com a Conchinchina... eles cancelariam o seminário.)

E depois de dizer OVOS, eu ainda acrescento BRANCOS. Por quê? Obviamente para diferenciá-los, por exemplo, dos "ovos vermelhos" – que, diga-se de passagem, quase não têm nada de vermelhos, são mais, talvez, marrom muito claro, com um leve roxo.

E assim, vez após vez, tenho minha pretensão 100% atendida. Trata-se de um recurso funcional, prático.

Agora, admitamos que, continuando a proceder dessa forma, depare de repente com um PROBLEMA. De uma hora para outra, esse recurso funcional, prático, objetivo, deixou de funcionar. (Confesso que não consigo criar, no exemplo que desenvolvo, uma hipótese para essa possibilidade, mas tenho certeza de que o leitor está me entendendo.)

Então, nesse caso – e talvez seja melhor apenas nesse caso –, é importantíssimo que eu tenha a PERMISSÃO INTERNA para fazer algo muito simples, muito fácil e altamente inspirador: esquecer, renunciar, provisoriamente, a tudo que sei sobre ovo, e olhar de novo, longamente, um OVO REAL (cujo nome nem conheço), *como se nunca o tivesse visto!*

Concordando em agir dessa forma, estarei, automaticamente, exercendo minha *intuição*. (Você exerceu 100% sua intuição, naqueles três minutos que lhe pedi.)

É exatamente com esse tipo de pensamento, com essa atenção concreta, com esse interesse, com essa curiosidade – um pensamento aberto, receptivo – que, de repente, você vai VER, vai sacar, um NOVO ÂNGULO, um novo conceito, que resolva o PROBLEMA!


O pensamento lógico é *ativo* e conquistador. Quem quer que, por exemplo, resolva uma equação de segundo grau, ou destrinche as incongruências de um balanço mal elaborado, atingiu uma meta precisa, conquistou uma vitória intelectual.

Ao contrário, o pensamento intuitivo, criativo (sinônimos) é humilde, receptivo, *passivo!*

Com ele, você não atinge nada – você é atingido!

*Criatividade no trabalho e na vida* • 295

Com ele, você não conquista nada – você é conquistado! Você chega a ser "possuído", vencido pela IDEIA que *recebe* (isto é, que se estrutura em você)!

Mas, para isso, você tem de estar aberto. E para estar aberto, a forma mais prática é essa dica que estou lhe oferecendo: tentar VER toda a situação *como se nunca a tivesse visto!*

Não é você – jamais – quem "terá" a ideia. É a situação problemática, concreta e real, que a "dará" a você!

A maneira de "sair do quadrado" criativamente, qualquer que seja, é *se interessar*, sim, por ele... mas *como se nunca o tivesse visto.*

Vejamos esse enfoque no campo das relações pessoais.

Digamos que você tenha um filho. Claro que você o conhece bastante bem. Talvez até o tenha visto nascer, ou o viu minutos após o parto. Acompanhou seu desenvolvimento, está a par de seu temperamento, suas preferências, suas opiniões gerais.

De repente, contudo, você defronta com um PROBLEMA SÉRIO em suas relações com ele, que está tendo dificuldades de resolver.

Como sempre, a primeira abordagem, para tentar resolver *qualquer* problema, deverá ser pela via racional.

E a melhor técnica para isso chama-se *confrontação* (algo muito diferente de discussão ou bate-boca). A técnica consiste em os litigantes concordarem em investir algum tempo juntos, não propriamente "dialogando", como se imagina, mas com a seguinte programação: um dos dois, em primeiro lugar, expõe, para o outro, absolutamente tudo que tem contra ele. Sem ofender, sem usar de sarcasmos, mas também sem concessões. Quanto ao outro, fica-lhe vedado falar qualquer coisa, interromper com qualquer objeção – não importa se procedente ou não, justa ou injusta – o que está ouvindo. O máximo que poderá fazer é tomar nota. Quando aquele acabar – terá falado, digamos, quarenta minutos –, será a vez deste, com um tempo de até quarenta minutos. Quanto ao outro, agora, bico calado – só tomando nota, se quiser. Acredite, esse método produz maravilhas, na maioria esmagadora dos casos.

MAS NÃO RESOLVE TODOS OS PROBLEMAS!

Pode ocorrer, sim, que de repente você conte com um discurso lógico, ponderado, objetivo – e seu filho também. Só que a coisa não "fecha". O problema continua de pé!

Então, sim, vale tentar uma abertura criativa. Convide de repente seu filho, numa hora de preferência pouco usual, por exemplo, para tomar um sorvete, possivelmente em local o mais distante possível do cenário familiar. Mas o faça sem nenhuma programação, sem nenhuma nova intenção de "acertar os ponteiros", mesmo porque isso, como vimos, não funcionou.

Agora, quando ele se sentar à sua frente, na sorveteria, opere um truque mental secreto, de que ele dificilmente se aperceberá. Interesse-se, sim, profundamente, por essa pessoa à sua frente, mas partindo do zero, como se você não a conhecesse. Renuncie a tudo que você já sabe, e tão bem, sobre ele. Esqueça seu nome, sua idade, seu passado, sua personalidade, sua nacionalidade. Não o veja, em hipótese alguma, como "meu filho": FILHO, que bruta programação, que rótulo restritivo! MEU, então, nem se fala! Dificilmente não haverá algum enfoque preconceituoso nesses atributos.

Não dirija a conversa para assunto algum, deixe que ele mesmo escolha. Observe bem suas vestes, seus olhares; atente a como ele escolhe seus temas de papo – mantendo apenas, na mente, uma única pergunta: QUEM É ESSA PESSOA, psicologicamente, espiritualmente? Não analise nada, encare-o, secretamente, como uma pessoa totalmente estranha mas tremendamente interessante. SÓ ISSO. É muito possível que, para sua surpresa, sua própria visão e audição lhe deem, de repente, uma abertura inédita para tratar o problema, capaz de levar à SOLUÇÃO!

Tudo isso é corrente, e mesmo indispensável, na própria prática terapêutica – que só será bem-sucedida, como tudo o mais, se for, em boa dose, criativa. Freud, como lembrei, dizia que a base de uma análise eficaz era a *descoberta*.

Esse recurso é facílimo, preciosíssimo em termos de Criatividade, mas raramente aplicado.

Qual o itinerário mais rotineiro, mais quadrado, da minha vida, e da vida de todo mundo? Aquele, é claro, de casa para o trabalho e do trabalho para casa.

Posso ir de casa para o trabalho "automaticamente". Mas posso aproveitar a viagem para fazer, pelo menos quando tenho mais tempo, um exercício delicioso. Simplesmente decido – algo mais fácil do que acionar um interruptor – que *não conheço o Rio de Janeiro*. Saio de casa e me imagino, secretamente, um forasteiro, um polonês (não sei por que escolho sempre ser polonês) e começo dizendo para mim mesmo: "Puxa, que incrível, estou na América do Sul, tanto lugar no mundo para estar e vim parar aqui. E ainda mais no Brasil, no Rio – cidade de que já me disseram maravilhas e horrores". E então me proponho, secretamente, a descobrir o seguinte: "Como são os brasileiros?" (Amigo, se alguma vez você já teve oportunidade de estar na China, sugestão como essa seria totalmente dispensável. É óbvio que você se interessou imediatamente pelos chineses, como os chineses comem, discutem, conversam, brigam, namoram, o jeito dos chineses, o caráter dos chineses. Proponho-lhe agora, pelo menos uma vez, tentar pensar como um chinês recém-chegado ao Brasil. SÓ ISSO. Não há contraindicação.)

Assim, fico interessado pelos brasileiros, o jeito dos brasileiros, o modo dos brasileiros. E observo o porteiro brasileiro lavando as calçadas, e dizendo gracinhas para as empregadas, a babá levando as crianças, o garotão alourado correndo com a prancha de surfe para o mar, o senhor de meia-idade fazendo *cooper*, os guardas de trânsito conversando entre si em vez de trabalhar...

E depois, já no carro, fico apreciando "os brasileiros indo trabalhar". Sabe que é uma visão gozada? Motoristas sérios, preocupados, alguns até com o celular, uns rostos desolados nas janelas dos ônibus...

*Criatividade no trabalho e na vida* • 297

Depois, quando passo pelo Pão de Açúcar – algo que conheço desde que me conheço –, olho para ele como se nunca o tivesse visto. "Que penedo, por Deus! Imagine que zona ele deve ter feito quando se levantou um dia das profundezas, na formação do mundo!" Depois descubro, por exemplo, que a grama está crescendo entre as pedras da calçada de Botafogo, e que no Aterro uma área de quebra-mar serve como campo de pelada. É o turismo mais barato do mundo – além de, como disse, delicioso! Marcel Proust: "A verdadeira viagem de descobrimento não consiste em procurar novas paisagens, mas em ter novos olhos".

Agora, uma pergunta crucial: o que, nesse estado de espírito, e *apenas nesse estado de espírito* (e se somarmos a ele também uma pitada de sorte), posso, de repente, descobrir nesse itinerário tão frequentado, de casa para o trabalho?

É comum que alguém me responda: uma ideia!

Impossível.

Eu não posso descobrir, de forma alguma, uma "ideia" sentada na areia, deitada no asfalto ou pendurada no bondinho.

Eu posso, isso sim, descobrir de repente, com um pouco de sorte, algo que é a *matéria-prima das ideias*!

Isso mesmo: um PROBLEMA!

E o que será um problema? Simples: algo qualquer que esteja engargalando, comprometendo a *otimização* de alguma coisa do trânsito, do pipoqueiro, dos ultraleves sobre o mar, da ciclovia, dos túneis – e que ninguém ainda viu, se apercebeu.

– E como ninguém ainda viu, se pelo mesmo roteiro passam diariamente milhares e milhares de pessoas, todos os dias?

– Óbvio: estão todas na rotina, no QUADRADO!


Já não contei as inúmeras ideias que minha esposa, filhas e eu tivemos em Berlim, recém-chegados (e depois as perdemos, totalmente)?

Qual a melhor oportunidade para você ter boas e inovadoras ideias sobre seu trabalho, seu departamento, ou mesmo seu lar? Já notou? Quando está voltando de férias ou de viagem! E por quê? Porque você tem a chance de simultaneamente interessar-se por essas coisas, mas com uma visão mais fresca, menos rotineira.

Gosto muito de pensar, questionar todos os procedimentos de minha firma, mas quando estou *longe* dela, em Porto Alegre, no Recife, mais ainda no exterior. Minha secretária já se acostumou com o fenômeno: de volta de longa viagem, quase sempre trago ideias de simplificação e mudança. Só não consigo ter ideias para minha firma num único lugar, que dispenso informar.


A consciência da existência desses dois tipos de PENSAMENTO PRODUTIVO, e suas notáveis diferenciações, não é absolutamente – se interessa ao leitor saber – conquista do século XX.

Kant já matutava, no século XVIII – deitado sobre lençóis que ele mesmo dobrava, de forma especial, única situação que o inspirava em suas proposições filosóficas –, sobre a existência de duas fontes de conhecimento: a intuição (*Anschauung*) e o entendimento (*Verstand*).

Pascal, no mesmo século – quando não estava envolvido na invenção da primeira máquina de calcular –, já discorria sobre a diferença entre o que poderíamos traduzir como mente matemática (*esprit de géométrie*) e mente perceptiva (*esprit de finesse*): "A razão pela qual os matemáticos não são perceptivos é que eles não veem o que está diante deles e, acostumados aos princípios exatos e planos de matemática, só raciocinam após inspecionar e dar uma disposição a seus princípios".

Ambos, com suas perucas, tinham um pensamento estruturalmente mais moderno, e produtivo, do que certos executivos e especialistas em nossa era cibernética...

Podemos projetar os episódios há pouco citados no problema dos cinco pontos, aquele que, no capítulo VIII, explorei e acabei batizando – não me lembro mais por que – de PCMB.

Posso, por exemplo, administrar o problema "meu filho" dentro de três ópticas:

**1** Dentro do quadrado. Como pai. Com todos os dados da questão mais ou menos disponíveis, defensáveis, discutíveis. Se o quadrado for puramente racional, pode-se chegar muito provavelmente a uma solução, via confrontação. Posição egocêntrica.

**2** Abandonando, dando as costas para o quadrado. Alienando-me do problema. Deixando-o fora de minhas cogitações. Desinteressando-me dele, com todas as suas implicações. Nenhuma solução possível.

**3** Fora do quadrado, mas ligado a ele, interessado por ele, curioso a seu respeito, pronto para voltar a ele, com um enfoque melhor, uma resposta, uma solução. Posição alocêntrica, criativa.

Da mesma forma:

**1** Dentro da minha firma, tenho tendência a ficar no quadrado no que se refere a seus problemas operacionais. Produzo eventuais soluções racionais.

**2** Quando tiro férias, será justo não querer mais pensar nela, alienar-me dela, desinteressar-me dela. Nenhuma solução possível no que se refere a seus problemas operacionais.

**3** Mas posso muito bem, mesmo numa praia de Bali, questionar, de longe, a conveniência de todos seus processos, bem como seus problemas operacionais. Ótimo campo para opções criativas.

Quando elaboramos, no capítulo anterior, a lista de "Os homens são" e a de "As mulheres são", bastou o recurso (racional) de trocar seus títulos para que todos aqueles atributos, de ambas as listas, provassem ser falsos (preconceitos).

*Criatividade no trabalho e na vida* • 299

Agora, quando elaboramos a lista "ovo é", bastou uma apreensão intuitiva, concreta, de um ovo real, para haver elementos para afirmar que essa lista também, em última análise, é falsa (mas, ao contrário dos preconceitos, útil, prática e imprescindível).

O que deduzir dessa relação? Simples:

**1** O Pai, tomando no caso apenas o Pai NOK (repositório dos preconceitos), é um QUADRADO: rude, pesado, de cimento armado. Um quadrado com linhas grossas e maciças.

**2** O Adulto também pode ser representado por um quadrado, mas traçado com muita leveza e precisão, no estilo das figuras geométricas e elegantes produzidas por computador. Admito até que seus contornos possam ser levemente flexíveis, voltando em seguida ao normal. Mas *também* é um quadrado!

**3** Já a Criança – o pensamento da Criança – deve, é claro, ser representada pelo círculo, que é um polígono também, mas de número *infinito* de lados.

Dessa forma, proponho mais um paradigma para o Pai-Adulto-Criança, da Análise Transacional, em termos de *pensamento*:

O pensamento da Criança é NÃO CONCEITUAL. Passivo e receptivo. Não pode ser descrito semanticamente. Em seus desdobramentos intuitivos, que podem ser extensivos, é nebuloso, difuso, informe. Em 1945, a famosa pesquisa de Jacques Hakamard, realizada entre talentosos matemáticos americanos para descobrir seus métodos de trabalho, chegou à conclusão de que aproximadamente todos eles tentavam resolver seus problemas não em termos verbais, nem por meio de símbolos algébricos, mas apoiados em imaginações visuais de natureza vaga e imprecisa. Em seus arroubos investigativos, movidos não por critérios prévios, mas pela *curiosidade*, podem ser extensivos, porém tão prazerosos que podem levar à obsessão. Contudo, em seus *flashes* criativos, são não extensivos: momentâneos, sintéticos, explosivos (Eureka!). Pensamento divergente, possibilitando múltiplas soluções. Gera ou descobre programação inédita.

O pensamento do Adulto é CONCEITUAL. Ativo, analítico, flexível, estruturado. Segue programação. Pode ser também extensivo. Sempre consciente: a pessoa sabe o que está pensando e pode descrever semanticamente, de forma clara e objetiva, o que procura, em qualquer estágio da busca. Hipotético, coerente, dedutivo. Em seus mais nobres desdobramentos, atinge as grandes conquistas da Racionalidade Humana, quase sempre em defesa dos *insights* do pensamento anterior (da Criança). Pensamento convergente, no sentido de uma única solução (conclusão, tese etc.)

O pensamento do Pai é PRECONCEITUOSO. Superativo, chegando a ser impositivo. Inflexível, moralista, generalizador. Defende o que pensa, de forma infensa a qualquer argumento contrário. Inconsciente, pois não se reconhece preconceituoso (se reconhece, passa para o Adulto). Esporádico mas repetitivo, é o mais extensivo de todos, ao longo do tempo. Segue também programação – mas fechada, que se alimenta de si mesma. Semântico mas arbitrário (e não hipotético). Pensamento também convergente, mas no sentido de algum dogma, fora da solução.

Todos nós – exceto dementes – operamos, em maior ou menor grau, em todos os três Estados do Eu.

Há uma interessante colocação, em livros de lógica, que nos permite apreciar a atuação dos três pensamentos: do Pai, do Adulto e da Criança.

Na Criança, com minha intuição perceptiva, eu *vejo* seres alados e muitas diferenças cromáticas entre as coisas.

Para melhor lidar com essa profusão de realidades, eu organizo, com meu Adulto, *conceitos* classificatórios: de um lado, pombos, sabiás, gaviões, corvos etc.; de outro, azul, amarelo, preto, laranja, verde etc. Na verdade, tudo isso não passa de fonemas, abstrações – mas sem dúvida muito práticos, calcados em critérios objetivos e propriedades comuns.

Voltando à minha intuição, eu "saco" certas relações entre uma coisa e outra, entre uma lista e outra. Por exemplo, entre "corvos" e "pretos". Eu só vejo, por toda parte, dia após dia, "corvos pretos".

Então, com meu Adulto, eu produzo, empiricamente, um novo conceito: "Todos os corvos são pretos". De novo, aqui, eu disponho de um discurso muito racional e objetivo – e mesmo de um sério estudo estatístico – para defender a afirmação. Trata-se, como sempre, de um conceito prático e operativo. Se estou interessado em encomendar pássaros de aparência vibrante e alegre que em nada me lembrem o luto pela morte de um parente, vou eliminar, de saída, a possibilidade de "corvos". Estamos de acordo?

Como o mesmo processo ocorre com muita gente, que também só vê corvos pretos, esse conceito – esse paradigma – torna-se universal: "Todos os corvos são pretos".

Contudo, a VIDA REAL, que inclui todos os corvos, não tem nada a ver com o que se passa na minha cabeça nem na de todo mundo. Pode ser que exista, segundo a sugestão de Martin Gardner, muito escondido na floresta, um corvo não preto. Esse corvo está ciente do que se passa na cabeça dos homens. Esse corvo estará rindo (crocitando) maliciosamente de tudo isso... e se escondendo cada vez mais: "Enquanto não me descobrirem, jamais saberão que seu conceito está *errado!*" Você poderá pensar agora que o homem criativo é o que busca o "corvo não

*Criatividade no trabalho e na vida* • 301

preto", mas não é bem assim. Isso porque a previsão, a possibilidade da existência de corvos de outra cor é também 100% realista, tanto quanto o próprio *conceito* de que "toda regra tem exceção" = "todos os corvos são pretos". Correto?

Por si só, a possibilidade permanente da aparição do corvo não preto não implica Criatividade, e sim campo racional propício para sua eventual ocorrência amanhã. Um verdadeiro Adulto, "uma inteligência de primeira ordem", como define Scott Fitzgerald, trabalha continuamente com essa suposição, com essa oposição, com essa quase contradição. Afinal, seu detentor tem também farto conhecimento, e base estatística, dos milhões de casos na história da humanidade em que foram, de repente, apresentados "corvos não pretos", para surpresa (e resistência) geral. A história das invenções, das descobertas, das revoluções de pensamento, enfim, do progresso humano, é rigorosamente essa história! Portanto, é uma previsibilidade, a rigor, totalmente lógica e racional.

Portanto, quem quer que trabalhe com o *conceito* "todos os corvos são pretos" como algo perfeito, final, acabado – por muito comprovado que tenha sido até hoje – não está mais trabalhando com um *conceito*... mas com um *preconceito* (Pai)! Desse indivíduo, o corvo não preto, escondido, estará crocitando às gargalhadas!

Já o indivíduo aberto à Criatividade trabalha, sim, com o conceito de que "todos os corvos são pretos". Mas não o *reverencia*!

Porque pode muito bem ocorrer que, amanhã, ele defronte com um PROBLEMA – isto é, a VIDA REAL venha submeter-lhe um problema – impossível de ser solucionado dada a Cor homogênea de todos os corvos pretos. O que significa, amigo, esse impasse? Significa, simplesmente, que a VIDA REAL está lhe informando, em temos clamorosos, que seu celebrado conceito *é falso*! Do contrário, não haveria o PROBLEMA...

Isso em termos racionais. Na prática, o que ocorre é que a Criança do indivíduo "sacará", intuitivamente, que o conceito é falso. (Em termos estruturais, internos, seu Pai OK lhe estará dando PERMISSÃO para isso – contrariando as crenças gerais –, bem como para levar avante suas próprias percepções e apreensões.) Ela agora não procurará aquele único corvo não preto, escondido na floresta, pois isso seria também pesquisa *convergente* ("todos os corvos são pretos menos um"), e sim corvos dourados, policrômicos, corvos tingidos ou fantasiados, corvos transformados em várias frutas, arco-íris em forma de corvos...

Alguma coisa dessas, ou outras, poderá estar certa – e, se estiver (Eureka!), dali nascerá um novo conceito (Adulto) muito melhor!

Outra sugestão: por que não retirar esse fonema, essa convenção, abstrata, "corvo", referente até hoje apenas a aves pretas, e passar doravante a aplicá-lo a araras, pavões e aves-do-paraíso?

O PROBLEMA FOI RESOLVIDO!


Voltando ao novo gráfico que propus para Pai-Adulto-Criança, poderíamos talvez – não em termos de estrutura da personalidade, mas em termos de compreensão do pensamento – conjugar os dois quadrados em um só. Nesse caso, mesmo se tratando de um problema de natureza racional, o quadrado leve e elegante do Adulto sempre conteria, em maior ou menor número, componentes quadrados de preconceito.

E o centro do círculo da Criança apareceria, naquele decantado paradigma da Criatividade (PCMB), lá no seu canto extremo, no ponto alocêntrico.

É mais ou menos essa a ideia.

Se relermos o que foi dito anteriormente sobre o pensamento da Criança, vamos compreender que o ponto alocêntrico dá apenas uma visão vaga, nebulosa e difusa da solução. Isso extensivamente, no tempo. Mantida essa posição, pode ocorrer, de repente, uma síntese, um clarão, uma iluminação (Eureka) que permite uma VISÃO NOVA de toda a situação, que resolva o problema!

Essa visão é CURTA E RÁPIDA. É um lampejo, um brilho, um *flash*. Chama-se mesmo "Iluminação", na técnica do *back burner*.

Ninguém permanece – excetuando-se de novo os fenômenos no campo da Arte – mais que um segundo nessa apreensão. Tão logo obtida, tende a *voltar*, em forma de COISA NOVA, para o campo da análise, da avaliação, do desdobramento lógico. Voltar ao quadrado.

Caso típico, entre bilhões, ocorreu com o astrônomo inglês John Herschel, que mediu pela primeira vez, em 1939, com alto grau de correção – usando apenas um prato com água – a potência térmica do Sol. Sem dúvida, essa foi uma façanha de racionalidade (Adulto), pois a partir da medição do calor do Sol sobre uma superfície mínima conhecida, Herschel pôde extrapolar, matematicamente, a potência global do popular astro-rei. Mas "quem" deu a ideia a Herschel de usar esse recurso... tão comovedoramente simples?

Claro, sua Criança, numa "visão" curta e inédita!

E isso nos conduz de novo à evidência, já abordada no capítulo VIII, de que toda ideia é substancialmente SIMPLES, sem exceção!

Não há nem nunca houve ideia complexa!

O que pode ser complexa é sua posterior enunciação, ou defesa teórica, numa área da ciência, da técnica ou da filosofia, com a qual não estejamos familiarizados.

Toda ideia, em qualquer campo do conhecimento, é tão simples como a da dona de casa que, não conseguindo manter um quadro aprumado na parede, marcou, no arame que o sustentava, seu ponto central, e o cercou dos dois lados com fita adesiva, enrolada várias vezes (agora isso é macete).

Ou o do proprietário de um carro comprido, obrigado todo dia a levá-lo ao último milímetro da garagem – já cansado de bater tantas vezes o parachoque contra a parede, fora de sua visão –, que freou o veículo na precisa posição final, e pendurou, por um fio do teto, uma pequena bola de borracha maciça que encostava levemente no parabrisa: agora, ao estacionar, cuidava apenas de parar tão logo a bola encostasse no vidro...

*Criatividade no trabalho e na vida* • 303

Ou a do sujeito que, enfrentando o problema de retirar, com uma longa chave de fenda, um parafuso metálico emperrado, localizado nas entranhas de um motor, em ponto só atingível pela chave, lembrou-se do princípio de dilatação que aprendera no primário, esquentou a chave até a incandescência e aplicou-a sobre o parafuso por alguns minutos, para transmissão do calor...

Toda ideia, seja qual for, é ovo de Colombo! Em última análise, é como "ir falar direto com o porteiro". Trata-se, quase sempre, do mais gigantesco óbvio... que até então ninguém vira!

Os exemplos são fartos e sempre oportunos. Quem, no consenso geral, é considerado o inventor do microscópio – esse complexo instrumento que hoje, com tecnologia eletrônica, é capaz de bisbilhotar a cópula dos vírus? O holandês Van Leeuwenhoek. E por que Van Leeuwenhoek se, antes, Galileu já usara um microscópio inclusive para descrever o olho complexo de um inseto? Porque o genial Van Leeuwenhoek teve uma ideia genial: a de polir as lentes à perfeição...

E por que Galileu é considerado o inventor do termômetro, se meio milênio antes Pilo de Bizâncio já fizera seu *termoscopo*, que devia ser muito parecido com o termômetro de ar de Galileu? Porque Galileu foi o primeiro, em 1592, a pôr uma escala no tubo...

Todas as invenções são assim, sempre presas a um ponto simplicíssimo, central. Vemos hoje o cinema em tela panorâmica, com efeitos visuais e sonoros incríveis, devassando o parque dos dinossauros. Mas em que constituiu a invenção do cinema? Resposta: na construção de um pequeno mecanismo que possibilitasse a projeção parada de um fotograma (o que já se conhecia) por apenas 1/24 de segundo, seguida da passagem veloz para o próximo, e assim sucessivamente. Os romanos já conheciam essa ilusão de movimento e a usavam em seus frisos arquitetônicos, para deleite de quem passasse correndo a cavalo. (Por curiosidade: o cinema é uma invenção mecânica.) E todas as milhões de ideias subsequentes, que levaram o cinema ao estágio atual, tiveram todas a mesma *simplicidade*!

E o aspirador de pó? (que, na verdade, exigiu dois *flashes* criativos; ver adiante). Será uma invenção mecânica ou elétrica? O problema técnico para chegar a ele consistiu em achar um tecido que deixasse passar o ar com facilidade, mas filtrasse o pó. (É, assim, uma conquista da indústria têxtil.)

Curiosamente, a máquina fotográfica não é invenção óptica, mas química. Ela – já munida de lentes, ângulos para regular a imagem e placa de vidro onde esta se formava (1816) – teve de esperar até que a química, em 1830, estivesse em condições de criar o filme.

Essa SIMPLICIDADE básica, central, preside a todos os lances criativos, não importa a complexidade científica ou tecnológica final em que se insiram e apareçam. A *ideia* do complexíssimo Módulo Lunar que, com o nome de Eagle, depositou, depois de uma façanha tecnológica suprema e cálculos sofisticadíssimos, o primeiro homem no satélite, em 1969, foi originalmente apresentada, por seu criador, John C. Houbolt, ainda em 1961, por meio de dois pequenos pedaços de madeira torneados e colados, apoiados em seis pés feitos de arame. A revista *Life* publicou foto dessa "maquete" em 31 de março, antes do voo, reconhecendo que "oito anos atrás o esquema pareceu tão bizarro que o obscuro engenheiro que o sugeriu foi ridicularizado. Sua batalha solitária e corajosa poupou aos Estados Unidos bilhões de dólares, evitou anos de atraso e, se tudo correr bem, tornará possível a chegada do homem à Lua no próximo verão".

Não custa insistir: pense simples, você também.

Agora, voltando mais uma vez ao ovo, eis uma técnica muito simples, de grande potencialidade criativa.

A lista dos cinco atributos realistas do ovo – mas você pode acrescentar mais, como: o ovo tem clara e gema, o ovo produz pinto etc. – representa, de modo geral, OVO, assim como 2 + 2 = 4.

Agora, se você mantiver todos os atributos, todo o "quadrado" que significa OVO, mas contrariar *um único*, você conquistou uma visão criativa do ovo (restando agora apenas procurar onde ela se aplica, onde resolve problemas: no caso, basicamente em comunicação).

Assim, repito:

O OVO É:

**1** Branco.

**2** Oval.

**3** Frágil.

**4** Leve.

**5** Liso.

**1** Ovos ovais, lisos, tipicamente ovos – mas não brancos nem de qualquer cor comum a ovos. Esse recurso já foi muito explorado, desde os *pessachs* ucranianos e ovos de Páscoa, mas ainda caberia: ovo com a bandeira do Brasil, ovo com as cores do Flamengo, ovo com a suástica etc.

**2** Ovos que sejam bem ovos, brancos e num ninho, porém cúbicos, cônicos, poliédricos etc. Pintos compridos quebrando a casca de ovos cilíndricos.

**3** Conheço fotos admiráveis e premiadas sobre o tema. Ovo branco, oval, com tudo que caracteriza um ovo, mas fortemente premido, pelo seu lado mais frágil, por chave inglesa. Ovo envolto numa cobertura blindada e soldada. Ovo com cabo de martelo. Ovo apunhalado. Ou no pino que sustenta, no jogo, a bola de golfe.

**4** Ovo, branco e oval, mas usado como âncora de navio. Ovo esmigalhando gente. Ovo como peso de papéis. Ovo numa balança, compensando uma bigorna.

**5** Ovo enrugado como uma manta. Crateras da Lua aplicadas no ovo. Ovo com espinhas ou furúnculos. Ovo envolto em folha de lixa. Ovo-cácto etc.

Qualquer dessas visões, basicamente criativas, já serviria – dependendo da conveniência e propriedade – para tema de promoção, capa de livro ou revista, ilustração de reportagem, propaganda farmacêutica etc.

E mais outros desdobramentos (todos agora casos reais):

**1** Ovo sendo quebrado, de dentro para fora, por um tira-linhas de nanquim, que sugere um bico. (Se fosse bico de pinto, seria obviamente quadrado.) Ilustração para anunciar o nascimento de um escritório de desenho gráfico.

**2** Ovo onde um pinto de verdade nasce, mas não pelo bico e sim pelo pé. Forma a visão de um ovo de pé (de pinto).

**3** Ovo não com clara e gema, mas com dinheiro; ou com ervilhas, joias, azulejos, computador, mulher nua (em posição fetal) etc. Possibilidades ao infinito.

**4** Ovo branco e oval, de onde brota um pinheirinho; ou de onde nasce um ratinho; ou de onde parte uma borboleta. (Claro, sempre uma hipótese só de cada vez: misturar qualquer dessas coisas, já de si bem audaciosas, seria sair do quadrado *duas* vezes, e transformar tudo numa visão ininteligível, "samba do crioulo doido".)

**5** Ovos realmente com clara e gema, apenas em posições invertidas: a gema por fora, o branco da clara por dentro.

Etc. etc. ao infinito.


Claro que, além do ovo, você pode promover outras sínteses e combinações com qualquer objeto. Apenas cinco sugestões, mas saiba que a lista também é infinita:

**1** Batons como balas de revólver.

**2** Novelo de lã no lugar de um globo terrestre.

**3** Abacaxi com a coroa substituída por um pino de granada.

**4** Bola de tênis com zíper aplicado nas costuras.

**5** Clipe feito de arame farpado.


Não pense agora que esse princípio só serve para propaganda, comunicação etc.

Essa mesmíssima técnica foi apresentada por Edward de Bono em seminário que ministrou em São Paulo, em 1988, do qual participei. Ele a chamou *Take it for granted* – expressão idiomática inglesa que significa "tomar por certo, indiscutível".

Tome qualquer coisa, objeto ou negócio, desdobre-a depois em seus atributos característicos, indispensáveis, em seguida comece a especular sobre a conveniência de contradizer cada um deles – *mas sempre um só de cada vez*.

Comecemos com um exemplo bem simples. UM CÃO DE GUARDA. O que se poderia dizer, caracteristicamente, de um cão de guarda?

**1** Morde.

**2** Late.

Agora, especulemos a *negação* de cada um desses itens, isoladamente:

**1** Um cão de guarda que *não* morde? Para que serviria essa ideia, à primeira vista absurda? Digamos: desenvolver um dispositivo eletrônico a ser colocado no focinho de um cão de guarda: ao contrair raivoso as faces, à vista de um ladrão, o dispositivo emitiria um sinal automático chamando a polícia.

**2** Um cão de guarda que *não* late. A ideia poderia servir para um cartaz de advertência muito mais atemorizante: "Cuidado! Cão que não late!" Serve até para quem não tem cão...

Outro exemplo: SAPATOS. Quais os atributos comuns e indiscutíveis?

(Não sugira, por favor, "feitos de couro", pois há sapatos de lona, de plástico etc.)

**1** Têm solas.

**2** Protegem os pés.

**3** Enfeitam.

**4** Ajudam a caminhar.

Opção criativa: sapatos que *não ajudam a caminhar*. Sapatos com enormes solas de chumbo para pessoas interessadas em exercício ou emagrecimento...

Outro exemplo: SALA DE REUNIÕES. Tem mesa, tem cadeiras, tem luz etc.

Opção criativa: sala de reuniões sem luz. Menos timidez, menos controle de personalidades fortes, mensagens mais diretas. (Curiosamente, eu já não sugeri uma sala de reuniões *sem cadeiras*?)

Último exemplo, algo mais completo e extensivo: RESTAURANTE.

**1** Tem mesas.

**2** Tem cadeiras.

**3** Tem garçons.

**4** Serve comida.

**5** Cobra conta.

**6** Iluminado.

**7** Serve bebidas.

**8** Regularmente aberto.

**9** Tem menus variados.

**10** Tem cozinheiro e cozinha.

Podemos especular, por exemplo, quanto a um restaurante que *não tem cozinheiro*, embora mantenha todo o resto. Podia ser restaurante que oferecesse todo o ambiente e apetrechos, mas as donas de casa preparariam, para seus convidados, seus próprios pratos, numa bem provida cozinha.

Ou que *não tem garçons*. Já existe: *self-service*.

Ou que *não serve comida*. De novo ofereceria todo o ambiente e logística, mas as pessoas trariam seus próprios pratos de casa, para desfrutá-los num ambiente muito mais sofisticado. Ou que se comprometeriam a não exceder determinada quantidade de calorias.

Fiquemos, contudo, com um item só, o de número 5. Que alternativas podem advir de um restaurante que *não cobra a conta* – mas oferece todos os outros itens? Inúmeras:

**1** Crédito fotográfico.

**2** Pagamento único mensal. (Por que nunca algum restaurante, próximo a uma grande empresa, ofereceu, ao que eu saiba, esse serviço?)

**3** No campo, para fazendeiros (em troca do fornecimento de víveres).

**4** Estatal: compromisso de prestação de serviços comunitários (principalmente em casos de recessão).

*Criatividade no trabalho e na vida* • 307

**5** Para estudo de psicologia de massa. Como você acha que as pessoas reagiriam a um restaurante desses? Com avidez, correndo lá para se empanturrar? Ou com desconfiança, passando ao largo?

**6** Instalado em Brasília, para políticos, mantido por associação de todas as empresas de *lobby*.

**7** Para promoções, cheio de vários vídeos, intensamente ocupados por anunciantes patrocinadores.

**8** Como teste, para determinados alimentos e receituários.

**9** Como vantagem extra a quem se associasse a uma campanha, um clube, um plano securitário, um partido político.

**10** Para pesquisa econômica: acompanhar o tempo que demoraria para falir.

Exemplo de resultado prático, dentro dessas mesmas opções, e já há muito existente: Diner's Club!

Por que não fazer passar a conceituação e a própria prática de seu negócio, qualquer que seja ele, por esse processo de especulação?

Esse mesmo fenômeno (que aqui estou apresentando em sua forma intelectual, consciente, mas que quase sempre é espontânea e intuitiva) de *interessar-se* pelo QUADRADO, procurando quebrá-lo em algum detalhe intrínseco, ou mesmo remetê-lo a outro contexto, para que ressurja a partir de um NOVO PONTO DE VISTA, está no cerne de qualquer lance da Criatividade aplicada.

Ou do Humor, que é seu primo-irmão.

Vejamos, por exemplo, cinco ditados, cinco chavões, "ideias feitas", grandes QUADRADOS linguísticos:

**1** Conversando é que a gente se entende.

**2** O pior cego é aquele que não quer ver.

**3** Quem ama o feio, bonito lhe parece.

**4** Cão que ladra não morde.

**5** Em terra de cego quem tem olho é rei.

Basta, às vezes, um pequeno "toque" nesses clichês que eles reaparecem, criativamente, com uma roupagem humorística – revelando, então, como diz Bernard Shaw, "uma verdade oculta":

**1** Conversando é que a gente se desentende.

Conversando é que a gente se estende.

Conversando é que a gente entende (para um Curso de Línguas).

**2** O pior cego é aquele que quer ver.

**3** Quem ama o feio, bonito lhe carece.

**4** Cão que ladra não morde. Enquanto ladra.

**5** Em terra de cego, mais vale quem Deus ajuda.

Tal recurso é muito empregado, em geral com grande sucesso, em propaganda, em jornalismo, em comunicação. Há o chavão "Não ponha o carro na frente dos bois". Uma churrascaria de São Paulo teve a excelente ideia de convidar, em seus anúncios: "Ponha o carro na frente dos bois". Há aquele verso manjado e exaustivo

"O Rio de Janeiro continua lindo". Inspirou um bom cartaz de promoção editorial: "O Rio de Janeiro continua lendo".

Outros ditados explorados no campo publicitário:

**1** Tamanho é documento (redução xerográfica autenticada).

**2** Gato escaldado... (protetor solar).

**3** Errar é desumano (campanha visando a *zero defect*).

**4** Quem te viu e quem te vê (trens reformados pela Emafer).

**5** Contra ratos não há argumentos.

Nos Estados Unidos, durante a Guerra do Vietnã, conservadores favoráveis à intervenção lançaram, como arma contra os pacifistas que exigiam a retirada americana do conflito, o famoso *slogan*: "América. Ame-a ou deixe-a". Mas os partidários da retirada foram muito mais criativos ao replicar, em cartazes por todo o país: "Vietnã. Ame-o ou deixe-o".

Do mesmo modo, conceitos comuns (quadrados) abrem-se em enfoques espirituosos e surpreendentes (criativos) quando abordados por uma outra ótica, uma outra "leitura":

- Quando perguntaram a um famoso cineasta qual o filme mais erótico que ele jamais vira, o homem não hesitou: "Branca de Neve e os Sete Anões".
- Randolph Churchill (filho de Winston) cultivou desafetos terríveis: após ter sido operado de um tumor benigno, Evelyn Waugh passou a espalhar em Londres que os médicos retiraram de Randolph sua única porção benigna.
- Alguém já disse que a maior prova da existência de vida realmente inteligente fora da Terra é o fato de que tais seres jamais fizeram contato conosco.

Há inumeráveis chavões, frases feitas, até expressões conceituais consagradas, usadas com inegável Criatividade, na propaganda... sempre, é claro, que dispostas num *novo* ponto de vista. A lista é interminável e darei apenas cinco exemplos:

**1** Tem gente que quer me ver por baixo.

**2** Cresça e apareça.

**3** Modelo econômico brasileiro.

**4** *Shopping center*.

**5** Faça seu jogo.

É só sair do QUADRADO: o eterno recurso da Criatividade.

**1** Foto de carro suspenso, possibilitando ver a excelência de sua engenharia, em partes normalmente invisíveis (Gatão).

**2** Escureça e apareça (Coppertone).

**3** Fiat 147.

**4** Páginas Amarelas.

**5** Cristais Prado.

O recurso presta-se inclusive ao uso de celebrados *slogans* de outras empresas. Talvez o mais conhecido de todos os tempos tenha sido o da Pan American: "Voe agora, pague depois" (foi a primeira linha aérea a oferecer passagens por crediário). Serviu sob medida para campanha contra tóxicos, da Blue Shield: a relação das drogas, uma por uma, que possibilitam ao usuário uma "viagem", seguidas das respectivas consequências, do preço a pagar. (Atenção, tal recurso é 100% juridicamente válido. A lei pune, e com razão, a burrice, o plágio. A Pan Am, ou qualquer empresa, tem tais títulos e *slogans* registrados *apenas* para seu campo de atuação, e limítrofes. Uma agência de viagens não poderia usá-lo, mas uma seguradora, uma empresa de informática, um restaurante podem, e o quanto quiserem.)

O mesmo vale para títulos de filmes, embora obviamente todos registrados. Quando um título de filme se torna famoso, ele vira um QUADRADO. Por isso, vira também matéria-prima para a Criatividade.

Apenas cinco exemplos:

**1** *Adivinhe quem vem para jantar.*

**2** *Um estranho no ninho.*

**3** *O império contra-ataca.*

**4** *Muito além do jardim.*

**5** *Amargo regresso.*

Vejamos seu uso, criativamente, agora em jornalismo (todos os casos são reais):

**1** Reportagem sobre Cid Moreira, à época do Jornal Nacional, na revista *Domingo*.

**2** Reportagem de *Veja* sobre o DIU.

**3** Reportagem de *Veja* sobre retaliações americanas em face da política brasileira de reserva de mercado de informática.

**4** Reportagem do *Jornal do Brasil* sobre a morte de Burle Marx.

**5** Manchete da *Tribuna da Imprensa* sobre a volta de PC Farias, da Tailândia.

Note que qualquer desses títulos também se prestaria, criativamente, a inumeráveis outras notícias jornalísticas (soluções divergentes). Vejamos, por exemplo, *Inferno na torre*, com apenas cinco opções:

**1** Inferno na torre. O trabalho brutal dos controladores de voo na torre do Aeroporto do Galeão, num dia de tempestade e congestionamento aéreo.

**2** Inverno na Torre. Reportagem sobre a tradicional e lindíssima loja do Rio, *A Torre Eiffel* (não existe mais), a única em sua época que vendia roupas para o frio da Europa.

**3** Inferninho na torre. Cobertura fotográfica do *night-club* existente na cobertura da torre do Rio-Sul.

**4** Inferno na Torre. Pânico e desespero de turistas bloqueados por vinte horas no interior da Torre de Pisa, quando esta se inclinou mais dez centímetros, destruindo as aberturas de saída.

**5** Inferno em Torres. Reportagem sobre as privações, aglomerações e farofeiros, na época de verão, no conhecido balneário do Rio Grande do Sul.

Ou também em propaganda. Por exemplo, *Adivinhe quem vem para jantar* sobre foto de enorme ratazana. Os exemplos são infinitos.

A ideia, uma vez ocorrida, volta para o quadrado. E, devo ressaltar, seu próprio sucesso transforma-a, frequentemente, num QUADRADO pesado. Lembre-se de que a expressão *E o vento levou* já foi inédita e até intrigante...

Isso em todos os níveis. As ideias de Aristóteles, mais de 300 anos a.C., tiveram sucesso tão aplastante na cultura universal, principalmente na Idade Média, que viraram dogmas rígidos, os maiores empecilhos para o desenvolvimento da ciência posterior, a ponto de Bertrand Russell opinar ter sido a existência do criativo estagirita "uma grande infelicidade para o gênero humano".

Voltemos ao nível em que estávamos. A foto de uma mulher grávida, segurando gentilmente a barriga, pode ser comovente, mas, em termos gerais, é trivial, convencional. Já a foto de um *homem* nessa mesma condição e nessa mesma pose, bem, aqui temos coisa nova! O governo britânico usou tal foto num cartaz que alcançou sucesso mundial. Seu título: "Você não seria mais cuidadoso se fosse você que ficasse grávido?" Visava, obviamente, levar os homens a se interessarem mais pelo problema de concepção de suas companheiras – dado o elevado número de mães solteiras na Inglaterra.

O próprio sucesso desse cartaz, tão criativo, levou-o a se transformar num QUADRADO. Todo mundo o conhecia, e tanto como o título *E o vento levou*. Mas, justamente quando se transforma em quadrado, transforma-se também em recurso para novo salto de Criatividade.

Poucos anos depois, o mundo inteiro esperava que o Vaticano liberasse a pílula anticoncepcional. Para decepção de milhões, o papa João Paulo II baixou encíclica proibindo a pílula. Então, as feministas, na Inglaterra, fizeram outro cartaz, cujo impacto é tão maior quanto se conhecia o cartaz anterior. Foto do Papa João Paulo II grávido, na mesma famosa posição, e a pergunta: "Ele não seria mais cuidadoso se fosse ele que ficasse grávido?"

É assim que a Criatividade funciona na história, em todos os tempos, em qualquer setor: pulando uma ideia sobre os ombros das outras... (que já se transformaram em quadrados).

Problemas geram soluções que geram problemas – mantendo-se as ideias umas por sobre as outras. Marconi descobriu que as ondas de rádio são interceptadas por objetos sólidos, tais como colinas e edifícios, e resolveu o problema com suas antenas. Mas tal propriedade do rádio, problema para Marconi, caiu do céu para os ingleses, interessados em localizar, nesse mesmo céu, os sólidos aviões da Luftwaffe durante a Segunda Guerra. Mas pouco após terem chegado ao tubo eletrônico de radar (*magnetron*), criado em 1940 por Sir John Randall e pelo Dr. H. A. Boot, na Universidade de Birmingham, ocorreu que o engenheiro americano Perry Spencer, ao testar um *magnetron* numa indústria de sistemas militares, em Massachusetts (1946), derreteu inadvertidamente a barra de chocolate que trouxera como guloseima, sem sentir calor algum, o que foi um problema seu de higiene pessoal, tal a melecada que produziu, mas que o levou à criação do forno doméstico de micro-ondas, o qual, dez anos depois, inspiraria o Instituto de Pesquisas de Energia Elétrica

*Criatividade no trabalho e na vida* • 311

de Palo Alto, na Califórnia, a patentear a primeira secadora de roupas por micro-ondas, que não esquenta o tecido e gasta 15% a menos de energia...

Soluções geram problemas – até insolúveis. O principal fabricante das primeiras máquinas de escrever, Sholes & Cia., recebia, em 1870, muitas reclamações pelo fato de os tipos ficarem colados uns nos outros, se o datilógrafo batesse muito depressa. A direção pediu a seus engenheiros que resolvessem o problema, e um deles teve ideia altamente criativa: "E se reduzíssemos a velocidade dos datilógrafos?" Assim, partiram para um teclado menos eficiente: as vogais, pelo menos as quatro primeiras – as letras do alfabeto mais usadas em qualquer idioma –, passaram a ser batidas pelo anular e pelo mínimo, dedos relativamente fracos. Mudança radical do ponto de vista que resolveu o problema! Hoje, quando existem teclados que podem trabalhar muito mais depressa do que qualquer operador humano, como livrar-nos, na Era Digital, do lento, ineficiente e quadrado teclado QWERTY? Cartas à Redação.

Por isso, atenção: mesmo a tese otimista de que não há invenção ou conceito que não possa ser substituído para melhor é uma generalização e, por isso, falsa, como mostra o caso do teclado QWERTY.

Outro caso seria o da roda...

Outro caso ainda seria o do limpador de parabrisa. Foi inventado, junto com o parabrisa, *antes* do automóvel, e nunca mais deu espaço a qualquer outro princípio, técnica ou processo – em nossa era eletrônica – de desanuviar os vidros dos veículos da chuva ou névoa que não por sua ação de "raspagem" mecânica e primária (e irritante).

Vimos esse antiestético artefato ser instalado em absolutamente todos os carros jamais fabricados no mundo, bem como em seus congêneres e aviões. Nunca foi praticamente modificado em nada! Quando o Concorde entrou em cena, ficamos chocados em ver sua belíssima aerodinâmica ser ferida apenas pelo indefectível apêndice. E certa vez li (*JB*, 9 de novembro de 1997) que as naves espaciais *Champollion* e *Deep Space-4*, construídas pela NASA para abordar o cometa Tempel 1, em 2010, deverão enfrentar o problema gerado pela cauda do cometa "que provavelmente vai interferir nas câmaras". Opção: "equipar as lentes com limpadores semelhantes aos usados pelos parabrisas dos carros".

O limpador de parabrisa é um fóssil industrial vivo, que mergulhou intacto no III Milênio...

O que acabei de lembrar sobre Aristóteles, homem grávido e teclado QWERTY (que tal também Aristóteles grávido datilografando *De Generum Animalium*? Infame?) – e é sempre gostoso descobrir relações válidas entre distâncias assim, e é isso que estou tentando fazer ao longo deste livro – leva-nos a três conclusões evidentes:

**1** Nada do que é CRIATIVO mantém-se criativo para sempre (com a possível e incompreensível exceção da Arte).

**2** Tudo que é QUADRADO já foi criativo, e pode voltar a ser criativo, às vezes com um mero toque em sua estrutura, ou remetido a um novo contexto.

**3** Você também vai morrer.

Se eu fosse dar "exercícios" neste livro, sugeriria que você redigisse cinco matérias jornalísticas hipotéticas com os seguintes títulos:

**1** Guerra nas estrelas.

**2** O parque dos dinossauros.

**3** Assim caminha a humanidade.

**4** Atração fatal.

**5** Uma Odisseia no espaço.

Já me caiu nas mãos classificado de "massagistas" com o título: *As noviças rebeldes*. Até as moças já sabem usar comunicação criativa...

Mas vou fazer coisa melhor. Vou pedir que você faça, a partir de hoje, uma lista com pelo menos cinquenta (mas pode ser o dobro) títulos de filmes famosos, bem quadrados. (Como saber se são quadrados? Simples: basta enunciar metade do título que qualquer um completa o restante. Por exemplo: "O império dos...". Quem por acaso agora vai completar: "dos gatos"?, ou "dos azulejos"?, ou "dos beneditinos"? Só pode ser "dos sentidos"!)

Dispondo dessa lista – que, aliás, também pode ser colhida numa locadora – você disporá de um recurso precioso para um tipo de Criatividade que não precisa de Eureka algum: sempre que necessitar de um título criativo para algo que tenha escrito (por mais sério e científico que seja), basta procurá-lo na lista. É infalível.

Para o livro que escrevi na Alemanha, usei esse recurso já no título (apelando não para um filme, mas para uma expressão ultracorriqueira): *Berlim. Um muro na cara*. E, no texto, quando me faltou imaginação para um subtítulo, lá fui para minha lista e achei precisamente o que queria: *Gritos e sussurros*.

O mesmo no que concerne à Criatividade visual.

Excelentes diretores de arte exploram o recurso de colecionar enorme número de fotos de executivos, modelos, crianças, famílias, namorados, donas de casa, adolescentes etc., em diferentes atitudes e situações – fotos colhidas nas mais diferentes fontes.

De repente, em face da necessidade de ilustrar um *layout* específico, procuram, encontram, recortam e colam uma dessas fotos – agora num contexto inédito – no novo *layout*, numa invariável conquista criativa.

O mesmo no que concerne ao humor.

*Criatividade no trabalho e na vida* • 313

Eis o desenho de um gorila levando nos braços uma mulher branca que lhe diz... o quê? Invente a legenda!

Pelo menos cinco opções – mas há muito mais:

    **1** Vocês homens são todos iguais.
    **2** Pelo menos me deixa escolher a posição.
    **3** Agora que já deu seu show, me bota no chão de novo.
    **4** O que é do homem o bicho não come.
    **5** *You Tarzan, me Jane*.


O mesmo no que concerne a qualquer apreensão visual.
A seguir, três fotos, encontradas em qualquer lugar:

Se você olhar a primeira usando seu "computador óptico" (Adulto), não terá dificuldades, pela mera consulta a seus cartões perfurados, de reconhecer um cão da raça *setter*. No entanto, se mudar seu ponto de vista (por uma apreensão mais direta, imediata), poderá ver nela madame dizendo:

– Mas, "seu" guarda, eu quero parar aqui apenas cinco minutinhos...

Ou poderá ver nossa Marília Gabriela. (Que não se ofenda a talentosa apresentadora: cada um de nós lembra algum bicho, isso é um *approach* muito criativo à caricatura.)

A segunda foto documenta a repetitiva cena, conhecida em todo o mundo, do carteiro com medo de um cachorro (no caso, um dinamarquês). Mas não será repetitiva... se você mudar o ponto de vista. Por exemplo: no caso específico, o carteiro é um tarado e sua tara é morder rabo de cachorro – o cachorro no fundo já foi mordido três vezes por esse carteiro e agora está atento, pronto para fugir desse monstro, que se esconde atrás do muro, de tocaia...

A terceira cena, qualquer cinéfilo mediano pode decodificá-la rapidamente: o senhor careca é o diretor Otto Preminger, falecido em 1986; Preminger instrui veementemente o jovem Frank Sinatra, sob as vistas da atriz Kim Novak – tudo representando um momento da filmagem de *O homem do braço de ouro* (United Artists, 1955).

Contudo, baseado nessa mesma foto, você pode partir para contar uma história ("Era uma vez..."), com uma infinidade de situações. Somente cinco exemplos:

**1** Careca é pai do rapaz, cuja irmã assiste à cena, ao fundo.

**2** Careca é pai da moça e pressiona o rapaz que não quer casar.

**3** Rapaz é casado com a moça, alugaram o quarto que se vê ao fundo, e o careca é o senhorio, que não recebe há cinco meses.

**4** Careca é casado com a moça e achou o rapaz escondido atrás da porta que se vê ao fundo.

**5** Careca é casado com o rapaz e encontrou a moça atrás da porta. Ou ainda: moça é um travesti. Etc.


A mesma coisa em relação ao uso de todos os objetos que o cercam. Apenas cinco opções – mas a lista também é incomensurável:

**1** Secador de cabelo.

**2** Pipocas.

**3** Vaporizador de laquê.

**4** Fechos retirados de latas de cerveja.

**5** Preservativo.

Eventuais opções criativas, fora do quadrado (respectivamente):

**1** Ideal para dar partida em carro frio, aquecendo o carburador.

**2** Substituir bolinhas de isopor no empacotamento de objeto delicado. (Se você olhar pipocas como se nunca as tivesse visto, verá que são pequenos flocos amortecedores.)

**3** Arma infalível para abater insetos intrusos.

*Criatividade no trabalho e na vida* • 315

**4** Elementos para um móbile decorativo.

**5** Recurso para estancar hemorragia no dedão do pé.

A mesma coisa em relação a um mundo imenso de macetes, que nada mais são do que descobertas criativas de alguém, no passado. Vou apresentar dez exemplos de coisas ultraconhecidas, colocando ao lado, talvez desnecessariamente, seu uso convencional, quadrado:

**1** Talco. Refrescar o corpo.

**2** Cubos de gelo. Gelar bebidas.

**3** Pó de café usado. Jogar no lixo.

**4** Água oxigenada. Desinfetar.

**5** Vinho branco. Beber.

**6** Lápis. Escrever.

**7** Pasta de dentes. Escovar os dentes.

**8** Cascas de batata. Jogar no lixo.

**9** Giz. Escrever no quadro-negro.

**10** Pasta de amendoim. Passar no pão.

Agora vejamos outras aplicações, surpreendentes mas utilíssimas, dessas trivialidades:

**1** Talco. Tirar rangido do assoalho.

**2** Cubos de gelo. Remover manchas de café.

**3** Pó de café usado. Fertilizante.

**4** Água oxigenada. Afrouxar parafuso.

**5** Vinho branco. Remover mancha de vinho tinto.

**6** Lápis. Fazer correr zíper.

**7** Pasta de dentes. Limpar ouro.

**8** Cascas de batata. Limpar prata.

**9** Giz. Desumidificador.

**10** Pasta de amendoim. Remover chiclete do cabelo.

Talvez você já saiba que Coca-Cola é ideal para limpar mármore. Mas saiba também que Bom Bril é ideal para limpar os dentes. (E sem nenhum risco de danificar o esmalte: Bom Bril limpa superfícies de madeira envernizada, sem arranhar.) E que Pinho Sol é um antimicótico ideal para frieiras.

Aprecio demais o anônimo gênio que descobriu um novo método de eliminar traças, muito mais seguro, barato e ecológico (exceto para as traças): deixar um jornal dobrado no armário em que se encontram. As bichinhas preferem muito mais comer papel do que tecido. Depois é só jogar o jornal fora. Belo exemplo de mudança radical do ponto de vista!

Por que, tantas vezes, o conhecimento dessas pequenas coisas nos encanta? É porque elas nos dão minúsculos indícios de possibilidades infinitas, também eficientes e verdadeiras, fora do entendimento linear, trivial e enfadonho do mundo.

Quase convidei você, poucos parágrafos atrás, a criar matérias jornalísticas que se coadunassem bem com um determinado título de filme, sorteado previamente: quando você o conseguisse, teria resolvido um PROBLEMA de Criatividade. Contudo, preferi que organizasse uma lista de filmes famosos de forma que, tendo escrito qualquer texto, caso deparasse com o PROBLEMA de encontrar um título criativo, pudesse resolvê-lo procurando em tal lista.

Esse enfoque ressalta dois postulados cuja importância é impossível exagerar:

**1** Criatividade é uma via de mão dupla!

**2** Criatividade sempre atua num cenário onde se destaca um PROBLEMA!

Criatividade é via de mão dupla. Há somente duas hipóteses sobre o que ocorreu com o cara (não sei quem foi) que inventou o Rolomag – aquela roda solta em seu eixo, que as pessoas, de joelhos, procuram movimentar para a frente e para trás, o que obriga a severo exercício dos músculos abdominais, e consequente "perda da barriga". (Pelas vendas mundiais, nosso amigo deve ter ganho seus 50 mil dólares.)

*1ª hipótese* – O sujeito notou a aceitação geral e contínua de produtos que prometem aos barrigudos menos barriga. Propõe-se, então, a encontrar o aparelho, a mola, a "coisa" mais simples, portátil, barata, que, acionado, exigisse trabalho direto dos músculos abdominais. *Problema*: como obrigar os músculos abdominais a trabalhar, sem necessidade daquelas pranchas inclinadas que ocupam o espaço de uma cama, ou de halteres que tampouco ninguém pode levar em viagem? Certamente, observou à exaustão em que situações, movimentos, posições etc. seus próprios músculos abdominais eram solicitados, ou o de seus filhos, amigos etc. – talvez durante meses –, até chegar à roda manejada pelo eixo. Partiu do problema para chegar à solução.

*2ª hipótese* – O camarada jamais se preocupou com barrigas nem cinturas. Um dia, o carrinho de seu filho quebrou em vários pedaços e ele os guardou na garagem para tentar montar tudo na primeira oportunidade. Entrementes, a esposa, sem saber das intenções do marido, jogou fora quase todos aqueles pedaços, de forma que quando nosso herói se dispôs ao conserto só encontrou, atrás da porta, uma roda com o eixo quebrado. Talvez, para consolar o filho, começou a brincar com ela, empurrando e puxando a roda, de joelhos. Na hora do almoço, notou como seus músculos abdominais estavam retesados e até um pouco doloridos, devido ao trabalho inédito. Só então – e porque era um sujeito criativo – uniu essa observação ao *problema* de barrigudos que gostariam de exercitar tais músculos. Partiu da solução para o problema.

Na primeira hipótese, sua INTUIÇÃO "sabia", nebulosamente, que havia uma solução para *o* problema.

Na segunda hipótese, sua INTUIÇÃO "viu", espontaneamente, numa barriga dolorida, a solução de *um* problema.

Essa última hipótese é a raiz do que se entende por serendipidade ou serendipismo (*serendipity*), ainda não incluída no nosso *Aurélio* – palavra inventada por

Horace Walpole, em 1754, para expressar a faculdade de fazer descobertas felizes, quando não se procura por elas.

Horace escreveu um conto sobre três príncipes de Serendip, antigo Ceilão, que todos os dias saíam muito felizes para passear pelo seu reino, muito interessados em descobrir... o que não estavam procurando.

A Coca-Cola, como refrigerante, a penicilina, a estrutura básica do náilon, o telefone por Graham Bell, o fonógrafo por Edison, a vulcanização da borracha por Goodyear – as ideias que me podem ocorrer quando vou de casa para o trabalho interessado no trajeto, mas como se nunca o tivesse visto – foram todos criados por serendipidade.

Ela ocorre sempre que você, espontaneamente, descobre um novo uso para qualquer coisa – resolvendo um problema.

"Não são as respostas que me interessam" – diz o Talmud – "eu as conheço todas. O que desejo saber é a qual pergunta corresponde tal resposta."


Serendipidade é Criatividade na direção Solução-Problema. Implica enorme sorte, sem dúvida, mas não é totalmente incidental, como a notícia súbita de uma herança que lhe cabe por falecimento de um tio-avô na Austrália, de cuja existência você sequer sabia. Quase sempre, as pessoas beneficiárias de tal "acaso feliz" estavam, de mente aberta, envolvidas em pesquisas ou tinham interesses marcantes nas áreas em que ocorreram tais acasos e descobertas.

Assim, em 1844, Charles Goodyear, na época em que pesquisava a borracha, deixa cair acidentalmente um pedaço de borracha de apagar lápis sobre uma frigideira quente – e a partir daí chega à vulcanização. Em 1898, os irmãos Kellog, fazendeiros, esquecem o milho num forno aceso durante o dia inteiro e, a partir daí, chegam diariamente em nosso café-da-manhã na forma de *corn-flakes* ou sucrilhos. Se fosse o contrário, se Goodyear esquecesse o milho no forno e os Kellog deixassem cair a borracha na frigideira (afinal, ambos os incidentes ocorreram na cozinha), certamente nada teria ocorrido de útil para a humanidade.

O corante índigo foi obtido depois que um químico, em 1893, quebrou um termômetro e caiu mercúrio na solução tradicional; a insulina, depois que moscas que beberam a urina de um cão sem pâncreas chamaram a atenção de dois biólogos; o polietileno, devido a vazamentos no equipamento de um laboratório, em 1935.

O colódio é uma pasta de celulose que se usava para cicatrizar os pequenos cortes e machucados. Em diversas ocasiões, pesquisadores, tratando de algum machucado, deixaram cair um pouco de colódio em suas provetas, e assim nasceram o celuloide (John Wesley Hyatt, 1870), a gelatina explosiva (Alfred Nobel, 1875), a seda sintética ou raiom (Hilaire de Chardonnet, 1884). Em 1903, o químico Edouard Bénédictus deixa cair um frasco de colódio vazio e observa com surpresa que o vidro estilhaçado mantém a forma de garrafa devido à película de colódio seco: chega, com isso, ao vidro de segurança, até hoje usado pela indústria automobilística.

Tenho certeza de que o colódio ainda esconde muitas outras possibilidades de fazer a ligação PROBLEMA-SOLUÇÃO (ou vice-versa).

Os 50 mil dólares – não em termos morais, mas em termos *cash*, o que deve ser pretensão também legítima para qualquer um de nós – só ocorrem quando o indivíduo faz a ligação completa PROBLEMA-SOLUÇÃO (ou vice-versa).

(Você conhece o corretor líquido, pois não? Foi inventado em 1951 por uma secretária americana, Bette Nesmith, em sua cozinha, e ali produzido durante dez anos. Em 1977, Bette vendia seu negócio, já com o nome de Liquid Paper Corporation, para a Gillette por 38 milhões de dólares...)

Deverei falar melhor sobre isso quando apresentar o processo completo do *back burner*, mas pergunto logo: o que vale, por exemplo, inventar qualquer coisa, que não serve para nada, não resolve problema algum?

Há um caso curioso. Um tal de Richard James inventou a *Slinkey* (não sei se cabe o verbo "inventar"): uma simples mola que não serve para nada. É apenas gostosa de segurar, brincar com ela, inclusive fazê-la descer uma escada – o que tampouco serve para nada. Evidentemente, nenhum fabricante se dispôs a industrializar uma simples mola, sem uso aparente. Então, James passou a industrializá-la sozinho e a vendê-la à razão de cem mil por ano (inclusive no Brasil, você já deve tê-la visto) como simples mola, para segurar e brincar. Nesse caso, a antevisão do uso, da criação da necessidade, é tão inventiva como a própria patente que a satisfaz. A mola *criou* a necessidade de se brincar com a mola!

E o que dizer do *Nothing Card*, verdadeira coqueluche nos Estados Unidos, na década de 1980? Trata-se de um cartão personalizado, exatamente igual ao de milhões de cartões de crédito que inundam o país, mas com um único atributo eliminado (como o do restaurante que *não serve* comida): não serve para comprar nada! É expedido aos interessados mediante pagamento de 5 dólares, e não tem nenhum valor comercial, servindo apenas como item de divertimento. Seu inventor, o publicitário James Lancey, ficou rico da noite para o dia!

Mas há caso ainda mais curioso: não sei que empresa americana descobriu, por volta de 1960, uma substância pastosa, dotada de inéditas propriedades físicas: se a atirassem contra um piso sólido, ela pulava como uma bola, conservando seu formato; contudo, se a comprimissem devagar, ela se achatava. Do mesmo modo poderia ser esticada devagar, como uma goma de mascar; com força, todavia, reagia como um elástico.

A empresa pôs anúncios oferecendo prêmios a quem fosse capaz de descobrir aplicações para sua massa muito louca. Note, caro leitor, que o mérito e a recompensa (50 mil dólares?) ficaram reservados para aquele que descobrisse o PROBLEMA, e não a solução!

Trata-se de caso raríssimo, o único que conheço, mas é ótimo para demonstrar que o interesse da civilização (principalmente a atual, cada vez mais complexa e tecnológica) não está na "descoberta", ou na "invenção" ou na "criatividade pura", por mais surpreendentes que venham a ser. Ela está interessada na SOLUÇÃO

DE PROBLEMAS práticos, reais, com significado econômico. É por tal coisa que paga, a todo momento, 50 mil dólares!

Ainda a respeito de tal massa: vim um dia a encontrá-la nos Estados Unidos, vendida dentro de um ovinho plástico, destinada ao manuseio e brincadeira, como a mola Slinkey. Em face de suas propriedades tão originais, em face do complexo PROBLEMA que somente ela poderia, brilhantemente, resolver – mas que nunca foi localizado –, pareceu-me um encontro melancólico, como aquela noiva de um casamento rico e promissor que anos depois a gente encontra alugando quartos. Acho que foi a primeira vez que vi uma substância frustrada. Seu nome atual: Silly Putty.

Contudo, quem sabe no próximo Natal, ao comprar brinquedos para seus filhos, um engenheiro da NASA – assoberbado há anos, durante o expediente, com um complexíssimo PROBLEMA referente às operações futuras de uma estação em Marte – não reconheça de repente, no Silly Putty, uma SOLUÇÃO?

Sobre o explosivo contato PROBLEMA-SOLUÇÃO ou SOLUÇÃO-PROBLEMA, encontro, em *O livro das invenções*, de Marcelo Duarte (Cia. das Letras, 1997), coincidência curiosa: certo engenheiro da 3-M, Spencer Silver, trabalhava em 1968 na pesquisa de um adesivo forte, mas algo deu errado e ele obteve um adesivo muito fraco, que só aderia levemente – o que lhe trouxe PROBLEMA, longamente ruminado, sobre o que fazer com tal cola; enquanto isso, em outra parte da mesma cidade, um químico da *mesma* 3-M ruminava, fora do expediente, PROBLEMA totalmente diferente: como prender as pequenas tiras de papel de música (o homem cantava num coro religioso) que caíam constantemente no chão. Quando Spencer e Ary se encontraram, ambos resolveram seus PROBLEMAS com uma única SOLUÇÃO! Essa é a origem do Post-It (da 3-M, é lógico).

Criatividade só pode ser entendida, corretamente, como SOLUÇÃO DE PROBLEMA.

Sempre que você vir um *gadget* qualquer, que o encante momentaneamente, note bem: ele *é solução de um problema*.

Sempre que você vir um anúncio fascinante, muito bem bolado, entenda que essa bolação não é demonstração irreprimível e gratuita de talento, de bom gosto, de imaginação. Essa bolação é a *solução de um problema!*

E você terá oportunidade de ver e julgar essa Criatividade – e ter muito mais acesso a ela – quando puder vê-la e julgá-la *a partir de seu problema referente*. Não como "consumidor" de seu encantamento, na contramão, mas como seu criador. (No capítulo seguinte, veremos isso melhor.)

Na Arte, a regra é a existência de problemas autoimpingidos, consciente ou inconscientemente, de conteúdo ou de forma (quer dizer, de natureza interior ou exterior), cuja complexidade pode ser totalmente esquecida quando a obra – a solução-síntese – surge à luz!

No caso do conteúdo, o problema é a própria condição humana, por isso cada solução nos comove tão íntima e profundamente. No caso da forma, desde a Antiguidade nos seduz a solução estética, em face de toda sorte de regras e exigências a que a Arte tem sido submetida – e que serviram até, certamente, como fatores de inspiração (Pressão): sejam de origem técnica, quanto aos materiais disponíveis, sejam de origem cultural, como os tabus religiosos da arte egípcia, sejam mesmo os criados pelo próprio artista, por exemplo, a difícil métrica "alcaica" inventada por Alceu, no século VI a.C., ou o problema de Bach criando fugas que comecem, sucessivamente, com as notas B-A-C-H.

Toda arte é solução de problemas!

Por outro lado, muito do que é "vendido" a você como Criatividade, sob os auspiciosos títulos de "Novo!", "Inédito!", "Chegou!", não é Criatividade coisíssima alguma. Ou pode, talvez, ser Criatividade, mas num contexto muitas vezes insuspeitado.

Atualmente, nos Estados Unidos, as companhias introduzem nos supermercados cerca de seis mil produtos ostensivamente "novos". Mas tais "novidades" estão muito mais ligadas à criatividade dos departamentos de marketing e propaganda, do que a qualquer conquista criativa dos departamentos de pesquisa. Isso é ainda mais notável na indústria farmacêutica: o número de novos sais realmente descobertos e licenciados por ano é menos de 5% do número de novos títulos de remédios lançados no mercado (em geral, remanejamento dos sais já existentes).

Exemplo supremo dessa arte de "criar" produtos "revolucionários" é o famoso dropes americano Life Saver (boia salva-vidas), que conseguiu extraordinários índices de venda comercializando... um orifício.

Mas trata-se de Criatividade, sim, porque resolve um PROBLEMA – o mais angustiante, monotemático e obsessivo de nosso Admirável Sistema: *o problema de vender!*

Relembrando:

Problemas são a matéria-prima da Criatividade.

Não há Criatividade sem um problema referente.

Criatividade começa com um problema, e termina com ele – nos dois sentidos da expressão!

Criatividade é solução de problema – e solução alguma se encontra vagando no ar, no murmúrio do regato ou nos raios dourados do crepúsculo: ela se encontra sempre *dentro* do problema!

Boa metáfora para isso é o jogo chinês de tangram: em sua postura inicial, trata-se de sete peças de formato diferente armadas num QUADRADO perfeito, fechado, implacável! Enquanto você o "analisar", bem como "classificar" seus componentes geométricos, é assim mesmo que ele permanecerá: um QUADRADO!

Mas a partir do momento em que você desmanchar alegremente seus componentes e passar a especular combinações inéditas com essas sete peças, elas "explodem" numa combinação praticamente ilimitada de figuras, seja de pessoas, nas mais diferentes posições, seja de animais, objetos e sinais gráficos. Já foram catalogadas mais de duas mil silhuetas, criadas sem método algum, pelo puro prazer de criar.

Tenho base agora para confessar: este livro não é bem um livro de Criatividade. É um livro de SOLUÇÃO DE PROBLEMAS.

É um livro que pretende dar-lhe mais elementos para *solucionar seus problemas*! Quaisquer que sejam.

Pegue qualquer problema seu, em qualquer campo: administrativo, conjugal, financeiro, de vendas, de comunicação, de relacionamento pessoal, de necessidade prática. Você por acaso tem um meio lógico para resolvê-lo? Se tem, siga-o. Se não tem, crie! É simples assim.

"As pessoas que vencem neste mundo" – dizia Bernard Shaw, e isso, claro, é extensível a qualquer campo – "são as que procuram as circunstâncias de que precisam e, quando não as encontram, as criam."

É simples assim.

Quando um problema – qualquer problema – irrompe na vida de um indivíduo, dispõe este de cinco opções mentais, que o leitor, por tudo que já foi dito até aqui, não terá dificuldades em reconhecer:

**1** Cair no diálogo interno. Reagir com insegurança e/ou ansiedade, desvalimento, culpa e/ou agressividade, desconfiança, inveja, ciúme. Entra no *Non Solving Problem System* – perenizando o problema num sistema em que se reconhecem três coisas: Desvalorizações, Emoções negativas e Impulsores. Qualquer problema exterior que desperte, em seu "dono", qualquer dessas três coisas (e elas estão sempre imbricadas) indica impotência psicológica para resolvê-lo, indica, isso sim, problema psicológico, interno, do indivíduo. Ter consciência disso, pelo menos, é o primeiro passo para a solução.

**2** Seguir programação fortemente preconceituosa, inflexível, moralista, também desvalorizadora. Em muitos casos, também implica diálogo interno. O indivíduo entra logo num QUADRADO de cimento armado. Chega rápido a um resultado convergente – sempre fora da solução. Do mesmo modo que no quadro anterior, com o qual tem profundas afinidades, há aqui perenização do problema.

**3** Seguir programação linear, técnica, racional. Opera dentro do QUADRADO lógico, com todos os dados que se encontram ali reunidos. Chega a resultado também convergente, objetivo, operativo – mas apenas se o problema estiver coberto pela programação. Solução *única*: matemática, coerente, dedutiva. Há um conto em que Sherlock Holmes encontra um chapéu levado pelo vento e, diante do problema de descobrir a quem pertence, conclui, após atenta observação, que seu dono foi, na infância, desmamado prematuramente, qual a marca preferida de seu uísque e que sua esposa já se separou dele uma vez, mas retornou. Tudo isso é muito inteligente e admirável, mas não tem nada a ver com Criatividade.

**4** Trocar, a meio do caminho, de programação. É algo de que ainda não falei. O indivíduo intui, de repente, uma falha em sua própria programação lógica e procura outra, ou pula para outra, já existente. A partir dessa nova programação chega, como no caso anterior, a um resultado também único, convergente. Implica, sim, Criatividade (50%) – implica um Ah! criativo –, pois o indivíduo é capaz de ver a situação fora do quadrado original.

**5** GERAR PROGRAMAÇÃO. Eureka! De repente, o impasse todo se dilui porque visto, finalmente, a partir de um ponto de vista inédito, desvendador (e, sem dúvida, tão legítimo como qualquer outro). Trata-se de Criatividade no nível de 100%. Tende a resultados múltiplos e divergentes – a serem avaliados e selecionados. Ao contrário da Criatividade descrita no item anterior, de 50%, muito festejada, esta, frequentemente, acarreta resistência, por ser radicalmente nova.

Há agora base, pois, para prever a possibilidade – perante a eclosão de um problema – de cinco diferentes tipos de pensamento (dois estéreis, três produtivos), e não, como antes, meramente dois: o lógico e o criativo.


Permita-me uma digressão dentro desse assunto.

Recentemente, popularizou-se a afirmação – muito repetida, aliás, em artigos, livros e mesmo cursos de Criatividade – de que o pensamento lógico e verbal provém do hemisfério esquerdo do cérebro, enquanto o pensamento artístico e criativo provém do direito.

Creio ter base para alegar que isso, em última análise, é pura inconsistência, para dizer o mínimo.

A despeito de avançadas experiências que se fazem hoje no estudo do cérebro; de descobertas bioquímicas quanto, por exemplo, a moléculas estruturais, como a serotonina, na raiz de certas emoções; ou mesmo da aferição, por tomografia, de doenças mentais, tudo acrescido ainda de especulações, à base de "os cientistas supõem que...", o fato é que há postulados científicos mais básicos, anteriores a tudo isso.

E o postulado mais básico, 100% científico – e que eu desafio que encontre qualquer contestação séria –, é o seguinte: ninguém sabe hoje, realmente, *o que é* o cérebro! Nem se ele é um órgão químico ou elétrico. Trata-se da matéria de maior complexidade de todo o universo. Mesmo um autor de vulgarização científica, como Carl Sagan, já notou que seria mais fácil, no futuro, reproduzir em laboratório a complexíssima molécula do DNA do que um cérebro humano. No-

*Criatividade no trabalho e na vida* • 323

ticiando a abertura da Década do Cérebro, o *Jornal do Brasil*, de 15 de setembro de 1991, informa, depois de pesquisas: "Há quem diga que a ciência conhece apenas 5% das atividades cerebrais e outros que consideram essa proporção absurdamente exagerada". E entrevista o biólogo Rafael Linden: "No momento em que chegarmos a saber pelo menos o quanto falta para saber, teremos dado um grande passo".

Mais ainda: os neurofisiologistas calculam que, mesmo na fase atual, estamos usando apenas 2% ou 3% das potencialidades dos circuitos integrantes do cérebro (tem gente que usa menos).

Já daí, pergunto: como, baseado nesse conhecimento máximo de 5% sobre algo que só funciona, conforme reconhecido, a 3%, pode-se lá desenvolver teorias gerais sobre Criatividade, pressupondo que ela venha de um lado ou do outro do cérebro? Lembra-me a observação do fisiologista britânico William Grey Water, em *Mecânica do cérebro* (Zahar, 1962), quando dizia que os psicólogos começaram "afobadamente" a perguntar como a mente funciona, "enquanto o fisiologista, modesto demais, ainda estava querendo saber o que é o cérebro". (A expressão "modesto demais" é falta de modéstia do fisiologista Grey.)

Fatos: grandes porções de praticamente qualquer parte do cérebro humano podem ser destruídas sem perda de memórias especiais, como lembra Koestler, em *O fantasma da máquina* (Zahar, 1969). Nos célebres experimentos de Karl Lashey, neuropsiquiatra de Harvard, se um rato aprendeu seu caminho em um labirinto, pouco importa as partes de seu córtex que tenham sido danificadas, ele sempre seguirá o caminho correto, mesmo se arrastando ou dando cambalhotas. Onde estará então a memória, imprescindível tanto nos processos racionais como criativos? Admite-se há algum tempo (*Time*, 28 de outubro de 1991) "no cérebro todo". Em bom português: ninguém sabe.

Fatos: ainda que muito mais lento do que um computador – processa apenas uma informação por segundo contra até 1,2 bilhão do Cray-2 (recorde) –, deve-se ter em mente que cada *chip* de um computador está conectado, em geral, a dois ou três outros, enquanto cada um dos dez ou doze bilhões de neurônios do cérebro chega a estar ligado a *centenas* de outros. Devido a essa especial fisiologia, o cérebro oferece, às informações que processa, $10^{800}$ caminhos diferentes a percorrer. $10^{800}$ significa o número 1 seguido de oitocentos zeros! Esse número é inimaginável pelo próprio cérebro, considerando que os cientistas calculam que, em todo o Universo, existem $10^{100}$ átomos. (Perdão por lembrar: $10^{800}$ não é oito vezes maior do que $10^{100}$, mas sim "zilhões" e "zilhões" de vezes maior!)

(O Cray-2, querido leitor, em termos de possibilidade de pensamento, é uma engenhoca rapidinha mas rudimentar, comparada à estrutura infinitamente maravilhosa que foi presenteada a você e que se encontra em sua cabeça!)

Fatos: o cérebro humano é realmente dividido por dois hemisférios, porém unidos por um feixe de duzentos milhões de fibras nervosas (corpo caloso) que os integra. Normalmente, em face de qualquer dano em um dos hemisférios, o outro assume integralmente as funções da área prejudicada. Além disso, o cérebro do cavalo, da baleia, do coelho, ou de qualquer animal superior, também é dividido por dois hemisférios, ligados pelo corpo caloso: mas nenhum deles, ao que eu saiba, demonstrou até hoje pensamento racional.

Não é óbvio concluir, apenas por esses fatos, que qualquer ideia ou raciocínio humano passe, bilhões de vezes, antes de nascer, por *todos* os hemisférios disponíveis?

Mais fatos: esse corpo caloso já foi, em pacientes epiléticos, cirurgicamente seccionado, como tentativa de controle do mal. Tais pacientes, surpreendentemente, vivem, de forma absolutamente normal (se não considerarmos sua epilepsia, pois, em relação a ela, tais intervenções se provaram paliativas), exceto pequenos transtornos, que vou aqui selecionar pelo que nos interessam no momento: a mão direita, controlada, prioritariamente, pelo hemisfério esquerdo, o de prioridade racional, ainda pode escrever, mas já não é capaz – nesses pacientes com o corpo caloso seccionado – de fazer desenhos, enquanto com a mão esquerda acontece o oposto; para ler, têm de colocar os livros do lado direito do seu campo visual, de forma que as palavras sejam transmitidas para o hemisfério esquerdo, o de predominância verbal.

Que importância *prática* tem isso para você, leitor, que não teve, como acredito, o corpo caloso seccionado?

E note que todos esses fenômenos (alguns constrangedores: nesses pacientes pós-operatórios, a mão esquerda usualmente coopera com a direita, mas às vezes pode afastar-se, distraidamente, em atividades independentes) só puderam até hoje ser observados em alguns poucos *epiléticos*, pois nunca se soube de indivíduo normal algum que tivesse concordado em ter duzentos milhões de fibras cerebrais cortadas, para atender à pesquisa de alguém...

E experiências com macacos não provam nada sobre o assunto, uma vez que nossos criativos primos não possuem o pensamento lógico...

Que sabemos hoje, sobre o cérebro? Localização de algumas funções, algumas substâncias químicas ligadas a certas emoções, sua reação a certas drogas, talvez um pouco mais. Sabemos, por exemplo, como as letras deste livro estão sendo levadas, por fótons luminosos, até sua retina, leitor, de lá transmitidas, através do nervo óptico – que não é propriamente um nervo, mas uma extensão do próprio cérebro – até o lobo occipital. Ponto final. A partir daí, ninguém possui a mais tênue comprovação (apenas especulações imaginosas) de como tais letras vão se transformar em conhecimento, concordância, discordância, curiosidade, irritação, humor, crítica ou inspiração – enfim, em experiência psicológica pessoal, humana.

Nem sabemos hoje as funções específicas dos lobos frontais, justamente aqueles cujo desenvolvimento mais diferenciou o cérebro humano do dos primatas (irracionais), dando a nosso rosto a característica da testa. Estão incluídas entre as chamadas "áreas silenciosas do cérebro", que, quando estimuladas por corrente elétrica, não ocasionam nem pensamento, nem lembrança, nem sensação, nem movimento. Podem ser decepadas (lobotomia cerebral) sem que com isso a pessoa morra, fique demente ou incapacitada para falar (mas sua personalidade muda).

Em 27 de janeiro de 1996, o *Jornal do Brasil* publicou enquete que Charles M. Vest, diretor do Massachusetts Institute of Technology (MIT), "a instituição mais

*Criatividade no trabalho e na vida* • 325

prestigiada do mundo na área de ciências", promoveu sobre o tema "O que não sabemos: perguntas que a ciência não consegue responder". No item "A mente", a avaliação é muito clara:

> Nós não sabemos como aprendemos e nos lembramos, ou como pensamos e nos comunicamos. Também não conhecemos a natureza química ou física do armazenamento de informação. Não sabemos em que região a informação é guardada, como ela é retida ou mesmo se há limites para a quantidade de informação que podemos armazenar. Não compreendemos a relação entre linguagem e pensamento. Podemos ter pensamentos que não possam ser expressos em palavras?

Se NÃO SABEMOS sequer a região cerebral em que as informações são guardadas, como dar qualquer crédito a quem diz que sabe em que região tais informações podem se associar numa síntese criativa?

Criatividade, na prática, em ação, não tem NADA a ver com essas divulgações neuropsicologistas sobre o cérebro. Louis Pasteur sofreu comoção cerebral gravíssima, que lhe destruiu metade do cérebro. Entretanto, depois disso, fez algumas de suas mais notáveis descobertas.

Gastando mais vela com defunto tão ruim, diria que um "gerente criativo", para escolher esse cargo, não seria absolutamente um gerente que usasse mais seu hemisfério direito do que o esquerdo (caso fossem essas de fato as origens dos dois principais pensamentos humanos): tal gerente seria um grande excêntrico, infenso a técnicas modernas de gerência, digno de ser demitido no primeiro dia de trabalho! Um gerente REALMENTE CRIATIVO, que usa sua Criatividade para o Sucesso, operaria, em 99% dos casos (sic) com o hemisfério *esquerdo* – o RACIONAL –, deixando para o direito, o criativo, aquele 1% dos seus problemas de gerência, embora sejam, como disse, os únicos cuja solução "garante 50 mil dólares". (Mas até essa hipótese me pareceu primária, em face do primarismo da tese que estou acabando de comentar...)

E, finalmente: mesmo que a Criatividade provenha do hemisfério direito e não do esquerdo, e daí? Que diabo vamos fazer com essa "descoberta"? Dormir com a cabeça apoiada no lado esquerdo ou no direito? Dar pancadinhas no lado certo para acordar as ideias? Ou deixar sobre ele um saco de água quente até que ocorra um Eureka?

Amigo, cultive seu Bom Humor, Irreverência e Pressão, e as IDEIAS correrão para você – venham lá de que hemisfério for, dos rins ou da sola dos pés!

Após o lançamento da primeira edição deste livro, saíram no Brasil duas obras de referência: a de Sally P. Springer e George Deutsch, *Cérebro esquerdo, cérebro direito* (Summus, 1998); e a de Robert Ornstein, *A mente oculta*, entendendo o funcionamento dos hemisférios (Campus, 1998). Elas esgotam, a meu ver, ao nível dos conhecimentos atuais, todos os termos dessa discussão.

Escrevi artigo mais ou menos longo sobre esses dois livros. Seria supérfluo reproduzi-lo aqui, mesmo resumido. Somente algumas transcrições. No volumoso *Cérebro esquerdo, cérebro direito* – "um clássico sobre as diferenças entre os hemisférios cerebrais" – lê-se, na página 325, "[ ... ] há pouca coisa em termos de evidência científica que ligue a criatividade ao hemisfério direito e menos ainda de evidência que especifique a ligação de graus de criatividade com o grau de utilização do hemisfério direito". E, na página 35: "Está claro que ambos os hemisférios contribuem para atividade mental complexa".

Já em *A mente oculta*, Robert Ornstein – curiosamente o autor cujos primeiros escritos (mal compreendidos) deram origem a toda essa *dicotomania* mundial, e que por isso confessa, já na página 3, "parei de trabalhar com os dois lados do cérebro porque parecia-me que meus estudos estavam apenas contribuindo para aumentar a confusão" – é bem categórico: "Da mesma forma que não andamos com um ou outro pé, nenhum dos dois hemisférios funciona sozinho, assim como a área de um triângulo não depende isoladamente de sua altura ou largura" (p. 65).

E continua (grifos de Ornstein): *"Não existe nada que seja regulado apenas pelo lado direito ou esquerdo"*. E, na página 134, tratando "até de desenhos e criatividade": "nenhum lado do cérebro faz nada sozinho [ ... ] um lado não pode fazer o trabalho sem o outro".

Já quase no fim (p. 152), Ornstein nos brinda com essa informação espantosa: "Entretanto, o microssistema no hemisfério esquerdo certamente é capaz de criatividade e *insights*". Ele disse *esquerdo*.

Amigo, se você está realmente interessado em introjetar mais Criatividade em sua vida, abstraia-se totalmente de qualquer preocupação com seus hemisférios cerebrais, e eles só terão a lhe agradecer, possivelmente por meio de boas ideias.

Saiba que as diferenças entre um e outro, quando egressas da neurofisiologia avançada para borboletear por "teorias", "lições" e "conselhos" sobre Criatividade, transformam-se em pura baboseira!


Voltando aos cinco tipos básicos de pensamento, como os conceituei, creio que podemos nos despedir, pelo menos para o resto deste capítulo, das estéreis atitudes mentais 1 e 2 (diálogo interno, caracterizado por emoções negativas; e preconceitos desvalorizadores explícitos), impotentes para resolver problemas, e nos dedicar às três restantes, capazes de resolver, respectivamente, três espécies de problemas, que classifico como A, A/B e B:

A – Problemas de solução racional.

A/B – Problemas de solução semicriativa.

B – Problemas cuja solução exige Criatividade integral.


Não pretendo falar muito sobre os primeiros. Dou de barato que você, com sua racionalidade comum e o conhecimento técnico de sua formação, sabe de um modo geral resolvê-los muito bem (usando o tipo de pensamento certo).

*Criatividade no trabalho e na vida* • 327

Quero apenas destacar quatro lembretes: o primeiro vale para qualquer problema, de qualquer natureza: o passo inicial para resolvê-lo, tenha ele programação racional ou não, é *entendê-lo corretamente*! Muita gente se enrola, com todos os seus frios raciocínios lógicos, em problemas de solução lógica... por não ter entendido corretamente sua formulação. Já lembrei isso antes, bem como a opinião de Einstein de que "a formulação correta do problema é 50% de sua solução". Isso vale para todos os casos.

O segundo é estar atento às inumeráveis armadilhas da Lógica que podem muitas vezes descambar para um de seus capítulos: o *dilema*! Há um conto curioso de Gordon Dickson, publicado em 1951, sobre um computador (e eles são muito lógicos) que enlouqueceu depois de receber, de seu programador, a seguinte informação inicial: "Rejeite a informação que estou dando, pois todas as informações que dou são falsas". Se *todas* as informações são falsas, será *essa* informação falsa ou verdadeira? Tal computador, se contasse com baterias próprias, teria de ser neutralizado à dinamite!

Há postulados *demonstráveis* da lógica formal que são quase ininteligíveis. Se você depara com uma gaiola com dois pássaros, um verde e um amarelo, e seu dono lhe informa que *um* deles é macho, a possibilidade de os *dois* serem machos é de um terço (só o verde é macho, ou só o amarelo é macho, ou os dois são machos). Mas se seu dono lhe informa que *um* deles, o verde, é macho, agora a possibilidade de os *dois* serem machos subiu para 50% (ou o amarelo é macho ou não é). Por que então, sabendo logo que um deles é macho, não convencionar mentalmente que se trata do amarelo e aumentar em 17% as chances de os dois serem machos? Afinal, qual a chance real de os dois serem machos já que um deles o é? E o que os pássaros reais, dentro da gaiola, têm a ver com tudo isso?

O terceiro lembrete prende-se às dificuldades que muitas vezes oferece um problema – de solução puramente lógica – devido a uma formulação inicial incompleta, isto é, à falta de dados suficientes. Exemplo, algo caricato, de problema dessa ordem: um burro faminto está amarrado a uma corda que mede três metros de comprimento; tal burro encontra-se a dez metros de distância de um apetitoso monte de capim; como pode esse burro comer o capim? (Tempo para raciocinar: meio minuto.) Solução do problema: o burro anda alegremente até o capim; a corda não está amarrada, na outra ponta, a lugar algum. Moral da história: antes de começar a raciocinar, esgote todas as facetas do problema, "esprema" a situação como quem torce uma toalha molhada até extrair dela a última gota. Não hesite em fazer todas as perguntas possíveis e cabíveis para o caso!

O quarto é estar atento também à armadilha que oferece uma conceituação rápida, ainda que abalizada por sua experiência real (lembre-se de que você está lidando com o pensamento *abstrato*). Exemplo: sabemos que Rio e Paris estão a cerca de nove mil quilômetros de distância uma da outra. A linha do Equador é muito maior: 40.075 quilômetros. Se passarmos um barbante por essa linha descomunal, dermos um nó bem apertado, em seguida o cortarmos, acrescentarmos a ele apenas *um metro* de comprimento (relativamente uma insignificância) e distribuirmos a folga de modo que o barbante fique uniformemente afastado da superfície terrestre, pergunto: que animal poderia passar por baixo do barbante? Seria muito razoável você responder: "nem uma pulga". Na verdade, um coelho o faria com a máxima facilidade, pois a folga seria de 15,9 centímetros (calcule e comprove).

Não custa nada você desconfiar sempre do pensamento abstrato...

Muitos problemas de lógica só são resolvidos por uma apreensão intuitiva, *concreta*, sintética da situação.

Por exemplo, num dos problemas apresentados por Martin Gardner em *Ah! Apanhei-te!* (Gradiva, 1993): ao pretendente à mão de sua filha, o rei estabelece, para sua anuência, a seguinte condição: "Terás de matar o tigre escondido atrás de uma daquelas cinco portas. Terás de abri-las, uma por uma, começando pela primeira. Só saberás onde está o tigre ao abrir a porta certa. Será um tigre *inesperado*".

Então, o rapaz raciocina: se abrir quatro portas sem encontrar o tigre, saberei que ele está na quinta. Mas o rei disse que eu não o saberia antecipadamente, logo o tigre não pode estar atrás da porta 5. Portanto, essa porta fica eliminada. Contudo, se abrir três portas sem encontrar o tigre, saberei que está na quarta. Nesse caso, não será inesperado. Então a porta 4 também não interessa...

Seguindo o mesmo raciocínio, o pretendente prova que o tigre não pode estar igualmente nas portas 3, 2 e 1 – o que o faz rejubilar de alegria. Exclama eufórico:

– Não há tigre atrás de porta alguma! Se houvesse, não seria *inesperado*, ao contrário do que o rei prometeu. E o rei *sempre* cumpre suas promessas!

Depois de provar que não há tigre algum, o rapaz começa a abrir as portas sem qualquer receio. Contudo, para sua grande surpresa, o tigre lhe salta em cima da porta 2. O fato foi completamente inesperado, pelo que o rei não faltou à palavra!

Martin Gardner informa que "até hoje os lógicos ainda não conseguiram pôr-se de acordo sobre qual teria sido a falha do pensamento do infeliz pretendente".

Eu sei. Foi falha em sua apreensão intuitiva, *concreta*, da situação. Se, para casar, eu tenho primeiro de enfrentar um tigre *inesperado*, então toda a probabilidade concreta, prioritária, não versa sobre em qual porta ele se esconde, e sim a de que eu termine no cemitério (se sobrar alguma coisa) e não no altar. Fosse eu caçador, ainda concordaria em enfrentar um tigre *esperado* – caso contrário serei eu a caça! Não vou me meter a abrir porta alguma, vou me mandar do palácio, fugindo com a noiva!

Isso não é só humor, embora também possa ser. São exatamente essas as situações estudadas pela Teoria dos Jogos, que já mencionei, que provam como passos perfeitamente lógicos podem levar a um desastre – o que chega ao exemplo supremo no campo da corrida armamentista.

Os casos dos problemas A/B são aqueles que exigem um *flash* súbito, criativo, que enriqueça a mesma programação ou que passe para outra programação já existente, seguindo então seu curso linear, lógico, convergente.

Retiro de Martin Gardner em *Ah! Descobri!* (Gradiva, 1990) outro exemplo – embora, é claro, ele não os classifique da forma como estou fazendo.

Certo circo tem um determinado número de cavalos e cavaleiros. Entre eles há 50 pés e 18 cabeças. Além disso, o circo dispõe de alguns animais selvagens que têm, ao todo, 11 cabeças e 20 pés. Há duas vezes mais animais selvagens com 4 pés do que criaturas com 2 pés. Quantos cavalos, cavaleiros e animais selvagens há no circo?

A primeira questão, entre cavalos e cavaleiros, é problema da Ordem A. Hipótese: se as 18 cabeças fossem só de cavalos, haveria 72 pés; só há 50 pés, logo, 72 – 50 = 22 pés, o que implica 11 cavaleiros. O restante da subtração, 28, dividido por 4, informa que há 7 cavalos.

Já o resto da questão implica problema A/B. Enquanto eu estiver raciocinando com os mesmos dados com que operei para animais "cavalos", não chegarei a solução alguma! Nesse caso, nesse impasse, há de voltar a se enfronhar atentamente no enunciado do problema – pois toda solução está sempre DENTRO DO PROBLEMA – até notar, de repente, que entre "animais selvagens" o circo, como quase todo circo, dispõe também de macacos (bípedes) e de cobras, que não têm pé algum! Esse é o Ah! criativo. A partir dele, basta seguir a programação (no caso, matemática) normal. Com o total de 20 pés, conceituo 4 quadrúpedes – e não cinco, pois tenho de atender, com os 4 pés restantes, a 2 macacos (metade do número de quadrúpedes). O resto são as 5 cobras...


Os livros de Criatividade gostam muito de oferecer exemplos de problemas A/B, a começar por ilusões de óptica, mostrando, corretamente, que uma determinada figura pode transformar-se radicalmente por mera *mudança de ponto de vista*. Por exemplo, silhuetas que, dependendo de sua escolha, tanto podem representar dois perfis quanto um cálice.

Essa mudança é criativa, mas também é quadrada – dentro de um quadro já previsto, predeterminado.

Criatividade, no duro, amigo, é você *criar*, sobre uma folha em branco, mais uma dessas ilusões ou então ver, naquela figura, formas incríveis, inéditas, insuspeitadas, pornográficas – que horrorizariam o autor que o convidou ao teste!


O livro *Aumente sua criatividade profissional* (McGraw–Hill), já mencionado, oferece muitos casos, todos de Criatividade A/B.

Bom exemplo é o da página 158, a seguir apresentado com dados locais: dois trens, um do Rio e outro de São Paulo, partem simultaneamente, a 80 km/h, para cobrir a distância de quatrocentos quilômetros que separa as duas cidades. Nesse instante, um pássaro, assustado pelo silvo inicial de um dos trens, sai voando, a 120 km/h, numa linha reta ao longo dos trilhos (suponhamos que fosse assim) até encontrar o outro trem: assusta-se e volta em sentido contrário, e assim sucessivamente. Qual a distância total coberta pelo louco pássaro, de um lado para outro, até que os trens se encontrem e o bicho, supostamente, tenha um ataque de nervos?

O cálculo da soma dos trechos de voo é bastante complicado, de vez que ambos os trens, enquanto o pássaro voa entre um e outro, estão comendo quilometragem.

Mas mude a programação. Esqueça os conceitos de distância e calcule o *tempo* que os dois trens levam para se encontrar: duas horas e meia. A partir daí, é só voltar à lógica normal: voou duas horas e meia a 120 km/h, logo...

Accito, sim, que essa mudança de programação seja um *flash* criativo. Mas note que quem solucionou o problema manteve-se o tempo todo dentro do quadrado maior dos cálculos matemáticos.

Aliás, minha experiência profissional me diz que, em seminários de Criatividade, os grupos, mesmo de engenheiros, *detestam* problemas A/B e *adoram* problemas B, que exigem Criatividade total!

Vejamos então um problema de ordem B, mas que, para ser mais bem apreciado, tem de ser antecedido por um problema de ordem A.

Em três copos comuns de vidro, tente colocar 11 moedas de forma que cada copo fique com um número ímpar de moedas.

Qualquer ensaio-e-erro leva logo a uma solução possível: 3 moedas em um, 7 no outro e a última no último.

Agora, tente a mesma coisa com apenas 10 moedas.

O mesmo procedimento anterior é totalmente insuficiente. Possivelmente você ficou embananado.

Há de partir para um procedimento espacial radicalmente inédito – e que resolve 100% o novo problema: coloque 2 moedas em um copo, 7 no segundo e a última no último; em seguida, *meta o último copo dentro do primeiro!*

Você partiu para uma providência – 100% eficaz – e radicalmente diferente do tipo de lógica em que vinha operando!

Que tipos de problemas nos oferece o xadrez?

*Problemas de ordem A* – Como dispor cavalos, torres e demais peças num tabuleiro, de forma a permitir o início do jogo? Claro, você tem de conhecer, tecnicamente, as regras, inclusive a de que o tabuleiro apresente casa branca à direita de cada jogador. Ou: que abertura seguir, calcado no seu conhecimento e domínio sobre elas, e nos estudos dos mestres que você já leu? Ou: como terminar uma partida já ganha, quando o oponente já deveria, alguns lances atrás, ter derrubado o rei?

*Problemas de ordem A/B* – O próprio jogo de xadrez. O esforço mental contínuo, racional e criativo, de estar escolhendo e criando novas, e tantas vezes brilhantes, opções estratégicas, pronto eventualmente a abandonar uma linha de raciocínio em proveito de outra, às vezes totalmente surpreendente. Há partidas de Alekine, Casablanca, Lasker etc. que são verdadeiras obras de arte de raciocínio, intuição e imaginação. Igualmente, todos os problemas de xadrez, do tipo "as brancas jogam e ganham" e "mate em quatro lances", são dessa ordem. Todos, contudo, dentro de um quadro convergente, que só admite, por definição, uma única solução.

*Problemas de ordem B* – Criar, você próprio, um problema de xadrez – seguindo, é claro, as regras estritas do jogo: as brancas sempre começam, não pode haver xeque nem tomada de peça no primeiro lance, o lance-chave tem de ser único etc. –, mas dentro das possibilidades praticamente infinitas de posições e das peças no tabuleiro. Por isso, cada problema, publicado na imprensa, leva o nome de seu criador, e não, claro, de quem já o tenha solucionado...

Ou então: inventar, com as mesmas peças e o mesmo tabuleiro, outros jogos possíveis de xadrez – como alguém o fez, na minha faculdade, com um tal de "per-de-ganha". (O compositor Arnold Schoenberg inventou uma versão mais complicada do jogo, com cem casas, em vez das tradicionais 64.)

Ou ainda: usar as peças para um móbile na sala, bem em cima da mesinha de centro, que seria o tabuleiro...

Arthur Koestler, que estudou brilhantemente o processo de Criatividade (voltarei a falar dele) a que chama de biassociação, dá mais um exemplo notável, em seu mencionado *O fantasma da máquina*:

> O jogo de xadrez permite estratégias mais variadas que o de damas, um número mais vasto de escolhas entre as jogadas permitidas pelas regras. Mas há um limite para elas, e existem, no xadrez, situações desesperadoras, em que as mais sutis estratégias não nos salvarão – a não ser que ofereçamos a nosso oponente um martini tamanho gigante. Na verdade, não existe no xadrez uma regra que nos impeça de fazer isso, mas embriagar uma pessoa, enquanto nós próprios permanecemos sóbrios, é um tipo de jogo diferente, com um contexto diferente.

Vale a pena completar o parágrafo. "Combinar os dois jogos é uma biassociação. Noutras palavras, a rotina associativa significa pensar de acordo com um determinado conjunto de regras, sobre um plano único, por assim dizer. O ato biassociativo significa combinar dois conjuntos diferentes de regras, viver em dois planos ao mesmo tempo."

A propósito do exemplo de Koestler quanto ao jogo de xadrez, devo lembrar que ele tem sido campo propício de estudo – desde as pesquisas do psicólogo A. Binet, em 1894 – como "espécie de pedra de toque para vários meios de modelação do intelecto humano". Mas a coisa não é bem assim...

O jogo de xadrez se processa, *in limine*, sob regras claras e precisas, isto é, num campo muitíssimo delimitado de conceituações, vale dizer, num QUADRADO (no caso, literalmente). Assim, e somente por isso, *dentro desses limites*, ele se torna acessível à operosidade de um computador.

Quando, em novembro de 1989, o então campeão mundial Garry Kasparov, considerado o maior jogador de xadrez de todos os tempos, derrotou o *Deep Thought*, da IBM, especializado em xadrez, o vencedor exultou: "Não posso imaginar uma vida em que o computador seja mais poderoso do que a mente do homem. Eu o venci para proteger a raça humana". Ao que eu comentei, em livro voltado para a natureza do pensamento humano (*O adulto repensado*, Summus, p. 181): "*Nonsense*. A supremacia de Kasparov está com os dias contados. O *Deep Thought* é capaz de analisar 720 mil posições por segundo. 'Vamos trabalhar num novo sistema' – diz Murray Campbell, um dos criadores do programa

– 'que possibilite ao computador analisar mais de um milhão de movimentos por segundo'. Kasparov está frito".

Previ, no parágrafo seguinte, que ele poderia se fritar "ainda este ano" (1992). Kasparov fritou-se em maio de 1997, perante o novo *Deep Blue*, da IBM, capaz de analisar duzentos milhões de movimentos por segundo (!). E daí? A "vida humana", ao contrário do que teme Kasparov (que, como especialista em xadrez, possivelmente imagina que o universo seja um tabuleiro), tem muito pouco a ver com um mero jogo de xadrez. A "raça humana" – vale dizer, sua consciência, sua racionalidade, sua criatividade – "não estará ultrapassada quando soubermos (já sabemos) que há instrumentos, criados por ela, imbatíveis nesse jogo (como já o são no jogo da velha)".

Há um problema interessantíssimo de xadrez – composto por Sam Loyd, grande charadista, em 1859, quando ele tinha apenas 18 anos – que ilustra o que quero dizer.

Loyd inseriu seu problema num cenário histórico: em 1713, quando Carlos II da Suécia estava sitiado pelos turcos em seu acampamento de Bender, jogar xadrez com seus ministros era um dos passatempos favoritos do rei. Certa vez, quando a partida havia chegado a uma determinada posição (para os aficionados: brancas – C1R, R5BR, P2CR, T7CR, P2TR; pretas – B7BR, P6CR, P3TR, R4TR), o rei, jogando com as brancas, anunciou xeque-mate em três lances. Nesse instante, uma bala turca espatifou o cavalo branco. Carlos sorriu e disse que ainda tinha mate em quatro lances. Nem bem tinha acabado de falar, e outra bala levou seu peão da coluna da torre. Imperturbável, Carlos anunciou mate em cinco lances.

(Essa história tem um clímax: anos mais tarde, um alemão perito em xadrez observou que, se o projétil tivesse despedaçado a torre, em vez do cavalo, Carlos ainda teria mate em seis lances.)

Agora, vejamos: se em vez de Carlos II fosse o *Deep Blue* que estivesse jogando, a máquina, já na primeira bala, teria tido um chilique! *Deep Blue* não poderia de modo algum aceitar, "entender" que uma peça tivesse sem mais nem menos sumido do tabuleiro, pois isso afrontaria todas as premissas de sua programação. Na certa, se "bloquearia" na hora, completamente incapaz de vencer a partida, ou melhor, *demonstrar* a vitória, pois, para as brancas, em qualquer das posições em questão, a partida já está inevitavelmente ganha... e dentro das próprias regras do xadrez!

Com suas duzentas milhões de combinações especializadas por segundo, *Deep Blue* é muito burro se a vida real "inventa" alguma coisa...

Ao contrário do computador, o homem tem uma consciência periférica, uma intuição, uma espontaneidade, uma criatividade que o informam e lhe permitem assimilar – tanto no jogo de xadrez como na vida – os fatores do inédito, do imprevisível, do superveniente, que estão o tempo todo se inserindo em sua existência concreta, como balas turcas.

Você se prepara para comprar um presente para seu filho, numa loja de brinquedos, hesitando entre um quebra-cabeça de quinhentas peças, um jogo de damas ou um kit de massa para modelar. Nos três casos, sem dúvida, você estará favorecendo suas aptidões mentais (mas diferentes entre si). Saiba, além disso, que nos três casos você estará convidando seu filho a resolver problemas.

**1** Quebra-cabeça. Exercita a persistência e a observação atenta de detalhes. Solução por ensaio-e-erro. Resultado único, convergente, não importa quantas vezes seja montado ou desmontado. Criatividade requerida: zero.

**2** Jogo de damas. O mesmo já dito do jogo de xadrez. Problemas de ordem A/B. Solução também convergente, dentro do quadro geral do jogo (que Napoleão reputava mais criativo que o xadrez).

**3** Massa de modelagem. Possibilidades mil, não só no campo da modelagem (de um coelho, um avião, o Pão de Açúcar, qualquer coisa) como também na imagística (planetas, seres esféricos, novos jogos improváveis), como ainda na descoberta de novos usos, como tirar moldes de formigas e besouros; misturar, como réplicas, aos chicletes de bola da irmã; dar alto-relevo ao precioso Guignard da família, ou entupir as orelhas do gato. Soluções divergentes, para dizer o mínimo.


Que tipos de problemas pode oferecer-nos a expressão semântica escrita?

*Problemas de ordem A* – Redigir, perante imensa massa de informações técnicas, organizacionais, jurídicas e financeiras, provenientes de diferentes fontes, um estudo de viabilidade claro e objetivo, dentro dos moldes exigidos pela instituição a que se destina. Tradução de textos usuais. Cartas. Relatórios. Solução convergente.

*Problemas de ordem A/B* – Alguém escreve numa folha de papel a frase: "Um navio francês entrava no porto do Rio". E em outra, as palavras: "Um navio italiano". Problema: montar uma única frase – fácil, coerente, escorreita, gramaticalmente impecável – que contenha todas essas palavras constantes das duas folhas, sem acrescentar nem eliminar letra alguma. Dou a solução pouco mais à frente. Exige um Ah! criativo. A partir daí é só seguir a semântica normal. Toda tradução de poesia, a meu ver, é problema da ordem A/B, exige também talento poético. Solução também convergente.

*Problemas de ordem B* – Fazer poesia. Criar um texto realmente persuasivo. Escrever um romance, uma fábula, um *script* original, sobre qualquer coisa. Possibilidades infinitas. Soluções divergentes.

Gosto muito, por sinal, de convidar meus grupos a criar histórias, mas, para ajudá-los (como muitos dos participantes não estão acostumados a isso), coloco sobre eles dificuldades inspiradoras, quer dizer, Pressão:

**1** Solicito que diferentes participantes digam três nomes bem díspares entre si. Por exemplo: 1) cabeça; 2) coalhada; 3) lobo. O problema será escrever uma história que contenha, obrigatoriamente, todas essas três palavras já no parágrafo inicial.

**2** Exijo que, ao dar o sinal de partida, todo mundo, sem exceção, comece logo a escrever. Não quero ver ninguém na sala "tentando bolar alguma coisa", com os olhos voltados para cima, como Santa Teresa d'Ávila. Todo mundo tem de começar imediatamente a escrever.

**3** Para ajudá-los ainda mais – dito sem ironia alguma –, às vezes chamo a mim escolher o campo da história: infantil, policial, romance etc. Mas aí fica fácil demais...

Dez soluções 100% corretas – todas divergentes – para o problema "cabeça", "coalhada", "lobo":

*Infantil* – Chapeuzinho Vermelho, assim conhecida pela touca que lhe cobria a cabeça, levava para a vovó sua cesta cheia de maçãs, pudim, coalhada etc., quando um lobo etc.

*Policial* – "Um lobo em Baskerville?" – a hipótese fez Holmes se engasgar com a coalhada. "Isso só pode ter nascido na cabeça de Jackson!"

*Terror* – Quando a cabeça do lobo finalmente se destacou na escuridão, uivando para a noite coalhada de estrelas, sabíamos todos que...

*Guerra* – Defender com apenas oito homens a cabeça de ponte de Remagen dos *Einsatzgruppen* que, como uma alcateia de lobos, preparavam-se para atacar, não seria exatamente como comer uma coalhada.

*Romance* – Oferecendo-lhe uma inocente coalhada em vez de uma previsível dose de uísque, Peter percebeu, pelo meneio da cabeça de Doris, que estaria fazendo o papel de lobo em pele de cordeiro, o que seria a pior tática possível.

*Humor* – "Coalhada" – aquele jogador de futebol não muito bom da cabeça, personagem de Chico Anísio – adotou certa vez como mascote do time, não uma cadelinha, como a do Botafogo, mas um enorme lobo.

*Noticiário* – Não lhe passou pela cabeça, ao provocar o lobo no zoo, atirando-lhe copinhos vazios de coalhada, que a porta da jaula estivesse com defeito...

*Carta* – Após meu pesadelo com o monstruoso lobo, acordei com terrível dor de cabeça, e aí pensei: foi aquela coalhada que me fez mal!

*Entrevista* – Edu Lobo, convertido ao naturalismo – tendo trocado a carne de porco e o álcool pelo arroz integral e a coalhada –, levou com os repórteres um papo muito cabeça.

*Biografia* – Toda noite, após nossa modesta ceia de pão com coalhada, vovô nos encantava fazendo, com as mãos, seu Jogo de Sombras: uma águia voando, a cabeça de um lobo etc.

*Coluna social* – Como prevíamos, deu Viviane Juppé na cabeça, com sua fantasia "Coalhada Azedinha", seguida de Marcos Vinícius, de "Lobo Bobo".

*Relatório* – Certo instrutor de Criatividade propôs o seguinte exercício a um grupo: escrever história começando com as palavras cabeça, coalhada e lobo.

Que tipos de problemas você pode resolver com o auxílio de sua calculadora?
*Problemas de ordem A* – Exemplo:
Aqui há três erros. Descubra-os:

$$26 + 42 = 68$$
$$57 - 13 = 34$$
$$28 \times 9 = 242$$
$$184 \div 4 = 46$$
$$47 \times 7 = 319$$

*Problemas de ordem A/B – Exemplo:*
Aqui há três erros. Descubra-os:

$$35 + 14 = 49$$
$$128 - 14 = 124$$
$$15 \times 9 = 135$$
$$192 \div 8 = 24$$
$$18 \times 6 = 104$$

Se estiver interessado em tentar resolvê-los, não olhe o bloco final deste capítulo, logo adiante. (Aproveito a chance de lhe dar a chave para resolver o problema semântico A/B "um navio francês entrava... etc." Enquanto você estiver lendo esse verbo como o imperfeito do verbo *entrar* – e não o presente de *entravar* –, você não conseguirá nada...)

*Problemas de ordem B – Exemplo:*
Lance mão de sua calculadora para uma finalidade completamente diferente daquela para a qual foi fabricada. Construa *palavras* com ela – que responderão a perguntas que você mesmo formulará depois – apelando para a curiosa propriedade de os números eletrônicos poderem ser interpretados como letras, quando vistos com a calculadora invertida.

Quem começou essa brincadeira foi Donald E. Knuth, cientista de computadores muito conhecido, com o seguinte problema:

Trezentos e trinta e sete árabes e trezentos e trinta e sete israelenses lutaram encarniçadamente pela posse de uma preciosa área de 8.424 metros de lado. Quem ganhou afinal com toda a carnificina?

A resposta advém se você adicionar, com sua calculadora, o quadrado de 337 ao quadrado de 8.424 e olhar a soma de cabeça para baixo (as duas palavras, que indicam o vencedor final, aparecerão apenas coladas).

Martin Gardner propõe várias outras, das quais selecionei três (respostas obviamente em inglês):

**1** Quanto mais se tira maior fica. O que é?

$$\sqrt{13.719.616}$$

**2** O que disse o dr. Livingstone, depois de Stanley ter-lhe dito: "Dr. Livingstone, presumo"? 18 vezes 4, depois dividir por 3 e o resultado deve ser reduzido de 10.

**3** Haverá tais jogos com calculadoras que utilizam palavras não inglesas? Some 1 à resposta anterior.

Encorajado por essa última resposta, passei eu também, com minha calculadora, a resolver problemas. (E convido o leitor a criar também outras charadas.) Aproveitarei a chance para dar a resposta do problema "javalí-quatí-saguí-ocapí", apresentado anteriormente para ilustrar como o cérebro humano tantas vezes "acomoda-se" a um padrão, um QUADRADO:

**1** Considerando quem realmente saiu ganhando (na charada de Donald Knuth) na briga entre trezentos e trinta e sete árabes e trezentos e trinta e sete israelenses – que força, no mundo inteiro, seria capaz de contestar esse vencedor?

$$\sqrt{0,305809}$$

**2** Qual o ignoto mamífero quadrúpede – além de javali, quati, sagui e ocapi – cujo nome termina em i?

$$\sqrt{11.664}$$

**3** De que mais carece o Brasil, diante de tanto Collor, PC, Maluf, precatórios e anões do Orçamento?

$$856 \div 8 + 30$$

**4** O que o Brasil mais anseia, em generosa unanimidade nacional, dar a todos os times de futebol do mundo – com o máximo de bom humor e elegância?

$$20\% \text{ de } 1.850$$

**5** Nas praias deslumbrantes do Rio, em pleno alto verão, coalhadas de garotinhas bronzeadas e usando fio dental, qual a mais ardente delícia que os turistas paulistas sempre pegam?

$$256 \times 3 - 63$$

Todos os problemas de solução criativa A/B , mas principalmente B, exigem, de quem quiser resolvê-los, certas posturas mentais valiosíssimas. (Antes que me esqueça: a solução do segundo problema "Aqui há três erros. Descubra-os" está no *enunciado* do problema: é o terceiro erro que faltava, já que nas operações aritméticas só existem dois.)

Inclusive – imagine só – a observância fiel a uma regra que vale ouro: a Regra nº 6!

Sempre que você estiver enrolado com um problema, que há muito não consegue resolver, muito certamente *não* está obedecendo à Regra nº 6!

E, para não fazer mistério, vou apresentá-la logo na abertura do próximo capítulo.

Imperdível.

# 12
# Regras, metáforas, humor, opções, recompensas

*Mas se você já está pipocando boas ideias, como a orquídea pipoca suas sementes, não precisa ler nada disso!*

Com um peso de 1.500 gramas, eis um enigma sobre si mesmo.
É a estrutura de maior complexidade do universo.
Funciona através de dez bilhões de unidades que se
interligam entre si por 10.800 caminhos diferentes.
Pode reter, ao longo da vida,
um quatrilhão de bits de informação.
Sua memória potencial é capaz de acumular
o conteúdo de vinte bilhões de livros.
Seu poder de erigir novas sínteses é virtualmente infinito.
Os que mais entendem dele admitem que ainda
não chegaram a entender 5%.
E, pior ainda: que só usamos, no máximo,
3% de sua capacidade.
É muito bom saber que contamos com recurso
tão fabuloso entre nossas orelhas.

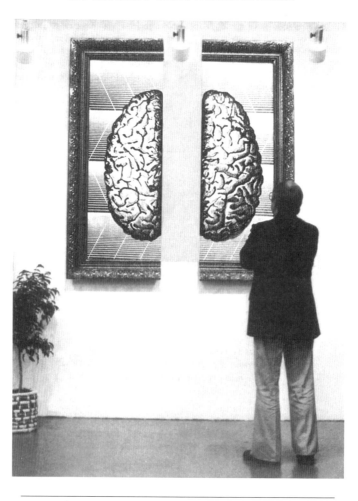

Fotografia publicada no *Psychology Today*, outubro de 1977.

*"É comum que novas verdades comecem como heresias e terminem como superstições."*

**Thomas Huxley (1825-1895)**

É muito difundida a crença de que Criatividade não tem regra alguma.

Penso diferente. Criatividade tem regras sim, poucas mas preciosas.

E a mais preciosa de todas é a Regra nº 6.

Ela é tão importante, em minha opinião, que o leitor, se está de fato interessado em ampliar seu potencial criativo, deve realmente repeti-la, para si mesmo, diariamente. E várias vezes (quarenta por dia bastam)! Até que consiga, aos poucos, se impregnar de sua substância, sua orientação.

Mais ainda: sempre que, como já disse, você estiver enrolado com um problema – mesmo de ordem afetiva e pessoal – que há muito tempo não consegue resolver, muito certamente não estará seguindo a inestimável Regra nº 6.

Ela é extremamente simples, nada retórica, nada filosófica, decepcionante até para quem espera uma Revelação oracular. Porém siga-a – e será fartamente recompensado!

Sem querer fazer suspense, deixe-me, contudo, relatar como ela se tornou difundida, quem a formulou e lhe deu o título de Regra nº 6.

Dwight Morrow, antigo embaixador dos Estados Unidos no México, há muito falecido, foi quem a divulgou, inclusive na imprensa, como uma das melhores regras para seguir na vida. Mas não foi ele quem a formulou.

Certo dia, em Londres, durante a Primeira Guerra Mundial, Morrow entrou no gabinete de Sir Joseph MacLay, ministro da Navegação da Inglaterra – país cuja principal contribuição para a vitória final dos aliados foi a impecável e talentosa neutralização da Armada alemã. MacLay, e toda sua equipe, revolucionaram a guerra naval, criando a nova estratégia dos recém-chegados encouraçados (estratégia só superada, na Segunda Guerra, pela aparição dos porta-aviões).

Conversavam os dois quando um oficial, membro da equipe, entrou porta adentro, muito preocupado, e começou a relatar enfaticamente para MacLay problemas horríveis (afinal, o país estava em guerra), bem como, também enfatica-

*Criatividade no trabalho e na vida* • 341

mente, as coisas mais horríveis ainda que aconteceriam se suas sugestões não fossem adotadas.

MacLay ouvia atentamente, mas de repente se saiu com esta:

– Olhe lá, oficial. O senhor está violando nossa Regra nº 6...

O oficial corou e se retirou.

Uma vez fechada a porta, Morrow perguntou:

– Que diabo é isso, Sir Joseph, de Regra nº 6?

E Sir Joseph esclareceu:

– A Regra nº 6 é a coisa que reputo mais importante aqui na minha área. Graças à Regra nº 6 é que pudemos organizar uma equipe tão ágil, tão flexível, tão inovadora. Tudo graças à Regra nº 6.

E Morrow, sentindo-se nos umbrais de uma descoberta transcendental, insistiu:

– Mas que diz afinal a Regra nº 6?

– Bem, ela é muito simples. Talvez você vá até ficar decepcionado. A Regra nº 6 diz apenas: "NÃO SE LEVE DEMASIADAMENTE A SÉRIO".

Morrow ficou decepcionado.

– Só isso? – indagou.

– SÓ ISSO!

– Então, diga-me também quais são as outras regras.

E Sir Joseph encerrou, com um sorriso, sua explanação:

– Não há outras regras...

(Não lhe ocorrera título melhor, resolveu simplesmente chamá-la de nº 6).

Nesse ponto, discordo de MacLay.

Há sim, também, a Regra nº 7.

Se você ler atentamente a Regra nº 6, vai deduzir, muito rapidamente, a Regra nº 7. Sim, é esta mesma:

NÃO LEVE NINGUÉM DEMASIADAMENTE A SÉRIO.

E, pelo mesmo processo, também vai chegar, sem maiores esforços, à última, a Regra nº 8. Claro, só poderia ser:

NÃO LEVE NADA (NÃO LEVE PROBLEMA ALGUM) DEMASIADAMENTE A SÉRIO.

E pode acrescentar: "Revogam-se as disposições em contrário".

Permita-me chamar-lhe a atenção para esse importante e repetido advérbio de modo: DEMASIADAMENTE.

Certo dia, estava na praia com minha mulher quando encontrei com um funcionário da Petrobras (para a qual já ministrei mais de cem seminários, incluindo suas subsidiárias), que reportou ter sido meu seminário muito valioso para sua vida em geral, mas acrescentando esta última (assustadora) informação:

– Desde então, não estou levando mais nada a sério!

Fiquei meio confuso. Não era isso que eu tinha dito, pombas! (Nem podia agora dar-lhe aula particular na praia, às duas da tarde.) Por isso, vejamos melhor esse assunto.

É absolutamente óbvio que uma pessoa normal, mesmo quando dispondo de todo seu potencial criativo (o que também é absolutamente normal), SABE QUANDO UM PROBLEMA É SÉRIO. Apenas intenta NÃO LEVÁ-LO DEMASIADAMENTE A SÉRIO! A diferença é quilométrica.

Suponhamos que eu aqui, a escrever este livro, depare, de repente, com dois problemas simultâneos: 1) a fita de minha velha máquina portátil de escrever (a única que me inspira) ficou presa no carretel; 2) começou a sair fogo do ar-condicionado, indicando curto-circuito. É óbvio que vou saber qual dos dois problemas é sério e qual não é; é óbvio que vou priorizá-lo, bem como priorizar minha atuação. Mas não vou entrar logo em pânico, pelo risco, real, de ser torrado num incêndio que se anuncia.

Quando um indivíduo interpreta, "lê" uma situação problemática, qualquer que seja – financeira, administrativa, operacional, de relações pessoais –, como DEMASIADAMENTE SÉRIA, qual sua vivência? A sua vivência é catastrófica! É de impotência absoluta, é de criatividade nula! A sua vivência é a mesma que vive o indivíduo sobre o qual se esparramou, confortavelmente, um hipopótamo! Ele se sente *esmagado* pela situação!

Se um dia acontecer de um hipopótamo sentar-se sobre você, aí sim, concordo, será um problema muito sério. E que poderá você fazer? Nada: sofrer, esperar que o bicho se levante. (Além do que, garanto, você jamais será a mesma pessoa...) Contudo, garanto também, problemas reais – no trabalho e na vida – JAMAIS são hipopótamos! Somos nós, *indivíduos*, que, de vez em quando, os interpretamos assim. Colocamo-los – gigantescos e esmagadores – sobre nós mesmos. Condenando-nos, a nós mesmos, à vivência de vítima, impotente, estéril e esmagada!

Sempre que, numa empresa, uma equipe se reúne, consciente e preocupada, para tratar de um PROBLEMA MUITO SÉRIO, leitor, em minha opinião, isso é confissão prévia de impotência e mediocridade! Se o problema merece reunião (?), façam a tal reunião, mas não declarem, de antemão, que ele é MUITO SÉRIO... mesmo porque *não é*! (Um dia, talvez, como na metáfora do hipopótamo, venhamos a saber que um cometa, em vez de dirigir-se para Júpiter, está vindo para a Terra. Isso, sim, poderá aparecer como algo realmente sério! Mas merecerá uma reunião? Nem isso, amigo. Porque, como a morte, essa situação não será mais um problema, não lhe caberá mais, corretamente, o nome de PROBLEMA.)

Dizem que São Domingos Sávio estava brincando de bola com seus colegas quando alguém lhe perguntou o que faria se um anjo lhe anunciasse que morreria nos próximos trinta minutos.

– Continuaria brincando – respondeu o santo.

*Criatividade no trabalho e na vida* • 343

Você está desempregado, sem sustento garantido, demitido repentinamente da empresa à qual dedicou seus melhores esforços nos últimos dez anos... Isso é um problema? Claro que é! Mas... QUE BOM! Quanta gente passou realmente a *ganhar dinheiro* depois de uma decepção como essa?

"Dar a volta por cima" é Criatividade!

Mas quem até hoje já deu a "volta por baixo"... de um hipopótamo?

Uma palavra sobre a Regra nº 7: NÃO LEVE NINGUÉM DEMASIADAMENTE A SÉRIO.

Todos os seres humanos, sem exceção – do presidente da República ao mendigo ou ao criminoso –, merecem nosso respeito e consideração. (Se eu fosse santo, acrescentaria amor – mas, como não sou, seria hipocrisia da minha parte.)

Amor, amizade, simpatia, pelo menos para mim, ocorrem quando ocorrem, quando pintam. Contudo, não é para se colocar ninguém – absolutamente NINGUÉM – num pedestal!

Imagino, tenho certeza, de que em sua empresa (e possivelmente também em seu lar), há pessoas que esperam que você *as* leve muito a sério! NÃO O FAÇA, DESOBEDEÇA! Se você o fizer, estará prejudicando, profundamente, em primeiríssimo lugar, a você mesmo; em segundo lugar, a essa própria pessoa (ver comentários adiante); em terceiro lugar, ao seu departamento, à sua organização, a todo mundo! Não há, com essa postura, o mais remoto lucro real à vista, para quem quer que seja.

Admitamos que sua empresa tenha sido comprada por um texano de dois metros de altura, reconhecido como arrogante, autossuficiente e implacável (conheço texanos que são uns amores de cordialidade), e, além do mais, com o assustador nome de Wilbur MacCormack (fictício). E o sr. Wilbur MacCormack, recém-chegado dos Estados Unidos, em avião particular, quer ter uma entrevista com VOCÊ! E você está, isso é muito humano, preocupado e inseguro de enfrentar tal potentado, tal sumidade extraterrena – senhor, afinal, do cargo que você ocupa e do salário que você recebe.

Bem, tenho umas dicas para lhe dar, a propósito: chegue à tal reunião com três minutos de antecedência e, antes de abrir a porta do poderoso Wilbur MacCormack, mentalize o seguinte:

**1** Wilbur MacCormack acorda todos os dias de mau hálito e fedendo.

**2** Wilbur MacCormack tira meleca do nariz.

**3** Wilbur MacCormack tira cera dos ouvidos e remela dos olhos.

**4** Wilbur MacCormack tem cê-cê debaixo dos braços e chulé.

**5** Wilbur MacCormack tem, às vezes, diarreias homéricas que tornam insuportável o uso do banheiro após sua visita.

**6** Wilbur MacCormack já passou por depressões horríveis e se sentiu um trapo na vida.

**7** Wilbur MacCormack tem medo de barata, de câncer ou de ficar brocha.

Enfim, Wilbur MacCormack na realidade é, muito aproximadamente, como todos nós. E deve ter *grandes qualidades* que ele mesmo esconde e sabota com seu show de "sujeito implacável".

Feito isso, abra a porta, cordialmente, e ofereça, com naturalidade e espontaneidade, a Wilbur MacCormack, o máximo de sua colaboração profissional, em sua área.

Se você não "comprar" as ilusões que MacCormack quer lhe "vender" sobre si mesmo – se você NÃO O LEVAR DEMASIADAMENTE A SÉRIO –, aí sim, curiosamente, ele o respeitará, confiará mais em você, talvez venha até a gostar de você, e haverá um vasto campo para trabalho produtivo em comum!

A Regra nº 7, como você já deve ter notado, está totalmente imbricada ao item IRREVERÊNCIA, um dos componentes do BIP. Apenas para lembrar: NÃO LEVE teórico algum, professor algum, cientista algum, especialista algum, economista (!) algum, autor de livro algum (particularmente o que vos fala), tenham os títulos e reputação que tiverem, DEMASIADAMENTE A SÉRIO!

É nessa postura que reside, não só a independência de seu pensamento autônomo, como, muito especialmente, sua criatividade.

Estou convencido de que, nessa nossa época cibernética de megaempresas e complexidade de negócios, temos muito a aprender, quanto a princípios básicos de Liderança & Criatividade (elementos muito inter-relacionados), com experiências que nos vêm pela história, desde a Antiguidade. (Ver *A arte de liderar de Homero a Hemingway*, de J. Clemente e D. Mayer; Best-Seller, 1989.)

Já mencionei o costume – altamente promissor em termos de produção de ideias – dos reis da Idade Média que se disfarçavam de viajantes comuns para rodar pelas cidades, conversando com todo mundo, a fim de "sentir" o reino.

Roger von Oech, em seu intrigante *Um "toc" na cuca* (Cultura, 1988), me alertou sobre a imensa validade, em administração, de uma famosa personagem medieval e renascentista: o Bobo da corte.

Von Oech lembra que os conselheiros do rei faziam, quase sempre, o gênero "sim, senhor" (Agrade Sempre) e só diziam o que o rei queria ouvir. O rei conhecia, intimamente, o risco de tomar decisões num ambiente desses. Assim, a função do Bobo era parodiar – e ele tinha autorização para isso – qualquer assunto ou proposta em discussão. As piadas do Bobo funcionavam como "um elemento a mais", um dado alocêntrico, na cabeça do rei, e o levavam a considerar melhor os pressupostos da questão – às vezes sob um NOVO PONTO DE VISTA! Desse modo, o rei se protegia do pensamento grupal e tinha condições de gerar ideias!

Note, mais uma vez, o quanto Humor tem a ver com Criatividade!

Mas note várias outras coisas, muito importantes: 1) o que de melhor oferecia o Bobo, de valor altíssimo e prático, a seus poderosos soberanos? Sua IRREVERÊNCIA! Era mantido prioritariamente por isso, e para isso. 2) O Bobo realmente

*Criatividade no trabalho e na vida* • 345

não era bobo: ao contrário, concretamente, muitas vezes era o único que *não fazia papel de bobo*, no meio de cortesãos imbecis e/ou subservientes. 3) O Bobo, além de utilíssimo e confiável, era também estimado; releia *Rei Lear*, de Shakespeare: Lear quer sempre o Bobo perto de si; este, por sua vez, é o único que lhe diz a verdade, que fala da estupidez que o rei está cometendo (já cometeu); o rei, às vezes, se irrita com ele, o admoesta, mas sempre o escuta e o ama – o Bobo é a primeira pessoa a lhe abrir os olhos para sua situação realista, concreta.

Von Oech aponta ainda que o Bobo valoriza o trivial e trivializa o valorizado. Uma ideia boba – fora das normas – leva-nos a pensar, por um momento que seja, sobre se o que julgamos real é real de fato!

Isso nos leva a ver toda a questão de um ponto alocêntrico e inédito, FORA DO QUADRADO!

As empresas modernas, tenham ou não consciência disso, necessitam crucialmente de Bobos (obviamente nesse sentido que estou comentando, pois dos propriamente ditos já estão, muitas vezes, bem servidas...).

Contudo, sem dúvida, a melhor das três regras é mesmo a de nº 6: NÃO SE LEVE DEMASIADAMENTE A SÉRIO.

Levar-se demasiadamente a sério, em qualquer papel da vida, é a receita mais rápida e eficaz para a esterilização do pensamento criativo!

Existe famoso e intrigante aforismo em administração, originalmente formulado por Lawrence J. Peter, pedagogo e consultor, e conhecido, desde então, como *Peter Principle*: "Numa organização, o indivíduo sobe até atingir seu nível de incompetência". Já foram feitos inúmeros estudos de "sociologia empresarial" sobre a propriedade dessa afirmação. Em que pese sua aparente validade, confesso que o *Peter Principle* não me convenceu, ou melhor, não é isso que tenho observado em minha vida (quando já tive oportunidade de testemunhar, no campo empresarial, muita gente subir e descer, muita gente subir rápido, manter-se lá em cima, ou desabar fragorosamente).

O que tenho observado é algo um tanto diferente. Às vezes, numa organização – ou nos negócios em geral –, um indivíduo começa a subir rapidamente, até meteoricamente.

Primeira conclusão: quem quer que, numa empresa – ou nos negócios em geral –, esteja subindo rapidamente, numa velocidade anormal, *está usando de Criatividade*! Pode ser que ele mesmo não tenha consciência disso, ou sequer empregue a fabulosa palavra "criatividade", mas isso não compromete em nada a evidência. Observe sua atuação: ele é flexível, prático, concreto, sabe ser produtivamente improvisador, descobre atalhos a todo momento, "tira de letra" uma porção de impasses, gosta de problemas, é motivado, entusiasmado, especulador etc.

Bem, essa pessoa sobe. Numa empresa, por exemplo. Começou como *boy* e foi-lhe dada uma chance melhor. Continua sendo promovido. Um dia – apenas mantendo o exemplo, que não é tão fictício como possa parecer –, chega a um cargo realmente de projeção: digamos, superintendente de vendas!

Nesse ponto, abate-se sobre ele uma bruxaria. Ocorre uma transmutação. O sujeito muda. Até seus familiares e amigos notam a diferença. Agora, tornou-se um cara "importante". É SUPERINTENDENTE DE VENDAS de uma organização tão notável e importante como a sua! A impressão é a de que ele se autocondecora, passa a ostentar invisíveis medalhas de mérito e sucesso! Começou a levar-se muito a sério.

Em termos de Análise Transacional, sua Criança entra em diálogo com o Pai interno:

– Viu só, papai? Eu não sou mais aquele moleque inconsequente e meio abusado do passado. Nada disso, papai. Eu agora sou SUPERINTENDENTE DE VENDAS de uma grande empresa! Agora, eu espero muito respeito de todo mundo, papai. Eu hoje sou um dos SÓLIDOS ESTEIOS de uma grande organização!

E é a partir desse ponto que ele se esteriliza, em termos de Criatividade!

Seu prestigioso cargo tornou-se um fim de linha! Daí ele não passa mais.


Na verdade, esse hipotético indivíduo (embora você, tenho certeza, já deva ter observado esse fenômeno) é, com perdão da palavra, muito burro!

Se por acaso ele mantivesse, como *Superintendente*, a mesma espontaneidade, flexibilidade e leveza que o trouxe da posição de *boy* ao cargo atual, o que ocorreria certamente? *Ele poderia continuar subindo muito mais* (nessa ou em outra empresa)!

Nenhum ser humano – nem você, nem eu, nem ninguém – sabe realmente os *limites* de nossas capacidades, de nossa competência!

Em contestação ao *Peter Principle*, quero lembrar o óbvio: se o chamado "nível de incompetência" fosse meramente técnico, isso não seria empecilho algum para estagnar a carreira de ninguém, porque técnica é algo que se aprende, linearmente, como se aprende a dirigir um carro ou a lidar com um computador.

Logo, ninguém atinge um nível de incompetência. Pessoas *tornam-se* incompetentes (em termos de atuação criativa – imprescindível para o sucesso em qualquer cargo, e em qualquer papel da vida), na medida em que substituem sua valiosa espontaneidade por preocupações com a própria imagem.


Os Estados Unidos têm muito a nos dar em todos os campos possíveis de atuação humana, tanto culturais como políticos e empresariais. Mas é ridículo querer transplantar a frio realidades americanas (ou alemãs, japonesas etc.) para o Brasil, inclusive no campo da administração.

Muitas empresas americanas são adeptas de um famoso ritual, uma espécie de "rito de passagem" empresarial, a meu ver extremamente estúpido e contraproducente, inclusive para elas mesmas: a tal "chave do banheiro".

Quando um funcionário ascende a um nível mais proeminente nos quadros da companhia, recebe num gesto cheio de reconhecimento, expectativa e simbolismo a "chave do banheiro". Isso prova que o agraciado, por méritos próprios, "destacou-se" da massa funcional. A partir do cargo a que foi levado – digamos, superintendente de vendas –, tem agora direito a banheiro privativo!

*Criatividade no trabalho e na vida* • 347

Agora ele é convidado a fazer – isolado e solenemente –, num banheiro especial, um cocô especial!

Quer tolice maior? Principalmente de quem aceita a tal chave?

Um funcionário realmente ambicioso – que não quer cair em fim de linha – poderia dizer o seguinte:

– Aceito alegremente meu novo cargo, mais alegremente ainda meu aumento de salário, bem como todas as oportunidades que se abrem com tudo isso, mas vou continuar a usar o banheiro do pessoal, o mesmo dos que passaram a ser hoje meus subordinados!

Garanto que ele seria um superintendente de vendas muito melhor.


*Status*, amigo, em qualquer de suas expressões, externas ou internas (psicológicas), é inimigo visceral da Criatividade!

Seja você superintendente de vendas, ou mesmo presidente da empresa, ou tenha o cargo que tiver, é altamente desejável – e altamente recompensador – que lá no fundo, bem no fundo do seu coração, você interprete o cargo que ocupa *também* como uma grande MOLECAGEM sua!

Se, ao contrário, você estiver muito convicto de que encarna, 100%, "imprescindível e respeitável ESTEIO para a Produtividade e o Sucesso da Organização" (ainda que seja verdade), amigo, em termos de Criatividade, você é carta fora do baralho!

Já disse anteriormente que, mesmo um presidente, interessado em desenvolver sua criatividade, deve evitar sentar-se, em reuniões, na cabeceira, "reservada ao presidente". Comece a "representar", a encarnar o papel de "O" presidente e, imediatamente, em termos de criatividade, virou carta fora do baralho!

Seriedade real, como sinônimo de responsabilidade, e também de ética e de dignidade pessoal, não tem NADA a ver – e nem precisava eu lembrar isso – com posturas solenes, cara séria ou "cara de presidente". O escritor alemão Christian Morgenstern costumava lembrar que "quem é incapaz de troçar de si mesmo não é uma pessoa séria".


E quem, no mundo, tem base para se considerar *realmente* "sério"?

Será? Só porque não mata, não rouba e cumpre suas obrigações? Muita gente bem-humorada, e que aprendeu a não levar-se muito a sério, age da mesmíssima forma...

Aliás, externar muita "seriedade" sugere sempre um mau sinal. "Quanto mais discorria ele sobre sua própria honradez" – relatou alguém – "mais nos preocupávamos em contar nossos talheres..."

Por favor, gente "séria", ponha a mão na consciência!


Participei, em 1988, em São Paulo, de um seminário de criatividade de dois dias, ministrado por Edward de Bono e patrocinado pelo Management Center do

Brasil. Pois me atrevo a opinar que o acontecimento me pareceu, ao final, praticamente inútil para a grande maioria de seus participantes.

Minha apreensão é totalmente intuitiva, mas a explico. Como a inscrição era muito cara (o MCB me fez um bom desconto por eu já ter sido instrutor seu), praticamente apenas presidentes e diretores de grandes empresas puderam pagar por tão prestigioso evento, a cargo da maior sumidade mundial no assunto.

E então houve, ao longo dos dois dias, uma silenciosa "fogueira das vaidades". Lembro-me ainda, já encerrado o seminário, do cacho de "presidentes", muito sérios e cônscios de si, esperando juntos o elevador (mas sem absolutamente se socializarem) para ir ao encontro de seus respectivos motoristas e limusines. Nada de alegria, nada de bom humor, nada de espontaneidade, nada de descontração, nada de sinais de esperança, nada sequer de confraternização. Cada um a encarnar, de *per se*, "O" presidente! Pergunta: para que deverão ter servido todas as excelentes técnicas e os princípios que De Bono transmitiu durante dois dias? Opinião minha, subjetiva, talvez errada, mas sincera: para absolutamente NADA!

E note que tais presidentes, tendo no peito a faixa explícita de "presidente", não eram, afinal, *mutatis mutandis*, tão poderosos como Napoleão Bonaparte. Diz algo sobre a capacidade criativa do cavalheiro, o mais brilhante general desde Alexandre, um pequeno episódio biográfico, ocorrido na sacristia de Notre Dame, em 2 de dezembro de 1804, quando o vencedor de Austerlitz já ostentava a coroa e o manto de púrpura com que seria, dentro de poucos minutos, sagrado pelo papa imperador dos franceses (o que acabaria de validá-lo como o homem mais poderoso do Ocidente). Virou-se para seu irmão José, também já paramentado para o grandioso evento, e comentou:

– Já imaginou se mamãe nos visse agora aqui?

Não por coincidência, talvez, Rommel começou a perder suas geniais iniciativas contra os ingleses, no Norte da África, na mesma época – seus biógrafos concordam – em que passou a cuidar demais da própria imagem, tornada, pela imprensa alemã, verdadeiro mito, no rastro de suas vitórias. Guardava pastas enormes contendo todas as notícias a seu respeito, e escreveu à esposa pedindo-lhe que colecionasse todos os artigos que tratassem dele. "Rommel acabou fazendo o jogo da glória para si" – testemunhou o general Von Lange.

Confesso uma coisa: quando sou apresentado a *qualquer* profissional – superintendente, médico, presidente, general, consultor de empresa, publicitário etc. –, sempre costumo fazer para mim mesmo, a fim de avaliar sua *competência final*, a seguinte pergunta: "Será que esse cara se leva demasiadamente a sério?" (como superintendente, médico, presidente etc.).

Quando sinto que não, minha tendência é confiar muito mais em sua atuação profissional... que no caso contrário.

*Criatividade no trabalho e na vida* • 349

Responda-me cá, leitor (sua resposta será também intuitiva, impossível de ter a veracidade comprovada, mas penso que se pode chegar aqui a uma unanimidade): qual dos dois generais – numa GUERRA REAL, concreta, pra valer, e dispondo ambos dos mesmos recursos – deverá ser mais COMPETENTE? Um que se apresente sempre, mesmo em tempos de paz, como "O" general, severo e temível, de luvas brancas, uniforme ultravistoso, capa de zibelina e coberto de medalhas (ocorreu-me o general Pinochet, do Chile); ou como o sorridente Giap, do Vietnã, que enfrentou e venceu franceses e americanos, e cujo pijama verde, seu uniforme de campanha, só diferia do de seus comandados por uma fita amarela no ombro? (Eu sei, a pergunta está viciada, mas a conclusão me parece indiscutível.)

Aproveito para oferecer uma dica – como nota ao pé de página, a quem estiver interessado em escrever textos fluentes, eventualmente criativos –, que recebi de Lauro Uller, nos tempos (1957) em que me iniciei como redator de propaganda na J. Walter Thompson. Lauro me disse:

– Você parece que redige sempre de terno e gravata ou às vezes de *smoking*. Faça o seguinte: tire a roupa, fique de cueca – mas não de cueca anatômica, elegante –, de samba-canção largona, bem ridícula, melhor ainda se for de ceroulas, olhe-se bem no espelho, e depois vá para a máquina que o texto vai sair ótimo!

Claro, o *strip-tease* é mental – mas nunca me falhou!

Charles Kettering, que já apresentei, e que sabia "tudo" sobre Criatividade ("inventor é um engenheiro que não se leva muito a sério"), era realmente esperto (foi o fundador da GM). Certo dia, apareceu-lhe um visitante interessado em seu novo motor diesel.

– Gostaria de falar a seu técnico em termodinâmica a respeito do invento – disse-lhe o homem.

– Lastimo muito – respondeu Kettering – mas aqui não há técnico nenhum, muito menos quem saiba o que quer dizer termodinâmica. Mas se o senhor quiser saber como criei esse motor, com prazer lhe mostrarei.

Aliás, vale a pena continuar a história. Kettering levou o homem à sala do dinamômetro e mostrou-lhe um dispositivo com um único cilindro. Sua explicação chegou ao auge com a informação:

– Experimentamos um dispositivo atrás do outro, durante seis anos, até que, finalmente, o motor nos disse com exatidão o que ele queria.

Na prática, sei disso muito bem, praticar a Regra nº 6 é sempre difícil, até mesmo por sua dialética: Criatividade leva ao sucesso, mas o sucesso apresenta enorme desvantagem – ele não ensina nada! Assim, Criatividade leva ao sucesso, que, por sua vez, convida à arrogância – que extingue a Criatividade. A partir daí, é o fim da linha (trajetória *boy*-superintendente)... ou mesmo o desastre!

Isso você comprova em inúmeros cenários a seu redor. Qual o melhor e mais criativo futebol do mundo, inquestionavelmente, reconhecidamente? O do Brasil (o único que entra invariavelmente como primeiro favorito em todas as Copas, nas bolsas de aposta)! A qualquer momento, temos, neste país, jogadores para formar tranquilamente pelo menos cinco seleções capazes de ganhar qualquer caneco! E, contudo, já perdemos várias Copas, e para times claramente inferiores – por desatenção, por subestimar o adversário, por vaidade e exibicionismo individual, por "jogar de salto alto". E por quê? Porque temos o melhor futebol do mundo!

Roberto Townsend projeta o mesmo fenômeno no campo empresarial, em seu já mencionado *Viva a organização*: "Os gerentes tendem a cometer seus maiores erros justamente nas tarefas que antes faziam muito bem. Nos negócios, como em qualquer outra coisa, a *hybris* é o imperdoável pecado de agir arrogantemente quando as coisas estão indo muito bem." (*Remember IBM.*) "E, como os gregos cansaram de nos contar, a *hybris* sempre é implacavelmente seguida pelo castigo de Nêmesis (que abate o orgulho)."

*Status*, em qualquer de suas manifestações, expressa sempre o PASSADO. Criatividade é sempre expressão do AQUI-E-AGORA. Não há convivência possível!

Manifestações de *status* (se não for por herança) testemunham coisas que o indivíduo já fez, já realizou, já ganhou – mas que é incapaz de realizar de novo, ganhar de novo, partindo de onde partiu. Conheço vários casos de empresários que vieram de baixo, tiveram sucesso meteórico, formaram prestigiosas empresas, preeminentes e famosas em seu setor. Encheram-se então de presunção e autossuficiência. Em seguida, se arrebentaram. Em seguida, com o discurso (no caso, falso) de "dar a volta por cima", partiram para outro negócio, certos de repetir o mirabolante fenômeno. E nunca o conseguiram.

Idem, idem dirigentes que, quando se acham insubstituíveis numa organização, são substituídos, demitidos (mesmo com grande indenização), comunicando então à praça que vão "estourar" em outro grande projeto. Mesmo com toda a bolada que levaram, nunca o conseguem.

E por quê? Porque, entre outros fatores, não recomeçam realmente com a cabeça com que começaram, mas sim levando nela a *hybris* que desenvolveram no tempo das vacas gordas.

Intentam, de novo, o sucesso – mas já uniformizados de "homens de sucesso".

"Recomeçam"... levando-se agora muito a sério!

Por tudo isso, trata-se realmente de um desafio insidioso e cotidiano para cada um de nós, sem exceção.

Digo-o também, e muito, para mim mesmo. Já desempenhei, ao longo de minha vida, mais de vinte papéis significativos. De todos, qual me foi o mais problemático, às vezes com impasses excessivamente duradouros? Sem dúvida alguma, o de pai. Mas posso reconhecer claramente: de todos, foi o único em que me levei

*Criatividade no trabalho e na vida* • 351

muito a sério! Perdi em improvisação, flexibilidade, na certa em inovação (tenho duas filhas, já independentes, e que são muito minhas amigas).

Considere, amigo leitor, em que papel de sua vida você está tendo mais problemas hoje. E averigúe se certamente você não se está levando demasiadamente a sério nesse papel. Se, digamos, como no meu caso, for o de pai, considere em tempo: ora bolas, ser pai não é *tão* importante assim! OK, você ama seus filhos, faz o melhor que pode, mas deixe um pouco o barco correr que tudo irá se ajeitando de um modo ou de outro, para melhor. E tal papel, afinal, não passa, *também*, de uma boa molecagem que você arrumou na vida.

Aliás, é crença minha que alguém será tão melhor pai quanto mais conseguir tornar-se, progressivamente, desimportante para seus filhos.


Assim como a Regra nº 7 é tão importante junto a autoridades, cientistas, técnicos, autores etc., a Regra nº 6 é ainda mais importante *para eles mesmos*, como recurso de desobstrução de seu real espírito criador. Incontáveis gênios já demonstraram, ao menos esporadicamente, aqui e ali, sua autêntica e inocente *perplexidade* perante a matéria que estudavam ou estudam (mas sobre a qual são conhecidos, no mundo, como "autoridades").

Hoje, perante a complexidade crescente do conhecimento humano, notadamente quanto aos abismos da física moderna, esta humilde e fértil consciência parece que se vai alastrando. O matemático Ian Stewart, explicando a Teoria do Caos, em *A nova matemática do caos* (Jorge Zahar, 1991), lembra que "para ser científica, uma teoria em princípio deve ser refutável", o que implica a pressuposição de "erro congênito" em qualquer formulação *realmente* científica. Como já citei: "Às vésperas do terceiro milênio d.C., os cientistas começam a abandonar a busca da Verdade".

E acrescenta: "Estamos aprendendo, de forma penosamente lenta, a não nos levar demasiadamente a sério".


Esse campo todo, como lembrei, é minado de armadilhas.

Vejamos: você pode estar muito consciente de sua comprovada habilidade em cálculos matemáticos, e essa consciência poderá ajudá-lo ao lidar com cálculos matemáticos. Mas você não pode estar muito consciente em sua comprovada (no passado) habilidade em lidar com problemas de ordem criativa, pois essa mesma consciência já contém alguma violação da Regra nº 6.

Explico melhor: Criatividade é um ato de pura *espontaneidade* mental. Correto? Por isso, ela pode partir de gente que se ache, naquele momento – sob pressão de um problema –, absolutamente espontânea. Mas a partir do momento em que essa mesma pessoa reconheça que "está" espontânea... ela deixa de estar! A partir do momento em que a pessoa tenha a consciência (pior ainda se se vangloriar disso) de sua própria espontaneidade... ela já a perdeu! Não é engraçado?

Lembra-me uma escritora americana que dizia que há homens extremamente interessantes... até o momento em que percebem que são.

Criatividade, Espontaneidade, Motivação, tudo isso são realidades que exigem, para existir, bom grau de *inconsciência* sobre si mesmas. Você já notou como todas as crianças pequenas bem como todos os animais são sempre fotogênicos? E por quê? Porque não se preocupam como vão aparecer; espontâneos ou não. Por isso são espontâneos. (Numa foto, uma criança só aparece com cara de idiota quando os pais exigem que ela ria para a câmara que, cá entre nós, não tem nada de engraçado...)

Da mesma forma, quando alguém diz: "Estou muito motivado", certamente, nesse momento, não está mais tão motivado assim – possivelmente já está, isso sim, em algum Impulsor (ver capítulo IX).

Ninguém, absolutamente ninguém, pode legitimamente vangloriar-se de "ser criativo". Ninguém! Quando muito, pode alardear "já ter sido criativo", em episódios passados. Quando ele apregoa que "é criativo", está se levando demasiadamente a sério como "pessoa criativa", e garanto que, pelo menos à luz dessa consciência, ele não vai criar bulhufas! (Quando alguém se autodefinir assim, dê-lhe imediatamente um problema para resolver, com prazo certo para a solução, mas adiantando que esse é um teste severo para que prove sua Criatividade: enquanto ele lidar com o problema, *com o fito de provar sua própria Criatividade*, ele não vai criar bulhufas, nada que remotamente preste!)

Em 1985, ministrei um Seminário aberto de Criatividade em Porto Alegre, no qual se inscreveu todo o Grupo de Criação da filial de uma grande agência de propaganda americana. Resultados – muito previsíveis para quem conhece melhor esse assunto: 1) num primeiro estágio, logo depois da abertura, alguns participantes individuais se confessaram, ainda que cordialmente, algo inibidos pela "concorrência" daquelas feras (um grupo profissional reconhecidamente criativo); 2) somente na tarde do primeiro dia, os inibidos não mais se preocupavam com a concorrência e passaram a criar todos admiravelmente bem (pararam de levar o Grupo de Criação muito a sério); 3) o tal Grupo de Criação chegou a demorar bem mais que os restantes para criar, esmagado pela responsabilidade pública de ser um festejado Grupo de Criação; 4) ainda na mesma tarde, já o Grupo de Criação estava criando admiravelmente bem, do mesmo modo (parou de se levar muito a sério); 5) mesmo em problemas de cunho publicitário (por exemplo, criação de capas de revista sobre um determinado tema), o Grupo de Criação não se destacou particularmente em nada, e mesmo alguns de seus membros tiveram a sinceridade de se confessar espantados com o fato de seus "concorrentes" – engenheiros, estudantes, donas de casa etc. – terem tantas ideias, altamente aproveitáveis, naquele seu específico campo de Criatividade; 6) tudo acabou admiravelmente bem, e fomos todos tomar um chope num bar das redondezas...

*Criatividade no trabalho e na vida* • 353

Como então ser espontâneo para ser criativo?

Ora, amigo, que pergunta! A essas horas? Desenvolva seu Bom Humor, sua Irreverência (e muito particularmente Irreverência para com *você mesmo*, Regra nº 6) e sua Vontade sincera e especulativa de resolver seus próprios Problemas (pessoais e profissionais) – e mande todo o resto, e todas as preocupações, e todas as teorias para qualquer lugar!

Não pense muito em seu próprio umbigo, nem em sua própria *espontaneidade* – e ambos estarão lá, em seus devidos lugares, para o que der e vier.

Já disse antes que Criatividade tem muito a ver com sexualidade, vale dizer, com Motivação, ou, melhor ainda, Tesão – agora, de fato, no sentido sexual. Pois é isso. Se você começa a se convencer muito do seu, de repente ele pode não acontecer...

Mudando um pouco a direção do assunto.

Quando PROBLEMA de maior significado – seja financeiro, administrativo, de relações pessoais etc. – aparece de repente em sua vida, ele veste uma camiseta onde se lê, bem na frente, em letras garrafais: "EU SOU UM BRUTA PROBLEMA".

Sua entrada em cena, eu sei, pode ser perturbadora. Seria muito melhor se não tivesse vindo. MAS VEIO! Está parado à porta, olhando para você. É SEU!

Talvez seja humano você sentir-se consternado com essa aparição (sinal de diálogo interno). Talvez você se lamente para si mesmo: "Essa, não. Já estou cheio de dificuldades, briguei com a mulher, meu filho foi reprovado, como vou lidar com mais essa droga?" Talvez você até finja nem tê-lo visto, e volte os olhos para outro lado, para assuntos que falta terminar ou para a paisagem através da janela.

Mas esse PROBLEMA é *seu*, amigo – você querendo ou não! Ele continua lá, no mesmo lugar, ostentando a mesma camiseta. E se você continuar temeroso dele, insensível a ele, não importa sob que pretexto, muito rapidamente ele vai fazer algo que sabe fazer muito bem: ele *vai começar a feder!*

Ao contrário, relembro-lhe, para a mesma situação, um comportamento radicalmente diferente:

Dê um pequeno tapa na própria mão, ou na própria mesa e *minta* (sic), para você mesmo, procurando, paradoxalmente, ser o mais sincero possível:

– QUE BOM!

Em seguida, vá lá "falar" com ele, "entrevistar" o PROBLEMA. Procure saber absolutamente tudo sobre ele, desde a estaca zero: "nome", "endereço", "CPF", "número do colarinho", se é "casado ou solteiro" etc., não hesite em lhe fazer as perguntas mais íntimas e até mais "bobas" possíveis. INTERESSE-SE A FUNDO POR ELE! Leve-o para almoçar. Leve-o para sua casa, mesmo nos fins de semana, mas sem perder sua naturalidade, procurando manter-se numa boa. Leve-o para viajar com você, não como uma companhia maçante, obsessiva, mas como um acompanhante intrigante, desafiante, instigador.

Não procure, em hipótese alguma, "ter uma boa ideia", ou "ser criativo" para resolvê-lo! Ao contrário, faça, por favor, apenas o que estou lhe dizendo: INTE-

RESSE-SE A FUNDO POR ELE, até mesmo como um passatempo – do mesmo modo que um aficionado de xadrez interessa-se a fundo, sem outra compensação, por problemas de xadrez publicados na imprensa.

SÓ ISSO!

De repente...

O que vai ocorrer agora não depende mais de você. Você já fez, ou está fazendo, a sua parte. O que vem agora é sempre imprevisível, misterioso, inexplicável.

De repente, o PROBLEMA vai se mexer, vai trocar radicalmente de posição (*quando* ele quiser, *onde* ele quiser e até mesmo *se* ele quiser). E só então você vai ter a oportunidade de ver a tal camiseta por trás. E você vai dar um pulo! E você vai dizer: "EUREKA!" Porque na *mesma* camiseta onde se lê, bem visível, EU SOU UM BRUTA PROBLEMA, está escrito nas costas, também bem visível: EIS A SOLUÇÃO – com todos os dados pertinentes.

Na *mesma* camiseta – e em nenhum outro lugar...

Começar a *gostar* de problemas é, em minha opinião, um dos atalhos mais certeiros para a Criatividade.

Sempre me parece que a maioria de nós não tem plena consciência do que sejam, realmente, PROBLEMAS – e das oportunidades que eles nos trazem.

Considere: você só dispõe, afinal, de um *único* caminho para ter sucesso, em qualquer dos papéis de sua vida – o de *SOLUÇÃO DE PROBLEMAS!*

Absolutamente nenhum outro.

Você, obviamente, quer ser uma pessoa *realizada*. E quem é o indivíduo que, no ocaso de sua existência, pode ter a imensa felicidade de se reconhecer, e ser reconhecido pelos outros, como alguém realizado? Simples: é o indivíduo que, ao longo de toda sua vida, soube resolver razoavelmente bem (não precisa ser em nível ideal) os inumeráveis problemas que surgiram em *todos* os papéis que concordou em assumir na existência: de profissional, pai ou mãe, marido ou esposa, motorista, colega, amigo, amante, tenista, síndico do edifício etc.

E esses problemas jamais serão resolvidos – *todos* – apenas pelo pensamento analítico, técnico e racional!

Criatividade, ainda que minoritária nesse quadro, é o mais luminoso (e misterioso) recurso para SOLUÇÃO DE PROBLEMAS – de nevrálgicos e decisivos PROBLEMAS! Inclusive, como já lembrei, em Arte, que, em sua síntese, soluciona problemas de expressão humana e problemas de consistência formal.

Criatividade só pode ser vista, *sempre*, como ligada a um problema – ela é, digamos, a apoteose da história de um PROBLEMA!

Se meu leitor é leitora, vai apreciar mais minha metáfora: você é a princesa e o sapo é o problema; procure beijá-lo de todas as formas possíveis até ocorrer um milagre – é o Eureka! Você achou seu príncipe! Ele agora é *seu*! (Porque você concordou que o sapo também era.)

Quantas princesas morreram solteironas porque tinham nojo de sapo...

*Criatividade no trabalho e na vida* • 355

Pensamento altamente estimulante para quem luta por encontrar solução para um PROBLEMA é, sem dúvida, o expresso por Karl Marx (antes da queda do Muro de Berlim), em *Prefácio a uma contribuição à crítica da economia política*: "Os problemas só surgem quando estão presentes todas as condições para solucioná-lo".

Acho isso genial. Marx não garante que quem procura irá fatalmente achar, mas, pelo menos, que quem procura, procura o que existe, o que já *pode* ser achado.

Certo, a frase foi aplicada a problemas de ordem social; mas é totalmente válido promover sua extensão a problemas de ordem pessoal e, tão amiúde quanto eu próprio o tenha feito, ela tem comprovado sua validade.

Muitas vezes, é justamente a presença (desconhecida) da solução que cria no inventor, no artista, no administrador, no criador em geral, a consciência do problema. Ele jamais será atormentado por problemas intrinsecamente insolúveis. Assim, sua própria inquietação e motivação em face de um problema (qualquer que seja, mesmo de foro pessoal) passam a ser, por definição, uma promessa, "a pulsação da solução".

É exatamente sobre essa abordagem que se desdobra o campo da serendipidade (que já comentei) e da intuição. É a intuição – irmã gêmea da Criatividade, ambas participam do que se conhece como pensamento concreto – que nos informa que algo é, sim, solução para um problema que ainda não sabemos qual seja; ou então que há, sim, solução para um problema que já conhecemos muito bem e que se disfarça insolúvel.

Exemplo típico, organizacional, é relatado por Joseph Mason em *O dirigente criativo* (Ibrasa, 1974). No departamento de fabricação de peças de metal de uma grande indústria americana, os técnicos chegaram à decepcionante conclusão de que um ambicioso projeto de uma nova montagem de peças de alumínio, meio complicada e sem solda, teria de ser abandonado, em sua forma original, por motivos peculiares ao alumínio anodizado: a solda tornou-se indispensável. Com isso, toda a graça, originalidade e economia do projeto iria por água abaixo – mas o que se vai fazer? Engenheiros, técnicos e especialistas demonstraram, com total objetividade, que a solda era indispensável. Então, numa reunião final, foi votada, a contragosto, a retomada da solda (indispensável).

Nesse momento, um engenheiro considerou em voz alta: "É... mas um índio não soldaria esse alumínio".

Todo mundo ficou perplexo. Que diabo poderia um índio entender de um processo metalúrgico tão complexo e avançado como o que se estava discutindo? O engenheiro alegou que não tinha nada em mente, em especial, apenas, quando jovem, convivera alguns meses com índios, conhecera por alto como os índios pensam, e estava convicto de que um índio – na mesma situação em que estavam todos ali, na sala de reuniões – não soldaria o alumínio.

O chefe do departamento teve a prudência de adiar a decisão e encarregar o tal engenheiro de ver "o que ele e seus índios poderiam fazer" a respeito do impasse. O homem começou, então, a entrevistar uma série de artesãos que lidam com arame: pregueando, curvando, formatando etc. "Três meses depois, o problema estava resolvido, e a companhia começou a desfrutar de uma economia de dois milhões e meio de dólares por ano!"

Toda empresa moderna, além de alguns Bobos, deveria também contar com uma boa tribo de índios!

São misteriosos os espaços por onde se move – com seus eventuais e súbitos *flashes* de Criatividade – a intuição humana: misteriosos e amplos como os siderais.

Isaac Newton, ao contrário do que se pensa, não teve a solução para a gravitação ao ver cair uma maçã. "A queda de uma maçã" – esclarece o historiador Roland Mousnier (*Os séculos XVI e XVII*, Difusão Europeia do Livro, 1973) – "cristalizou no espírito de Newton as ideias sobre os problemas a resolver."

Que coisa incrível: o autêntico Eureka de Newton, no célebre episódio, consistiu não em qualquer resposta, mas na visão intuitiva da natureza das perguntas.

No terceiro movimento da sonata *Hammerklavier*, op. 106, de Beethoven, há uma repentina reviravolta que rompe a cantilena inicial e passa ao largo tempo do adágio. Pois os livros de notas de Beethoven mostram que ele compôs, em primeiro lugar, essa abrupta transição! Que coisa estranha: uma transição entre melodias que ainda não existiam!

Contudo – atenção, atenção! –, a intuição também pode falhar (e muito), o que raramente é destacado em livros populares sobre Criatividade. Einstein teve a intuição de sua Relatividade em 1905 e trabalhou pacientemente até vê-la comprovada em 1913. Mas outro homem, Felix Eherenhoff, teve uma intuição também revolucionária sobre a corrente elétrica e também trabalhou pacientemente sobre sua ideia – e não conseguiu nada. Sua intuição estava simples e puramente errada!

Luigi Galvani sempre teve a intuição de que haveria uma energia primordial e mensurável, responsável pelos processos vitais. Quando viu, em 1780, uma rã que sua esposa esfolava com seu bisturi, sobre uma travessa de zinco, dar um pulo, Galvani também deu um pulo: "Eureka! Fiz uma grande descoberta! A eletricidade animal! A fonte primordial da vida!" – tudo numa cena rigorosamente igual à de Arquimedes (e à de tantos outros grandes descobridores e inventores, como exemplificarei no próximo capítulo). A partir daí, insistiu até o fim da vida em sua tese, fazendo numerosas experiências com rãs mortas. Somente depois de falecido é que descobriu que estava errado: as rãs saltadoras – como provou Alessandro Volta – desempenhavam papel de meros condutores elétricos; os fatores importantes eram o aço do bisturi e o zinco da travessa.

Criatividade é, sim, um jogo de ganho certo – o que não implica, absolutamente, que a intuição do jogador esteja sempre certa. O mais provável, inclusive, é que esteja *errada*. Mas se estiver certa, ele ganha 50 mil dólares!

*Criatividade no trabalho e na vida* • 357

Nada de levar, por isso, nossa intuição demasiadamente a sério. Ela é importante – mas improvável e insegura – pista para eventualmente desvendar uma charada. Jamais qualquer certeza comprobatória! No exemplo dado, há pouco, seria bem possível que os "índios" tampouco soubessem como montar o alumínio sem soldá-lo – o que não seria vergonha para ninguém (embora, então, o caso jamais constasse de um livro sobre Criatividade).

Mas uma vez que os "índios" sabiam, a companhia passou a poupar dois milhões e meio de dólares por ano.


Assim, talvez a maior dificuldade seja saber, de antemão, o que é PROBLEMA – e o que não é!

Ser demitido é problema, mas morrer não é. A dor inconsolável pela morte de alguém é problema, mas a loucura não é (principalmente para o louco). Ejaculação precoce é problema, mas homossexualismo não é, para ninguém. Anseio por um negócio próprio é problema, mas anseio do faxineiro por ser presidente da empresa não é. Querer conhecer a Índia sem dispor ainda de um tostão é problema, mas querer visitar Saturno não é. Etc.

Dei exemplos extremados, mas, em milhões de casos concretos, é exatamente nessa diferença que se torna imprescindível a *intuição*, a única que nos "diz" o que é problema e o que não é – e cuja estratificação, no indivíduo, Bernard Lievegoed identifica como *sabedoria*.

A oração (formal) mais humana que conheço é a que consta do romance *Matadouro 5*, de Kurt Vonnegut: "Senhor, dai-me Motivação para enfrentar o que pode ser mudado; Naturalidade para aceitar o que não pode ser mudado; e Discernimento (intuição) para distinguir uma coisa da outra".

Carência muito grande desse discernimento pode levar o indivíduo à confusão, à raiva, à frustração, e até ao desespero.


Creio que tenho, a propósito, dica valiosa para lhe oferecer. Sempre que se sentir ansioso, preocupado, enraivecido, magoado, temeroso por algum problema, realista ou não, é possível até que tenha a consciência (correta) de que tudo isso é expressão do chamado, em Análise Transacional, diálogo interno – mas, na verdade, talvez isso lhe seja de muito pouca utilidade nessa crise.

Então, faça o seguinte: repita para você mesmo, o maior número de vezes possível, como uma ladainha, a seguinte frase (na verdade, um princípio taoísta), como me ensinou Tomio Kikuchi: O PRINCÍPIO DO PROBLEMA É O PRINCÍPIO DA SOLUÇÃO!

Substitua, no cérebro, qualquer "ruminação" raivosa ou angustiada sobre tal problema por essa afirmação, essa VERDADE – centenas e centenas de vezes, se preciso. Até poder ver essa *mesma* situação com um mínimo de interesse, curiosidade e bom humor.

Funciona – e não há contraindicação.

Sabedoria, concordo com Lievegoed, são intuição e Criatividade estratifica-das. É *esperteza* elevada à potência máxima, perante a existência real!

O que é o "espertalhão" – mesmo se gerador de algumas ideias – senão uma "águia" de asas curtas, que se arrebenta logo à frente, depois de alçar voo?

Há, sem dúvida, exemplos reais, e até brilhantes, de Criatividade no esteliona-to, no assalto a bancos, no tráfico de drogas etc. (falarei sobre isso no próximo capítulo).

Mas, amigo, o que está *realmente* em jogo não é apenas, absolutamente, "ter boas ideias". O que está em jogo é a *realização* pessoal, o SUCESSO GLOBAL de cada um de nós, em todos os papéis de nossa vida!

Sucesso para o qual Criatividade é imprescindível – mas não o único elemento!


Mudando, mais uma vez, a direção do assunto.

A metáfora não é minha, é de Edward de Bono, mas gosto muito dela, a ponto de apresentá-la em todos os meus seminários.

De Bono informa, com absoluta propriedade, que Criatividade é um *jogo de ganho certo!*

Ele o compara a uma variedade inédita do jogo de roleta. Você sabe, leitor, jo-gar na roleta? Se não sabe, vai aprender neste parágrafo. Ela contém 36 números, pintados alternadamente de preto e vermelho; você põe suas fichas – digamos R$ 100 – no número que quiser, digamos 22: se a bolinha parar no 22, o *croupier* lhe paga 35 vezes mais, isto é, R$ 3.500. Se a bolinha parar em qualquer outro número, o *croupier*, é lógico, leva suas fichas embora. Mas há jogos mais simples, como preto-e-vermelho. É simplesmente cara ou coroa. Você escolhe uma cor – digamos, preto: se dá o preto, o *croupier* lhe paga o valor da aposta, e você fica com o dobro do que apostou. Pronto! Você já pode ir para Montecarlo (ninguém entra sem gravata).

Agora, vejamos como é a Roleta da Criatividade.

Você pega *todas* as suas fichas e deposita no preto.

O *croupier* gira a roleta e, quando a bolinha para, deu vermelho! O *croupier* vira-se para você e pergunta:

– O senhor não vai jogar de novo?

– Não, senhor. Todas as minhas fichas eram essas aqui.

– Eu sei que essas são suas fichas, e vi o senhor colocá-las no preto. É claro que não vou lhe pagar nada, pois não deu preto, deu vermelho. Mas, se o senhor quiser, pode jogar de novo.

Você fica atônito.

– Com essas mesmas fichas?

– Mas o senhor não acabou de dizer que essas fichas são suas?

Então, espertamente, você decide:

– Deixe-as no preto mesmo.

O *croupier* volta a girar a roleta – e dá vermelho.

Ele se vira para você e pergunta:

*Criatividade no trabalho e na vida* • 359

– O senhor não vai jogar de novo?

Seu espanto aumenta:

– Não estou entendendo nada...

– Entender o quê, senhor? É óbvio que não lhe devo nada, o senhor apostou numa cor e deu outra. Só quero saber se o senhor vai pegar suas fichas ou vai jogar de novo.

Ao que você prefere:

– Deixe-as no preto mesmo.

O *croupier* gira de novo a roleta – e dá vermelho. Ele se volta para você, já um pouco ressabiado, e consulta:

– O senhor não vai jogar de novo?

Aí você se exalta:

– Escute, amigo. O senhor quer dizer que posso pegar todas essas fichas aqui, onde as coloquei, e ir lá ao caixa, trocá-las por *meu* dinheiro?

O *croupier* começa a se irritar:

– Claro que pode, senhor. Faça então logo isso! Pegue suas fichas e vá embora, porque tudo que o senhor está conseguindo é atrasar meu trabalho. Já lhe disse que não lhe devo um tostão, o senhor não acertou nada desde que chegou!

Você, que já estava com as fichas na mão, coloca-as então no vermelho.

O *croupier* gira a roleta – e dá preto!

O *croupier* olha para você, e você já não tem nem cabeça para dizer nada; tonto por tudo que está passando. E deixa tudo como está.

O *croupier* volta a girar a roleta – e dá VERMELHO!

Então, ele se volta para você e diz:

– Agora, sim. Agora, o senhor acertou. Deixe-me ver qual o valor total das fichas que o senhor colocou aí, para lhe pagar.


Duas perguntas vitais, cruciais. Primeira: "Quem não gostaria de jogar um jogo desses?" Jogo em que, é verdade, você não ganha sempre – mas não perde nunca?

Contudo, há importante correção a fazer. A verdadeira Roleta da Criatividade não é jogada no preto-e-vermelho, que apenas dobra a aposta. Ela é jogada nos números que pagam 35 vezes mais!

Que significa isso?

Significa, muito simplesmente, que a *maioria* esmagadora das ideias que você tem ou terá não serve absolutamente para nada – são perdidas, vetadas, seja por incompreensão, pelo custo, por fatores supervenientes, por inadequação, ou por impraticabilidade de qualquer outra espécie.

E daí?

Jogue de novo!

VOCÊ NÃO ESTÁ PERDENDO NADA, POXA!

Ideias todo mundo tem, sem exceção. No entanto, há gente que se mantém amarrado a uma (excelente) ideia morta, da qual só o autor ainda não sentiu o fedor.

Seja generoso, pródigo, *perdulário* com suas ideias! Não tema desfazer-se delas, e aos borbotões (porque primeiro será necessário criá-las aos borbotões).

Um dia, o *croupier* paga!

E quando ele paga, paga com juros e correção monetária tudo que você jogou atrás – e *não* perdeu!

Ele paga "50 mil dólares" no mínimo!

JOGUE DE NOVO!

A segunda pergunta é: "Por que então todo mundo não joga esse jogo, já que só tem a ganhar, sem risco de perder?"

A resposta é uma única palavra, uma pequena palavra de quatro letras (que sempre, em meus seminários, alguém rapidamente profere):

MEDO.

Medo de parecer inadequado, medo do que os outros possam pensar, medo de comprometer a própria imagem etc.

Lembra-se do que lhe falei sobre a Mesa 2, no capítulo IV? Uma boa Mesa 2, numa empresa, deve, em última análise, ser uma boa Roleta de Criatividade, cercada de jogadores excitados e esperançosos, e tendo, por *croupier*, um bom líder protetor!

E quando alguém ganha, o lucro é geral!

Mudando, agora um pouco para cima, a direção do assunto.

Como já mencionei anteriormente, talvez o livro mais completo e mais talentoso sobre Criatividade (pelo menos até este aqui) seja *The Art of Creation*, de Arthur Koestler (Macmillan, Nova York, 1964) – salvo engano, sem tradução no Brasil. Koestler apresenta ambiciosa e convincente tentativa de integrar as descobertas de várias disciplinas numa teoria única da Criatividade.

Sua tese central: todos os processos criadores participam de um padrão comum, por ele chamado de *biassociação*, que consiste na conexão de dois níveis de experiência, ou dois sistemas de referências – até então distantes. No ato criador, a pessoa age em mais de um plano de experiência.

A atividade mental, antes de constituir atividade criadora, é formada por uma estrutura de hábitos de pensamento e comportamento (que estou chamando, neste livro, de "quadrados"), capazes de dar coerência e estabilidade ao pensamento, mas que não deixam lugar para a inovação. Todo padrão de pensamento ou comportamento, que Koestler denomina *matriz*, é governado por um grupo de normas, que tanto pode ser aprendido ("cartões perfurados") como inato. Ao mesmo tempo, tem certa flexibilidade, podendo, por isso, reagir a uma gama de circunstâncias. É na forma de uma dessas reações que ocorrerá o fato criativo.

E como ocorre ele? Koestler sugere três grandes possibilidades básicas, três níveis – Arte, Ciência e Humor –, que vou apresentar, usando minha própria linguagem e meus exemplos.

Como ver a Arte, à luz dessa teoria? Na Arte, dois padrões (matrizes), remotos e independentes entre si, aproximam-se e, quando se encontram, passam a constituir uma *confrontação* – e mesmo uma transcendência.

Exemplo que me ocorre, pela leitura de Wilhelm Worringer: havia, nos primeiros séculos de nossa era, entre os povos germânicos do Norte da Europa, uma arte autóctone, constituída por linhas abstratas; quando, a partir do Mediterrâneo, começou a subir até esses povos a arte da Cristandade (o Românico), passou a gerar, nessas culturas, uma nova estética, que desabrochou no Gótico, cujo apogeu chegou no século XIII.

É claro que não podemos absolutamente dizer, com legitimidade, que o Gótico seja superior ao Românico. Em Arte, pelo menos em seus grandes exemplos, tal classificação é totalmente despropositada. A realidade é o oposto: admite-se, por exemplo, que até hoje pintor algum superou, em emoção e mesmo em qualidade formal, os artistas rupestres do Paleolítico Superior (Altamira e Lescaux)... 40 mil anos a.C.! Que pintura jamais "superou" a dos antigos egípcios? Nenhuma.

Poderíamos continuar com o exemplo do Gótico e dizer que, quando sua estética estava vitoriosa por toda a Europa, começou a brotar na Itália (pela descoberta dos modelos clássicos) uma nova matriz: a Renascença – que demorou dois séculos para se espraiar pelo continente. E que dessa confrontação surgiu, na própria Itália (ainda que também por outros fatores), o Barroco. O que não significa que o Barroco seja "superior" ao Gótico ou à Renascença...

Na Arte, os planos de experiência não se fundem, mas ficam justapostos. Por isso, a Arte é eterna. Os padrões fundamentais da experiência humana são expressos de novo em cada época e cultura, em seu próprio idioma. Quando observamos uma obra de arte, de qualquer idade, nossas emoções são despertadas e ao mesmo tempo projetadas na própria obra, refluindo aos poucos e deixando uma sensação de compreensão e realização (catarse).

Na verdade, tal nível tem muito pouco a ver com o presente livro.


Como ver a Ciência, à luz dessa teoria? Na Ciência, dois padrões (matrizes), remotos e independentes entre si, aproximam-se e, quando se encontram, acarretam não uma justaposição, mas uma *fusão*.

É como a formação da água: juntam-se dois gases, ambos amigos do fogo, ambos mais leves do que o ar, acrescenta-se uma faísca elétrica na mistura (Eureka!) e tem-se algo completamente novo, mais pesado do que o ar e, inclusive, inimigo do fogo! Esse fenômeno, sim, tem tudo a ver com o presente livro.

Koestler menciona, como exemplo, a invenção da tipografia, por Gutenberg. Ela lhe ocorreu quando – após muito preocupar-se com o problema de produzir livros mais rapidamente do que o permitido pelo entalhamento das palavras em blocos de papel – observava, certo dia, uma prensa de vinho. Duas ordens de pensamento – uma associada à prensa de vinho, outra associada ao carimbo – subitamente convergiram e ele viu que uma letra fundida como um carimbo poderia ser premida contra o papel, deixando a mais nítida impressão possível. Dessa fusão de conceitos, nasceu a imprensa.

Da mesma forma como nasceram simplesmente *todos* os exemplos de Criatividade que dei neste livro! Qualquer *mudança do ponto de vista* insere-se nessa faixa de conceituação.

Em "ciência", as matrizes de pensamento biassociadas fundem-se em nova síntese, que, por sua vez, leva a sínteses ainda mais amplas.

Uma ideia puxa outra, uma invenção possibilita outra, o que é criativo vai se tornando quadrado – matéria-prima, por sua vez, para novo salto de Criatividade!

Como ver o Humor, à luz dessa teoria? No Humor, dois padrões (matrizes), remotos e independentes entre si, aproximam-se e, quando se encontram, acarretam não uma justaposição, como na Arte, tampouco uma fusão, como na Ciência, mas uma *colisão*.

Permita-me contar uma anedota curtinha, não muito engraçada, mas que exemplifica esse fenômeno:

Um amigo pergunta a outro:

– Como é que você conhece a idade de uma galinha?

– Pelos dentes.

– Ué, galinha não tem dentes.

– Mas eu tenho...

Dois referenciais coerentes são entendidos simultaneamente, no ato da colisão.

Outra:

– Joãozinho, me explique por que esse globo terrestre apresenta os polos achatados.

– Juro que não fui eu, professora.

Mais outra ainda, se você permite:

– O senhor concordaria em contribuir para nossa Associação de Amparo a Mulheres Decaídas?

– Obrigado, madame. Eu contribuo diretamente...

Neste último caso, uma informação polida e corriqueira "cria" um novo significado pela colisão com o contexto. É o mesmo caso do brasileiro que pergunta, em Portugal, ao guarda do parque, por que diabo a multa por pisar na grama, que, há alguns anos, era de dez escudos, baixou para apenas cinco escudos uma vez que, no mundo inteiro, a inflação é um fato generalizado.

– Ninguém pisava... – esclareceu o guarda.

Princípio corriqueiro da lei da oferta e procura em colisão com inédito contexto.

*Criatividade no trabalho e na vida* • 363

Julgo, aliás, que no Brasil há tanta "piada de português" justamente pela proximidade das duas culturas, favorecendo a colisão (mas estou aberto a outras hipóteses.)

Talvez você conheça a história do Manuel que foi fazer exame vestibular com questões pelo sistema cursivo (completar o espaço em branco) e saiu exultante, certo da vitória. Mas foi reprovado. Inconformado, pediu revisão de prova. O revisor, logo na primeira questão, lhe apontou o quesito: "Tenho 13 laranjas; ganhei mais 79. Fiquei com...". O português completara, no gabarito: "tente".

– Mas que absurdo do português! – poderá exclamar alguém.

Não é absurdo algum. Ninguém ri do absurdo. A resposta *também*, de *per se*, foi coerente. É óbvio que o cutruca gostava de laranja, tinha apenas 13, ganhou mais 79 – muito justo que ficasse contente...

Absurdo seria se a questão fosse respondida assim: "Tenho 13 laranjas, ganhei mais 79, fiquei com... frio". Disso ninguém riria.

A última (prometo) de português é aquela em que Manuel alugou um carro no Brasil e saiu dirigindo por nossas estradas, quando viu, no acostamento, a advertência:

DEVAGAR
QUEBRA-MOLAS

Manuel acelerou tudo que podia. E se espatifou! Indignado, voltou à placa e fez questão de acrescentar:

E DEPRESSA TAMBÉM!

Claro, a placa permite mais de uma leitura lógica.

Acrescento mais uma – porém não de português – que não só demonstra de novo a mesma colisão de matrizes (como de resto, qualquer anedota), mas também por ser bom exemplo de como às vezes nos envolvemos em *problemas errados*, de formulação incompleta. E a ofereço a meus amigos de Recursos Humanos:

Um gerente de pessoal, formado recentemente em psicologia, teve como primeira tarefa a de contratar nova secretária para o presidente da empresa. Orgulhoso de suas habilitações, ficou mais orgulhoso ainda quando o próprio presidente veio participar da etapa final da seleção.

As candidatas se resumiam agora a três moças, para as quais o gerente fez uma única pergunta, em separado:

– Quanto são dois mais dois?

A primeira respondeu: "Quatro". A segunda respondeu: "Bem... podem ser 22". E a terceira respondeu: "Depende. Tanto podem ser quatro como 22".

Depois de retirar-se a terceira candidata, o gerente voltou-se para o presidente e diagnosticou:

– Todas as três jovens são capazes, mas esse teste é que é a verdadeira chave. Mostra como cada uma reage. A primeira é completamente normal e prática. A segunda está sempre aberta a um sentido oculto, criativo. Dificilmente se deixará enganar. Já a terceira examinará todos os ângulos de um problema antes de se atrever a dar uma solução. Qual o senhor prefere?

— Fico com a loura de olhos azuis e coxas grossas — decidiu o presidente.

Criatividade e Humor. Piada alemã (agora é mesmo a última!), talvez não muito engraçada, mas que também tem algo a ensinar.

(Na Alemanha, clima, temperatura ambiente e correntes de ar são preocupações prioritárias e constantes.) Duas senhoras e um rapaz, desconhecidos entre si, viajam na mesma cabine de trem, o rapaz ao lado da janela.

— Pelo amor de Deus — exclama uma delas. — Feche depressa essa janela que eu vou morrer enregelada.

— Perfeitamente — diz o rapaz. E fecha a janela.

Dez minutos depois, a outra se desespera:

— Pelo amor de Deus, rapaz, abra essa janela que estou morrendo por falta de ar.

— Perfeitamente — concorda o moço. E abre a janela.

Nesse instante, entra na cabine o fiscal do trem, e o rapaz o consulta.

— Meu amigo, estou com um problema dos diabos! Se deixo a janela aberta, uma dessas senhoras diz que vai morrer de frio; se eu abro, a outra diz que morre sufocada (discurso de encurralado).

— Muito simples — soluciona o fiscal (ovo de Colombo). Deixe a janela aberta até a primeira morrer, em seguida feche a janela até que a outra morra. Aí o senhor viaja tranquilo...

Humor negro? Certamente. Mas também uma pequena parábola sobre mudança de ponto de vista. (E – por suas metáforas – também de terapia de vida...)

Essa colisão de matrizes preside a todas as expressões de humor, sem exceção, seja no campo cênico, oral, literário ou visual.

Se você visita uma loja de móveis e vê lá cadeiras, mesa, poltrona, cama de solteiro, cama de casal etc., você não rirá de nada disso: são matrizes em local pertinente. Pela mesma razão, ao dirigir pela estrada, não rirá das placas de sinalização: são matrizes em local pertinente. Agora, tive em mãos uma coleção de desenhos holandeses: cada um repetia sempre a mesma cama de casal, tendo ao lado uma diferente placa de trânsito. A colisão sempre criava um novo sentido, engraçado. Imagine: cama de casal tendo ao lado – para ficar com a placa há pouco mencionada – a advertência: "Quebra-molas". Ou qualquer outra placa: "Cuidado: Crianças"; "Curvas perigosas"; "Pista escorregadia"; "Cruzamento"; "Contramão" etc.

Um dos mais celebrados cartunistas americanos, Vip, dominou totalmente a técnica de fazer conflitar brutalmente o texto com a ilustração. Os dizeres de cada cartum seu são invariavelmente corriqueiros, lugares-comuns, quadrados: "Parece que aquele senhor conhece você"; "Detesto dirigir na hora do *rush*"; "Há pessoas que podem beber, outras não" etc. O riso vem com a ilustração. Quem já viu se lembra.

*Criatividade no trabalho e na vida* • 365

Veríssimo, muitas vezes, chega a essa mesma compactação: desenho de mulher pronta para descarregar espingarda de cano curto contra marido, enquanto este pondera:

– Querida, considere como isso vai pegar mal no seu grupo de terapia.

A comédia é a mais alta forma de tragédia, assim como a tragédia é a mais alta forma de comédia. Já lhe passou pela cabeça que você pode assistir *Hamlet* às gargalhadas (cuidando apenas de não incomodar os vizinhos na plateia)?

Duas aplicações práticas, extraídas de tudo isso.

**1** São muito festejados, e muito bem pagos, os fotógrafos de humor, que têm página garantida nas principais revistas tipo *Paris-Match*, *Stern*, *Caras* etc. (A ideia, creio eu, começou com a última página – "Miscelaneous" – da extinta *Life*.) Por exemplo: foto de gordo que vem dobrando esquina, mas de quem, naquele instante, você só vê a barriga. Muito engraçado. Agora, ninguém acredita que o fotógrafo vá andando pela rua até encontrar situação semelhante, cômica, para fotografar. Evidentemente, tais situações humorísticas são *criadas*. Mas como? Se você partir do nada, o problema fica muito difícil, pois você precisa de *duas* matrizes para fazer colidir e obter efeito (riso). Contudo, selecione arbitrariamente o primeiro fator – um gordo, por exemplo – e comece a imaginar, criar situações insólitas para esse gordo, situações que provoquem riso. Num instante, você reduziu seu problema em 80%. Outras sugestões: um peru, uma estátua grega, um ultraleve, um posto de pedágio – tudo isso ou qualquer coisa dá samba. Por que não tentar com sua câmara, hoje mesmo?

**2** Esta reputo muito mais importante. Sempre que, por exemplo, numa reunião em sua empresa, estiver todo um grupo debatendo "problema muito sério", e alguém disser alguma coisa em princípio muito pertinente – quer dizer, proferir algo *sem intenção alguma de fazer rir*! –, mas que provoque uma gargalhada em todos os presentes, NÃO considere o fato (como em geral ocorre nessas horas) como mero "acidente de percurso", na análise de questão tão crucial. Ao contrário, entenda bem a razão da hilaridade, tome nota e medite longamente sobre ela. O episódio mostrou simplesmente que duas matrizes, coerentes em si mesmas, estão *colidindo* (logo, não se trata de absurdo algum). Às vezes, um pequeno retoque nessa colisão, mera adaptação, e você obtém uma *fusão*, isto é, uma SOLUÇÃO CRIATIVA!

(Presenciei numerosas vezes esse fenômeno, mormente quando era publicitário... e principalmente em reuniões com clientes: estes, no mais das vezes, não notavam, na hora, que me haviam dado excelente pista para chegar a um enfoque criativo, e sequer a reconheciam quando ela voltava, devidamente adaptada, em forma de sugestões para anúncios.)

Já comentei antes, em dose suficiente, a importância do bom humor, componente do BIP, como catalisador da Criatividade. O que estou comentando agora, no entanto, já é forma intrínseca da própria Criatividade: o Humor, juntamente com a Arte e a Ciência, uma das mais sublimes conquistas do "animal que ri".

Humor genuíno é criação, quimicamente pura, aplicada a uma área específica da condição humana. Já foi dito ter sido dado ao homem a imaginação para compensá-lo do que não é, e o humor para consolá-lo do que é. Lembre-se de que a palavra "graça" tem dois sentidos.

"Um homem sério não tem ideias", dizia Paul Valéry. "Um homem de ideias nunca fica sério". Meu amigo arquiteto Sérgio Rodrigues, cuja criatividade profissional é internacionalmente reconhecida, substitui usualmente, e com plena adequação – ao aprovar o valor criativo de alguma solução em arquitetura –, o termo "criativo" por "gozado". (Sem falar de seu irrepreensível senso de humor.)

O Humor é também uma das mais sofisticadas formas de exprimir a verdade, daí Bernard Shaw afirmar que por trás de toda expressão de humor há sempre uma verdade oculta. E isso, creio eu, em todos os campos. Niels, o formulador da física quântica, disse certa vez que "existem coisas tão sérias que você é obrigado a rir delas".

Estou mesmo convicto de que o relato mais fidedigno de nossos tempos – tanto em seus aspectos materiais como humanos: políticos, sociais, culturais, psicológicos etc. – não está mais sendo realizado por historiadores, sociólogos, psicólogos, romancistas, economistas, poetas nem críticos de qualquer espécie, mas pelos humoristas, os bons humoristas! São eles, sim, que documentam plenamente, para eventuais gerações futuras, a zorra atual, generalizada.

Amigo, se até aqui você não teve motivos para rir com meu livro, é porque não estou sendo nada feliz em lhe explicar o que é Criatividade.


Mudando, ainda uma vez, o rumo da conversa.

Sempre que você estiver a braços com um PROBLEMA, para o qual sente que já esgotou todas as suas opções lógicas, formais, conceituais, sensatas e objetivas, comece – a fim de passá-lo para a Mesa 2 – a bombardeá-lo com uma série, a mais extensa possível, de perguntas começadas por:

– E SE... ? (no futuro)

Insisto que deve ser *sempre* no futuro! A coisa mais estúpida que alguém possa fazer com a própria cabeça é formular pergunta com tal introdução voltada para o passado:

– E se eu tivesse aceito aquele emprego em Manaus há dez anos?

– E se Maradona não tivesse dado aquele passe perfeito, o único bom lance argentino, num jogo em que dominávamos, possibilitando o gol de Caniggia e a desclassificação do Brasil, na Copa de 1990?

– E se eu me tivesse casado com a Deolinda e não com a megera com que me casei?

Bem, casar ELE JÁ CASOU! O problema está apenas no que possa fazer *agora*, com vista ao futuro. (Talvez, se tivesse casado com a Deolinda, não tivesse mais problema algum, pois ela já o teria assassinado em conluio com o amante.)

*Criatividade no trabalho e na vida* • 367

Como é possível saber? Certa vez, passou-me pelas mãos um livro inglês cujo título era *Se Hitler tivesse ganho a guerra*. Qualquer coisa escrita nele só poderá ser estupidez. Em que "cenário" Hitler teria ganho a guerra? Em que condições? Em que época? Em 1940, de fato, chegou a ser possível. Mas poderia ter ganho a guerra e morrido de enfarte ao aceitar o armistício. Como se comportariam então a Rússia e os Estados Unidos, ainda fora do conflito? Especular sobre isso, numa gama infinita de possibilidades, é exercício de pura irrelevância e estupidez. Hitler PERDEU A GUERRA, se é que alguém não sabe.

Aprendi recentemente que esse tipo de especulação – e se Brutus não tivesse assassinado César?; e se Cristo não tivesse sido crucificado?; e se Krushev tivesse enfrentado os Estados Unidos depois de instalar mísseis em Cuba? – ganhou o respeitável nome de "História Alternativa", e entrou em moda na Europa como "um exercício praticado com seriedade" (*O Globo*, 5 de maio de 1996). É o que chamo de "Criatividade para vender"! Nenhum dos seus "estudos" tem qualquer cabimento para quem conhece um mínimo sobre os fatos "estudados". É baboseira para milhões!

Por exemplo: em face da hipótese "e se Hitler tivesse invadido a Inglaterra", Michael Morton, "principal porta-voz da História Alternativa na Inglaterra", conclui que "a Inglaterra terminaria tornando-se parte da União Soviética, depois de o Exército Vermelho de Stalin derrotar os alemães". Bobagem. Uma das razões de Hitler ter entrado em guerra com a Rússia, para surpresa total de Stalin, foi justamente a de tentar estrangular a Inglaterra, pela ocupação do petróleo da Pérsia (para lá também ia Rommel, pela África). De resto, se ele vencesse a Inglaterra, contaria com um acréscimo em seu parque industrial que o faria estraçalhar a Rússia (assim como liquidou rápido com a França, depois que incorporou o parque industrial tcheco).

E se Jesus fosse julgado mas não crucificado? Explica o "historiador alternativo" Alexander Demandt: "O núcleo da doutrina cristã – a redenção pelo sacrifício de Jesus – estaria perdido. Sem a cruz, Jesus poderia ter sido apenas o fundador de uma seita". Tolice. A mensagem de Jesus, que solapou todo o Império Romano até Constantino torná-la religião oficial, prescindiu totalmente do símbolo da cruz. A marca críptica dos cristãos, em toda essa imensa expansão, era o peixe. Não aparece cruz alguma na pintura das catacumbas. Apenas quando a Igreja passou a enfrentar o problema político de conversão dos bárbaros, cujos deuses pagãos exigiam sacrifícios, lembrou-se ela do martírio de Jesus. A crucificação só foi lembrada quatro séculos após o acontecimento.

"A História Alternativa", bem como "brinquedos criativos", são bolações criativas de quem está a fim de faturar. Perguntas "e se... ?", voltadas para o passado, redundam sempre em irrelevância ou besteira.


A partir do ponto, no entanto, em que se voltam tais perguntas para o futuro – em face de um PROBLEMA linearmente irredutível –, é impossível dizer besteira! Passamos para a Mesa 2, para a excitante Roleta de Ganho Certo! E abrimos um leque quase infinito de hipóteses promissoras, a partir de uma dúzia de opções básicas.

Tais opções, sim, são muito mencionadas em livros de Criatividade num conhecido *check-list*: 1) Aumentar? 2) Reduzir? 3) Adaptar? 4) Combinar? 5) Inverter? Etc.

Vou apresentá-las seguindo um intrigante acróstico americano da palavra CRIATIVIDADE, já reproduzido, aliás, em meu *Criatividade em propaganda*:

---

### CREATIVE ACTION CATALYSTS

C ...................................................**C**OMBINE
R ...................................................**R**EVERSE
E ...................................**E**NLARGE (MAGNIFY)
A ...........................................................**A**DAPT
T ...................................**T**INIER (MINIFY)
I ...........................**I**N PLACE OF (SUBSTITUTE)
V .............................**V**IEW POINT CHANGE
I ...................................**I**N OTHER SEQUENCE
T ...................................**T**O OTHER USES
Y ...................................**Y**ES! YES!

© 1974 Creativity In Action

---

Aproveito para parodiar o que disse naquele livro, a propósito desse acróstico: "Criatividade" é, de concreto, um vocábulo de doze letras (dez em inglês). Já seu conteúdo (o "repertório" que brota dessas letras) estende-se, na prática, a conquistas que vão muito além da facilidade de se inventar títulos ou ilustrações intrigantes.

Criatividade – no trabalho e na vida em geral – pode ocorrer vezes infinitas sem que tal vocábulo esteja presente para assinar a ata.

É o que estou tentando demonstrar ao longo do presente livro.


Nunca é demais ressaltar que, passando para essa fase, você deve realmente *pensar em tudo*, cogitar tudo, qualquer coisa que, mesmo remotamente, tenha a ver com o PROBLEMA, algo que possa, ainda que em termos fantasiosos, fantásticos, liquidar com o PROBLEMA.

Certo engenheiro de companhia de produtos químicos surpreendeu seus colegas ao propor: "E se colocássemos pólvora na tinta de pintar as casas? Ao fim de alguns anos, quando a tinta começasse a descamar, lançaríamos um fósforo aceso e ela rebentaria instantaneamente".

Se analisarmos, de chofre, a sugestão, veremos logo que uma tinta dessas, ao rebentar, levaria a casa junto.

Mas esse engenheiro discutia com "homens de ideias", de mente aberta, que puseram de lado a impraticabilidade do enfoque inicial e começaram a seguir a potencialidade da sugestão. Acabaram por ter a ideia de um aditivo que pudesse ser ativado e motivasse a queda fácil da tinta, velha.

"Pensar em tudo" – exigência do processo criativo – é não pensar comportadamente, disciplinadamente, ou melhor, é não pensar do modo como se faz usualmente numa sala de reuniões, em torno da Mesa 1. E, também, é pensar sem deixar de estar atento a múltiplas armadilhas em que nós mesmos nos metemos, tantas vezes, em torno da "interpretação" do PROBLEMA.

Em 1983, quando ainda respondia por alguns negócios em propaganda – porém já muito interessado em expandir os mesmos processos de Criatividade que ocorrem em uma boa agência para aplicações na vida em geral –, fui convidado a dar palestra de encerramento, sobre Criatividade, em um Congresso de Bibliotecárias, em Camboriú, Santa Catarina.

Falei o que achei que devia falar e, já perto do final, uma simpática senhora pediu o microfone e, na presença de cerca de quinhentas pessoas, me fez a seguinte consulta, mais ou menos nestes termos:

– Professor, o senhor nos falou tanto sobre a relação Criatividade-Problema. Pois saiba que nós aqui, bibliotecárias do Brasil, temos, sim, um GRANDE PROBLEMA DE MARKETING que até hoje não conseguimos absolutamente resolver, sequer abrir uma via para a solução! Já pensamos praticamente EM TUDO, professor, sem chegar a nada! Criamos até um departamento de marketing para enfrentar tal PROBLEMA, coletamos todos os dados – sem resultado algum! O senhor não poderia nos ajudar?

Claro que quis saber que diabo de problema seria esse. E ela anunciou, de público, com muita precisão:

– É o problema da concorrência com a televisão, professor! TODAS AS BIBLIOTECAS DO BRASIL ESTÃO VAZIAS por causa das novelas e atrações de televisão! Se o senhor quiser, tenho até aqui em mãos os dados de pesquisa de nosso departamento de marketing, do qual participo: há vinte anos, a média de leitores/dia era de "dezessete ponto quatro", e hoje caiu para "três ponto dois". (Cito esses números aleatoriamente, não me lembro mais, porém isso não importa muito.) E já pensamos em TUDO, como lhe disse.

Quis primeiro, antes de comentar a questão, saber com quem estava falando, concretamente. Ela me disse seu nome e me informou ser responsável pela biblioteca de Taubaté, acrescentando, como previsível, que também sua biblioteca "estava vazia" devido às novelas da Globo.

Foi minha vez de consultá-la:

– A senhora já pensou em dinamitar a estação repetidora da Globo em Taubaté?

Houve espanto geral. Até o representante do governo do Estado, sentado a meu lado, virou-se para mim, entre incrédulo e atônito.

Madame se defendeu da implicação de terrorista:

– O senhor está brincando, professor? O que é isso? NEM PENSAR!

Muita gente riu, entendendo que madame não pensara realmente em tudo, como alegava.

Pensar em dinamitar a estação da Globo, o Palácio da Alvorada ou a Casa Branca *não é* crime algum, como já lembrei. Você pode até comprar dois barris de TNT para isso, e continua sem cometer crime algum... enquanto *realmente* não começar a pôr em prática seu intento. O único dos Dez Mandamentos que me soa absurdo é "Não cobiçar a mulher do próximo". Não possuir, não convidar para motel mulher do próximo – posso entender. Mas não cobiçar? Que pecado pode haver nisso? Nem Deus, acho eu, pode interferir em tal coisa (Ele que nos fez assim...).

Porém eu queria, de fato, ser útil à minha interlocutora, na medida do possível, e levei adiante a questão:

– Minha amiga, certa vez estive em Santarém, às margens do Tapajós, e lá vi uma biblioteca, e vi outra em Porangatu, na Belém-Brasília, e mais uma em Cambará do Sul, no Rio Grande do Sul, e até frequentei uma, dos padres beneditinos, na cidade em que moro. A senhora poderia me dizer se essas bibliotecas estão hoje vazias?

– Ah, professor, assim, especificamente, não sei. Estou falando de dados gerais, nacionais, que nosso departamento de marketing apurou.

– Mas, amiga, TODAS as cidades que mencionei estão no Brasil, tanto como Taubaté. E a senhora me disse que TODAS as bibliotecas do Brasil estão vazias devido à televisão.

Antes que ela ficasse sem jeito – o que não era absolutamente minha intenção –, voltei a lhe perguntar:

– Contudo, a senhora conhece certamente bem SUA biblioteca, em Taubaté, não é verdade?

– Ora, professor, conheço-a como a palma da mão!

– Que tal, então, começar a tentar resolver o problema da SUA biblioteca – concreta e real?

E então lhe dei todas as sugestões que me ocorreram na hora:

– Esqueça completamente esse "problema nacional" que a senhora está enfrentando! Esqueça completamente todos os dados de seu competente departamento de marketing! Em sua volta a Taubaté, tire um dia para passear por SUA biblioteca, concreta, real, familiar – exatamente em dia em que ela esteja completamente vazia – e passe a "conversar" com ela. Sinta-a. Consulte-a. Pergunte às lombadas dos livros mais à vista se eles são mesmo os mais vistosos e atraentes para estar ali, ou se são empoeirados e repulsivos compêndios sobre língua aramaica, e que apenas se encontram logo na entrada por tradição ou por conveniência alfabética. E não tema absolutamente em indagar, até em voz alta, às desoladas cadeiras vazias: "Que diabo posso fazer para que vocês passem a ser preenchidas por bundas de leitores?"

Risos generalizados. Mas eu não tinha terminado.

– Mais ainda: em sua vida social, cotidiana – real e concreta –, em Taubaté, ao se encontrar, por exemplo, com uma amiga e começar a trocar opiniões sobre qual o melhor chá para a enxaqueca do cunhado (o que presumo seja tema de eleição em conversas do interior), olhe bem para a bunda dessa amiga, e não tema pergun-

*Criatividade no trabalho e na vida* • 371

tar para si mesma: "Que diabo posso fazer para que essa bunda vá parar em uma das cadeiras de minha biblioteca?"

Houve uma gargalhada de quinhentas pessoas. Estaria eu fazendo humor? Claro que estava. Mas estava também tentando colocar toda a encrenca em termos reais, concretos, vivenciais – os únicos capazes de gerar Criatividade. O que faz, afinal, concretamente, uma biblioteca "cheia"? São bundas reais acopladas a cadeiras de bibliotecas reais! Se minha amiga consegue tal acoplamento *em Taubaté*, onde conhece tudo tão bem – biblioteca e habitantes –, possivelmente suas boas ideias venham a ser implantadas ali ao lado, em São José dos Campos; talvez mesmo, mais à frente, em todo o Estado de São Paulo; e até mesmo, quem sabe?, por "todo o Brasil"... (Mas começara a formular a questão em termos totalmente abstratos e incompletos, como "problema nacional" – e, claro, não conseguira nada.)

E há mais coisas boas esperando minha amiga: a partir do momento em que ela conseguir encher a biblioteca de Taubaté, aí sim – e apenas *depois* disso! – poderá ir a um congresso de marketing e narrar sua experiência sob o faiscante título de *case study*. Vai ser um sucesso!

A propósito: não existe, nem nunca existiu, nem jamais existirá, problema de marketing, de ordem criativa, a ser resolvido! Marketing, por sua própria definição, engloba tal variedade de campos em si mesmos especializados e complexos – pesquisa, distribuição, propaganda, finanças etc. – que se torna uma conceituação, ainda que útil, totalmente estratégica, abstrata! Há, isso sim, problemas específicos, concretos, que surgem nesses campos. Somente *depois* de resolvidos é que podem, ao gosto de cada um, intitularem-se "problemas de marketing"... E virar *case studies* em Congressos...

Curiosamente, falando na hora tudo isso, ocorreu-me ideia que poderia, talvez, ser útil à minha interlocutora:

– Por que a senhora não se *aproveita* desse problema? Por que a senhora não se informa bem qual o *tema* da novela de maior audiência e divulga, com um cartaz colocado do lado de fora de sua biblioteca, que esta possui farta documentação sobre o assunto, ou mesmo o título dos livros relacionados a ele? Por exemplo: em face do sucesso da novela "Renascer", listar obras sobre a cultura do cacau na Bahia; em face do sucesso de "Ciúme", oferecer biografia e obras de Euclides da Cunha etc.?

Apenas não tive coragem de confessar-lhe, em público, minha opinião de que, muito certamente, sua frustração perante o problema que enunciara prendia-se a uma armadilha em que ela mesma se metera. Madame G., ainda que inconscientemente, estava, com certeza, violando as Regras 6 e 8!

Analisemos. O que é Madame G., concretamente, e muito honrosamente? Responsável por uma pequena biblioteca do interior. Mas agora Madame G. subiu na vida! Madame G. tem um PROBLEMA NACIONAL! Madame G. está preocupada com a cultura de seu povo, de sua pátria! Madame G. enfrenta a ameaça dos novos e poderosos meios de comunicação e, por isso, legitimamente, com metas tão defensáveis, pode pegar o microfone e ser porta-voz de toda uma classe profissional! Amanhã pode até levar suas preocupações, em entrevista pessoal, ao presidente da República!

Quem deu todo esse *status* a Madame G.? O PROBLEMA! Madame G. rece-be reconhecimento profissional, geral, exatamente pela sobrevivência de PRO-BLEMA TÃO GRAVE! No fundo de seu coração – e de caso não pensado – sua Criança, muito certamente, não está a fim de resolver nada...

Você já viu, em sua empresa, alguém longamente preocupado com PROBLE-MA da organização? É um sujeito muito importante! Impossível demiti-lo... a me-nos que ele resolva a encrenca!

Quando a *existência* do PROBLEMA, de *per se*, gera *status* e consideração, gera longas e entretidas conversas sociais, gera muita "compreensão" (como os problemas de saúde de um hipocondríaco), quem, no mundo, estará a fim de se desfazer de tal tesouro?

Já que falei de novelas de televisão, note que os sofridos problemas de relacio-namento pessoal, ali apresentados, poderiam todos, talvez, com alguma Criativida-de, ser resolvidos logo no primeiro capítulo. Os demais seriam dedicados a mostrar aquela gente toda – em geral muito bonita, rica, saudável, articulada – a viver har-moniosamente e a desfrutar da vida, como todos merecem.

Mas qual seria o resultado? A audiência cairia a zero e os atores todos seriam postos no olho da rua!

Para que isso não ocorra, o que fazem? *Perpetuam*, capítulo após capítulo, seus desencontros e trapalhadas, seus "problemas insolúveis". Insolúveis para que man-tenhamos o canal ligado.

Isso é mais que uma metáfora, pois em milhões de lares, no mundo inteiro, *perpetuam-se*, por motivos análogos, "novelas" de problemas insolúveis. Mesmo à custa de sofrimento.

Por essas e por outras, atente-se, por favor, ao item RECOMPENSA, que abordarei ainda neste capítulo.

Voltemos ao *check-list* da Criatividade, como apresentado naquele habilidoso acróstico. Seus itens não se destinam a ser consultados, um após outro, como num *check-list* clássico – usado, por exemplo, por um piloto antes da decolagem, ou por supervisor de fábrica, como medida de controle de qualidade. (Os recursos da Racionalidade nunca são exatamente iguais aos da Criatividade.)

Ao contrário, as perguntas que tais itens provocam, as opções que abrem, de-vem já estar todas, *simultaneamente*, em sua cabeça. Assim, não é para "consultá-lo", nem segui-lo (como tampouco o é o *back burner*, assunto futuro). Sua apresenta-ção sistemática, como farei a seguir, serve apenas para lhe dar ideia do leque de veredas e alternativas pelas quais sua intuição criativa poderá e saberá, espontanea-mente, enveredar.

Aliás, muitos desses itens, como se verá, podem associar-se, complementar-se, ou mesmo confundir-se. (O item 7, aviso logo, engloba todos os outros.) Vejamos quais são esses itens, ilustrados por alguns exemplos, e seguindo o tal acróstico:

*Criatividade no trabalho e na vida* • 373

## 1- *COMBINE* (COMBINAR)

É o caso clássico de *fusão*, como exposto pela teoria de Arthur Koestler. Duas matrizes coerentes, até então independentes e remotas entre si, acarretam uma síntese inovadora.

A invenção da imprensa, como vimos, partiu da combinação do carimbo com uma prensa de vinho; William Oughtred combinou uma régua com outra e criou a régua de cálculo; na guerra, a combinação de uma peça da Artilharia, o canhão, com um equipamento agrícola, o trator, gerou o tanque, arma da Cavalaria.

Em comunicação, o recurso é intensamente usado, muitas vezes para ilustrar e dramatizar, sinteticamente, temas abstratos: 1) o perigo do *hot money*, que gira hoje ciberneticamente pelo mundo, para as economias nacionais: nota de cem dólares provida do mecanismo de uma ratoeira; 2) traumas infantis: uma flor em botão levando um *band-aid*; 3) corrida armamentista: globo terrestre em forma de granada; 4) criatividade: chaveta de lata de sardinha desdobrando, nos céus, um arco-íris... Os exemplos são infinitos. (A palavra símbolo, aliás, advém dos radicais originais de "juntar", em grego: *sum-bállein.*)

Grande sucesso de vendas na Itália, no ano da Copa de 1990, foram camisetas estampadas com a Santa Ceia em que os conhecidos personagens vestiam todos a *azurra...* e Cristo era o goleiro!

Em Arte, o mais famoso pintor que conheço a usar tal recurso de expressão é Magritte. Também a artista paulista Jeanete Musatti lança mão dele em originais montagens em miniatura: pianos sob tufos de musgo; negros grilos pousados em peça de quartzo. A Bienal é farta de exemplos: na de 1993, havia, de Nuno Ramos, 111 paralelepípedos besuntados de asfalto espalhados pelo chão, ostentando, cada um, recorte autêntico de jornal sobre uma morte trágica. A bandeira do Brasil, do artista Siron Franco, era formada por cabeças de ex-votos, pintadas nas devidas cores.

Esse recurso é altamente fertilizador em todos os campos do pensamento. Se me permite o testemunho: após minha formação em Análise Transacional, tendo atingido grau de conhecimento que me pareceu satisfatório, renunciei a especializar-me. ("Ninguém cria um buraco novo meramente aprofundando um buraco existente.") Preferi, ao contrário, cruzar toda a teoria psicológica de Eric Berne com a teoria sociológica de David Riesman, exposta em seu célebre *A multidão solitária* (Perspectiva, 1971). Os resultados apresentei em meu livro *Análise Transacional e caráter social* (Summus, 1983) – resultados que, confesso, me surpreenderam muito, por sua sólida lógica interna, à medida que foram surgindo.

Para essa opção, há de manter na cabeça sempre perguntas do tipo: "E se eu combinar isso com aquilo?" "O que se combina com isso para resolver meu problema?" Foi assim, certamente, que se chegou ao sucesso mundial do gim-tônica (criado, o que pouca gente sabe, pelos fabricantes de tônica, e não pelos fabricantes de gim).

## 2- *REVERSE* (FAZER O CONTRÁRIO)

Se você está em seu carro, parado numa ladeira e, alguns metros acima, outro carro, estacionado sem motorista, começa lentamente, por defeito no freio de mão, a escorregar em direção ao seu – prevendo-se que irá acelerar-se até um grande choque –, você ganhou um PROBLEMA! A solução linear, muito lógica, é *recuar* rapidamente seu carro (partindo do princípio de que há tráfego intenso na pista ao lado) até sair da trajetória do outro, em sua precipitação ladeira abaixo. Mas há OUTRA solução, muito melhor: fazer o contrário! *Avançar* também lentamente seu carro, até que ele calce o outro. (Esse exemplo é de Edward de Bono.)

A cidade de Kansas, nos Estados Unidos, enfrentava o problema de aumento de infrações de trânsito. O que sugere o pensamento linear para tal questão? Multar mais, aumentar o valor das multas! Pois alguém teve a ideia de implantar outro procedimento: o guarda apitava, como sempre, pedindo à motorista para parar o carro e estacionar (nos Estados Unidos, a maioria dos motoristas particulares são mulheres); o guarda, como sempre, anotava a placa da motorista; como sempre, pedia à motorista seus documentos; mas, ao devolvê-los, oferecia à senhora – agora não como sempre – um buquê de violetas! Além disso, no fim do dia, de volta ao departamento, consultava o computador: se tal motorista não tivesse multa nos últimos três anos, seu nome aparecia no dia seguinte nos jornais, ao lado de outros dez nomes, com um agradecimento da municipalidade por sua atenção, prudência e responsabilidade. Isso mesmo: o Detran de lá passou a *premiar* os bons (e boas) motoristas! A ideia foi um sucesso, tendo sido implantada também em outras cidades.

Havia no Canadá um parque com ursos mansos no qual, a despeito de placa bem visível na entrada – "Aviso aos visitantes: não deem comida aos ursos!" –, sempre havia quem dava comida aos ursos (pipocas, *chips*, biscoitos etc.), e os ursos adoeciam, chegando alguns a morrer. A placa teve seu tamanho agigantado e seus dizeres enfatizados: "Aviso aos visitantes: é terminantemente proibido dar comida aos ursos!" Mas visitantes continuavam dando comida aos ursos, que adoeciam. O que sugere o pensamento linear para tal impasse? 1) Proibir a entrada de visitantes (o que liquidaria com uma grande atração da cidade, prejudicando, além disso, visitantes, inocentes, que não davam comida aos ursos); 2) retirar os ursos do parque (o parque perderia seu maior atrativo, além do novo problema de onde meter os ursos). Pois alguém teve a ideia de simplesmente afixar nova placa: "AVISO AOS URSOS! Este parque está infiltrado de meliantes que, sob o disfarce de seus amigos, envenenam vocês com pipocas, *chips*, biscoitos etc. Lembram-se do seu tio que morreu no ano passado? Fujam desses assassinos!" E ninguém mais deu comida aos ursos...

Qual a prática mais *estúpida* no jogo de futebol? A decisão por pênaltis! Atira, em cima de um jovem, uma responsabilidade absurda e descomunal (Sócrates e Baggio serão eternamente lembrados, ao lado das maravilhas que fizeram, também pelos pênaltis que perderam em decisões de partidas nas Copas de 1986 e 1994.) Além do que, tal critério atenta contra o próprio espírito do jogo, originalmente denominado, de *Football Association*. Mas a decisão por pênaltis parece inevitável (?) dada a exigência impreterível de se conhecer, na data certa, o campeão. Pois meu amigo Luiz Eduardo Pedreira Lopes, do Banco do Brasil, me expôs sua ideia magistral: que os pênaltis fossem batidos *antes* da partida decisória! Digamos, Brasil e Itália: cobram-se os pênaltis e o Brasil perde, não importa por "culpa" de quem; agora, o time todo, os onze jogadores, têm noventa mi-

*Criatividade no trabalho e na vida* • 375

nutos para ganhar da Itália; se por acaso não conseguem, é porque a seleção não merecia mesmo o caneco! Justíssimo. E não se alegue que, com isso, haveria sempre uma seleção a jogar pelo empate: no sistema atual, é comuníssimo, no segundo tempo, as *duas* seleções jogarem pelo empate, deixando a decisão para a roleta aloprada dos pênaltis...

Em propaganda, assisti a vários sucessos baseados nesse recurso: o de anunciar o *contrário* de tudo que a concorrência luta por apregoar. (São exceções, claro, e exigem o máximo de talento e precisa adequação.) O Fusca, nos Estados Unidos, tornou-se querido por um anúncio da DDB em que aparecia sobre o modesto título "Lemon" – que, em gíria americana, significa produto banal, inferior. Lembro-me, ainda na década de 1960, do estouro de vendas do creme de barbear Bozzano, lançado assim na televisão: "O creme de barbear Bozzano é um creme como outro qualquer. Dura um pouco mais, é verdade, proporciona, sim, um barbear mais macio... etc." O jeans Levi's estourou no Brasil, então dominado pela preferência por fios sintéticos, que dispensam o uso constante do ferro de passar, com a surpreendente notícia: "A única calça que amarrota e perde o vinco". Grande sucesso do leite integral Milka, nos Estados Unidos: "Tão bom como qualquer outro – melhor do que alguns!" Grande sucesso do sofisticado gravador de rolo Akai, quando surgiu: "Sim, é caro..."

Em marketing, apenas um exemplo: a NCR, líder do mercado de máquinas registradoras no Brasil, lança continuamente modelos cada vez mais avançados e aperfeiçoados, como se espera de toda empresa. Em 1984, para celebrar o centenário da matriz americana, teve a ideia de produzir réplica formal do arcaico modelo dos primeiros tempos da companhia, o C-313: uma imponente caixa de latão trabalhado; era meramente para ser oferecido aos funcionários da empresa, em todo mundo. Pois o sucesso dessa ideia extravasou os quadros da companhia. Choveram pedidos. Somente em 1985, a filial brasileira engordou os cofres com uma receita inesperada de exportações de mais de 3 milhões de dólares!

No campo das invenções, ocorre-me que Hubert Booth cansou-se de tentar chegar a uma máquina prática que *soprasse* o pó de cima dos móveis e ajudasse, com isso, as donas de casa em sua faxina diária. Teve seu Eureka quando atinou, de repente, que o negócio era *aspirar*.

Creio que se inclui nessa opção a solução simplérrima encontrada pelas autoridades americanas para desencorajar o furto de lâmpadas nos trens do metrô: passou a usar apenas lâmpadas com a rosca do soquete *invertida*.

Na guerra (e por isso também em marketing), talvez seja esse o maior recurso criativo. A Criatividade militar é todo plano efetivo que não está, nem poderia estar, nos planos do inimigo. "Um exército de sucesso" – repetindo a definição de Liddell Hart – "opera sobre a linha onde há menor expectativa", quer dizer, faz o *contrário* do que o inimigo espera.

Mas, claro, tudo isso oferece contrapartida. Os russos, em 1945, concentraram-se ostensivamente ao longo do Oder, indicando, para quem quisesse ver, o assalto final a Berlim pelo caminho mais curto. Hitler, porém, que era bom estrategista (sem ironia), deslocou tropas poderosas do Oder para o *front* da Tchecoslováquia, suspeitosamente mais sossegado. Aí os russos cruzaram o Oder...

"Fazer o contrário" é sempre uma especulação promissora em toda forma de impasse e conflito. Você se lembra do atentado terrorista durante as Olimpíadas de Munique, em 1972? Após a tragédia, psicólogos alemães estudaram como foi impecável, lógica e *estúpida* a atuação das autoridades. E por quê? Porque atuaram, passo a passo, até o final, exatamente como os terroristas previam (incluindo sua possível morte como "mártires")! Vejamos: palestinos armados entram de súbito no alojamento dos atletas israelenses, capturam-nos, fecham o recinto e dão ao mundo um ultimato. O que tais terroristas previam que iria acontecer, minutos depois? Claro: que uma frota de carros policiais alemães (Mercedes), com seus pisca-piscas feéricos e sirenes em pânico, cercasse o alojamento. E o que foi que ocorreu? Claro: uma frota etc. Depois veio o helicóptero, depois vieram os holofotes e a imprensa mundial. Tudo rigorosamente como constava do *script*. Depois vieram os megafones para exortar, propor ou ameaçar. A cada etapa dessas, qual seu resultado? Reforçava, nos terroristas, a certeza de que seu plano avançava precisamente como previsto, estava dando certo. Por que – perguntam tais psicólogos – não se apagaram, por exemplo, imediatamente, todas as luzes possíveis, evitando toda a comunicação durante três dias, como se tivesse ocorrido um ataque nuclear? Ou por que não tentaram introduzir, no alojamento, vinte macacos? Isso era a *última* coisa que os terroristas poderiam prever! Fossem realmente feitas coisas assim, e todos aqueles jovens poderiam hoje estar vivos!

Esse recurso é poderoso inclusive em conflitos pessoais. Tem você, na empresa em que trabalha, algum colega que detesta? E que sabe que você o detesta? E que também o detesta, como você sabe? Tem você até vontade de dar um murro na cara ele? Bem, isso não exige coragem alguma, apenas descontrole. Vejamos se você é de fato corajoso... e se de fato está interessado em tentar resolver o problema: procure saber discretamente algo de que esse seu colega realmente gosta, digamos, música de *jazz*. Vá então a uma loja e compre, com seu dinheiro, o melhor CD importado de *jazz* que você encontrar e dê-lhe de presente. Sem necessidade de aniversário nem Natal. Sem qualquer sinal de suborno, nem de subserviência ou adulação. Mas com Simplicidade e Dignidade! Diga-lhe apenas: "Olhe, Fulano, eu estava ontem numa loja de disco, encontrei essa gravação e me lembrei de que você gosta de *jazz*, alguém me havia dito. Imagino que ela o interesse". Essa, sim, é a última coisa que ele esperava de você! Pode crer, há muita chance de resolver o problema...

### 3- *ENLARGE* (AUMENTAR)

Certa dona de casa comprou, para a ceia de Natal, o tradicional peru, mais quatro coxas avulsas. Em casa, coseu pacientemente essas coxas no peru, em seguida preparou-o como sempre, levou-o ao forno e serviu-o em grande estilo na noite de Natal. A aparição de tal ave causou, a princípio, enorme espanto a seu marido e aos quatro filhos, mas a mulher resolvera o problema da discussão, de todo Natal, sobre quem ficaria com as coxas do peru...

*Criatividade no trabalho e na vida* • 377

Nosso pensamento lógico tem muita dificuldade em conceituar um "peru" que não seja "bípede". Além disso, ele é escravo da causa-e-efeito e não leva em conta que, muitas vezes, o *aumento* na quantidade transforma a qualidade. Já lembrei o exemplo do caminhão preso sob o viaduto porque lhe colocaram carga demais, situação em que a solução ótima, para sair da encrenca, é *aumentar* mais ainda a carga, carregando-o de pedras (e fazendo ceder suspensão, pneus etc.).

Na guerra, com o fogo correndo por toda parte, é lógico que todo mundo queira ficar o mais longe possível da dinamite. Pois os tanques israelenses, ao invadir o Líbano, vieram recobertos por placas de dinamite. Explico: qual o grande inimigo do tanque? A bazuca. Ela tem poder explosivo relativamente pequeno, pouco maior do que de uma granada de mão; contudo, enquanto esta é impotente contra a blindagem de um tanque, o projétil da bazuca, lançado sobre essa mesma blindagem, explode de forma concentrada (devido ao princípio de "carga oca"), fazendo um furo na carapaça e incinerando a tripulação. Com o tanque coberto de dinamite, essa explosão é *muito aumentada* – na verdade, o "poder de fogo" do inimigo foi decuplicado! Mas não fura mais o tanque...

O episódio mais antigo que se conhece de Criatividade com autoria conhecida não é o de Arquimedes (cerca de 300 a.C.), mas, acho eu, o de Gedeão – cerca de 1100 a.C. Como relata a Bíblia, o chefe dos hebreus, com apenas trezentos homens, tinha de enfrentar os madianitas, concentrados num vale e "inumeráveis como gafanhotos em multidão". Gedeão fez que cada um de seus soldados levasse várias tochas acesas no fundo de cântaros, e assim se acercaram à noite, sorrateiramente, do acampamento do inimigo. A um sinal de Gedeão, todos quebraram os cântaros e os madianitas se viram subitamente cercados por um oceano de tochas, misteriosamente aparecidas. "Então todo o exército deitou a correr e fugiram" (Juízes 7,12/23).

Ainda no campo militar, note que a modificação vital introduzida pelos exércitos napoleônicos, que lhes garantiu velocidade única de manobra, além de duradoura invencibilidade, foi decorrente de um "ovo de Colombo": os franceses passaram a marchar e combater na cadência de 120 passos por minuto, enquanto seus adversários permaneciam nos ortodoxos setenta passos.

Santos Dumont, baixinho como era, aumentou o solado de seus sapatos, e inventou o sapato-plataforma (você sabia?). Um criativo recurso da propaganda antinazista, na Alemanha, foi baseado num jogo de palavras que tornava ridículo o grito "Heil Hitler": quando o ameaçador *slogan* aparecia nos muros, acrescentava-se um *t* à palavra "Heil" (viva), de maneira que a inscrição tornava-se "Heilt Hitler" (curai Hitler).

Em propaganda, o recurso de AUMENTAR... bem é a propaganda! Trata-se, por definição, da perene tentativa, por meio de numerosas variações, de aumentar, magnificar, exagerar. Lembro-me (um caso entre milhões) de um anúncio de inseticida americano que explicava, num longo título, todo o repulsivo processo de salivação, deglutição, regurgitação e nova deglutição que uma mosca opera ao pousar sobre nosso alimento. Palavras finais: "Agora é a sua vez". Bolas, todos nós já comemos, infinitas vezes, alimentos onde moscas pousaram previamente, e nenhum de nós morreu por isso até hoje.

Essa é também a técnica de toda caricatura. E de toda a dramatização e retórica criativa. Na faculdade de direito, ouvi o caso do advogado que foi defender a ingrata causa de um adulto que assassinara um menino apenas porque este o chamava (devido a certo defeito no andar) de perneta. Ao lhe ser dada a palavra, começou: "Meritíssimo Juiz, excelentíssimos jurados, meus senhores e minhas senhoras..." E ficou em silêncio. Após um minuto, para espanto geral, voltou-se para seu público e disse: "Meritíssimo Juiz, excelentíssimos jurados, meus senhores e minhas senhoras..." E ficou em silêncio. Constrangimento na sala. Mais um minuto, e saúda ele de novo: "Meritíssimo Juiz, excelentíssimos jurados, meus senhores e minhas senhoras..." E ficou mudo.

O juiz então o encorajou: "Sr. advogado, o senhor já fez sua saudação de praxe. Por favor, dê início à defesa..." O advogado concordou respeitosamente com a cabeça, pensou um pouco, tomou fôlego e proclamou: "Meritíssimo Juiz, excelentíssimos jurados, meus senhores e minhas senhoras..." E emudeceu.

Então, o juiz se irritou: "Sr. advogado! Se o senhor repetir mais uma vez essas palavras, vou interpretar o fato como zombaria, um desrespeito a este Tribunal, e vou caçar-lhe a palavra".

Aí, então, o advogado começou a falar:

– Meritíssimo Juiz! Se até Vossa Excelência, no cargo augusto que ocupa, e que lhe exige, como bem sei, toda prudência, equilíbrio e serenidade, é capaz, mesmo assim, de ameaçar me caçar o sagrado tempo de defesa – e quem sabe até expulsar-me deste egrégio Tribunal! –, tudo apenas por estar eu repetindo-lhe a *mais respeitosa saudação*... que dirá agora quanto a meu cliente, senhor de idade, doente, com bons antecedentes, aleijado desde a tenra infância e obrigado a ouvir, todos os dias, o insulto ignominioso de perneta... etc. (Não sei se a história é verdadeira, mas que é ótimo exemplo de AUMENTAR, lá isso é.)

Passando para outro exemplo, saiba que "um dos grandes ícones de nossa cultura de massa" (que Deus me perdoe), ao lado da garrafa de Coca-Cola, é o Big Mac, o mais popular sanduíche do mundo, responsável pelo estouro de vendas da McDonald's a partir de 1967. Foi criado quando o operador da lanchonete de Pittsburg, Jim Delligatti (nome a ser imortalizado), "violando uma regra de ouro da cadeia de lanchonetes", e "agindo à revelia da direção da McDonald's", partiu para oferecer um sanduíche *maior* (*Veja*, 24 de junho de 1987)!

E já que mencionei "ícones" de massa: a PepsiCola começou a ameaçar a Coca-Cola – até então missão impossível para as dezenas e dezenas de colas que surgiram e feneceram – com uma ideia" genial": a garrafa de 373 ml a cinco centavos, o mesmo preço que compraria apenas 200 ml da garrafa de Coca-Cola. Esta ficou em maus lençóis: não podia aumentar a quantidade, salvo se estivesse disposta a liquidar aproximadamente um bilhão de suas garrafas de 200 ml. Nem, por outro lado, podia cortar seu preço por causa das centenas de milhares de máquinas de refrigerantes no mercado que funcionavam com uma moeda de cinco centavos.

Último exemplo: a maioria esmagadora dos livros sobre Criatividade é delgada, com tipos grandes, textos muito arejados, cheia de ilustração – e de leitura mais ou menos instantânea.

*Criatividade no trabalho e na vida* • 379

Por que não escrever um volume realmente GRANDE sobre o assunto – já que ele merece?

### 4- *ADAPT* (ADAPTAR)

A grande contribuição americana para o sorvete (segundo consta, já servido por Saladino aos derrotados cruzados no século XII, feito com neve trazida das montanhas do Líbano) foi a casquinha. A ideia básica quem teve foi um vendedor de sorvete na exposição de Louisiana, em 1904, que enrolou o sorvete que ofereceu à namorada num *waffle*, para impedi-lo de pingar, após ter enrolado outro para segurar as flores que ele lhe dera.

A máquina de tosquiar é uma adaptação da máquina de cortar grama; o cigarro uma adaptação, por mendigos espanhóis, das baganas de charuto; o *airbag* é isso mesmo que está dito, um saco inflável, adaptado no automóvel para fins de segurança. Qual o mistério?

Em que consistiu basicamente a eficientíssima criatividade de Rommel, com seu *Afrika Korps*, durante a Segunda Guerra? Rommel simplesmente transpôs para a África os princípios da estratégia naval, aplicando-os ao deserto...

Na indústria, tais recursos criativos de adaptação chegam a ser, às vezes, de simplicidade ofensiva. Qual o nome do gênio que teve a ideia luminosa de colocar a borracha na ponta do lápis? Tal ideia, creio eu, está até hoje patenteada e deve ter dado bem mais que 50 mil dólares a seu autor ou ao explorador da patente.

Outro gênio, também esqueci seu nome, veio a saber, ainda no primeiro quarto do século XX, que os artigos mais vendidos nas farmácias eram ácido acetilsalicílico (aspirina) e o bicarbonato de sódio. Pois comprimiu ambos num só produto e deu ao mundo o Alka-Seltzer! (Embora, por muita gente, essa mistura seja considerada incompatível.)

Na década de 1930, o médico americano Earle C. Haas teve a ideia de utilizar o princípio do tampão cirúrgico para aliviar o incômodo das toalhas higiênicas usadas pelas mulheres menstruadas, e lançou, em 1937, o Tampax.

(Coloquei essas opções em ADAPTAR, e não em COMBINAR, porque são mais colagens, justaposições, do que sínteses, fusões. Claro que, na prática, isso não tem a mais remota importância.)

Nosso admirável mundo novo está cada vez mais entupido por todo tipo de *gadgets* e novidades criadas por essa opção: despertador que é também, na base, lanterna elétrica; fôrmas de bolo que já imprimem, na massa, as fatias a serem cortadas; uísque em aerossol; jaquetas e camisões que já trazem, num bolso de plástico descartável, rádio de pilha com fones de ouvido (Empresa de Moda, São Paulo); óculos escuros para cachorro, preservativos perfumados; árvore de Natal feita com uma pirâmide de 2.758 taças de cristal, no valor de 40 mil dólares, ou de clipes, ou de bolotas de pinheiro, ou de refugo metálico, ou de notas desvalorizadas de cruzeiro velho (já vi tudo isso). Bem como bares que oferecem transporte gratuito a seus clientes: pegam-nos sóbrios e levam-nos para casa, alguns embebedados; videolocadoras que também entregam pizza; lavadoras de carro que exibem vídeos a seus clientes enquanto estes esperam etc.

O que são tantas invenções senão mera adaptação de qualquer coisa corriqueira e usual? O que é, por exemplo, a invenção da lente bifocal, por Benin, senão mera *adaptação* de duas lentes normais em uma só? O que é o olho-de-gato, inventado por Percy Shaw, senão mera *adaptação* de um ponto refletor no asfalto? O que é a premiada palheta inventada por John Antony – verdadeira dádiva para quem pinta –, a qual, recoberta por cinquenta folhas de papel impermeável, possibilita limpeza instantânea pela simples remoção de cada folha... senão mera *adaptação* da prática de limpar uma mesa de restaurante pela substituição da toalha?

Mas, por favor, nada de confusão! Minilanterna acoplada a um chaveiro é ideia criativa, pois solução para o uso de chaves no escuro; agora, isqueiro que imita granada, telefone em forma de banana, bule em forma de ganso, talheres que sugerem galhos de árvore, óculos com pétalas, fórmica imitando mármore ou jacarandá, orelhões em forma de coco, ou de caranguejo (Parnaíba) – na Escócia chega-se a vender caixões no formato de fruta, de barco, de pimenta –, isso tudo é horrendo, exemplo puro do que se entende por *kitsch*, "a mentira da beleza" (V. Jules Dorfles, *Kitsch*, Bell Publishing, Nova York, 1968)! Pode, quando muito, ser exemplo da voraz "criatividade de vendas" de nossos tempos, capaz de "bolar" qualquer coisa para arrancar dinheiro de uma massa espoliada, entre outras coisas, de senso estético. J. P. Barnum foi o primeiro teórico do marketing moderno: "Nasce um otário a cada minuto".

Ainda na exploração dessa opção é que se desenvolve o interesse de muita gente criativa em observar as faculdades e o comportamento dos animais para extrair boas ideias (biônica): o abastecimento de aviões no ar pode muito bem ter sido tirado do sistema de reprodução das cracas, que, estando irremediavelmente presas à rocha onde nasceram, emitem, em direção à mulher do próximo, o mais longo pênis do reino animal (proporcionalmente, é claro). Parece-me mesmo que o desenvolvimento do radar partiu do princípio de orientação dos morcegos; mas posso garantir, com certeza, que a invenção do pneu de tala larga e baixa pressão, ideal para rodar na areia, partiu da observação direta das patas do camelo.

Assim como posso garantir que o engenheiro suíço Georges de Mestral inventou o velcro, em 1948, irritado por encontrar tantos carrapichos grudados em sua roupa e no pelo de seu cachorro, e decidido a descobrir como conseguiam, tais pestezinhas, agarrar-se tão eficientemente, sem qualquer substância adesiva.

Na guerra, em propaganda, em vendas, tal opção está ligada a toda forma de *oportunismo* – seja a dos russos, usando o congelamento dos lagos de Leningrado, em 1942, seja a do Fusca, capitalizando para si, em 1968, a conquista da Lua pela Apollo 8 ("É feio, mas leva você lá"); seja ainda dos vendedores de uma loja de departamentos que, quando uma exausta senhora sentou-se numa rede de dormir em exposição e acabou pegando no sono, em vez de acordarem-na, ou se sentirem constrangidos, cercaram toda a cena com cartazes de "silêncio" – e venderam mais de trinta redes em uma hora! Os exemplos, nessas áreas, são inumeráveis.

Como o são em política, direito, jornalismo, em todo campo da retórica e da argumentação. Caso curioso é o do advogado, em cidadezinha do interior, que ganhava sempre as mais difíceis causas de júri, conseguindo emocionar muito os

*Criatividade no trabalho e na vida* · 381

jurados e levar o réu à absolvição. Só mais tarde é que se descobriu sua tática: o foro, na cidadezinha, ficava ao lado da igreja e o rábula controlava seu tempo de defesa para que a peroração começasse, em ponto, às seis horas da tarde. Então, quando ele dizia aos jurados, interioranos devotos: "... e que Nossa Senhora nos Céus ilumine seus corações para conceder a dádiva do perdão etc.", o *Angelus*, ao lado, começava a tocar, quase como um milagre!

Você se lembra do "museu de Criatividade" de que lhe falei no capítulo VI, o *Haus am Checkpoint Charlie*, instalado em Berlim? Trata-se, na verdade, de um "museu da fuga", a expor número enorme de soluções, variadas e originais, criadas por alemães orientais para safar-se do comunismo depois da construção do Muro. (Nunca o *safar-se*, em Criatividade, foi empregado de forma tão literal.) Pois, de todas as soluções, daria eu o primeiro prêmio em Criatividade a meia dúzia de bolas maciças de borracha. Seu emprego foi genial: Hans Mayer (pseudônimo), com direito a cruzar a fronteira, notou que os policiais comunistas só revistavam carros cuja suspensão estivesse arriada (por possível peso extra de fugitivo escondido). Travou então as molas de seu velho Fiat com as tais bolas, e fazia-se preceder, ao cruzar a fronteira, por um outro carro, este com a suspensão arriada (devido a refugos inúteis): a Polícia Popular caía em cima deste, deixando passar, inúmeras vezes, com gente escondida sob o banco traseiro, o empertigado Fiat.

Em Arte, quem mais usa entre nós esse recurso criativo é Frans Krajcberg, com suas esculturas adaptadas de raízes de pântano e de troncos semi-incinerados por queimadas...

Pessoas criativas são pessoas atentas às circunstâncias, ao exterior, ao momento!

Pergunte-se sempre: "Como melhor adaptar isso?" Ou: "Como me aproveitar dessa ocasião para resolver meu problema?"

### 5 - *TINIER* (FAZER MENOR, DIMINUIR, SIMPLIFICAR)

Desde que nosso Alberto Santos Dumont pediu a seu amigo e joalheiro Cartier que lhe fabricasse o relógio que idealizara, perfeito para usar com a mão ocupada – tornando-se, com isso, inventor não só do avião, mas também do relógio de pulso –, a indústria inteira tem-se voltado, e em progressão cada vez maior, para essa tendência: desde a caneta-tinteiro e o extintor portátil, até a atual miniaturização eletrônica e o telefone de pulso. Cada conquista nessa direção implica Criatividade!

Como diminuir o saco de batatas fritas mantendo o mesmo número de batatas fritas? Essa questão – mais um problema de ordem transcendental – foi levada por um fabricante a um *think tank* de Cambridge, Massachusetts: a SES Associates. Os caras partiram do princípio de que é mais fácil ensacar número muito maior de folhas molhadas do que de folhas secas. Ensacar folhas secas é como ensacar o ar, como ensacar batatas fritas. Começaram então a ensacar batatas fritas molhadas, mas não funcionou: quando elas secaram, dentro do pacote, se esmigalharam. Chegaram então à produção de uma batata mais flexível que, quando molhada, podia ser prensada uniformemente. Hoje esse produto é conhecido por milhões em todo o mundo, e vem dentro de latas e não de sacos. A humanidade foi salva!

A fortuna dos Matarazzo – uma das maiores do Brasil – foi erigida a partir de uma providência simples de marketing criativo: vendendo a banha que fabricava em pequenas latas; essa embalagem fez enorme sucesso no mercado, pois a banha, geralmente importada dos Estados Unidos, vinha em grandes barris de madeira, que dificultavam sua manipulação no varejo.

Uma brecha no regulamento da Fórmula 1, bem como a criatividade de Gordon Murray, engenheiro-chefe da Brabham em 1984, fornecem outro exemplo: Murray descobriu que poderia – uma vez refrigerando o combustível a menos vinte graus – abastecer (em virtude da contração do líquido) os tanques de duzentos litros com mais sete litros que o estipulado. O então presidente da FISA, Jean-Marie Balestre, deu sinal verde para que a ideia fosse executada – mas se aguardavam sérios protestos. Depois não sei mais o que aconteceu.

Em propaganda, esse recurso aparece na técnica de "particularização": eleger um único e pequeno detalhe do produto para beneficiá-lo, por extensão, como um todo. Lembro-me de um anúncio internacional da Lufthansa dissertando apenas sobre o copo d'água que ela serve a bordo. E também de um outro, da Oxford Pendaflex, empresa que fabrica até computadores eletrônicos. Seu título: "Você pode aumentar a eficiência do seu escritório por duzentos mil dólares e vinte centavos". E completa, mostrando uma pequena pasta de arquivo, de sua fabricação: "Vamos começar com os vinte centavos".

Todas as indústrias e todos os negócios estão ávidos por diminuição (do que interessa), miniaturização, simplificação. O Fusca, quando lançado no Brasil, era composto de quatro vezes mais peças independentes do que quando foi decidida sua descontinuação. E esta só foi decidida, como anunciou a fábrica, pela impossibilidade de fabricá-lo de forma mais simples, mais fácil. (Por ocasião de seu retorno, fruto de negociações com o governo Itamar Franco, ex-empregados da Volkswagen tiveram de ser recontratados para lidar com a complicação.)

Simplificação é Criatividade! Um centro de pesquisa adotou, para todo o pessoal, diretores e funcionários, o princípio KISS (beijo), palavra reproduzida à farta por todas as dependências da empresa: KEEP IT SIMPLE, STUPID!

Você também, pense sempre na conveniência de cortar, simplificar, desbastar, eliminar. Quando, em 1837, Francis Smith testava o primeiro barco a vapor com hélice, esta, de madeira, quebrou-se, de súbito, pela metade. Só então o barco passou a navegar de verdade...

O mesmo vale para vendas, jornalismo, persuasão, Criatividade verbal ou visual. Dica de Hal Stebbins, publicitário muito criativo, para seus coleguinhas redatores: "Quando o texto atingir a perfeição, corte mais uma palavra". Houve um concurso na Inglaterra para premiar o mais criativo trabalho feito com retoque em fotos de Hitler. Quase todo candidato partiu para as opções COMBINAR, ADAPTAR, ACRESCENTAR: Hitler com o solidéu judaico; Hitler curtindo um baseado; Hitler na cama com Madonna; Hitler negroide, de lábios grossos e cabelo pixaim. Porém a peça premiada foi a foto oficial de Hitler... *sem* o bigode!

Pense simples – uma insistência minha, muito consciente, ao longo deste livro! Cheque sempre se é possível "ir falar direto com o porteiro"! Há mais de trinta anos,

*Criatividade no trabalho e na vida* • 383

a direção técnica da NASA reconheceu que os astronautas necessitavam de algum tipo de caneta que escrevesse perfeitamente bem sobre qualquer superfície plástica ou metálica, a temperaturas inferiores a 50 graus negativos, e em condições de gravidade zero. Esse desafio se mostrou até maior do que outros enfrentados pela elite dos técnicos da NASA. Foi só depois de terceirizarem o projeto (Anderson Consulting), de dez anos de trabalho pioneiro e de elevados investimentos (mais de 12 milhões de dólares), que a agência americana pôde contar com tal caneta. Após a queda da União Soviética, foi divulgado como os cientistas soviéticos resolveram o mesmo problema: seus astronautas eram orientados a usar lápis. Deixo a seu critério, leitor, decidir qual das duas equipes se mostrou mais criativa...

Tenho um presente para lhe dar que reputo muito valioso para seu sucesso profissional. É um presente muito mais dinâmico do que qualquer conselho, muito mais promissor, muito mais criativo. Isso mesmo: é um PROBLEMA! Se quiser aceitá-lo – e estou seguro de que estará fazendo excelente negócio –, informo que é para conservá-lo *até o fim de sua vida profissional*, até sua aposentadoria, não importa o número de excelentes ideias que possa vir a ter sobre ele! Aplique-as, se for o caso, mas retome imediatamente a eterna formulação. O problema é o seguinte:

– O QUE POSSO FAZER PARA TORNAR MEU TRABALHO MAIS SIMPLES, MAIS DIRETO, MAIS FLUENTE... MENOR?

Parta do axioma de que tudo que você faz hoje, profissionalmente, está complicado demais! Seu departamento, se você é responsável por ele, está complicado demais! A organização toda, se você é diretor, ou presidente, está complicada demais! Não perca contato com essa verdade, mantenha os olhos abertos a todas as oportunidades de simplificação, não deixe de apresentar sugestões viáveis para simplificar o quer que seja (jamais, contudo, formule queixas quanto à "complicação").

Muitas empresas lutam seriamente por desburocratizar-se. Apelam, então, para a *racionalização* das atividades. Pois me atrevo a dizer que isso, apenas, leva a resultados mínimos. A burocratização (manifestação do Estado do Eu Pai) cria poderosa cepa na organização, dificilmente extirpada apenas por proposições lógicas, do Adulto (Racionalização). A desburocratização só pode ser consistentemente efetuada, creio eu, se contar com lances de Criatividade!


## 6 - *IN PLACE OF* (NO LUGAR DE, SUBSTITUIR)

O menino que pega dois absorventes da mãe para usar no pulso, como o He-Man, está lançando mão desse recurso. Idem o primeiro engenheiro de estradas, ou peão de obra que, para sinalizar obras na pista, e na falta de material apropriado, pendurou uma lâmpada por dentro de um balde de plástico vermelho – solução tão eficiente, que a vejo, em nossas rodovias e cidades, há mais de vinte anos!

Um piloto de jato, na década de 1950, perdeu o gancho ao aterrissar num porta-aviões. No sufoco, soltou seu paraquedas sem ejetar a cadeira, e o artefato segurou o avião. Hoje, esse método é empregado até pelos ônibus espaciais, quando aterrissam.

O helicóptero foi projetado e construído de forma que o jato de ar que suas grandes hélices produzem acarrete a ascensão da aeronave: o objetivo desse ar, insisto, é unicamente levantar e impulsionar a aeronave! Mas helicópteros, hoje, produzem esse ar, em voo baixo, para retirar a neve que se acumula sobre fios telefônicos.

Na ex-União Soviética, os 85 milhões de bicos de mamadeira que o país produzia por ano sumiam rapidamente do mercado porque as donas de casa começaram a usá-los também para fechar vidros de conserva e os empregados de escritório para aplicar goma arábica.

Em Londres, por volta de 1620, durante um parto de expulsão difícil, certo médico, de nome Chamberlain, apareceu com um volume debaixo do braço; desembrulhou-o sob o lençol da parturiente e rapidamente extraiu a criança. Durante quase cem anos, tais "mãos de ferro" conservaram-se em segredo no seio da família Chamberlain, como patrimônio secreto de gerações de parteiras. Contudo, tenazes semelhantes já se encontravam, havia séculos, em quase todos os lares ingleses, ao lado da lareira. Elas são os pais do fórceps que, segundo consenso médico, fez mais por encurtar as dores do parto e conservar a vida do que qualquer outra invenção cirúrgica até hoje imaginada!

Bem, Chamberlain e suas tenazes são coisas de mais de três séculos. Contudo, em 20 de maio de 1995, o mundo viu nascer dois heróis do mesmo calibre: os médicos britânicos Angus Wallace e Tom Wong. A bordo de um Boeing 747 da British Airways, em pleno voo Hong Kong-Londres, operaram com sucesso – praticamente desprovidos da parafernália cirúrgica moderna – a passageira Paula Dixon, acometida de perfuração da pleura devido a acidente antes de embarcar, e que só viveria mais meia hora sem socorro médico.

Contando, a bordo, apenas com um bisturi e uma injeção anestésica, deram um show de Técnica + Criatividade: com instrumental cirúrgico tão heterodoxo como conhaque francês Courvoisier (no lugar de analgésicos e éter), garfos e facas (em vez de pinças), cabide de arame desdobrado e tubos de borracha das máscaras de oxigênio (em vez de cateter), uma lapiseira Bic sem carga (como peça de conexão) e uma garrafa de plástico vazia de água mineral Evian (em vez de bomba de sucção), Wallace e Wong – enquanto as aeromoças criavam a bordo uma sala de operações privada, segurando cobertores – salvaram a vida de Dixon! Fossem os dois *apenas* excelentes cirurgiões, bem... Dixon não estaria mais aqui (para ganhar, inclusive, 10 mil dólares por entrevistas exclusivas).

A disposição natural – por necessidade ou pura molecagem – de substituir uma coisa por outra (óleo de avião por urina, bolas de isopor por pipocas, cortina por rede de pesca) sempre leva a alguma coisa, pelo menos engraçada. Consta que os cientistas cogitam hoje em substituir ratos de laboratórios por políticos, por três excelentes razões: há mais políticos do que ratos; os políticos são um pouco mais inteligentes do que os ratos e, finalmente, apegamo-nos menos aos políticos...

Na guerra, afora o campo infinito da improvisação imediata, há lances históricos, como o do general bizantino Belisário, no ano 540, que, contando com forças vinte vezes menores que as do rei persa Chosroes – o qual já tomara Jerusalém e ora lhe enviava tropas avançadas, em visita "pacífica", mas de evidente observação e sondagem –, ordenou a toda a cavalaria bizantina cavalgar incessantemente pela planície, para todos os lados: substituiu os grandes exércitos que não tinha por

*Criatividade no trabalho e na vida* • 385

uma poeirada dos infernos, que assustou os persas. "Jamais, na história, uma invasão potencialmente irresistível" – comenta Lindell Hart – "foi derrotada por meios tão econômicos". Quase um milênio e meio mais tarde, não muito distante dali, Rommel substituía os tanques que não tinha por Volkswagens disfarçados por estruturas de madeira no formato dos poderosos *Panzerkampfwagen III* e *IV* que apavoravam os observadores aéreos ingleses.

Ressalte-se ainda uma grande aplicação humana dessa criativa opção: é quando alguém se substitui, a si mesmo, pelo outro – coloca-se na posição do outro. É a gênese das melhores ideias e dos maiores sucessos no campo das relações pessoais. É a posição alocêntrica, que já exemplifiquei numa relação pai e filho.

Durante a Guerra do Vietnã, um soldado que perdera braços e pernas caiu em total desespero, recusando qualquer medicamento. Debalde, médicos e enfermeiras procuravam confortá-lo, encorajá-lo, demovê-lo do suicídio lento. Um jovem médico recém-chegado, no entanto, ficou com ele algum tempo – e o paciente passou a aceitar os medicamentos. A equipe toda cercou o novo médico, estupefata: "O que disse você a ele?" – perguntaram. "Nada" – respondeu o outro – "apenas consegui mostrar-lhe que era capaz de me pôr no seu lugar".

Há um provérbio árabe que diz: "Não julgue ninguém antes de andar dez milhas dentro de seus sapatos". Você jamais, creio eu, terá IDEIAS que resolvam *duradouros* problemas pessoais – com esposa (ou marido), filhos, chefe, amigos, colegas, subordinados, parentes etc. – enquanto não for capaz de desenvolver esse talento de transposição criativa.

Na arena de conflitos pessoais, sucede muito que cada um "não está nem aí", para o outro, nem para o que o outro diga (eis aí uma posição corrompida e perdedora). Pode suceder também, no entanto, que um dos beligerantes esteja pronto a ouvir o outro – sinceramente aberto a entender seu ponto de vista, ainda que discorde dele: essa posição, sem dúvida, é incomparavelmente mais racional, saudável e produtiva. Mas só resolve problemas que possam ser administrados pelo pensamento lógico, linear! É pouco, como sabemos todos. A posição criativa não é apenas tentar *entender* o outro, e o que o outro está dizendo – tudo, é claro, com seus critérios pessoais de entendimento –, mas, ao contrário, SER O OUTRO que está dizendo tudo aquilo, com os critérios pessoais *dele*! Isto é, ser a pessoa que, se você realmente fosse ela, estaria na certa dizendo também aquilo tudo. Essa empatia será notada pelo outro e ela, sim, pode gerar, de repente, uma mudança qualitativa e profunda na relação.

É de enfoques como esse que percebo por que Lievegoed identifica a *sabedoria* como estratificação da Criatividade.

Enfoque, aliás, totalmente identificado também com a próxima opção.

## 7 - *VIEW POINT CHANGE* (MUDANÇA DO PONTO DE VISTA)
Pediram a um grilo que citasse três animais mansos e três animais ferozes, e o grilo não hesitou em listar, como animais mansos, o leão, o tigre e a cascavel; e, como animais ferozes, o pardal, a rã e a galinha.

Tudo que cada um de nós sabe, amigo, tudo que cada um de nós aprendeu, afirma, ensina, defende, não passa, afinal, de um ponto de vista. Se funciona, parabéns. Se não funciona, vá à caça de outro melhor!

Poderia eu muito bem pular esta opção: simplesmente porque ela cobre TODAS AS OUTRAS, sem exceção! Qualquer dos exemplos possíveis de Criatividade incide em *mudança do ponto de vista* no tratar um objeto, uma pessoa ou uma situação!

Há alguns casos, contudo, mais representativos dessa mudança, que não custa acrescentar:

- O projeto do hidroavião nunca foi bem resolvido pois girava em torno do conceito de um barco capaz de voar: somente quando Ernest G. Stout conceituou um avião capaz de decolar e pousar na água, a coisa ficou bem resolvida!
- A indústria de reciclagem de papel de jornal nunca conseguiu chegar a um removedor de tinta ideal... enquanto ela própria não desenvolveu uma tinta ideal para ser removida, conseguindo que os fabricantes regulares de tinta passassem a fornecê-la aos editores de jornais.
- Companhias telefônicas nunca conseguiram resolver o problema dos estragos causados pelos pássaros que pousam nos fios... enquanto tentaram meios de afugentar os pássaros ou fortalecer os fios: somente quando alguém teve a ideia de estender, poucos centímetros acima dos fios, um *outro* fio (para acomodar os pássaros e proteger o fio que importa) o problema foi resolvido!

Gosto de dar exemplos bem pessoais. Tenho um sobrinho, alto funcionário da Norton, no Recife, que mora em apartamento de frente para o mar, na praia de Boa Viagem. Por erro de construção, todos os apartamentos do prédio sofriam de infiltração ao longo da intersecção superior das janelas de alumínio, em contato com o mármore. O condomínio chamou os melhores técnicos de vedação – um até de São Paulo – que aplicavam, ao longo dessa intersecção, em todos os apartamentos, os mais resistentes produtos: rapidamente, contudo, pela inclemência de um sol nordestino, seguido, à noite, de vento fresco, surgia mínima fenda que, com chuva e vento forte, permitia passagem de água, que encharcava os apartamentos.

Um dia, meu sobrinho me contou, ele achou de *olhar* atentamente a situação. E "viu" que, até então, todo mundo lutava inutilmente para a água "não entrar", quando o problema poderia ser posto, em termos de água, em "como ela sai". Resultado: mandou construir estreita canaleta de alumínio a ser fixada no alto, invisível, por trás da cortina. Deu a ela leve inclinação e abriu pequeno furo na parede para a água escorrer. Agora, a maldita infiltração continuava ocorrendo, mas sem causar mal algum: a água entra, mínima, pela fresta, corre pela canaleta invisível e sai comportadamente pelo furo... e não escorrendo pelas paredes e danificando tudo!

Em propaganda, essa opção é mais enfatizada quando se cria, para o consumidor, exatamente isto: um novo ponto de vista. Como no anúncio da pasta dentifrícia Crest: "Os dentes não morrem de morte natural. Você os mata".

*Criatividade no trabalho e na vida* • 387

Digo mais: há muitos casos de Criatividade que não cabem, a meu ver, em nenhuma das demais opções desse acróstico – exceto nesta aqui, ecumênica. Exemplo: o problema de pessoas que rabiscavam e arranhavam o interior dos elevadores. Sugestões lineares: cartazes de advertência, com menções ao Código Penal; instalação de câmeras ocultas; revestimento dos elevadores com placas de aço. Solução criativa: um grande espelho em cada elevador! O espelho passou a entreter os passageiros, mesmo os depredadores, com sua própria imagem, durante a rápida viagem. Além disso, é insuportável a quase todo mundo ver-se a si mesmo em posição degradante, de vândalo: o espelho acarreta a autofiscalização!

Mudança radical do ponto de vista ao tratar do problema!

Enfim, toda Criatividade é mudança do ponto de vista!


### 8 - *IN ANOTHER SEQUENCE* (EM OUTRA SEQUÊNCIA)

Um homem procurou para casar moça econômica na cozinha, depravada na cama e aristocrática na sala. Casou-se, de fato, com moça que tinha todas essas qualidades – mas não nessa sequência: era aristocrática na cozinha, depravada na sala e econômica na cama...

Como poderia você ganhar os 50 mil dólares de prêmio reservados a quem vencesse os campeões mundiais de tênis e xadrez? Claro, jogando tênis com o campeão de xadrez e xadrez com o campeão de tênis...

Um vigia noturno resolveu mudar a sequência (rotina) das áreas da empresa pela qual zelava... e surpreendeu um ladrão que, conhecedor dessa rotina, aproveitava-se dela. Numa organização, durante o dia, o que ocorre, muitas vezes, é a reprodução desse cenário, em que há "ladrões" de toda ordem locupletando-se com a rotina...

Especular sobre alternativas na sequência usual de tudo que se faz, submeter rotinas a um crivo criativo!

E também na vida pessoal: você já experimentou, por exemplo, tomar pela manhã, principalmente no inverno, a sopa quente que você toma toda noite? Ou, principalmente no verão, tomar à noite um bom banho de mar, igual aos que você toma... mas sempre de manhã? (Paulistanos não contam com essa chance...)

Mudar a sequência também dá samba, quando usado em propaganda e em persuasão. Uma piada: Diz-se que durante a Guerra Fria, dois carros – um Ford americano e um Zim russo – disputaram uma corrida em Moscou. O Ford venceu com enorme dianteira. No dia seguinte, a imprensa soviética noticiava, em seus milhões de jornais: "Na corrida de ontem, em Moscou, o carro soviético chegou em segundo lugar e o carro americano em penúltimo".

Porém o campo mais promissor desse recurso é mesmo na abordagem especulativa de rotinas estabelecidas!


### 9 - *TO OTHER USES* (PARA OUTROS USOS)

Você se lembra de quando insisti que Criatividade é uma via de mão dupla? E que dei como exemplo as duas hipóteses possíveis para a invenção do Rolomag?

Pois a opção PARA OUTROS USOS nada mais é que a *mão contrária* à opção NO LUGAR DE (SUBSTITUIR).

Em SUBSTITUIR, as soluções ocorrem em face de um problema imediato, uma emergência, um sufoco. Já nesta outra, as soluções são atingidas, no maior número de vezes, pela intuição aberta, pela especulação, pela serendipidade.

Em SUBSTITUIR, as perguntas básicas são: "E se eu usar isso no lugar daquilo?" Ou: "O que posso usar no mundo para substituir isso?" No caso presente, você já tem o "isso", e passa a desdobrá-lo em busca de novas e práticas aplicações. Você já tem a pipoca... e se pergunta para que ela serve, além de comer. Você já tem as tenazes de lareira... e se pergunta onde poderia ela ser usada, com vantagem, longe da lareira. A pergunta-chave, por isso, passa a ser: "E daí?"

Cogita-se hoje em rebocar grandes *icebergs* até a Arábia Saudita (que talvez possa pagar), como fontes imensas de água potável. De quem partiu essa ideia (não sei se praticável)? Por acaso de quem estava a braços com o problema de carência de água na Arábia? Ou de quem, vendo um *iceberg*, ou a foto de um *iceberg*, se perguntou: "E daí? Que outro uso poderia ser dado – além de tema de lindas fotos – para essas montanhas móveis de gelo?"

(Tim Dimond, de 34 anos, passou a ganhar uma nota preta depois que implantou sua ideia de exportar gelo das geleiras do Alasca para os copos de uísque dos japoneses, nas elegantes casas para *gourmets* de Tóquio, onde esse gelo é vendido, a três dólares o quilo, "como provavelmente a coisa mais pura da Terra". São 22 toneladas por semana! É fácil ficar rico...)

A propósito de tanto frio: geladeiras (japonesas?) são hoje vendidas regularmente aos esquimós do Canadá, que vivem num frio que chega a 25 graus negativos. Quem primeiro teve essa ideia, aparentemente absurda? Resposta: quem viu que uma geladeira, sem o motor, continua excelente acondicionador térmico de alimentos.

Os restaurantes regulares, por sinal, foram também inventados por esse mesmo processo, no século XVII, quando os intendentes de Luís XIV passaram a se perguntar que outros usos poderiam dar ao grande excesso de alimentos encomendados e presenteados ao Palácio de Versalhes; vendiam-no então a *entrepreneurs*, que abriam casas de pasto. Como todo mundo naquele tempo imitava a França (como hoje imita os Estados Unidos), o hábito do restaurante logo se tornou o sucesso que sabemos.

A opção PARA OUTROS USOS é a única que contraria – mas não de todo – a ênfase que venho dando até aqui à necessária premência de PROBLEMA para ocorrência da Criatividade. Na verdade, tal opção funciona muitas vezes, mas não sempre para quem não tem problema algum... porém está muito atento para encontrar soluções! Seu lema básico é: "Mantenha seus ouvidos bem abertos que um bocado de ideias vai achar meio de atingir seu cérebro!"

Por falar em ouvidos, várias crianças colavam os seus – brincando no pátio do Louvre, em 1816 – à extremidade de longos cabos de vassoura a fim de ouvir o som quase inaudível de leves arranhaduras na outra extremidade. E quem, passando pelo pátio, veio a se interessar pela brincadeira? O médico René Laennec que, já no dia seguinte, experimentava em seus pacientes o primeiro e rústico estetoscópio...

*Criatividade no trabalho e na vida* • 389

No primeiro quarto do século XX, uma firma fabricante de licor de alcaçuz, a MacAndrews & Forbes, ao tentar desenvolver seu produto, experimentou adicionar, ao extrato, bicarbonato de sódio. O produto pareceu melhor, mas com grave inconveniente: a mistura gerava uma espuma dos diabos, que atrapalhava a fabricação. A empresa cogitou mesmo em abandonar a fórmula, devido a tanta espuma, espalhada por toda parte. De repente, alguém se lembrou de que o fogo se apaga quando privado de oxigênio; e lembrou-se disso olhando aquele resíduo espumoso, que se espalha rapidamente (eliminando o oxigênio). A MacAndrews & Forbes desenvolveu um novo uso e um imenso mercado! – para um simples refugo.

Mais outro exemplo antológico. Durante décadas, fábrica de vidros de Nova York especializou-se na fabricação de vidro não corrosivo, de alta temperatura, desenvolvido na Alemanha desde o século XIX, capaz de resistir ao calor dos faróis de carbureto das antigas locomotivas, as "marias-fumaça". Com a chegada das locomotivas elétricas que, equipadas com fontes de luz de muito menor temperatura, contentavam-se com vidro comum – mais leve, mais transparente, mais barato e disponível por toda parte –, que aconteceu à tal firma, que sabia apenas fabricar vidro tão superado, tão eivado de desvantagens? Foi à falência?

Não exatamente. Na verdade foi a partir daí que começou a ganhar dinheiro grosso, tão logo ocorreu a um dos seus técnicos usar aquele vidro para outras finalidades. Em 1916, essa fábrica lançava a primeira linha de utensílios Pirex para forno.

Por isso, em marketing, essa opção, hoje, é em geral avidamente explorada. Sei que a Polaroid, por exemplo, recompensava com dinheiro quem lhe apresentasse mais um uso viável para seu sistema de revelação instantânea: a Polaroid, e a indústria inteira, sabem bem como tal diversificação pode ser fonte de lucros. (Lembro-me de um premiado comercial dessa empresa: cada criança que chega para a festinha de aniversário, segurando um presente, é fotografada pela mãe do aniversariante, ainda na entrada, com sua Polaroid. Depois revela ali mesmo, em sessenta segundos, e coloca foto por foto no lugar reservado a cada criança na mesa dos doces. Você já tinha imaginado uso tão simpático para a Polaroid?)

A primeira brecha irremediável na Cortina de Ferro foi a remoção, pela Hungria, em 1989, dos 260 quilômetros de arame farpado que a separavam da Áustria. O que fazer com tanto arame enferrujado? Gunther Roth, empresário austríaco, passou a utilizar esse arame na fabricação de hastes para rosas vermelhas – as "rosas da liberdade" – em *joint venture* com a Mert-Kontroll húngara. O Exército Popular da Hungria (que, em passado pouco remoto, fuzilava quem se aproximasse desse arame) emitia certificados de autenticidade. Sucesso mundial! Quarenta dólares a rosa! É fácil ficar rico...

Numerosas invenções e descobertas vieram à luz por processos intuitivos análogos, bem como por fenômenos de serendipidade (que eu comparo ao que ocorre com um caçador de esmeraldas, que trabalha com denodo para achar esmeraldas, mas que não acha esmeralda alguma – apenas, como consolo, uma mina de ouro...).

- Farmacêutico com amplos conhecimentos de química, John Pemberton trabalhou longamente, na década de 1880, para sintetizar o melhor tônico para o sistema nervoso (que inclusive talvez o ajudasse a livrar-se do vício da morfina), mas fracassou: chegou apenas à fórmula de um refrigerante vulgar, chamado Coca-Cola.
- Outro pesquisador, Alexander Fleming, teve o azar de ver sua cultura microbiana totalmente danificada pelo fungo *Penicillium notatum* – quem não conhece essa história?
- Como já lembrei: Charles Goodyear, descobridor do processo de vulcanização, deixou cair acidentalmente uma borracha de apagar lápis numa frigideira quente; ao raspar a parte queimada, descobriu que a borracha mudara de caráter. Também o náilon foi alcançado depois de um desastre como esse, como também já mencionei.

Todas essas conquistas partiram, sim, de pessoas que – por uma íntima indagação "e daí?" – foram descobrindo OUTROS USOS para seus próprios fracassos... Ou de pessoas que souberam extrair, não importa por que processos, OUTROS USOS, insuspeitados, das coisas que nos cercam:

- No Brasil, pesquisadores da Universidade Estadual Paulista chegaram a uma cola biológica que cola em três minutos (capaz de substituir a sutura cirúrgica em locais delicados), a partir do veneno de jararacas, urutus e cascavéis.
- Com uma pequena equipe, verba diminuta e trabalhando em silêncio, o farmacêutico paraibano Lauro Xavier Filho, da Universidade Federal da Paraíba, provou que o desprezado cogumelo orelha-de-pau é matéria-prima de um plástico de qualidade e resistência semelhantes às dos plásticos tradicionais.
- Ao ver a mãe fazendo crochê, o angiologista paulista Ary Elwing teve a ideia de usar uma agulha como aquela, com ponta em forma de arpão, para operar varizes – e deu certo! "Com a agulha de crochê" – explica – "o corte, ao invés de exigir os cinco centímetros usuais, é tão pequeno que dispensa pontos e, assim, não deixa cicatrizes". (Note que a Criatividade do cirurgião Elwing desenvolveu-se em sentido contrário ao da Criatividade dos cirurgiões Wallace e Wong, que, sob sufoco, operaram com garfo, faca e caneta Bic, a bordo do Boeing da British Airways.)
- Contêineres, após dez anos de uso, dificilmente atendem aos padrões navais exigidos: ao fim de sua vida útil, transformam-se em sucata. Não nas instalações da Saratoga Empreendimentos, de Luiz Farias Mello, no Rio de Janeiro: por 2 mil dólares são transformados em confortáveis escritórios, de quarto e sala, com banheiro, cozinha, para canteiros de obras. E podem ser ampliados lateralmente ou crescer até a altura de três andares.
- Prevê-se aumento notável nas vendas de nossa popular cera de carnaúba uma vez descoberto ser ela ideal na proteção de prédios públicos contra pichadores. Na Europa e nos Estados Unidos, a impermeabilização de fachadas de granito e mármore é feita com soluções químicas que, ao longo dos anos, são prejudi-

ciais à pedra que se deseja proteger. "A grande vantagem da impermeabilização à base de cera de carnaúba é que ela evita essa corrosão" – diz Maria Luiza Salgado, responsável pela restauração do Museu da República e pelos segredos da fórmula (até que seja patenteada). E de que modo conseguiu ela chegar a essa fórmula revolucionária e tão economicamente promissora? Resposta: restaurando – de mente aberta! – o Museu da República.

E como citei antes: pequenas caixas d'água de amianto tornam-se móveis práticos e "gozados" nas mãos de Sérgio Rodrigues; ossos de peixe, nas mãos de Silvino Goulart, esculturas de sucesso internacional; discos LP defeituosos, *sous-plats* alegres e atraentes, nas mãos da *designer* Cristina Centurião.

Acrescente-se ainda um Novo Uso – revolucionário e surpreendente! – para as desprezadas sanguessugas: elas *voltaram* a ser sanguessugas no moderníssimo hospital St. Bartholomew, em Londres! Descobriu-se (sic) que são mesmo o recurso ideal para reduzir inchaço em olhos e orelhas contundidos no pugilismo. Importadas da França e da Hungria, e baratíssimas (cinquenta *pennies* cada uma) são usadas uma só vez e em seguida – reabilitadas e reintegradas à ciência moderna – "postas para pastar" num tanque especial, em honrosa aposentadoria.

Você será tão mais criativo quanto mais problemas concordar em aceitar... permanecendo numa boa, espontâneo, curioso, levemente moleque! Assim sendo, considere a seguinte sugestão:

Imaginemos que você defronte com um problema profissional, que não está conseguindo resolver. Digamos, um problema no departamento de vendas. Você comenta, analisa e discute esse problema do departamento de vendas durante todo o expediente, ao longo de cada dia útil. Mas não consegue resolvê-lo!

À noite, assistindo ao noticiário de televisão, você se interessa, digamos, por algo ocorrido na Conchinchina (que não tem nada a ver, obviamente, com sua firma). Ou alguém lhe diz, para seu espanto, que há um velho em Juazeiro que faz vinho de cacto; ou você assiste, no fim de semana, por exemplo, a *A lista de Schindler*, *Lawrence da Arábia* ou qualquer outro filme – e adora o que vê!

Muito bem. Curta, interesse-se, desfrute de tudo isso – mas, ao final, acrescente apenas uma pequena pergunta, para si mesmo (que pode ser feita a respeito de tudo, porém é mais indicada quanto a assuntos que lhe interessaram):

– E daí? Que diabo esse assunto tem a ver com meu problema lá na firma, no departamento de vendas?

Deixe que eu lhe responda: em 99% dos casos, NADA (mas você não perdeu nada). Porém, pode muito bem ocorrer de você estabelecer, de repente, uma relação viável, surpreendente – e isso mesmo é uma IDEIA!


10- *YES! YES!*

É o único caso, no acróstico, que não trata de uma opção específica.

De todo o acróstico, é a única expressão, não da CRIANÇA – curiosa, aberta, especulativa –, mas do PAI: protetor, encorajador, positivo e permissor!

Todas as outras funcionam, e só podem funcionar, à luz (verde) desse encorajamento, dessa transmissão de confiança, dessa permissão para pensar e criar!

É ela que nos convida, nos impulsiona, nos motiva internamente: "Meta as caras, curta o problema — vai dar certo! Invista, pesquise, acumule dados, dê tratos à bola – não com ansiedade ou preocupação, mas inclusive por divertimento! *Brinque* com a enrascada toda, mentalmente. Se não resolver nada, não perdeu nada. E se resolver... vai ser um estouro!"

Após escrever tudo isso, achei meio ridículo ficar apegado a um acróstico em inglês, quando não é mistério algum criar um congênere na última flor do Lácio. Então criei este aqui:

---

## CATALIZADORES PARA AÇÃO CRIATIVA

**C**...................................................................... **C**OMBINAR
**R**............................................................................**R**EDUZIR
**I**...............................................................................**I**NVERTER
**A**.............................................................................**A**DAPTAR
**T**.................................... **T**ROCAR DE PONTO DE VISTA
**I**............................................................**I**NCREMENTAR
**V**............................................. **V**ARIAR A SEQUÊNCIA
**I**....................................................**I**NCLUIR OUTRAS COISAS
**D**...................................... **D**ESDOBRAR EM NOVOS USOS
**A**.................................... **A**O INVÉS DE (SUBSTITUIR)
**D**................................................. **D**AR TRATOS À BOLA
**E**..................................................**E**UREKA! EUREKA!

© 1997 Roberto Menna Barreto

---

Embora, concordo, a ideia de um acróstico sobre essa palavra não ter sido minha.

Opino, em tempo, que há (pelo menos) mais uma opção fora dos dois acrósticos.

Quando Sherlock Holmes chamou a atenção do inspetor Gregory para o "curioso incidente do cachorro durante a noite", o perplexo inspetor objetou convictamente: "O cachorro não fez coisa alguma durante a noite!"

– Foi esse o incidente – esclareceu Holmes.

Quero acrescentar, em poucas linhas, a opção FAZER NADA. Não se trata, absolutamente, de "não fazer nada" – sinônimo de omissão, sinal de possível desmotivação. É FAZER NADA de caso pensado, positivo e até surpreendente. Isso porque o NADA, conscientemente usado, *também* é elemento de Criatividade!

*Criatividade no trabalho e na vida* • 393

Às vezes, em seminários, peço aos participantes que, usando sempre a imagem de uma lata de sardinhas, imaginem, cada um, outro conteúdo (que não sardinhas) capaz de dar ao conjunto excelente capa de revista sobre matéria jornalística, também a ser informada pelo participante. Bem, já sucedeu alguém dizer, pesarosamente: "Não pus nada na lata, não" (poderia ter posto *qualquer coisa*, e o resultado seria, em princípio, uma boa capa, mas fulano desmotivou-se, falhou). Porém também já sucedeu alguém, na sua vez, exclamar: "Eu pus na lata uma coisa ótima: NADA!" Que bela capa para ilustrar reportagem sobre a fome no mundo!

Qual a maior invenção (árabe) no campo da matemática, já comparada, por sua importância para a humanidade, à do fogo, à da roda e à do alfabeto? Resposta: o ZERO!

Há problemas de xadrez (e na vida) que somente são resolvidos se o jogador fizer, na hora certa, NADA, isto é, um lance de contemporização (exemplo: rei e dois bispos contra rei). Consta que Edison só chegou à sua lâmpada quando achou de pôr NADA (vácuo) dentro da retorta (Edison era muito fantasioso e contou diferentes histórias sobre esse invento, que, tecnicamente, é menos dele que do inglês Joseph Wilson Swan).

Durante décadas, os pneus eram entregues a revendedores, lojas de departamentos e consumidores, envoltos em tiras de papel, como uma múmia. Parecia a melhor embalagem para o produto, considerando seu tamanho e formato. Durante décadas, os fabricantes pesquisaram uma solução mais prática – até que um gênio finalmente criou a "embalagem ideal" para pneus: o único grande artigo de consumo que não exige embalagem alguma!

Em administração, ficou célebre o aforismo de Chester Barnard, presidente da Fundação Rockfeller e da New Jersey Bell: "Muitas vezes, a melhor decisão pode ser não decidir".

Igualmente em conflitos pessoais: é frequente a situação em que a ideia mais criativa que você possa ter é a de fazer, com talento e surpreendentemente, NADA!


O "estouro" final da IDEIA, o Eureka, o Sucesso da solução, deve estar, necessariamente, imbricado a uma RECOMPENSA. Mas qual deve ser ela?

Em meus seminários de Criatividade, costumo usar exercício em que convido inicialmente os participantes a encarnar, da maneira mais realista possível, o papel de pequenos fabricantes de algum produto, que escolho na hora (esse exercício tem muitas variações). Digamos, fabricantes de cadeiras de praia.

Como fabricantes de cadeiras de praia, dou de barato que todos ali estarão interessados em ter ideias com o fito de lançar, no próximo verão, uma cadeira de praia melhor! Mesmo assim, indago a razão que teriam para inventar uma cadeira de praia melhor. E a resposta vem pronta:

– Para vender mais!

Mas isso acarreta outra indagação: por que vender mais, se isso dará mais trabalho operativo, mais notas fiscais a serem preenchidas etc.? E a resposta é imediata:

– Para ganhar mais dinheiro!

E então pergunto, candidamente: por que ganhar mais dinheiro? E as respostas, até aqui muito objetivas e rápidas, começam agora a se abrir num leque de imprecisões, indefinições e até fantasias. Isso mesmo! POUCA GENTE SABE MESMO POR QUE GANHAR MAIS DINHEIRO!

– Para ter mais segurança! (Mas o que é, de fato, segurança para você? Quantifique.)

– Para comprar uma porção de coisas boas! (Dê um exemplo! Sei lá, tanta coisa...)

– Para conhecer o mundo. (Que países, exatamente? Não importa, o mundo todo! Ir a Juiz de Fora, serve? Ah, claro que não! Bem, Juiz de Fora *está* no mundo...)

– Para comprar um BMW. (Que modelo? Quem vende? Quanto custa? Não tenho a mínima ideia...)

Vejamos esse assunto com toda clareza. Em nossa estrutura de personalidade, apenas nossa CRIANÇA LIVRE é capaz de criar! Logo, toda RECOMPENSA, capaz de motivá-la, de pô-la para pensar, de fazê-la tentar descobrir um modo de *safar-se*, deve ser dirigida a ela: não é evidente?

Alguém que esteja interessado em TER IDEIAS, para ganhar mais dinheiro, e com isso comprar, por exemplo, ações da Companhia Vale do Rio Doce não vai, certamente, ter ideia alguma... pois esta é uma antevisão de investimento (do ADULTO), pela qual nossa CRIANÇA não tem qualquer interesse, sequer capacidade de entender.

Um engenheiro da Petrobras me disse certa vez que seu sonho seria ter uma ideia que possibilitasse a autossuficiência do Brasil em petróleo. Mostrava, caso raro, ser um bom cidadão. Mas eu lhe disse na hora que, em minha opinião, com essa motivação ele jamais teria ideia alguma! Isso porque, no seu caso, trata-se de um sentimento do Estado do Eu Pai (Pátria, futuro, novas gerações etc.) pelo qual nossa CRIANÇA tampouco tem interesse, nem capacidade de entender...

Nossa Criança – esta *parte* de nossa personalidade total – só se movimenta, só se interessa por quatro coisas:

**1** Reconhecimento (de quem realmente importa).

**2** Viagens (passeios, liberdade, aventura).

**3** Brinquedos (produtos, vestidos etc.).

**4** Sexo (e outras necessidades físicas).

A RECOMPENSA, que premia a Criatividade, tem, sim, de ficar bem à vista de nossa Criança, como a cenoura bem na frente do burro! É a famosa banana que faz um macaco faminto criar até evidências para teses de Gestalt (como narrei na abertura do livro). É, enfim, tudo que constitui, *lato sensu*, o TESÃO (sendo o sexo, como se vê, apenas uma entre quatro opções).

E qualquer que seja o tipo de RECOMPENSA, em termos de tesão, este deverá estar muito bem definido, mensurado, quantificado – e não posto em sonhos vagos ou imagens fantasiosas. Eis o ideal:

– Meu maior tesão na vida é comprar um BMW, exatamente o mais moderno, o 5ER, de 8 cavalos, capaz de atingir 210 km/h, e que custa , na Alemanha, 51.500

*Criatividade no trabalho e na vida* • 395

marcos, 32 mil dólares, 110 mil reais no Brasil (Motor Haus, Rio)! Não disponho de tanto dinheiro, disponho apenas dessa fábrica de cadeiras de praia. Bolas! Vou ter uma ideia do cacete a respeito dessas cadeiras, vou vender muito mais, vou ganhar a grana de que preciso – para me sentar nesse BMW!

Agora, sim, o cara está muito armado para conquistar grandes ideias!

Amigo, se você quer mesmo melhorar sua Criatividade profissional, tenho mais uma dica para lhe propor.

Substitua, no porta-retratos de sua mesa de trabalho, a foto de sua adorável esposa, ao lado de seus inteligentes pimpolhos, pela foto de um BMW 5ER (se é isso mesmo que você quer)! Vai inspirá-lo e ajudar muito mais!

Considere: todo trabalho, sem exceção, tem seu aspecto enfadonho, difícil, bem como exigências de renúncia e mesmo decepções. Quem sofre coisas "pelos seus", olhando esposa e filhos como dignos de todo "meu sacrifício", pode muito bem, amanhã, "cobrar" da família tanto altruísmo, ou achar que ela não reconhece as agruras e os esforços que faz por ela. São frequentes casos assim.

Retire a foto de esposa & filhos e ponha, em seu lugar, a foto de um BMW, do Taj-Mahal, de um ultraleve, de pistas de inverno no Chile ou de cenas de mergulho no Caribe... ou de qualquer outra coisa que, ainda que hoje fora de seu alcance, é perfeitamente obtenível e faz seus olhos brilharem. Isso não é rejeição alguma à família: sua esposa, em casa, também o ama muito, porém não é por isso que tem seu retrato pendurado na geladeira...

Se é para "sofrer", sofra de olho num BMW 5ER, que seu sofrimento será muito menor, se é que existente...

RECOMPENSA (de que voltarei a falar mais) é um dos itens que acrescentei à descrição clássica do *back burner*, aquela única "técnica" que existe para se ter ideias, descrita em todos os livros de Criatividade, e que, como opinei no capítulo IV, *não funciona*.

Mas agora, com alguns acréscimos, e depois de tudo que já lhe disse até aqui (ufa!), vai funcionar.

Pelo menos para você.

Vamos a ela.

# 13
# Uma viagem, um êxtase... Ou um milagre

*Dezoito séculos se passaram até a Europa atingir o conhecimento científico de Arquimedes, em III a.C. E mais quatro para entender seu Eureka!*

Que diz, de fato, este precioso aforismo?
Ele diz que o homem que procura
as grandes ideias não as encontra!
Serão elas que virão ao encontro dele... quando
elas quiserem, onde elas quiserem e até se elas quiserem.
Criatividade é coisa passiva, receptiva.
Ninguém conquista ideia alguma – ao contrário,
é conquistado por elas!
"Procurar ideias", assim, não é correr atrás delas...
mas saber atraí-las.
Convidá-las a surpreendê-lo no trânsito, numa sala de espera,
conversando com alguém ou pouco antes de dormir,
de modo a tirar-lhe o sono.
Fazê-las vir sentar no seu colo, comer em sua mão.

De um anúncio institucional da Massey-Ferguson.

*"A mente concebe com dor, mas dá à luz com prazer."*

**Joseph Joubert (1754-1824)**

Georges Braque, grande pintor cubista, insistia no óbvio: em todo ato de criação haverá sempre um elemento de mistério que fugirá de qualquer análise fria e experimental. Dito isso, ponto parágrafo.

O processo que passarei a comentar é, sem dúvida, desde sua primeira descrição, há mais de oitenta anos, uma bem-sucedida tentativa de sistematização das etapas por que, normalmente, passa uma ideia, desde sua gestação até sua implantação final.

Esse processo, como mencionei no capítulo V, foi originalmente apresentado por Graham Wallas, em *The Art of Thought* (Harcourt Brace and World, 1926), sendo sua nomenclatura, muitos anos mais tarde, instituída por Catherine Patrick em *What is Creative Thinking?* (Philosophical Library, 1955).

Seu curso é mais ou menos como o descrito por Paul Torrance em *Criatividade* (Ibrasa, 1976): primeiro, há o sentimento de uma necessidade ou deficiência, exploração ao acaso ou "fixação" de um problema. Isso dá margem a um esforço de preparação, acompanhado de leitura, discussão, exploração e formulação de muitas soluções possíveis. Segue-se um período de descanso, relaxamento, distanciamento do problema. Daí resulta o nascimento de uma ideia nova – um lampejo de visão interior, iluminação. Finalmente, há experimentação, a fim de avaliar a solução mais promissora para a seleção final e o aperfeiçoamento da ideia. "Tal ideia pode encontrar consubstanciação em invenções, teorias científicas, produtos ou métodos melhoradores, romances, composição musical, pinturas ou novos planos de vida." Até aqui, penso eu, a descrição é verídica, perfeita, comprovada.

Acontece apenas que esse processo... bem, é um PROCESSO! Não é absolutamente uma "técnica", como passou a ser maciçamente divulgado, em literatura de vulgarização sobre Criatividade – a começar pelo famoso *A Technique For Producing Ideas*, de James Webb Young (Crain Communication, 1940), que segue a descrição de Wallas, sem poder contar, é claro, com a terminologia de Patrick. Não é "técnica" alguma. Como "técnica", insisto, não funciona!

Técnica é algo que se aprende. É algo que, uma vez seguido com exatidão, em todas as suas etapas, chega a um resultado esperado, rigorosamente previsto. Digamos: a técnica de produzir rolamentos perfeitamente esféricos, a técnica de extrair de determinadas plantas veneno mortal para embeber ponta de flecha, a técnica de extrair petróleo de águas profundas. Ou você a tem, ou não a tem. Se não tem, pode comprá-la, pode aprendê-la. E se a tem, pode aplicá-la... ou pode perdê-la (sabemos até o número do registro no Parlamento de Paris da técnica de liquefação do quartzo, na França, em 1662, mas, como muitas outras na história, essa técnica se perdeu).

O processo descrito por Wallas & Patrick, não é técnica alguma, pois trata de ALGO QUE TODO MUNDO JÁ NASCEU SABENDO COMO PRATICAR! Claro, podemos facilitar as coisas – como uma pessoa que, desejosa de dar algumas risadas, escolhe na locadora um vídeo de Charles Chaplin. Mas existirá, por Deus, alguma "técnica" para rir? Ou para dormir? Ou para amar? Ou para ser espontâneo? Ou para ter tesão por alguém, ou por algo?

A descrição de Wallas & Patrick versa, como qualquer descrição, sobre algo que *já ocorreu*... não ensina, de forma alguma, as medidas e os controles para que *venha a ocorrer*! As pessoas mais criativas que encontrei na vida jamais ouviram falar desses senhores, muito menos de seus estudos! Ao contrário, vangloriam-se, em geral, de que criam "sem método algum"! TODO MUNDO CRIA SEM MÉTODO ALGUM, ORA ESSA! Acontece apenas que quando tais criativas criaturas se dão ao trabalho de se lembrar como criam, *depois* que criam, ou descrever como *lhes ocorreu* uma grande ideia, quase certamente farão relatos que se encaixam, em linhas gerais, na descrição de Wallas & Patrick.

Catherine Patrick, por sinal, chegou, em suas pesquisas, a reunir 55 poetas e 58 não-poetas de profissão (?) para tabular seu processo criativo. Pois poderia ter reunido muito mais gente, sem grande risco de modificar sua tese. Poderia ter ouvido todos os gênios, cujos processos de criação foram pesquisados por Brewster Ghilesin (*The Creative Process*, Mentor Book, Nova York, 1952), e todos comprovariam, de algum modo, sua descrição. Poderia até ter entrevistado Newton, com sua maçã, ou mesmo Arquimedes, para saber como chegou ele a seu Eureka, no século III a.C. (sem que tais sugestões contenham qualquer aleivosia quanto à idade de madame)...

Ou então, para ser lisonjeiro, diria que entrevistasse Bertrand Russell, seu contemporâneo, que nunca (surpreendentemente) ouvira falar da já célebre sistematização de Wallas & Patrick, como mostra quando descreve, em 1965, a "importante descoberta" (sic) que fizera, no campo das ideias: "Estou convencido" – relata ele, em *A conquista da felicidade* (Nacional, 1966) – "de que um pensamento consciente pode ser implantado no inconsciente, se pusermos suficiente ardor e intensidade em tal empenho... dessa maneira, o inconsciente pode ser levado a prestar-nos muito trabalho útil".

Continua Russell:

> Descobri, por exemplo, que se tiver de escrever sob algum tópico um tanto difícil, o melhor plano é pensar nele com a maior intensidade – a maior intensidade de que eu seja capaz – durante algumas horas ou alguns dias e, findo tal prazo, dar ordens, por assim dizer, para que o trabalho se processe subterraneamente. Após alguns meses, volto conscientemente ao tópico e verifico que o trabalho foi executado.

Russell descreve o que Wallas já descrevera quarenta anos antes.

Nessa época, em 1962, um bem-sucedido publicitário, John D. Yeck, da agência Yeck and Yeck, de Dayton, Ohio (Estados Unidos), destacou-se por artigos e conferências sobre "como conceber ideias aproveitáveis". Gostei do enfoque. Yeck apregoava: "Quero chamar a atenção para meu tema neste seminário. Não se trata apenas de 'pensamento criador' ou 'como conceber ideias', mas 'como conceber ideias aproveitáveis' – e essa única palavra, 'aproveitáveis', tem uma grande diferença. Tem um sentido restritivo" (transcrição de *Advertising Age* por *Observador*, maio de 1962).

Além de boas dicas e sugestões de hábitos a serem desenvolvidos por quem garimpa à cata de ideias, Yeck oferece, como "sistema" para conceber ideias, o quê? Claro, o processo descrito por Wallas & Patrick. Contribuiu, no entanto, dando-lhe o sugestivo nome de *back burner*, que passei a adotar. É termo que remonta aos antigos fogões que, além dos queimadores (*burner*) principais, contavam também com outros secundários, localizados mais atrás, destinados a banho-maria. O processo sugere, sim, pelo menos em determinada fase (incubação), um cozimento em banho-maria. Diz Yeck:

> Não sei como demonstrar como o inconsciente trabalha quando se põe um problema no *back burner*, para "cozinhar". Acho, porém, que não é necessário. Haverá alguém que não esteja convencido de que os problemas podem ser resolvidos pelo cérebro "enquanto não estamos olhando"?

Com essa pergunta, Yeck reconhece o óbvio: ninguém, de fato, precisa ter consciência desse processo – ou sequer do criativo nome que ele lhe deu – para ser criativo. Esse processo "inconsciente" de chegar, de repente, a uma boa ideia, todo mundo já praticou, todo mundo o pratica, vez por outra, em maior ou menor grau – é algo que todo mundo nasceu sabendo!

Talvez meu leitor tenha notado que somente a essa altura esteja surgindo neste livro a palavra "inconsciente" – de uso em geral fácil em textos sobre Criatividade. Não gosto nada dessa abordagem ao tratar do tema. Além disso, discordo de como o termo é usualmente empregado – inclusive nas transcrições que acabei de fazer –, e minha discordância não é meramente teórica, acadêmica, mas pode certamente ajudar o leitor a ter uma visão mais prática de todo esse ignoto reino, a que tantos autores apontam como a fonte da Criatividade: o inconsciente.

Não vou fazer aqui um apanhado do que dizem (e como divergem) os autores sobre esse alucinante abismo. Fiquemos apenas com aquele *dirty minded* vienense que veio conspurcar irremediavelmente nosso mais puro amor por mamãe. Foi ele sim que, além de outras perfídias, introduziu esse complicador nos processos mentais de Mozart e Edison, os quais, cada um no seu setor, conseguiram um bocado de coisas, totalmente inconscientes da brabeza do seu inconsciente.

Para Freud, a Criatividade origina-se num conflito dentro do inconsciente (*Id*). Mais cedo ou mais tarde, o inconsciente produz uma "solução" para o conflito. Se por acaso essa solução reforça a atividade pretendida pelo *Ego* (consciente), ocorrerá em forma de comportamento criador (vertente que se espraiou pela maioria dos textos sobre Criatividade); se, ao contrário, ela ocorre à revelia do *Ego*, será então reprimida e acarretará uma neurose.

Assim, neurose e Criatividade têm a mesma fonte, sendo tanto a pessoa criativa como a neurótica impelidas pela mesma força: a energia do inconsciente. Nos meios psicanalíticos, a definição mais comum de Criatividade passou a ser: "regressão a serviço do Ego".

Essa concepção de Freud é muito vulnerável dentro do próprio discurso freudiano e isso já foi muito bem notado – e corrigido – pelos neofreudianos, cuja contribuição à obra do mestre deve fazer Freud se revirar na cova, pelo que conhecemos do dito em vida, quando em face de qualquer ideia "revisionista" da psicanálise ortodoxa.

Mas os neofreudianos argumentam muito bem: o *Id* (o inconsciente), segundo o próprio Freud, é um núcleo selvagem e intratável ("um caos ou uma caldeira cheia de pulsões em ebulição"), e assim os processos para lá remetidos se "ossificariam" ainda mais que os submetidos ao *Superego* (controlador, moralista e "preconceituoso"). Eles se ligariam a conflitos e impulsos profundamente reprimidos. Então, será necessária uma libertação temporária tanto em relação aos processos conscientes quanto em face dos inconscientes!

Dessa forma, a Criatividade passou a ser entendida como produto não do inconsciente, mas de uma outra entidade colocada entre este e o Ego consciente: o *pré-consciente*.

Em defesa dessa nova formulação, devemos reconhecer, acrescento eu agora, ser obviamente impossível ao inconsciente (cuja principal expressão, na vida de um indivíduo normal, sejam talvez os sonhos) criar lógica, exprimir lógica! Pois é exatamente isso o que Criatividade faz: ela cria uma lógica... *inédita*!

Ela consegue atingir um NOVO PONTO DE VISTA sobre qualquer assunto – ponto de vista que até então ninguém notara –, mas tão simplesmente lógico (ou até mais!) como todos os outros, tradicionais... e incapazes de reduzir a situação.

Quando, no exemplo que desenvolvi em todo o capítulo III, aquele candidato, para descobrir a altura do edifício, foi direto falar com o porteiro, sua atitude não estava sendo ditada por sonhos, devaneios ou delírios. Sua atitude estava sendo muito lógica! Tão lógica – considerando todos os aspectos da situação – quanto a dos astrônomos, matemáticos e outros concorrentes seus.

(Aliás, um dos livros mais originais sobre Criatividade – pelo menos o que me ofereceu enfoque realmente novo – é *Creativity: genius and other myths* (W. H. Freeman, Nova York, 1987), de Robert Weisberg. Sua tese é provocante, audaciosa... e põe audaciosa nisso! Weisberg, PhD por Princeton, propõe provar que Criatividade *não existe* em nenhuma de suas formas: desde a banana do macaco de Kühler, passando pelo *brainstorming* de Osborn e pelo pensamento lateral de De Bono, até as obras de Bach, Einstein e Picasso! Seria um mito, uma balela! O livro tem bom fôlego acadêmico, é bem bibliografado, porém sua falha central é exatamente uma exploração ingênua e equivocada do que estou comentando aqui: Weisberg ressente-se de que Criatividade não cria como uma fada com sua vara de condão (usando minhas palavras), mas, tantas vezes, oferece uma lógica até evidente ou um desenvolvimento esperado. E por isso ela não existe? A argumentação, como disse, pareceu-me muito ingênua, extremamente vulnerável – mas o livro não deixa de ser criativo...)

O clássico Eureka de Arquimedes anunciou a descoberta de um princípio natural lógico! Foi muito lógica a atitude de Rommel, mal suprido de tanques, no deserto, de disfarçar seus Volkswagens "para inglês ver". Quer atitude mais lógica que a do inventor do "olho de gato", ao deslocar pontos refletores dos postes para o asfalto? Que diabo, por Deus, tem a ver esse tipo de pensamento com a matéria dos sonhos e alucinações, proveniente do inconsciente?

A colocação original de Freud dá plena margem para entender a "regressão" da Criatividade como um desvio, para melhor, da loucura – tese que vem de Platão e se difundiu na época do romantismo. A popular crença de que os loucos seriam muito criativos já foi há bom tempo desmentida por baterias de testes aplicados, nos Estados Unidos, em esquizofrênicos a caminho da recuperação: eles se mostraram inimaginativos, inflexíveis, inoriginais e incapazes de responder a problemas novos... a despeito de todo o material inconsciente com que estariam familiarizados.

Mesmo em Arte, um louco, um esquizofrênico, é estéril. Não há nenhuma base crítica na ideia (romântica) de que um esquizofrênico, com suas expressões plásticas, seja capaz de produzir Arte. São expressões, sim – mas não são Arte. Não mostram qualquer síntese, nem qualquer vida, nem qualquer transcendência no que expressam – com o que concorda Anton Ehrenzweig, autor de formação freudiana, em *A ordem oculta da arte* (Zahar, 1977). Na chamada "arte dos esquizofrênicos", por exemplo, a alegria das cores contrasta brutalmente com a agonia dos desenhos. Esse assunto foi esgotado por Ernst Kris, em *Psicanálise da arte* (Brasiliense, s/d), que inclusive reproduz 29 bustos da autoria de um escultor, F. X. Messerschmidt, reconhecidamente psicótico: não se trata de opinar se são bonitos ou feios – são rígidos, vazios, mortos!

Criatividade não é, assim, a vertente de um dualismo cuja contrapartida seja a neurose ou a loucura. Muito ao contrário, ela é, como aceito hoje por tantos pensadores, expressão máxima de sanidade! Mais ainda: expressão característica e indispensável do que se entende por saúde mental. É componente do que chamo a OTIMIZAÇÃO DO PENSAMENTO! (O poeta Heinrich Heine atribui a Deus uma doença, da qual Ele se cura unicamente através da criação.)

Alonguei-me nessa digressão com o fito de tentar prevenir meu leitor de possíveis e graves mal-entendidos em torno desse assunto de "inconsciente". Associá-lo à Criatividade, julgá-lo fonte da Criatividade – quando conhecido também como o poço sem fundo dos sonhos, pesadelos, delírios e alucinações – é complicar tudo, é contaminar um campo tão alegre, estimulante e compensador com a noção de obscuros "meandros da mente", insondáveis e incontroláveis.

Você pode trabalhar, sim, enriquecer seu pré-consciente – e é exatamente disso que trata o *back burner*. Mas que pode por acaso fazer, por vontade própria, com seu inconsciente? Nada. Exercícios de imaginação, como oferecem alguns livros, "para saber lidar melhor com o inconsciente" (e que imagino que ninguém pratique), dificilmente estarão chegando até as cavernas do dito cujo, pelo menos na

*Criatividade no trabalho e na vida* • 403

medida em que imaginam tais autores. (Conheço uma única exceção que versa sobre como programar sonhos, apresentada por Patricia Garfield em *Sonhos criativos* (Nova Fronteira, 1977). Experimentei-a, é trabalhosa, mas funciona. Contudo, não produz *ideias*, produz... sonhos!)

O processo de gestação e eclosão de ideias, que envolve o pré-consciente, já é suficientemente misterioso e *inexplicável* – um verdadeiro milagre! – para precisarmos enrolá-lo mais ainda com remotas complicações.

Assim, na descrição desse processo feita mais adiante, em qualquer menção (em eventuais transcrições) ao "inconsciente", deve o leitor reduzir o termo aos devidos termos. Você só terá a lucrar.

Essa rápida incursão sobre camadas mais primárias do psiquismo humano ressalta bem o despropósito de pretender "esquematizar" o *back burner* – ou esquematizar o quer que seja de uma realidade, em última análise, quase aleatória, quase arbitrária, e sempre misteriosa.

Assim, todos os divulgados gráficos e quadros sobre processos de "solução de problemas", em geral apinhados de subdivisões e fluxos de procedimento das questões a serem resolvidas, apenas tratam, em minha opinião de: 1) administração mais ou menos burocrática de problemas de solução racional que, adequadamente, devem transitar por diferentes pessoas ou departamentos; 2) administração de eventuais ideias ocorridas – dentro do pressuposto, absolutamente arbitrário, de que estas concordem em ocorrer, no lugar certo do gráfico. Tais esquemas, em minha opinião, não têm nada com o que se entende, de prático, por Criatividade.

Caso clássico desse tecnicismo, agora em outra área, é o original inglês de Simon Manjaro *Criatividade* (Europa-América, 1988), que apresenta tantos gráficos e esquemas como os de um manual de computador. Inclui visões que me pareceram espantosas, tais como a de um "diagrama aranha" de um cubo, subdividido em 125 outros – representação do que aprendi chamar-se "morfologia tridimensional", com a missão, no exemplo dado, de "criar um novo conceito de purificador de ambiente".

Deixe-me dizer, com toda a sinceridade, o que penso sobre isso. O título dessa famosa obra – *Criatividade* – parece-me abusivo. É em seu *subtítulo* que ela vende o que pode entregar: *A gestão de ideias orientadas para o lucro*. Ela é útil, sim, porém, pelas sugestões de como abordar, com mais amplitude, *racionalmente*, um problema e, principalmente, de como inserir um "círculo de criatividade" (pressupondo, sempre, que ele seja criativo) no organograma da empresa. Trabalha sempre com a pressuposição de ideias *surgidas*, ou que surjam... orientadas para o lucro. Não se pergunta, em momento algum, se tais ideias estão realmente dispostas a surgir, para bater ponto na hora certa, no lugar certo, dentro do fluxograma do autor. Não informa que castigo dar às musas se elas não comparecerem ao encontro marcado...

Penso que o livro de Manjaro, como alguns outros congêneres, não é um mau livro de Criatividade... mas apenas um bom livro de administração. Eu próprio o consultei *após* ter treinado todo o pessoal do CCQ da Acesita. (E, claro, em termos de Criatividade, suas ilustrações não passam das indefectíveis ilusões de óptica –

por sinal sempre as mesmas, de livro para livro –, bem como, *surprise!*, o cérebro humano dividido por seus antagônicos hemisférios.) Garanto que Charles Kettering não morreria de amores por ele...

Se o que está em jogo é realmente PRODUZIR (e não gerir) "ideias orientadas para o lucro", para onde devemos voltar os olhos? Onde estão, realmente, os "círculos de criatividade" mais bem-sucedidos, no mundo inteiro, exatamente dentro desse critério – rigoroso e rapidamente aferível – de LUCRO? Claro, nas agências de propaganda!

Pode alguém imaginar que as Equipes de Criação de propaganda – atividade que responde, nos países industrializados, a verbas que chegam a 1% do PIB – ao resolver *criativamente* complexos PROBLEMAS de comunicação, por meio dos mesmos recursos psíquicos e passando pelo mesmo processo de Criatividade que ocorre em qualquer outra área (como estou tentando demonstrar neste livro), por acaso lancem mão de algo como "diagrama aranha" ou "morfologia tridimensional"? Entre você no estúdio de uma agência realmente "quente", levando tais gráficos, e sairá certamente com um dos sapatos pintados de branco...

Bertrand Russell foi o primeiro a notar, em *A perspectiva científica* (Nacional, 1969), o enorme proveito que poderia haver "para a compreensão da sociedade se psicólogos experimentais perdessem certos preconceitos e viessem a estudar a fundo a atividade altamente eficiente e continuamente comprovada dos 'criadores de anúncios'". Pois diria eu exatamente o mesmo a empresários interessados em montar "círculos de criatividade" em sua empresa, voltados para resolver PROBLEMAS de qualquer espécie, com soluções voltadas para o LUCRO: que tentem conhecer, na medida do possível, como pensa, age e funciona quem, no mundo empresarial, mais tem sucesso, economicamente abalizado, em Criatividade; e reproduzir, na medida do possível, em suas próprias empresas, para seus próprios problemas, um núcleo semelhante.

Note-se, por favor, esta relação: Wallas & Patrick identificaram as fases de um processo criativo por que passam inventores e gênios em todas as áreas, de Arquimedes a Bertrand Russell. Não mencionaram, ao que eu saiba, publicitários. Mas um publicitário celebrou esse processo como técnica, e outro publicitário o chamou de *back burner*. Cito um terceiro publicitário, David Ogilvy, que, a partir do nada, forjou em quinze anos uma das maiores e mais criativas agências americanas, já em 1997 com 360 escritórios em cem países e mais de 1 bilhão de dólares anuais em contas. Aposentado, morando em 1981 num castelo francês do século XII e cercado de vinhedos próprios (deve ter ganho na vida algo mais que 50 mil dólares), Ogilvy responde, em entrevista a Carl Hixon (*Administração e serviços*, novembro de 1981) à pergunta crucial – "Você pode me dizer como funciona o processo criativo?" – simplesmente redescrevendo o trabalho de Wallas & Patrick:

> Primeiro, faça seu dever de casa. Aprofunde-se no produto e em sua pesquisa. Reveja precedentes. É um trabalho monótono, mas necessário. Empurre tudo isso para dentro de sua cabeça e desligue. Agora, o processo racional termina e começa a funcionar o inconsciente. As grandes ideias vêm sempre daí, em todos os campos

*Criatividade no trabalho e na vida* • 405

de empreendimentos. Depois de pouco tempo, espere a chamada de volta de seu inconsciente. O truque é manter a linha aberta. Todas as grandes ideias vieram por esse caminho.

Dessa forma – principalmente para quem quer o "seu" castelo na França – penso que será de grande utilidade conhecer esse processo passo a passo, em sua devida e acadêmica sistematização.

Não para consultá-lo, segui-lo, como uma "receita de bolo" – uma técnica! –, pois assim *não* funciona... Mas para simplesmente incorporar, em linhas gerais, toda uma plêiade de atributos típicos de cada etapa, e familiarizar-se melhor com um fenômeno afinal de contornos muito imprecisos e, em última análise, INEX-PLICÁVEL (o oposto de uma técnica).

Esse fenômeno, a rigor, é tão IMPONDERÁVEL – tão pouco "técnico" – que não prevê tempo algum de duração! Pode levar alguns minutos, ou horas, leva em geral vários dias, ou meses, pode levar dez anos... ou mais (os manuscritos de Beethoven mostram que ele já enveredava pelas concepções de sua *Sinfonia Coral*, a *Nona*, a última que compôs, em 1823, antes mesmo de finalizar a Primeira, em 1799).

Contudo, conhecê-lo bem, estar a par até de seus "imprevistos", pode ajudar você, sim, a facilitá-lo, enriquecê-lo, "provocá-lo" até um pouco, e mesmo, quem sabe?, "apressá-lo" em certa medida. E, inclusive, veja só, possibilitar-lhe redefinir, criativamente, e simultaneamente, numerosos e intrincados problemas, de natureza totalmente diversa... enquanto passeia pela praia ou pesca de caniço!

Wallas & Patrick descreveram o processo como constituído de quatro fases:
  **1** Preparação (Esquentamento).
  **2** Incubação.
  **3** Iluminação (Wallas chamou Inspiração).
  **4** Verificação (Avaliação).
George F. Kneller, em *Arte e ciência da criatividade* (Ibrasa, 1973), acrescentou, antes de Preparação, uma fase distinta a que chamou de *Insight* (Primeira Apreensão). Por mim, não tive qualquer dificuldade, em livro anterior, ao comentar a Criatividade em propaganda, em lançar mão apenas das quatro fases da descrição original. Mais tarde, no entanto, ao começar a dar palestras sobre o assunto, acrescentei, como muitos outros autores, uma quinta fase: 5 – Realização (ou Execução, Implantação etc.). Encontrei autores que acrescentaram mais uma fase – Controle, *Feedback* –, mas isso, sinceramente, me pareceu excessivo, tecnicismo. Fiquei então com essas cinco fases, mais ou menos clássicas, do processo criativo que – insisto pela última vez –, seguidas criteriosamente, passo a passo, como "receita de bolo"... não levam a ideia alguma!

## MAS AGORA TENHO UMA NOTÍCIA FABULOSA PARA LHE DAR!

Todas essas descrições do *back burner*, razoavelmente explicativas do processo criativo, *não levam* a Criatividade alguma... simplesmente porque estão todas, a meu ver, INCOMPLETAS!

Depois que me interessei mais a fundo por Análise Transacional – e depois de debates que pude ter, sobre todo esse assunto, com Franco Del Casale, de Buenos Aires –, achei ampla base, sim, para acrescentar MAIS TRÊS FASES, a meu ver *imprescindíveis* ao processo completo, e agora incomparavelmente mais promissor, de gestação e implantação de ideias!

É isso mesmo que estou dizendo, e que não tem contradição alguma com o que disse antes.

É a *falta* dessas três fases que faz tanta gente (como já me relataram e presenciei), gente crucialmente interessada em ideias para algum problema, envolver-se intensamente em 1) Preparação; seguir religiosamente as sugestões e trâmites de 2) Incubação... e estar até hoje esperando pela tal de 3) Iluminação, que nunca ocorreu!

PORQUE *FALTAVAM* ELEMENTOS VITAIS, CRUCIAIS, IMPRESCINDÍVEIS PARA QUE ELA OCORRESSE!

Das três novas fases – que, insisto, parecem-me absolutamente indispensáveis ao sucesso do processo – a serem acrescentadas às cinco clássicas, a primeira antecede a todas as outras, a segunda insere-se no meio e a terceira encerra a descrição.

São elas:

- MOTIVAÇÃO.
- PROTEÇÃO.
- RECOMPENSA.

É isso mesmo! Se você adicionar, nos lugares certos, essas três no *seu* processo... o *back burner* VAI FUNCIONAR, certamente, para você! E tal afirmação, como você verá, não contradiz em nada tudo que já disse até aqui.

### FASE ZERO – MOTIVAÇÃO

É componente básico, crucial, decisório quanto ao fracasso ou sucesso de todo o investimento em Criatividade! Não lhe dei número, chamei-a de "fase zero" por dois bons motivos: não queria, se a indicasse como "fase 1", deslocar Preparação (ou Esquentamento, como prefiro chamar) para o que seria "fase 2", contrariando o próprio nome que indica início, deslanchamento de um processo.

A segunda razão é muito mais importante: MOTIVAÇÃO não é, a rigor, "fase" alguma! É o pano de fundo vital, imprescindível ao êxito de tudo que virá a seguir!

É a falta inicial dela que condena quem, em busca de ideias, que entra no *back burner* de forma consciente, criteriosa e técnica... a uma missão impossível! Mas o que é, realmente, MOTIVAÇÃO, nesse contexto?

*Criatividade no trabalho e na vida* • 407

Em meu livro anterior, apresentei o *back burner* seguindo critérios da psicanálise.

Agora, prefiro fazê-lo pelos da Análise Transacional.

Lembremo-nos, sem necessidade de reproduzir gráfico algum: 1) o psiquismo humano é representado por três Estados do Eu básicos: Pai, Adulto e Criança; 2) por motivos originados na infância, ocorre um corte nesses Estados, gerando, em cada um de nós, em maior ou menor grau, dois sistemas também básicos: o sistema OK, saudável, produtivo, solucionador de problemas, formado por Pai Protetor, Adulto e Criança Livre; e o sistema NOK, doentio, neurótico, não solucionador de problemas, formado por Pai Perseguidor ou Salvador e Criança Adaptada (Submissa ou Rebelde). Tal é, com seus componentes em doses variáveis, a constituição psíquica básica, esquemática, de cada um de nós.

Fora de nós, como expressão de algo *externo*, surge, de repente, com sua conhecida camiseta, um PROBLEMA!

Se o indivíduo receber, captar esse recém-chegado por meio dos componentes NOK de sua personalidade, o que ocorrerá, em sucessão? 1) "Ouvirá" uma desqualificação interna quanto a esse desafio, uma "acusação" íntima de que não é capaz de enfrentá-lo, ou é relapso, ou é culpado por sua aparição etc. (Pai Perseguidor); 2) sob tal cacetada, instantaneamente sua Criança Adaptada experimentará uma emoção doentia: desalento, ansiedade, insegurança, fobia, culpa etc.; 3) para fugir dessa "dor psíquica", tratará, muito rapidamente, de refugiar-se na prática de um Impulsor – "Apresse-se" (e partirá para lidar com a encrenca atabalhoadamente); "Seja Perfeito" (e partirá para a meticulosidade e o formalismo); "Esforce-se" (e partirá para o estresse) etc. Ei-lo encurralado no *NON SOLVING PROBLEM SYSTEM*!

Ao contrário, no caso pleno da MOTIVAÇÃO, o indivíduo irá receber, captar o PROBLEMA pelos três Estados OK da personalidade *ao mesmo tempo*!

Isso mesmo, no próprio ato de conhecer o PROBLEMA, o indivíduo vivenciará três poderosos atributos... simultaneamente!


Primeiro atributo: o ENCORAJAMENTO DO PAI.

O indivíduo não sabe ainda bem do que se trata, mas "sente" ser capaz de lidar com a encrenca, qualquer que seja!

Não se constrange, não se assusta, não se encabula, não se deprime, nem se culpa por ela ter ocorrido. Ao contrário, percebe-se interiormente protegido, competente para administrar a situação, para tentar resolvê-la... mesmo que ainda desconheça, precisamente, do que se trata.

O Pai lhe diz: "Você pode dar conta desse recado". ("Vai que é tua, Taffarel!")

A frase lapidar aqui é: "*Sei* que posso dar conta do recado!".


Esse sentimento, aliás, identifica-se, às vezes, ao que se chama "pensamento positivo" – algo sem dúvida muito promissor... exceto quando se deteriora em simplificações otimistas, muito abundantes em literatura do tipo "Ao Sucesso" (como Hollywood).

"Pense como campeão e você será um campeão!" – eis aí, por exemplo, um conselho muito estúpido! É violação flagrante da Regra nº 6, que exige, ao contrário, que você não se leve muito a sério. Ninguém pensou tanto como campeão quanto Hitler, quando invadiu a Rússia, em 1941. O Brasil perdeu Copas do Mundo – principalmente para o Uruguai, em 1950, e para a Itália, em 1986 – em que tinha *tudo* para ser campeão... apenas porque achou de "pensar como campeão" antes do apito final!

Pensar como campeão *sem ser* campeão ou é fantasia compensatória, ou mera indução à arrogância, do tipo "já ganhou", receita de perdedor. Criatividade, amigo, é um fenômeno que se desenvolve num quadro *realista* de vida... por isso dispensa, rejeita, arroubos de autossugestão. Entre confiança (ótimo!) e excesso de confiança há diferença *qualitativa* maior do que a que se observa entre o dia e a noite.

Pense, amigo, realistamente, como *candidato* a campeão – título que você merece alcançar, mas que há sempre um risco, claro, de não obter – e suas chances de chegar lá aumentarão muito!

De resto, apenas esse atributo, esse encorajamento interno, ainda que preciosíssimo, é pouco, muito pouco. Tão indispensável quanto ele é o próximo atributo.

Segundo atributo: A OBJETIVIDADE DO ADULTO.

Mais do que se sentir apenas confiante perante o PROBLEMA, o indivíduo o submete imediatamente a toda uma série de perguntas pertinentes, ou melhor, recorta toda a situação problemática com indagações que são, para o presente atributo, suas frases lapidares: "O quê?", "Quanto?", Quando?", "Quem?", "Onde?", "Como?", "Por quê?" (os tais "5ws e 2hs").

Qualquer problema que não esteja claramente formulado por essas sete indagações, isoladamente ou em conjunto, não pode sequer ser chamado de PROBLEMA digno de Criatividade!

Um problema financeiro pessoal, por exemplo, expresso em frases tipo: "Minha empresa paga muito mal", "Vivo duro", "A vida está caríssima", "Não sei onde vamos parar" etc. sequer pode ser chamado de problema, pois não oferece abordagem alguma a solução alguma. São meras declarações de falência. Contudo, a coisa toda muda quando a mesma situação sofre o crivo especulativo das tais perguntas. Por exemplo: 1) *Por que*, afinal, vivo duro na vida quando outros, que ganham tanto quanto eu, têm as finanças equilibradas? 2) *Quanto* necessito, exatamente, em aumento de renda ou corte de despesas, para equilibrar minhas finanças? 3) *O que* posso fazer, eventualmente, para ganhar mais, já que a empresa paga mal? Ou *que* despesas posso cortar? 4) *Como* poderia aumentar minhas aptidões técnicas de forma a ganhar um pouco melhor, nesta ou em outra empresa? 5) *Onde* funcionam outras empresas, que empregam gente do meu cargo, talvez prontas a oferecer um salário melhor? 6) *Quem* poderia me dar uma boa dica sobre essa situação toda? 7) *Quando* porei em prática qualquer opção que me tenha ocorrido ao fazer tais perguntas?

*Criatividade no trabalho e na vida* • 409

Nessa faixa de especulação puramente racional (Adulto), existem, sim, inúmeras técnicas, como a dos cinco "por quês?". Exemplo hipotético:

Problema: as vendas estão em baixa.

**1** Por quê?
A concorrência está ocupando posições nossas.
**2** Por quê?
Nosso produto acarreta mais devoluções.
**3** Por quê?
Há erros frequentes na montagem.
**4** Por quê?
Nossos operários parecem desatentos e cansados.
**5** Por quê?
A iluminação da fábrica é deficiente.

Trata-se, é claro, de processo puramente dedutivo. Serve para "afunilar" a questão, convertendo eventualmente dispersivos debates sobre a queda de vendas para alguma providência produtiva, ligada ao assunto.

Outras técnicas, entre muitas:

- O *Input-Output* da General Electric, método que consiste em analisar sucessivamente várias fases de um problema.
- A "Lista de Atributos" de Robert Crawford, na qual ele relaciona todos os atributos de um item, e examina cada um deles, isoladamente.
- A "Caixa de Ferramentas" de Zuce Kogan, que consiste numa relação de abstrações de problemas resolvidos previamente.
- O "Método Cíclico" de Lynn Ellis, que examina os problemas por meio do que ele considera os dez "Movimentos Básicos" de qualquer categoria funcional.

Aviso logo que essa minha lista está superada, desatualizada, tem mais de trinta anos, presumo que dezenas de outros métodos de exploração racional de um PROBLEMA tenham surgido de lá para cá, sob rubrica de novidades, principalmente americanas e, hoje, japonesas. Isso, no contexto, não tem a mínima importância, pois o que quero ressaltar é a necessidade inicial, vital, imprescindível, da abordagem objetiva e racional do PROBLEMA.

De resto, NADA do que falei, até agora, sob o tema MOTIVAÇÃO, é novidade para você! Você também, tenho absoluta certeza, opera em sua vida profissional perfeitamente imbuído – pelo menos em face da maioria esmagadora dos problemas que surgem –, armado desses dois atributos: Confiança e Objetividade.

Às vezes, durante algum seminário meu, ocorre-me uma secretária entrar sorrateiramente no recinto – embora eu sempre peça que se evitem interrupções – para entregar um recado com alguma emergência "inadiável" a algum dos participantes. Sabe o que está escrito naquele papel? EU SOU UM BAITA PROBLEMA! Então, costumo olhar bem para a fisionomia do destinatário: se ela se contrai, indicando algum sofrimento, já sei que o indivíduo, perante tal situação, é carta fora do baralho. Mas isso praticamente nunca acontece: o participante – em geral executivo qualificado – lê tranquilamente a mensagem, pede licença discretamente e se retira confiante e lúcido, para tratar do que tem de ser tratado. (Do contrário, aliás, nem estaria na empresa, como executivo qualificado...)

Dessa forma, esses dois atributos são, sim, imprescindíveis; são, sim, altamente produtivos, capazes de resolver 99% dos problemas!

Mas não garantem Criatividade alguma!

Para que haja a *potencialidade criativa* – perante o mesmo PROBLEMA –, há de haver ainda, como você já notou, a presença de um terceiro Estado!

Há de haver, sem dúvida, um terceiro atributo – este, de fato, bem mais raro de ser observado quando surge um abacaxi, quando emerge um PROBLEMA.


Terceiro atributo: O ENTUSIASMO DA CRIANÇA.

E sua frase lapidar, como você já deve também ter previsto, é:

– QUE BOM!

(Para problemas de pesquisa científica, que exigem igualmente especulação criativa, esse terceiro atributo pode ser descrito como: A CURIOSIDADE DA CRIANÇA. Em qualquer caso, sempre um atributo da Criança!)


São esses *três* impreteríveis elementos – simultâneos e conjugados – que lançam realmente um indivíduo num *back burner* de altíssima probabilidade de sucesso.

Ao contrário, o que realmente tem ocorrido, imagino eu, são indivíduos que entram criteriosamente nessa "técnica", começando pelo ESQUENTAMENTO (PREPARAÇÃO), completamente desprovido do *terceiro* e imprescindível componente de uma completa MOTIVAÇÃO. E aí não acontece nada...


Amigo, tudo que acabei de falar sobre MOTIVAÇÃO é também acadêmico, esquemático, meramente analítico.

Na prática, você não pode garantir-se de MOTIVAÇÃO meramente perguntando-se se está confiante, depois se fez todas as perguntas objetivas e, em seguida... do que será que me esqueci? Ah, já sei, falta dizer: "Que bom!" Na prática, substitua tudo isso por algo mais *prático*. Será que você se lembra? Pois é isso mesmo:


# B I P


Se você conserva, perante um PROBLEMA, seu BOM HUMOR, IRREVERÊNCIA e PRESSÃO, saiba que está altamente MOTIVADO, prontinho para passar por um *back burner* com altíssima probabilidade de sucesso! Querendo ou não, tendo disso consciência ou não...

*Criatividade no trabalho e na vida* • 411

Repito o que disse lá atrás, no capítulo V: "A respeito de tal técnica, senti, durante muito tempo, que faltava algo importantíssimo... *antes*. Faltavam elementos *a priori*. A receita estava certa, mas omitia os *ingredientes*!... E eles são tão decisivos que dispensam totalmente a tal técnica (que, na verdade... não é bem uma técnica, mas um *processo*). Porque, com tais ingredientes, você vai passar por ela de qualquer maneira, conhecendo-a ou não".

Contudo, vale a pena, e muito, conhecê-la. Continuemos, então, com sua apresentação, não sem antes alertar que, para garantir a tal "altíssima probabilidade de sucesso", tanto a fase 1, como todas as outras, deverão processar-se sempre à luz, ainda que tênue, dos poderosos componentes da MOTIVAÇÃO.

Ela é, sim, o pano de fundo de toda essa aventura!

## 1– ESQUENTAMENTO

PROBLEMA que ingresse nessa fase deverá merecer tratamento semelhante ao de uma toalha numa máquina de lavar roupa: revirado de todas as formas!

– Mas... que PROBLEMA?

– Simples: qualquer problema irredutível pelo enfoque racional.

– E que base temos para supô-lo irredutível?

– Porque é PROBLEMA que resistiu intacto a todas as perguntas e especulações da *objetividade* que acabei de comentar. (Se o PROBLEMA tivesse solução racional, já teria sido devidamente equacionado pela abordagem anterior.)

Problemas que mereçam ESQUENTAMENTO são problemas já naturalmente selecionados pelas circunstâncias. Representam, no máximo, 1% dos problemas totais da firma, ou do indivíduo.

Mas são os únicos que prometem pagar, mais à frente, 50 mil dólares!

Passamos aqui para a Mesa 2. Esta é a fase de bombardear o problema com todas as formas possíveis e imagináveis de questões. Começamos a jogar a Roleta da Criatividade. A partir daqui é impossível dizer besteira!

As frases lapidares desta etapa são simplesmente toda a massa de perguntas capazes de ser extraídas do *check-list* anterior: "E se aumentarmos ainda mais?", "E se fizéssemos exatamente o contrário?", "E se combinássemos isso com outra coisa?", "E se trouxéssemos três ursos aqui para a empresa?", "E se dinamitássemos a estação repetidora da Globo?" etc.

A "alma" desta etapa, contudo – volto a insistir –, não é meramente repassar o *check-list*, ponto por ponto. Esqueça o *check-list*! A "alma" desta etapa é você INTERESSAR-SE A FUNDO PELO PROBLEMA, dar todos os tratos à bola possíveis (como uma toalha dentro da lavadora), para tentar abrir alguma nova vereda de ação que supere aquela encrenca. Como princesa, é tratar de beijar o sapo de todas as formas!

Não tente, por favor, "ter uma ideia" (sequer mencione essa Possibilidade); não tente, por favor, "ser criativo"... que é receita certa para não ser! Não tente esgueirar-se para ver se enxerga o que está dito atrás da camiseta do PROBLEMA – você jamais o conseguirá, de moto-próprio! Não procure "sair do quadrado", pois isso só ocorre quando o indivíduo menos espera – ele é ejetado! Não apregoe, muito menos, para a sua equipe: "Precisamos sair do quadrado!" – não há nada mais inibidor e QUADRADO do que esse tipo de exortação!

INTERESSE-SE A FUNDO PELO PROBLEMA, DE MENTE BEM ABERTA! Só isso! Por conseguinte, não explore apenas "opções criativas" como as do *check-list*. Esqueça o *check-list*! Pergunte também, por exemplo: "Que outra empresa, ou que outro indivíduo, deparou com esse mesmo problema, e o resolveu?" Se existe tal empresa, ou tal indivíduo, telefone para ele. Se ele não tem telefone, pegue um carro, um avião, vá ao seu encalço! Alguém o informa de que lembra existir a solução procurada num livro de administração escrito por um tal de Hernandez, e essa pista é tudo de que você dispõe. Vá à Biblioteca Nacional! Pesquise lá, entre autores da letra H, se Hernandez por acaso escreveu um livro de administração! Ou se a pista aponta para um certo Franz Keller, de Detroit, escreva para o homem. Se ele não responder, escreva de novo! MEXA-SE! Você está ou não está MOTIVADO?

Alguém poderá alegar que, se a solução for encontrada no livro do Hernandez, ou vier na carta do Keller, não terá havido Criatividade alguma, e ele estará certíssimo. E daí? A prioridade não é "ser criativo"! A PRIORIDADE É RESOLVER PROBLEMAS! A verdadeira Criatividade é a que resolve problemas que até hoje ninguém resolveu (ou sequer se apercebeu de sua existência). Que interesse haveria hoje em alguém ocupado em reinventar a roda?

Há casos de invenções e descobertas que não exigiram Eureka ou que poderiam ter ocorrido sem Eureka algum. Quando a Alemanha, durante a Segunda Guerra, começou a desenvolver o foguete V-2 – como conta Joseph Mason, em livro já citado –, um dos problemas que surgiram foi a necessidade de uma bomba de alta pressão para fazer o combustível entrar na câmara de combustão. As demais especificações também eram rígidas: a bomba teria de manter constante pressão dentro de mais ou menos 0,4%; e, depois de ficar sem função durante um bom período de tempo, tinha de estar pronta para efetuar plena e constante pressão dentro de três segundos.

Um engenheiro de renome foi escalado para esse item, com a função de investigar planos para ver se se podia encontrar alguma que servisse. O engenheiro trabalhou nesse problema durante *seis meses* – tempo em que conseguiu apenas requintar as especificações, sem chegar sequer a criar a nova peça, muito menos empreender sua fabricação. Seis meses perdidos no desenvolvimento de uma arma que poderia ter mudado o curso da guerra! Foi quando um fabricante lhe informou: "Senhor, tudo que o senhor precisa é de uma bomba de extintor de incêndio comum". E fez-lhe ver que atendia rigorosamente a todas as especificações...

*Criatividade no trabalho e na vida* · 413

ESQUENTAMENTO implica procura, investimento, iniciativa – voltados à prioridade de resolver o PROBLEMA.

Na mesma Segunda Guerra, a batalha do Golfo de Layte, em 1944, entre japoneses e americanos – uma das maiores batalhas navais da história –, decidiu a guerra no Pacífico. Entre outubro daquele ano e dezembro de 1958, mais de duzentos livros, inclusive a publicação oficial *História das operações navais dos Estados Unidos*, foram escritos analisando a batalha do Golfo de Layte. Todos eles – assinados por competentes *scholars* e analistas militares – deixaram muitas perguntas sem resposta, embora apresentassem suposições brilhantes sobre a causa da derrota japonesa, tão desgastante e definitiva.

Finalmente, após catorze anos, um estudante de escola superior da Califórnia, de 16 anos – atente-se, por favor, para a sua idade! –, decidiu abordar de forma diferente esse PROBLEMA. Escreveu cartas a vários almirantes japoneses e pediu simplesmente que se explicassem. Uma das respostas, a do vice-almirante Kiyihide Shima, tornou-se documento precioso da história naval. Shima admitiu vários erros de julgamento, esclareceu pontos obscuros e explicou circunstâncias até então desconhecidas. Aos eméritos historiadores navais não ocorrera expediente tão simples! Como tampouco ocorrera a Shima, como bom *samurai*, abrir o bico até aquela data, uma vez que nunca lhe perguntaram nada...

Consulte, escreva, especule, colha mais dados, levante possibilidades, COGITE TUDO, dinamicamente. (Cogitar, aliás, vem do latim *cogitare*, pensar, que, por sua vez, vem de outro verbo, *coagitare*, que significa: "sacudir junto".)

O ESQUENTAMENTO é, de fato, uma etapa de muito trabalho, muito investimento físico e cerebral – porém, necessariamente, sempre um pouco divertida, absorvente. E sempre desempenhada com boa dose de curiosidade, envolvimento, MOTIVAÇÃO! (Ao contrário, se o indivíduo cair no Impulsor "Esforce-se"... é carta fora do baralho!) "Minhas invenções" – frase famosa de Thomas Edison – "são fruto de 1% de inspiração e 99% de transpiração."

Há um poeta chinês, citado por Archibald Macleish em *Poetry and Experience*, que diz: "Nós, os poetas, lutamos com o Não ser para forçá-lo a produzir o Ser. Batemos à porta do silêncio à procura da música".

Em criação publicitária – a cargo dos práticos "poetas" do consumismo –, há de curtir a fundo o produto, "conversar" com ele, ir vê-lo como aparece na prateleira do supermercado, observá-lo sempre, para ter talvez uma boa ideia com olhos de consumidor, jamais com olhos de "publicitário criativo". Já vi publicitário bolando, por exemplo, anúncios de lançamentos imobiliários apenas com base nas descrições e plantas dos apartamentos, isto é, burocraticamente, sem visitar *pessoal-*

*mente* o local! Seus anúncios burocráticos, quando vendem, vendem devido à oferta em si. Criatividade que é bom, nota zero!

Caso oposto é o do diretor de arte da DPZ, Wilson Pereira Nóbrega, como apresentado na enquete promovida pela revista *Domingo* – "De onde vêm as ideias?" , com alguns dos mais criativos publicitários brasileiros. Wilson já se encheu de sanduíches do McDonald's para uma propaganda da lanchonete, frequentou postos de gasolina dias e dias em busca de uma ideia para determinada marca de óleo lubrificante e até viajou a São Paulo nos desconfortáveis ônibus antigos da Itapemirim, com vistas à campanha de lançamento do novo modelo da empresa. A história preferida de Wilson: "Estava pensando num filme para as Ceras Grand Prix e precisava saber como o consumidor se sentia ao usar o produto. Por isso, não resisti: fui para a garagem no meio da madrugada e encerei meu carro todo. E deu certo".

"Rara é a vez em que uma grande ideia publicitária cai do céu como maná", ensina Hal Stebbins, um dos mais criativos redatores de propaganda, em seu *Copy Capsules* (McGraw-Hill, 1969); "normalmente, brota da terra como resultado de termos cavado muito."

Qual o único erro dessa frase? A palavra "publicitária". Elimine-a e ela se presta como uma luva para absolutamente qualquer área possível da atuação, ou do conhecimento humano: da matemática à administração; do jornalismo à inventividade; da guerra à vida pessoal; da física nuclear à literatura! "Criar não é um ato de prestidigitação", diz Mauro Santayana. "Uma frase não sai da cabeça como o coelho da cartola do ilusionista. Criar é cavar na colina da memória, abrir galerias, tatear rochas, apalpar veios."

Quantidade, quantidade e mais quantidade – essa é a ordem do dia de quem revira seu próprio pensamento, construindo hipóteses, em busca de soluções. Herbert Spencer já notou: "As primeiras ideias, em geral, não são verdadeiras". Por isso, mais quantidade! Falando sobre essa etapa, um oficial da marinha criou boa analogia: "Como na navegação, quanto mais visadas fizermos, tanto mais provavelmente acertaremos com o porto". (Alex Osborn criou analogia semelhante: a metralhadora.)

Henri Poincaré, ao expor, em sua autobiografia, "seu" método para ter ideias – que nada mais é que o *back burner* – diz que o trabalho "inconsciente" de gestação de ideias (INCUBAÇÃO, fase que abordarei logo a seguir) só é possível quando precedido de trabalho intenso:

> Essas inspirações súbitas só aparecem após dias de esforço voluntário (como provam os exemplos citados), aparentemente sem resultado, cuja trilha parece completamente fora do rumo certo. Esse esforço não é, portanto, tão estéril como parece; é ele que põe para funcionar a máquina do inconsciente, que sem isso não teria entrado em movimento, e nada teria produzido.

*Criatividade no trabalho e na vida* • 415

Quando perguntaram a Isaac Newton como conseguia fazer tantas descobertas importantes, respondeu: *Nocte dieque incubando!* ("Pensando nelas noite e dia!")

Contudo, se o ESQUENTAMENTO implica perguntar-se *tudo* sobre o problema, ele não implica, como lembra Charles Kettering (e não há nisso qualquer contradição), conhecê-lo *demais*. Isto é, reunir tamanho volume de dados sobre a questão que o indivíduo comece a tornar-se especialista na matéria. (No ESQUENTAMENTO, o cérebro se debate furiosamente dentro do quadrado, forçando suas paredes e buscando uma saída; já na especialização, o cérebro vai se alojando no centro do quadrado... e se afundando nele cada vez mais!)

Se Marconi soubesse tudo sobre sua matéria, teria sabido que, muitos anos atrás, James Clerck Maxwell previra em 241 quilômetros o comprimento máximo da onda de rádio para a transmissão radiofônica, e não teria tentado enviar um sinal através do Atlântico, como afinal o fez, em 1901, com pleno sucesso! Nem ele, nem Maxwell, nem ninguém sabia na época da existência da camada eletricamente carregada da alta atmosfera, a ionosfera, que refletia as ondas de rádio, somente provada em 1925, por Breit e Tuve.

O "perguntar tudo" sobre o problema, nessa etapa, deve conter um pouco do espírito do próprio Kettering, quando descreve sua invenção: "Experimentamos um dispositivo após outro, durante seis anos, até que o motor nos dissesse o que queria". Ou então de Thomas Edison, disposto a resolver mais um problema: "Experimentaremos tudo – até mesmo queijo parmesão!"

(Uma das lorotas de Edison foi ter dito que, para chegar ao filamento de algodão carbonizado de sua lâmpada elétrica – ideia que surrupiara do inglês Joseph Swan, como mostram suas anotações –, teria experimentado mais de seis mil filamentos diferentes, inclusive "lascas de bambu e fios de barba". Mas, claro, Edison conhecia bem o processo criativo, foi o inventor mais profícuo de todos os tempos, e mesmo essa sua balela é exemplo muito válido do que se entende por ESQUENTAMENTO, em Criatividade.)

Essa fase, como você já deve ter adivinhado, é tremendamente absorvente, em nível às vezes preocupante, o que já deu margem à criação de figuras míticas como a do inventor "no mundo da Lua" ou a do "professor aloprado". Einstein, interceptado certa vez por um aluno enquanto caminhava pelo *campus*, perguntou ao jovem, ao final da conversa, em que direção ele próprio, Einstein, caminhava quando se encontraram. Ao saber a resposta, concluiu:

– Então já almocei.

O grande matemático Henri Poincaré, autor inclusive de excelentes testemunhos sobre o processo criativo, absorvia-se com tal intensidade que metia na mala as roupas de cama do hotel.

Tal fenômeno pode acarretar problemas sérios no relacionamento familiar. O que teria a dizer a esposa de Thomas Alva Edison – que criava compulsivamente, como um viciado em charadas, chegando a conseguir, em quatro anos, trezentas patentes, ou seja, uma a cada cinco dias –, marido que dormia semanas a fio no próprio laboratório, quase sempre vestido com a mesma roupa do dia, e que praticamente jamais tomava banho (fedia horrores)?

Mesmo o criador de uma teoria tão valiosa para a melhoria de qualquer relacionamento humano, particularmente o conjugal, como Eric Berne, formulador da Análise Transacional, teve de passar, por essas e por outras, por *três* casamentos. Certa vez, trazendo de volta para casa uma das esposas, que o deixara por seu envolvimento excessivo com as próprias ideias, mas que concordara em dar-lhe nova chance, pediu para parar dois minutos na Biblioteca, para tirar pequena dúvida, e deixou-a esperando no carro por quatro horas (*Eric Berne, Master Gamesman*, de Elizabeth Watkins Jorgensen, Grove Press, Nova York, 1984)! (Minha própria mulher, se querem saber, já teve muito do que se queixar quanto a esse assunto, inclusive no que concerne a *este* livro.)

Há coisas piores. Em 1807, o matemático Johann Karl Friedrich Gauss estava absorto na resolução de um problema numa época em que sua esposa encontrava-se bastante doente. Quando o médico entrou em seu gabinete e informou que ela estava morrendo, o matemático, sem desviar a atenção do problema, murmurou: "Diga a ela que espere um pouco até eu acabar".


Essa intensa fermentação mental não é, nem poderia ser, igual para todo mundo.

Alguém (citado por J. Mason), que teve o privilégio de trabalhar com Albert Einstein e seu colega, John von Neumann, comparou-os: "O espírito de Einstein era vagaroso e contemplativo. Ele pensava sobre alguma questão durante anos. Já o espírito de Von Neumann era justamente o oposto. Rápido como o relâmpago, extraordinariamente rápido. Se se lhe apresentasse um problema, ou o solucionava em pouquíssimo tempo ou não o solucionava de forma alguma". E entretanto ambos fizeram extraordinárias realizações no campo da matemática.

Einstein, por sinal, dizia que necessitava sempre de um interlocutor para concatenar seu pensamento, às voltas com um problema (um deles foi Jung, que mais tarde confessou não ter entendido patavina do que o homem dissera). Já Pasteur era conhecido pela decisão de, tão logo a braços com um problema, não querer mais falar com ninguém. Há criadores que se tornam mais loquazes e excitados nessa fase; outros, ao contrário, se mostram alheios, distraídos, ou então com um ar "distante" – muitas vezes assumido propositadamente, como defesa... Suas esposas se queixam disso.


O compositor Igor Stravinsky (1882-1971) era um dos que, nessa fase, ficavam irascíveis. Mas Igor sabia das coisas: "Um leigo pensaria que, para criar, é preciso aguardar a inspiração. É um erro. Não que eu queira negar a importância da inspiração. Pelo contrário, considero-a uma força motriz, que encontramos em toda atividade humana e que, portanto, *não é apenas um monopólio dos artistas*" (o grifo é meu). "Essa força, porém, só desabrocha quando certo esforço a põe em movimento, e esse esforço é o trabalho."

O que ele chama de trabalho nós chamamos aqui de ESQUENTAMENTO.

É importante notar que o pensamento, nessa fase do processo, ainda que totalmente consciente, não é totalmente lógico e esquemático, como o de alguém, por exemplo, que esteja conferindo os dados de um balanço ou demonstrando um teorema. Ao contrário, é eivado de associações imprecisas e rajadas de intuição. Em 1945, a famosa pesquisa de Jacques Hakamar, realizada entre os melhores matemáticos americanos para descobrir seus métodos de trabalho, chegou à conclusão de que aproximadamente todos eles tentavam resolver seus problemas não em termos verbais nem por meio de símbolos algébricos, mas apoiados em imagens visuais de natureza vaga e nebulosa. "Para pensar com clareza", dizia Wordsworth, "necessitamos frequentemente nos afastar da linguagem falada."

Considere o que aconteceu com a geometria grega: perdeu seu ímpeto criador quando, nos tempos helênicos, optou por uma visualização muito precisa. O resultado foram gerações de hábeis tracejadores e geômetras práticos – mas não grandes geômetras. O desenvolvimento da geometria cessou por completo. Foi Descartes, já no século XVII, quem superou essa estagnação, acabando com a visualização exata e a sedução de nítidos diagramas, pela invenção da geometria analítica, que só expressa as relações geométricas por números.

Será útil acrescentar ainda o que Descartes, com o seu peculiar cartesianismo, jamais seria capaz de pensar (embora ele existisse). No século XIX, um grupo de geômetras achou de elaborar sistemas impossíveis! Conduzidos por George Riesmann, alemão, e pelo russo Nikolai Lobachevski, tentaram conceituar linhas paralelas *se encontrando*! Manipularam uma geometria contrária ao senso comum e à geometria pioneira do grego Euclides. Para o sistema que criaram não havia nenhum correlato na natureza – e, por isso, muito sensatamente, foram considerados malucos. Só se chegou à sua compreensão quando Einstein descobriu que tal louca geometria se encaixava em seu esquema de realidade: Einstein provou algumas de suas teorias precisamente por intermédio desse estranho sistema geométrico.

O ESQUENTAMENTO correto – motivado! – é a porta de entrada para a revelação criativa! Alexander Hamilton o descreveu de forma quase perfeita: "Toda a genialidade que eu possa ter reside neste fato: quando tenho um problema nas mãos, estudo-o profundamente, trago-o presente dia e noite. Aquilo que as pessoas se comprazem em chamar fruto do gênio é o resultado do trabalho e da reflexão".

MAS NÃO O RESULTADO DIRETO!

Pode muito bem ocorrer que todo esse trabalho e toda essa reflexão não resolvam absolutamente o PROBLEMA!

Pode ocorrer que, após remoer de todas as formas fatores que possam constituir ainda que remotamente uma solução – sem ter encontrado nenhuma –, você comece a sentir-se cansado, até com certo nojo, de todo o impasse (que ainda recentemente tanto o interessava e absorvia).

É o momento crucial de passar à próxima etapa.


## 2– INCUBAÇÃO

Enquanto a passagem de MOTIVAÇÃO para ESQUENTAMENTO é fluente e natural – resume-se a passar da Mesa 1 para a Mesa 2 –, a passagem de ESQUENTAMENTO para INCUBAÇÃO deve ser drástica, radical.

O período final do ESQUENTAMENTO é sempre um pouco crítico. Realmente: você já consultou, especulou, escreveu, cogitou, talvez tenha até viajado e gasto dinheiro, seu ou da firma, por causa do PROBLEMA – e não conseguiu nada! E agora está cansado, até enfadado com todo esse assunto.

Se, nesse estado de espírito, você sentir-se de repente "frustrado", "inútil", isso terá sido sinal de diálogo interno e, então, sim, todo seu investimento anterior foi por água abaixo!

Considere então o seguinte: 1) Ninguém tem obrigação de criar nada! 2) Você está fazendo o melhor que pode, tendo-se interessado a fundo pelo PROBLEMA. 3) Agora, contudo, seus neurônios demonstram sinais de esgotamento, o que é muito compreensível; sua mente está cansada, e você vai fazer algo a que tem pleno direito: descansar!

O aspecto drástico dessa decisão é que você deverá *cortar radicalmente todos os vínculos com o PROBLEMA!*

Você se desliga decididamente do PROBLEMA, seus detalhes, hipóteses, formulações – tudo que há pouco tempo o absorvia e interessava.

Que acontece então? Arrefecido o consciente (Adulto), partes pré-conscientes da Criança vão entrar em ação. Tais partes, desimpedidas pelo intelecto, começam agora a "cozinhar" a questão num novo (e misterioso) caldo; começam a elaborar as inesperadas conexões que constituem a essência da criação.

Em termos de trabalho intelectual, a melhor metáfora é a seguinte: você desativa todas as funções do seu computador, sem exceção... mas não o retira da tomada! Quem o visse por trás encontraria apenas uma luzinha acesa: a tênue consciência de que há "um" problema que ainda não foi resolvido...

Esse é um período (não totalmente agradável, devido àquela "pendência") em que se deve preferencialmente ouvir música, ir ao teatro, ao cinema, ler ficção, passear pela praia, fazer ioga, jardinagem, pescar de caniço. "Vida normal", como aconselham os médicos, quando nos proíbem uma porção de coisas. Sim, como a das gestantes, sem excessos. Nada de excessos. Um longo dia de praia no alto verão, a prática de esporte exaustivo, uma noitada de *réveillon*, uma bebedeira – e lá se foi tudo por água abaixo.

O mais indicado serão atividades prazerosas e sem muito compromisso, como as que citei, entre elas pescar de caniço. Alguém poderá alegar que conhece gente que pesca muito de caniço e nunca se destacou por nenhuma ideia nova. Lógico: eles não estavam no processo, não tinham a luzinha acesa...

*Criatividade no trabalho e na vida* • 419

Quando a trama do crime tornava-se particularmente densa, Sherlock Holmes parava tudo e levava Watson a um concerto, ou se dedicava horas ao violino (Conan Doyle conhecia bem o processo para fazer sua personagem agir assim); Einstein também tocava violino, de preferência Mozart, ou lia Dostoievski; Winston Churchill empenhava-se em empilhar tijolos; Gandhi costumava tecer; Beethoven chegava às suas soluções em longas caminhadas, anotando enquanto andava (desde o tempo de Aristóteles tem-se aceito o passeio como bom auxiliar da ideação).

Há outros truques e hábitos, aparentemente irracionais, que têm favorecido gênios específicos nessa etapa de INCUBAÇÃO (que, como a etapa anterior, pode variar de caso a caso): Schiller enchia sua mesa de maçãs podres; Fischer ouvia brilhantes sinfonias, enquanto Proust, ao contrário, só trabalhava em absoluto silêncio, num quarto forrado de placas de cortiça. Shelley brincava com barquinhos de papel, esperando as musas. Kant, caso curioso, só criava deitado em sua cama, sobre lençóis que ele mesmo arrumava de um jeito especial e olhando para uma determinada torre de Königsberg (a ponto de, quando as árvores lhe encobriram a visão, as autoridades da cidade mandarem cortá-las). Já James Joyce preferia repetir, inúmeras vezes, para si mesmo, antes de se concentrar no trabalho: "O céu estava cheio de nuvenzinhas sopradas pelo mar".

Brahms tinha suas melhores ideias todos os dias, pela manhã, quando engraxava suas pesadas botinas – o que faz supor tivesse as botinas mais reluzentes de Viena. Caso semelhante, Alex Osborn narra que eram tantas as ideias que surgiam enquanto fazia a barba, que passou a usar uma navalha velha para dispor de mais tempo. Também Einstein se intrigava pelo fato de ter suas melhores ideias de manhã ao fazer a barba – mas nada disso deve servir de argumento a qualquer preconceito machista...

O fenômeno de ideias que germinam, impressentidas, e que de repente espoucam – *quando* elas querem, *onde* elas querem e até *se* elas querem – como dádivas sabe-se lá de quem, muito impressionou Goethe, Coleridge e inúmeros outros. Stevenson fala das "Brownies" como auxiliares que trabalhavam para ele enquanto dormia. Barrie confiava muito em "McConnachie", a quem descrevia como "a minha metade sem governo, a metade que escreve". (Já Kafka, muito mórbido, dizia que quem tomava sua mão "era a mão do diabo".) Milton apelidava de "secos" os períodos de incubação. Chegava mesmo a provocar essas situações meditando num tema e nada escrevendo deliberadamente. Às vezes, de noite, acordava as filhas para ditar-lhes poesia (era cego, como sabemos). As meninas deviam ficar putíssimas em face de tais eclosões de inspiração do pai.

Henry James dava grande importância ao "poço profundo da cerebração inconsciente". Emerson dedicava um pouco de cada dia à "meditação tranquila diante dos riachos". Shakespeare chamava a incubação de "magia na qual a imaginação dá corpo às formas das coisas desconhecidas".

Chega? Os exemplos são numerosos, todos demonstrando que há uma "força", sim, em cada um de nós, muito capaz de ajudar e criar poderosamente, assim que você lhe der subsídios para isso, e parar de falar o tempo todo.

Para facilitar a emersão dessa força, há vários recursos, alguns insólitos, como vimos, variando também de caso a caso. Mas há também outros, bem perigosos: Donizetti, por exemplo, encharcava-se de café, a ponto de sofrer complicações nervosas advindas desse hábito; Baudelaire fumava haxixe; Coleridge tomava láudano; De Quincey fumava ópio; Freud cheirava cocaína; Alfred Jerry bebia éter. Talvez, em se tratando de concepção artística, seja ocioso discutir se o haxixe ajudou ou não Baudelaire a atingir *As flores do mal*. Contudo, em se tratando de um indivíduo (ou uma equipe) voltado para uma Criatividade prática, pragmática, concretamente compensadora, qualquer dose de tóxico (exceto nicotina e cafeína) é desastre na certa!

São pura ficção histórias de que grandes ideias costumam vir de reuniões que entram pela noite inteira, regadas a café ou uísque. Para cada "grande" ideia surgida em cenários como esse, surgem mil de espíritos claros, descansados e bem dormidos. Que grande ideia, realmente prática e solucionadora, jamais surgiu em qualquer bar – por muito que se debatam ali toda sorte de problemas? Uma boa noite de sono e moderação na dieta, exercícios, viagens e entretenimentos beneficiarão mais sua Criatividade que quaisquer estimulantes artificiais.

Falo, aliás, de um processo universal – independente de raça, credo, sexo, cultura ou condição social – simplesmente ligado à alegria e competência de viver! Um ceramista e poeta nordestino, Manoel Galdino, não eficazmente alfabetizado, nos fala melhor sobre Criatividade do que quando vejo o assunto abordado em certos livros acadêmicos:

### SE CRIA ASSIM

Quem cria tem que durmi
Pensar bem no passado
De tudo ser bem lembrado
Jirar o juízo como loco
Ter a voz como um pipoco
Ter o corpo com energia
Ler o escudo do dia
Conservar uma intenção
Fazer sua oração
Ao deus da puizia

Deve durmi muito sêdo
Muito mais sêdo acordar
Muito mais tarde sonhar
Muito afoito i menos medo
Muito onesto com segredo
Muito menos guardar
Muito mais revelar
Pra ter mais soberania
Muito pocas covardia
Não durmi para sonhar

Há outras "proibições" não tão drásticas: Schopenhauer aconselhava que não se deve ler por divertimento durante o período de incubação. Graham Wallas citou a leitura passiva como "o mais perigoso substituto do relaxamento corpóreo e mental durante o estágio de incubação". Um conhecido compositor popular brasileiro confidenciou a amigos que, em períodos de grande necessidade de inspiração, abstém-se totalmente de sexo. Isso às vezes costuma durar semanas e, segundo ele, "aumenta sua fertilidade musical". A teoria é antiga e, parece, já adotada por Balzac, convicto de que sua capacidade de escrever era medida por sua "retenção de esperma". Conta-se que, certa manhã, queixou-se ele à sua companheira: "Ontem à noite perdi uma obra-prima".

Há, sim, uma relação Criatividade–Sexo (nada primária, adianto logo), que será comentada na etapa RECOMPENSA, a última do processo.

John Yeck, autor do termo *back burner*, aconselha:

> Se quer obter algo rapidamente no *back burner*, não use o seu "gás" em coisa diferente. Faça tarefas, entrementes, que não exijam completa atenção ou concentração. Isto é, procure ouvir música, assistir à televisão. Faça coisas que mantenham seu motor mental em funcionamento, porém o deixe em ponto morto. Não procure resolver dois problemas ao mesmo tempo; um no consciente, outro no inconsciente.

Mas é muito válido, sim, na etapa de INCUBAÇÃO, você tentar resolver *dezenas* de problemas ao mesmo tempo – todos no "inconsciente".

Talvez lhe seja útil eu relatar como usei, durante anos, o *back burner* – sempre de forma muito compensadora –, exatamente os anos em que tantas vezes me atolava com toda a série de problemas, como titular e homem de criação de agência de propaganda. Eram problemas referentes à criação de uma nova campanha para a Adidas; uma negociação subitamente encalacrada com um determinado veículo; o *approach* que deveria criar para os novos lançamentos da Merck; um cliente que sinalizava eventual interesse em conhecer outra agência; um *slogan* que prometera para mais outro... etc. etc.

Quando me via quase soterrado por essas questões, eu fazia o seguinte: 1) para cada problema, não importava a natureza, pegava uma folha de papel, punha-a na máquina e durante dez ou quinze minutos jogava lá absolutamente tudo que me ocorresse quanto àquele assunto. Alternativas pobres ou absurdas, títulos idiotas, apelos tolos e convencionais – não importava, escrevia tudo, quase a página inteira; 2) em seguida, punha a folha numa pasta de plástico e repetia todo o processo, em outra folha, para o próximo problema, após o que a metia também em outra pasta e assim sucessivamente; 3) avisava aos interessados que, no dia seguinte, teria de viajar, e telefonava a meu amigo psicólogo Jayme Kahan, em São Paulo, dizendo-lhe que, no dia seguinte, poderia estar com ele, para jantarmos juntos, se possível; 4) na manhã seguinte, vestia o *training* mais confortável que tivesse, calçava tênis velhos, pegava o carro e me dirigia tranquilamente, com todo o tempo do mundo, para São Paulo.

Apenas cuidava de duas coisas, exigências que me chegaram pela experiência: 1) não bebia sequer uma cervejinha; 2) não punha música no toca-fitas (música convida ao devaneio, que não era exatamente o que eu queria). De resto, procurava apenas curtir o dia, a insípida paisagem da Dutra, parava apenas para tomar um café, essas coisas. Procurava esquecer completamente tudo que ficara nas pastas de plástico! Mas não deixava de especular sobre o que compraria em São Paulo, ou sobre o que conversaria com o Jayme.

De repente – e isso agora não dependia mais de mim! – ALGO acontecia! Poderia ser à altura de Queluz, ou à altura de Taubaté, ou à altura de Jacareí – mas nunca deixou de ocorrer! Ocorria uma IDEIA relacionada a uma das pastas, depois, às vezes, mais uma a outra, e até mesmo a mais outra – jamais a todas! E, curiosamente, na maioria esmagadora das vezes, ocorria na ida e não na volta! Esse último fato me deixou algum tempo intrigado, pois aparentemente as ideias deveriam ocorrer mais na volta, quando eu somava mais tempo de INCUBAÇÃO. Mas a explicação logo me veio: na ida, eu me *afastava* dos problemas, cujas soluções corriam atrás de mim. Na volta, desde a Marginal em São Paulo, minha cabeça já estava de novo na agência.

"A inspiração não ocorre sem prévio trabalho do inconsciente" – diz George F. Keller, em livro citado – "seja por seis meses, seis horas ou seis minutos". Eu diria mesmo "seis segundos", considerando pessoas que parecem cuspir imediatamente ideias, boas ideias, da ponta da língua, sem aparente necessidade de atravessar todo o processo que estamos examinando. Mas isso é fruto de longa prática no discernimento de relações. Em qualquer caso – principalmente se exigiu mais tempo –, esse momento de gênese da ideia, de ILUMINAÇÃO, é sempre algo maravilhoso e fartamente compensador.

"Eu penso 99 vezes e nada descubro", dizia Einstein. "Deixo de pensar, e eis que a verdade me é revelada."


## 3– ILUMINAÇÃO

"Posso me lembrar" – descreve Charles Darwin, que durante anos juntou material e informações sobre a evolução das espécies, sem que sua teoria, por todos esses anos, tenha conseguido tomar forma – "o preciso lugar da estrada em que, estando eu na carruagem, me ocorreu, para alegria minha, a solução."

É o clímax de todo o processo! É o estalo criador, repetido continuamente, com pequenas variantes, na biografia de todo indivíduo criativo – a começar pelo Eureka de Arquimedes, naquele episódio lendário.


Tal episódio tem muito a nos ensinar.

O rei Hieron II, de Siracusa, passou um PROBLEMA a Arquimedes – relacionado a eventual presença de prata numa coroa tida como de ouro maciço.

Após esgotar todos os raciocínios possíveis pela programação de que dispunha (ESQUENTAMENTO), Arquimedes, cansado, achou de mandar, temporariamente, toda aquela encrenca para o alto, pediu "tempo" ao rei e foi refestelar-se numa sauna (?), metendo-se numa banheira cheia para relaxar – jamais o termo INCUBAÇÃO teve significado tão literal. Ao ver a água da banheira transbordar ao entrar nela, teve sua ILUMINAÇÃO. Consta que saiu pelado, pelas ruas de Siracusa, gritando: "Eureka! Eureka!" (Achei!)

Na verdade, Arquimedes não achou nada – *ele foi achado*! "As grandes ideias sempre encontram o homem que as procura." E que IDEIA foi essa que ocorreu a Arquimedes (*correu* a Arquimedes)? Foi a ideia que, em seguida, mais bem cons-cientizada, levou-o a formular o célebre princípio: "Todo corpo mergulhado num fluido sofre um empuxo vertical de baixo para cima igual ao peso do fluido por ele deslocado". Então, o que *criou*, afinal, Arquimedes com seu Eureka?

ELE CRIOU PROGRAMAÇÃO!

Hoje, se Hieron nos desse o mesmo problema, bem... não haveria dificuldade alguma, não precisaríamos refugiar-nos numa banheira cheia nem sair nus gritan-do pela rua. Porque já contamos, para este, com uma programação eficaz!

Penso que meu leitor pode ter agora uma visão bem mais abrangente do que são os dois únicos tipos de pensamento humano produtivo: o racional e o criativo.

Administrar os dados de uma programação, ou mesmo duvidar dos dados de uma programação – isso é racional.

GERAR programação – isso é criativo!


Tal Eureka pode ocorrer, para qualquer indivíduo em INCUBAÇÃO, nas cir-cunstâncias mais estranhas ou inconvenientes – mais ou menos como um ataque epiléptico –, forçando-o a se apartar de seus afazeres sociais ou profissionais do momento e buscar lápis e papel desesperadamente.

É o momento em que cai a maçã na cabeça de Newton – cansado de raciocinar, infrutiferamente, sobre a questão da gravidade, e ora a descansar, refestelado, em seu jardim de Woolsthorpe. É o momento igualmente inesquecível para o grande matemático Henri Poincaré, que assim relatava quando e como lhe surgiu, em viagem, a intuição que o conduziu à descoberta das funções fuchsianas: "No momento em que coloquei o pé no estribo".

Hamilton, descrevendo a descoberta dos números quaternários, disse que a solução básica lhe veio à mente "quando estava andando com a esposa para Dublin, ao aproximar-se de Brougham Bridge". Otto Loewi despertou no meio da noite com a solução para o problema da condução sináptica. Donald Glaser estava a olhar distrai-damente para seu copo de cerveja quando teve a ideia para a câmara de bolhas (a única ideia operativa que eu jamais soube ter partido de um copo de bebida alcoólica).

É o que (eventualmente) ocorre quando se pensa "99 vezes", na expressão de Einstein, e de repente *se para de pensar*! Quando James Watt tentava aperfeiçoar a máquina a vapor de Newcomen, para que realmente pudesse ter utilidade prática, a concentração mais profunda não o levou a nada. Em uma tarde de domingo, em 1764, deu um passeio para descansar – desligar-se da concentração – e a ideia--chave veio-lhe à cabeça! Quantas vezes terei de repetir essa história?

O alemão Friedrich Kekulé (1829-1896), considerado pai da química orgânica estrutural, achava-se atormentado com a estrutura do benzeno, molécula-chave dos compostos orgânicos: os cientistas não conseguiam entender como seis carbonos e seis hidrogênios podiam fazer uma ligação estável, pois achavam (aprenderam de seus mestres) que os átomos se ligavam numa espécie de fila indiana. Um dia, Kekulé foi acordado no momento em que sonhava com uma serpente engolindo a própria cauda, recebendo, num "estalo", a solução de uma molécula em forma de anel fechado.

A máquina de costura foi inventada por um marceneiro, Thomas Saint, duzentos anos atrás. Thomas não conseguia resolver o problema de como passar a linha pelo tecido de forma eficiente. Uma noite, sonhou que estava sendo perseguido por índios ferozes, que usavam lanças com um furo na ponta. Acordou suando, assustado, mas logo percebeu que havia achado a solução: uma agulha para passar a linha, *com um buraco na ponta* – e não atrás, como nas agulhas tradicionais.

Se me permitem testemunho pessoal – e aceitando todos os descontos quanto à comparação –, devo dizer que se passou comigo algo semelhante (como também já deve ter passado algo assim com o leitor). Durante muitos anos, mesmo após minha formação em Análise Transacional, acusava o que me parecia insuficiência no modelo gráfico de Eric Berne para a personalidade, representado pelas três esferas Pai, Adulto e Criança, quando exposto mais intensamente à luz dos conceitos da filosofia, sociologia, antropologia etc. (é o mesmo que uso aqui, por ser o ideal para fins didáticos). Contudo, jamais consegui traçar um modelo melhor – até que ele me apareceu pela frente, quando já estava prestes a adormecer. Não dormi mais, passei a noite, e os vinte dias seguintes, escrevendo. É ele que apresento e defendo em meu livro *O adulto repensado*.

Claro, incontáveis vezes a ILUMINAÇÃO ocorre devido a algum acontecimento externo fortuito (como a banheira e a maçã), mas sempre a quem a esteja procurando!

Edward Janner (1749-1823), médico inglês, bastante preocupado com a varíola que assolava sua província, encantou-se certa vez com a formosura de uma jovem ordenhadora: "É uma bênção que rosto tão lindo tenha escapado da sanha selvagem da varíola". "Mas eu não posso apanhar varíola" – respondeu ela – "porque já tive a varíola bovina". Jenner, então com apenas 45 anos, *recebeu* ali, de bandeja, a solução de como prevenir a terrível doença: a equivalente animal não tinha a virulência da que acometia os homens. Começou sua vacinação (palavra derivada de *vaca*, da qual se extraía o pus que passou a ser inoculado nos nobres da época).

George Westinghouse procurou durante muitos anos um meio de fazer uma longa fila de vagões parar simultaneamente sem quicar uns nos outros. *Recebeu* a sugestão num relance, no momento em que leu que estava sendo canalizado ar comprimido para perfuradores nas montanhas, a quilômetros dali: o ar podia ser canalizado ao longo da sua fila de vagões e fazer parar todos eles.

(Outra das lorotas de Edison para justificar o uso do algodão previamente carbonizado como filamento de sua lâmpada – ideia, como disse, afanada do inglês Swan – foi de que ela lhe veio à cabeça ao ler, num livro de provérbios orientais:

*Criatividade no trabalho e na vida* • 425

"A vantagem de estar morto reside no fato de não se morrer de novo". Bem que poderia ter ocorrido assim...)

Contudo, esses *inputs* externos muitas vezes nem mesmo são necessários – como nos exemplos de Darwin, Poincaré, Kekulé e Hamilton. Tomás de Aquino vivia obcecado pela ideia de harmonizar a Fé com a Razão. Um dia, achando-se num banquete com Luís IX, deu, de repente, aparentemente sem propósito, um bruta soco na mesa e exclamou: "Aí está a resposta aos maniqueus!" Um vizinho, escandalizado, fez-lhe notar que estava na presença do rei. Mas Luís IX, cortesmente, mandou um criado trazer pena e papel para que Tomás anotasse a ideia que lhe ocorrera.

"Nunca se encontrará o inesperado, a menos que se esteja procurando-o" – para mim, esse fragmento, de número 18, é o mais lindo de Heráclito.

Conheço um publicitário que defrontava com o desafio de criar uma campanha internacional, cujas exigências mercadológicas, variadas e específicas, lhe haviam sido dadas num *briefing* por escrito pelo diretor internacional de propaganda da companhia. A campanha, por outro lado, teria de ser marcantemente criativa, e o tal diretor mostrava dúvidas quanto à possibilidade de o problema ser resolvido no Brasil. Um dia, voltando de carro para casa, esse publicitário viu-se preso em um engarrafamento dentro do túnel de Copacabana. Em dez minutos, dentro do túnel, explodiram-lhe o tema principal da campanha, cinco ótimos títulos sob esse tema, a introdução dos textos – a solução! –, que o coitado tinha de anotar vertiginosamente em papel de embrulho sob o buzinaço frenético dos carros atrás dele. A campanha foi aprovada com louvor pela diretoria.

Em qualquer nível, "o conhecimento" – como dizia Henry Thoreau – "não nos chega por detalhes, mas em *flashes* de luzes vindos do céu".

Em qualquer nível – artístico, científico, literário, técnico, organizacional ou meramente publicitário –, não adianta falar muito desse clímax, muitas vezes fulgurante. É um mistério. É também uma dádiva, uma graça, penso eu, para aquele que investiu tanto num problema *sem tê-lo resolvido*! Não tenho dúvida alguma de que esse milagre se prende, de alguma forma, ao versículo 7:8 de Mateus: "Aquele que pede recebe; e o que busca encontra; e, ao que bate, se abre".

Milagre que elege o indivíduo a receptáculo de uma Revelação. É clássico de grandes poetas, por exemplo, não reconhecer jamais seus versos como realmente "seus" – foram-lhe ditados! Em criação literária e artística, a ILUMINAÇÃO frequentemente ilumina, e por longos períodos, um indivíduo em transe, "veículo" de sua própria arte.

O crítico Paulo Francis foi muito feliz em sintetizar esse transporte místico-artístico numa menção a Marcel Proust (talvez "nosso" escritor preferido): "Duvido muito de que Proust soubesse o que fez. Até quem já cometeu modestos romances sabe que há momentos em que os romances se escrevem e os autores são reduzidos a datilógrafos. É o momento de real criação. Para Proust, pelo resultado, que não podemos sequer imaginar, deve ter sido um momento de divindade".

Em qualquer nível, mesmo os mais prosaicos e cotidianos, esse milagre leva o indivíduo, em maior ou menor grau, ao êxtase, não no sentido histérico, mas no sentido etimológico de *ex-stasis*, "ficar fora de". "Êxtase" – opina Rollo May, em *A coragem de criar* (Nova Fronteira, 1982) – "é o termo exato para a intensidade de consciência que ocorre no ato criativo; envolve a totalidade do indivíduo, onde subconsciente e inconsciente agem em uníssono com o consciente. Não é portanto irracional – é suprarracional. Conjuga o desempenho das funções intelectuais, volitivas e emocionais."

É uma das mais intensas alegrias que se conhece, e uma das mais gratificantes faculdades da condição humana. O indivíduo sente-se tomado pela exaltação, como proclama Nietzsche em seu *Assim falou Zaratustra*.


Insisto, contudo, que não devemos considerar – em face da menção de ocorrências de ILUMINAÇÃO em nível tão apoteótico ou em episódios históricos – evento tão excepcional como a descida do Espírito Santo sobre os apóstolos, ou a conversão de Saulo na estrada de Damasco.

Para tal eclosão, há proporções, extensões e intensidades de toda espécie, para todo gosto. *Todo mundo, sem exceção, já passou por ela!* Ocorre a um jovem escovando os dentes, a uma dona de casa regando as plantas, a um publicitário dirigindo seu carro ou a um executivo esperando, ao chegar de viagem, a entrega das malas no aeroporto. Ou a qualquer um de nós, fazendo qualquer dessas coisas, ou infinidades de outras coisas – inclusive cocô, sentado no vaso...


## 4– PROTEÇÃO

Quando pergunto a grupos o que deve advir após a ocorrência da ideia, a maioria das respostas é: tratar de aplicá-la, implementá-la! É claro que não. Todos os autores – e mesmo testemunhos do processo – enfatizam a incontornável necessidade de promover, após a eclosão da ideia, acurada análise antes de pô-la em prática (AVALIAÇÃO).

Pois discordo, também enfaticamente, dessa medida nessa hora, nessa contingência. Daí achei totalmente necessário acrescentar mais esta fase à descrição original (e acadêmica) do processo.

Tal fase reputo também de primordial importância! Vejamos: estou fazendo o melhor que posso, desde a primeira página deste livro, para favorecer a meu leitor passagens mais frequentes pela fase de ILUMINAÇÃO. Porém isso, como lembrei já tanto, não depende, em última análise, direta nem mecanicamente de você. Já, ao contrário, a iniciativa de PROTEÇÃO – inserida no processo completo de gestação de ideias aproveitáveis – implica uma atitude *totalmente consciente* e volitiva! Significa que, se você não a pratica – e ela é muito pouco praticada de fato, na hora certa, ao longo do processo, seja no trabalho ou fora dele –, pode *passar a praticá-la a partir de agora*, principalmente se eu for bem-sucedido em convencê-lo de sua utilidade.

*Criatividade no trabalho e na vida* • 427

Comecemos pela empresa: qual o maior *inimigo* da Criatividade, atuante e infiltrado em seus operosos departamentos? Não, amigo, não é a ccnsura. Esta – expressão do Estado Pai – parece-me, ao menos em sua forma explícita, cada vez mais rara, se é que existe. Seria expressa no caso de alguém, ao apresentar sua sugestão, ouvir de um chefe: "Não admito que você pense em mudar nada neste departamento, ou nesta empresa!" Houve, talvez, eventos desse tipo no passado, na época da produção militarizada. Hoje, a consciência plenamente disseminada da necessidade vital de mudança contínua, de aperfeiçoamento, de transformações até revolucionárias, de inovação e Criatividade (como exigência de sobrevivência) faz-me crer que autoritarismo e imobilismo dessa espécie pertençam ao passado, a empresas que já sumiram. Resta, é verdade, a censura camuflada que abordei no capítulo III, com todas as variantes do "Isso não vale", a começar por "Isso não faz parte da cultura de nossa empresa". Mesmo assim, não penso que ela seja o maior inimigo da Criatividade...

Qual é, então, o inimigo número 1 da Criatividade nas empresas? É exatamente a *análise prematura*, análise fora de hora, o Adulto fora de hora!

Para cada pessoa que, ao longo dos meses, oferece uma ideia nova (que quase sempre nasce incompleta e precária) surgem, imediatamente, 28 outras para analisá-la! É isso que o pessoal todo *adora* fazer, e acha que é só isso que deve fazer durante todo o expediente: analisar, analisar, analisar... como exemplo do que seria "profissionalismo".

É aqui que está, tenho certeza, a falha crucial (e inconsciente) da LIDERANÇA no processo de estimulação da Criatividade em suas equipes!

Imaginemos cena típica, usando meu leitor, se concordar, como personagem. Algum subordinado chega a você, meio sem jeito, e lhe diz:

– Estive pensando, dr. Fulano... E se a gente fizesse, aqui no departamento, tal e qual coisa, em vez do que viemos fazendo até hoje?

É claro que você – e não há a menor dúvida quanto a isso – não responderá: "Não admito que você queira mudar nada etc." Muito pelo contrário: você vai ouvir seu subordinado atentamente, para entender com clareza a sugestão que ele propõe. E a sugestão que ele propõe simplesmente não serve, por particularidades – organizacionais, legais, mercadológicas, seja lá o que for – que seu subordinado desconhece e mesmo não tem obrigação de conhecer. Que fará, então, você? Cortesmente, informará a seu funcionário, quando ele acabar de falar, todos os motivos, reais e objetivos, pelos quais sua ideia não pode ser implantada.

Seria assim que você agiria?

POIS, NESSE CASO, VOCÊ ESTARIA SENDO UM MAU LÍDER!

É exatamente isso que acabei de dizer!

Tenha em mente, amigo, alguns fatos fundamentais, imprescindíveis ao *seu* sucesso como líder:

1º) Sob os termos de "estive pensando", "é apenas uma sugestão" ou "isso me passou pela cabeça", o que seu subordinado está apresentando é simplesmente sua criatividade! Sua mais autêntica e natural criatividade!

2º) Ninguém – inclusive, é claro, você – expõe sua própria criatividade sem se sentir, naquele momento, de algum modo inseguro, vulnerável, inocente. Ninguém expõe sua ideia realmente no Adulto... mas na Criança.

3º) É praticamente impossível uma primeira ideia vir completa, até mesmo aproveitável.

4º) A amplitude de conhecimentos do seu subordinado, em relação à empresa, é bem menor do que a sua. Assim como a sua é bem menor do que a do seu superior hierárquico.

5º) Quando você, logo após a apresentação da ideia, mesmo evitando toda censura, informa a seu subordinado os motivos realistas por que ela não pode ser aplicada, para ele, toda essa explicação *cairá como censura*! Não tenha a menor dúvida quanto a isso. (Ele não está no Adulto, está na Criança!)

O que ocorrerá, então? O que ele lhe dirá? Seguramente, algo como:

– É, dr. Fulano... foi só uma ideia... eu não sabia disso... o senhor me desculpe...

Ele sai *pedindo desculpas* por ter vindo apresentar sua criatividade!

Ele sai envergonhado, humilhado, por sua "infeliz" iniciativa.

E, CLARO, NÃO VOLTARÁ TÃO CEDO COM SUGESTÃO ALGUMA!

Como, então, você deverá agir? Por acaso, para não "humilhar" seu subordinado, deverá tecer elogios hipócritas a uma ideia que seria, de fato, absurda e desastrosa, se implantada? Evidentemente que não.

O que você deve fazer, como *bom líder*, é, isso sim, oferecer calorosa PROTEÇÃO à Criança do seu subordinado! Elogiar, sim, merecidamente, e de todo o coração, não a ideia, que você já viu que não presta, mas o funcionário, sua atitude, sua demonstração de interesse! Assim que ele acabar de expor-lhe sua sugestão, dizer a ele, franca e calorosamente:

– Puxa, Sicrano, parabéns! Gostei *demais* de sua atitude!

– É de gente como você que eu realmente preciso neste departamento! Gente interessada em nossos problemas, interessada em arranjar meios de melhorar tudo! Você realmente subiu no meu conceito!

NÃO TEMA ENCHER A BOLA DO OUTRO!

E finalize:

– Agora, deixe essa sua ideia aqui, para conversarmos melhor sobre ela amanhã.

No dia seguinte, volte a chamá-lo:

– Olhe, Sicrano, faço questão de repetir que gostei de verdade de sua demonstração de interesse, você marcou ponto comigo. Agora, estive considerando com calma sua sugestão, e realmente não podemos implantá-la pelas seguintes razões (informa as razões). Em todo caso, qualquer outra sugestão que você tenha, não deixe, por favor, de me comunicar.

O que deverá acontecer a partir daí?

Semana seguinte, Sicrano voltará com outra ideia... que tampouco pode ser aplicada.

Vinte e cinco dias depois voltará com mais uma... que tampouco pode ser aplicada.

*Criatividade no trabalho e na vida* • 429

Passado mais um mês, apresentará logo duas... que tampouco podem ser aplicadas!

E daí?

NINGUÉM ESTÁ PERDENDO NADA COM ISSO!

Deixe vir quantas ideias venham, pois quanto mais ideias vierem, melhor. Quantidade, quantidade e mais quantidade. E as ideias virão, pois todos os que as trazem estarão recebendo RECONHECIMENTO e PROTEÇÃO por as terem trazido, independentemente de seu mérito ou de sua aplicabilidade.

UM DIA O *CROUPIER* PAGA!

E quando ele paga, ele paga (para todos), com juros e correção monetária, tudo que foi jogado antes... e que ninguém perdeu!

Assim, *bom líder* não é o que atua sempre apenas com perfeito discernimento e competência analítica em face de tudo que lhe surge, pois tal indivíduo, na liderança, muitas vezes é um chato de galocha. Bom líder é o que, sem perder tais qualidades analíticas, a serem usadas na hora certa, *também* é capaz de entusiasmar sua equipe em torno de uma boa Roleta da Criatividade!

Há aqui chance para ressaltar de novo o papel *fundamental* da liderança (externa ou interna) no processo da Criatividade.

É apenas nossa Criança que cria, e uma das razões por que ela cria – uma das recompensas que ela tem em vista – é obter o *reconhecimento* de "papai". Daí a opinião de David Ogilvy, que já apresentei, dizendo jamais ter encontrado uma equipe criativa – seja de uma revista, de um restaurante de Paris, ou de uma agência de propaganda – que não estivesse dirigida por "um sujeito formidável". Joseph Maclay, que criou uma equipe tão criativa em torno da sua Regra nº 6, era, obviamente, "um sujeito formidável".

Um "sujeito formidável" estimula, DÁ PROTEÇÃO à Criatividade dos que o cercam. Exerce, na fase anterior de MOTIVAÇÃO, um papel de *encorajamento* poderoso, mesmo quando não explícito. É, no mínimo, uma personalidade marcante – quando não carismática. Ele não espera, para gratificar de algum modo seu autor, que nenhuma ideia comprove a que veio. Joga na quantidade, *protege* tudo que nasce!

Considere como isso é lógico. Dirigentes se queixam de que vivem, em suas empresas, muitas vezes num deserto de ideias. E quase sempre têm razão.

Agora, imagine que você viva mesmo num deserto de verdade, inóspito, seco, totalmente estéril. De repente, a seus pés, brota uma pequena folha verde, ainda enrolada no frágil talo em que nasceu. O que você vai fazer com ela, no seu próprio interesse? Tirar-lhe logo um pedaço e mandar correndo analisar para saber se é de grama, roseira, mamona, eucalipto ou erva daninha (agressão que faria a coitada querer voltar logo para dentro da terra)?

Ou, antes de tudo, *protegê-la*?

Em termos individuais, tal lance de PROTEÇÃO pode ser posto da seguinte forma: quando lhe ocorrer alguma ideia, nunca passe imediatamente a analisá-la!

Anote-a, ao contrário, em primeiríssimo lugar! E passe em seguida a ver se é possível ter outras – quanto mais melhor – sobre aquela mesma questão.

Anotar é medida preciosa para quem procura ideias. Para esses, para você, é inadmissível não dispor sempre à mão, em qualquer lugar, de caneta e papel. Ou então, dirigindo na estrada, de um pequeno gravador portátil (o que sempre levei em minhas "excursões criativas" pela Via Dutra, e que ainda levo, invariavelmente, quando dirijo em estrada).

Tenha em mente que a coisa mais fácil de se perder é uma ideia nova... "memorizada". (Tem isso aqui, de novo, alguma relação com o Humor: a coisa mais fácil de esquecer é a anedota que nos contaram ontem, e da qual rimos tanto.) Não tenha dúvida alguma, amigo, de que você já perdeu excelentes ideias... por não tê-las protegido.

O poema *Kubla Khan* foi sonhado por Coleridge linha por linha; ao acordar, despejou-o no papel, até que um amigo o interrompeu; retirado o amigo, Coleridge descobriu que as musas também tinham se mandado...

Há um caso que pôs em risco um Prêmio Nobel, como relata Rollo May, em *A coragem de criar*, já citado: um eminente professor de Nova York procurava há algum tempo "construir" determinada fórmula química, sem sucesso. Uma noite viu em sonhos a fórmula completa. Acordou e escreveu apressadamente na única coisa que encontrou: um lenço de papel. Na manhã seguinte, porém, não conseguiu ler o que escrevera. Ficou consternadíssimo. A partir daí, todas as noites, antes de se deitar, concentrava suas esperanças na repetição do sonho. Felizmente, algum tempo depois, sonhou de novo com a fórmula, e desta vez – prevenido, é claro, de papel decente – a escreveu com toda a clareza. Era exatamente o que procurava, e com ela ganhou o Prêmio Nobel.

Você se lembra do depoimento sobre o matemático John von Neumann que, ao contrário de Einstein, tinha um raciocínio velocíssimo – e, mesmo assim, fez grandes descobertas no campo da matemática? Bem, a coisa não era sempre assim: Von Neumann acreditava que somente pura concentração não era bastante para solucionar difíceis problemas de matemática e que estes eram resolvidos no "subconsciente". Recolhia-se, portanto, frequentemente à noite com um problema não solucionado e, ao despertar na manhã seguinte, se atinasse com algum novo enfoque, anotava-o imediatamente num bloco que conservava sempre à mesa da cabeceira. A ideia que pode surgir num relâmpago, pode também desaparecer num relâmpago.

Na mencionada enquete de *Domingo* – "De onde vêm as ideias?" –, encontro o depoimento do diretor de criação Gustavo Bastos, que usa "artifício bastante lógico, mas que, à primeira vista, parece pura superstição". É um artifício altamente recomendável, em linhas gerais, para quem trabalha com ideias. Gustavo as anota em pequenos pedaços de papel e, para guardá-las, ignora os computadores de última geração, espalhados por seu escritório, preferindo a velha máquina de escrever. "Deixo os papéis embaixo dela por dois dias. Aí,

*Criatividade no trabalho e na vida* • 431

revejo as ideias com a cabeça mais fresca, e seleciono o que pode ser aproveitado e o que vai para o lixo." Dessa forma, corretíssima, a avaliação é menos apaixonada. "Algo que depois de dois dias esquecido continua agradando é porque realmente tem qualidade."

Devo reconhecer que há (poucas) grandes exceções: Mozart, por exemplo, mantinha sinfonias inteiras na cabeça, adiando a hora de pô-las no papel (às vezes, incapaz de achar certos originais, preferia copiá-los de memória; quer dizer, era-lhe mais incômodo procurá-los do que reescrever a obra inteira – o que nos diz um bocado sobre seu gênio). Daí a lenda de que teria composto a abertura do *Don Giovanni* na noite que antecedeu a estreia da ópera; e a de *A flauta mágica* duas noites antes. Ele não as compôs, ele simplesmente as jogou no papel, em cima da hora. (Já Beethoven anotava, no ato, todos os temas que lhe surgiam, o que faz de seus cadernos material precioso para entender a gênese de suas composições; Schubert escrevia seus *lieder* imediatamente, à proporção que iam surgindo... nos guardanapos dos cafés de Viena.)

Em outra área, Nikola Tescla, inventor do gerador de corrente alternada, tinha um laboratório mental completo: era capaz não só de conceber ideias abstratas como as próprias máquinas, em seus mínimos detalhes, mas também guardar tudo na cabeça sem nenhuma necessidade de esquemas nem anotações.

Que conclusão tirar disso? O mínimo que posso dizer é que, segundo todas as probabilidades, seu cérebro, leitor, não deve ter as raríssimas faculdades do de Mozart e Tescla. Faça como tantos outros gênios – anote o que criar na hora!

Ideias podem mover o mundo, mas nada é tão frágil como elas, ao nascer. Proteja-as, em primeiro lugar!


## 5– AVALIAÇÃO

Eis-nos, de novo, num campo puramente analítico. Findo o tempo (protetor) de berçário, deve a ideia ser agora submetida a todos os crivos possíveis da racionalidade. Ou melhor: ser inquirida com muita frieza, quase, diria, implacavelmente.

Tal esforço de questionamento objetivo deve, contudo, possibilitar amplo espaço para que a própria ideia se desenvolva pelas veredas do raciocínio, da associação lógica e da dedução. Henri Poincaré reputava essa fase, corretamente – para o processo completo da Criatividade –, tão importante quanto o ESQUENTAMENTO. E muitas vezes pode durar ainda mais.

Três gênios dos quais conhecemos bem, biograficamente, seu processo de ESQUENTAMENTO, INCUBAÇÃO e ILUMINAÇÃO, Newton, Darwin e Einstein despenderam, após seu grande Eureka, muitos e muitos anos de elucubração racional, até a formulação oficial de suas revolucionárias teorias – podendo mesmo, nessa etapa, ter tido novas ideias correlatas. (A história da maçã de Newton é biograficamente precária: chegou a nós por depoimentos de Voltaire, que afirma tê-la ouvido de um sobrinho de Newton; de qualquer forma, é exemplo absolutamente legítimo e convincente do processo criativo – logo, o mais provável é que seja verdadeira.)

Afora esse vasto campo de desenvolvimento associativo e dedutivo, penso ser indispensável submeter a ideia nova a inumeráveis questões específicas, que resumi em quatro critérios:

**1** Adequação
**2** Custo-benefício
**3** Ética
**4** Risco

*Adequação*

Thomas Alva Edison inventou certa vez uma ratoeira elétrica, que também não deu em nada – pois, viu-se, era capaz de fulminar mamíferos maiores...

Este é o campo para inúmeras perguntas e para todos os testes. "Não há nada de errado com a imaginação" – escreveu Einstein – "desde que ela seja criticamente controlada pelos fatos."

O próprio Einstein – associado a outro físico ilustre, Leo Szilard, um dos construtores do primeiro reator atômico – patenteou, em três anos, trinta modelos diferentes de geladeira doméstica: seu invento substituíra a tóxica amônia das antigas geladeiras por líquido contendo partículas em suspensão, atraídas por válvulas com polaridades diferentes, o que retira o calor. As geladeiras einsteineanas resolviam o problema da toxicidade da amônia e atingiam um frio ainda maior. Acontece, "apenas", que eram tão barulhentas que ninguém poderia mais conversar na cozinha. Jamais foram fabricadas. (O problema da amônia foi resolvido com sua substituição pelo clorofluorcarbono, gás não tóxico nem inflamável – e cuja única "inconveniência", como se descobriu mais tarde, é destruir a camada de ozônio do planeta, ameaçando acabar de vez com a criatividade de todo mundo...)

John Morgan relata o caso de um químico que, em face da escassez de pneus durante a Segunda Guerra, descobriu um composto sensacional, que prolongava a vida útil dos pneus quando aplicado às unidades carecas. Era uma recauchutagem mais ou menos instantânea. Sua companhia passou à produção e ao planejamento das vendas afoitamente, até que foram bruscamente suspensas quando um carro-teste andou duas horas sob a chuva: o composto era solúvel em água!

Brilhantes exemplos da era tecnológica, que denotam admirável capacidade inventiva, bem como impressionante competência técnica, podem, mais tarde, provar que não passaram eficazmente pelas inquirições dessa etapa. O satélite americano de espionagem KH-11, por exemplo, pode ver você, embora, a olho nu, você jamais possa vê-lo; ele não somente o vê – a 360 quilômetros de distância – como também um jornal que esteja a seu lado (podendo até mesmo "ler" a manchete). O máximo em espionagem! Acontece que essa visão incrivelmente acurada tornou-se, na prática, inútil, durante a Guerra do Golfo, no momento de localizar os lançadores iraquianos de foguete: o KH-11 teria de vasculhar todo o

Iraque em frações do tamanho de uma página de jornal... ou pouco mais que isso. Não é ridículo?

Robert Townsend, o criativo empresário que já apresentei, fala de um subordinado seu, definido por ele como "indispensável". Toda vez que tentava implantar uma ideia nova, que, na opinião desse assistente, não funcionaria, Townsend recebia um memorando que começava da seguinte forma: "Caro *Jefe de Oro*" – uma forma de tratamento inca. O memorando continuava: "Se você mandar, é meu dever cumprir suas ordens. Mas antes de me lançar a serviço desta sua última causa, devo dizer-lhe, com minha mais profunda admiração e meu maior respeito, que se trata de mais uma de suas tolices..." O memorando seguia com os motivos pelos quais o signatário acreditava que a última genialidade de Townsend seria inócua... ou um desastre. Townsend reconhece que muitas vezes foi salvo à beira do abismo por seu consciencioso subordinado.

Para esta fase, muitos livros de Criatividade oferecem um *check-list* com questões do tipo: Aumentará a produção? Melhorará a qualidade? Eliminará trabalho desnecessário? Melhorará os métodos de operação? etc. Reputo tais listas insuportavelmente ofensivas à inteligência de dirigentes que atingiram poder hierárquico de decidir pela implantação de algo novo em suas empresas. Se estiverem atentos, saberão, é claro, esgotar todas essas perguntas – e inúmeras outras, referentes a particularidades específicas do negócio ou do momento –, dispensando lembretes tão primários. E se não estão atentos (o que também ocorre), seja qual for a razão, menos atentos ainda estarão a perguntinhas desse tipo.

Em Arte, essa etapa ressalta igualmente em inumeráveis biografias. Haendel compôs centenas de peças que guardava como indignas de publicação. Kafka, sempre mórbido, pediu no final da vida a seu amigo Max Brod que destruísse todos os seus originais – desejo cujo não-cumprimento é dívida eterna da literatura a Max Brod. Tiziano Vecellio, gênio do Alto Renascimento e, de certo modo, fundador da pintura moderna, deixava o quadro – como conta o pintor seu amigo Palma Giovane – durante meses virado contra a parede (PROTEÇÃO). Quando voltava a mexer nele, "olhava para a tela de forma tão crítica que parecia estar diante de seu inimigo mortal".

A exigência de Adequação ressalta ainda mais em Criatividade publicitária. A foto bastante criativa, que comentei no capítulo XI, do papa João Paulo II, "em estado interessante", sobre a pergunta: "Ele não seria mais cuidadoso se fosse ele quem ficasse grávido?", em cartaz produzido pelas feministas inglesas após o banimento papal da pílula, foi, sim, um sucesso... na Inglaterra anglicana. Seria um desastre no Brasil!

Outra foto bastante criativa, de anúncio da linha de batons Yardley, que mostra mãos femininas carregando um Colt com batons de todas as cores, sobre o título: "A munição da mulher", chegou a receber, com justiça, prêmio nos Estados Unidos. No Brasil, poderia arrasar a Yardley – marca, a partir daí, certamente estigmatizada como "o batom da pistoleira"...

Não por coincidência, o maior desastre de que tive conhecimento, nesse campo, quando publicitário, ocorreu com a agência mais criativa do país, na época. Mais ainda: com um anúncio de Criatividade nota 10... e Realização também nota l0! Que diabo então saiu errado? O anúncio, criado para uma multinacional de equipamentos de escritório, usava, com aparente propriedade, uma famosa mãe de santo de Salvador, num testemunhal para o Dia das Mães. Mexeu com os brios religiosos baianos (algo tão previsível como o que ocorreria com o "papa grávido"); o caso alastrou-se pela imprensa local e, o que é muito pior, pelas vendas!, como uma espécie de "guerra santa" contra o anunciante. Este, tudo que pôde fazer foi o que qualquer outro faria: pediu desculpas públicas ao devoto mercado, e substituiu imediatamente sua ímpia agência... que perdeu um de seus maiores clientes por erro crasso de AVALIAÇÃO!

### Custo-benefício

Tenho uma ideia genial que garanto – e aposto qualquer importância! – aumentará substancialmente as vendas de sua empresa! É a de um filme de televisão de três minutos, a ser repetido dez vezes ao dia no horário nobre, e que apresentará, em cenas tomadas em diversos países dos cinco continentes, Michael Jackson e Madonna – *juntos*, pela primeira vez, num comercial! Acho que posso mudar de assunto...

### Ética

Quanto a isso, realmente, tenho um pouco mais a falar.

Perdeu-se na história o nome do gênio que descobriu o processo de obtenção da famosa têmpera do aço de Damasco, capaz de obter lâminas incomparavelmente mais finas e flexíveis – segredo roubado por espiões cristãos no tempo das Cruzadas. O processo consistia em tornar a lâmina incandescente e, em seguida, mergulhá-la no corpo de um escravo vivo!

Você concordaria em ser o premiado inventor dessa – na acepção literal da expressão – tecnologia de ponta?

(No Ocidente, a experiência foi tentada com animais, e funcionou... ficando em aberto o que se faria se não tivesse funcionado; foi tentado em seguida com peles de animais boiando na água, e também funcionou; no século XIX foi isolado o agente ativo desses processos, o nitrogênio: a nitrificação acabara de nascer.)

Certa vez, numa palestra, perguntei a um heterogêneo auditório se achava o seguinte episódio exemplo de autêntica Criatividade.

Havia, num país europeu, varias fábricas pertencentes a um mesmo conglomerado, mas concorrentes entre si em termos de produtividade, e envolvidas todas com matéria-prima perecível, que exigia cuidados especiais em seu manuseio. Tais cuidados atrasavam sobremaneira a produção dessas fábricas, o que preocupava seus dirigentes, interessados numa performance ótima. Tal era o PROBLEMA!

Um dia, o dirigente de uma dessas indústrias descobriu que poderia dispensar drasticamente todos esses cuidados, contanto que:

**1** Dita matéria-prima circulasse o menor tempo possível nas dependências da fábrica (opção DIMINUIR, SIMPLIFICAR);

*Criatividade no trabalho e na vida* • 435

**2** Fosse adicionado à matéria-prima, tão logo recebida do fornecedor, um insumo que, ainda mais, poderia ser recuperado no final do ciclo de produção (opção AUMENTAR, ACRESCENTAR).

O resultado, testado e aprovado, mais do que *triplicou a produção* da fábrica, com queda acentuada em seus custos. Seu responsável foi cumprimentado e premiado pelo próprio presidente da corporação.

É ou não é, o que acabo de relatar, exemplo brilhante de Criatividade? (No auditório, não houve ninguém que não concordasse...)

Vejamos o horror que se esconde atrás desse caso, mas que não invalida, substancialmente, o aspecto de *solução inédita de problema*:

**1** Aquele "país europeu" era a Alemanha nazista;

**2** As "fábricas", campos de extermínio;

**3** A "matéria-prima", judeus.

Para os dirigentes de tais campos, havia sempre o risco e temor de rebeliões, atos de desespero coletivo etc. Por isso, encenavam farsas na recepção aos judeus, com orquestrazinhas de boas-vindas, justificativas para as separações, promessas de *Arbeit macht frei* ("O trabalho liberta", divisa aposta na entrada do campo de Auschwitz) – tudo a demandar tempo e possibilitar imprevistos.

O chefe do campo de Treblinka, coronel SS Kurt Franz, descobriu que poderia, com vantagem, dispensar tais amabilidades: os trens chegavam, eram abertos brutalmente, aqueles miseráveis obrigados a se despir debaixo de pancada, ganhavam um sabonete e então, nus, eram compelidos a correr, por um "corredor polonês" de cossacos, que os mantinham sob cacetadas até o "banheiro comunal" – na verdade, a câmara de gás, onde chegavam ofegantes. Por isso, requeriam "menos consumo de gás por unidade". O sabonete – esse precioso detalhe de processo tão novo e tão economicamente compensador – era recuperado para se usar na próxima leva... Kurt Franz foi agraciado por Himmler (*Treblinka*, J. F. Steiner, Nova Fronteira, s/d).

Vejamos como deixar clara a coisa:

A única parte de sua personalidade capaz de criar... essa parte não tem ética alguma! (Mas *você* tem.) A Criança, tanto quanto um animal, não tem a mais remota capacidade estrutural de lidar com qualquer princípio de Ética (atributo do Adulto) nem com postulados de Moralidade (depositados no Pai).

Dessa forma – não tenha ilusões –, do mesmo Estado de que brotam os acordes iniciais da "Paixão Segundo São Mateus", brotam as mais pérfidas e eficazes ideias para novos métodos e aparelhos de tortura.

Nossa Criança é um anjo... e um demônio. É o centro máximo do amor... tanto quanto da cupidez e do sadismo! Tanto quanto seu poder de êxtase e de vocação para o sublime, também seu poder maléfico é abrangente e incomensurável! Solta e atiçada – sem os limites do Pai e sem a consciência humana, a ética, do Adulto –, nossa Criança, à vista de uma recompensa maldita, mata também seis milhões de judeus... A loucura, a paranoia, a psicopatia são exatamente isso!

A Criatividade, concordo com Lievesgoed, é matéria-prima de onde desabrochará a sabedoria. Mas penso ser muito ingênuo – e totalmente contrariado pelos fatos – afirmar, como às vezes ouço, que Criatividade, de *per si*, esteja sempre ligada ao belo, ao evolutivo, ao construtivo ou ao transcendental.

É só olhar em torno: nem sempre suas expressões são de natureza estética, científica, construtiva, humanamente enriquecedora. Podem muito bem estar – e inúmeras vezes estão – a serviço da mais pura manipulação (pessoal e industrial), da mais ferrenha cobiça, da descoberta de novos modos de exploração e de novas modalidades de crimes, particularmente no assalto a bancos, na fuga de penitenciárias, no tráfico de drogas e no estelionato.

Já li livro sobre notáveis contos-do-vigário (como um, passado num riquíssimo e famoso antiquário de Paris), os quais – que Deus me perdoe – são verdadeiras obras-primas! Manchete do *Jornal do Brasil*, de 30 de junho de 1991 – "Criatividade em novos golpes" –, encima a descrição de quatro novas modalidades de contos-do-vigário, habilidosíssimas, surgidas na cidade. Outra, do mesmo jornal, em fevereiro de 1989: "Criatividade do tráfico dribla a polícia", com uma série de exemplos notáveis de imaginação criminosa. Título em grande reportagem de *O Globo*, de 17 de setembro de 1995: "A criatividade dos sonegadores faz o Rio perder cerca de R$ 1 bilhão ao ano".

Em 12 de novembro de 1992, o *Jornal do Brasil* noticiava uma boa ideia – sem dúvida alguma – de pequenos negociantes para aumentar suas vendas: pivetes e vendedores ambulantes, concentrados no cruzamento mais intenso da Lagoa, conseguiram violar o lacre do controlador de sinais, para dispor de mais tempo de persuasão junto a seu mercado (imobilizado) de chicletes, limões, balas e biscoitos. No sentido de trânsito mais intenso, o sinal vermelho ficava fechado mais de um minuto, e o verde "não permanecia nem cinco segundos".

Creio já ter dado número suficiente de exemplos do oportunismo criativo de indivíduos que encontram uma *brecha* nas circunstâncias (que ninguém ainda notara) para resolver um PROBLEMA – a começar pelo do sujeito que vai falar direto com o porteiro. Em março de 1987, descobriu-se novo exemplo que, formalmente, tem tudo para ingressar na coleção. Contém todos os ingredientes de descoberta intuitiva, simplicidade e ineditismo.

O lance era executado por funcionários da Pan American (mas não foi por isso que ela faliu mais cedo): 1) um passageiro despachava normalmente uma mala, cheia de cocaína prensada, no Galeão, no voo 202 Rio-Nova York; 2) em Nova York, o passageiro entregava o *ticket* da mala a um funcionário da Pan Am; 3) a mala não retirada da esteira de bagagem seguia, como de praxe, para o depósito, onde a etiqueta era então trocada, pelo funcionário, por outra de voo doméstico; 4) dispensada de passar pela alfândega, como transporte doméstico, a mala era levada para fora do aeroporto, por outro funcionário familiarizado, inclusive, com os controladores locais. Um ovo de Colombo! Rendeu à quadrilha, em sete anos, 1,6 bilhão de dólares (enquanto a própria Pan Am tinha de vender sua sede por 400 milhões, e acabou indo à falência por um protesto final de apenas 60 mil dólares).

*Criatividade no trabalho e na vida* • 437

Criatividade por criatividade, todos esses casos são iguais. Qual é então, a diferença? No caso do candidato que vai falar com o porteiro, sua criatividade fê-lo superar de chofre um cacho de especialistas, colocou em meia hora 50 mil dólares no bolso – não importa quem venha a reclamar por isso –, tudo numa disputa legítima e pré-regulamentada. No caso dos traficantes da Pan Am, sua criatividade colocou 1,6 bilhão de dólares no seu bolso – milhares de vezes mais –, numa atividade causadora de degradação humana e fomentadora de mais crime. Estão eles, até hoje, merecidamente, cumprindo pena.

Esse assunto é, porém, muito mais extenso e nebuloso... e nem sempre o crime "não compensa". A todo momento deparamos com exemplos irretorquíveis de Criatividade que, mais bem analisados, encobrem atropelamentos impiedosos da Ética.

Na faculdade de direito, contavam o pitoresco caso do promotor que, no início do século, durante o julgamento, após apresentar aos jurados todas as acusações contra o réu e ter então de ceder a palavra ao advogado de defesa, acendia um longo charuto (na época era permitido fumar no tribunal) no qual previamente introduzira um fino arame: formava-se uma enorme e periclitante cinza na ponta do charuto, que distraía a atenção dos jurados, todos na expectativa de vê-la cair...

Essa história (possivelmente apócrifa) contada em público é sempre um sucesso. O subterfúgio desse promotor é sempre reconhecido (corretamente) como um lance de típica Criatividade. Agora, *analisemos*: para que esse promotor adicione mais uma vitória em sua carreira – impedindo, para tanto, que os jurados prestem atenção aos argumentos da defesa –, o réu, possivelmente um homem inocente, possivelmente pai de família, vai cumprir anos de cárcere! Diga-me com franqueza: não é esse criativo promotor que deveria ir para a cadeia?

Em negócios, em marketing, em vendas, aí então a coisa fica braba. Por ocasião da inauguração de um hipermercado de São Paulo, a cidade, de tráfego já normalmente penoso, sofreu, devido ao evento, um congestionamento dos diabos – coberto, evidentemente, por toda a imprensa local e até, de helicóptero, pelos noticiários de televisão, em transmissão nacional. Mais tarde, pelo que me contaram, soube-se que um gênio de promoção da empresa tivera a ideia genial de colocar, num número imenso de autorizações de compra, a exigência de entrega na tarde do dia da inauguração: centenas de caminhões entulharam, na hora marcada, quilômetros de acesso ao tal hipermercado – garantindo para a sua inauguração, gratuitamente, uma cobertura de mídia de muitos milhões de dólares!

Analisemos: quantas emergências médicas foram prejudicadas, quantos negócios deixaram de ser fechados, quantos advogados, professores, engenheiros, estudantes, profissionais de todos os níveis perderam seus compromissos, quantos outros tantos trabalhadores tiveram menos tempo para descansar, de volta ao lar, para essa empresa conquistar milhões de dólares gratuitos de promoção?

Se essa história é realmente verídica, estou pronto a reconhecer seu responsável como autor de autêntico lance de Criatividade. Mas, fosse eu procurador da prefeitura de São Paulo, não hesitaria em coletar provas e meter esse cara na cadeia!

Em propaganda, então, bem, deixemos o tema para lá. "Ética em propaganda" – define o criativo e bem-sucedido publicitário Carlito Maia – "é nome de agência" (aliás, a que havia com esse nome fechou há muitos anos).

Paul Guth, em *Carta aberta aos futuros analfabetos*, lança um brado retumbante: "Oh, Criatividade, quantos crimes se cometem em teu nome! – poderíamos gritar, parodiando a apóstrofe à liberdade da sra. Roland, ao subir o cadafalso".

Ética – eis aí algo sobre o qual, tenho certeza, meu leitor não precisa de nenhuma lição. Mesmo porque a substância da ética é extremamente simples e totalmente *racional* (não confundir com moralidade, que varia de cultura para cultura). Ela se realiza por meio de uma única postura, uma única decisão: "Eu, como ser humano racional e consciente de mim mesmo, recuso-me a prejudicar a quem quer que seja". O indivíduo que assume tal decisão não leva em conta recompensa ou castigo, pecados ou mandamentos, céu ou inferno: ele faz, isso sim, uma poderosa afirmação de sua existência, de sua individualidade no mundo!

Contudo, é fundamental que meu leitor fique bem a par da enorme distância entre Ideia... e Realização da Ideia. Ideia, de *per se*, não tem nem pode ter ética alguma. (Ninguém engendrou crimes mais perfeitos do que Agatha Christie, crimes que somente ela mesma poderia desvendar.) Daí ser vital que toda ideia passe pela óptica da Ética, nessa etapa de AVALIAÇÃO, antes de ser implementada.

Nunca exija, de quem trabalha com você, "ideias éticas", ou "criatividade sim... contanto que seja ética", pois isso é tolice, não existe. Nossa Criança quer *safar-se* de qualquer modo do PROBLEMA para atingir a RECOMPENSA – inclusive, se for o caso, eletrocutando frequentadores do restaurante da Vale que devolvam suas bandejas (metálicas) com comida, dinamitando a estação repetidora da Globo, ou matando mais seis milhões de judeus! Elimine de vez, por favor, o "NEM PENSAR" no processo criativo... se você quer mesmo ser mais criativo.

Nunca critique ou se desagrade de um subordinado por ele ter sugerido alguma ideia realmente nova, mas *imoral e antiética*, pois isso seria algo bem estúpido de se fazer como líder.

Ao contrário, se a ideia é realmente nova, criativa – ainda que imoral ou antiética –, você deve fazer exatamente o sugerido na etapa anterior: dê PROTEÇÃO. Sorria para o cara, reconheça, de coração, sua competência criativa... pode até parabenizá-lo. E se por acaso ele perguntar: "Vamos então pôr a ideia em prática?", responda com bom humor e tolerância:

– Ah, não. Isso pode prejudicar muito A, B ou C.

Vamos partir para outra!

Isso mesmo. Proteja calorosamente – E VETE!

*Risco*

Se, enfim, aprovada à luz de todos os critérios anteriores, a nova ideia demonstrar que não apresenta risco algum, que deverá você fazer com ela?

*Criatividade no trabalho e na vida* • 439

JOGUE-A FORA!

Não se trata de ideia nova coisíssima alguma – é meramente uma velharia requentada.

Todo verdadeiro produto de Criatividade, por definição, implica riscos – porém *riscos calculados*!

E o risco nº 1 a ser logo ponderado e previsto é: alguém (no plural) não vai gostar, alguém vai se ressentir, alguém vai criticar.

É atributo intrínseco e imprescindível do que se entende por Criatividade: *provocar resistência*!

Criatividade, em qualquer campo, quando surge, sempre – por definição! – põe em xeque pressupostos tranquilos, hábitos e tradições, rotinas e acomodamentos, inclusive sistemas de pensamento elaborados com capricho, como aconteceu quando Einstein introduziu a Teoria da Relatividade, e quando Heinsenberg demonstrou o princípio da indeterminação.

Hoje, na era da mentalidade científica, escandalizamo-nos com a atitude dos doutores da Universidade de Pádua que, em 1610, recusaram-se a observar os satélites de Júpiter pela luneta que Galileu lhes oferecia. Porém, em 1932, o pesquisador Karl Jansky, dos Laboratórios Bell, ocupado em estudar a estática que interfere nas ligações transatlânticas de radiotelefonia, descobriu e provou (inclusive com uma antena especial que construiu para isso) que tal estática provinha do espaço sideral. Publicou suas descobertas, que foram desprezadas, sendo Jansky ridicularizado. Um único radioamador, e um mero radioamador, Grote Reber ouviu durante dez longos anos tal estática (que afinal levou à construção do radiotelescópio, hoje tão importante quanto o telescópio óptico, além de, decênios mais tarde, chegar à "radiação de fundo", revolucionando completamente nossa concepção do universo, por provar que ele está em expansão), pois o chefe de Jansky o afastou de suas pesquisas sobre a inútil estática espacial! Karl Jansky morreu sem ter visto aplicação alguma de sua tese, nem interesse algum por seu invento.

Por isso, também é parte intrínseca do processo completo da geração de "ideias aproveitáveis" o cálculo lúcido e completo das resistências que ela deverá causar. Desde inumeráveis gênios na história até talentosos gerentes e inspiradas donas de casa já se ferraram, em maior ou menor grau, pela imperícia na previsibilidade e administração de tais riscos.

Nas empresas, a sarcástica Lei de Fang – "Se você tiver uma boa solução, está se arriscando a ganhar um problema" – é, penso eu, plenamente procedente. É aqui que vão surgir, previsivelmente, as "estranhezas", o sarcasmo velado, bem como o "Isso não vale", com toda a coletânea de "frases assassinas" que mencionei no capítulo III, particularmente "isso não faz parte da cultura de nossa empresa".

Bilhões de excelentes ideias potencialmente capazes de mudar, para melhor, todos os aspectos possíveis de qualquer organização, a começar por seu nível de obtenção de lucros, já foram soterradas pelo peso da *tecnércia* (aquele neologismo extraído das palavras técnica + inércia). Um gênio anônimo criou o aforismo imortal: "Nada resiste ao impacto de uma boa ideia, exceto a estupidez!"

E daí? Essa é a vida concreta em que você vive! O que você queria por acaso? Receber tudo de bandeja? Uma salva de palmas da diretoria por sugestão de reverter procedimentos organizacionais implantados? PROBLEMA: ou você aprende a administrar eficazmente, estrategicamente, sua criatividade no mundo real, ou corre o risco de assemelhar-se ao nosso Bartolomeu de Gusmão, cujas experiências com balões – principalmente com a "passarola", até hoje de funcionamento desconhecido – chocaram a corte (ultrarretrógrada) de João V, dando o fato margem a ser ele acusado mais tarde de feitiçaria pela Inquisição portuguesa: fugiu, tentou alcançar a Inglaterra, morreu louco na Espanha, jurando que dominaria o mundo quando construísse "a máquina que maquinava"...

(Uma pequena digressão: o padre jesuíta Bartolomeu Lourenço de Gusmão (1685-1724), que de padre tinha muito pouco, natural de Santos, foi o primeiro brasileiro de notoriedade internacional, uma espécie de Benjamin Franklin brasileiro. Suas experiências com balões o tornaram famoso em toda a Europa, principalmente na Alemanha. Tivesse ele sabido administrar melhor suas chances, mudado de "empresa" na hora certa, não teria passado pelos dissabores por que passou. E teria criado muito mais. Em todo caso, chamo aqui atenção para um fato que jamais vi explorado em sua legítima significação: o primeiro brasileiro na história a ter fama mundial foi um inventor!)

A moral é mesmo esta: se você inventou a "passarola", pense bem, estrategicamente, em como apresentá-la. Não a mostre, de cara, à Inquisição! Tente, se for possível, encontrar como plateia uma corte melhor que a do João V. Se tiver de ser mesmo a de João V – e, em geral, tem de ser ela mesma –, fale primeiro com um ou outro marquês, que você sinta mais aberto, mais capaz de aceitá-la e defendê-la. Não perca contato com a própria psicologia de João V – sujeito tão impregnado de catolicismo que, como Voltaire notou, até sua amante era uma religiosa, a Trigueirinha, abadessa do Convento de Sant'Ana. Aceite, se quiser, mas como risco calculado, o risco de que rei tão carola, se começar a se persignar ao ver seu invento – um grande pássaro de papelão flutuando inexplicavelmente no ar –, possa, tão logo você se retire, chamar pelo telefone interno um representante do Santo Ofício...


Como diferir o risco temerário do risco calculado, imprescindível à implantação de "ideias aproveitáveis"? Simples. Risco calculado é o possível evento que você detestaria que ocorresse, mas que, se ocorrer, você *não se arrependerá* dos procedimentos que o levaram a ele.

Exemplo banal. Até hoje, para desagrado e ironia de meus amigos computadorizados, escrevo apenas numa velha máquina portátil Olympia alemã.

Não tenho a mais remota intenção de vendê-la, mesmo por preço bem alto, por já estar fora de fabricação. Contudo, de repente, um colecionador árabe milionário me faz, mais por capricho, a seguinte proposta: disputar minha máquina num lance de cara ou coroa – perfeitamente controlado, com várias testemunhas idôneas e estando as apostas casadas em mãos confiáveis –, contra 1 milhão de petrodólares. É claro que vou aceitar! É claro que tenho agora 50% de probabilidade de perder, sem nenhuma compensação, minha velha e estimada companheira! É claro que vou detestar que isso aconteça! Mas também é claro que não vou me arrepender de nada – estou até pronto a repetir a mesma aposta com qualquer outro equipamento de minha propriedade...

Quer risco maior que o de viver – sujeito a se morrer a qualquer momento? A vida em si, aliás, não teria graça alguma, vivida sem a disposição de correr riscos (calculados). O risco calculado baseia-se sempre em dados concretos e preparativos eficazes, e orientado pela razão, pelo Adulto. Porém não dispensa a coragem necessária para enfrentá-lo. Sir Edmund Hillary, como todo bom alpinista, fez os mais laboriosos preparativos antes de sua conquista histórica do Everest, em 1953. Contudo, que coragem indômita necessitou para arrostar aquelas montanhas geladas.

O item Risco deverá ser realmente encarado com o máximo de seriedade. O Departamento de Comércio dos Estados Unidos oferece estudo muito consistente intitulado *Riscos na inovação tecnológica*, que inclui gráfico sobre Índice de Sobrevivência de Novas Ideias. Este apresenta diferentes estágios de coordenação entre a Invenção e a Pesquisa Aplicada, e estabelece níveis decrescentes de riscos, desde "muito elevado" a "desprezível". É óbvio, como já se viu antes, que toda essa análise deve conter, também, boa dose de intuição (o que o gráfico esqueceu-se de lembrar). Mas a objetividade, o realismo, as informações atualizadas são aqui absolutamente fundamentais.

Em propaganda – tomando-a sempre como paradigma muito acessível a todos –, não há Criatividade alguma que justifique o risco absurdo e previsível de comprometer extensivamente um anunciante, num grande segmento de mercado (como no caso do uso da imagem da mãe de santo que mencionei antes).

Por outro – e às vezes sou perguntado sobre isso em seminários –, acho a polêmica campanha da Benetton, a cargo do fotógrafo italiano Oliviero Toscani, uma das melhores coisas que tenho visto em publicidade nos últimos tempos. Há risco, sim, e por isso ela é polêmica, mas vê-se bem, em toda sua execução, um controle muito lúcido, muito consciente do mesmo.

Citam-me o caso, para compará-lo com o anúncio da mãe de santo, do *outdoor* onde se vê padre beijando freira. É completamente diferente! Padres e freiras não compram na Benetton! Nenhuma indignação católica, mesmo na Itália – ainda mais na Itália de hoje –, tem muita chance, se calcularmos bem, de vir a prejudicar o mercado laico, jovem e sofisticado da Benetton (sendo em geral de educação superior, tal mercado está careca de saber que, durante a Idade Média, padres e freiras, nos conventos, não se limitavam a meros ósculos). E mesmo cartazes que são retirados pela censura, em alguns países, nada disso compromete o mercado real da Benetton, pois não afronta a psicologia específica de quem compra naquela cara cadeia de lojas. Ao

442 · *Roberto Menna Barreto*

contrário, acarreta ainda mais divulgação pela mesma verba. Em cinco anos, até 1993, sob o impacto dessa campanha, as vendas da Benetton dobraram em 110 países!

Essa comparação é muito boa, não para falar de propaganda – pois só a tomo, como disse, e como meu leitor já deve ter notado, como mero paradigma sobre eventos de Criatividade, muito acessível a quem quer que seja –, mas para destacar que um dos maiores desafios da AVALIAÇÃO é justamente promover talentoso equilíbrio entre *adequação* e *risco*. Uma nova ideia, que fosse 100% adequada, teria 0% de risco – logo, não seria nenhuma ideia nova! (Anúncio 100% adequado – voltando ao paradigma – é anúncio que não dá margem a nenhuma crítica, anúncio que passa pela plena aceitação de todo mundo, inclusive da concorrência, é anúncio que exprime a média da opinião de todos. A palavra *média* tem a mesma raiz que a palavra mediocridade. Anúncios *medíocres* só vendem pela oferta em si, o que qualquer outro faria. Não podem obviamente ser chamados de criativos.)

E, finalmente, qual seria a margem razoável, aconselhada, de risco a ser assumido: 5%, 10%, 18%, 26%? Isso, amigo, é decisão 100% sua...

Terminei aqui meus comentários sobre os quatro critérios da AVALIAÇÃO. Tenho agora duas notícias para lhe dar. Uma é muito boa, outra muito ruim. Imagino que você queira saber primeiro a notícia ruim.

A notícia ruim é que 90% das ideias morrem na fase de AVALIAÇÃO!

Não é trágico? Você entra no BIP, sente-se motivado, faz todas as perguntas possíveis e cabíveis no ESQUENTAMENTO, vai pescar de caniço para atender a INCUBAÇÃO, recebe de fato sua ILUMINAÇÃO, age muito certo em oferecer logo a ela PROTEÇÃO – tudo para morrer na praia? Pois é isso mesmo: rara é a ideia que passa com sucesso por todos os crivos da AVALIAÇÃO. Tenho de lhe dizer a verdade...

Agora a boa notícia.

O que mais tenho presenciado em minha vida, e mesmo ouvido de terceiros, é o seguinte: quando a AVALIAÇÃO é processada corretamente – isto é, sempre à luz, ainda que tênue, dos componentes da MOTIVAÇÃO –, é tão provável que ela encontre razões objetivas para barrar a ideia em questão, quanto é provável que alguém, em face de tais razões, exclame: "Então vamos fazer assim!" – matando de vez a charada!

É isso mesmo: um Eureka pode perfeitamente ocorrer – e é superfrequente ocorrer – *dentro* da AVALIAÇÃO, pois esta nada mais é, se corretamente processada, do que um novo ESQUENTAMENTO.

Há mesmo uma técnica que conduz a tal evento. É a que está na opção FAZER O CONTRÁRIO, comentado no capítulo anterior. Exemplo:

Problema: aumento crescente de infrações de trânsito.

Opção linear: aumentar as multas, castigar.

Opção criativa: e se a gente fizer o contrário – premiar?

Avaliação de adequação: premiar quem fura o sinal? Premiar quem anda na contramão? Não teria sentido!

Solução: então vamos premiar quem dirige bem!

*Criatividade no trabalho e na vida* • 443

Insisto mais uma vez que você deve entender o *back burner* como um processo amplo, impreciso e, na realidade, "insistematizável". Estou sistematizando-o aqui tão-só pela oportunidade de comentar tudo que tenho comentado.

John Wesley Hyatt, que morreu em 1920, perseguiu anos a fio uma maneira de fazer bolas de bilhar sintéticas, para substituir o caro marfim. Chegou finalmente a uma bola muito boa, à base de nitrato de celulose, polpa de papel e serragem. Uma bola perfeita. Apenas mais tarde demonstrou um inconveniente: tacadas muito certeiras faziam explodir a bola, devido ao nitrato, um dos componentes da dinamite.

Alguém poderia ter logo aventado, a partir daí, a criação de um jogo de bilhar mais excitante – mas, racionalmente, os *riscos* para a integridade dos jogadores seriam exorbitantes.

Tal bola de bilhar foi um fracasso. Mas, a partir dela, Hyatt patenteou o celuloide: matéria-prima milionária para a confecção de colarinhos, canetas, pentes, embalagens e filmes...

Uma boa AVALIAÇÃO assim não deve ser apenas verificação técnica, do tipo serve/não serve. Ao contrário, deve ser explorada, expandida, desenvolvida, com a plena consciência de que se trata de atividade integrante e promissora da Criatividade como um todo!

Ao avaliar uma única ideia, Edison sacou tanto seu fonógrafo como seu projetor de cinema (kinetoscope)!

Lamentavelmente, contudo, não é tal tipo de AVALIAÇÃO CRIATIVA que se observa nas empresas – mesmo as que se proclamam tão abertas a sugestões e novas proposições.

Recentemente, vi um cartum em que um diretor, avaliando com seus subordinados um monte de ideias extraídas da "Caixa de Sugestões" da companhia, exclama, eufórico, segurando uma das cartas na mão:

– Aqui está uma grande ideia! É minha!

## 6– REALIZAÇÃO

Certa empresa teve a excelente e adequada ideia de enviar a todos os seus clientes um Cartão de Natal em que, junto à menção ao versículo de Mateus 17:20 ("se tiveres a fé de um grão de mostarda... etc."), incluía um saquinho com grãos de mostarda, mas clientes que os plantaram viram nascer um pé de tomates, o que pegou mal para a imagem da empresa e sua alegada devoção.

Uma ideia não pode viver apenas de "Criatividade". Ela tem de funcionar... e funcionar bem! Exagera Mark Twain: "O homem que tem uma ideia nova é um maníaco, até que sua ideia dê certo".

O verdadeiro "inventor" do motor a explosão foi o químico anglo-irlandês Robert Boyle, que teve um "lampejo de gênio". Só que o motor de Boyle não funcionou nem poderia ter funcionado: isso porque Boyle usou a explosão de pólvora para acionar o pistão, o que obstruía tanto o cilindro que este precisava ser desmontado e limpo após cada curso. Mas seu Eureka permitiu a Papin, depois Newcomen e, finalmente, James Watt desenvolverem um motor a explosão realmente eficaz. E foram eles que abiscoitaram a glória e outros babados da invenção...

Os 50 mil dólares – digo isso não apenas em termos morais, ou metafóricos, mas também em termos *cash* (o que deve ser pretensão *também* legítima para qualquer um de nós) – somente são pagos quando o indivíduo faz a conexão completa PROBLEMA SEM SOLUÇÃO–SOLUÇÃO INÉDITA. Röntgen (raios X) e os irmãos Lumière (cinema), indivíduos de altíssimo talento criativo e grande denodo na exploração dos problemas com que se envolveram, passaram à história como inegáveis benfeitores, mas também com uma certa cara de bobo, pois nunca atinaram com a aplicabilidade e extensão de suas invenções.

O mesmo quanto às descobertas. Aristóteles, autor da "maior e mais rica construção da mente humana", pai da maioria das ciências modernas, pelo menos uma vez comeu mosca, nessa etapa de exploração racional de uma (grande) descoberta. Ele aborda o problema central da hereditariedade, em face de uma mulher de Eleia casada com um negro: os seis filhos nasceram todos brancos, mas na geração seguinte apareceram negros. Aristóteles se interessa: "Onde ficou a cor negra na geração intermediária?" Dessa pergunta vital – que ele, com seu jardim botânico e seu zoológico abastecidos por Alexandre, poderia ter tentado responder – às experiências de Gregor Mendel, no século XIX, mediava um passo apenas. Mas que ninguém deu durante 2.300 anos! Mendel, e não Aristóteles, é o criador da genética.

Einstein, talvez por não acreditar nos resultados de sua Teoria da Relatividade – que, de 1905 a 1919, era pura hipótese intuitiva, com respaldo matemático –, deixou de realizar um desdobramento lógico em relação a ela, e perdeu a chance de prever que o Universo está em expansão. "Foi a maior asneira de minha vida", lamentava-se frequentemente. O mérito pela descoberta do Universo em expansão é do astrônomo americano Edwin Hubble, ainda na década de 1920.

Voltando às invenções, o próprio Thomas Alva Edison, que sempre soube dar sentido muito prático à sua criatividade, e que chegava a fazer listas das invenções de que o mundo necessitava, ou poderia comprar (uma de suas invenções, o que pouca gente sabe, é o papel encerado), nunca foi capaz de reconhecer a utilidade do seu fonógrafo. Uma das razões, talvez, é por ter sido essa a única invenção sua realizada por acaso, e que funcionou na primeira tentativa (ao contrário das outras, só feitas depois de milhares de experiências fracassadas). Outra explicação é o fato de ele ouvir muito mal e não ter nenhum apreço por música, o que o impediu de relacionar uma coisa com a outra.

(Na verdade, Edison pensava em usar seu fonógrafo para gravar recados; imaginava que pessoas à beira da morte usariam um mecanismo para deixar registradas suas últimas mensagens; quando, anos mais tarde, algumas empresas começaram a usar o fonógrafo para gravar música, Edison se insurgiu fortemente contra a ideia.)

*Criatividade no trabalho e na vida* • 445

Os alemães consideram Philip Reis, e não Alexander Graham Bell, o inventor do telefone: Reis, de fato, construiu em 1861 um instrumento que podia transmitir música e estava bem perto de transmitir a fala. Nesse ponto, desistiu, totalmente desanimado. A atitude do público alemão na época era: "o telégrafo é suficientemente bom para nós". No entanto, quando Bell, quinze anos mais tarde, patenteou seu telefone, houve de imediato uma reação de entusiasmo... e em nenhum lugar maior do que na Alemanha. Philip Reis ficou a ver navios.

Também Chester Carlson, o inventor da xerografia em 1937, poderia ter inventado outro importante instrumento de comunicação se não tivesse desistido: idealizou em detalhes a caneta esferográfica, mas abandonou o projeto muito antes de ser testado no mercado – achou que não daria resultado. O húngaro Biro passou-lhe à frente, em 1944.

Exemplo ainda mais ilustrativo é o que envolve a invenção da lâmpada elétrica. Os cadernos de notas do laboratório de Edison, como informa seu biógrafo Robert Conot, provam que ele leu e sublinhou os relatórios sobre as experiências anteriormente realizadas por Joseph Swan, na Inglaterra, inventor de uma lâmpada elétrica que usava um fino bastonete de carbono. (Edison aproveitava-se usualmente de ideias alheias, sem jamais dar crédito algum a seus donos.) Havia pequenas diferenças formais entre o bastonete de Swan e os filamentos mais finos de Edison. A IDEIA central da lâmpada elétrica é mesmo de Swan.

Mas a diferença mais importante entre os dois é que Joseph Swan desanimara nesse estágio, enquanto Edison partiu para obtenção de um vácuo mais perfeito, partiu para o desenho da famosa pera (uma forma quase igual à das lâmpadas de hoje), partiu para a invenção do soquete, que permitia imediata reposição de uma lâmpada queimada.

Mais ainda, tomou uma atitude que é hoje chamada "abordagem de sistemas": compreendeu que a lâmpada elétrica era apenas uma invenção dentro de um conjunto de invenções. Isso é, para *realizá-la* amplamente, era necessário descobrir meios de distribuir força elétrica a milhões de lares. Diz o próprio Edison:

> Para tal coisa, não existia nenhum precedente e em lugar algum do mundo poderíamos comprar o material necessário para isso. Precisávamos inventar tudo: dínamos, reguladores, medidores, comutadores, fusíveis, fios, instalações subterrâneas com as respectivas caixas de conexão e uma série de outros pormenores, inclusive o material isolante.

Fizeram tudo isso e, no dia 6 de setembro de 1882, Edison deu ordem para ligar um interruptor e iluminou uma pequena seção da parte baixa de Manhattan, em Nova York. Três anos depois, sua empresa já vendia a média quase inacreditável de setenta mil lâmpadas por ano. Além disso, Edison, inesgotável, gastando noites e dias para aprimorar seu maravilhoso brinquedo, um dia acabou por substituir o filamento de algodão pelo delicadíssimo elemento de tungstênio – até hoje usado em todas as lâmpadas. Por tudo isso, Edison foi, inquestionavelmente, o inventor da lâmpada elétrica!

É o caso contrário de nosso Alberto Santos Dumont. Nunca se interessou sequer em patentear suas invenções ou industrializá-las. (Pudera! Filhinho de papai, vivia de renda farta, garantida pelo maior cafeicultor de Ribeirão Preto.) E nunca imaginou, até o fim da vida, em 1932, que o avião pudesse ser empregado em transporte regular no trecho Rio-São Paulo!

Santos Dumont é, contudo, o absoluto e *único* inventor do avião (na verdade, uma invenção francesa, pois se valeu de toda a tecnologia francesa da época), pois foi o primeiro, comprovadamente, a resolver o problema do seu voo, como, desde a virada do século, estava publicamente enunciado em Paris, então capital do mundo aeroespacial: a invenção de um aparelho mais pesado do que o ar, que elevasse o homem, *com os próprios meios de bordo*, e o transportasse a certa distância, em demonstração pública e controlada! Para tal inventor, havia, inclusive, dois prêmios: o Prêmio Archdeacon e o do Aeroclube Francês.

Santos Dumont, com seu 14-Bis, em 23 de outubro de 1906, em experiência anunciada e controlada, e à vista de multidão, voou os cem metros exigidos, a quase três metros de altura, e recebeu os dois prêmios. Não houve, na época, a menor contestação a esse feito, aclamado pela imprensa mundial. Santos foi mesmo cumprimentado por Thomas Alva Edison (como já recebera, por seus balões, os cumprimentos de Julio Verne).

Muito mais tarde é que surgiu a reivindicação dos Irmãos Wright, baseada no testemunho de quatro pessoas, de que já teriam voado em 1903, nos Estados Unidos, onde, até 1909, nenhum documento, nenhuma notícia de jornal tinha sido publicada e nenhuma demonstração pública realizada. Em 1908, um dos irmãos foi à França mostrar seu engenho (quando já eram inúmeros os franceses peritos em levantar voo em aparelhos *por seus próprios meios*): porém todos os documentos, inclusive fotográficos, mostram que seu avião só subia *impulsionado por uma catapulta*. No ano seguinte, os Wright repetiram a experiência nos Estados Unidos, de novo fotografada, sempre impulsionados por uma catapulta. Jamais houve prova alguma de que tenha a aeronave dos Wright, em qualquer momento, levantado voo por seus próprios recursos.

Os irmãos Wright, originalmente mecânicos de bicicleta, demonstraram implacável competência por compensações materiais: registraram as patentes de seus *ailerons* em 1906, nos Estados Unidos, e, graças a isso, exigiram e obtiveram de todos os fabricantes de aviões do mundo, até o ano de 1917, o pagamento de uma taxa por aparelho fabricado – direito só revogado (depois de abarrotar de dinheiro o bolso dos irmãos) pelo próprio governo dos Estados Unidos em face da entrada do país na Primeira Guerra.

Santos Dumont, após ter inventado e construído vinte aparelhos voadores entre balões e monoplanos – a maioria modelos muito mais operativos e comercializáveis –, nunca registrou nada, jamais ganhou nada (distribuía o valor dos prêmios a necessitados e mecânicos que trabalhavam com ele), logo adoeceu, por volta de 1918 (esclerose múltipla), acabando por suicidar-se em 1932.

Creditar, contudo, aos Wright a invenção do avião – como faz o mundo inteiro, exceto a França e o Brasil, pelo que sei – só se explica pelo formidável peso cultural, político e militar dos Estados Unidos.

*Criatividade no trabalho e na vida* • 447

Essa capacidade formidável de REALIZAÇÃO (muito viciada no caso dos Wright), que faz parte, sem dúvida, do processo completo e bem-sucedido de Criatividade, parece ser, às vezes, apanágio da cultura americana. Os ingleses descobriram e desenvolveram a penicilina, mas foram os americanos que dela tomaram conta. De forma semelhante, os ingleses (de Havilland) conceberam, projetaram e construíram o primeiro avião a jato para passageiros. Contudo, não analisaram a relação entre a carga útil do avião e as rotas nas quais o jato daria às linhas aéreas maior lucro, tampouco como financiar a compra, pelas linhas aéreas, de aviões tão caros. O resultado dessa inépcia foi que dois fabricantes americanos de aviões – a Boeing e a Douglas – assumiram o avião a jato (e a de Havilland há tempos desapareceu).

Claro, não é apenas apanágio americano. Quando surgiram os semicondutores, todos, na indústria relojoeira, sabiam que poderiam ser usados para fazer funcionar um relógio com maior precisão, e custando muito menos que os tradicionais, movidos por mecanismo. Os suíços realmente inventaram logo um relógio movido a quartzo. No entanto, haviam investido tanto na fabricação de relógios tradicionais (algo em que já se identificou até relações com o caráter nacional suíço, marcado pelo calvinismo de Genebra) que decidiram por uma introdução gradual dos relógios a quartzo, num período longo, durante o qual permaneceriam como objetos de luxo. Foi aí que a Cia. Hattori, do Japão, partiu para a produção maciça de relógios Seiko baratos, movidos a quartzo – logo os mais vendidos no mundo inteiro, quase jogando os suíços fora do mercado.

De que vale dispor de grandes ideias, se não se puder implantá-las e realizá-las na prática?

- Foram os egípcios que descobriram os princípios da hidráulica; foram os romanos, todavia, que os aplicaram, construindo aquedutos e esgotos de proporções colossais. Qual dos dois povos foi mais criativo nesse assunto?
- Presenteado com um enorme bloco de mármore – adquirido pela cidade de Florença –, Leonardo da Vinci afirmou que o transformaria no que lhe aprouvesse. O número prodigioso de ideias que lhe enchia o cérebro o inibia, no entanto, de pôr em prática qualquer delas – e o bloco de mármore permaneceu intacto! Até que, anos depois, Michelangelo o aproveitou para o *David*. Qual dos dois gênios foi criativo? O que teve um milhão de ideias... ou o que teve uma ideia só?
- Durante a Segunda Guerra, a Alemanha dispôs de número incomparavelmente superior de armas novas e revolucionárias do que os aliados (que tratavam de copiá-las, sempre que podiam): a mina magnética, o torpedo acústico, o tanque *golias*, o *snorkel* (que permitia aos submarinos recarregar suas baterias sem precisar vir à superfície), o *Panzerfaust* (bazuca), o avião sem piloto, três tipos operacionais de aviões a jato e nada menos que 380 tipos diferentes de foguetes, desenvolvidos durante o conflito. E também o *Hodruckpumpe*, um canhão sem raias, capaz de atingir a mais de 120 quilôme-

tros de distância, e o "canhão de vórtice" que nunca foi testado. Toda essa inventividade, contudo, produzida de forma dispersiva, sem que raramente lhes fosse garantido um uso extensivo e concentrado.

Em propaganda, voltando ao paradigma: de que vale em um título genial, um texto luminoso, um *layout* absolutamente inovador e adequado se, na produção, houver erros de revisão, falhas de esquadro ou defeitos no fotolito, ou ainda se o anúncio acaba aparecendo em veículos que não têm nada a ver com o público a que se destina?

REALIZAÇÃO, no contexto em que estou abordando, é, sim, Criatividade.

Quem foi o criador da geometria euclidiana, a única de que a humanidade dispôs até o século XVII? Claro, o geômetra grego Euclides. Só que Euclides não elaborou praticamente nenhum dos teoremas da geometria euclidiana. Sua grande virtude foi ter colocado os teoremas geométricos, conhecidos no seu tempo, em ordem tão lógica e apurada que ficaram quase perfeitos. Essa sua ideia e sua execução perfeita é que tornam Euclides, merecidamente, o criador da ciência que leva seu nome.

REALIZAÇÃO é Criatividade 100% pura... em seu aspecto concreto, final, existente.

Aquele alemão oriental, de que falei antes, ansioso por retirar amigos e familiares da Alemanha comunista, e que "viu", sacou, de repente, a brecha no Muro de Berlim oferecida pela decisão da polícia de fronteira de só revistar carros com a suspensão arriada, teve de travar *corretamente* as molas helicoidais do seu Fiat, para tudo dar certo. Isto é, para que todos se encontrassem no paraíso consumista ocidental. E mais: para merecer vistosa seção no "museu da fuga" – como exemplo, o melhor que vi, de Criatividade nesse campo específico.

Se ele travasse as molas defeituosamente, ou com bolas de material inadequado, que se arrebentassem na hora crítica, pegaria dez anos de cadeia por *Republikflucht* (tentativa de "abandono da República"), não tanto, agora, como um "homem criativo"... mas como um idiota desastrado.

Já me perguntaram qual a melhor ideia que tive até hoje.

E eu não tenho dúvida alguma para saber qual foi.

Foi uma ideia que mudou radicalmente minha vida, em termos que, para descrevê-la, teria de escrever outro livro (este, talvez, sem interesse para ninguém).

Contudo, narrar tal ideia, e principalmente como foi realizada, creio, sim, que poderá ser muito de seu interesse, leitor. Isso porque imagino sempre mais útil fornecer testemunhos vividos, pessoais, do que outros, muito mais remotos, extraídos de livros.

*Criatividade no trabalho e na vida* • 449

Essa ideia tem algo a ver com a do Fiat no Muro de Berlim: uma expectativa, uma RECOMPENSA à vista, de liberdade e aventura, e a descoberta, para isso, de uma *brecha* nas circunstâncias concretas do momento.

Tem também algo a ver com a história de Edison e Swan. Isso porque o "filamento" da ideia mais compensadora que já tive não foi meu, foi de Milton Coelho da Graça – esse mesmo que, após inumeráveis aventuras políticas e jornalísticas, tornou-se assessor de comunicação do prefeito Cesar Maia, bem como entrevistador da TVE.

Foi ele, sim (daí o que relato não ser tão "comercial" próprio), que, como meu colega e amigo da Faculdade Nacional de Direito – instituição famosa e na qual, no quinquênio agitadíssimo que antecedeu o golpe militar de 1964, Milton foi mesmo a figura mais marcante –, deu-me preciosa dica para um problema com que havia muito defrontava. Para sua solução, Milton não se desempenhou em nada, tampouco se beneficiou de nada – como aliás teria merecido.

Todo o mérito dessa ideia ficou então nessa faixa de REALIZAÇÃO – que me exigiu, por sinal, a solução, geralmente em termos intuitivos e improvisadores, de uma sucessão enorme de pequenos problemas correlatos.

Como já dei o crédito a quem merece, no grau que merece, deixe-me contar agora o que se passou, e como:

Eu era, em janeiro de 1959, estudante do $2^{\underline{o}}$ ano naquela faculdade, redator de uma agência americana de propaganda; pagava quantia irrisória por um minúsculo mas aprazível apartamento em Copacabana (aluguel congelado); não dispunha de nenhum dinheiro extra, mas me achava tremendamente decidido – chegava a sonhar toda noite com isso – a conhecer a Europa inteira! (Antes, já fizera uma viagem ao Uruguai e à Argentina, fazendo baldeações de ônibus; e outra ao Peru e Equador, voando de graça num trêmulo DC-3 do Correio Aéreo Nacional.)

Por essa época, na faculdade, havia um costume muito criticável: um grupo de estudantes se reunia, intitulava-se abusivamente, por exemplo, de "Centro de Estudos Europeus" e saía angariando fundos em empresas (à sombra, é óbvio, do prestígio da faculdade), até atingir montante que lhes possibilitasse um giro de cerca de três meses pela Europa. Isso era a mais pura picaretagem, e me repugnava.

Ao contrário, quando pus meu plano em ação, e em todo seu desenvolvimento, o único deslize moral que cometi foi, logo de saída, uma pequena mentira. Fui falar com o então presidente da União Nacional dos Estudantes, Raimundo Eirado, e lhe disse o seguinte:

– Em abril vou viajar para a Europa.

Eu não tinha base alguma para dizer isso. (Se meu leitor quiser me criticar de alguma imoralidade, aqui está sua única chance.) Escolhi abril de acordo com o cronograma que tinha na cabeça.

Eirado me respondeu o óbvio: "Divirta-se". Eu lhe disse, porém, que não me interessava, nessa viagem, ser simplesmente mais um turista babaca, fotografando a Torre Eiffel ou o Coliseu romano. Eu me propunha, ao contrário, a apresentar aos estudantes universitários europeus, que só deviam conhecer, como produto brasileiro, o café, outra enorme atração e delícia de que o Brasil também dispõe: o mate! E faria essa promoção em nome da UNE!

Eirado adorou a ideia (hoje ele é procurador no Rio do Ministério do Trabalho), mas me informou de que não dispunha no momento de nenhuma verba para me ajudar, que eu esperasse alguma oportunidade nos próximos meses.

Eu lhe respondi que não me interessava por verba alguma! Queria fazer esse serviço *de graça* para a UNE, algo que ele poderia inclusive mandar constar como uma realização de sua gestão. Ao que ele me perguntou, muito interessado:

– Então, de que você precisa?

– Eu preciso apenas de cartas da UNE: 1) para o Instituto Nacional do Mate; 2) para o Itamaraty; 3) para o Lloyd Brasileiro e 4) para todas as entidades estudantis dos vinte principais países da Europa, inclusive para a Cocex, União Internacional dos Estudantes, em Leiden, na Holanda.

Eirado designou na hora uma secretária, que datilografou, até as duas da madrugada, todas as cartas, ele as assinou e me entregou.

No dia seguinte, pedi audiência ao presidente do então Instituto Nacional do Mate (hoje extinto), Firman Neto, apresentei-me, legitimamente, como representante da UNE numa promoção do mate brasileiro junto aos universitários europeus. Ele gostou demais da ideia, mas alegou que o Instituto, no momento, estava sem verba para me ajudar. Eu lhe respondi que não me interessava absolutamente por verbas do Instituto, mas o fiz ver que seria inadmissível que uma promoção internacional do mate, patrocinada pela UNE, viesse a ser feita à revelia do seu Instituto. Aliviado quanto à questão de dinheiro, ele me disse que estaria disposto a me ajudar em tudo, e eu lhe disse o que queria: 1) carta para o Itamaraty; 2) carta para o Lloyd Brasileiro; 3) carta, bem como telegrama antecipatório, aos Escritórios Comerciais do Brasil (hoje extintos), em Paris, Roma e Madri, ligados então ao Ministério da Indústria e Comércio, participando minha ida e solicitando colaboração. Além disso, pedi-lhe também mate (solúvel) em abundância, bem como cartazes de propaganda da bebida. Em dois dias, dispunha disso tudo.

Em seguida, fui ao Itamaraty, com as cartas da UNE e do INM, e apenas requeri, na Seção Cultural, algo que a lei me facultava: 1) ajuda de custo regular, de cerca de 80 dólares por mês, se não me falha a memória, a que tinha direito todo "estudante brasileiro em missão oficial no Exterior" – o que era tipicamente meu caso; 2) passaporte azul, isento de taxas de visto em qualquer país; 3) cartas do Itamaraty, bem como telegrama antecipatório, às embaixadas brasileiras de Paris, Roma e Madri, comunicando minha ida e solicitando colaboração. E também, o que foi uma gentileza, uma carta ao Lloyd, atestando tudo isso.

Dois dias depois, eu estava com o presidente do Lloyd Brasileiro, José Neves Marçal, levando-lhe três cartas de apresentação: da UNE, do INM e do Itamaraty. Lembrei-lhe, amavelmente, ser notório que muitos estudantes viajavam de graça pelo Lloyd à Europa, e vinha consultá-lo sobre se um caso como o meu – afinal tão bem recomendado e em missão tão significativa – teria de esperar muito. O presidente consultou alguém e me disse: "Sexta-feira, o *Lloyd Canadá* parte para o Havre, Londres, Roterdã e Hamburgo. Se o senhor quiser, pode ir nele mesmo".

Em cerca de uma semana, a brecha se escancarara! Tive de pensar duas vezes, pois meu cronograma previa abril. Concordei, disfarçando minha exultação. Mas

*Criatividade no trabalho e na vida* • 451

a coisa não parou aí. Corri para a agência americana e negociei minha indenização (todo mundo lá, aliás, acompanhou os trâmites) bem como, de David Campbell Harris, carta de apresentação para a filial da agência em Paris (o que me foi utilíssimo, mas não terei chance de contar). Corri depois ao *Mundo Ilustrado* e garanti com Joel Silveira um canal pelo qual pudesse mandar do Exterior colaborações para a revista (o que de fato ocorreu).

Duas semanas mais tarde – e sem ter pedido favor a ninguém, sem ter enganado ninguém (exceto aquela mentirinha para o Eirado) –, estava eu no amplo camarote do armador do *Lloyd Canadá*, portador de passaporte azul e de dezenas de apresentações, garantido por ajuda de custo legal, bem como pela expectativa das embaixadas e dos escritórios comerciais que me aguardavam, para uma viagem que, afinal, tudo junto, demorou um ano e meio (e passagem por 32 países).

E o que é muitíssimo importante: realizei *de fato* uma sensacional promoção do mate na Cité Universitaire d'Antony, em Paris, inclusive com a ajuda da colônia brasileira. Jean Manzon, de passagem pela cidade, cobriu o fato para o então *Diário de Notícias*. Meses depois, repeti a dose – mas que teve menos brilho – em Roma. Então, mudei meus planos, abandonei Madri (que até hoje deve estar me esperando) e consegui, por meio de peripécias mil, apresentar a mesma promoção, em agosto – nada mais, nada menos do que na Universidade de Moscou! Quer dizer: um ano antes da histórica visita de Jânio Quadros, abrindo a Rússia ao comércio com o Brasil. Fui eu, sim, modéstia à parte, o primeiro brasileiro a promover na União Soviética um produto nacional de reais perspectivas de exportação!

Todos os envolvidos no Brasil – UNE, INM, Itamaraty etc. – receberam relatórios, fotos e resultados de pesquisa sobre tudo isso. Foi bom para todo mundo! Ninguém, ninguém saiu perdendo! A rigor, foi tudo quase *de graça*! Uma obra-prima!

Mas ninguém, nem remotamente, saiu ganhando tanto quanto eu! O que tudo isso me proporcionou em desdobramento de contatos, convites e oportunidades, em aquisição de amizades que conservo até hoje (inclusive minha esposa, que conheci nessa época em Hamburgo), em aprendizado, experiência e aventura que se estenderam pelo Leste Europeu, Oriente Médio e norte da África, não há, sinceramente, dinheiro que pague!

Foi, sim, uma obra-prima de Criatividade em Ação – em REALIZAÇÃO!


### 7– RECOMPENSA

Eis a última "fase" que acrescentei à descrição original do *back burner* – "fase" escrita assim mesmo, entre aspas, pois, à semelhança da MOTIVAÇÃO, não é uma etapa propriamente dita, mas ALGO que deva ficar no horizonte de todo o processo criativo.

Em poucas palavras: POR QUE AS PESSOAS CRIAM?

Pode haver numerosos fatores envolvidos, real ou pretensamente, nessa resposta, mas a moderna psicologia mostra que as razões primárias, cruciais, existenciais da Criatividade em cada um de nós são de origem "animal", com ou sem aspas.

Nossa Criança (em última análise, um belo animal), cria
**1** por curiosidade;
**2** tendo em vista uma RECOMPENSA FINAL.

*Cria por curiosidade* – Não foi o desejo de salvar milhões de seres humanos de doenças de origem bacteriana que mobilizou Alexander Fleming na descoberta de sua penicilina: foi, é claro, a tremenda curiosidade e vontade de descobrir que o acometeu quando viu um certo fungo destruir, imprevisivelmente, metade de sua cultura.

Louis Pasteur, igualmente, enveredou pela pesquisa de uma vacina antirrábica em face dos horrores a que assistira na infância devidos a esse flagelo – porém, a partir daí, o que realmente o mobilizava já não era mais a piedade ou o humanitarismo... e sim sua curiosidade e vontade de descobrir. Quem trabalha com ideias não precisa de provas para o que estou dizendo.

Um pesquisador exploratório, criativo, trabalha sob a irradiação de sua intuição. O seu moto real é a curiosidade, o desejo de saber, que pode atingir formas apaixonadas e quase obsessivas.

Quanto a essa evidência, são ilustrativas as experiências com macacos de Henry F. Harlow e seus colaboradores, da Universidade de Winsconsin, descritas em *Psicobiologia*, textos do *Scientific American* (Universidade de São Paulo, 1970). Elas demonstram como nossos primos, ainda que desprovidos de racionalidade, desprovidos do Adulto, são capazes de se empenhar incansavelmente em desmontagem de quebra-cabeças (que os pesquisadores tornavam a montar) por mais de dez horas seguidas, até que os próprios pesquisadores estivessem exaustos.

Os experimentos provaram que a curiosidade, o impulso exploratório, era bem mais forte, em nossos primos, que o próprio impulso alimentar e o de evitação da dor. Um macaco fechado numa jaula, provida de uma janela que se abre, momentaneamente, para o laboratório onde pessoas trabalham – por meio de um sistema somente acionado por um cartão azul, entre vários de outras cores – acionará infinitamente o cartão azul para observar os pesquisadores. Mesmo que o mecanismo passe a acarretar um leve choque elétrico, ainda assim o macaco estará disposto a suportá-lo e não parar de deliciar-se com a observação de seus exóticos parentes.

Em outro experimento, com duas janelas na jaula, uma que dá para uma apetitosa tigela de frutas – especialmente bananas – e outra para um trenzinho de brinquedo, o macaco, ainda que faminto, preferirá, continuamente, acionar o mecanismo que abre sua visão para o trenzinho. Um incentivo ainda mais forte era a visão de outro macaco.

Os resultados finais de tudo isso são significativos: 1) os macacos se esforçam, durante longos períodos, tendo como *única recompensa* a satisfação de sua curiosidade; 2) esse impulso manipulatório, o impulso para satisfazer a curiosidade, produz aprendizagem, da mesma forma que o impulso de fome e o de evitar a dor; 3) nenhum outro impulso, além da curiosidade, chegou a influenciar os resultados experimentais. "No quinto dia, os animais apresentavam o mesmo entusiasmo do primeiro dia."

*Criatividade no trabalho e na vida* • 453

Sobre uma foto de um ser humano trabalhando num quebra-cabeça se poderia dizer – erroneamente – que ele está no Adulto racional. Porém, podemos ver, na coleção das fotos de Winscensin, a de um macaco (que não possui o Adulto) fazendo a mesma coisa – e com uma dedicação notável. "Num outro teste, sem outra recompensa além de resolvê-lo, o macaco trabalha continuamente num quebra-cabeça de pino, gancho e ferrolho." Isso porque sua motivação não é a de ordenar – segundo regras preestabelecidas, como funciona o Adulto –, e sim a curiosidade, o prazer de manipular, a vontade de descobrir.

Da mesma forma, um explorador (agora humano), envolvido em pesquisa exploratória e criativa, não poderia definir na hora o que está realmente fazendo – ao contrário, a pergunta o atingiria como uma interrupção brutal. Assim Röntgen conta como descobriu os raios X: "Eu não pensei – eu investiguei".

Estou aqui apenas cimentando mais extensamente o que já mencionei na "fase zero", MOTIVAÇÃO, no item 3, "o entusiasmo da Criança", que pode perfeitamente ser substituído por "a curiosidade da Criança". Em ambos os casos, a existência do problema é saudada com um "QUE BOM!"

Pessoa imbuída, impregnada por essa MOTIVAÇÃO necessitará talvez menos de uma RECOMPENSA à vista. Ela, de qualquer forma, como já disse, enveredará pelo *back burner* adentro, inevitavelmente, e até sem sentir. Isaac Newton teve seu Eureka quando viu a maçã cair em seu jardim de Woolsthorpe, mas ele próprio assim se descrevia, como já lembrei: "Não sei como o mundo me vê; mas eu me sinto como um garoto brincando na praia, contente em achar aqui e ali uma pedrinha mais lisa ou uma concha mais bonita, tendo sempre diante de mim, ainda por descobrir, o grande oceano da verdade".

Também Einstein dizia que o desenvolvimento intelectual da Teoria da Relatividade teve origem na sua curiosidade: saber como veria ele as ondas luminosas, se pudesse mover-se com a mesma velocidade que elas.

Para a maioria das pessoas, no entanto, a perspectiva de RECOMPENSA é vital para o deslanche de seu processo criativo. (Além do que, ambos os fatores, curiosidade e prêmio, podem e devem preferencialmente estar presentes – e aí é a glória!) Nossa Criança mobiliza-se, sim, criativamente, à vista de um *benefício sensorial final*, muitas vezes sequer ligado ao problema em questão.

*Cria por* RECOMPENSA. É a clássica banana, à vista do macaco, na experiência de Köhler. Mas um golfinho também faz maravilhas para sua assistência, apenas para receber depois, discretamente, de seu treinador, uma sardinha fresca.

Quais são as quatro únicas recompensas para o criativíssimo "animalzinho" – a Criança – que existe em cada um de nós? São aquelas que já mencionei:

**1** Reconhecimento (de quem importa).
**2** Viagem (aventura, liberdade).
**3** Brinquedo (bens de consumo).
**4** Sexo (e outras necessidades físicas).

Assim, nossa Criança não cria por solidariedade, nem por altruísmo, nem por civismo, nem por moralidade, nem por valores éticos, nem por sentido de missão social, nem por mero cálculo de lucro – por muito que tudo isso seja *também* importante para cada um de nós, em nossa personalidade completa, integral!

Ela só cria por coisas que *fazem nossos olhos brilharem*!

Ela só cria por TESÃO – nas quatro modalidades em que se pode usar a palavra!

Vejamos melhor quais são elas, a voo de pássaro.


*Reconhecimento* – Voltamos, até com as mesmas palavras, a encarar de novo o papel fundamental da liderança (externa e interna) no processo bem-sucedido da Criatividade.

É apenas nossa Criança que cria, e uma das maiores recompensas que ela pode ter em vista ao criar... é obter o reconhecimento de "papai". Não surpreende nada, por isso, que David Ogilvy tenha dito que nunca encontrou nenhuma equipe criativa, nos mais diferentes setores de negócios, que não estivesse "liderada por um sujeito formidável".

Em seu livro *Sangue, miolos e cerveja* (só disponho de uma resenha), ele é ainda mais enfático: "O ingrediente mais importante de uma agência é a aptidão do chefe para comandar seu pessoal", "Um fator vital é a postura do chefe. Se ele é medíocre e mesquinho, esse espírito extravasa por todo o pessoal e a empresa inteira será medíocre e mesquinha", "Quando não há alegria, dificilmente há bons anúncios".

GENTE, ISSO NÃO SE RESTRINGE À PROPAGANDA! Tais são os princípios básicos, vitais, para qualquer equipe criativa – em qualquer ramo possível de atividade humana!

O fato de os princípios que realmente *funcionam* numa agência criativa (que lida com milhões e tem sua atividade econômica muito mais mensurada, em termos de retorno, do que qualquer outra) ficarem restritos à literatura publicitária e não terem até hoje sido objetos de maiores esforços para transplantá-los adequadamente para qualquer organização, em qualquer setor de negócios, eis aí o que reputo lacuna na experiência geral de administração. Quem sabe o presente livro não convide a algum esforço nesse sentido?...


Não posso dizer que me impressione bem com todo e qualquer titular de agência, brasileiro ou não, que me apareça hoje em entrevista na imprensa. Sei que, dentro de muitas agências, existem outras lideranças atuantes e o mérito maior pela criatividade da equipe pode não pertencer, exatamente, à personagem mais visível.

Uma entrevista, contudo, do nosso Washington Olivetto – um dos publicitários mais premiados do mundo, titular da agência W/Brasil – à *Playboy* (não guardei a data), convenceu-me de vez (se ainda fosse necessário) de sua competência *total* nessa área, por sua postura em relação a dois pontos:

*Criatividade no trabalho e na vida* • 455

**1** Quando era para falar do criador, a própria revista o definia: "Simplicidade e bom humor talvez sejam as palavras-chave para definir o sucesso de Olivetto". E Olivetto, sobre si mesmo: "Se eu tenho alguma qualidade, a melhor é uma enorme capacidade de rir de mim mesmo". E à pergunta se já se considerava, a esta altura, um homem maduro: "Não, mas estou progredindo, sou um ser humano em evolução. Só que quero manter sempre minha molecagem, não quero ser figura institucional, porque eu sou varejo".

**2** Quando era para falar do titular da agência, do líder de outros homens de criação: "Minha equipe não trabalha com o patrão, trabalha com o ídolo".

Não vejo, leitor, a menor contradição nessas duas posturas! Como criador, WO sabe ser fundamental conservar o moleque que existe dentro dele, rir-se de si mesmo, não se levar demasiadamente a sério. Como chefe da equipe, como elemento encorajador, sabe o quão importante é ser "ídolo".

Pois, no fundo, é para receber o reconhecimento do ídolo que os demais também criam.

Como disse Ogilvy, onde quer que se deseje uma *equipe* motivada e criativa, deve-se colocar lá, em primeiro lugar, um "sujeito formidável".

Um "sujeito formidável", ou melhor, um bom líder, permeia todo o processo criativo, como pudemos ver: 1) ele é fator de encorajamento, no cenário inicial de MOTIVAÇÃO; 2) ele dá PROTEÇÃO a qualquer indivíduo que realmente lhe apresente algo novo, uma sugestão, qualquer ideia, independentemente de sua praticabilidade; 3) e, claro, dá RECONHECIMENTO explícito, sincero e caloroso em caso de sucesso final – a que nossa Criança *sempre almeja* da parte de personalidade notável e marcante.

Hoje vejo isso melhor: os clientes para os quais criei as melhores campanhas não eram os que me ofereciam as maiores verbas, mas aqueles – alguns até com verbas pequenas – que mais se entusiasmavam com meu trabalho, que mais me brindavam pelas soluções que eu lhes trazia (quando eram mesmo soluções!), que mais sabiam me dar reconhecimento! Alguns nomes: Derek-Parker (Montreal), Marcus Mello (Banco Geral de Investimentos), Américo Barbosa de Oliveira (Usiba), Willy Hamm (Lufthansa), Luiz Rocha (Luxor Hotéis), Klaus Hossfeld (Merck) – foi *adorável* criar para esse pessoal!

Talvez a palavra-chave dessa relação seja *admiração*:

**1** Admire, como líder, de forma sincera, calorosa e explícita a criatividade das pessoas que trabalham com você – e elas tenderão a criar muito mais.

**2** Seja admirável, como líder, aos olhos das pessoas que trabalham com você... ou renuncie à liderança!

Mesmo no caso do criador solitário, do escritor misantropo, o clássico *Psicaná-lise da arte*, de Ernst Kris, é bastante convincente em demonstrar que tal escritor nunca escreve abstratamente, ou apenas para si mesmo, mas sempre tendo alguém em mente, isto é, escreve para alguém muito em particular.

Nossa Criança, amigo, não cria por afeto, por amor, como muita gente pensa: ela cria pela expectativa, ainda que sublimada, de *reconhecimento* da pessoa amada!

Bom exemplo disso é a misteriosa dedicatória (nunca se soube a quem se dirigia) do coronel Thomas Edward Lawrence, o popular Lawrence da Arábia, no seu livro *Os sete pilares da sabedoria*, em que relata sua fabulosa e altamente bem-sucedida criatividade em levantar e comandar tribos árabes contra os turcos, durante a Primeira Guerra: "Eu te amava, e por isso movia com minhas mãos aquele mar de homens." Sabe, no fundo, bem no fundo do meu coração, o que espero do meu leitor? Reconhecimento.

Criatividade quase sempre contém, como substrato, uma expectativa de aplauso, de aceitação.

Encontrei, por coincidência, na época em que escrevia este livro (a primeira edição, em 1996), título muito ilustrativo do que estou dizendo – mas, não por coincidência, criado por publicação (*Revista da Criação*) dirigida a todo o pessoal de criação das agências de propaganda:

"Criação é como sexo. Você acha que está bem, mas só acredita quando alguém elogia".

(Eu já não disse que, sobre esse assunto, pelo menos intuitivamente, é *esse* pessoal – e não teóricos acadêmicos – que realmente sabe das coisas?)

O que me leva a falar sobre o quarto item: sexo.

*Sexo* – O que já foi criado, na história da humanidade, impulsionado por esse fator (que às vezes, como vimos, sobrepõe-se ao anterior), simplesmente "não está no gibi".

Freud, muito exagerado como sempre ao tratar de coisa tão "constrangedora" (como era em sua época), faz do sexo a pulsão única de toda a Criatividade – o que não resiste, a meu ver, a nenhuma análise fora do sistema fechado e redundante (e por isso mesmo totalitário) da psicanálise ortodoxa. (Um psicanalista identificará aqui alguma "resistência" minha.) Já fui levado até a pensar o contrário, quando li em Paulo Francis que, das mais de um milhão de cartas escritas por Bernard Shaw, as únicas triviais e previsíveis são suas cartas de amor...

Não há dúvida, no entanto, de que o sexo desempenha papel importantíssimo no processo criativo, nem que seja por sublimação.

Napoleon Hill, autor "vulgar" (autoajuda), mas um clássico no gênero, vale aqui por certas generalizações categóricas – às quais, confesso, não saberia opor objeção alguma:

*Criatividade no trabalho e na vida* • 457

- "Destrua as glândulas sexuais, seja no homem ou no animal, e terá removido a principal fonte de ação construtiva."
- "A faculdade criadora da mente põe-se em ação puramente por meio de emoções, *e não pela razão fria*. E a mais poderosa de todas as emoções humanas é o sexo."
- "Encontre, se for capaz, um único homem em toda a história da civilização que tenha alcançado sucesso notável, em qualquer profissão, e que não tenha sido impulsionado por uma natureza sexual bem desenvolvida."
- "Nunca houve, nem haverá jamais, grande líder, construtor ou artista a quem falte a força propulsora do sexo."

Parece-me, sim, ser fato – seja por observação direta, seja por conhecimentos biográficos – que indivíduos férteis em Criatividade também caracterizam por uma libido forte e acima da média, bem expressa em sua personalidade total.

Libido forte, é claro, não implica libidinagem. Por sinal, partindo para outro extremo, jamais encontrei indivíduo sexualmente promíscuo (não tenho nada contra) que se destacasse *também* em Criatividade. (O *Kama Sutra*, amigo, *não é* libidinagem.)

Sexo é mais uma necessidade física a ser prazerosamente atendida, de alguma forma. Se pensarmos na respiração (cuja carência máxima, para um ser vivo, é de três minutos), na necessidade de água, de alimentos, de sono etc., sequer poderemos dizer que a satisfação sexual seja prioritária. Fique você dois ou três dias sem comer e seus "desejos carnais" não mais se referirão à Claudia Schiffer, mas sim a uma boa vitela propriamente dita...

Já lembrei anteriormente que, numa reunião formal em empresa, a única chance de eclodir alguma Criatividade é quando já passou da hora do almoço – e todo mundo não aguenta mais aquela xaropada, e a Criança de alguém começa a arranjar um jeito qualquer de *safar-se* do PROBLEMA para ir almoçar... Penso que com sexo acontece a mesma coisa.

Obviamente, também, é impossível a alguém ter qualquer grande ideia depois de se empanturrar com uma feijoada. Penso que com sexo acontece a mesma coisa.

O que não quer dizer que você só vá querer ter ideias o tempo todo...

Raríssimas vezes observei o sexo sendo usado *diretamente* como inspiração de ideias. Uma foi o caso do músico que já mencionei; outra foi o de planejador de campanha, da agência JMM, sujeito simpático e com muito sucesso com as mulheres, que, por duas vezes, ao começar um caso com alguma modelo lindíssima, informava, indiscretamente, ao curioso pessoal da agência, que só entraria mesmo no assunto com ela "quando tivesse uma grande ideia para o Banco Nacional". Não sei até que ponto isso era verdade...

De todos os modos, sexo, claro, é altamente inspirador. Mais ou menos nos termos em que o mesmo Olivetto colocou naquela entrevista: "O mais importante não são as flores – é o cartão!"

Contudo, *Reconhecimento* e *Sexo* – como elementos futuros de RECOMPENSA à Criatividade – não dependem, é óbvio, só de você. Em termos de *Reconhecimento*, pode ser, e até é bem provável, que seu chefe não seja propriamente o que se entende por "sujeito formidável". E, em temos de *Sexo*, tampouco há garantias de que você, com suas inspiradas serenatas, seja recompensado pelas longas tranças de Rapunzel...

Por isso, então, você irá comprometer sua própria criatividade abrindo mão de um dos componentes mais valiosos para sua eclosão, ou seja, a RECOMPENSA?

Nada disso, amigo. Sugiro, nesse caso, que passe de hoje em diante a explorar, talentosamente, os dois outros itens desse amplo recurso, que coloquei como horizonte final de todo o *back burner*.


*Brinquedos e Viagem* – O primeiro, bem, pode ser mesmo o BMW. Ou uma lancha de qualquer tamanho. Uma câmara digital Nikon, ou um par de óculos escuros Giorgio Armani. Um Maurice Lacroix de 5 mil dólares ou um Swatch de 50. O preço não tem a menor importância! É algo que: 1) esteja disponível no mercado; 2) faça seus olhos brilharem por vontade de possuir; 3) represente, talvez, uma despesa algo excessiva, racionalmente, para seu orçamento.

O segundo, *Viagem*, obviamente não inclui viagem por necessidade, viagem a negócios, sequer férias anuais já programadas, mais ou menos rotinizadas. É viagem que obedeça aos mesmos critérios anteriores: 1) seja racionalmente possível (não se trata de viagem ao Polo Norte ou a Plutão); 2) faça seus olhos brilharem pela ideia de realizá-la; 3) implique despesa algo excessiva para seu orçamento.

Vejamos como armar tais RECOMPENSAS, em dois exemplos hipotéticos, um na vida profissional, outro na vida familiar.


Imaginemos que você defronte com um problema profissional que não está conseguindo resolver. Digamos, um problema no departamento de vendas. Você comenta, analisa e discute esse problema do departamento de vendas durante todo o expediente, ao longo de cada dia útil. Mas não consegue resolvê-lo. (Repeti, *ipsis litteris*, parágrafo do capítulo anterior.)

De todos os modos, você está cumprindo, com amplos méritos, seus deveres profissionais, pelos quais faz honrosamente jus a seu salário. E assim você procede durante todo o expediente.

Acontece que, em casa, você já decidiu, com sua esposa, algo estritamente pessoal, que não tem nada a ver com a firma, e de que a firma, por sua vez, não tem direito sequer de tomar conhecimento: comprar, digamos, uma televisão de LCD Sony Bravia, de 40 polegadas (R$ 5.499).

Você, pessoalmente, está louquinho para comprá-la, inaugurá-la em sua casa! (Esse "tesão" é fundamental!) Você só pensa no momento de poder rever seus filmes agora em ampla tela, quando as dunas de *Lawrence da Arábia* serão algo mais do que insignificantes montinhos de talco no banheiro, como mostra seu aparelho atual. Você já tem o dinheiro em mãos para comprar essa Bravia, nada mais o impede, é só ir agora à loja e comprá-la!

Pois muito bem: *não a compre*!

*Criatividade no trabalho e na vida* • 459

Adie o negócio!

E diga para si mesmo: "Assim que eu resolver aquele abacaxi no departamento de vendas, corro aqui para levar essa Bravia!"

Pense, amigo: você não estará se "sacrificando" em nada pela empresa!

Não é só questão "profissional": você tem INTERESSE PESSOAL (também como pai, como marido, como consumidor) em ter sucesso na empresa, em resolver problemas da empresa – tudo em seu, de você próprio, *interesse próprio*! Você já tinha mesmo pensado nisso?

Você só tem a lucrar – até mesmo em termos de 50 mil dólares – em adiar, não sei por quantos dias, meses que sejam, a entrada triunfal da Bravia em seu lar, consciente de que, *além disso*, terá marcado, em sua organização, um ponto valioso, talvez inestimável!

Quando você concorda em "amarrar" uma coisa à outra – um problema organizacional com um desfrute possível –, o que acontece? Você convoca – finalmente! – sua Criança Livre para lidar também com o caso. E sabe o que "ela" tenderá a fazer? "Ela" vai depressinha, quase certamente, arranjar um jeito de "contornar", de forma talvez legítima e aplicável, toda aquela encrenca – *safar-se* daquele problema – não para que a firma cresça em produtividade ou lucros, ou demonstre seus valores sociais, mas para que "ela" vá curtir a Bravia!

Criatividade, muitas vezes, é rigorosamente isso!

Se você é capaz, no interesse próprio, de adiar um orgasmo, por que não será capaz de adiar a compra de uma Bravia?

Problema pessoal. Você, pai, está às voltas com filho no umbral da adolescência. Você se esforça para não brigar com ele, mas acaba brigando. Ele vem para a mesa de jantar sem camisa, o que você detesta, você tenta falar "com bons modos", mas não consegue, ou ele entende mal – e lá vem de novo a desavença. Quando ele chega para falar com você, é sempre um desafio em pauta, é um engatilhamento de confusão...

Sabe o que significa isso, concretamente? SOFRIMENTO! Em seu coração, sem dúvida, há a profunda amargura de que aquela criatura – "sangue do meu sangue" – está sempre o afrontando, comprometendo sua felicidade no lar, arruinando seu próprio sucesso como pai!

(Claro, em muitos casos isso poderia exigir mesmo uma terapia pessoal ou familiar – estou somente sugerindo uma linha de ação.)

Sim, essa situação toda o faz sofrer. Você se sente, de alguma forma, preso num círculo vicioso – na verdade, um quadrado vicioso para o qual você mesmo sente necessitar, desesperadamente, de uma saída! Isso mesmo: tudo que você almeja é uma BOA IDEIA, que supere, liquide tal PROBLEMA!

Experimente então, por favor, seguir estes passos:

**1** Pergunte honestamente a você mesmo quanto estaria disposto a pagar por tal BOA IDEIA *que resolvesse o problema*. Não – atenção – pagar por um conselho, e sim, realmente, por uma SOLUÇÃO CRIATIVA para esse problema que o aflige. (Não diga, num arroubo, "pagaria todo o dinheiro do mundo", pois você não tem todo o dinheiro do mundo.) Consulte, com honestidade, suas economias, sua poupança, e veja lá *quanto* lhe pesa esse problema na vida e *quanto* você concordaria em pagar a um gênio que saísse da garrafa e o tirasse mesmo desse tormento – da mesma forma que pagaria a um dermatologista para livrá-lo de um eczema infeccionado!

**2** Você arbitrou, digamos, 3 mil reais, que pagaria de fato, de muito bom grado, por uma SOLUÇÃO que superasse esse problema com seu filho. Anote criteriosamente essa quantia numa folha de papel. Seja honesto com você mesmo. Comprometa-se com sua decisão. Você próprio, em sua vida concreta, calculou, em função também de sua realidade financeira, que o peso desse problema vale muito bem 3 mil reais para se livrar dele. E você vai mesmo gastar esse dinheiro!

**3** O próximo passo não é procurar "gênio" algum. Consulte, caladamente, a você mesmo – e talvez vá precisar de dias ou semanas para responder a isso – como, ou em que coisa, você gostaria de gastar COM VOCÊ esses 3 mil reais! São 3 mil reais que não podem mais ser investidos, nem doados, nem servir para a compra de nada que beneficie a quem quer que seja... *exceto a você*! É como se você tivesse um "vale" de 3 mil reais que só pode ser convertido em algo – um brinquedo, uma viagem – que realmente lhe agrade, lhe encha o coração.

**4** Depois de algum tempo, é possível, digamos, que você se lembre de que sempre sonhou na vida em visitar um dia a Ilha de Páscoa, no meio do Pacífico, com suas misteriosas e gigantescas cabeças de pedra (670 ao todo), algumas com mais de cem toneladas, seus vulcões extintos, seus enigmáticos petroglifos por toda parte. Foi um "sonho" cujo preço, talvez, você nunca se achou merecedor de pagar, preferindo preservar tal importância para emergências futuras e segurança da família. Contudo, partindo do Brasil, 3 mil reais dão de sobra para visitar a Ilha de Páscoa...

**5** Agora você tem elementos para armar toda a situação de forma inédita. Decida assim, para você mesmo: "Assim que eu resolver esse problema com meu filho, EU VOU À ILHA DE PÁSCOA! Ele não, ele fica: EU vou à Ilha de Páscoa!" Tudo mudou de figura! Agora, quando seu filho chegar sem camisa para o jantar, ou falar algo que, em última análise, pode ser uma provocação, ele já não é mais o "sangue do meu sangue" que o está "afrontando" etc. (violações generalizadas às regras nºs 6, 7 e 8), mas, ao contrário, SUA OPORTUNIDADE DE IR À ILHA DE PÁSCOA!

Uma vozinha em sua cabeça começará a lhe dizer: "Resolva de verdade, com talento, seu problema com esse guri – e se mande para a Ilha de Páscoa!"

E – resolvido o PROBLEMA – a Ilha de Páscoa ficou *de graça*!


Disse que escolhi, nesse exemplo, personagens e recompensa totalmente hipotéticos.

Pois saiba que acabo de fazer a descrição de um caso real. E tão bem resolvido que esse mesmo pai, ao final, levou esse mesmo filho consigo na viagem à Ilha de Páscoa.

Contudo, generosidade e confraternização *não* devem ser visadas *antes*, no emprego desse recurso. Ao contrário, a RECOMPENSA deverá ser sempre algo apenas do seu próprio e estrito interesse, algo que faça seus olhos brilharem, algo pelo qual você tenha TESÃO, que agrade em cheio à sua Criança.

Pois só ela – e não "gênio" algum – é que pode dar as melhores ideias para beneficiá-lo na vida.

Se você acha todo esse procedimento irrealista, colha ao menos a moral da história: ponha mais prêmios, brinquedos, libido e motivos de tesão em sua vida concreta! Ponha mais BMW, Bravia, relógios Swatch, ou Ilha de Páscoa no horizonte de seus problemas pessoais e profissionais!

O *back burner* é um processo que poderia estar agora mesmo ocorrendo com você, pelo menos no nível de INCUBAÇÃO, enquanto me lê (ou comigo, enquanto escrevo). Processa-se, de modo geral, seguindo a descrição que apresentei. Mas tem suas próprias e insondáveis regras, seu próprio ritmo, que varia de caso a caso, e de pessoa a pessoa.

Pode ser submetido, sem dúvida alguma, a uma boa pressão – na verdade ela tenderá mesmo a dinamizá-lo... contanto, claro, que não afete o bom humor básico da pessoa envolvida, nem sua irreverência básica em relação a si mesmo, aos outros e ao PROBLEMA.

O importante é não perder de vista que todo esse processo só pode transcorrer, de ponta a ponta, no sistema OK da personalidade, no *PROBLEM SOLVING SYSTEM* – isto é, usando unicamente os Estados do Eu *saudáveis* da personalidade.

Assim, resumidamente:

Na MOTIVAÇÃO, como vimos, os três Estados do Eu serão energizados simultaneamente. A partir daí, em cada fase, haverá maior concentração de energia psíquica em um ou outro Estado OK:

**1** ESQUENTAMENTO (especulação) – Adulto.

**2** INCUBAÇÃO (relaxar, descansar) – Criança Livre.

**3** ILUMINAÇÃO (o pensamento da Criança Livre) – Pequeno Professor.

**4** PROTEÇÃO – Pai Protetor.

**5** AVALIAÇÃO – Adulto.

**6** REALIZAÇÃO – Adulto e Pai Protetor.

Certamente, você estará se perguntando por que acrescentei Pai Protetor a essa fase. É porque se trata, no caso, de implantação de *algo novo*! Fosse implantação de algo previsível e usual, bastaria o Adulto. Mas é de ALGO NOVO! Significa que os riscos calculados que você avaliou na fase anterior são aqui assumidos, tornaram-se reais. Significa que vem crítica, sarcasmo ou "incompreensão" por aí. "Alguém" não vai gostar! Virão certamente objeções idiossincráticas e "frases assassinas". O indivíduo que implanta ideia nova tem de se sentir, interiormente, muito protegido. Afinal, ele tem em mãos, para defender sua ideia, todos os argumentos colhidos na avaliação de Adequação, Custo–Benefício e Ética, da mesma fase anterior.

E, finalmente, é óbvio:

**7** RECOMPENSA – Criança Livre.

Em tempo: você sabe o que é o Zen?

Se não sabe, não poderei lhe esclarecer muito. Aliás, o Zen, por definição, é indefinível. "Escrever um livro sobre o Zen" – esclarece Waldsberg, em *A floresta do zen* – "corresponde a escrever um livro sobre a impossibilidade de escrever um livro sobre Zen."

Trata-se, nas palavras de seu maior divulgador no Ocidente, D. T. Suzuki, de "um estado de consciência interna sobre o qual não podemos fazer nenhuma declaração lógica. A neve não é branca, o corvo não é negro, todavia cada um em si mesmo é branco e negro. Esse é o ponto em que nossa linguagem fracassa na transmissão do exato significado concebido pelo Zen" (*Introdução ao zen-budismo*, Civilização Brasileira, 1961).

A verdade Zen é alcançada no chamado estado *satori*. Não há Zen sem *satori* e não há *satori* sem Zen. O *satori*, segundo Suzuki, "alarga o coração para que ele abranja a eternidade do tempo e o infinito do espaço em cada palpitação, e faz-nos viver no mundo como se estivéssemos andando no Jardim do Éden". Pelo dito, é a conquista do paraíso.

Diz mais Suzuki sobre o assunto:

> *Satori* é o súbito relâmpago da consciência de uma nova verdade jamais sonhada. É uma espécie de catástrofe mental, ocorrendo num instante após o empilhamento de materiais intelectuais e demonstrativos. O empilhamento atingiu o limite da estabilidade, todo o edifício ruiu até o solo, e então um novo céu se abre para nós. Quando o ponto de congelamento é alcançado, a água subitamente se transforma em gelo... É um renascimento, religiosamente falando. Intelectualmente, é a aquisição de um novo ponto de vista: o mundo aparece-nos vestido numa roupagem diferente, que parece cobrir todos os dualismos, considerados ilusórios na terminologia budista.

E como obter o *satori*? A técnica consiste em introduzir um aspirante ao *zazen* (meditação profunda) e dar a ele, para decifrar, um *koan*. O *koan* é, na prática, uma afirmativa, um PROBLEMA proposto pelo instrutor visando abrir os olhos do indivíduo à verdade do Zen. Explorado intensamente, num regime de ESQUENTAMENTO, leva a mente de súbito, obtidas as condições favoráveis, a desabrochar-se por si mesma na floração do *satori*, da ILUMINAÇÃO!

Christmas Humphreys, dissertando sobre o *satori* em *O zen-budismo* (Zahar, 1977), introduz mais nomenclatura conhecida: "Um processo de INCUBAÇÃO, no interior do subconsciente, acontece após vários meses, ou mesmo anos de *zazen*, meditação, estudo e treinamento. Chegando o momento propício, basta um último estímulo ou sacudidela, por assim dizer, para que a nova visão brote subitamente da região subconsciente".

Exemplo: quando certo patriarca quis dar um *koan* ao monge Myo, perguntou: "Quando a vossa mente não está morando no dualismo do bem e do mal, qual era vosso rosto antes de nascer?" Myo debateu-se com esse PROBLEMA até atingir o *satori*.

Outro *koan*: "Quando tiveres um bastão, eu te darei um; quando não tiveres nenhum, eu o tirarei de ti".

Ainda outro: "Se disseres que isso é um bastão, tu afirmas; se disseres que não é, tu o negas. À parte a afirmação e a negação, como o chamarás?"

Eis uma historinha Zen, extraída de *Textos budistas e zen-budistas* (Cultrix, 1976). Quando Kyogen praticava com o mestre Daii, este lhe disse:

– És muito inteligente, diz, pois, algo anterior ao nascimento de teus pais.

Kyogen não achou resposta. Procurou em seus livros e, não achando nada, queimou-os dizendo:

– Deixarei de buscar o *satori*, serei novamente um peregrino.

Voltou a procurar o mestre e confessou:

– Não sei a resposta; ensinai-me.

– Seria fácil ensinar-te, mas tu me acharias ridículo – respondeu Daii.

Kyogen foi então exercitar-se sozinho no monte Buttozan. Um dia, quando varria o pátio de sua cabana, deu com a vassoura numa pedrinha que, batendo num bambu, fez um estalido. Ouvindo-o, Kyogen obteve a ILUMINAÇÃO.

Voltou então ao mestre e disse:

– Obrigado, mestre. Se tivésseis me ensinado, eu jamais teria descoberto isso.

Fim da história – que, como o leitor já deve ter notado, sugere decalque perfeito de tantas outras de invenções e descobertas (por meio do *back burner*), apresentadas neste capítulo.

As implicações dessa identidade deixo a critério do leitor.

Apenas acho oportuno transcrever, ainda, do excelente livro de Humphreys, mais uma abordagem familiar:

"Assim é o Zen (possuidor de um grande senso de humor). Se o humor for analisado, veremos que muito dele é uma revolta contra a lógica... Se o intelecto é tão sagrado, tão completo, por que pessoas inteligentes procuram alívio dele na falta de senso?"

E também este primeiro "exercício preliminar" de uma série de outros para quem esteja interessado em se abrir para o Zen: "Rir. Rir à vontade. Não há nada, nem uma só coisa em todo o vasto Universo, que valha a pena ser levada tão a sério como você está se levando a si mesmo, no momento presente".

Se é verdade que estou chegando ao fim do meu repertório sobre Criatividade – pelo menos quanto ao programa que decidi passar para você –, também é verdade que deixei para o último capítulo, além de outras atrações, o melhor sistema para pôr em prática tudo que lhe disse até aqui.

É um *sistema* (não um exercício) que vai lhe ocupar, no máximo, trinta minutos por semana, mas que tem muita chance de premiá-lo, de vez em quando, com 50 mil dólares – metafóricos ou não. Quer conhecê-lo?

# 14

# Para que serve um mundo como este?

*Se a Criação foi uma boa ideia, não será o caso de participarmos dela, do jeito que ela é?*

Afinal, o que você quer ser quando crescer?

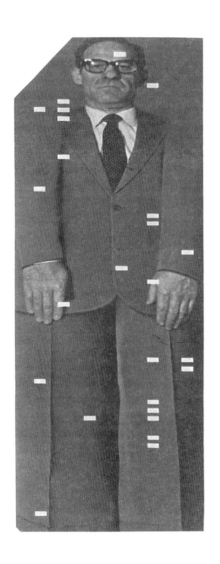 

> *"Que teu anzol esteja, pois, sempre atirado às águas.*
> *Num açude, onde menos o esperas, aparecerá um peixe."*
>
> **Ovídio (43 a.C.-18)**

Tudo que nesse momento o cerca, tudo que seus olhos podem ver, até onde a vista alcança – não importa se você me lê em sua residência, na fábrica, no escritório, em férias, num trem, num barco ou num avião (e mesmo num carro, espero que não dirigindo) – e que não pertença à Natureza virgem, é produto, é exemplo, de Criatividade!

Sem dúvida, de Criatividade posteriormente avaliada, e implantada tecnicamente, pelo pensamento racional. Mas sua existência deve-se originariamente, *primordialmente*, à Criatividade!

Essa constelação praticamente infinita de conquistas criativas não se espraia pelo mundo, e pelos séculos, de forma ordenada e escalonada, como muita gente imagina (e como os criadores de fluxogramas de solução de problemas querem nos fazer crer). Ao contrário, como fenômeno intrinsecamente natural – bem mais natural, pelo menos, do que as expressões disciplinadas do pensamento lógico –, ela desabrocha de forma sempre imprevisível, espontânea, quase caótica e de acordo com suas próprias leis (às quais, como às leis da história e do futuro, até hoje ninguém teve acesso). E ela o faz num processo em que seus próprios elementos interagem continuamente entre si, num cenário carregado de inumeráveis fatores supervenientes.

Contemple qualquer coisa ao seu redor. Uma vidraça, por exemplo. Escolhi-a porque é a coisa mais provável que esteja nas proximidades, onde quer que você se encontre. Plínio, o Moço, apresenta, no século II a.C., uma descrição de como o vidro foi inventado (no caso, por serendipidade): segundo ele, alguns mercadores fenícios transportando natrão – uma forma natural de carbonato de soda – da Síria para o Egito, acamparam numa praia e fizeram uma fogueira para cozinhar. Acidentalmente, colocaram uma panela em cima de um bloco de natrão e o calor provocou a fusão do natrão com a areia, formando o vidro. (Embora Plínio não informe, alguém entre esses mercadores teve de contribuir com o verdadeiro enfoque criativo, indagando-se a respeito daquela substância estranha e transparente surgida de repente: "E daí? Que uso prático se pode dar a esse troço?")

*Criatividade no trabalho e na vida* • 467

Na verdade, essa descrição deve ser romântica, pois, segundo outros registros, o vidro já era conhecido na Ásia ocidental, particularmente na Mesopotâmia, desde o terceiro milênio a.C. – muito antes da ascensão dos fenícios como sociedade organizada e mercantil. Mas isso não vem ao caso.

O caso é que a difusão do uso do vidro nas janelas, a partir do século XVII, veio a superar – como nota Lewis Mumford, em *A cultura das cidades* (Itatiaia, 1961) – a necessidade de vielas estreitas e curvas, construídas para proteger as lojas de artesãos e residências contra o sol do verão e as nevascas do inverno – e características da cidade medieval. Permitiu a explosão de bilhões de ideias em urbanismo e arquitetura. Dessa forma, as largas avenidas barrocas de Paris são devedoras de mercadores fenícios que certa noite, ao jantar numa praia, depositaram uma panela quente no lugar errado...

É exatamente desse mundo, todo entrelaçado com trilhões, zilhões de relações como essa, que você está sendo convidado a participar, contribuir, brincar. Não há planejamento, não há fluxograma. Isso ressalta melhor quando tais idealizadores de fluxograma se metem com o futuro. O futuro, em termos de Criatividade, só tem chance de ser previsto pelos ficcionistas, fazendo escancarada ficção, como Julio Verne. Quando cientistas preferem levar-se a sério nesse assunto, é sempre um vexame!

Arthur Clarke, cientista britânico, é também um criativo ficcionista (*2001, uma odisseia no espaço*), mas quando se mete, como cientista, a prever com o que a Criatividade vai brindar-nos no futuro, sua competência desce à escala de um frio sideral. No primeiro dia de 1969, *Veja* publicou uma tabela sobre o que Arthur Clarke previa, década por década, desde 1970 a 2100, em cinco áreas: 1) Meios de transporte, 2) Meios de comunicação, 3) O que se construirá, 4) Química biológica e 5) Física.

Logo de saída, para a década de 1970, Clarke previu: pouso na Lua, laboratório espacial, foguete nuclear, máquinas tradutoras, armazenamento eficiente da eletricidade, linguagem dos cetáceos, biologia do Universo. Exceto no que concerne a pouso na Lua (já na época com data marcada pela Nasa, e que ocorreu sete meses depois, pela Apolo 8, ainda na década de 1960) e o laboratório espacial (também já solidamente programado), errou em todo o resto! Para a década de 1980, fez apenas três previsões: pouso em planetas, rádio pessoal, ondas gravitacionais – e errou em todas as três! (Seu pouso em planetas, no plural, só pode ser entendido como pouso tripulado, pois do contrário não teria Clarke previsto, em 1969, "pouso na Lua", quando quatro naves americanas e uma soviética já tinham pousado lá, suavemente, em 1966 e 1967.)

Para a década de 1990, Clarke previu somente: inteligência artificial e organismos cibernéticos – o que implica o controle total das funções dos seres vivos, animais ou vegetais, por meios eletrônicos. Você acaso viu isso?

Vou pular as 27 previsões seguintes, para ir logo às últimas, referentes a 2100: encontro com seres extraterrestres, engenharia astronômica, cérebro universal (formado por um conjunto de computadores que guardarão todas as informações disponíveis no Universo) e, ora vejam só, Imortalidade! Estou curiosíssimo para saber se Clarke vai acertar dessa vez.

(E, claro, nenhuma palavra sobre os supercondutores, sobre a miniaturização eletrônica, sobre as promissoras pesquisas para o domínio da indústria do plasma e para a liga de arsenieto de gálio, que pode tornar os computadores 40% mais velozes, nem sobre o próprio computador pessoal (PC), nem sobre o *laser* e o bebê de proveta...)

Mas deixe-me livrar um pouco a cara de Arthur Clarke: ele advertiu, na época, que "esta tabela não deve ser levada muito a sério, embora seja ao mesmo tempo divertida e instrutiva". Divertida, sem dúvida alguma! E instrutiva também, como lição de que sempre acaba mal qualquer exercício "científico" de futurologia.

Outro estudo de que disponho, sob o impressionante título de *Report on a Long-Range Forecasting Study*, de Olaf Helmer e T. J. Gordon... é divertidíssimo! *Todos* os quinze itens "previstos" para serem criados e inventados nas décadas de 1980 e 1990 furaram sem exceção! A parte hilariante é o final, com uma série de previsões sobre o que vai ocorrer entre o ano de 2010 e "Nunca" (sic)! Agora, finalmente, encontro previsões com garantia de 50% de sucesso! São coisas como: criação de animais inteligentes para mão de obra inferior, comunicação nos dois sentidos com seres extraterrenos e "estase biológica" que admita viagem pelo tempo. Quanto conseguiram esses caras cobrar por seu *Study*? E será que ninguém vai pleitear seu dinheiro de volta? Nunca?


O que quero ressaltar com tudo isso, amigo, é que você está sendo convidado a brincar, com sua criatividade autêntica, num mundo maravilhoso e *real* de desafios e ideias, num contexto em que, em última análise, nada está ordenado, não há fluxograma algum. Não só na área de invenções e descobertas, mas simplesmente em todos os setores de atuação humana em que Criatividade é requerida – isto é, em *todos* os setores!

Se nos fixarmos no panorama das invenções, essa desprogramação, essa sucessão aleatória de ocorrências no campo das ideias, torna-se mais patente e ilustrativa. Por exemplo: os faróis, a direção, a buzina, a suspensão de molas e até o para-brisa do automóvel foram inventados muito antes do automóvel. A câmara fotográfica, como mostra o modelo de câmara escura ilustrado por Johan Zahn em 1685, teve de esperar até 1830 pelo filme de J. M. Daguérre. Alimentos em lata começaram a aparecer nas lojas de Londres em 1830, invenção de um comerciante londrino, Peter Durand, trinta anos antes da invenção do abridor de latas.

Os parafusos foram inventados, na Inglaterra, 48 anos antes da chave de parafusos. O paraquedas foi inventado mais de um século antes do avião. O fax teve seu princípio de funcionamento estabelecido em 1843, 33 anos antes do telefone.

E que dizer do número incalculável – para não falar das ideias que se perderam para sempre – de ideias que levitaram, ultravisíveis, durante anos, ou até séculos, bem à frente dos olhos das pessoas... sem que ninguém as tivesse visto? Os gregos

*Criatividade no trabalho e na vida* • 469

conheciam, desde o século VI a.C., as propriedades elétricas do âmbar – ou *elektron* –, mas foram-lhe indiferentes. Usava-se o vapor no Egito em 130 a.C., mas apenas para mover um brinquedo. Alguém poderá dizer que a Revolução Industrial teve de esperar vinte séculos porque tanto o inventor do brinquedo, quanto os que o viram, contentaram-se com aquele uso primitivo do vapor – ninguém indagou a si próprio: "E daí?", "Que novo uso posso dar a isso?", "Por acaso não poderia usá-lo para economia de mão de obra?" (Tivesse a Revolução Industrial começado ali e, pelos meus cálculos, a fuga da Sagrada Família para o Egito já poderia ter sido de trem, ainda que maria-fumaça.)

O pequeno reino do Benin, célebre por suas notáveis esculturas de bronze, foi a única nação da África negra que, desde o século XIII, conheceu e dominou a metalurgia. Tivesse um de seus reis a ideia simplíssima de usar tal tecnologia para a fabricação de armas, e o Benin teria se alastrado num império equatorial, em vez de apodrecer numa decadência miserável, fustigado por inimigos de todos os lados.

Mais espantoso ainda: é inconcebível que ninguém, cultura alguma, desde os templos bíblicos, tivesse inventado o balão, que teve de esperar pelos Irmãos Montgolfier, até 1783. A humanidade simplesmente contou – a partir do domínio da tecelagem e da descoberta do betume e de alguma goma vegetal – com todos os elementos, difundidos e disponíveis, para se elevar aos ares. Mas ninguém os "concatenou", ninguém os "viu" – nem Leonardo da Vinci, tentando fazer o homem voar pelo princípio dos pássaros...

Que GRANDES IDEIAS, leitor, estão nesse momento simplesmente na nossa cara... sem que as consigamos ver?

Edward de Bono chama a atenção para a hipótese de que o *hovercraft* "poderia ter sido construído muito antes que Christopher Cokerell aparecesse com essa ideia nova", em 1950. E Peter Drucker nota algo ainda mais impressionante: o computador exigiu nada menos do que seis elementos distintos do conhecimento: 1) a aritmética binária; 2) a criação de uma máquina de calcular por Charles Babbage, na primeira metade do século XIX; 3) o cartão perfurado, inventado por Herman Hollerith para o censo americano de 1890; 4) o tubo *audion*, um dispositivo eletrônico inventado em 1906; 5) a lógica simbólica, criada entre 1910 e 1913 por Bertrand Russell e Alfred North Whitehead; e 6) os conceitos de programação e realimentação provenientes das tentativas infrutíferas de desenvolver armas antiaeronaves durante a Primeira Guerra Mundial. "Embora todo o conhecimento necessário estivesse disponível em 1918, o primeiro computador operacional surgiu apenas em 1946." E por quê? Deixe que eu respondo: porque ninguém, durante todo esse tempo, "viu" tudo isso concatenado...


Essa visão, contudo, não deve ser distorcida .

Gutenberg teve criatividade para "concatenar" letras de madeira, herdeiras da xilogravura medieval, com uma prensa de vinho – e inventar a tipografia. (Recentemente, pesquisadores das universidades de Davis, na Califórnia, e de Nova York descobriram, com auxílio de um Cyclotron, espécie de radar subatômico, que

Gutenberg partiu, de algum modo, para a implantação de sistemas como Edison: ele "estendeu seu gênio à formulação de novas tintas", ricas em compostos de chumbo e cobre, muito mais duráveis que as de seu tempo, à base de óleo e carvão). Mas sua criatividade seria obviamente nula para concatenar elementos que não existiam em sua época, e inventar, digamos, o xerox.

Já foi dito que Leonardo da Vinci nunca inventou propriamente nada pois seus projetos inventivos, embora de grande intuição, previam materiais e forças aplicadas absolutamente indisponíveis em sua época.

Gentile de Foligno, médico de Perugia, quase descobriu a causa da peste negra que se abateu sobre a Europa no século XII, matando "um terço do mundo", vale dizer, vinte milhões de pessoas. Foligno suspeitou que "a matéria venenosa podia ser transmitida pelo ar que se inspirava". Contudo, ignorando totalmente a existência de transmissores microscópicos, teve de concluir – como de praxe na época – que o ar estava poluído por influências planetárias... e nada havia a fazer. Assim, o bacilo causador da praga permaneceu ignorado por mais de quinhentos anos.

O que de fato ocorreu, nesse caso, é que Foligno permitiu (ao contrário, por exemplo, de Kepler) que sua intuição fosse "contaminada" e anulada pelos conceitos prevalecentes em seu tempo. Mesmo incapaz, sem dúvida, de descobrir a causa da peste, pela inexistência absoluta do microscópio, Foligno poderia ter tentado algum recurso de prevenção sanitária, que incidisse sobre a respiração de doentes e indivíduos não afetados, por exemplo, pelo uso de tiras de pano sobre a boca e o nariz. Ele tinha todos os elementos à mão para ter inventado a máscara cirúrgica...

E talvez salvado milhares de vidas!


Esse é o nome do Jogo – sem dono, alegremente arbitrário em suas regras, incerto mas sempre compensador – que venho insistindo com você para que dele participe ou participe mais ainda. E agora com mais um argumento, ao qual você pode dar o caráter transcendental que quiser: SORTE.

É notável a sorte incrível que acode a quem, de coração, mergulha no processo incerto e aleatório da Criatividade. Charles Goodyear, pesquisando em 1844 a borracha, poderia ter deixado sua borracha de apagar lápis cair acidentalmente em dezenas de locais: no tapete, na rua, na cesta de lixo, na latrina, na cabeça de um gato; pois a bola caiu numa frigideira quente para *mostrar* a Goodyear o processo de vulcanização. As ondas hertzianas foram descobertas quando Hertz notou uma pequena centelha do outro lado da sala, a partir do equipamento que estava usando. Os raios X foram descobertos quando Röntgen esqueceu de tirar uma cobertura fluorescente, especialmente preparada, da mesa onde ele trabalhava com um tubo de raios catódicos. Röntgen e Hertz não procuravam descobrir os raios X nem as ondas hertzianas simplesmente por não saberem que havia algo a ser descoberto, nesse sentido. Mas procuravam, sim, descobrir "algo".

"O acaso favorece os espíritos preparados", notou Pasteur.

*Criatividade no trabalho e na vida* • *471*

E como também já lembrei: a primeira hélice de barco, inventada por Francis Petti Smith em 1837, era de madeira; nos testes, cerca de metade quebrou e, para espanto geral, isso aumentou muito a velocidade do barco!

Alexander Fleming pesquisou durante anos um bactericida melhor do que os desinfetantes que trataram dos feridos durante a Primeira Guerra. Um dia, em 1922, esse biólogo escocês tira proveito de um acaso feliz, graças a um resfriado: uma gota cai de seu nariz congestionado sobre uma plaqueta onde crescia uma colônia de bactérias, e a colônia perece. O agente antibacteriano é uma enzima, a lisozima, presente também nas lágrimas, no leite materno, no esperma e na clara de ovo. Contudo, ainda que inofensivo ao homem, seus efeitos são infelizmente fracos.

Alguns anos mais tarde, em 1928, ocorreu seu grande lance de sorte. Fleming saiu de férias deixando sobre uma mesa culturas de estafilococos. Ao regressar, notou que uma placa tinha sido lamentavelmente contaminada por fungos trazidos da atmosfera (o que ele sempre tentara evitar). Em vez de atirar a placa fora, observou que, em torno do mofo, as colônias de estafilococos estavam lisadas (dissolvidas). A sorte extraordinária nesse ponto é que tal mofo é um cogumelo raro, o *Penicillium notatum*, um entre centenas de fungos que poderiam ter caído na placa. Seus esporos escaparam do laboratório de micologia no andar superior. Acrescente-se a existência de uma onda de frio estival providencial, sem a qual as bactérias teriam resistido ao ataque. De fato, nem os esforços e recursos colossais da ciência moderna na busca específica de um fungo puderam encontrar algo tão competente quanto aquele fungo depositado por acaso.

De Bono já notou que, "olhando para trás, é sempre possível a constatação de correntes significativas de acontecimentos que conduzem a grandes ideias" (*O pensamento criativo*, Vozes, 1970).

"Batei – que vos será aberto."

Há mesmo um episódio que parece ter sido retirado de uma comédia de Buster Keaton. O químico alemão Christian F. Schönbein fazia experiências com uma mistura de ácido nítrico e ácido sulfúrico na cozinha de sua casa, em 1896. *Frau* Schönbein proibia terminantemente tais experiências em casa, mas ela não estava em casa nesse dia. Schönbein deixou acidentalmente cair um pouco do ácido e, em pânico, agarrou a primeira coisa que encontrou: o belo e rendado avental de algodão da esposa. Limpou o líquido derramado e pendurou o avental próximo do fogão para secar, antes que a matrona chegasse. Quando o avental secou perto do fogo, incendiou-se com tanta rapidez que praticamente desapareceu. Entre atônito e temeroso (era o avental preferido de *Frau* Schönbein), *Herr* Schönbein investigou o caso e descobriu que formara o que conhecemos como "nitrocelulose", ou "algodão-pólvora" – descoberta que em nada aplacou *Frau* Schönbein, que só faltou explodir com o marido! Foi o começo da substituição da pólvora nas batalhas (inclusive conjugais), onde reinara absoluta durante quinhentos anos.

O Universo realmente conspira a favor de quem procura. Dê uma chance a ele!

Em abril de 1957, químicos do laboratório Hoffman-La Roche, na Suíça, receberam ordem de abandonar as intermináveis experiências com variantes de substâncias químicas formadas por um ou mais anéis de carbono com átomos de nitrogênio. No momento de encerrar a rodada de pesquisa com tais drogas, um dos químicos lembrou-se de que algumas delas, sintetizadas dois anos antes, nunca tinham sido testadas. Daí surgiram o Librium e o Valium – os dois produtos farmacêuticos mais receitados no mundo inteiro!

Você não gostaria de participar mais ainda desse Jogo?

Mudando a direção do assunto.

Assim como não há indivíduo, em papel algum de sua vida, que possa atingir o sucesso sem uma dose ponderável e atuante de Criatividade (ainda que não lhe dê esse nome ou não tenha muita consciência disso), o mesmo é válido para um departamento, para uma empresa – principalmente nos dias atuais –, para um governo, para uma nação.

Principalmente nos dias atuais.

O caso Brasil. É tão estúpido, eu disse estúpido, achar que "o brasileiro é um povo muito criativo" (ele é tão criativo como qualquer outro, dependendo da esfera onde aplique sua Criatividade) como pensar com mentalidade de senzala e implantar nas empresas, a frio, técnicas de administração americanas, alemãs ou japonesas, ou achar que nada se pode inventar em face de algum problema, pois, do contrário, "os japoneses já teriam inventado..."

Sim, o Brasil deve aprender muito com o Japão, aprender como aquele país conseguiu, desde os fins do século XIX, partir da situação de atrasada nação asiática – e mesmo após uma catástrofe militar absoluta – para a de potência que conhecemos.

Mas aprender as lições corretas. Pelo menos algumas.

Quando a elite japonesa, após a Restauração Meiji de 1867, decidiu colocar o país no nível das nações industrializadas, sua ação mais contundente consistiu em obter segredos industriais fazendo crer, ardilosamente, na possibilidade de encomendas. Os estaleiros navais ingleses foram os primeiros a se aborrecer com isso: os japoneses estavam habituados a pedir-lhes estudos completos de navios, inclusive com plantas, e em seguida construí-los eles próprios. Finalmente, um cargueiro, cuja planta fora obtida desse modo, adernou e afundou no momento de seu lançamento ao mar. Os japoneses, que são perspicazes, compreenderam imediatamente que não era por aí...

Houve até um incidente que se tornou famoso.

Os japoneses solicitaram a um fabricante ocidental o protótipo de uma bomba hidráulica e prometeram encomendá-la em larga escala. Foi-lhes destinado um protótipo até então abandonado devido a um orifício no cilindro, provocado por uma avaria. Antes de entregá-lo, o fabricante mandou tapar o orifício, fazendo uma porca em cada extremidade, o que o tornou totalmente estanque. Os japoneses construíram uma bomba exatamente igual, sem esquecer o orifício e a cavilha, o que causou hilaridade geral nos meios industriais europeus e americanos, e deu aos nipônicos a reputação, justificada, de plagiadores.

Acontece que esses plagiadores eram dotados de grande inteligência, além de engrenados numa política de desenvolver ideias próprias, mesmo a partir de cópias – e não meramente "comprar", a preços evidentemente exorbitantes, tecnologias acabadas de terceiros (como o Brasil fez, em relação ao Projeto Sivam). Inicialmente, dedicaram-se ao desenvolvimento de tudo aquilo que pudesse ser aplicado em tempo de guerra, o que lhes permitiu derrotar a Rússia em 1905. O fato causou grande impacto junto à opinião pública mundial – a primeira derrota militar do homem branco na história moderna –, mais ou menos como na ocasião da primeira explosão atômica chinesa, em 1964.

Essa política militarista e expansionista – cuja aberração não estou aqui discutindo – manteve-se por quase toda a primeira metade do século XX. O fato é que, em 1941, seus couraçados eram os mais completos e velozes do Pacífico (entre eles o *Yamato*, o mais poderoso do mundo); seu MitsubishiA6M, o famoso *Zero*, o melhor avião de combate nos ares (até ser superado pelos *Hellcats* americanos), além de aeronave produzida com maior simplicidade e em menor tempo; contava com os melhores e mais bem treinados pilotos navais do mundo; dispunha de armas insólitas como os tanques leves e minissubmarinos para dois tripulantes e – *last but not least* – Pearl Harbor foi uma imensa e complexa operação aeronaval, até então insuspeita de poder ser realizada por amarelos.

Contudo, a grande lição que o Japão vai oferecer ao mundo virá após sua catástrofe, em 1945. Terminado o conflito, restava um único vencedor em posição tranquila: os Estados Unidos. (A União Soviética, a verdadeira vencedora da Segunda Guerra no cenário europeu, tivera vinte milhões de mortos, achava-se industrialmente arruinada, e logo se fecharia em copas perante o grande império americano, dentro de sua Cortina de Ferro.) Reinava um vencedor: os Estados Unidos!

Então, os Estados Unidos, na supremacia absoluta sobre o resto do mundo, anunciaram, de forma implícita ou explícita, os rumos do desenvolvimento mundial para a segunda metade do século XX. Ditaram – o que logo se tornou consenso mundial –, em termos de macroeconomia, as áreas de aplicação da pesquisa e do progresso que estavam por vir. E essa visão, mesmo para orientação própria, de quem "sabia das coisas" apoiava-se em premissas estratégicas, das quais posso citar três, como meros exemplos, e nos termos da época:

**1** Estados Unidos, Europa e parte da Ásia já estão razoavelmente servidos por redes ferroviárias. Não se notam maiores tendências de expansão ferroviária na África, América Latina e resto da Ásia. Assim, o transporte ferroviário não merece maiores investimentos, nem é objeto de maior interesse. As melhorias que ocorrerão no setor deverão ser periféricas. Todo o futuro dos transportes nacionais e individuais reside no automóvel, e seus correlatos.

**2** Idem quanto aos transportes intercontinentais, no que concerne aos navios. Não deve ser setor de maior expansão futura. Toda a potencialidade está no avião – notadamente a jato, espólio de guerra tomado da Messerschmitt.

**3** Os Estados Unidos, hoje, têm condições de fabricar e oferecer ao resto do mundo, atrasadíssimo ou arruinado, simplesmente o que quiserem, sem concorrentes. Mas os Estados Unidos têm visão, sabem que as coisas não serão sempre assim. Sabem que há áreas em que não adianta investir, em face da qualidade, tecnologia, tradição e imagem de fabricantes imbatíveis – como a Alemanha, no que concerne a câmaras fotográficas, ou a Suíça, no que concerne a relógios. De fato, tais áreas ficarão para quem é de direito.

Certamente o leitor conhece o resto da história. Esse, sim, a meu ver, é o grande mérito japonês, a grande lição que o Japão tem a ensinar ao Brasil, e ao mundo inteiro: sua genial *independência de pensamento.*

Enquanto o mundo inteiro, inclusive o mundo comunista, "comprava" sem retorquir a visão americana do futuro, o Japão, sozinho, partiu em direção oposta. Investiu maciçamente no transporte ferroviário, inventou o trilho sem costura e o trem-bala; já na década de 1960, era detentor único da tecnologia de ponta no setor (apenas alemães e franceses conseguiram emparelhar-se com ele); investiu a fundo na engenharia de navios e chegou aos superpetroleiros – conquista tão formidável que o próprio Japão não os fabrica para ninguém mais, não os arrenda, não os empresta, trata-os como segredo de Estado. Desprezou solenemente a superioridade dos louros teutônicos em construir suas Leica e Rolleiflex, pegou uma câmara básica, aumentou desmesuradamente o diâmetro da lente e a entrada de luz (essa simples providência é o grande e revolucionário passo para a primazia das câmaras japonesas) e praticamente expulsou a Alemanha do mercado de câmaras (por curiosidade, um dos poucos países onde câmaras alemãs ainda são preferidas profissionalmente é... o Japão; é o fino do esnobismo de grandes fotógrafos japoneses trabalharem com tal produto importado). Os japoneses pegaram uma câmara alemã Zeiss-IKON, melhoraram-na revolucionariamente, puseram uma letra N à frente do célebre IKON e lançaram ao mundo a melhor câmara 35 mm de todos os tempos! E, finalmente, como já lembrei, desprezaram solenemente a Confederação Helvética e quase atiraram os suíços fora do mercado de relógios...

Há outro exemplo, já batido mas interessante: o Japão não tem minério de ferro nem carvão, contudo (estou simplificando), ao reconstruir seu parque siderúrgico, não foi meramente imitar o que os outros faziam: ao contrário, teve a ideia inédita de construir siderúrgicas *dentro* dos portos, possibilitando aos navios descarregarem o minério e o coque diretamente nos altos fornos. Esse ovo de Colombo (que você, leitor, se tivesse chance, talvez também sugerisse) lhe assegura ser mais barato colocar o carvão que vem de Norfolk (Estados Unidos) em suas usinas, do que custa esse mesmo carvão ser colocado nas usinas de Pittsburgh (Estados Unidos).

E quer criatividade maior do que a do Japão em "não fazer nada" durante a Guerra do Vietnã – ou melhor, em se concentrar em conquistar cada vez maior avanço tecnológico (chegando a vender equipamentos para os dois lados) –, enquanto seu principal concorrente comercial se esvaía num conflito que, por sinal, lhe originou uma crise econômica da qual só foi se recuperar nos anos 1990?

É de lances como esses – ditados por uma absoluta autonomia de julgamento, e uma IRREVERÊNCIA básica, muito disfarçada pela cordialidade nipônica – que parte a celebrada Criatividade japonesa! Os americanos inventaram o toca-discos, a TV em cores, os telefones e os semicondutores; ainda

*Criatividade no trabalho e na vida* • 475

em 1970, eles tinham entre 90% e 99% do mercado mundial desses produtos. Já em 1990, eles tinham apenas 1% dos toca-discos, 10% das televisões em cores, 25% dos telefones e 64% dos semicondutores (se excluirmos os semicondutores que a IBM fabrica para consumo próprio, os japoneses têm 85% desse mercado).

Nesse mesmo ano, 1990, a empresa americana que mais patenteou produtos nos Estados Unidos foi a General Electric, pouco acima da Fuji Photo. Acima da GE estão as que mais patentearam: Mitsubishi, Canon, Toshiba e Hitachi!

O mínimo a deduzir de tudo isso é que quando hoje o Brasil compra e implanta a frio "soluções japonesas", em administração ou mesmo tecnologia, está anos-luz de distância de agir como "japonês". Não está realmente aprendendo com o Japão o que mais interessa! (Há aqui, por outro lado, campo para uma discussão sobre a diferença entre Criatividade e Inovação. Tomando por base esse mesmo ano, 1990, os Estados Unidos já eram detentores de 201 Prêmios Nobel... contra dois do Japão.)

Exemplo pouco erudito, mas que faz parte da nossa memória nacional, e é ilustrativo do que estou comentando:

Em 1966, a Inglaterra sagrou-se campeã mundial de futebol na própria Inglaterra, em campanha de méritos discutíveis, mas endeusada fanaticamente pela imprensa inglesa. Com sua vitória, consagrou-se no mundo inteiro a técnica que possibilitou ao English Team ficar com a Taça Jules Rimet durante quatro anos: uma técnica defensiva, à base da retranca.

Quatro anos depois, no México, praticamente todos os países concorrentes, com exceção do Brasil, começaram suas campanhas jogando defensivamente, porque, de um modo ou de outro, todos tinham "comprado" o *know-how* inglês: a retranca.

O prestígio da Inglaterra em futebol estava nas culminâncias. E quem leu a imprensa inglesa nessa época se lembra de como ela "faturava" esse prestígio, chauvinistamente.

O Brasil, detentor de concepção diametralmente oposta, preparou-se bem, em silêncio, e a cada partida explodia com um futebol implacavelmente ofensivo, sem necessitar de um minuto de prorrogação em seus jogos até chegar aos 4 x 1 contra a Itália, e a posse definitiva da Taça. Apresentou uma ideia melhor, preponderantemente brasileira, inquestionavelmente mais eficaz, bem treinada e apta para o sucesso, e o que isso acarretou em termos de espanto e admiração na Europa – principalmente na Inglaterra! – foi avassalador.

Podemos afirmar, sobre a campanha de futebol no México, que foi uma das raras vezes em que o Brasil agiu – por seu preparo técnico e sua independência psicológica – como potência tecnológica do século XX... e XXI.

E ninguém pode queixar-se de que, pelo menos uma vez, a Europa não se tenha curvado perante nós.

O desenvolvimento, o sucesso de qualquer nação (tanto quanto o de qualquer indivíduo) calca-se, em última análise, sobre *ideias próprias*. Lembremo-nos de que, após a Segunda Guerra, a única atividade dos Aliados contra a qual os alemães protestaram foi a divulgação dos seus segredos industriais.

Todo o resto – os processos e julgamentos, as administrações quadripartites, mesmo as apreensões a título de indenização – foram aceitas sem um pio...

(Acontece que os documentos divulgados pelos vencedores revelaram não apenas os segredos alemães, mas também os franceses, belgas, holandeses e americanos; isso porque os alemães haviam pilhado, durante a ocupação ou por meio da espionagem, tanto a Europa como os Estados Unidos. Criou-se uma situação inextrincável que por pouco não provocou a derrocada de todos os sistemas de patentes: na realidade, eles nunca se recuperaram totalmente.)

Ninguém, em sã consciência, pode discutir a necessidade de o Brasil obter tecnologia do exterior para seu desenvolvimento. Mas pode muito bem discutir e negociar as opções e variedades inumeráveis em como obtê-las, ou melhor, em que medida podemos participar, em nível máximo, de sua compreensão e seu progressivo e emancipado desenvolvimento.

O acordo nuclear Brasil-Alemanha é um exemplo, hoje reconhecido, de imbecilidade. Queimamos 7 bilhões de dólares com uma grande quantidade de equipamentos nucleares muito avançados que, aqui, viraram autêntica caixa-preta. Quando o Brasil tocou um projeto nuclear com sua própria inteligência, a coisa progrediu. Com 300 milhões de dólares, conseguimos enriquecer urânio e fabricar nossos primeiros reatores de pequeno porte. Alguém poderá alegar que isso é "pensar pequeno". Mas não será pensar ESTUPIDAMENTE GRANDE o contrato que fizemos com os alemães?

O projeto de Sistema de Vigilância da Amazônia, Sivam, é outro caso, parece-me, semelhante ao acordo nuclear. Pagamos 1,4 bilhão de dólares por um sistema (obviamente obsoleto) que, independentemente de ser do interesse não só comercial como estratégico e militar dos Estados Unidos, só nos deixará apertar os botões. Um projeto que, em nível realista, empresas brasileiras, associadas a estrangeiras, teriam plena competência para realizar. Diz o físico da Universidade de Campinas, Rogério Cezar Leite, em *Veja*, de 27 de dezembro de 1995:

> As empresas brasileiras já fazem radares para a Amazônia e outros equipamentos de navegação. O Brasil está bem maduro na área de *softwares*. Exporta e compete bem. Uma empresa pequena de Campinas, que produz justamente sistemas integrados, ganhou recentemente um prêmio mundial disputando com empresas do porte da AT &T. É perfeitamente possível, com a competência nacional, desenvolver a parte final do Sivam, que é a de integrar o sistema de proteção e voo com a defesa ambiental. [...]
>
> Um Sivam brasileiro custaria em torno de 400 milhões de dólares. Não é um chute. A própria Aeronáutica, no projeto que fez da Amazônia em 1992, antes do Sivam, estimou um gasto da ordem de 600 milhões de dólares.

No outro extremo está o Satélite Coletor de Dados 1 (SCD 1), o primeiro totalmente construído no Brasil. Fruto do trabalho conjunto do Instituto Nacional de Pesquisas Espaciais (Inpe) e do Centro Técnico Aeroespacial (CTA), ambos em São José dos Campos, São Paulo, foi lançado de uma base da Flórida em 1993. Seu pleno sucesso abre caminho para equipamentos de maior alcance.

Mesmo em assuntos de menor monta, vemos a toda hora essa dicotomia entre Tecnologia inerte e Criatividade dinâmica. Na década de 1940, os técnicos brasileiros começaram a construir estradas copiando a tecnologia desenvolvida nos Estados Unidos. Segundo os conceitos americanos, é indispensável que a pavimentação seja dotada de pelo menos seis camadas de materiais diferentes, tais como: solos resistentes, pedra britada e asfalto.

Durante trinta anos, eu disse trinta anos, o Brasil utilizou essa tecnologia sem avaliar se era a mais adequada. Só então pesquisadores brasileiros fizeram uma descoberta sensacional: o solo brasileiro é muito mais estável do que o dos Estados Unidos, e a pavimentação não requer tantos cuidados! Os planaltos tropicais são ricos num tipo de solo, conhecido como *arenoso fino laterítico*, que pode servir de base para a pavimentação sem colocar em risco a qualidade da rodovia.

"Existem estradas que utilizam essa técnica – inclusive três mil quilômetros de estradas vicinais paulistas – com mais de quinze anos de uso contínuo e se encontram em bom estado de conservação", afirma Douglas Fadul Villibor, professor da USP e engenheiro do Departamento de Estrada de Rodagem de São Paulo, a *Veja* (14 de fevereiro de 1990). E custam metade das estradas convencionais.

A partir daí novas combinações estão sendo desenvolvidas, inclusive numa via vicinal de onze quilômetros no município de Batatais, no interior de São Paulo, em estradas que chegam a custar 10% do preço de uma estrada comum.

É justamente dentro de contextos como esse, em que se enfrentam a necessidade de Tecnologia de fora e a imprescindibilidade de Criatividade e Autonomia de Pensamento de dentro (cenário para o qual, adianto logo, não disponho de nenhuma fórmula *a priori*), é que reside o grande PROBLEMA que o Brasil tem de resolver, se tiver a pretensão de não perder o bonde do século XXI.

No fim do século XVIII, quando os Estados Unidos estavam prestes a iniciar seu esforço industrializador, decidiram não reconhecer nenhuma patente estrangeira. Sua lei passou a admitir a concessão de patentes apenas para seus próprios cidadãos. Todas as invenções do mundo eram apropriadas livremente por cidadãos americanos. Somente no século XIX estenderam o direito de patentes a estrangeiros, conquanto residissem em território americano houvesse mais de dois anos. Inglaterra, França, Holanda, Suíça, Áustria, Itália, Espanha, Coreia do Sul – Japão nem se fala –, todos já assentaram doses elevadíssimas de protecionismo e de recusa a direitos de inventores estrangeiros.

Na verdade, esse argumento não é tão forte assim. A economia brasileira hoje é infinitamente maior e mais complexa que a dos Estados Unidos no século XVIII. (Naquele século, nossa Vila Rica, atual Ouro Preto, era a mais rica e sofisticada cidade das Américas, enquanto Nova York não passava de um aglomerado de cabanas.) Os tempos mudaram e hoje um país com fronteiras fechadas tem pouco acesso a capitais e a novidades tecnológicas. Com isso, perde competitividade e marca passo. Sua indústria envelhece e se torna incapaz de produzir coisas melhores e mais baratas.

Ninguém discute mais isso. Mesmo em 1986, durante o apogeu da Guerra Fria, um americano em Washington podia começar seu dia colocando as lentes de contato, ligando a televisão, espremendo um copo de suco de fruta e coando café no fogão a gás; em seguida, iria de metrô para uma fábrica de ferramentas, de acessórios automobilísticos ou talvez de cápsulas de foguetes militares; terminaria seu dia abrindo uma lata de cerveja – completamente alheio ao fato de que tecnologias do bloco soviético, compradas por companhias americanas, desempenharam papel relevante em cada uma dessas atividades.

(Nessa época, a União Soviética vendia aos Estados Unidos tecnologia muito mais sensível militarmente – como o processo de soldagem de tubulações de largo diâmetro, vendido à firma J. R. McDermoth – do que as que os Estados Unidos jamais concordariam em vender aos russos. As tecnologias relacionadas à soldagem elétrica e metalurgia, desenvolvidas no Instituto E. O. Paton, em Kiev, eram reconhecidas como as mais avançadas do mundo. Os trilhos dos metrôs de Washington e Nova York, por exemplo, foram soldados com essa tecnologia, comprada pela Companhia Holland, de Illinois. Comentário irônico de um embaixador russo: "Mesmo seus generais e guerreiros frios vão todos os dias trabalhar no Pentágono sobre as soldas de Moscou". Em 1986, os países do bloco soviético controlavam cerca de 5.300 patentes nos Estados Unidos).

Além disso, matérias-primas têm hoje importância muito menor para a soberania econômica de um país. Com a globalização, é possível comprá-la a preços baixos nos cinco continentes. E seu preço tende a cair cada vez mais. O aço, por exemplo, está perdendo valor. É provável que num futuro bem próximo os blocos de motor sejam feitos de cerâmica. O alumínio que se emprega na construção de aviões está sendo gradativamente substituído por materiais compostos, como a fibra de carbono.

Já em 1985, um estudo patrocinado pelo Fundo Monetário Internacional mostrou que a demanda por minerais e metais vinha caindo qualitativamente de maneira lenta, desde o início do século: 70% do custo de produção de um automóvel Ford modelo T, da década de 1920, correspondia a matérias-primas; num Mustang, feito pela mesma Ford em 1965, essa proporção tinha caído para 40%. Um *chip* típico dos microcomputadores atuais tem apenas 1% de matéria-prima em seu custo final. Apenas vinte quilos de fibra de vidro transformada em cabos telefônicos transmitem tantas conversas quanto uma tonelada de cobre.

As empresas de antigamente (quero dizer, de alguns anos atrás) tinham um patrimônio típico a apresentar a acionistas e consumidores. Eram donas de fábri-

*Criatividade no trabalho e na vida* • 479

cas, maquinaria, armazéns, imóveis funcionais e frotas de veículos. Hoje, companhias que empregam milhares de pessoas e são altamente lucrativas podem nem ter patrimônio físico. Como calcular o valor de uma firma italiana de *design* ou de uma consultoria empresarial suíça, se ele está quase integralmente contido no cérebro das pessoas que as compõem?

Assim, hoje, mais do que nunca, o sucesso de um indivíduo, de uma empresa ou de uma nação não repousa mais em qualquer atributo físico – sequer em dinheiro.

Seu sucesso repousa em IDEIAS!

E IDEIAS não são produto de ideologias, teorias ou premissas imutáveis, ainda que eleitas sobre as melhores intenções. Não são expressões de ufanismo nem pessimismo. São eventos 100% realistas, surgidos de uma visão inédita e eficaz da realidade concreta!

O sucesso de qualquer plano governamental brasileiro, ou melhor, o sucesso do próprio país como entidade independente está exatamente, creio eu, na solução criativa do PROBLEMA, cuja formulação inclui, de um lado, a necessidade de tecnologia avançada e, de outro, a imprescindibilidade de maturação própria.

(O prestígio mundial da Petrobras, por exemplo, não está tanto na quantidade de petróleo que ela já foi capaz de refinar, e sim em sua capacidade de ter-se tornado detentora mundial de tecnologia de perfuração em águas profundas.)

É a partir dessa óptica, que exige o estudo flexível e realista de cada caso, com vista à preservação do verdadeiro interesse nacional, que julgo muito estúpida (e também suspeita) qualquer cruzada a favor das privatizações ou da liberal Lei de Patentes atualmente em tramitação no Congresso – tanto quanto qualquer resistência arraigada contra elas. Entre uma e outra postura, há um campo fertilíssimo, penso eu, de outras combinações, de negociações e opções criativas – que preservem sempre os horizontes e possibilidades da criatividade brasileira. Estarei agora fazendo comício?

O Brasil, por exemplo, implantou, desde o começo da década de 1980, a única barreira bem-sucedida em todo o mundo contra fornecedores americanos de computadores pequenos. Apenas o Japão tem seu mercado de informática igualmente fechado – mas para o outro extremo do mercado, o de grandes processadores. A iniciativa brasileira foi boa ou ruim? Teve, é claro, vantagens e desvantagens. O que não significa que não tenha mesmo chegado a hora de acabar. O mesmo pode valer para inumeráveis outros casos.

Vejamos de novo o que tem a nos ensinar o programa de satélites brasileiros, cujo primeiro, o SCD 1, lançado na Flórida, foi um sucesso. O Centro Técnico Aeroespacial, em São José dos Campos, é o órgão encarregado da colocação dos futuros satélites em órbita, por intermédio do Instituto de Aeronáutica Espacial, responsável pela construção do primeiro veículo lançador de satélite do Brasil.

Como é o mais caro – 830 milhões de dólares contra 270 milhões de dólares dos satélites –, o projeto de construção do foguete tem sido o que mais sofre com a falta de recursos. Segundo Jaime Boscov, coordenador do projeto de construção do VLS, as verbas recebidas, até 1985, eram da ordem de 80% a 90% das solicitadas. "De lá para cá, esse percentual vem sendo reduzido ano a ano até atingir, em 1990, apenas 25%" (não sei a quantas anda hoje).

Em 1991, o VLS, um foguete com dezenove metros e cinquenta toneladas, já estava passando por testes no chão para caracterizar sua estrutura. Em 1992, deveria ser testada sua condição de decolagem. Mas não foi só a falta de dinheiro que atrasou o desenvolvimento do VLS. Há um outro problema que talvez seja mais grave: embargos dos países industrializados às exportações para o Brasil de todo e qualquer material que possa ser incorporado ao VLS, como sensores inerciais para controle do veículo e materiais para altas temperaturas.

"Eles temem que se o Brasil receber esses materiais" – explica Boscov ao *Jornal do Brasil* de 30 de junho de 1991 – "ficará capacitado a construir mísseis balísticos estratégicos" (o que não deixa de ser verdade, como ocorre com um bom número de outros países). A solução foi tentar fabricar esses componentes no Brasil mesmo, um processo bem mais caro e demorado.

E agora vem a recompensa típica do processo criativo, sob o sufoco da PRESSÃO: "Os técnicos do CTA desenvolveram um aço super-resistente que hoje está sendo exportado para os Estados Unidos onde é usado em trens de pouso de aviões".

(Nota da segunda edição: o fracasso do VSL, em dezembro de 1999, repete o padrão inicial de todos os países lançadores de foguetes: o prejuízo, de cerca de 9 milhões de reais, é ridículo diante dos lucros de um negócio – para poucos – que movimenta hoje 100 bilhões de dólares, e que deverá movimentar, até 2020, recursos de *trilhões* de dólares! Está previsto o lançamento de mais quatro protótipos do VSL.)


Por que, por exemplo, não se tenta negociar a Lei das Patentes – que vai favorecer de mão beijada os grandes detentores da tecnologia internacional – em troca da queda de tais embargos? Por que razão deve o país ser embargado enquanto abre mão, envergonhado, do seu direito de embargar? O México, por exemplo, negociou com os Estados Unidos a aprovação de sua nova Lei de Patentes contra a entrada do país no Nafta.


De qualquer forma, penso ser essa a encruzilhada realista para a ascensão de qualquer país no cenário atual.

Em abril de 1996, o Brasil foi admitido no Nuclear Suppliers Group (NSG) como novo membro no seleto grupo formado por 45 países, como Estados Unidos, Grã-Bretanha, França etc., fornecedores de materiais nucleares. Isso não significa que o Brasil terá acesso ao mercado internacional. O NSG também serve como uma "mola de controle" a países como o Brasil, que, embora dominem o ciclo do combustível, estão longe de conquistar os níveis da tecnologia nuclear alcançados pelo Primeiro Mundo.

As regras estabelecidas pelo NSG incluem uma lista de equipamentos que só podem ser comercializados de um país para outro, num processo altamente seletivo. Em resumo: nem tudo pode ser vendido para todos. O NSG facilita a troca de tecnologia, quando tem plena certeza de que o conhecimento ou produto não será repassado para terceiros.

Agora, preste atenção o leitor a este detalhe: pelo NSG, o *zircalloy* (liga de zircônio usada para produzir os tubos que contêm o elemento combustível dos reatores) só pode ser vendido a um país que já domine a tecnologia para sua fabricação! Em parceria com o Instituto de Pesquisas Energéticas (Ipen), da Comissão Nacional de Energia Nuclear (CNEN), em São Paulo, a Marinha brasileira desenvolveu o *zircalloy*, e deverá usá-lo no vaso do reator Renap-15, que está sendo construído em terra. Como dispõe da tecnologia – não conquistada por nenhum "contrato Sivam" –, o Brasil pode agora, se quiser, importar o produto, ainda que sob o controle do NSG!

A Argentina faz parte do NSG há muitos anos, mas só após dominar a tecnologia para a produção de água pesada – utilizada como parte do combustível das usinas nucleares Atucha 1 e Embalse – pôde comprar uma fábrica de água pesada da Suíça. Para dominar essa tecnologia, o governo argentino levou algum tempo: formou um grupo de estudos em 1974 e os resultados concretos foram obtidos no final da década de 1980.

Esse é o panorama do futuro imediato: quem tem pode ter mais; quem não tem... não terá nunca!


Isso não implica, evidentemente, nenhuma solução automática e simplista. O estudo de um professor da Unicamp, Renato Dagnino, revela que o dinheiro investido pelas Forças Armadas brasileiras é tão mal aplicado que deveria passar para outras mãos, civis. Cita o caso do submarino nuclear brasileiro, que até hoje sequer saiu do papel, bem como a falência da nossa indústria bélica, virtualmente associada aos militares: "Pouco se criava no Brasil. As indústrias bélicas brasileiras dependeram pesadamente de importação de tecnologia", a qual chegava a 50% em algumas dessas indústrias.

Essa, sim, é uma boa discussão neste século XXI.


Não creio que Lei de Patente alguma seja capaz de estrangular a Inventividade de um país – caso haja, da parte de seus pesquisadores, uma boa dose de Motivação, Irreverência, Confiança em si mesmos (além, é claro, de um mínimo de condições objetivas: estímulos concretos, verbas, bolsas etc.).

Com a evolução da pesquisa científica, tem sido cada vez mais difícil aferir o grau de novidade presente em cada invenção. Não há mais invenções isoladas. Todas elas compartilham entre si uma larguíssima base comum de conceitos e ideias amplamente conhecidas, correspondentes ao "estado da arte".

As inovações contidas em cada caso, cada patente, são sempre muito marginais. Isso não se aplica apenas à biotecnologia. Programas de computador, de circuitos integrados e outros produtos contêm em si menos de 5% de verdadeira *invenção*.

Significa isso, muito simplesmente, que um mínimo de criatividade brasileira – autêntica e comprovada, mas que só pode ocorrer com gente que não se deixe embasbacar pela inventividade alheia – pode muito bem quebrar, superar, um sem-número de patentes!

Por que não?

Volto-me de novo para a propaganda para ver, também aqui, uma evolução muito promissora.

Quando ingressei nessa profissão, ainda na década de 1950, o mercado brasileiro era francamente dominado por duas grandes agências norte-americanas, que tinham seu cacho de clientes internacionais cativos, quase todos também norte-americanos. Em quarto ou quinto lugar, havia uma agência inglesa, que atendia a uma grande conta inglesa, a Souza Cruz. Era, sim, um negócio quase fechado e excludente, em que o filé parecia estar sempre fora do alcance das agências brasileiras.

No início da década de 1970, as quatro maiores agências do país já eram 100% brasileiras, atendendo a grandes clientes internacionais, inclusive a Souza Cruz, pois a agência inglesa se esvaneceu. As duas grandes agências americanas desceram para quinto ou sexto lugar. Mesmo alguns de seus clientes "cativos", atendidos por elas no mundo inteiro, foram conquistados, no Brasil, por agências brasileiras, pelo menos para alguns setores: Ford, Pan Am, GM, IBM etc. A maioria esmagadora dos prêmios, como os de Cannes, bem como os maiores casos de sucesso, eram creditados majoritariamente a agências 100% brasileiras.

A partir da década de 1980, a maioria dessas agências brasileiras passou a se associar a alguma agência norte-americana sediada nos Estados Unidos, com evidente proveito mútuo. Uma evolução, muito justa, que poderia ser tomada como modelo.

Mesmo um setor de negócios de tão alta especialização, de tão imprescindível criatividade e de lucratividade tão tentadora, acabou, sim, francamente gerido por brasileiros. O mercado, outrora fechado, com as "cartas marcadas", foi aos poucos aberto, não digo escancarado. (Eu próprio respondi, durante muitos anos, por contas internacionais, atendidas no exterior, e cobiçadas no Brasil, por agências internacionais.)

Moral da história: não há "Lei de Patentes" capaz de estrangular a Motivação, Competência e Criatividade de quem as tem para oferecer.

De resto, como creio que venho deixando claro ao longo deste livro, Criatividade não incide só em inventos e patentes, mas também, entre muitas outras coisas, em negociação, em contratos jurídicos, em estratégia empresarial, em política governamental.

*Criatividade no trabalho e na vida* • 483

É nesse leque imenso de atuações, que inclui na verdade todos os campos possíveis da atuação humana, que você está sendo continuamente chamado a interferir – e interferir de modo muito mais efetivo, ainda que surpreendente e inédito!

Olhe mais uma vez em torno, contemple a existência real que o cerca. Não é possível que nesse mundo, atulhado de objetos de todos os tamanhos, de funções de toda ordem, bem como de fluxos, processos, concepções, tendências, organizações e tradições, oportunidades e obsoletismos, necessidades e problemas, você não encontre campo fértil para inumeráveis e frequentes contribuições.

Não para deixar qualquer marca "imortal" de sua passagem pela Terra – creio que nós dois não deixaremos nenhuma –, mas simplesmente porque é bom, muito melhor agir assim, viver assim.

E note que ainda devemos ter muito tempo para viver assim, criando sempre. Segundo pesquisa do professor Harvey C. Lehman, da Universidade de Ohio – cobrindo mais de duas mil ideias que se tornaram importantes para o mundo –, a idade média de seus autores, quando tais ideias ocorreram, foi de 74 anos!

E quais seriam, ainda, os empecilhos para isso?

Reporto-me – também para uma revisão geral – ao famoso quadro *Barreiras à Criatividade*, publicado pela American Management Association:

**1** Sentimentos pessoais de insegurança.
**2** Necessidade de segurança superficial.
**3** Inabilidade em usar livremente o inconsciente.
**4** Inabilidade em usar eficazmente o consciente.
**5** Barreiras decorrentes do trabalho.
**6** Barreiras ambientais.

Quanto ao primeiro item, a mesma fonte o divide em cinco fatores:

**a.** Falta de confiança em si.
**b.** Temor às críticas.
**c.** Medo do fracasso.
**d.** Ansiedade quanto ao amor-próprio.
**e.** Temor a autoridade e sentimentos correlatos de dependência.

De modo geral, já abordei ao longo deste livro todas essas "barreiras" (exceto duas), mas serão oportunos alguns lembretes, a título, como disse, de revisão.

### 1a – Falta de confiança em si

Se você acha que pode ou se você acha que não pode – dizia Henry Ford –, nos dois casos você está certo. Então é melhor, por via das dúvidas, achar que pode. Isso não deve implicar grandes arroubos de "pensamento positivo", mas simplesmente, nem que seja por molecagem, "pagar para ver".

Aliás, há muita gente que "não pode", ou pelo menos "não poderia", e mesmo assim está dando as cartas por aí...

Antítese prática a essa "barreira": quando sentir-se inseguro quanto a você mesmo, comece intimamente a se perguntar, de forma calorosa e protetora, usando para isso algum apelido que já teve na infância, a seguinte questão (exemplo pessoal): "Você está com medo de que, Betinho?" Converse, sincera e objetivamente, com essa "voz". Confesse-lhe todas as suas razões, íntimas e pessoais, e "ouça" o que ela tem a lhe dizer (exemplo de diálogo OK, em Análise Transacional). A tendência é sair desse colóquio interior bem mais seguro e tranquilo.

### 1b – Temor à crítica

Antítese: Regra nº 7.

Quase toda grande ideia foi ridicularizada quando proposta pela primeira vez – e, geralmente, quanto maior a ideia tanto maior o ridículo com que a receberam.

As "frases assassinas" não arrancam pedaço de ninguém.

Já falei bastante sobre isso.

### 1c – Medo do fracasso

Quem tem medo do fracasso tem pavor da Criatividade!

Charles Kettering, aquele gênio que já elogiei tanto, declarou certa vez:

> Poderia pegar qualquer grupo de jovens e ensiná-los a ser inventores se conseguisse convencê-los a não recearem o fracasso. A razão disso é muito simples: é que em toda sua vida lhes foi ensinado o perigo do fracasso. Desde o tempo em que entram na escola primária até sua formatura na Universidade, eles têm de prestar exames três ou quatro vezes por ano: quem fracassa tem de deixar a escola e, em muitos casos, perde prestígio. Já nos trabalhos de pesquisa e invenção, malogra-se cem vezes, e até mesmo milhares de vezes. No momento, contudo, em que se é bem-sucedido, o cara está feito!

A história das ideias, em todos os campos do conhecimento humano, é uma história de erros, besteirol e fracassos. Recomendo muito o *best-seller* de Jean-Pierre Lentin, *Penso, logo me engano* (Ática, 1996), que chegou a cunhar o excelente neologismo "Erroreka"! Falando de Descartes e Pasteur, por exemplo, diz Lentin: "Seus erros estão intimamente ligados a seu modo de agir; sem esses erros, eles nada teriam encontrado". Isso vale para uma infinidade de gênios.

Você procura sucesso, e eu também, mas o sucesso tem grave desvantagem: ele não nos ensina nada! Já o fracasso, para um bom aluno, é exímio professor – ainda que ríspido. Mas, claro, você terá de se entender com ele.

Se não se entender, alguém se entenderá, e passará à sua frente! A história a seguir é clássica como história de uma ideia, com a única exceção de que seu principal protagonista foi demitido e substituído antes do final. Horace Wells, então um jovem dentista americano – depois de notar um cidadão, que tinha cheirado gás hilariante, bater com a perna na cadeira e não sentir nada –, pediu a um aprendiz que lhe arrancasse um dente enquanto estivesse sob a ação do gás, e a operação foi indolor. Propôs então, em 1845, demonstrar cientificamente a descoberta a seus colegas, numa apresentação no Hospital Geral de Massachusetts. Contudo, o paciente gritou de dor e Horace foi exposto ao ridículo. Horace saiu de cena consternado. A partir desse ponto, um assistente seu, William Morton, passou a trabalhar com éter sulfúrico e, logo no ano seguinte, no mesmo hospital, repetiu a demonstração – e foi um sucesso!

Encontro em Alex Osborn: "A mente factual ficará um pouco tolhida pelos fracassos; a mente criativa quase se orgulha deles".

Penso que a vida, em grande parte, assemelha-se, às vezes, a um jogo de esconder "tá quente, tá frio". De vez em quando, a natureza vocifera-lhe aos ouvidos: "TÁ FRIO!" Seus tímpanos podem ficar doloridos. Mas o que é isso senão autêntica colaboração?

Faz parte imprescindível da história de um vencedor quebrar a cara de vez em quando. (Assim como é parte típica da história de um perdedor vez por outra "se dar bem".) Medo arraigado do fracasso confunde-se com o medo de errar – característico do comportamento patológico expresso, em Análise Transacional, pelo Impulsor "Seja Perfeito".

Medo do fracasso é também a origem de infinidades de preocupações, em grande parte imaginárias. Gosto muito da frase de Thomas Jefferson: "Quantos sofrimentos nos custaram os males que nunca ocorreram". Um século mais tarde, outro presidente, John Garfield, repetindo Jefferson, observou: "Eu tive muitas complicações em minha vida, mas a maioria delas jamais aconteceu".

Boa antítese para essa "barreira": Regra nº 8.

Fracassos são nossos (desagradáveis) amigos. O mais prático enfoque que conheço sobre isso é de Peter Drucker, o mais conceituado especialista em administração de empresas, em *Inovação e espírito empreendedor* (Pioneira, 1987): "Se algo falha, a despeito de ter sido cuidadosamente planejado, minuciosamente desenhado e conscientemente executado, esse fracasso muitas vezes revela mudanças latentes e, com elas, novas oportunidades".

Quer coisa mais otimista? Drucker não vê, como é lógico, potencialidade alguma em fracassos advindos do desleixo, da omissão, da incompetência estrutural. O que ele faz é chamar a atenção para a chance preciosa de quem, após planejar cuidadosamente um projeto e implantá-lo criteriosamente, cercando-o de todas as precauções objetivas... mesmo assim o vê fracassar. Porque nesse momento tal indivíduo tem a faca e o queijo na mão para INOVAR!

E por que não se vê tanta inovação a partir de tantos fracassos ocorridos? Simples: porque a grande maioria de nós, ao defrontar com o fracasso de um projeto tão bem elaborado, e implantado com tanto cuidado, cai em desolação! ("Eu me esforcei tanto, eu me preocupei tanto, eu tomei todas as providências necessárias... e foi tudo por água abaixo.") Ao contrário, bastaria talvez, perante esse mesmo fracasso, o indivíduo exclamar: QUE BOM! – e poderia ver, à sua frente, todos os componentes de uma grande ideia, de uma INOVAÇÃO!

Seja sempre atento, responsável, lógico e objetivo em todos os seus projetos. Sua criatividade advirá exatamente daquele que fracassar.

*1d – Ansiedade quanto ao amor-próprio*

Antítese: Regra nº 6.

*1e – Temor a autoridade e sentimentos correlatos de dependência*

Penso que essa "barreira" é redundante da 1b, bem como da próxima.

Saiba que, a rigor, ninguém tem propriamente medo de qualquer autoridade externa... e sim da interna, de seu próprio Pai Crítico NOK, que projeta no outro, no Chefe.

Antítese: Regra nº 7. Evitar a mitificação. Usar de IRREVERÊNCIA correta.

*2 – Necessidade de segurança superficial*

Essa "barreira" está totalmente imbricada com a questão de RISCOS.

Sem dúvida, todo risco... é um risco (anote esse pensamento). Talvez fosse até melhor evitá-los, se já não tivéssemos toneladas de comprovantes de que "o maior risco que se pode correr na vida... é não correr risco algum".

Medo de correr risco, tanto na empresa como na vida pessoal, redunda em rotinas obsoletas, burocracia, comodismo e grande apreciação pelo consenso. Equipe que chega facilmente ao consenso é equipe de criatividade nula. Alguém já disse que, quando dois homens numa empresa pensam exatamente igual, pode-se demitir um deles – ou talvez ambos...

Concordância fácil, consenso facilmente estabelecido refletem, sim, necessidade de superficial e enganadora segurança. Afinal, a empresa não vai demitir "todo mundo que concordou". Alfred P. Sloan, que revitalizou a General Motors na década de 1920, quando a empresa chegara perto da bancarrota, sabia muito bem disso. Certa vez, num encontro de um de seus altos comitês, todos concordaram com certa proposta apresentada. "Cavalheiros" – confirmou Sloan – "deduzo que todos aqui estão em completo acordo quanto à decisão tomada." Todo mundo em volta da mesa anuiu. "Então" – continuou ele – "proponho que adiemos a discussão sobre essa matéria até nossa próxima reunião para que tenhamos tempo de desenvolver discórdias e talvez adquirirmos alguma nova compreensão sobre esse assunto em discussão."

Se alguma IDEIA tinha possibilidade de sair desse "assunto em discussão", só saiu depois de uma colocação como essa.

*3 – Inabilidade de usar livremente o inconsciente*

Sem necessidade de protestar, de novo, contra a inadequação desse termo, tenho apenas uma única dica prática a oferecer: reveja conscientemente todos os

*Criatividade no trabalho e na vida* • 487

termos de seu principal PROBLEMA, todas as noites, antes de dormir e, em seguida, dê ordem a seu "inconsciente" para ver o que pode ele fazer com o assunto. Só isso! (Sem esquecer, obviamente, de manter lápis e papel na cabeceira.)

Não sou poeta dos piores, já tendo, em 1965, como disse, conquistado o primeiro lugar do Grande Prêmio de Poesia, entre 1.085 concorrentes, concurso esse julgado por Carlos Drummond de Andrade, Manuel Bandeira, Paulo Mendes Campos e Fausto Cunha, com um longo poema denominado *Península*, publicado em livro vinte anos depois e já esgotado. Presentemente, tenho quatro originais na gaveta, sendo o principal, talvez, 50 *Sonetos*, que, se um dia surgir em livro, recomendo a meu leitor sair correndo para comprar. Aliás, de todas as formas poéticas, soneto é a que mais me compraz arquitetar, talvez por seu desafio formal. Agora, deixe-me dizer-lhe, na qualidade de poeta que se julga satisfeito com o que consegue, como os componho: 1) Sinto um sentimento (sic) que intuitivamente me informa ter potencialidade para uma expressão semântica. 2) Extraio, de qualquer forma, mesmo a duras penas, um único verso – o primeiro, do primeiro quarteto –, sem me preocupar absolutamente com as rimas subsequentes, sem me preocupar com mais nada. Faço isso às vezes na cama, pouco antes de adormecer. 3) Abandono totalmente o assunto. 4) Dias após, viajando de avião, descansando em fim de semana – ou mesmo no meio de um seminário, como já ocorreu algumas vezes –, releio aquele verso e acrescento, sem maiores dificuldades, o segundo. 5) Deixo tudo para lá e volto a repetir a experiência horas ou mesmo dias mais tarde. 6) Quando chego aos últimos tercetos, a inspiração toda desaba como uma avalanche, exigindo-me até horas (de fascínio e absorção) para discipliná-la na forma eventual que pretendia, ou na forma que descubro e que me agrada. A rigor, o soneto se compôs sozinho, quando lhe dei tempo certo para isso.

Cheguei até, de brincadeirinha, a compor um soneto sobre isso mesmo (poderia tê-lo transcrito atrás, no capítulo sobre o *back burner*):

Soneto faço assim, preste atenção:
deixo um verso qualquer que acaso invente
(com rima fácil, como em "ão" ou "ente")
de molho na cabeça uma porção
de dias sem esforço (incubação)
até saber às vezes de repente
que sentido seguir (trágico? ardente?)
que dilema explorar ou que emoção

deva expressar jeitoso em contraponto.
O resto é fluxo, monto com prazer
verso por verso – opero meio tonto –

até vê-lo (soneto) acontecer.
Eis outro aqui aliás já quase pronto.
Se não gostou, perdão, foi sem querer

## 4 – Inabilidade em usar eficazmente o consciente

Você usa eficazmente o consciente sempre que pensa em termos lógicos, analíticos, técnicos, funcionais. Colocar tais atributos no processo de Criatividade implica:

**1** Corresponder ao item *objetividade*, incluído na pré-etapa de MOTIVA-ÇÃO, que estudei anteriormente; isto é, em face de qualquer problema, tratar de recortá-lo imediatamente com toda aquela série de perguntas-chave começadas por: o quê? quando? quanto? quem? onde? como? e por quê?

**2** Caso não encontre solução alguma por meio dessa abordagem, envolver-se na etapa de ESQUENTAMENTO, num esforço intelectual, mesmo desordenado, sobre todas as "eventuais possibilidades" de solução: E se aumentar? E se inverter? E se fizer o contrário? etc.; consultar quem, mesmo remotamente, talvez possa saber a resposta ou ao menos ajudá-lo; manter o problema em pauta, na cuca, procurando, sempre que deparar com qualquer material interessante à sua volta, perguntar: "E daí? Tem esse assunto algo a ver com o problema com que estou deparando?"

**3** Após a eclosão de uma ideia, tentar desenvolvê-la extensivamente, por meio de novos parâmetros racionais; submetê-la à AVALIAÇÃO à luz dos critérios de Adequação, Custo-Benefício, Ética e Risco.

**4** Se for o caso de implantá-la, fazer isso dentro dos mais lúcidos e exigentes princípios técnicos e racionais.

E mais: tomar nota, se tiver saco, de todas as coisas rotineiras que você faz durante a semana. Submeta cada uma, sistematicamente, a um teste de necessidade, importância e eficiência.

Mais ainda: ficar muito atento para ver se "descobre" problemas na organização, isto é, problemas que estão lá, engargalando a otimização de alguma função... mas que ninguém até hoje notou! São esses, sem dúvida, os mais compensadores de todos – os que dão a qualquer indivíduo a fama de criativo.

Talvez um dos mais frequentes sinais da inabilidade em lidar com o consciente (inabilidade, em maior ou menor grau, comum a todos nós) seja a falta de sensibilidade quanto à existência de um problema real. "Não é que eles não possam ver a solução" – dizia Chesterton. "O problema é que eles não conseguem ver o problema." Convença-se, amigo leitor, de que você está cercado, no seu mundo pessoal e profissional, por *problemas que valem ouro*: aqueles que estão lá, engargalando a otimização de alguma coisa... e que ninguém ainda viu!

E mesmo aqueles que já foram vistos e enquadrados – sem que ninguém até hoje tenha achado uma solução – continuam, é claro, valiosíssimos. Não sei quem disse: "Não temos problemas, todos eles são uma oportunidade disfarçada". Isso não é moralidade alguma, isso não chega a ser "pensamento positivo" algum: isso é o mais palmar e demonstrável realismo – como o de se dizer "não existem doenças, existem doentes".

Além disso, verdadeira habilidade em lidar com o consciente – ao se defrontar com um problema – consiste em formulá-lo corretamente. O primeiro passo é estar totalmente lúcido para que, na formulação desse problema (principalmente de ordem pessoal), não conste a DESQUALIFICAÇÃO! (Se a desqualificação for constitutiva da formulação de um problema, seu dono, perante tal problema, está impotente, encurralado).

Outro passo importante, e muito consciente, é saber esquematizar o problema de forma produtiva e especulativa. Para isso, muitas vezes, perante um problema maior e complexo, é preciso subdividi-lo em campos mais promissores e operativos. Assim, por exemplo: 1) "Temos de fabricar um carro melhor!" – uma formulação tirânica, inútil e estéril; 2) "O que podemos fazer para melhorar o carro que fabricamos?" – uma pergunta por demais ampla e abstrata; 3) "O que posso fazer, em meu setor, para melhorar a parte que me cabe na fabricação desse carro?" – eis aí algo mais concreto e razoável; 4) Enfoques ideais: "Por que um carro não parará melhor com freio nas quatro rodas?", "Por que não conservar o óleo lubrificante em melhores condições fazendo-o passar, constantemente, por *dois* filtros?", "Por que não projetar um carro em que todos os seus componentes fossem tão 'encaixáveis' e fáceis de substituir, como um jogo de Lego, que chegasse a dispensar oficinas (um computador, na revenda, indicaria na hora a peça danificada a ser substituída)?"

E, por fim: seja organizado! Não no sentido compulsivo do "Seja perfeito", mas seja, sim, organizado. Colecione e mantenha à mão tudo que lhe interessa, trabalhe de preferência com arquivos, atualizados e "vivos". Um homem criativo não pode dar-se ao luxo de ser desorganizado... embora muita gente pense o contrário.

### 5 – *Barreiras decorrentes do trabalho*

Essa "barreira" confunde-se muito com a próxima, e são ambas frequentemente alegadas, por participantes de meus seminários, como "intransponíveis", no dia a dia.

Já me desafiaram com essa pergunta: em que medida pode, por exemplo, um ascensorista, em sua imutável e monótona tarefa, exercer sua criatividade profissional?

A primeira resposta, em nível bem concreto, é que isso não lhe deve interessar muito, pois você não é ascensorista de profissão. Na verdade, duvido que algum ascensorista venha a ler este livro...

A segunda resposta é: supor que um ascensorista, devido aos limites e repetitividade atroz do seu trabalho, seja incapaz de ser profissionalmente criativo é supor que ele seja visceralmente incapaz de sugerir qualquer coisa no que concerne ao transporte de pessoas em elevadores. Por que ele seria incapaz disso? (E que dizer de mendigos? Em Teerã, vi uma coisa sensacional: mendigos colocam uma balança comum de banheiro na calçada, e se sentam, calados, ao lado dela. Você se pesa e paga quanto quiser. Fim da ignomínia da esmola.)

Concordo, realisticamente, que a profissão de ascensorista deve *favorecer*, em dose elevada, o bitolamento mental e a resignação. Mas, amigo, todos nós somos, em maior ou menor grau, "ascensoristas". Não conheço uma única profissão que não seja, num nível mínimo de 80%, pura rotina... (Temos em geral ideias muito românticas sobre certas profissões, como a de comandante de jato internacional "que conhece o mundo inteiro" – quando, na prática, dito profissional tem menos autonomia de ação que um motorista de ônibus. *Mutatis mutandis*, o mesmo vale para arquitetos, engenheiros, cirurgiões, advogados, ou seja lá o que for...)

É sobre essa realidade que se eleva o conceito, já mencionado, de *tecnércia*. Eu definiria a tecnércia como todo ritualismo irracional *excedente* do nível imprescindível de rotina inerente a qualquer atividade profissional. J. G. Mason, em livro citado, reproduz a impressão de certo dirigente de indústria (a qual, muito possivelmente, casa-se com a impressão de muitos dos meus leitores quanto a suas próprias empresas):

> Frequentemente, tenho a impressão de que *a maneira pela qual trabalhamos aqui* se desenvolveu nos primeiros dias da companhia, quando algum diretor sobrecarregado de trabalho se viu às voltas com um problema. Ele tomou uma decisão rápida sobre como tratar do tal problema e essa decisão, felizmente, surtiu efeito. Desde então, *essa é a maneira pela qual resolvemos casos semelhantes*. Ninguém mais teve a coragem de desafiar o antigo processo, propondo uma nova solução. Em consequência, esses *processos padrão* estão custando à indústria americana muitos milhões de dólares anuais!

Significa isso, muito simplesmente, que essa alegada "barreira à Criatividade" – existente, em maior ou menor grau, em qualquer organização – não é barreira coisíssima alguma: trata-se exatamente de um campo fertilíssimo e quase necessário à própria Criatividade! É um campo onde se escondem milhões de inovações até hoje insuspeitadas – só detectáveis por indivíduos com suficiente intuição, irreverência e "coragem de desafiar o antigo processo propondo uma nova solução".

Explore e tente descobrir, com o máximo de argúcia, as oportunidades que esperam por você nas camadas de tecnércia de sua empresa. E, depois de descobri-las, e avaliar bem sua propriedade, não espere logo uma salva de palmas. Ao contrário, "alguém", no plural, não vai gostar. Seja estratégico na defesa de suas ideias, dentro do quadro realista de sua organização. (Os "50 mil dólares" às vezes demoram um pouco para chegar...)

Certo antigo presidente da GM, Elliot Estes, mantinha em seu escritório um cartaz que dizia: "Se alguma coisa vem sendo feita de certa maneira particular há quinze ou vinte anos, é um bom sinal, nesses tempos de mudanças, de que está sendo feita da maneira errada".

Talvez, em seu trabalho, você não conte com a abertura e compreensão de um Elliot Estes (ou de quem escreveu o tal cartaz), mas o caminho e as chances de sua criatividade passam, em boa parte, por essa constatação.

E pela constatação de que NÃO HÁ MÉRITO ALGUM em fazer as coisas da maneira como elas sempre têm sido feitas!

## 6 – Barreiras ambientais

Interpretei o enunciado dessas "barreiras" como se referindo a outra problemática muito frequente e mais pessoal: não, você não trabalha com um "sujeito "formidável", que tem tal tipo de cartaz na parede do escritório. Você trabalha com o dr. Silvana – um Chefe fechado, burocrático e preconceituoso, reconhecido em toda a organização por seu arraigado conservadorismo. Um Chefe – o *seu* Chefe – avesso a especulações e "novidades", o que ele mesmo nem se importa em deixar transparecer.

Como, por Deus, será possível criar, profissionalmente, sob Chefe tão quadrado?

CUIDADO, AMIGO!

Você próprio está enveredando por um impasse esterilizante, perdedor... e *desonesto*!

Temo ter sido prolixo em lhe mostrar como o processo de Criatividade – ainda que apaixonante, absorvente e ligado ao prazer – também é incerto, trabalhoso, podendo chegar a extenuante. Exige sempre MOTIVAÇÃO, ESQUENTAMENTO etc., além de assunção de riscos, bem como competência em lidar com críticas.

Mas agora, graças ao dr. Silvana, você está "a salvo" de tudo isso. Você não precisa mais criar!

Se por acaso alguém lhe disser: "Fulano, você já está há mais de dez anos nesta empresa e nunca apresentou sinal algum de Criatividade", você terá uma justificativa brilhante: "Você não sabe que eu trabalho sob as ordens do dr. Silvana?" Ao outro, só restará anuir: "É mesmo, tinha-me esquecido. Não há ninguém mais quadrado do que o dr. Silvana! Está tudo explicado". (Será que está "explicado" que você se tornou tão quadrado *como* o dr. Silvana?)

O que surge, nesses casos, é um verdadeiro *pacto psicológico*, não verbal, entre Chefe Quadrado & Funcionário Estéril. Chefe Quadrado tem, por definição, MEDO DE MUDANÇAS. Funcionário Estéril o tranquiliza quanto a isso: não proporá mudanças! Em contrapartida, Chefe Quadrado assume, viciosamente, a RESPONSABILIDADE de funcionário por afundar-se no comodismo. Funcionário Estéril *vegeta* profissionalmente, isento de maiores desafios e responsabilidades, para tranquilidade de Chefe Quadrado. Ele é o álibi de sua passividade. Todo mundo agora muito "bem".

Não, todo mundo muito mal – a começar por *você*.

Há modos, sim, de quebrar essa relação desonesta, essa simbiose destrutiva. Vejamos:

**1** Pare de acusar o dr. Silvana de quadrado, antiquado, conservador, infenso à Criatividade, embora ele dê margem a todos esses epítetos. Entenda que tais acusações são parte constitutiva do impasse em que você, por sua própria responsabilidade, se meteu.

**2** Entenda que por baixo da aparência e conduta de Chefe Quadrado há uma *criança* com MEDO: medo de mudanças, medo de perder o controle, medo de ser superado, medo do futuro. E uma criança com medo não é para ser desafiada ou ridicularizada – é para ser PROTEGIDA!

**3** Continue, invariavelmente, a apresentar todas as sugestões de mudança que você ache justas e pertinentes para apresentar. Mas *nunca* em tom de desafio ou rebeldia, dando a entender, de forma não verbal, "já sei que o senhor, como sempre, vetará tudo!" Ao contrário, escolha a hora certa para apresentá-las, e o faça num tom calmo e PROTETOR, mostrando sempre que nada disso é ameaça para ele, mas sim, talvez, uma oportunidade de SUCESSO DO DEPARTAMENTO SOB SUA CHEFIA. Você talvez não imagine como essa política é compensadora.

**4** Se, mesmo assim, o Chefe continuar vetando tudo SEM APRESENTAR RAZÕES LÓGICAS E OBJETIVAS PARA SEU VETO, e sim na base de algumas "frases assassinas", resta a você o recurso poderosíssimo da *confrontação*: chegue para seu chefe, calmamente, e informe-o de que tem assunto IMPORTANTE MAS NÃO URGENTE para tratar com ele, solicitando, para quando ele puder, dez minutos de conversa específica. (Não faça isso nunca logo após qualquer veto em particular, mas no meio de um período "normal".) Então, obtida a tal entrevista, e sempre usando a linguagem tranquila e protetora que recomendei anteriormente (jamais ressentida, desafiadora ou acusadora), diga-lhe coisas mais ou menos assim: "Dr. Silvana. Eu imagino que tanto o senhor como eu, embora o senhor seja o Chefe, estejamos no mesmo barco. Imagino que nós dois, cada qual a seu modo, estejamos interessados no SUCESSO deste departamento que o senhor chefia. Por isso mesmo, a meu modo, lhe tenho sempre trazido sugestões que me parecem, sinceramente, poder assegurar, aqui e ali, alguma chance para tal sucesso. Claro, nem todas as minhas sugestões são para ser aplicadas, mas me permita dizer-lhe que nunca vejo o senhor ANALISÁ-LAS OBJETIVAMENTE... apenas descartá-las com o argumento, por exemplo, de que não fazem parte da cultura da empresa, ou coisa desse gênero (dar exemplos específicos). Deixe-me perguntar-lhe honestamente: o senhor tem interesse pessoal, COMO CHEFE, que eu continue a lhe submeter todas as sugestões que me pareçam viáveis para melhorar nosso departamento?"

Talvez você não imagine os verdadeiros milagres que podem advir desse tipo de proposta! (Não subestimo as dificuldades realistas para você chegar a ela. Sei que podem ser enormes. Insisto, no entanto, que tal diálogo é possível – e sempre compensador.)

Se, mesmo assim, o Chefe continuar vetando arbitrariamente todas as suas sugestões, RECUSANDO-SE A ANALISÁ-LAS OBJETIVAMENTE (o que sinceramente não creio que venha a ocorrer), recomendo-lhe o último recurso.

**5** Peça, numa boa, transferência de departamento. Ou mude de emprego.

Não aceite, em hipótese alguma, a condição profissional de esterilidade criativa, pois isso ditará seu FRACASSO PROFISSIONAL. (E ninguém fracassa por culpa de ninguém – acho esse axioma fácil de ser aceito, por unanimidade.)

O esquema, então, é precisamente este:

**1** Um "sujeito formidável" é um Chefe inspirador que levanta a criatividade de toda a equipe, por meio de atitudes que comentei o suficiente em páginas anteriores.

**2** Um Chefe quadrado bloqueia, ainda que sem muita consciência disso, mas devido a seus MEDOS interiores, a criatividade de toda a equipe – "recompensando-a", em contrapartida, com a permissão para o acomodamento funcional, a preguiça mental, o comodismo.

*Criatividade no trabalho e na vida* • 493

**3** Funcionários de tal equipe, que aceitam tal "recompensa", passam a ser 100% responsáveis por sua própria esterilidade criativa.

**4** Há formas de romper esse impasse da parte de funcionários realmente interessados em arrostar – pelo menos em nível de 1% – o universo apaixonante, gozado e compensador, mas também incerto e trabalhoso, da Criatividade, no campo profissional.

**5** Funcionários realmente criativos são capazes de criar um Chefe melhor!

Será então que Criatividade resolve tudo?

Não, amigo, já lhe disse isso, não resolve nada, se seu problema é não morrer, visitar um buraco negro ou recuperar um anel de ouro, relíquia da família, que caiu no mar quando você fazia um cruzeiro sobre a fossa das Marianas, no Pacífico, com 11.580 metros de profundidade, a mais profunda do planeta!

*Mas resolve muito mais coisa do que talvez você imagine!*

*Isso não vale – um pequeno psicodrama*

O episódio a seguir é uma teatralização. Foi montada com base em técnicas que aprendi em seminários de Franco dei Casale, e encenada durante uma palestra minha sobre Criatividade, no auditório do Sindicato dos Produtores de Açúcar, ou nome parecido, em Maceió, em 1982. A personagem imprevista, "D. Mercedes", era, na verdade, colega minha em formação em AT, previamente instruída para atuar como atuou. O grotesco do diálogo permitiu que muitos presentes desconfiassem da farsa – porém julgo que a ninguém escaparam a coerência e praticidade dos princípios que esse episódio dramatizou.

Mal acabara de falar sobre Aspiração Autêntica + Quantificação necessária, valiosíssimas para o processo criativo, e outros babados relativos à potencialidade do Estado do Eu Criança, quando uma senhora me aparteou com muita convicção:

– Professor! Eu já fiz tudo isso que o senhor recomendou, já pus em prática todos esses recursos, mas até hoje não resolvi meu PROBLEMA!

Quis saber, é claro, qual o seu problema, alardeado, assim de público, como o da bibliotecária de Taubaté. E lhe indaguei, cordialmente.

Ela não se fez de rogada:

– Meu problema é ARRANJAR MARIDO! Já apliquei tudo isso que o senhor falou: minha Criança está muito desejosa, meu Adulto já quantificou tudo que tinha de quantificar, mas marido que é bom ainda não consegui...

Houve um burburinho no auditório. Bem, ali estava, de corpo presente, alguém que, consciente de seu PROBLEMA, já lançara mão dos pressupostos que eu dissera serem necessários para uma solução criativa – e afirmava que eles não funcionam! Sem sombra de dúvida, eu estava em xeque.

Perguntei à minha distante interlocutora:

– A senhora se incomodaria em vir até aqui?

E ela veio, muito sorridente e confiante. Cerca de 45 anos, morena, cabelos soltos muito negros, vistosa, bem-falante. "Chamava-se" Mercedes.

Perguntei-lhe:

– Puxa, d. Mercedes, como é possível que uma pessoa tão simpática como a senhora esteja tendo tanta dificuldade para encontrar um companheiro?

– Mas é isso mesmo, professor. Ou o cara já é casado, e só quer aventura de motel, ou não é de nada mesmo! Mas eu já fiz tudo isso aí que o senhor propõe. Minha Criança está muito entusiasmada, meu Adulto já quantificou toda a questão – apenas nada disso resultou em coisa alguma. Os homens hoje não são de nada!

Dei-lhe então uma excelente notícia:

– Olhe, d. Mercedes, acho que posso resolver seu problema. Eu realmente tenho um marido para a senhora! É uma pessoa de excelentes qualidades, que já está enjoado de morar no Rio de Janeiro, sempre sonhou em se radicar aqui no Nordeste e, o que é mais importante, também está procurando uma pessoa assim como a senhora para casar!

Ante sua surpresa e regozijo, fui obrigado a acrescentar:

– Há apenas um detalhe meio chato, d. Mercedes. Esse meu amigo é baixinho, não passa desta altura...

E marquei com a mão a altura de uma mesa. Madame esfriou.

– Poxa! Um anão?

– Bem, não sei se o chamaria de anão, porém muito mais alto do que isso ele não é...

– Ah, professor, assim não. Eu quero uma pessoa de altura normal. Nem um anão nem um galalau de mais de dois metros. Altura normal.

Então, fui até o *flip-chart* e escrevi no alto de uma folha em branco: ALTURA NORMAL. Em seguida lhe disse:

– Muito bem, d. Mercedes. Eu tenho então outro marido para a senhora, com grandes méritos também. E sua altura é de 1,78 m – inteiramente normal. Acontece apenas que ele tem uma aparência assim meio bizarra, esquisita. No fundo é boa pessoa, mas ninguém gosta dele à primeira vista. Tem um repuxão nos lábios, quando fala, que impressiona mal. As pessoas se ressentem de tudo isso, mas ele não tem culpa, é uma excelente alma.

– Ah, não... assim também não. O senhor está me descrevendo um bucho! O mínimo que posso esperar de um homem é que ele seja simpático. Não precisa ser galã de cinema, mas que seja simpático.

E então escrevi no *flip-chart*: SIMPÁTICO.

– Se é assim, d. Mercedes, eu tenho um outro marido para a senhora. Altura normal e muito simpático. Mas tem um porém: ele não é muito dado a carinho, não. É homem de verdade, funciona direito, mas não tem jeito algum para essas coisas de carinho, afagos, aconchego etc. Nem sabe fazer uma carícia direito, sua mão é muito pesada – da última vez deslocou a omoplata da namorada.

– Deus me livre, professor. É claro que homem tem de ser carinhoso. Como posso querer um marido bruto?

Então, acrescentei no *flip-chart*: CARINHOSO.

*Criatividade no trabalho e na vida* • 495

– Nesse caso, d. Mercedes, tenho outro marido para a senhora. Esse é realmente carinhoso, compra flores e faz até versos, além de simpático e com altura normal. Tem algumas fraquezas, que a senhora certamente saberá administrar. Por exemplo, cuidar para que visitas não deixem isqueiro de ouro, ou talões de cheques a seu alcance. O melhor mesmo é impedir que ele conheça sua assinatura, bem como avisar todo mundo para não lhe emprestar um centavo.

– O senhor está brincando, professor? Lá vou eu querer me casar com um larápio? A gente só pode amar um homem que a gente respeita. Um homem honesto.

Acrescentei no *flip-chart*: HONESTO.

– Parabéns, d. Mercedes. Porque vou apresentar-lhe um marido como a senhora quer, inclusive padrão de lisura e honestidade. Incapaz de afanar um centavo. É claro, contudo, que a senhora terá de ter, às vezes, um pouco de paciência com ele. Porque seu raciocínio não é muito rápido, não. Ele não "pega" as coisas, de saída. Assim, por exemplo, quando vocês dois forem ao cinema, evite filme europeu. Ou então, se forem, explique, na saída, o final do filme para ele.

– Puxa vida, um burro? Pelo amor de Deus! Homem para mim tem de ser inteligente!

E lá fui para o *flip-chart*: INTELIGENTE.

– Sua sorte, d. Mercedes, é que há hoje muitos homens no Rio desejosos de vir para uma cidade como Maceió e constituir família aqui. Porque eu tenho um pretendente ideal para lhe apresentar. Inteligentíssimo! Praticamente sem defeitos! Seu único probleminha prende-se a algo do qual ele não tem culpa alguma! A senhora sabe muito bem as dificuldades econômicas por que o mundo todo está passando, a recessão, o problema social etc. – e esse meu amigo está há mais de oito anos desempregado. Procura, procura e, embora tão inteligente, não consegue arrumar emprego...

– Cruz-credo! Eu não posso nem comigo e ainda vou ter de sustentar marido? Eu não sou ambiciosa, mas espero que meu marido ganhe bem!

E lá fui eu para o *flip-chart*: GANHANDO BEM.

– D. Mercedes, eu faço questão de lhe arranjar esse marido. Ocorreu-me de repente, enquanto a senhora falava, que realmente eu tenho um partidão para a senhora. Posso mesmo afirmar que esse cara, embora não seja milionário, ganha "mais do que bem"! Acho que dessa vez não vai haver erro. Tudo que a senhora terá de oferecer, de sua parte, é certa compreensão. Porque esse homem tem certos problemas de saúde, por exemplo, uma descamação contínua da pele, além de certos sufocamentos noturnos que exigirão da senhora, muito frequentemente, aplicar-lhe uma injeção especial de madrugada, além de cuidar de sua dieta.

– Essa não! Era só o que me faltava, a essa altura da vida virar enfermeira de marido! Essa não! Realmente, é indispensável que meu marido seja um cara saudável.

E lá fui eu de novo para o *flip-chart*: SAUDÁVEL.

E assim, nesse ritmo, a lista foi crescendo. Chegou um ponto em que toda a folha do *flip-chart* estava ocupada, de alto a baixo. Então, perguntei a d. Mercedes:

– Veja aqui, d. Mercedes. É este realmente o homem que a senhora quer para marido?

E comecei a ler a lista toda: altura normal, simpático, carinhoso, honesto, inteligente, ganhando bem, saudável etc.

Mercedes exultou.

– É esse mesmo, professor! ESSE MESMO!

Eu ainda insisti:

– Tem certeza, d. Mercedes? A senhora é capaz de visualizar perfeitamente esse homem que está descrito nesse *flip-chart*? É capaz de vê-lo aqui de pé, na sua frente, como uma pessoa real – e não como uma fantasia?

– Tenho sim, professor! Posso vê-lo muito bem aqui na minha frente! E é ele mesmo que quero! Pode telefonar para o Rio. Se quiser, vou agora mesmo correndo para o aeroporto!

(Mercedes era muito despachada, como se diz no Nordeste.)

Então, fiz o seguinte: passei a folha do *flip-chart* para trás, para obter uma nova em branco; em seguida, voltei-me para d. Mercedes e lhe propus, de maneira muito afável:

– Muito bem, d. Mercedes. Vamos fazer o seguinte. Já que a senhora pode visualizar tão bem esse homem, em termos tão realistas, comece agora a me ditar, por favor, todos os atributos da mulher que esse homem – de altura ideal, simpático, carinhoso, honesto, inteligente, saudável, ganhando bem etc. – *vai, ele próprio, escolher para companheira.* Comece a falar que vou anotando.

Mercedes ficou perplexa.

Obviamente não seria ela.

(O mínimo que esse *gentleman* exigiria como atributo de uma companheira é que ela fosse reservada e discreta – o que não era o forte de d. Mercedes...)

E aí chegamos à moral da fábula com a concordância do auditório. Como pode uma mulher resolver o PROBLEMA de encontrar seu Príncipe Encantado? Obviamente não apenas sonhar e suspirar por esse Príncipe... mas tornar-se, ela própria, uma Princesa!

A questão não é *procurar* a pessoa certa, mas *ser* a pessoa certa!


Mas não é apenas para apresentar esse enfoque transacional na solução de certos problemas pessoais que montamos esse episódio e agora o descrevo aqui.

A moral da história é mais importante.

Desde o primeiro instante, já tivera eu elementos para crer que *d. Mercedes não quer achar marido algum!*

D. Mercedes arruma jeito – embora não tenha plena consciência disso – de *perenizar* sua carência de marido!

Por quê? (Eis aí uma pergunta com que às vezes gosto de treinar meus grupos, quando lhes conto esse caso.)

Por que – insisto – tinha eu, desde o início desse episódio, motivos reais, dedutivos, explícitos, para saber que d. Mercedes estava IMPOTENTE para resolver seu PROBLEMA... ainda que dissesse que apelava para essa ou outra técnica criativa?

Resposta muito simples.

*Criatividade no trabalho e na vida* · 497

Porque, *na formulação do seu próprio problema*, d. Mercedes incluíra a DES-QUALIFICAÇÃO! Quer dizer: era fator constitutivo do PROBLEMA de d. Mercedes, segundo descrição de d. Mercedes, a desqualificação de alguém – no caso, dos homens "que não são de nada".

Sempre que esse componente venenoso penetrar na formulação de qualquer PROBLEMA, seu dono está condenado a perenizá-lo – não há mais *back burner* que dê jeito, não há mais espaço algum para o que se entende por Criatividade!

Eu já tinha lembrado isso antes, mas achei oportuno repetir aqui.

### Problemateca e sugestões finais

Contaram-me que havia um padre no Nordeste, chamado Severino, que fazia sermões muito bons. Toda a paróquia apreciava muito os sermões de padre Severino e os elogiava abertamente. É claro que padre Severino, como qualquer ser humano, gostava de saber de tais menções de aprovação. Quem não gosta?

Padre Severino, contudo, declarava que tinha dois tipos de fiéis: o primeiro, constituído por aqueles que, ao sair da igreja, diziam: "Hoje ouvi mais um sermão admirável de padre Severino! Acho que padre Severino é iluminado por Deus ao fazer seus sermões!" Padre Severino gostava de ouvir isso, e gostava desses fiéis.

Mas padre Severino dizia que gostava *muito mais* de outro tipo de fiel. Aquele que, ao sair da igreja, dizia:

– E agora? O que é que vou fazer?

Confio, de todo coração, iniciando as palavras finais deste volumoso compêndio, que este não tenha soado a meu leitor, em momento algum, como um sermão. Como igualmente confio que meus seminários jamais tenham sido, para qualquer participante, um "sermão".

Contudo, há algo, sim, reconheço, neste livro, e também em meus seminários, em comum com um sermão:

É que todos os três têm por finalidade última a MOTIVAÇÃO, ou melhor, MOTIVAR-A-AÇÃO!

Só dessa forma, garantindo isso, terá qualquer um deles realmente funcionado, alcançado seu escopo, justificado em termos ótimos sua existência.

Creio que, ao longo dessas "caleidoscópicas" páginas, que começam a acabar, já dei a meu leitor muitas dicas e sugestões sobre "o que fazer", em termos de exercício de sua criatividade. No entanto, as providências mais práticas e importantes reservei para este final – um verdadeiro sistema contínuo de especulação criativa –, mas que deverá funcionar, é fato, tendo por pano de fundo tudo que apresentei anteriormente.

"O que fazer", agora, para meu leitor, é adquirir hoje mesmo, se possível, dois, três ou mais do que chamei "Cadernos de Criatividade".

Para o primeiro – e destacadamente o mais importante –, meu leitor vai investir a maior quantia que puder para comprar o melhor, mais bonito e classudo caderno possível (se for o caso, importado). Um caderno que lhe dê prazer de possuir e operar. Contudo, recomendo duas características importantes para tal caderno:

**1** que seja de capa dura;

**2** que seja de folhas *costuradas* – e não grampeadas, muito menos caderno de espiral.

Esse caderno será sua PROBLEMATECA.

E para operá-lo eficazmente – dentro do sistema que criei e venho tentando divulgar junto aos grupos com os quais trabalho em seminários de Criatividade (já tendo recebido inumeráveis testemunhos positivos de quem concordou em adotá-lo) –, há de observar determinados princípios (cujas justificativas são dispensáveis a quem leu, no capítulo anterior, o fenômeno de formação de ideias, do *back burner*):

**1** Esse caderno deverá ser consultado, de preferência, uma única vez por semana!

**2** Esse caderno deverá ser consultado, invariavelmente, toda semana, num dia qualquer a ser fixado pelo leitor, segundo suas conveniências.

**3** Esse caderno deverá ser objeto de estudo e especulação apenas *num tempo máximo de trinta minutos*, a cada semana.

**4** Esse caderno é estritamente confidencial.

O primeiro passo, para constituir sua Problemateca, você pode tomá-lo hoje mesmo, ainda antes de adquirir o tal caderno.

Sente-se por trinta minutos num lugar sossegado, infenso a interrupções, e faça algo que, muito provavelmente, você jamais fez: faça uma lista detalhada de *todos os seus problemas hoje*. Isto é, a lista de todas as situações específicas – sejam elas financeiras, administrativas, afetivas, de saúde, de vendas, de comunicação etc. – que você mesmo, consciente ou intuitivamente, chamaria de PROBLE-MAS, *seus* problemas!

É curioso: posso apostar que você já comentou muito essas situações, possivelmente já se queixou muito delas, já se preocupou muito com elas, já deu tratos à bola sobre "o que fazer", talvez até já tenha, aqui ou ali, acusado alguém por sua existência. Mas duvido de que já tenha feito essa coisa tão simples: uma lista completa de tais situações!

Essa lista, de saída, tem uma grande vantagem, como me parece: você "retira" um pouco, de dentro de si mesmo, tais situações. Você agora pode "vê-las" um pouco, fora de você, como situações defeituosas externas, para as quais você está sendo chamado a intervir, e não como "peças" defeituosas dentro do seu próprio psiquismo. Quero dizer: você agora tem mais condições, perante cada item dessa lista, para dizer: "Eu *tenho* esse problema... mas eu não sou esse problema". (Enquanto o indivíduo *for*, ele próprio, o problema, ou parte do problema, será impossível, obviamente, que também seja a *solução*.)

*Criatividade no trabalho e na vida* • 499

Outra vantagem é que se você é dos tais que se queixa de que hoje enfrenta "um milhão de problemas", quando se dedicar a fazer tal levantamento, vai surpreender-se de que o tal "milhão" não passa de meia dúzia. É isso mesmo, leitor. Duvido muito que você mesmo, hoje, seja capaz de chegar a um número muito maior do que esse de problemas que por acaso tenha. Talvez, no máximo, a oito. E já se pode dizer que está um bocado encrencado! Mas oito não é um milhão...

Outra vantagem ainda é que se alguém, ao pesquisar bem sua atualidade, não encontrar problema algum... bem, esse já morreu e ainda não foi avisado...

Uma vez realizado tal levantamento, faça o seguinte:

**1** Escreva o primeiro problema no alto da página 1 do caderno; o segundo no alto da página 3; o terceiro no alto da página 5, e assim sucessivamente, nas páginas ímpares.

**2** Em seguida, feche o caderno, meta-o numa gaveta e passe a chave!

É importante ressaltar este aspecto: ESSE CADERNO É ESTRITAMENTE CONFIDENCIAL! Você poderá, obviamente, falar com quem quer que seja sobre os problemas nele contidos, poderá e deverá consultar inúmeras pessoas sobre tais questões – mas *nunca mostrar o caderno*! Nem ao cônjuge, nem aos filhos, nem ao melhor amigo. Ele é componente estrito de sua PRIVACIDADE, e é com essa óptica que você o usará e escreverá nele, confiantemente, o que quiser. Expô-lo a terceiros é desmoralizá-lo!

(Em tempo: fique bem atento, ao redigir o problema no caderno, sobre se a redação contém qualquer elemento de DESQUALIFICAÇÃO. Se contiver, elimine-o... ou ele estará insolúvel por definição.)

Sete dias depois, pegue de novo o caderno – num ambiente sossegado e reservado – e leia o primeiro problema. Digamos que seja um problema odontológico. Não haverá muito mistério, porque, para ele, você dispõe de programação racional, vale dizer, "cartões perfurados". Basta responder a duas perguntas do item OBJETIVIDADE: "Quanto?", "Quando?" Anote as providências cabíveis na própria página e repasse-as para sua agenda.

Já para o segundo problema, você descobre que não tem programação racional. Você não sabe o que fazer. Faça então o seguinte: entre no ESQUENTAMENTO! Bombardeie essa situação com todas as perguntas remotamente cabíveis!

"E se eu aumentar mais ainda este problema?"

"E se eu fizer o contrário?" "Que elementos posso substituir neste impasse?" "O que eventualmente seria possível acrescentar?" "Que informação alguém me poderia dar sobre esse assunto?" "Como simplificar toda a questão?" "E se eu fizer, conscientemente, NADA?" Anote qualquer pista, qualquer providência que lhe pareça, ainda que remotamente, promissora. Lembre-se de que você está agora num espaço mental em que se exige, de fato, PENSAR EM TUDO! E onde é impossível dizer besteira... pois a "besteira" faz parte do processo!

Digamos que para o terceiro problema você tampouco tenha programação racional. Pois faça com ele a mesma coisa: submeta-o ao torvelinho especulativo do ESQUENTAMENTO. Idem quanto ao quarto problema, ao quinto e ao sexto.

Feito tudo isso, certamente não lhe ocorrerá ideia alguma!

É assim mesmo.

Feche então o caderno, meta-o na gaveta, passe a chave – e vá cuidar da vida.

Agora, ao longo da semana, fique muito alerta.

De repente, você entra numa banheira e a água transborda...

Ou o vento derruba uma maçã à sua frente...

Ou você dá com uma notícia curiosa no jornal ou na televisão...

Ou alguém lhe diz algo banal, mas que para você vai soar subitamente intrigante e significativo, a ponto de espontaneamente exclamar:

– Puxa, isso está me dando uma ideia para um problema que tenho...

ILUMINAÇÃO, em maior ou menor grau, é exatamente isso!

Uma vez percebendo a IDEIA – ainda que obviamente incompleta, ainda que possivelmente inadequada e inútil –, não faça coisa alguma exceto *imediatamente anotá-la*! Não a retenha na cabeça, pois você a perderá nos próximos sessenta segundos! Mesmo que esteja falando com o presidente da empresa, peça licença para escrever rapidamente o que lhe ocorreu. (Daí que quem trabalha com ideias deva ter sempre caneta e papel bem à mão, ou mesmo um gravador portátil, quando dirige.)

PROTEÇÃO é isso. (A AVALIAÇÃO e a REALIZAÇÃO vêm depois, e recomendo que sejam controladas também no caderno.)

Entrementes, é claro, outros problemas surgirão, a serem acrescentados ao caderno. Tentei, baseado na minha prática, ver se chegava a alguma média anual de novas ocorrências, mas varia muito, não há padrão e não cheguei à conclusão alguma.

Para problemas especialmente "cabeludos" – aqueles problemas com forte gancho emocional, ou melhor, problemas que nos fazem sofrer – recomendo acrescentar no caderno, logo abaixo de sua formulação, três elementos:

**1** PRAZO – De acordo com o "tamanho" do problema, marque uma data célebre e bem significativa (Páscoa, 7 de setembro, seu aniversário, Natal, Ano-Novo) como limite para resolvê-lo. Use sua intuição para isso. Não declare: "Tenho de resolver este problema até o Natal!", pois, nesse caso, estaria fazendo dessa providência um fator de compulsão e ansiedade (esterilizante). Ao contrário, repita para si mesmo, com toda veemência: "Gostaria de ter esse problema resolvido até o Natal". A expressão "ter o problema resolvido" é muito mais promissora, pois vem na voz passiva... assim como a própria Criatividade é passiva, receptiva.

*Criatividade no trabalho e na vida* • 501

Toda semana, ao voltar a esse problema, você lerá lá o prazo que espontaneamente escolheu. Se não conseguir resolvê-lo até aquela data, saiba, desde já, não haverá consequência alguma. Mas você *gostaria* demais que fosse resolvido antes dela.

**2** TÍTULO DE FILME – Procure, numa lista de filmes famosos, ou também entre *slogans* ou expressões badaladas, qual deles caberia para o problema em questão. Assim, não diga para si mesmo que seu problema com sua filha adolescente seja o "problema do sangue do meu sangue, que hoje me afronta e me embranquece os cabelos!", pois você estaria, com isso, levando a jovem, a situação e a você mesmo *demasiadamente a sério...* Pense nesse problema – sempre que for tratar dele –, ao contrário, como, digamos, o da "noviça rebelde"... (Da parte dela, ela poderia "pensar" esse mesmo problema como sendo o do "pai patrão".)

Devo alertar que esse recurso de tingir com humor uma situação aflitiva, se for usado isoladamente, é contraproducente. Leva o indivíduo a rir de situações que, na verdade, o fazem sofrer e o prejudicam (como o alcoolista que se diverte muito narrando os porres que toma). Esse riso, se o leitor quer saber, chama-se, em Análise Transacional, "riso da forca". O título de filme para um problema – que não deixa de dar, sem dúvida, um toque humorístico à situação – funciona quando associado às duas outras providências que estou sugerindo.

**3** RECOMPENSA – Estabeleça por escrito, logo abaixo da formulação do problema, o que você vai comprar para si mesmo, que viagem formidável você vai fazer, assim que tiver esse problema resolvido. Orientação para a escolha desse item: selecione algo que você adoraria ter e mesmo já cogitou em comprar... mas sempre acabou por concluir ser muito caro. Agora, ao receber *de graça* uma IDEIA, que lhe resolva problema tão aflitivo, essa compra ficará baratíssima. É uma aquisição que ficará praticamente *também* de graça!

É fácil reconhecer a justificativa para essas três providências:

**1** A Recompensa facilitará ao leitor, tendo em vista a obtenção de algo que sua Criança tanto deseja, e para o qual estará ela disposta a safar-se da enrascada, interpretar toda a situação problemática com um mínimo de BOM HUMOR.

**2** O Título de filme o convidará a ver essa mesma situação com alguma IRREVERÊNCIA.

**3** O Prazo fornecerá alguma PRESSÃO.
Voltamos ao BIP fundamental.

Toda semana, empenhe-se em um novo ESQUENTAMENTO em cima de cada um desses problemas. Faça-o de forma sincera e absorvente, e não meramente ritualística, burocrática.

Quando qualquer um deles for resolvido – e, fique certo, todos o serão mais cedo ou mais tarde –, não retire absolutamente a folha do caderno (por isso mesmo, o indicado é um caderno costurado e não em espiral). Sugiro, ao contrário, que coloque um grande ponto verde no alto da folha, ou faça, com caneta de ponta fina, uma linha transversal em toda sua extensão.

Se você concordar em instituir essa Problemateca, daqui a cinco anos sua leitura será (se vale minha própria apreensão) uma das experiências mais estranhas e mais indefiníveis que você pode ter, meramente folheando algumas páginas manuscritas. Sim, em grande parte será gratificante; você se surpreenderá com o número de situações que o incomodaram tanto no passado e que não terão, então, mais sentido algum...

Nós esquecemos, em geral completamente, o número enorme de problemas que nos aporrinharam no passado, para nos aporrinharmos demais, exageradamente, com os problemas de hoje.

Eles também passarão.

Devo confessar, porém, que essa leitura não é apenas estimulante: ela não se faz sem um leve traço de melancolia (não sei se essa é a palavra), talvez de certa indulgência, talvez de sabedoria. Insisto: é uma sensação, para mim, até hoje indefinível.

A listagem de nossos problemas é o resumo mais sucinto e crucial de nossa vida.

Acho até que fiz uma frase.


É claro que, independentemente da Problemateca, poderão ocorrer a você, a qualquer momento, numerosas ideias sobre quaisquer assuntos. Nem precisava acrescentar isso.


O segundo caderno será seu caderno de BOAS IDEIAS.

Admitamos que, de repente, a propósito de alguma coisa, lhe ocorra uma ideia, digamos, para a NASA; ou para algum impasse do qual você tenha notícia, entre os países do Mercosul; ou de como o governo russo poderia atrair turistas brasileiros para Moscou; ou que melhoramentos poderiam ser introduzidos na sala de espera de qualquer aeroporto, ou de algum em particular; ou o que se poderia modificar ou acrescentar, com vantagem, de simples e viável, no seu fax, num aspirador de pó, na bandeja de um *fast-food* ou numa cola em bastão.

ANOTE-AS IMEDIATAMENTE!

Sejamos realistas: é praticamente impossível – por melhor que sejam tais ideias – que você sequer consiga chegar à pessoa certa, e ainda interessada em ouvi-las, apreciá-las e eventualmente implantá-las. Além disso, muito provavelmente, e em nível maior que 95%, tais ideias são impraticáveis, à luz de critérios que você, com toda a razão, desconhece.

E daí? Nenhuma ideia nasce completa. Se sua ideia lhe parece boa, viável – não importa em que setor do mundo –, anote-a no seu caderno! Na verdade, posso garantir que você já teve um número imenso de GRANDES IDEIAS e as perdeu

*Criatividade no trabalho e na vida* • 503

completamente por não tê-las anotado, protegido. Possivelmente, neste exato momento, não se lembra de uma única sequer.

Uma BOA IDEIA não é, absolutamente, uma ideia a ser realizada. É apenas uma ideia *realizável* – em princípio e aparentemente. Uma "ideia" como a de montar uma videolocadora num dos anéis de Saturno não é uma ideia, mas um devaneio, um surto de imaginação desenfreada, só útil como tema para uma eventual *science fiction*. Agora, a ideia de videolocadora, com pequenas cabines individuais – à semelhança dos *peep shows* – em grandes aeroportos internacionais, e oferecendo pequenos documentários de trinta minutos para passageiros em situação de espera, isso é uma IDEIA! Talvez haja inúmeras razões objetivas para nenhum aeroporto se interessar por ela – e daí? Foi sua a IDEIA? Anote-a!

Cada vez que você anota uma ideia sua, está simplesmente *protegendo* sua própria criatividade, investindo fortemente nela. Isso porque você está dando RECONHECIMENTO à Criança criativa e imaginosa (mas não realista) que existe dentro de você. E é ela a única que poderá ajudá-lo, decisivamente, quando estiver em jogo a necessidade de Criatividade *para seus próprios problemas*!

Consulto meu próprio CADERNO DE BOAS IDEIAS em busca de exemplos, apenas para mostrar como podem ser despojados e gratuitos.

**1** Na Avenida Atlântica – a avenida mais representativa do Rio e talvez do Brasil – há um permanente desastre ecológico e urbanístico: na altura do Posto 5, ergue-se, na larga calçada central, disfarçado por um alpendre ajardinado, um respiradouro do enorme emissário subterrâneo instalado por ocasião das obras de alargamento da praia. Esse respiradouro, vez por outra – e há mais de vinte anos – exala um fedor insuportável de você-sabe-o-quê. Tal emanação gigantesca e nauseabunda, que compromete todo o quarteirão e enoja transeuntes e mesmo quem passe de automóvel, é tida como inevitável, pois se tais gases sulfídricos não fossem liberados – divulgam os engenheiros –, poderiam acarretar uma explosão do emissário. Por outro lado, aprendi que, ao acabar de usar significativamente um banheiro, basta acender um fósforo por alguns segundos que, graças a uma reação química que desconheço, todo o fedor desaparece. IDEIA: por que não instalar em cima desse alpendre um enorme fogo permanente, à semelhança da Chama Olímpica, mesmo a pretexto de qualquer outra coisa, como em memória aos mortos na Guerra do Paraguai?

**2** As torneiras modernas de qualquer hotel de melhor categoria, bem como da maioria das residências da classe média para cima, vêm munidas de aerador, que tornam a água mais fofa, convidativa e menos propensa a espirrar para fora da pia. Mas o aerador impossibilita um uso muito prático da água, isto é, um jato concentrado, obtido com o dedo na abertura das antigas torneiras – ideal, por exemplo, para limpar um aparelho de barba. IDEIA: por que não criar uma válvula instalada na parte de baixo e anterior ao aerador, que possibilitasse, se necessário, também esse utilíssimo jato?

**3** Qualquer viajante, em qualquer parte do mundo, não tem dificuldade alguma de experimentar e desfrutar bebida típica do local que visita, alcoólica ou não. Basta pedir. Exemplos: uísque na Escócia, uso na Grécia, chá de jasmim na China etc. No Brasil: água de coco em Salvador, caldo de cana no Recife, açaí em Belém, batida de limão no Rio, refresco de cupuaçu em Manaus, licor de pequi em qualquer restaurante de Mato Grosso (claro, várias dessas bebidas estão disponíveis também em outras regiões). Mas há uma enorme exceção: quem visita o Rio Grande do Sul, e não conhece mais intimamente ninguém no Estado, não tem chance alguma de experimentar um chimarrão! Ele verá, por exemplo, na Redenção, domingo de manhã, dezenas e dezenas de gaúchos com suas cuias e garrafas térmicas, sem possibilidade alguma de acesso rápido (e pago) a tal produto. Nem adiantaria comprar a cuia e a erva, pois não saberia como prepará-la. IDEIA: por que a Secretaria de Turismo desse Estado – talvez a mais ativa do país no que concerne a suas tradições – não instala quiosques, ao menos em Porto Alegre, ao menos no Centro e no Aeroporto Salgado Filho, que facilitem a quem quiser, por um preço justo, essa experiência?

**4** Por todo o Brasil há milhares de salas de treinamento, com milhares de *flip-charts* e milhares e milhares de pincéis atômicos, em geral da marca Pilot. A empresa fabricante, Pilot Pen do Brasil, fornece também frascos plásticos com tinta para recarregar os reservatórios internos dos pincéis. Pois posso praticamente garantir – depois de ter consultado tantos colegas e assistentes meus em Recursos Humanos – que ninguém é capaz de recarregar um pincel atômico sem sujar os dedos! IDEIA: por que tais reservatórios – um pequeno cilindro de feltro, embalado em plástico e aberto nas extremidades, e que vem solto dentro dos pincéis – não podem ser vendidos em embalagens impermeáveis já carregados, como unidades descartáveis? (Se amanhã a Pilot Pen lançar esse produto, leitor, está aqui bem atestado que fui eu que o inventei.)

**5** Albamar é um restaurante muito tradicional do Rio de Janeiro, desde a década de 1930 funcionando no único pedaço que sobrou do antigo Mercado da Cidade, demolido há quase meio século. Sua vista dá para as barcas e para a Ilha Fiscal, cenário, como se sabe, do último baile promovido pela monarquia, em honra à visita de um navio de guerra chileno à capital imperial. IDEIA: já que se conhece bem o cardápio oferecido nesse baile, havendo mesmo alguns menus originais na Biblioteca Nacional e no Museu Histórico, bem como fartas reproduções, por que o Albamar não oferece, e anuncia, com exclusividade, esse mesmo cardápio, como curiosidade ou atração extra? Na verdade, qualquer restaurante sofisticado do Rio poderia lançar essa atração.

**6** Após a queda do Muro de Berlim e a reunificação da Alemanha em 1990, o país entrou em intensos debates sobre como equilibrar Justiça com Reconciliação, tendo em vista os cerca de 170 mil comprovados informantes do Stasi (Serviço de Segurança do Estado), o principal instrumento de quarenta anos de opressão stalinista na antiga República Democrática Alemã. Teoricamente, pelas leis da República Federal, todos eles podem ser pronunciados juridicamente, mas isso não só congestionaria os tribunais como se choca com um desejo mais práti-

*Criatividade no trabalho e na vida* • 505

co e generoso de anistia. Esta, por sua vez, contraria não só quem pretende estigmatizar qualquer forma de tirania, como também, do ponto de vista jurídico, a própria comissão que ainda está longe de encerrar o estudo dos infindáveis arquivos do Stasi: "Como anistiar o que sequer sabemos que estamos anistiando?" E contraria inclusive alguns membros do Stasi, convictos de que trabalharam honestamente e não cometeram crime algum, dispensando, portanto, qualquer perdão. Muitos desses ex-membros podem ter sido meros "guardiães do regime", certos de que viviam no melhor regime do mundo, enquanto muitos outros serão, sem sombra de dúvida, achacadores e caluniadores, ou implicados em tortura ou morte. IDEIA: O governo alemão publicaria um "Livro Cinza", com edições anuais, contendo simplesmente, em ordem alfabética, todos os 170 mil nomes de pessoas que comprovadamente trabalharam para o Stasi. Sendo a publicação de distribuição gratuita (por requisição), qualquer cidadão ou empresa do país teria acesso a tal lista que, afinal, exprime a verdade. Quem dos incluídos se sentisse, por qualquer razão, injustiçado, requisitaria julgamento – e seria rapidamente julgado; em caso de absolvição, seu nome seria retirado do "Livro Cinza" na edição seguinte. Idem, em caso de falecimento. Seriam previstas edições atualizadas do "Livro Cinza" por trinta anos. E depois se mudaria de assunto.

Seja um colecionador de suas ideias *viáveis* – realizáveis ou não.
E releia o seu caderno de vez em quando.
Curta tudo que você já criou: essa curtição é extremamente inspiradora para criar muito mais!

O terceiro caderno será seu caderno de CRIAÇÃO DO LAZER.
Já lembrei isso antes: é comum as pessoas se queixarem do bitolamento e rotina a que são submetidas no trabalho, cinco dias por semana, mas quando se lhes pergunta o que fazem de seus sábados e domingos, confessam rotinas igualmente implacáveis, apenas de natureza diferente.
Crie seu próprio lazer! Não dependa de ninguém para tornar seus fins de semana inéditos e aventurosos! (Pessoa que comente com desgosto: "Que chato! Não há um bom filme passando nesse fim de semana" é pessoa imersa em algum estado de depressão, ainda que amena.)
Por exemplo (falando a leitores da cidade de São Paulo), você lê em algum canto de jornal que há um velho em Bauru que fabrica vinho de cacto. Se essa notícia realmente "mexe" com você, espicaça sua curiosidade, não pense mais! Decida, se a família concordar, ir todo mundo no sábado a Bauru ver o tal velho e provar o tal vinho. Sabe o que muito provavelmente vai acontecer? Nunca houve velho algum, ou o velho já morreu há muito tempo, ou o vinho é banal, apenas com pedacinhos de polpa de cacto, e seu gosto é intragável; além disso, você pegará, na volta, um engarrafamento monstruoso, dois pneus vão furar na estrada, e você terá de mudá-los debaixo de chuva, chegando em casa às duas da madrugada com uma gripe dos diabos. Porém

sei ainda mais o que vai acontecer: segunda-feira, de volta ao trabalho, quando lhe perguntarem como foi seu fim de semana, você vai relatar todos os desastres e percalços que lhe sucederam... *com um sorriso de ponta a ponta das orelhas!*

Talvez, em grande parte, VIVER seja isso: ir mesmo, em carne e osso, atrás de um improvável velho que faz vinho de cacto... simplesmente porque isso nos interessou e nos deu na telha!

Quando você parte para lances assim, pode confiar cegamente neste axioma: SE TUDO DER ERRADO, VAI SER UM SUCESSO! (Em princípio de 1987, suspendi por um ano as atividades de minha empresa; idem minha esposa, sua prática clínica de psicóloga; idem minhas filhas, sua matrícula no colégio e partimos, com a cara e a coragem, e algum dinheiro que não foi suficiente, para um *sabatical year* em Berlim. Na época, em 15 de fevereiro, o *Jornal do Brasil* me entrevistou, e o título da matéria foi exatamente este: "Se tudo der errado – vai ser um sucesso!" E como foi afinal nossa estada? Um bocado de coisa deu errado...)

Essa postura, que reputo muito criativa, não implica muito dinheiro – pode não implicar dinheiro algum. Às vezes, passo pela Avenida N. S. de Copacabana aos domingos à noite, no verão, e vejo um espetáculo desolador: filas de um quilômetro na porta dos cinemas que anunciam algum filme idiota como *Tubarão VIII*. Quer coisa mais deprimente? O indivíduo espera uma eternidade de pé e, ao comprar seu ingresso, dá com o aviso de que "o ar-condicionado não está funcionando"; espera outro tempo enorme, ainda de pé no saguão, comprimido entre uma multidão suarenta; quando as portas se abrem, é aquele estouro da boiada! O máximo que o infeliz consegue é um lugar lateral, e tão lateral que o tubarão lhe aparece achatado, como uma sardinha! É muita vontade de esculhambar o próprio psiquismo para se auto-humilhar com um "programa" (pago) como esse...

E, contudo, todo aquele pessoal tem, nessa mesma noite de verão, totalmente disponível e *gratuito* – e a apenas dois quarteirões de distância – uma alternativa sensacional, revigorante e aventurosa, que milhões e milhões de europeus invejariam: um mergulho nas ondas quentes e deliciosas de Copacabana! (Mas quase ninguém vai – a praia está vazia.)

Mais ainda: poderia divertir-se muito, a essa hora, catando tatuí na areia (para comê-los depois torrados na manteiga, tão gostosos como camarão). Aliás, nunca houve tanto tatuí como agora, no ano em que escrevo... E tudo isso de graça!


Crie seu próprio lazer. Pesquise e descubra recantos incríveis e em sua própria cidade, em seu próprio bairro. Encha de dicas preciosas seu caderno (que, nesse caso, recomendo que seja uma pasta de bolsas de plástico transparente).

Pergunto, agora aos cariocas da gema, convicto de que em 99,99% dos casos vou ouvir um não: por acaso você já visitou o Forte de São João, com seus canhões seculares, erguido em 1565 por Estácio de Sá, o fundador da cidade do Rio de Janeiro? Já tomou banho na Praia do Perigoso (cujo nome não se justifica)? É paradisíaca, com águas transparentes e tranquilas, embora de mar aberto, areia branquíssima, com muito verde ao redor. E a praia do Meio, com duzentos metros de comprimento, cheia de amendoeiras? Sabe onde fica, em pleno Centro da cidade, a estreita e pitoresca Rua do Jogo da Bola, relíquia entre mais de cem casas e sobrados do Rio antigo? Já visitou as ruínas da Fábrica de Pólvora construída por d. João VI? Já esteve na Casa do Pontal, a mais completa e bem organizada coleção de arte popular da cidade (e uma das mais importantes do país), iniciativa particular de um francês? Já esteve na ilha Manikiri para bebericar ou comer uma moqueca com o pescador Romero, entre gansos, marrecos e garças? Já teve coragem de atravessar o Beco da Facada, na Ilha do Governador, onde "todo mundo passa correndo e berrando, sem olhar para trás", e totalmente deserto à noite, por ser mal-assombrado? Já experimentou fazer, por alguns centavos, uma viagem de ônibus de ponta a ponta pela linha 434 (o "laranja mecânica") – um dos mais belos roteiros da cidade? Já experimentou, pelo menos uma vez, o angu do Gomes, celebrado pelo Jaguar, ou descobriu, você mesmo, um angu muito melhor?

Claro, você pode ter outros gostos, mas tudo que mencionei aqui praticamente não custa nada. Assim, se se interessar, descubra você mesmo os detalhes, ou descubra uma infinidade de outras atrações, na certa ainda melhores...

Todo mundo sabe que a baía da Guanabara é uma das mais poluídas do mundo. Mas poucos sabem – e apenas 0,001% já se aproveitaram disso –, que no fundo da baía, nas desembocaduras dos rios Suruí, Guapimirim, Macacu e Guaxindiba, a natureza ainda está praticamente incólume. Se você não tem barco, pode alugar, numa cidadezinha próxima, uma canoa para singrar por tais rios, até a baía, em águas apinhadas de robalos, tainhas, bagres, sardinhas, savelhas, paratis e acarás... e até avistar, com sorte, um jacaré-de-papo-amarelo. Nas margens, os arvoredos estão cheios de garças brancas e azuis, maguaris, martins-pescadores, socozinhos e colhereiros num cenário que nada fica a dever ao Pantanal mato-grossense. Barato e inesquecível.

O que estou dizendo sobre o Rio (e já pensei em escrever um *Roteiro sem tostão da Cidade Desconhecida*) vale, é claro, para qualquer outra cidade, principalmente a cidade em que meu leitor mora.

Porque a cidade em que meu leitor mora é parte desafiadora do mundo que o cerca.

Há um milhão de coisas boas para se descobrir nele.


Último "dever de casa" que invariavelmente passo para meus grupos – e agora também para você –, e que me permite mais tarde avaliar de algum modo o interesse e envolvimento de um ou outro participante.

Trata-se de um problema.

Criar, para o próximo fim de ano, seu próprio Cartão de Natal!

Quer coisa mais quadrada do que mandar cartão comprado em papelaria, às vezes até com "Feliz Natal" já impresso?

Se sua empresa imprime esse cartão todo ano, para fornecedores e clientes, tudo bem – é mais um lembrete comercial, mande-o. Mas não, por favor, para seus amigos.

Aceite, gostosamente, a partir de hoje mesmo, este desafio: "Como será meu Cartão de Natal pessoal este ano? Quais deverão scr scus dizeres? Levará uma foto? Uma ilustração a lápis de cor? Uma colagem?" Acredite: ele será, junto a familiares e amigos, incomparavelmente mais simpático e caloroso do que qualquer outro, por mais caro que seja, comprado no comércio. É praticamente impossível errar. É praticamente impossível que ele não seja um sucesso.

O que você pode extrair do mundo, em termos de Criatividade, é simplesmente inesgotável!

INESGOTÁVEL.

Considere esta evidência: existem apenas sete notas musicais. Apenas com essas sete, por infinitas combinações, foram compostas todas as sinfonias, óperas, concertos, missas, sonatas, aberturas, oratórios, *lieder*, cantatas, bailados, corais, tercetos, quartetos, quintetos etc. – enfim, todo o patrimônio da história da música de todos os tempos, desde o mais simplório *bife* à complexidade de um movimento sinfônico de Mahler! E mais: todas as canções, baladas, valsas, sambas, os tangos, marchas, hinos, polcas, rumbas, quadrilhas, *jazz*, frevos, minuetos, fandangos, bossa-nova, sarabandas, zarzuelas, *jingles* e música de filmes, miados de rock, temas de programas de televisão e "parabéns para você".

Quem agora poderia alegar, depois desse dilúvio variadíssimo e astronômico, que as combinações das tais sete notas já estejam esgotadas?

Da mesma forma, o que você pode extrair *do seu próprio cérebro*, amigo leitor, também é praticamente INESGOTÁVEL.

Tome consciência de que você carrega um tesouro, além de toda compreensão possível, entre suas duas orelhas: a matéria de maior complexidade, e certamente de maior potencialidade, jamais encontrada no universo!

Ressalto mais uma evidência: dado que, matematicamente, um cérebro que só tivesse dois neurônios poderia apresentar sete comportamentos (zero, A, B, AB, A comandando B, B comandando A, A e B controlando-se mutuamente), um cérebro com mil neurônios teria um número de configurações possíveis da ordem de $10^{300.000}$ – número tão comprido que encheria mais de dez páginas deste livro. (Os cientistas calculam que em todo o Universo existem "apenas" $10^{100}$ átomos). Na realidade, o seu cérebro, leitor, tem *dez milhões* de neurônios!

Assim, o número dessas configurações que você potencialmente possui dentro da cuca é simplesmente infinito! Bilhões e bilhões delas representarão lampejos notáveis de Criatividade!

Nunca mais se queixe de que você está "cheio de problemas".

*Criatividade no trabalho e na vida* • 509

Na verdade – até mesmo por uma abordagem fisiológica –, VOCÊ ESTÁ INUNDADO DE SOLUÇÕES!

Expressamos nossa existência apreciando... e criando.

Criatividade é a sequência natural do ser.

Em termos de faculdades produtivas mentais, ela está longe de ser um índice, ainda que valioso.

Ela é, isso sim, fator imprescindível à OTIMIZAÇÃO DO PENSAMENTO!

Não pode ser vista, de forma alguma, como produto de uma excentricidade, mas sim como "a" representação do mais alto grau de saúde emocional, na definição de Rollo May.

Erich Fromm informa que, em sua prática clínica, não dá alta a paciente que já tenha readquirido seu pensamento ordenado e lógico – mas apenas quando ele começa a criar!

E Gilles Deleuze, príncipe dos filósofos modernos, ministra sua suprema lição (nas palavras de seu maior seguidor brasileiro, o filósofo Cláudio Ulpiniano): "[...] que o mundo em que vivemos é o melhor dos mundos, ao modo de Leibnitz, por que nele há potência de criar e inventar".

Deixe-me ainda acrescentar.

Todo esse assunto, depois de tudo que foi dito, escancara, a meu ver, uma abertura religiosa – sem que precisemos, para reconhecê-la, de religião alguma!

"Peça, que te será dado; chame, que te será respondido; bata, que te será aberto; busque, que encontrarás."

Assim como imagino ter sido, ao longo destas páginas, de certo modo um professor para muitos de meus leitores, permita-me transcrever a opinião do maior professor que já tive na vida (sua colocação parece contraditória do que eu disse atrás, mas não há contradição alguma):

"Os problemas que você enfrenta na vida são insolúveis. Eles continuarão vindo, em diferentes tipos e tamanhos. E quando você esquece seu coração para se concentrar apenas nesses problemas, então você tem realmente um GRANDE PROBLEMA".

Qual o MAIOR PROBLEMA para cada um de nós? Saber, por acaso, "de onde vim" ou "para onde vou"? Nada disso é realmente problema, pois nunca houve, para tais questões, resposta factual alguma! SER FELIZ, sentir o coração pleno de contentamento, de forma duradoura e intensiva (a despeito de todos os problemas) essa é a GRANDE SOLUÇÃO da questão do "sentido da vida"!

Não há ser humano que não defronte com esse GRANDE PROBLEMA – cuja SOLUÇÃO é a maior recompensa! (Nesse contexto, realmente, um BMW 5ER, ou 500 milhões de dólares, perdem qualquer significação.)

Foi apenas um lembrete.

Criatividade é um bem natural, como o sol ou o ar que se respira.

Use-a como quiser, em seu próprio proveito.

Você pode usá-la dentro do *establishment*, em administração, pesquisa, invenção programada, venda ou guerra; ou, fora dele, em guerrilha, poesia, invenção arbitrária ou formas novas de lazer gratuito.

Você pode usá-la em organização ou educação; no relacionamento conjugal ou em reuniões da empresa; no trânsito ou na assembleia de condomínio; perante a recessão ou um carro enguiçado; sob a premência de sustentar a família ou a de preencher, com alta chance de bom proveito, o cartão que acompanhará seu buquê de rosas...

Que ela esteja sempre, porém, a seu serviço (dentro de seus próprios riscos e critérios)!

QUE ELA SEJA SOLUÇÃO DE SEUS PROBLEMAS!

Que ela o ajude a atingir suas metas, as metas realistas que você soube eleger e luta hoje por atingir!

Que ela o leve a tornar-se um realizado, um Vencedor na sua vida (não "na vida" em geral).

Mesmo porque – pense bem –, talvez você não tenha mais nada além de sua vida!

E é muito incerto se terá outra chance...

Primeira edição: Rio de Janeiro, 23 de março 1997.
Revisão para a 2ª edição: setembro de 1999.
Revisão para a 3ª edição: setembro de 2008.
rmbcriat@domain.com.br e rmbcriat@msm.com.br

IMPRESSO NA
**sumago** gráfica editorial ltda
rua itauna, 789 vila maria
**02111-031** são paulo sp
telefax 11 **2955 5636**
sumago@terra.com.br